Windows

윈도우

8

Using Bible

스마트 워커를 위한 윈도우 8의 모든 것

Windows 8 Using Bible

2012년 12월 3일 초판 1쇄 발행
2013년 5월 23일 초판 3쇄 발행

지은이 | 박춘호(씨디맨)
펴낸이 | 윤정희
펴낸곳 | (주)황금부엉이

주소 | 서울시 마포구 서교동 353-4 첨단빌딩 5층
전화 | 02-338-9151
팩스 | 02-338-9155
인터넷 홈페이지 | www.goldenowl.co.kr
출판등록 | 2002년 10월 30일 제 10-2494호

기획편집부장 | 홍종훈
편집 | 김윤지
표지 | DAYUL
본문 편집 | 조서봉
전략마케팅 | 변재업, 차정욱, 채재석
제작 | 구본철

ISBN 978-89-6030-335-5 13000

IT 분야 파워블로거 씨디맨과 함께 하는 윈도우 8 완전정복

Windows

윈도우

스마트 워커를 위한
윈도우 8 스타일 UI 완벽 마스터

윈도우 8의 모든 것
단계별로 익히는 윈도우 8 기본+활용

박춘호(씨디맨) 지음

BM 황금부엉이

　　윈도우 8이 출시되면서 많은 사람이 그 새로운 기능에 감탄을 했었는데, 과연 윈도우 8에서 어떤 부분이 달라졌길래 그런 것일까요? 윈도우 8을 갓 사용해 본 사람들은 〈시작〉 버튼이 사라진 것과 윈도우 8 UI 시작 화면 정도라고 생각할지도 모릅니다. 하지만 좀 더 깊게 사용해 보면 윈도우 XP, 윈도우 7과는 또 다른 새로움에 놀라게 됩니다. 태블릿 PC와 스마트폰처럼 좀 더 휴대하기 편하면서도 빠르고 즉각적으로 사용하고 싶어 하는 사용자의 욕구와 달라진 PC 생태계가 반영되어 나온 결과이지 않을까 싶습니다.

　　윈도우 8은 데스크톱은 물론이고 태블릿 PC, 앞으로 나올 휴대용 기기에도 적용될 수 있는 새로운 운영체제입니다. 이것에 가장 큰 의미가 있습니다. 마이크로소프트 역시도 너무 익숙한 윈도우 사용자 환경을 자신들의 손으로 과감히 쓰러뜨리면서까지 달라진 사용자의 욕구와 요구를 적극 반영시켰습니다. 새로운 윈도우 8에 말이죠.

　　윈도우 8은 이전과는 비교할 수 없을 정도로 부팅 속도가 참 빠릅니다. 하드웨어 성능이 좋으면 부팅 속도도 당연히 빠르겠지만, 윈도우 8이라는 운영체제의 도움으로 이를 더욱 가속화했습니다. 이제 부팅 시간이라는 개념은 거의 무의미해졌습니다. 태블릿 PC처럼 휴대하기 편하면서도 터치가 가능해진 데스크톱을 시간과 공간 제약 없이 활용할 수 있게 되었습니다.

　　가장 큰 변화를 보인 윈도우 8 UI 시작 화면에서는 피플, 일정, 날씨, 금융, 메일 등 다양한 앱이 배치되어 실시간으로 업데이트 내용을 확인할 수 있습니다. 타일 형태로 된 앱은 터치에 더욱 최적화되어 사용하기 편리합니다. 터치가 지원되는 노트북은 마치 태블릿 PC처럼 사용할 수 있지만 태블릿 PC와는 또 다른 사용자 경험을 선사합니다. 저 역시도 윈도우 8이 설치된 노트북을 사용하면서 가장 편했던 점이 바로 터치였습니다.

　　윈도우 운영체제를 이용한 작업 효율적인 면에서도 많은 개선이 있었습니다. 기존 윈도우 7 운영체제에 비해 전체적인 성능이 향상되었고 더 빨라졌습니다. 게이밍 성능이나 작업적인 성능 모두 좋아졌습니다. 각자 활용하기에 따라 다르겠지만 작업 관리자와 파일 복사, 컴퓨터 창의 메뉴 부분에서도 많은 개선이 있었습니다.

　　윈도우 8은 사용자에게 조금 더 편리한 인터페이스와 사용성을 제공합니다. 기존 운영체제에서는 파일이나 메뉴를 찾으려면 위치를 미리 알아두거나 실행 명령어를 외워야 했지만, 이제는 참 메뉴(Charm Bar)의 검색 기능으로 파일은 물론, 설정, 앱, 피플, 일정 등 모든 항목을 동시에 검색할 수 있습니다. 물론 검색어를 완벽히 외우지 않아도 원하는 항목을 검색할 수 있습니다. 그리고 자동 유지 관리 기능은 사용하지 않는 시간에

소프트웨어를 업데이트하고 보안 검사를 하고 진단하는 등 항상 컴퓨터를 최신의 상태로 유지해 줍니다. 물론 이외에도 시스템을 백업하는 툴이나 응급 복구 CD 등 다양한 관리 기능도 제공합니다. 너무 고급 기능 같아서 사용 방법이 어려울 것 같나요? 이 모든 작업은 윈도우 8이 자동으로 알아서 해결해 주므로 여러분은 그냥 편하게 사용만 하면 됩니다.

좋은 기능을 두고 쓰지 않는 것과 애초에 쓰기 두려워 못 쓰는 것은 많은 차이가 있습니다. 그런 의미에서 필자는 새로운 운영체제를 두려워만 하지 말고 무작정 써 보기를 권합니다. 윈도우 8이 점점 활성화되고, 앞으로 이런 비슷한 형태의 운영체제가 계속 출시·발전하는 것은 어쩔 수 없는 시대적 흐름입니다. 앞으로의 컴퓨터, 노트북 등의 기기에는 무조건 윈도우 8이 설치되어 있을 것입니다. 그러니 남보다 하루라도 먼저 사용해 보기를 권합니다. 필자의 능력 한에서 최대한 초보 사용자들이 알기 쉽게 윈도우 8 사용방법을 알려주려고 노력했습니다. 물론 고급 사용자를 위한 팁도 가득합니다. 그렇다고 이 책으로 윈도우 8의 모든 기능을 완벽하게 알 수 있다고 말하기는 어렵습니다. 지면 제한으로 설명하지 못한 기능과 팁도 많으니까요. 이 책을 발판 삼아 윈도우 8 기본을 확실히 마스터한 뒤 차차 고급 기능을 마스터하면 윈도우 8 완전정복도 어렵지 않을 것입니다. 이 책을 시작으로 여러분이 윈도우 8에 더욱 친숙해지고 다양한 기능을 활용할 수 있게 되기를 바라봅니다.

박춘호(씨디맨)

※ 필자의 블로그에서도 윈도우 8 활용 팁을 비롯한 PC 전반의 다양한 정보를 얻을 수 있습니다.

필자의 블로그 주소

주소 : http://cdmanii.com

필자가 만든 컴퓨터 조립 동영상 주소

주소 : http://www.youtube.com/playlist?list=PLE4B43404174F9BBD
줄임 주소 : http://goo.gl/Jcoh0

이 책의 구성

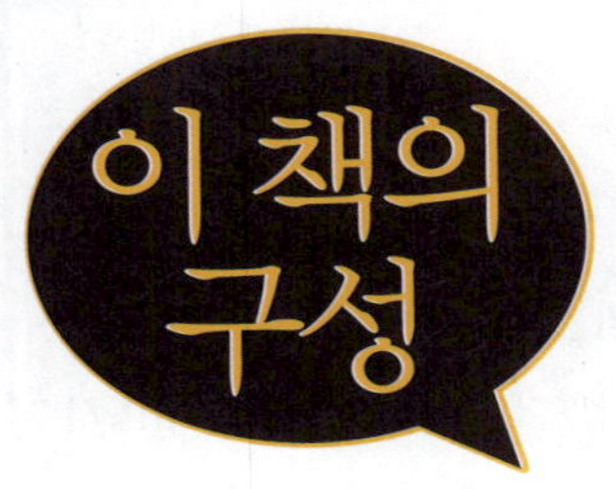

IT 분야의 유명한 파워블로거 씨디맨과 함께 하는 윈도우 8 완전정복

〈Windows 8 Using Bible〉로 윈도우 8 기본은 물론
고급 활용까지 단계별로 모두 마스터할 수 있습니다.
처음부터 차근차근 따라하거나 필요한 부분만 활용하셔도 됩니다.

제목 : 어떤 기능을 배울 것인지 한눈에 알 수 있습니다.

발문 : 해당 기능을 따라 하기 앞서 무엇을 배울 것인지 전체적으로 한 번 정리해 줍니다.

바로가기 키 : 해당 기능을 빠르게 실행할 수 있는 바로가기 키를 소개합니다.

팁 : 윈도우 8을 사용하다가 궁금한 점이 있거나 더 알아두면 좋을 내용들을 소개합니다.

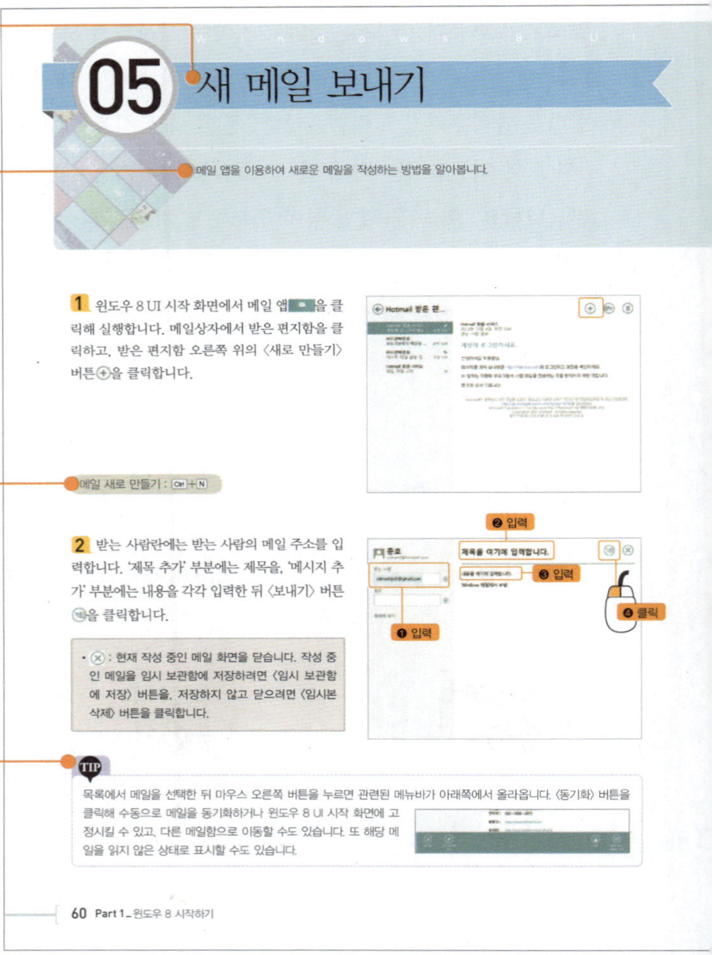

05 새 메일 보내기

메일 앱을 이용하여 새로운 메일을 작성하는 방법을 알아봅니다.

1 윈도우 8 UI 시작 화면에서 메일 앱을 클릭해 실행합니다. 메일상자에서 받은 편지함을 클릭하고, 받은 편지함 오른쪽 위의 〈새로 만들기〉 버튼을 클릭합니다.

메일 새로 만들기 : Ctrl+N

2 받는 사람란에는 받는 사람의 메일 주소를 입력합니다. '제목 추가' 부분에는 제목을, '메시지 추가' 부분에는 내용을 각각 입력한 뒤 〈보내기〉 버튼을 클릭합니다.

• : 현재 작성 중인 메일 화면을 닫습니다. 작성 중인 메일을 임시 보관함에 저장하려면 〈임시 보관함에 저장〉 버튼을, 저장하지 않고 닫으려면 〈임시본 삭제〉 버튼을 클릭합니다.

TIP 목록에서 메일을 선택한 뒤 마우스 오른쪽 버튼을 누르면 관련된 메뉴바가 아래쪽에서 올라옵니다. 〈동기화〉 버튼을 클릭해 수동으로 메일을 동기화하거나 윈도우 8 UI 시작 화면에 고정시킬 수 있고, 다른 메일함으로 이동할 수도 있습니다. 또 해당 메일을 읽지 않은 상태로 표시할 수도 있습니다.

60 Part 1_윈도우 8 시작하기

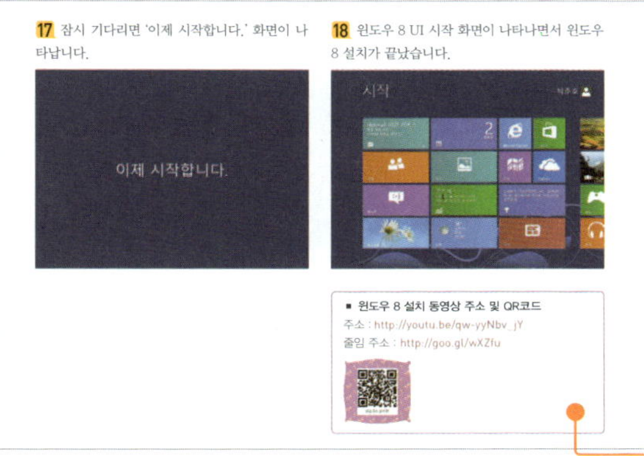

동영상 주소 및 QR코드 : 독자가 어려워 할 만한 고급 기능의 전 과정을 처음부터 끝까지 상세히 알 수 있는 저자 직강 동영상을 볼 수 있습니다.

22 윈도우 8 UI 기본 앱 - 일정

일정 앱을 이용하면 컴퓨터를 켜자마자 오늘 일정을 쉽게 확인할 수 있습니다. 구글 캘린더를 사용한다면 연동도 가능합니다.

1 윈도우 8 UI 시작 화면에서 일정 앱 █ 을 클릭합니다.

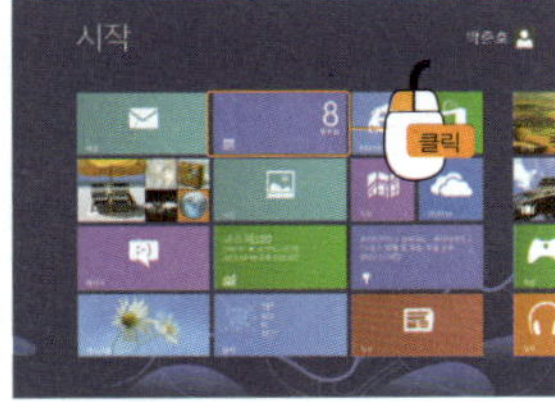

2 다음처럼 달력 모양의 캘린더 화면이 나타납니다.

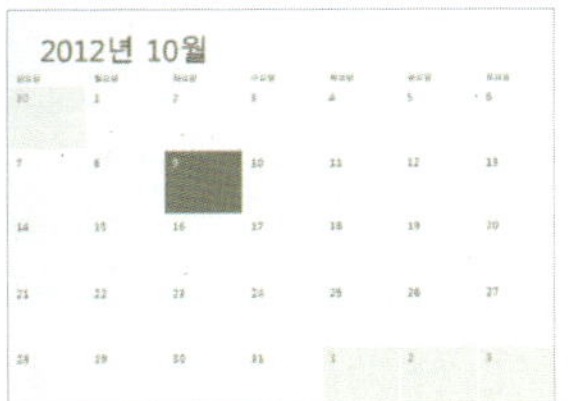

따라하기 : 처음부터 하나씩 따라 할 수 있도록 친절한 설명과 꼭 필요한 단계의 그림, 마우스 클릭 순서 등을 친절하게 알려줍니다.

Windows 8 실전 매뉴얼

파티션 나누기

하드디스크 용량이 크다면 파티션을 나눠주는 게 파일 관리하기에 더 좋습니다. 윈도우 8을 설치한 뒤 디스크 관리에서 파티션을 나눌 수도 있지만, 설치 화면에서 파티션을 분리해도 됩니다. 많은 초보 사용자가 파티션을 나누는 것을 어려워하는데 다음 과정을 차근차근 따라해 보세요. 이후부터는 파티션 나누는 것이 그리 어렵지 않을 것입니다. 참고로 윈도우 8을 설치하고 난 뒤에도 포맷 없이 파티션을 분할할 수 있습니다(383쪽 참고).

❶ Windows를 설치할 위치를 지정하는 화면에서 '드라이브 옵션(고급)'을 클릭합니다.

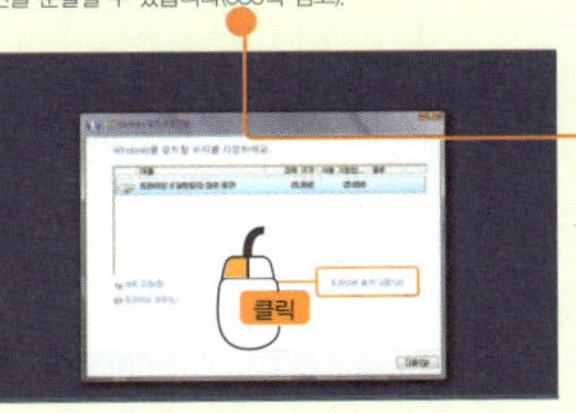

Windows 8 실전 매뉴얼 : 해당 기능과 덧붙여 알아두면 좋을 만한 활용 팁을 따라하기로 제공합니다.

쪽 표시 : 필요한 기능부터 공부하는 독자나 앞부분의 단계를 잠시 잊은 독자를 위해 해당 기능과 관련된 사용법을 알 수 있는 위치를 알려줍니다.

CONTENTS

CONTENTS

CONTENTS

Part 2   윈도우 8 기본 기능 익히기

Chapter 07 | 컴퓨터 폴더 마스터하기   199

Chapter 08 | 작업 표시줄 마스터하기   237

Chapter 09 | Internet Explorer 10 활용하기   251

CONTENTS

CONTENTS

CONTENTS

1 부

윈도우 8 시작하기

최근 스마트폰과 태블릿 PC 등 최신의 모바일 기기 때문에 사용자들은 더욱 스마트해지고 세상은 참 빠르게 변화하고 있습니다. 이제 앱이라는 단어를 모르는 사람은 거의 없을 것입니다. 이런 시류에 맞춰 윈도우 운영체제에도 많은 변화가 있었습니다. 마이크로소프트에서는 모바일과 컴퓨터용 운영체제에서 모두 사용 가능한 윈도우 8이라는 획기적인 소프트웨어를 만들었습니다. 앞으로 노트북 분야의 트렌드는 화면 터치일 것인데, 윈도우 8 때문에 스마트폰을 사용하듯 쉽게 사용할 수 있게 되었습니다.

기존 윈도우 7 사용자들은 너무나도 달라진 윈도우 8에 조금은 겁을 먹을 수도 있을 텐데요, 겁먹지 않아도 됩니다. 필자는 이것저것 많이 조작해 보라고 권하고 싶습니다. 그래야 빨리, 많이 배울 수 있으니까요. 그럼 지금부터 윈도우 8에서 무엇이 바뀌었고, 이 새롭고 획기적인 운영체제를 자신에게 어떻게 맞춰나갈 수 있을지 알아보겠습니다.

Chapter 01
윈도우 8 이해하기

윈도우 8에서는 무엇이 달라졌을까요?

이번 장에서는 윈도우 8에서 무엇이 달라졌는지

하나씩 자세히 알아보겠습니다.

기존 윈도우 운영체제 사용자도 달라진 부분을

배우면 어렵지 않게 윈도우 8 운영체제에

적응할 수 있습니다.

01 마이크로소프트 운영체제 윈도우 8

마이크로소프트의 운영체제 중 윈도우 XP는 오랫동안 많은 사람에게 사랑을 받았습니다. 지금도 윈도우 XP만 고집하는 사용자들이 의외로 많습니다. 처음 윈도우 7이 나왔을 때 많은 사람이 호환성 문제는 제쳐두고 이전 버전에 비해 너무 화려해진 인터페이스 때문에 불편해 했습니다. 하지만 시간이 흐르고 많은 사람이 사용하기 시작하면서 그간의 불신과 불만은 모두 사라져 버렸습니다. 이제는 윈도우 XP 못지않게 윈도우 7 사용자도 많아졌습니다. 그러니 마이크로소프트에서 이번에 획기적으로 발표한 '윈도우 8'에 많은 사용자가 기대를 갖는 것은 당연한 현상이라고 할 수 있습니다.

최근 다양한 스마트폰과 태블릿 PC가 출시되면서 사용자들은 스마트 기기에 익숙해져 있습니다. 전원 버튼을 누르면 바로 사용이 가능하고 화면 터치로 편리하게 조작할 수 있는 스마트 기기의 장점이 이번 윈도우 8에도 적용되어 스마트 기기의 장점과 운영체제의 익숙함이 더해져 많은 사용자에게 만족감을 줄 듯합니다. 앞으로 윈도우 8과 더불어 윈도우를 탑재한 쉽고 간단하게 사용 가능한 기기가 많이 출시되지 않을까 합니다.

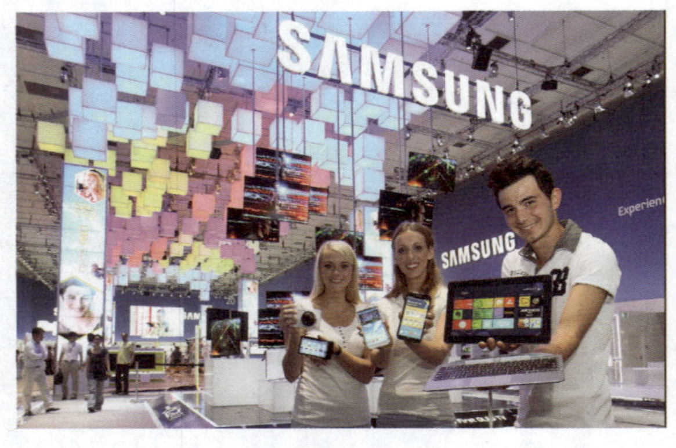

출처 : 삼성전자 블로그 삼성투모로우 http://www.samsungtomorrow.com

▲ 아티브 스마트 PC

윈도우 8은 터치에 기반을 둔 모든 태블릿 PC와 노트북에 적합한 운영체제이자 기존 데스크톱까지 아우르는 유일한 운영체제입니다. 최근 갤럭시탭, 아이패드 등 개인의 라이프스타일에 맞춤화된 최신 기기가 다양하게 출시되었고, 사용자의 다양한 욕구 또한 충족시켜 주었습니다. 이젠 집에서도 인터넷 서핑이나 메일 확인 때문에 데스크톱을 사용하는 모습은 거의 볼 수 없습니다.

부피가 큰 노트북을 좁은 지하철에서 꺼내 놓고 작업하는 것보다는 터치까지 되는 태블릿 PC를 꺼내 놓고 손가락으로 좀 더 쉽게 웹서핑을 하고 문서 작업을 할 수 있게 된 것이죠. 윈도우 8 운영체제 때문에 앞으로 많은 기기의 형태가 달라지지 않을까 합니다. 이런 흐름은 자연스러운 것으로 시대적 흐름을 따라가지 않으면 뒤처질 수밖에 없습니다. 이것이 윈도우 8을 알아야 하는 이유입니다.

02 윈도우 8의 새로운 기능 알아보기

윈도우 8은 태블릿 PC와 데스크톱 PC 모두 사용 가능하도록 만들어졌습니다. 큰 변화로는 기존 윈도우 운영체제의 〈시작〉 버튼이 사라졌습니다. 대신 참 메뉴가 생겼고 이것이 터치와 마우스 조작으로 실행되면서 더 기능이 보완되었습니다. 이외에도 마이크로소프트 계정을 활용한 클라우드 서비스와 작지만 재미있는 기능들도 많이 추가되었습니다.

▍ 윈도우 8 UI 시작 화면

다음은 윈도우 8을 부팅한 뒤 계정으로 로그인하면 나타나는 윈도우 8 UI 시작 화면입니다. 윈도우 8 UI 시작 화면을 이용하면 날씨, 피플, 트위터, 메일, 증권 등 여러 가지 정보를 한눈에 볼 수 있습니다. 듀얼모니터를 이용하면 데스크톱과 앱을 동시에 활용할 수도 있습니다.

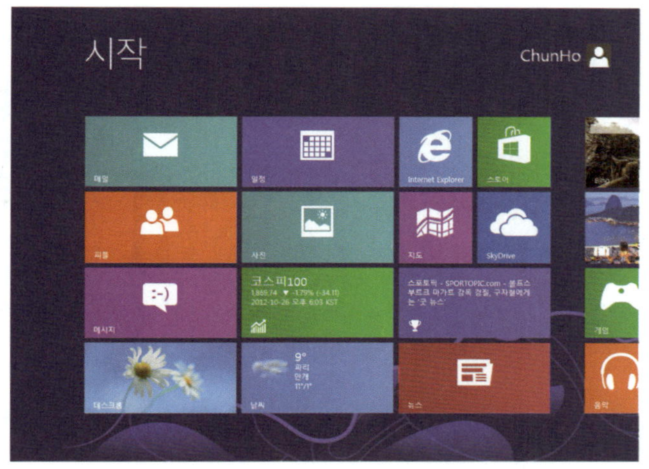

▍ 윈도우 8 UI 시작 화면의 스토어 앱

윈도우 8 UI 시작 화면의 스토어 앱을 이용하면 스마트 기기처럼 자유롭게 앱을 추가하고 활용할 수 있습니다.

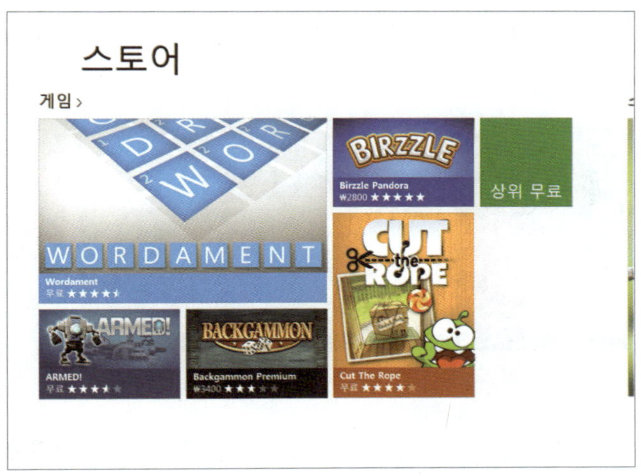

■ Microsoft 계정 연결을 이용한 SkyDrive 활용

Microsoft 계정으로 로그인하면 Micro-
soft에서 제공하는 SkyDrive를 무료로
사용할 수 있습니다. 클라우드 서비스를
이용하여 파일을 어떤 기기에서든지 가
져와서 사용할 수 있습니다.

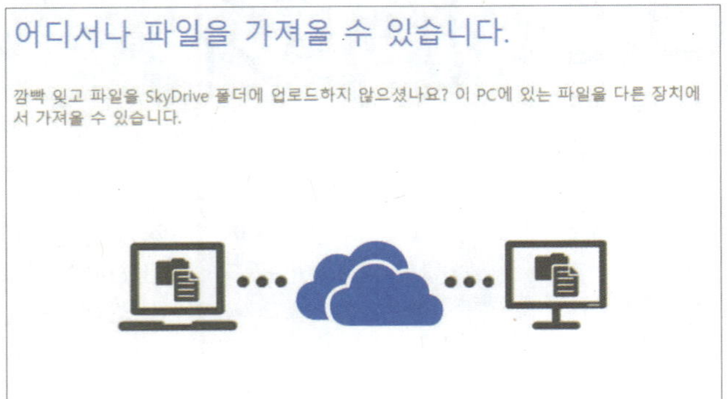

■ 계정 동기화

윈도우 8에서는 '계정 동기화'를 이용해
동일한 계정으로 로그인하면 어떤 기기
에서든지 같은 화면을 볼 수 있습니다.
잠금 화면과 배경색, 테마, 웹브라우저
의 즐겨찾기 및 열어본 페이지 등을 동기
화할 수 있습니다.

■ 빠른 속도의 Internet Explorer 10과 터치스크린에 최적화된 Internet Explorer 앱

윈도우 8에는 브라우징 속도가 이전보다 월등히 빨라진 Internet Explorer 10이 탑재되었습니다. 이
와 함께 터치스크린에 최적화된 Internet Explorer 앱을 지원하여 좀 더 편하게 사용할 수 있습니다.

▲ Internet Explorer 10

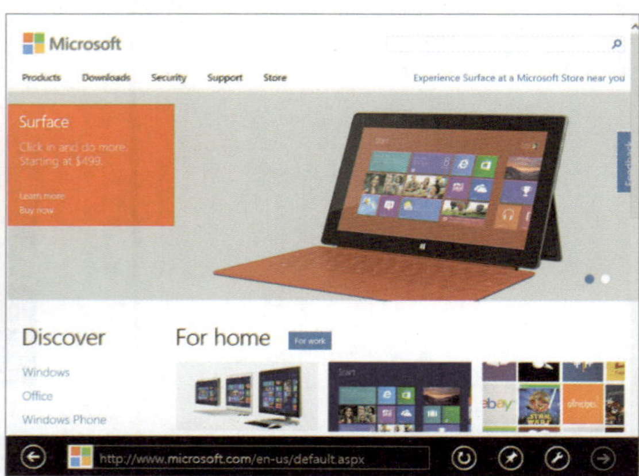

▲ Internet Explorer 앱

▌ 빠른 부팅 속도

윈도우 8부터는 이전 버전의 운영체제
보다 부팅 속도가 월등히 빨라졌습니다.
최근 차세대 저장장치로 대두되고 있는
SSD와 함께 사용하면 더욱 빠른 부팅 속
도를 기대할 수 있습니다.

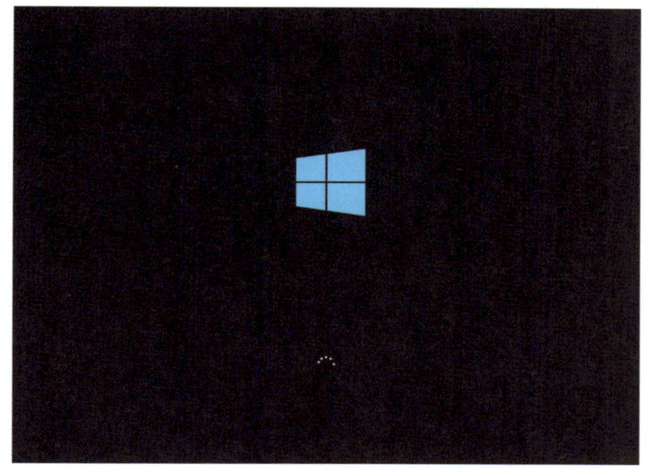

▌ PC 설정 초기화

스마트폰에는 공장초기화라는 모드가 있
는데 이와 비슷한 기능이 윈도우 8에도
있습니다. 바로 'PC 설정 초기화' 기능
이 그것입니다. 문제가 생겼을 때 데이
터를 모두 삭제하여 초기화하거나 데이
터는 그대로 남겨둔 채 설정만 모두 초기
화할 수 있어 재설치로 받는 스트레스를
줄였습니다.

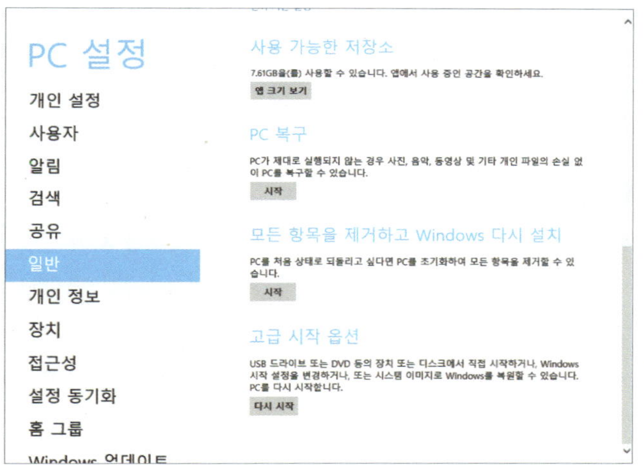

▌ 가상 디스크 기능

ISO 파일과 같은 가상 이미지 파일을 특
별한 프로그램 설치 없이 더블클릭만으
로 가상 드라이브에 마운트시키는 기능
이 윈도우 8에 추가되었습니다.

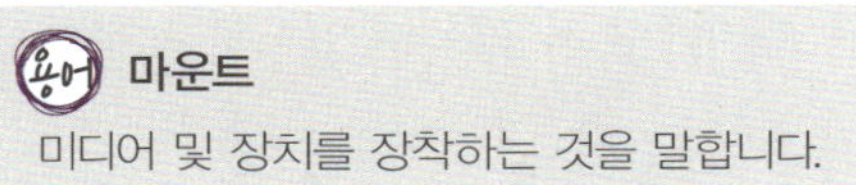

미디어 및 장치를 장착하는 것을 말합니다.

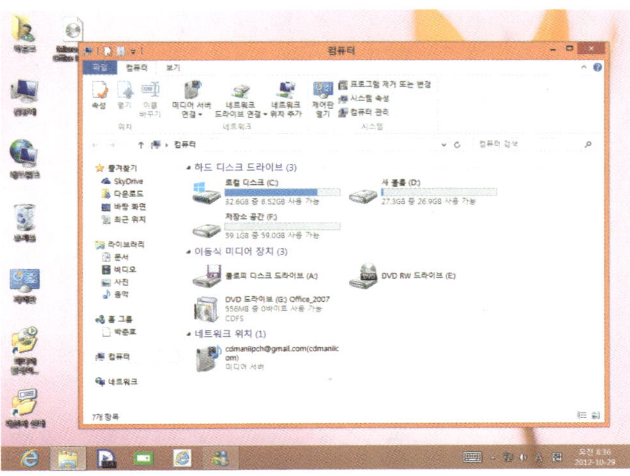

03 윈도우 8 에디션 종류 알아보기

윈도우 8은 Windows 8, Windows 8 Pro, Windows 8 엔터프라이즈, Windows RT로 나뉜 에디션을 지원합니다. 에디션별로 지원하는 운영체제는 기능에서 약간씩 차이가 있는데, 자신에게 적합한 에디션을 선택하여 사용하면 됩니다. 일반 사용자는 Windows 8이, 고급 사용자는 Windows 8 Pro가 적당합니다. 그리고 태블릿 PC에는 윈도우 RT를 사용합니다. 이외에 한국 고객에게만 제공하는 Windows 8 KN, Windows 8 Pro KN 에디션도 있습니다.

▌ Windows 8

윈도우 8은 윈도우 운영체제를 지원하는 컴퓨터에 사용되는 기본 에디션입니다. 가정용에 적합한 기능 위주로 구성되어 있습니다. 라이브 타일, 시멘틱 줌, 스토어, IE10, 마이크로소프트 계정을 이용한 동기화 등을 지원합니다.

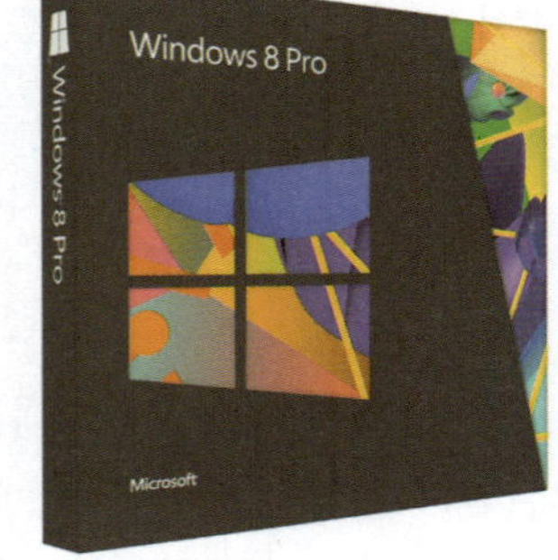

Windows 8 Pro 제품 이미지(출처 : http://windows. microsoft.com/ko−KR/windows/home)

▌ Windows 8 Pro

윈도우 8 Pro는 윈도우 8 사용자 중에서 고급 사용자를 위한 기능을 제공합니다. 윈도우 8의 기본 기능을 모두 지원하며, 원격 데스크톱 서버로 운영, 암호화 파일 시스템, Hyper−V, 가상 하드디스크(VHD), 그룹 정책, BitLocker 암호화, BitLocker To Go 등을 지원하여 다양한 용도로 활용할 수 있습니다.

▌ Windows 8 Enterprise

윈도우 8 엔터프라이즈는 윈도우 8 프로의 모든 기능 외에 IT 조직용 보조 기능이 추가로 제공됩니다. 이 에디션은 소프트웨어 보증 고객에게만 제공됩니다.

▌ Windows RT

윈도우 RT는 태블릿 PC에 최적화되어 있는 운영체제입니다. 태블릿 PC에 사용되는 ARM 아키텍처를 지원하며, 미리 설치된 형태로만 제공됩니다. 윈도우 8 UI 시작 화면에서 사용할 수 있도록 최적화된 Microsoft Office 2013이 기본으로 들어 있습니다.

▌ 에디션별 기능 비교

특성	Windows 8	Windows 8 Pro	Windows RT
Windows 7 Starter, Home Basic, Home Premium에서 업그레이드	V	V	
Windows 7 Professional, Ultimate에서 업그레이드		V	
시작 화면, 시멘틱 줌, 라이브 타일	V	V	V
윈도우 스토어	V	V	V
앱(메일, 일정, 피플, 메시지, 사진, SkyDrive, 뉴스, 음악, 비디오)	V	V	V
마이크로소프트 오피스군(워드, 엑셀, 파워포인트, 원노트)			V
Internet Explorer 10 탑재	V	V	V
장치 암호화			V
연결 상태로 대기(Connected standby)	V	V	V
마이크로소프트 계정	V	V	V
데스크톱	V	V	V
32비트/64비트 소프트웨어 사용 가능	V	V	
윈도우 Explorer 업데이트	V	V	V
Windows Defender	V	V	V
스마트 스크린	V	V	V
윈도우 업데이트	V	V	V
작업 관리자 기능 향상	V	V	V
바로바로 언어 변경 가능(언어팩)	V	V	V
멀티 모니터 지원 향상	V	V	V
저장소 기능	V	V	
윈도우 미디어 플레이어	V	V	
익스체인지 액티브싱크	V	V	V
파일 히스토리	V	V	V
ISO/VHD 마운트	V	V	V
모바일 광대역	V	V	V
사진 암호	V	V	V
재생	V	V	V
데스크톱 복구(클라이언트)	V	V	V
PC 복구 및 초기화	V	V	V
스냅(Snap)	V	V	V
키보드 터치	V	V	V
트러스티드 부트	V	V	V
VPN 클라이언트	V	V	V
BitLocker와 BitLocker To Go		V	
VHD 부팅		V	
Hyper-V 클라이언트		V	
도메인 연결		V	
파일 시스템 암호화		V	
그룹 정책		V	
원격 데스크톱(호스트)		V	

▲ 출처 : http://blogs.windows.com/windows/b/bloggingwindows/archive/2012/04/16/announcing-the-windows-8-editions.aspx

▌ 윈도우 8 시스템 요구 사양

- 프로세서 : 1GHz 이상(PAE, NX 및 SSE2 지원)
- RAM : 1GB(32비트) 또는 2GB(64비트)
- 하드디스크 공간 : 16GB(32비트) 또는 20GB(64비트)
- 그래픽 카드 : Microsoft DirectX 9(마이크로소프트 다이렉트엑스 7) 그래픽 장치(WDDM 드라이버 포함)

특정 기능을 사용하는 데 필요한 추가 요구사항

- 멀티 터치를 지원하는 태블릿 PC나 모니터 필요(터치 기능 사용 시)
- 윈도우 스토어에서 다운로드받은 앱을 실행하려면 화면 해상도가 1024×768 이상
- 보안 부팅을 사용하려면 UEFI v2.3.1 Errata B를 지원하는 펌웨어가 필요하고, UEFI 서명 데이터베이스에 마이크로소프트 윈도우 인증기관 등록
- 일부 게임 및 프로그램을 사용하려면 DirectX 10 이상과 호환되는 그래픽 카드 필요
- 일부 기능에서는 Microsoft 계정 필요
- Windows Media Center 라이선스는 별도 구매
- BitLocker To Go를 사용하려면 USB 플래시 드라이브 필요(윈도우 8 프로만 해당)
- BitLocker에는 TPM(신뢰할 수 있는 플랫폼 모듈) 1.2 또는 USB 플래시 드라이브 필요(윈도우 8 프로만 해당)

※ 내게 적합한 윈도우 에디션을 알고 싶다면 Microsoft에서 제공하는 다음 설문을 참고합니다.
http://windows.microsoft.com/ko-KR/windows/compare

04 설치 CD로 윈도우 8 설치하기

윈도우 8 설치 CD를 이용하여 윈도우 8을 설치하는 방법을 알아봅니다. 설치 시간은 12분 내외로, 이전 버전에 비해 훨씬 짧은 시간에 윈도우 8을 설치할 수 있습니다. 설치 과정 또한 어렵지 않으니 천천히 따라해 봅니다.

1 컴퓨터의 전원을 켜자마자 윈도우 8 설치 CD를 ODD에 넣습니다. 이때, 바이오스 셋업에서 ODD로 먼저 부팅되도록 설정해야 합니다.

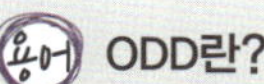 **ODD란?**

'Optical Disk Drive(광 디스크 드라이브)'의 약어로, CD-ROM/RW, DVD 등 레이저로 자료를 읽는 데이터 저장 재생 장치를 말합니다.

TIP | 바이오스 셋업에서 부팅 순서 변경하기

바이오스 셋업에서 ODD로 먼저 부팅되도록 하려면, 컴퓨터 부팅 시 Delete 키를 눌러 바이오스 셋업 화면으로 이동합니다. 바이오스 셋업에서 부팅 순서를 변경하는 방법은 394쪽을 참고합니다.

2 'Press any key to boot from CD or DVD._' 라는 메시지가 나타나면 키보드의 아무 키나 누릅니다.

3 윈도우 로고가 보이면 잠시 기다립니다.

4 Windows 설치 화면이 나타납니다. 설치할 언어와 시간, 키보드 입력 방법과 종류를 선택합니다. 보통은 키보드 종류만 선택하면 됩니다. 데스크톱에서는 보통 '한글 키보드(103/106키)'를, 노트북에서는 'PC/AT 101키 호환 키보드(종류 1)'을 선택합니다. 〈다음〉 버튼을 누릅니다.

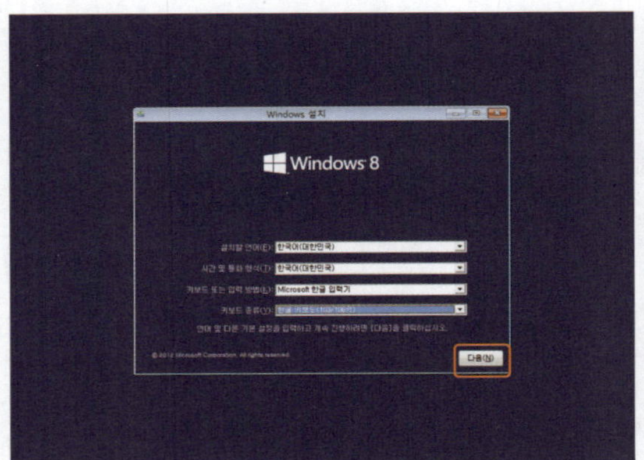

▲ 데스크톱에서 키보드 종류 선택

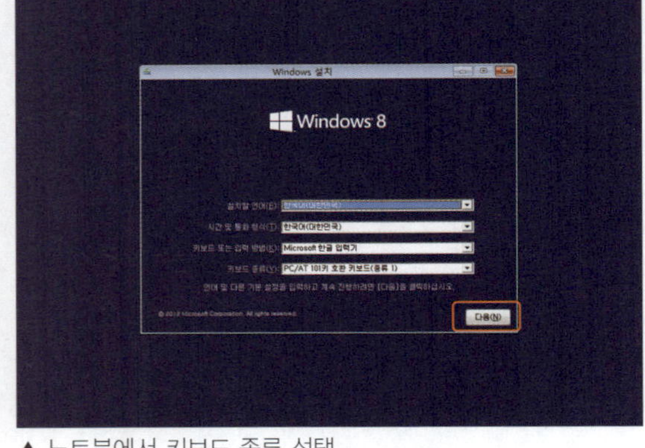

▲ 노트북에서 키보드 종류 선택

5 다음 단계에서 〈지금 설치〉 버튼을 누릅니다.

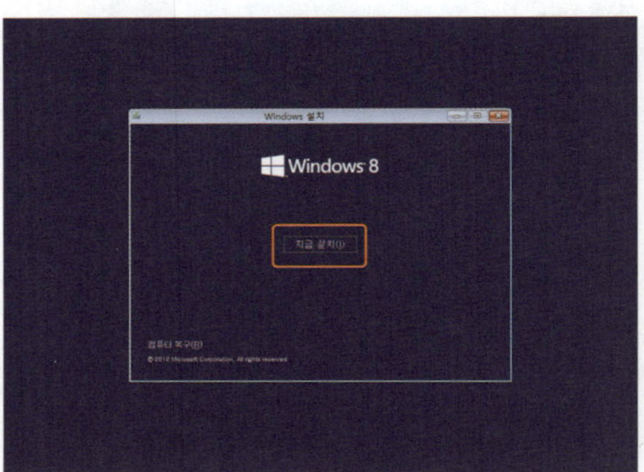

6 소프트웨어 사용권 계약 화면에서 사용 조건을 읽어본 뒤 '동의함'에 체크하고 〈다음〉 버튼을 누릅니다.

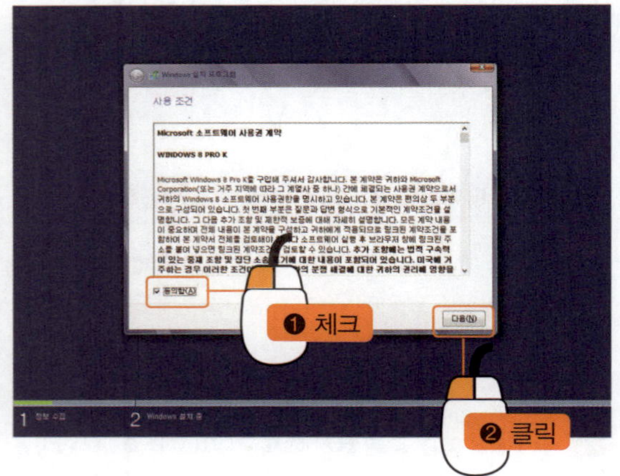

7 다음 화면에서 설치 유형을 선택합니다. 여기서는 기본 권장사항인 '업그레이드: Windows를 설치하고 파일, 설정 및 응용 프로그램 유지'를 클릭합니다. 새 하드디스크나 사용 중인 하드디스크에 들어 있는 데이터를 지우고 설치하려면 '사용자 지정'을 클릭합니다.

❶ 업그레이드: Windows를 설치하고 파일, 설정 및 응용 프로그램 유지 : 이미 사용 중인 운영체제를 윈도우 8로 업데이트하는 방법
❷ 사용자 지정: Windows만 설치(고급) : 파티션 설정이나 선택 등 좀 더 고급 단계의 설정을 한 뒤 설치하는 방법

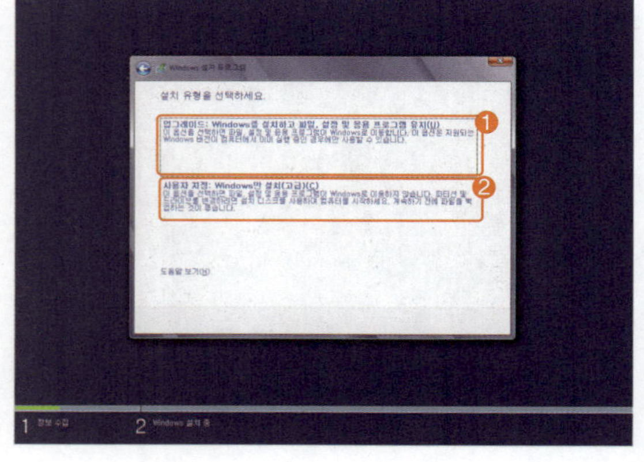

8 Windows를 설치할 위치를 지정하는 부분입니다. 새 하드디스크라면 그림처럼 할당되지 않은 공간으로 나타납니다. 선택한 뒤 〈다음〉 버튼을 누릅니다.

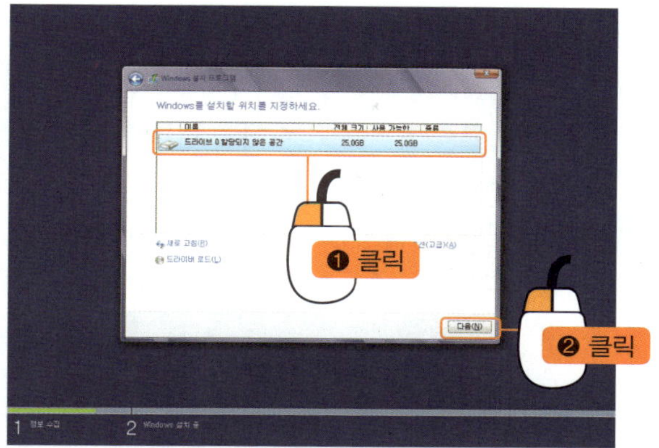

파티션 나누기

하드디스크 용량이 크다면 파티션을 나눠주는 게 파일 관리하기에 더 좋습니다. 윈도우 8을 설치한 뒤 디스크 관리에서 파티션을 나눌 수도 있지만, 설치 화면에서 파티션을 분리해도 됩니다. 많은 초보 사용자가 파티션을 나누는 것을 어려워하는데 다음 과정을 차근차근 따라해 보세요. 이후부터는 파티션 나누는 것이 그리 어렵지 않을 것입니다. 참고로 윈도우 8을 설치하고 난 뒤에도 포맷 없이 파티션을 분할할 수 있습니다(383쪽 참고).

❶ Windows를 설치할 위치를 지정하는 화면에서 '드라이브 옵션(고급)'을 클릭합니다.

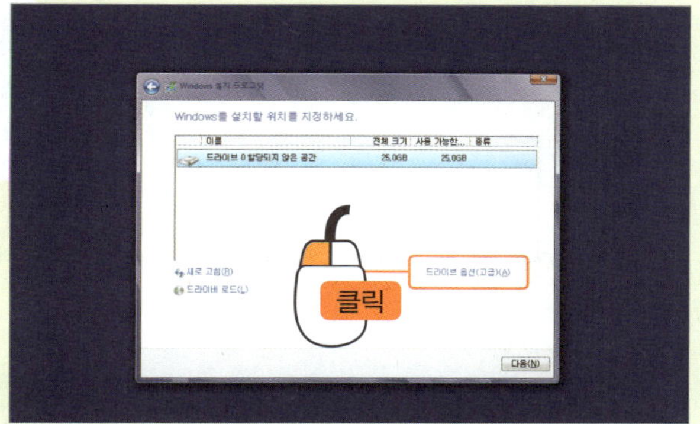

❷ 파티션을 분리할 할당되지 않은 공간을 선택한 뒤 '새로 만들기'를 클릭합니다.

■ **파티션 나누기 동영상 주소 및 QR코드**

주소 : http://youtu.be/ASCZAQR-9VY

줄임 주소 : http://goo.gl/uXRdJ

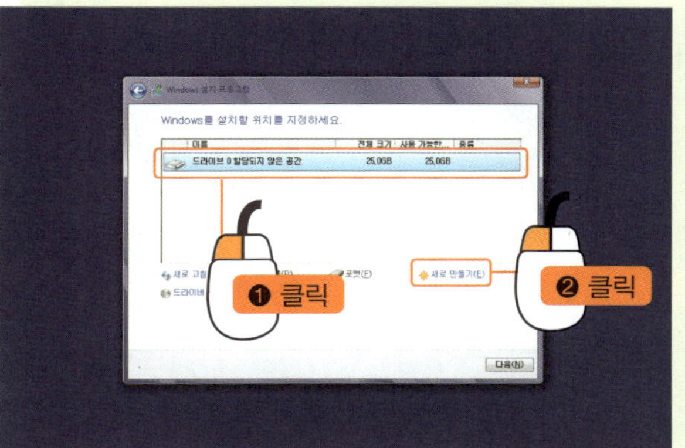

❸ 크기란에 새로 생성할 파티션의 크기를 MB 단위로 입력한 뒤 〈적용〉 버튼을 누릅니다. 예를 들어, 10GB를 할당하고 싶다면 '10×1024KB=10240'을 입력합니다. 마찬가지로 120GB를 할당해야 한다면 '122880'을 입력하면 되겠죠.

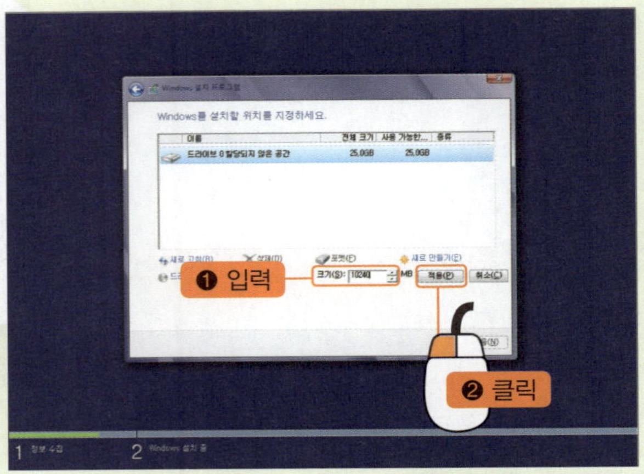

❹ 할당한 크기만큼 새 파티션이 생성되었습니다(주 파티션).

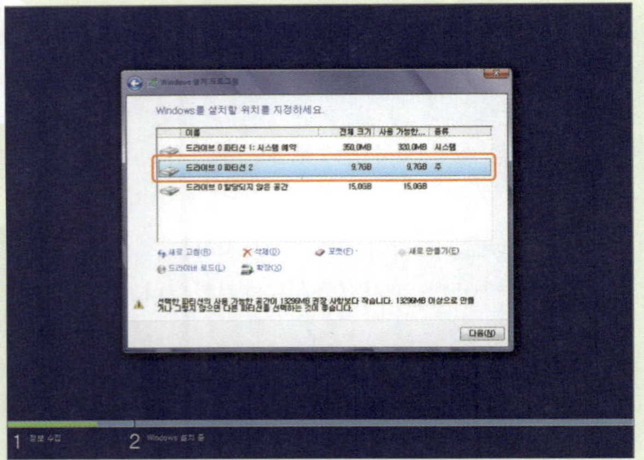

❺ 할당되지 않은 영역을 다시 선택한 뒤 '새로 만들기'를 클릭합니다. 이는 할당되지 않은 공간을 다시 파티션을 나누거나 새 파티션으로 생성하는 작업입니다.

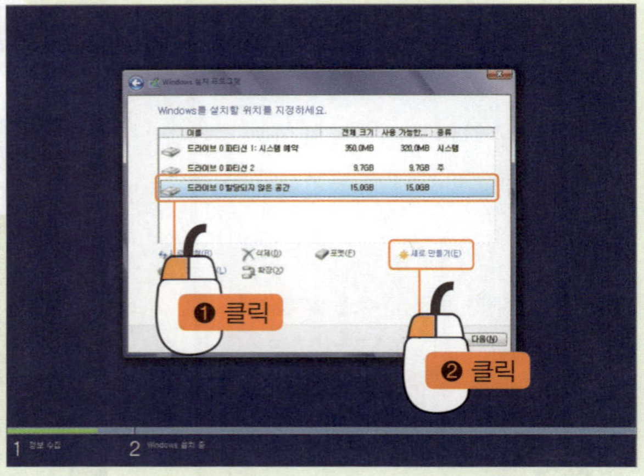

❻ 크기란에 기본적으로 할당되지 않은 공간의 최대 크기가 입력되어 있습니다. 다시 파티션을 나누려면 ❸의 과정을 반복하면 됩니다. 나머지 공간을 모두 하나의 파티션으로 지정하려면 숫자를 수정하지 않은 채 〈적용〉 버튼을 누릅니다. 여기서는 숫자를 수정하지 않은 채 〈적용〉 버튼을 눌렀습니다.

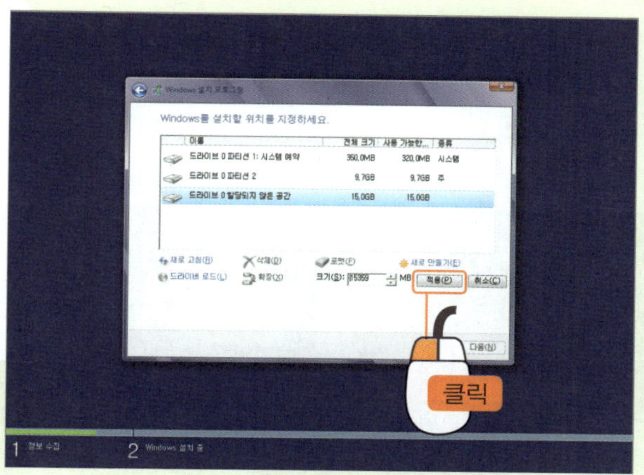

❼ 다음과 같이 주 파티션이 2개 생성된 것을 확인할 수 있습니다. 우리가 흔히 볼 수 있는 C드라이브, D드라이브가 생긴 것입니다. 주 파티션 순번이 빠른 것을 선택한 뒤 〈다음〉 버튼을 누르고 설치 과정을 진행하면 됩니다.

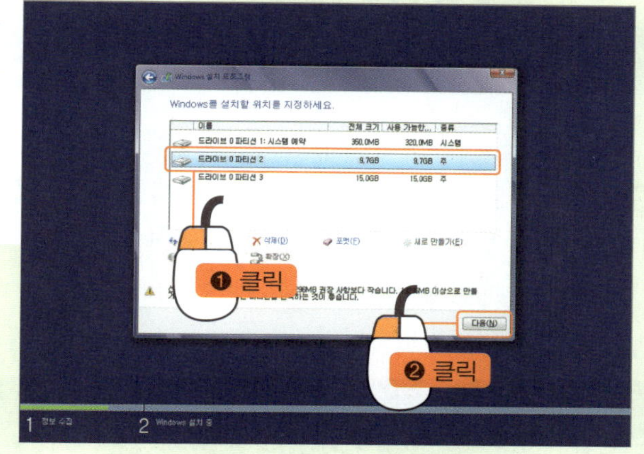

❾ Windows 설치가 진행됩니다. 운영체제 설치 중 가장 시간이 많이 걸리는 부분입니다. 진행 과정을 확인하며 기다립니다.

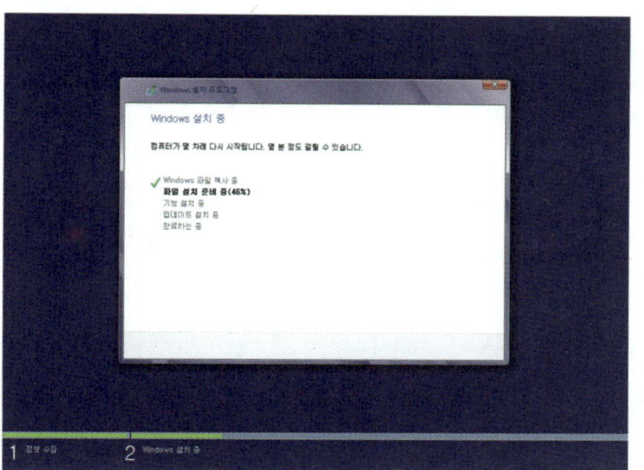

❿ 파일 복사가 완료되면 다음과 같은 창이 뜨는데, 〈다시 시작〉 버튼을 누르거나 잠시 기다립니다. 그러면 컴퓨터가 재부팅을 시작합니다.

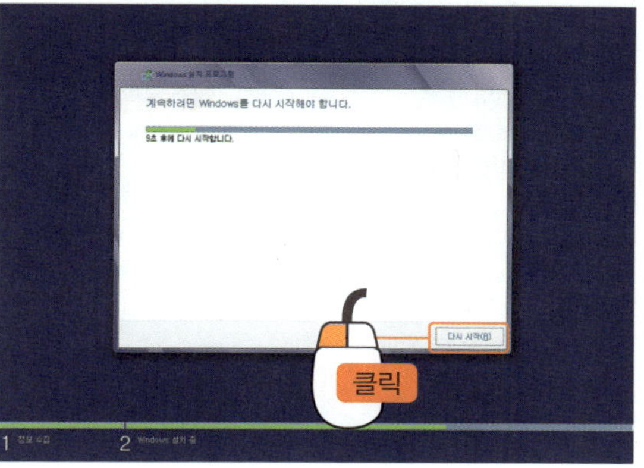

11 개인 설정 화면이 나타나면 PC 이름란에 이름을 입력한 뒤 〈다음〉 버튼을 누릅니다. PC 이름은 홈네트워킹을 사용할 때 컴퓨터를 서로 구분하는 이름이므로, 컴퓨터를 쉽게 확인할 수 있는 이름으로 입력하는 것이 좋습니다(예 : cdmaniimycom).

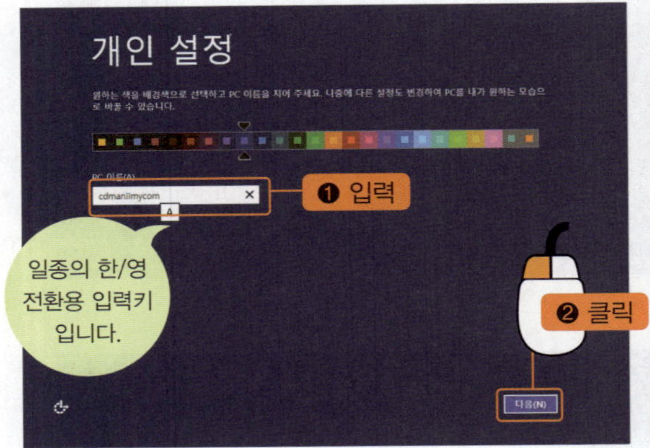

12 기본 설정 화면에서 아래쪽의 〈기본 설정 사용〉 버튼을 누릅니다. 업데이트, 소프트웨어 설정 등을 직접 할 수 있습니다.

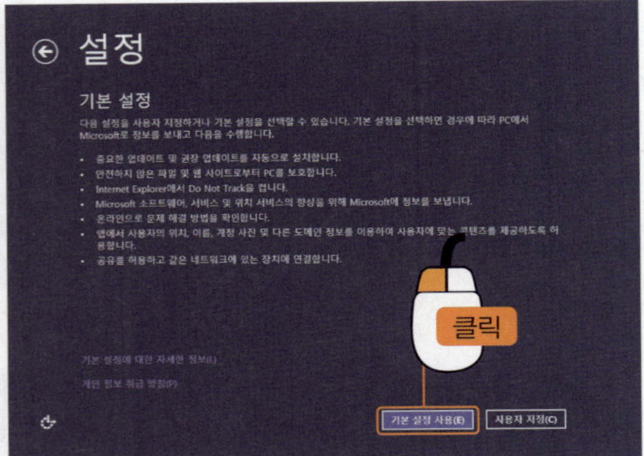

13 PC 로그인 설정 화면에서 Microsoft 계정이 있다면 계정 정보를 입력한 뒤 〈다음〉 버튼을 누릅니다. '새 메일 주소 만들기'를 클릭하면 새로운 계정을 생성할 수 있습니다.

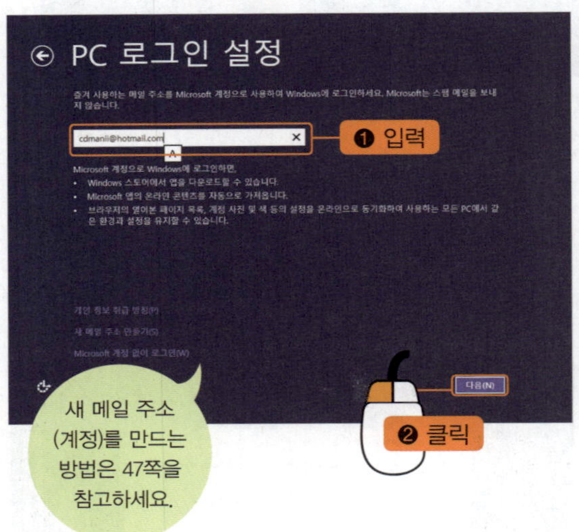

14 Microsoft 계정 암호 입력 화면에서 계정 암호를 입력한 뒤 〈다음〉 버튼을 누릅니다.

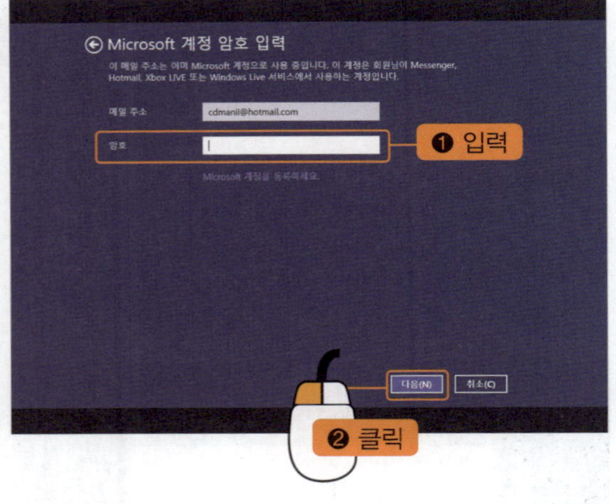

15 보안 정보 추가 화면에서는 Microsoft 계정으로 로그인할 수 없을 때를 대비한 다른 계정의 메일 주소를 입력합니다. 암호 확인용 메일란에 메일 주소를 입력한 뒤 〈다음〉 버튼을 누릅니다.

16 윈도우 8의 기본적인 조작을 알려주는 동영상 화면이 나타나면 끝까지 한번 살펴봅니다.

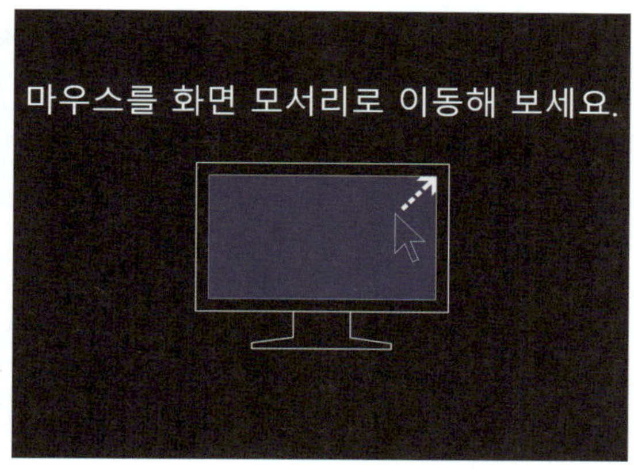

17 잠시 기다리면 '이제 시작합니다.' 화면이 나타납니다.

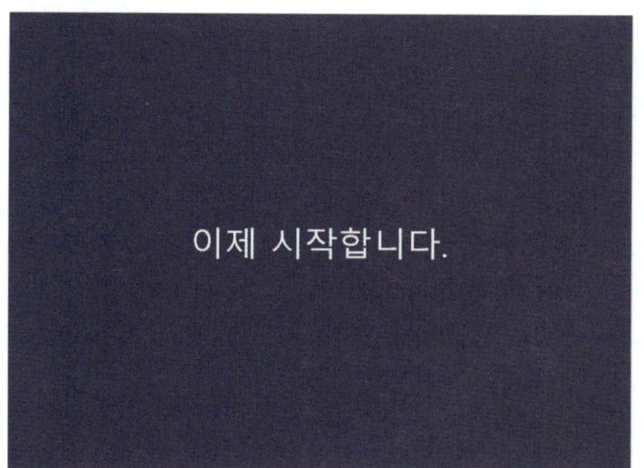

18 윈도우 8 UI 시작 화면이 나타나면서 윈도우 8 설치가 끝났습니다.

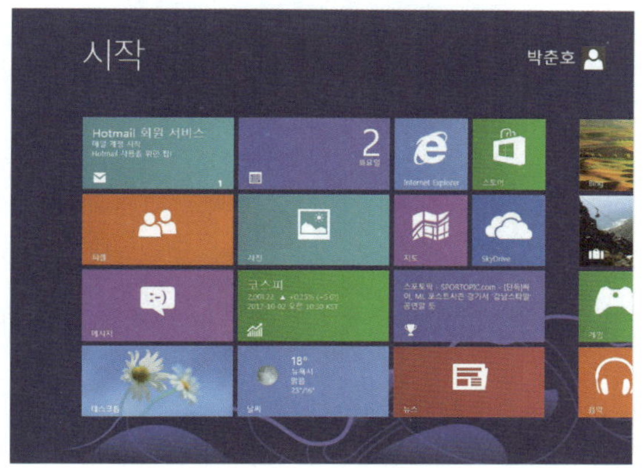

■ 윈도우 8 설치 동영상 주소 및 QR코드

주소 : http://youtu.be/qw-yyNbv_jY
줄임 주소 : http://goo.gl/wXZfu

05 설치 CD로 윈도우 XP에서 윈도우 8 업그레이드 설치하기

윈도우 XP가 설치되어 있는 컴퓨터에 윈도우 8로 업그레이드하는 방법을 알아봅니다. 아쉽지만 윈도우 XP에서 사용하던 프로그램은 윈도우 8로 업그레이드하면 사용하지 못합니다. 윈도우 8로 설치한 뒤에는 필요한 프로그램을 다시 설치해야 합니다. 또 기존 개인 파일 설정도 유지할 수 없습니다.

1 중요한 데이터를 다른 하드디스크나 파티션으로 나눈 드라이브, 외장 하드디스크 등에 백업합니다. 윈도우 XP가 부팅되어 있는 상태에서 윈도우 8 CD를 넣습니다. 〈Install now〉 버튼을 누릅니다.

2 윈도우 8 설치 전 업그레이드를 권하는 화면이 나타납니다. 'Go online to install updates now (recommended)'를 클릭하면 업그레이를 진행합니다.

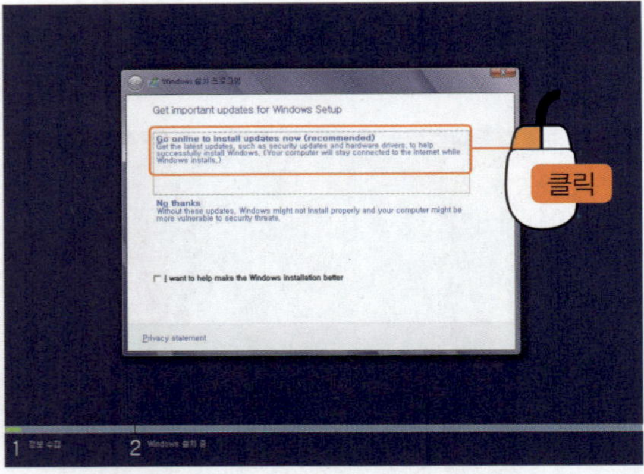

3 사용 조건을 설명하는 화면이 나타납니다. 'I accept the license terms'에 체크한 뒤 〈다음〉 버튼을 누릅니다.

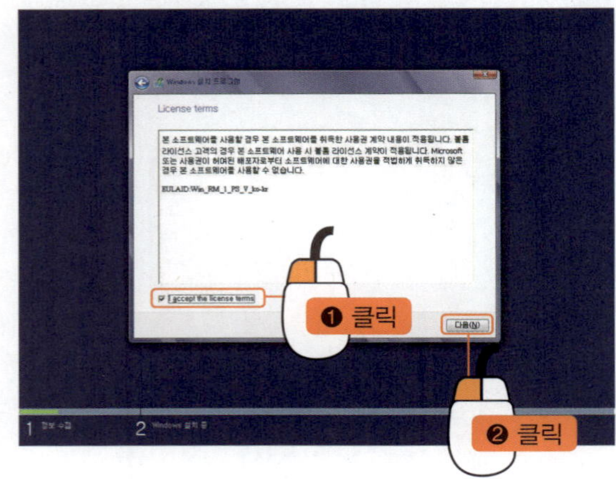

4 설치 타입 선택 화면에서 'Custom: Install Windows only (advanced)'를 클릭합니다.

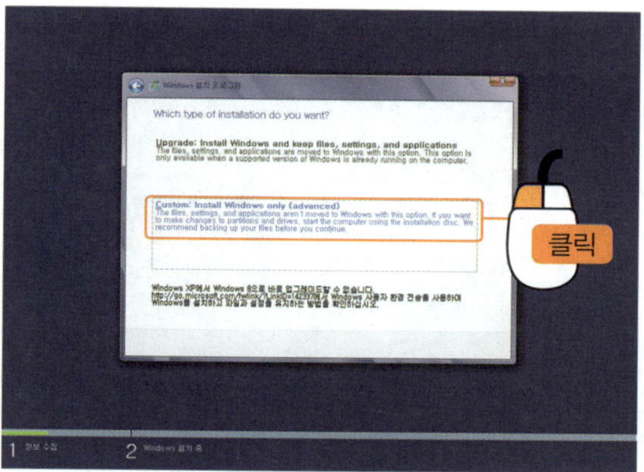

5 기존 C드라이브를 선택한 뒤 〈다음〉 버튼을 누릅니다.

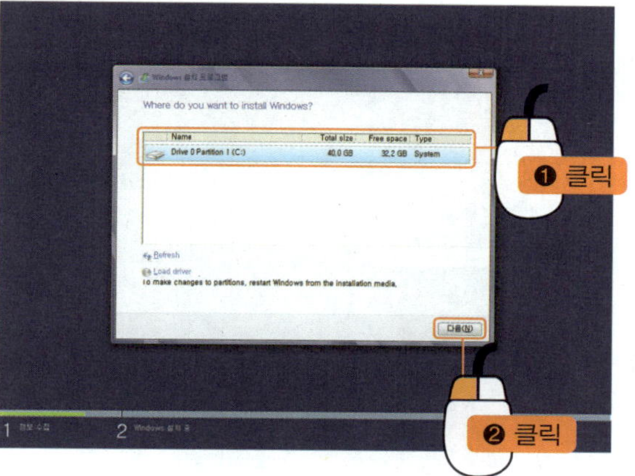

6 설치하면 기존 운영체제는 오래된 운영체제로, 기존 파일들은 모두 오래된 파일로 분류된다는 설명이 나타납니다. 〈확인〉 버튼을 누릅니다.

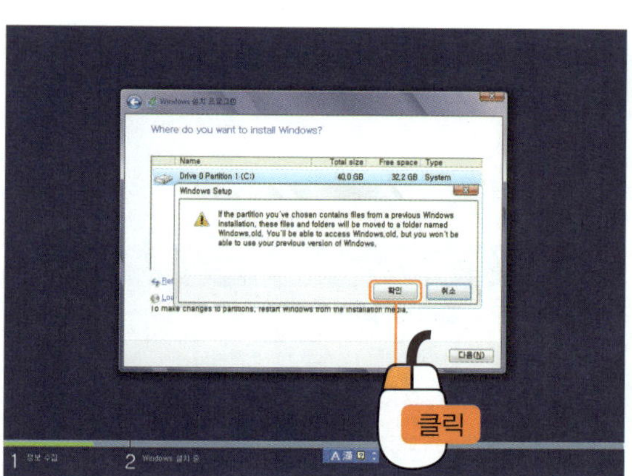

7 윈도우 8 설치가 진행됩니다. 몇 번의 재부팅과 설치가 반복됩니다. 계속 기다립니다.

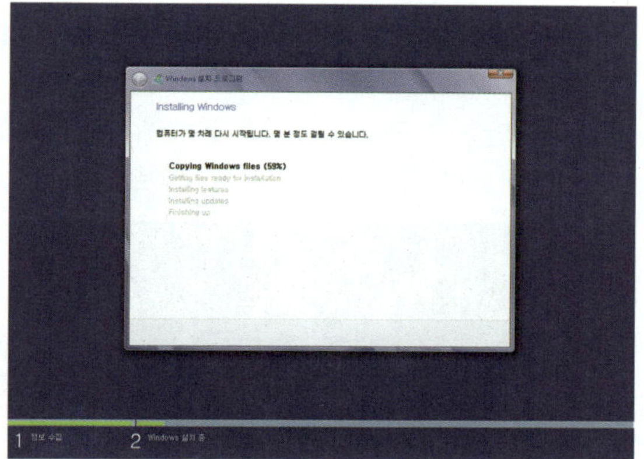

8 개인 설정 화면에서 원하는 색상과 PC 이름을 지정하고 〈다음〉 버튼을 누릅니다.

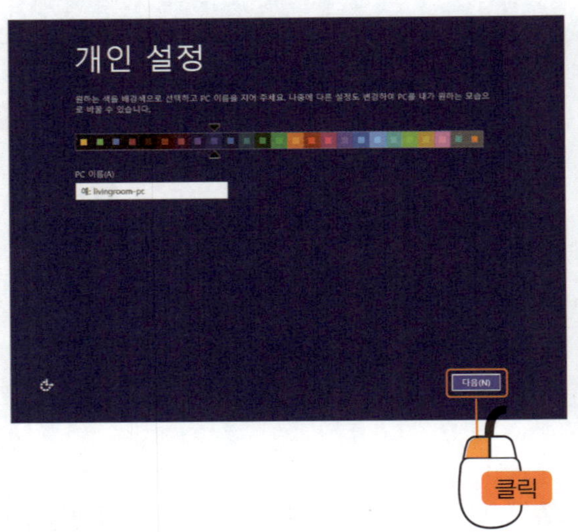

9 기본 설정 화면에서 〈기본 설정 사용〉 버튼을 누릅니다. PC 로그인 설정 화면에서 새 사용자 이름과 암호를 입력하고 〈마침〉 버튼을 누릅니다.

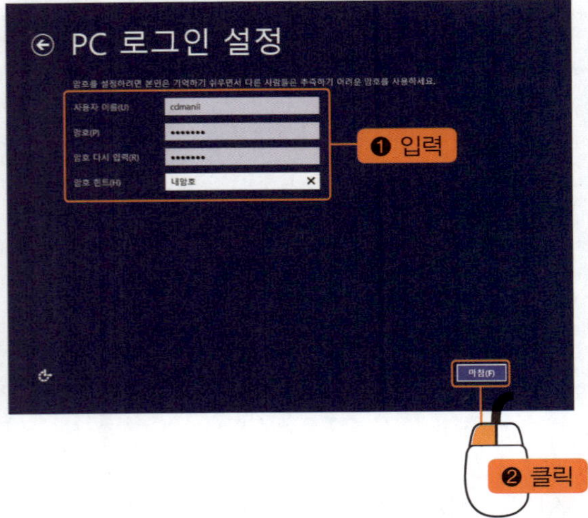

10 윈도우 8 초기 설치 후 사용법을 알려주는 동영상이 나오면 잠시 감상합니다. 설치가 끝나면 윈도우 8 UI 시작 화면이 나타납니다. 앱 모두 보기로 바꾸면 기존 프로그램은 모두 삭제되고 새로 윈도우 8만 깨끗이 설치된 것을 알 수 있습니다.

11 컴퓨터 폴더를 열고 C드라이브에서 마우스 오른쪽 버튼을 누릅니다. [속성] 메뉴를 클릭합니다. 속성 대화상자에서 〈디스크 정리〉 버튼을 누릅니다.

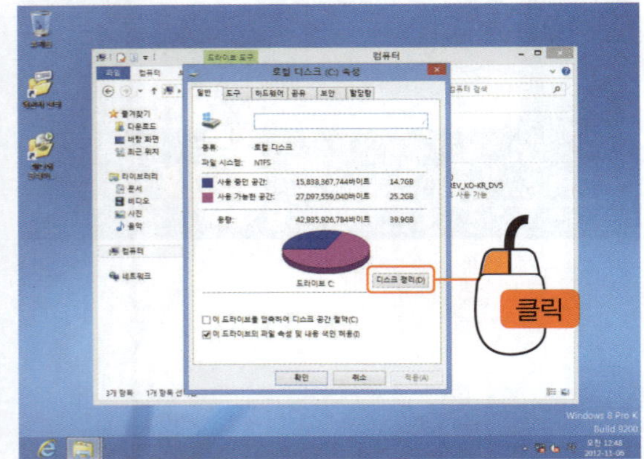

12 [디스크 정리] 대화상자에서 〈시스템 파일 정리〉 버튼을 누릅니다.

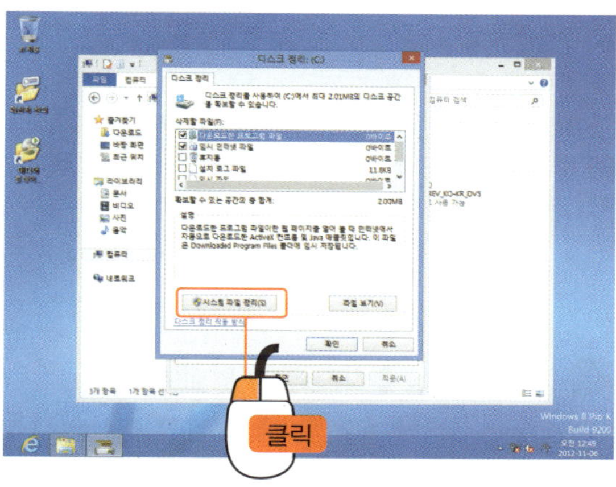

13 [디스크 정리] 대화상자에 삭제할 파일 목록이 나타나면 '이전 Windows 설치'에 체크한 뒤 〈확인〉 버튼을 누릅니다.

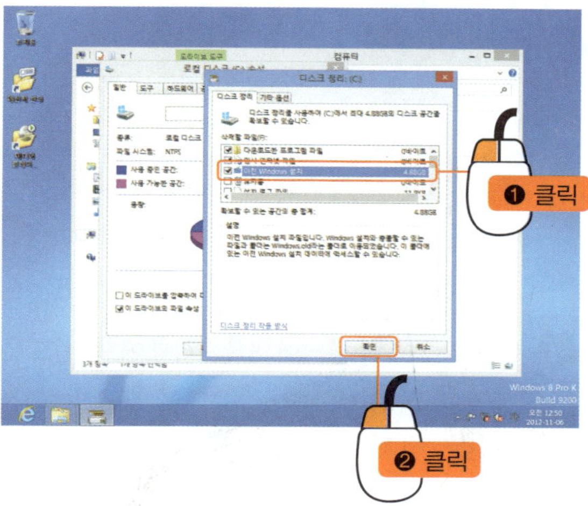

14 〈파일 삭제〉 버튼을 눌러 이전 운영체제 파일을 완전히 삭제합니다.

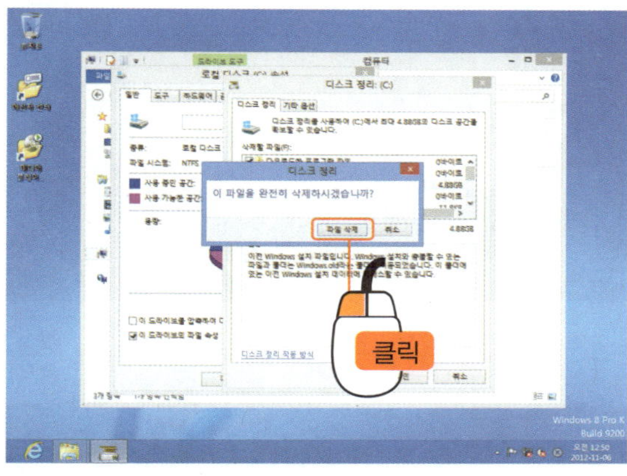

15 C드라이브의 사용 중인 공간이 줄어들었음을 알 수 있습니다.

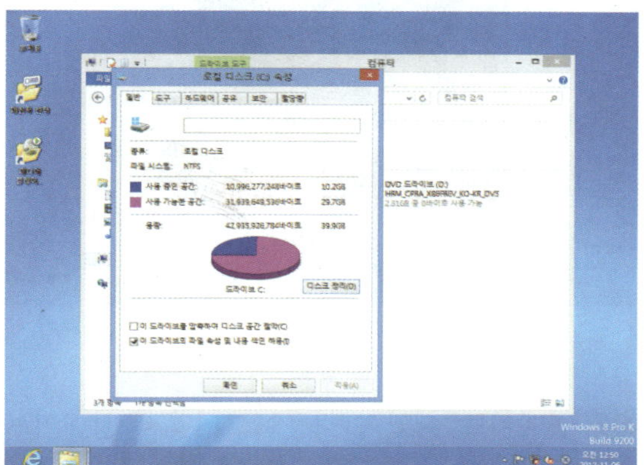

06 설치 CD로 윈도우 7에서 윈도우 8 업그레이드 설치하기

윈도우 7 운영체제를 사용하는 상태에서 윈도우 8로 업그레이드하는 방법을 배워봅니다. 윈도우 8 처음 사용자판은 구매 비용이 비싼 편이나 업그레이드판은 가격이 저렴한 편입니다. 윈도우 7 정품 사용자라면 저렴한 가격으로 윈도우 8로 업그레이드가 가능합니다. 참고로 윈도우 7에서 사용하던 프로그램도 호환성 문제가 없다면 그대로 사용이 가능합니다. 업그레이드하는 방법을 배워봅니다.

1 윈도우 7이 부팅되어 있는 상태에서 윈도우 8 설치 CD 또는 USB를 컴퓨터와 연결합니다. Windows 8 설치 창이 나타나면 〈지금 설치〉 버튼을 누릅니다.

2 Windows 8 설치에 앞서 업데이트를 권장하는 내용이 나타납니다. '지금 온라인으로 연결하여 업데이트를 설치합니다.'를 클릭합니다.

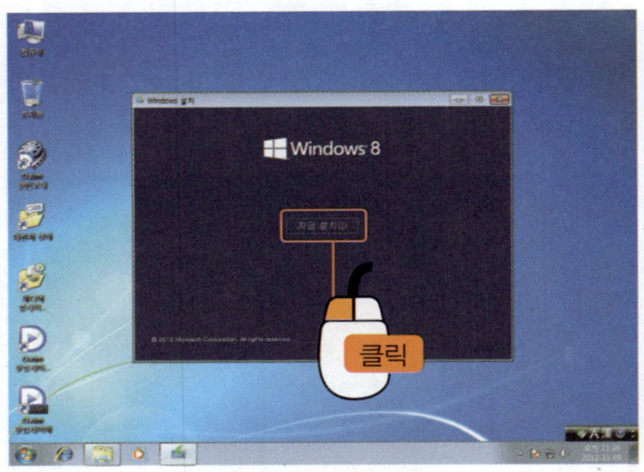

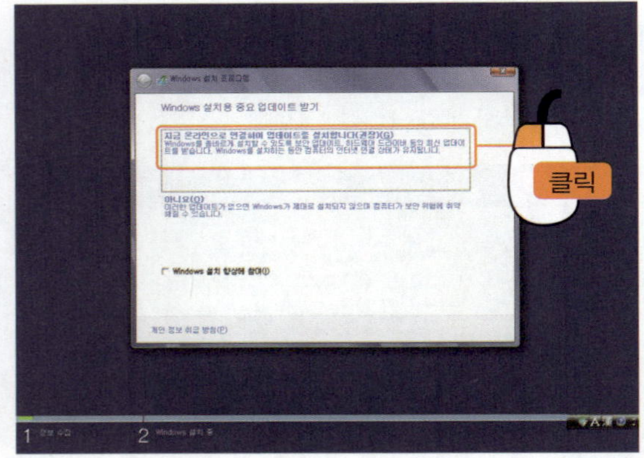

3 업데이트 파일이 다운로드되면서 업데이트를 진행합니다. 잠시 기다립니다.

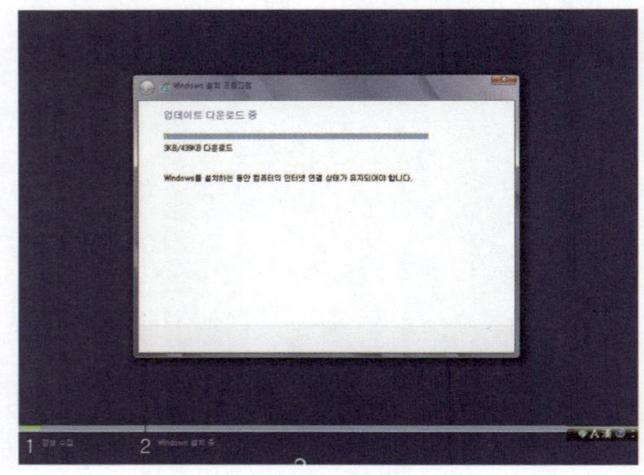

4 사용 조건 화면에서 '동의함'에 체크한 뒤 〈다음〉 버튼을 누릅니다.

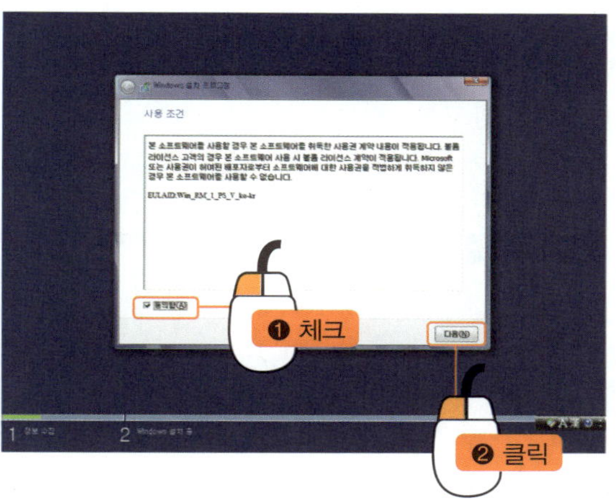

5 설치 유형 선택 화면에서 '업그레이드: Windows를 설치하고 파일, 설정 및 응용 프로그램 유지'를 클릭합니다.

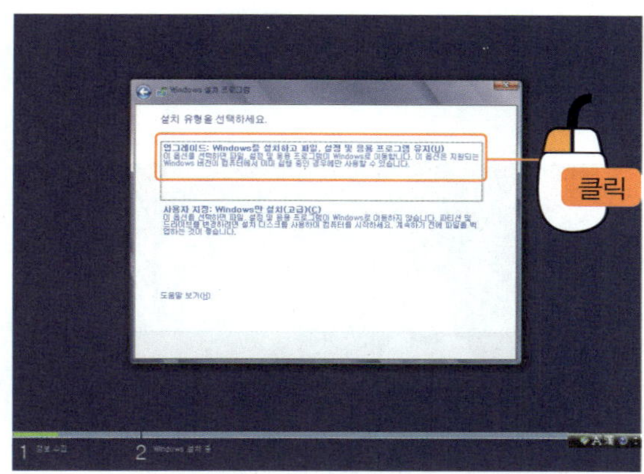

6 Windows 업그레이드를 계속 진행합니다. 몇 차례 재부팅한 뒤 설치 과정을 반복합니다. 계속 기다립니다.

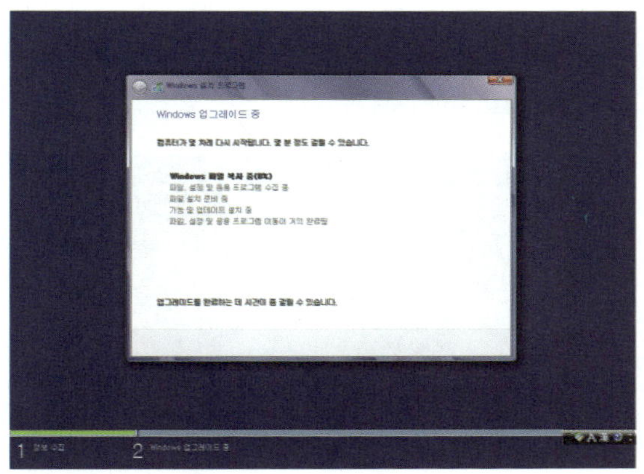

7 Windows 설치가 끝나면 개인 설정 화면이 나타납니다. 원하는 색을 지정하고 〈다음〉 버튼을 누릅니다.

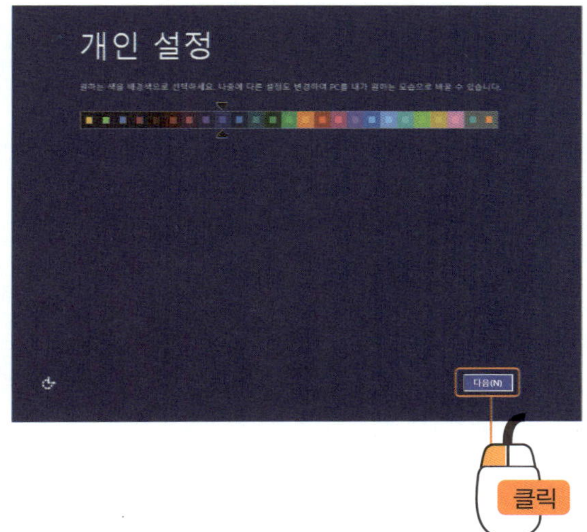

8 설정 화면이 나타나면 〈기본 설정 사용〉 버튼을 누릅니다. 잠금 화면에서 아무 키나 눌러 잠금을 해제합니다. 기존 윈도우 7의 계정 암호를 입력합니다.

9 윈도우 8 초기 설치 후 사용법을 알려주는 동영상이 나오면 잠시 감상합니다. 설치가 끝나면 윈도우 8 UI 시작 화면이 나타납니다. 윈도우 8은 정품 인증을 해야 개인 설정이 가능하므로 정품 인증 과정이 필요합니다(윈도우 8 정품 인증은 165쪽을 참고합니다).

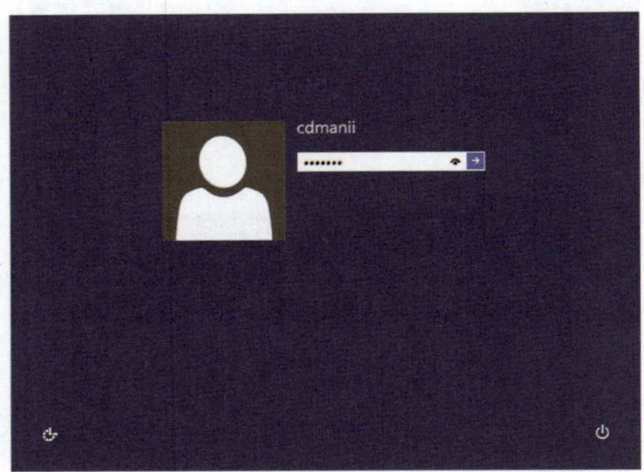

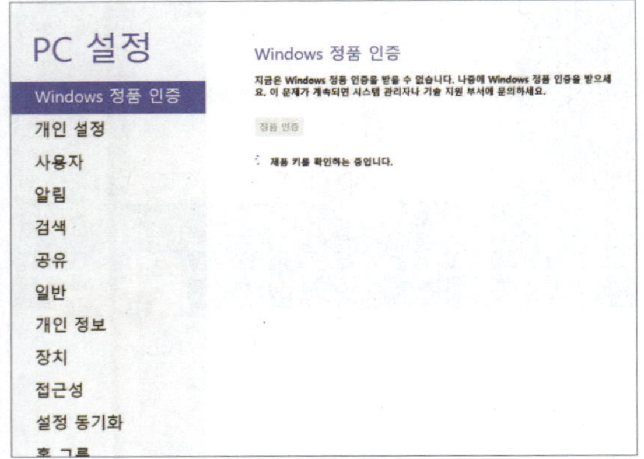

10 윈도우 7에서 설치되어 있던 프로그램도 정상적으로 동작하는 것을 확인할 수 있습니다.

11 윈도우 7에서 윈도우 8로 업그레이드했기 때문에 Microsoft 계정으로 로그인해 보겠습니다. 바탕화면에서 ■+[I] 키를 눌러 설정 창에서 'PC 설정 변경'을 클릭합니다.

12 왼쪽에서 [사용자] 메뉴를 클릭하고, 오른쪽에서 '계정' 항목의 〈Microsoft 계정 사용〉 버튼을 누릅니다.

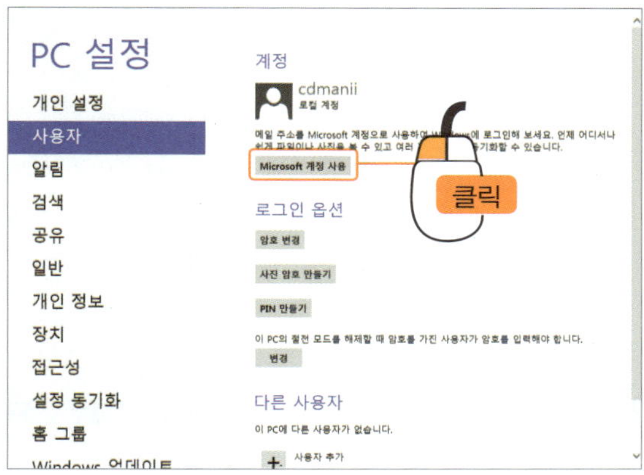

13 로그인 화면에서 기존 윈도우 7에서 사용했던 계정 암호를 입력합니다. Microsoft 계정으로 사용할 메일 주소를 입력하고 〈다음〉 버튼을 누릅니다. Microsoft 계정이 없다면 '새 메일 주소 만들기'를 클릭해 생성합니다.

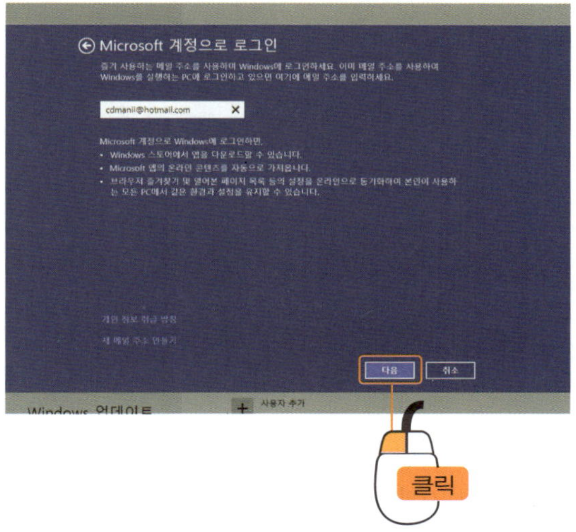

14 Microsoft 계정 암호를 입력하고 〈다음〉 버튼을 누릅니다. 보안 정보 추가 화면에서 전화번호와 암호 확인용 메일(다른 메일 주소)을 입력하고 〈다음〉 버튼을 누릅니다.

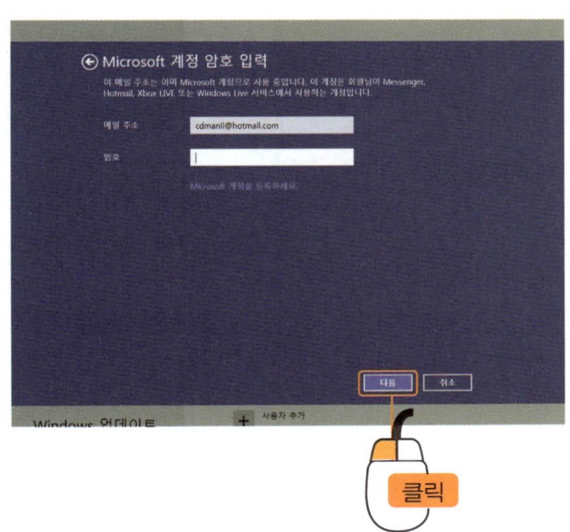

15 Microsoft 계정 설정이 완료되었습니다. 〈마침〉 버튼을 누르면 계정 동기화를 진행합니다.

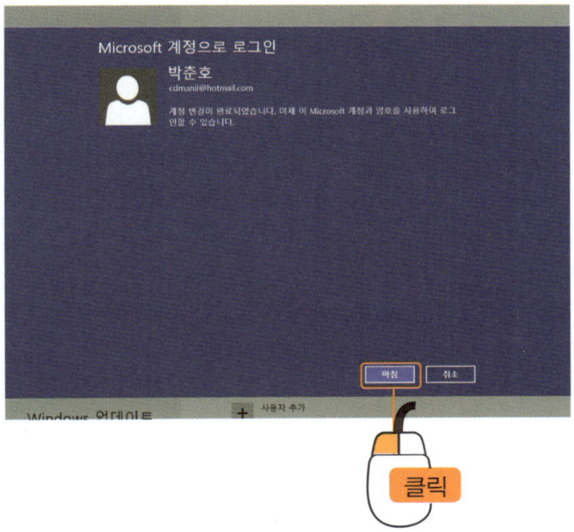

16 해당 계정으로 윈도우 8을 사용한 적이 있다면 이전의 즐겨찾기 정보, 테마 등이 복구됩니다. 물론 윈도우 7에서 사용했던 프로그램도 그대로 사용이 가능합니다.

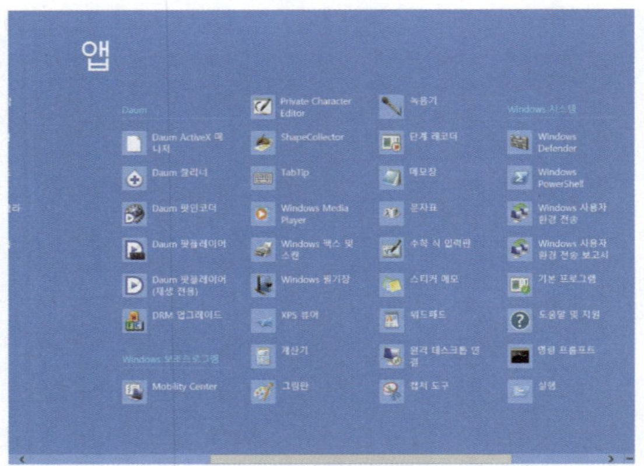

17 그런데 컴퓨터 폴더를 열어보면, 윈도우 8을 설치한 것치고는 C드라이브의 사용 중인 용량이 너무 많습니다. 이것은 이전 운영체제(윈도우 7)이 백업되어 있기 때문입니다.

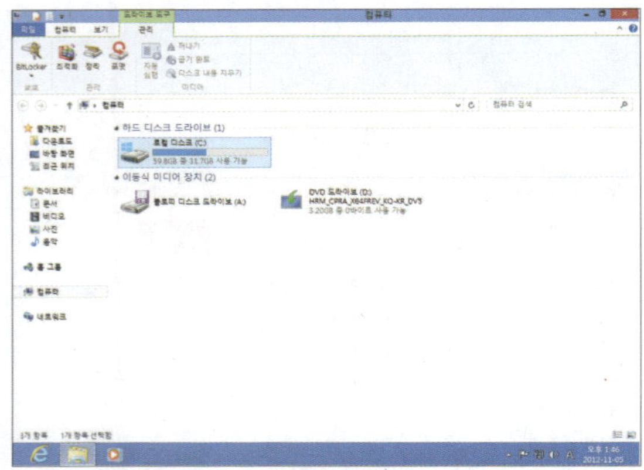

18 C드라이브를 선택하고 위쪽의 [관리] 탭에서 '정리' 아이콘을 클릭합니다. [디스크 정리: (C:)] 대화상자에서 〈시스템 파일 정리〉 버튼을 누릅니다.

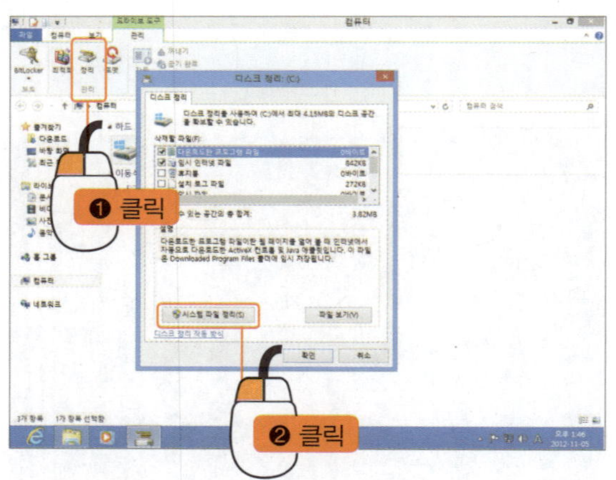

19 '05. 설치 CD로 윈도우 XP에서 윈도우 8 업그레이드 설치하기'의 **14** ~ **16** 과정을 참고하여 윈도우 7 백업 파일을 삭제해 C드라이브의 사용 용량을 줄입니다.

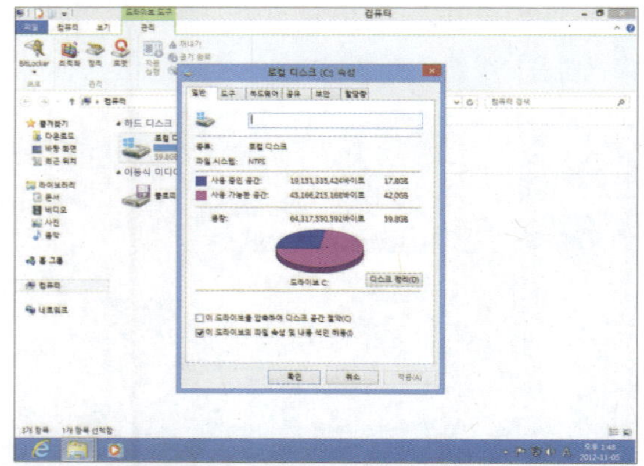

07 윈도우 8 업그레이드 제품 구입하기

정품 윈도우 사용자는 저렴한 가격에 윈도우 8로 업그레이드할 수 있습니다. 온라인으로 진행되는 업그레이드 가격은 4만 3000원이며, 프로모션 코드를 발급받으면 1만 6300원에 업그레이드 가능합니다. 이 프로모션은 2013년 1월 13일까지만 진행됩니다(프로모션 종료 후에는 설치 방법 및 그림이 책과 다를 수 있습니다).

■ Windows 8 업그레이드 도우미로 호환성 검사하기

1 Internet Explorer를 실행하고 주소표시줄에 MS Windows 8 웹사이트 주소 http://windows.microsoft.com/ko-KR/windows/home을 입력하여 해당 웹사이트로 이동합니다. 화면 위쪽 메뉴 중 '다운로드와 구매-Windows 8 구매'를 클릭합니다.

2 다운로드 버튼을 한 번 더 누르면 Internet Explorer 화면 아래쪽에 다운로드 창이 나타납니다. 원하는 다운로드 방식을 선택합니다.

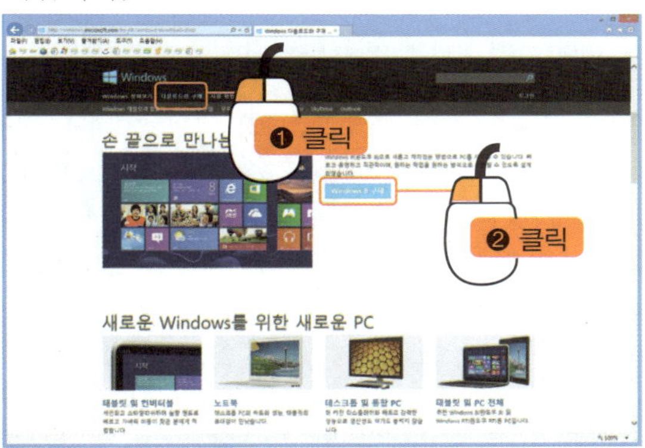

3 Windows 8 업그레이드 도우미 창이 나타나면서 자동으로 호환성 검사를 시작합니다. 업그레이드 도우미는 현재 내 컴퓨터(하드웨어, 앱, 연결된 장치 등)를 검사하여 Windows 8에서 제대로 작동하는지 검사합니다.

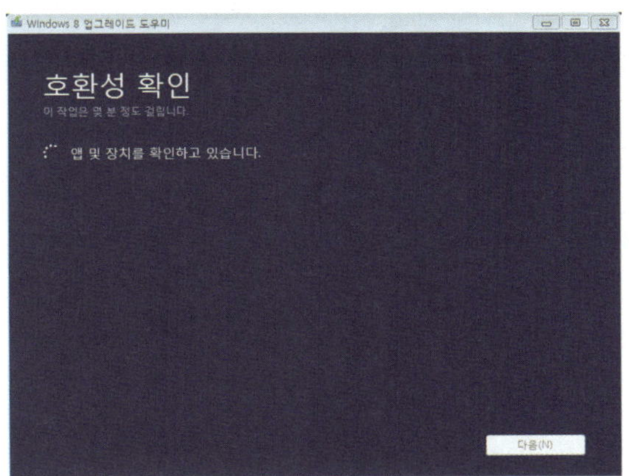

4 호환성 검사가 끝나면 검사 결과를 보여줍니다. '호환성 보고서 보기'를 클릭하면 더 상세한 내용을 볼 수 있습니다. 〈다음〉 버튼을 누릅니다.

5 유지할 항목을 선택한 뒤 〈다음〉 버튼을 누릅니다.

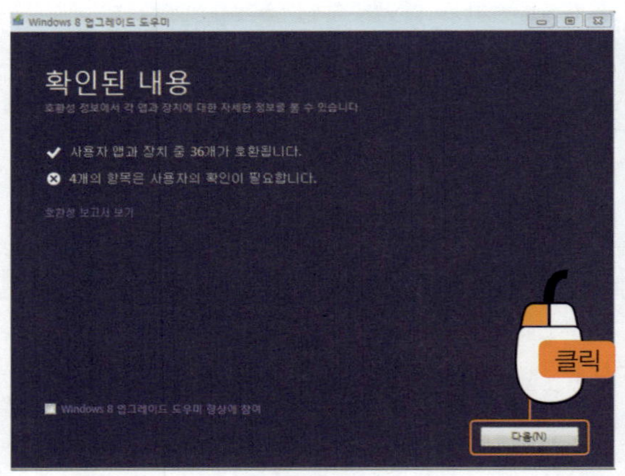

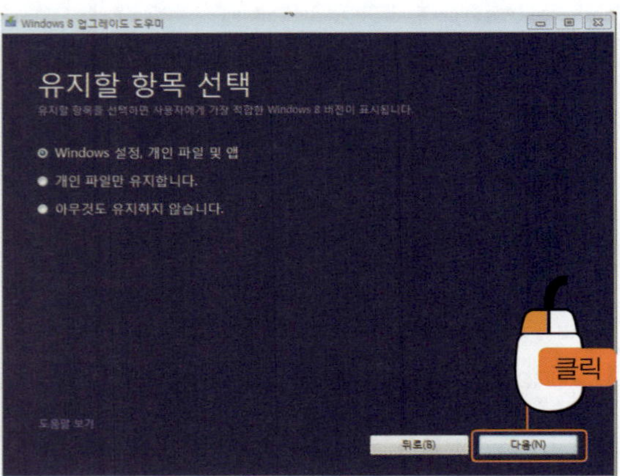

■ Windows 8 업그레이드 제품 구매하기

1 Windows 8 업그레이드 도우미에서 권장하는 버전을 확인한 뒤 〈주문〉 버튼을 누릅니다.

2 주문 확인 화면에서 〈체크 아웃〉 버튼을 누릅니다. 별도로 Windows DVD를 구입하려면 'Windows DVD'에 체크합니다.

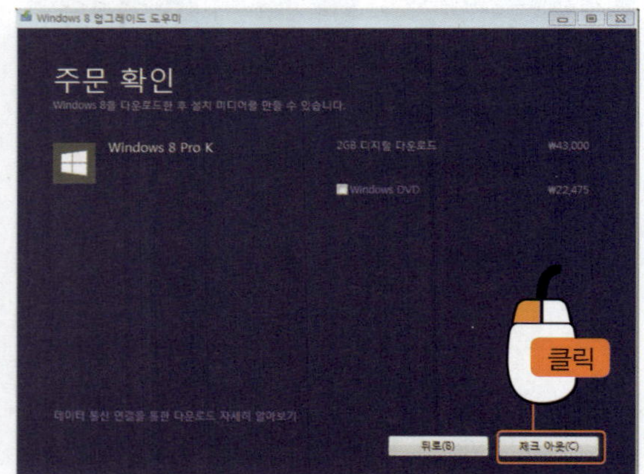

3 대금 청구 주소 화면에서 이름, 전화번호, 주소 등의 정보를 입력한 뒤 〈다음〉 버튼을 누릅니다.

4 결제 정보 화면에서 결제 방법을 선택합니다. 결제는 해외에서도 사용되는 신용카드로만 가능합니다. 신용카드에 등록된 이름과 카드번호, 만료 날짜, 보안 코드를 정확히 입력한 뒤 〈다음〉 버튼을 누릅니다.

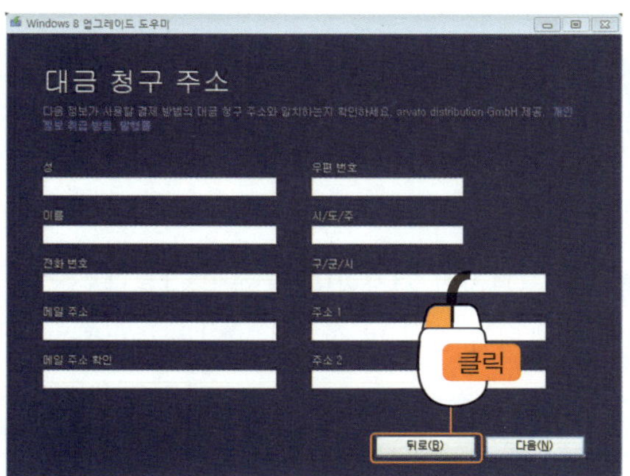

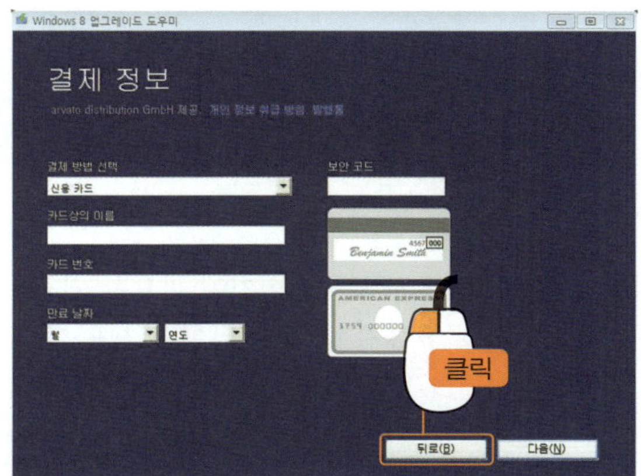

5 주문 확인 화면에서 대금 청구 주소, 결제 정보 등을 확인한 뒤 〈구입〉 버튼을 누릅니다(이 책 집필 당시에는 아직 프로모션이 적용되는 시기라서 프로모션 코드를 입력할 수 있는 항목이 있습니다).

6 주문이 완료되면 다음과 같이 제품 키를 보여줍니다. 나중에 주문번호와 제품 키가 필요할 수 있으므로 '영수증 보기'를 클릭해 영수증을 출력합니다(**3**에서 입력한 메일로도 주문 내역이 발송됩니다). 〈다음〉 버튼을 누릅니다.

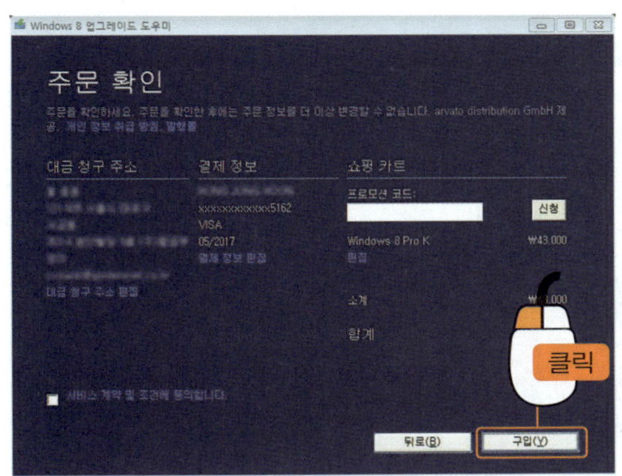

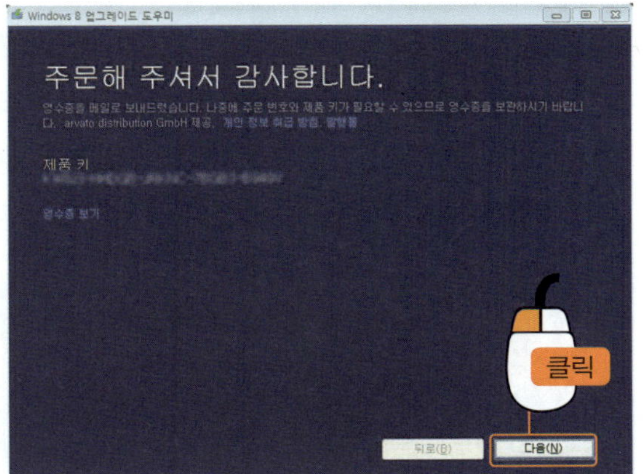

> **TIP**
>
> 2013년 1월 13일까지 진행하는 프로모션 코드를 발급받은 사용자는 프로모션 코드란에 해당 코드를 입력하고 〈신청〉 버튼을 누릅니다.

08 웹에서 바로 윈도우 8로 업그레이드하기

정품 윈도우 사용자는 현재 컴퓨터 설정과 파일, 설치된 프로그램을 그대로 유지한 채 윈도우 8로 업그레이드할 수 있습니다. 현재 컴퓨터 설정과 파일 등을 그대로 유지한 채 업그레이드하는 방법과 모든 설정을 지운 채 새로 업그레이드하는 방법은 설치 단계가 조금 다르긴 하지만 기본 방법은 동일합니다.

1 제품 주문이 완료되면 설치에 필요한 윈도우 8을 다운로드하기 시작합니다. 파일 다운로드 중에도 컴퓨터는 자유롭게 사용할 수 있습니다. 다운로드가 완료되면 잠시 뒤 설치할 파일을 준비하는 단계가 나타납니다.

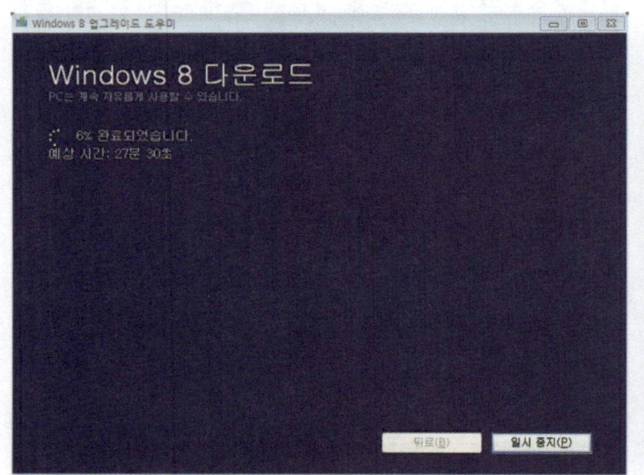
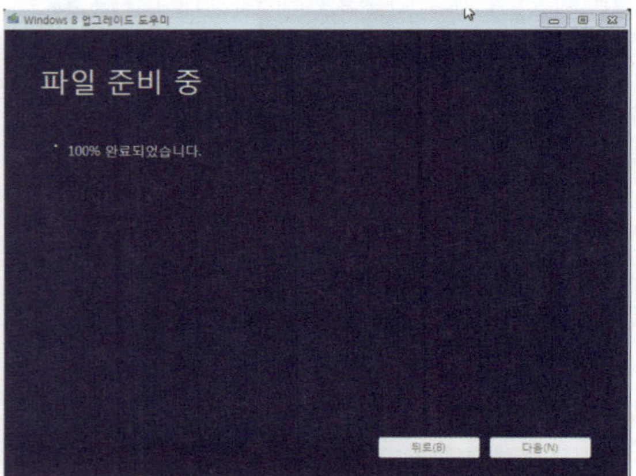

2 파일 다운로드가 완료되면 지금 설치할 것인지, 나중에 설치할 것인지 묻는 화면이 나타납니다. 원하는 항목에 체크한 뒤 〈다음〉 버튼을 누르면 설치 준비를 시작합니다.

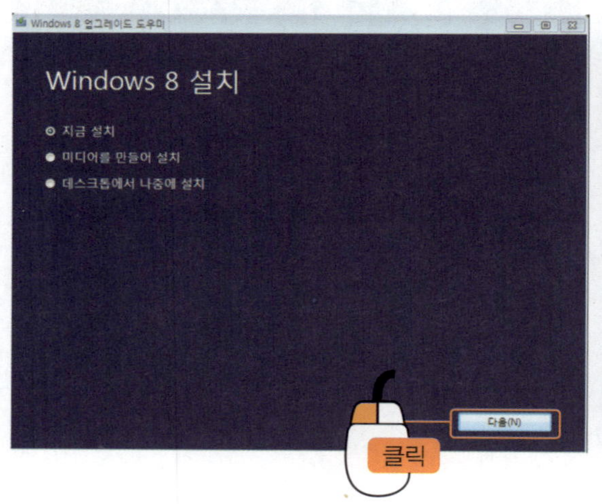

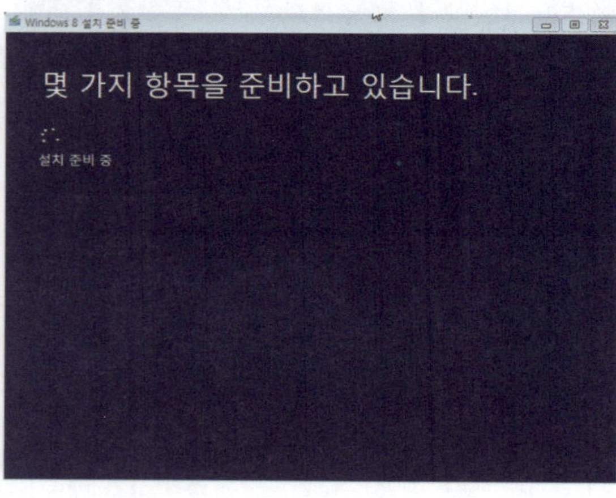

3 사용 조건에 동의하는 화면에서 아래쪽의 '사용 조건에 동의함'에 체크한 뒤 〈동의〉 버튼을 누릅니다. 설치에 필요한 작업을 확인하기 시작합니다.

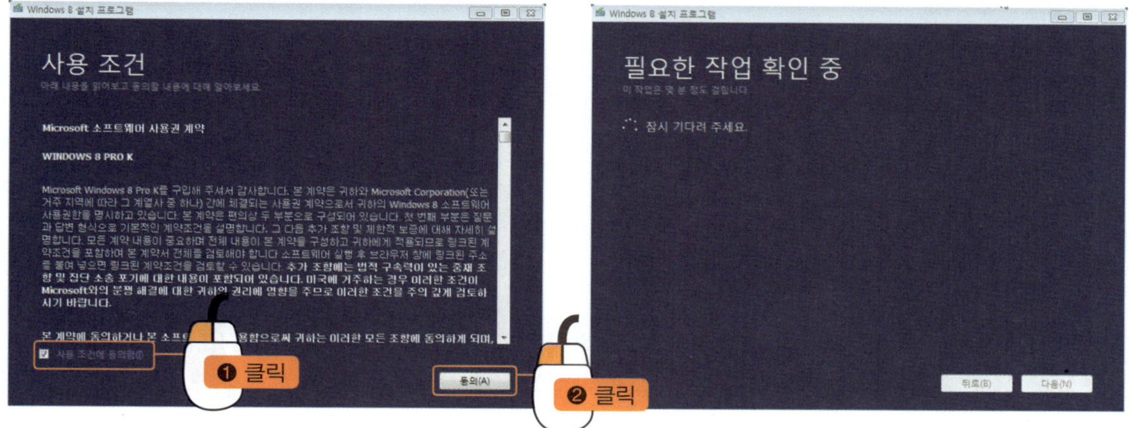

4 확인이 끝나면 다음처럼 윈도우 8과 호환되지 않거나 설치 후 오류가 발생할 수 있는 프로그램 목록을 보여줍니다. 확인한 뒤 권장하는 방법으로 해결합니다. 여기서는 제거를 권장했습니다. 〈제거〉 버튼을 누르면 해당 프로그램을 삭제합니다.

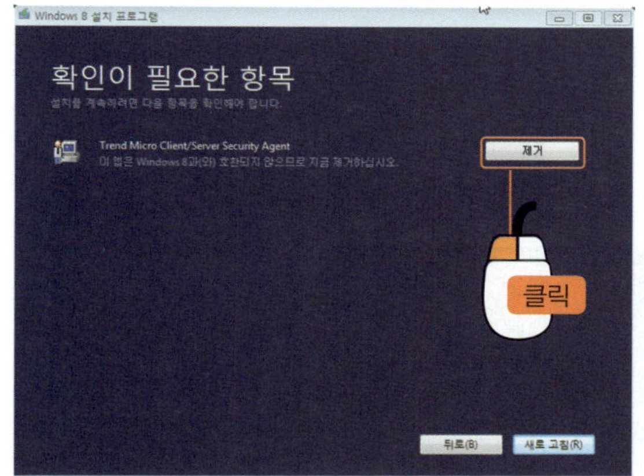

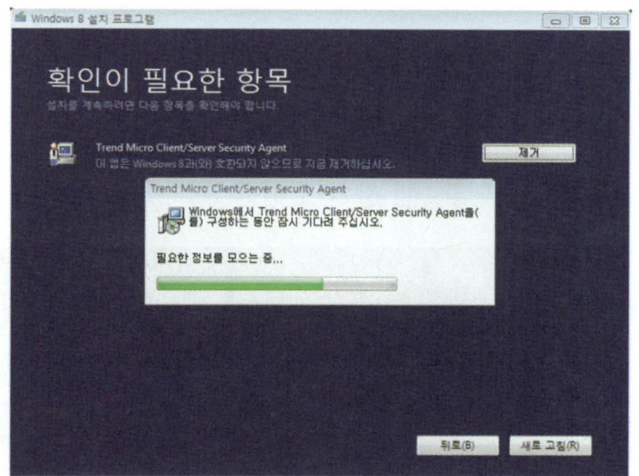

5 삭제를 완료하려면 프로그램을 다시 시작해야 하므로 〈다시 시작〉 버튼을 누릅니다. 경우에 따라서는 컴퓨터를 다시 시작하지 않아도 됩니다.

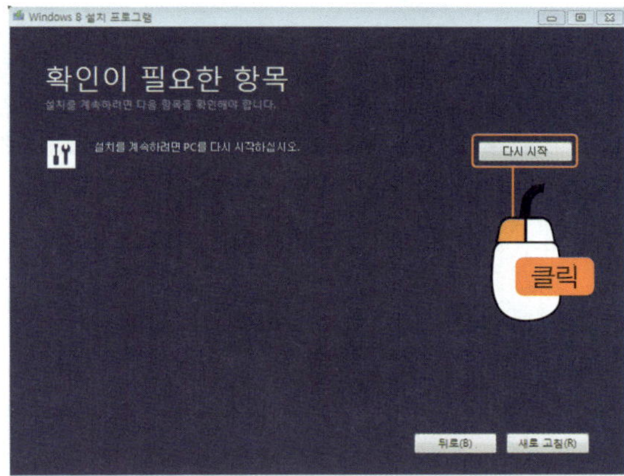

6 컴퓨터를 다시 시작하면 다음처럼 계속 설치할 것인지 물어옵니다. 원하는 항목을 선택한 뒤 〈다음〉 버튼을 누릅니다. 설치 준비 완료 화면이 나타나면 〈설치〉 버튼을 누릅니다.

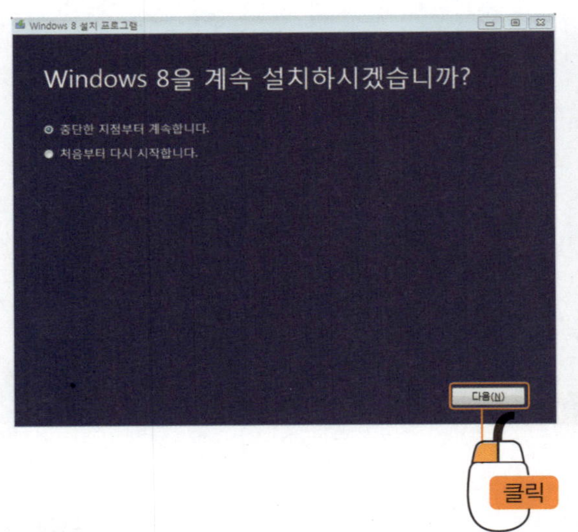

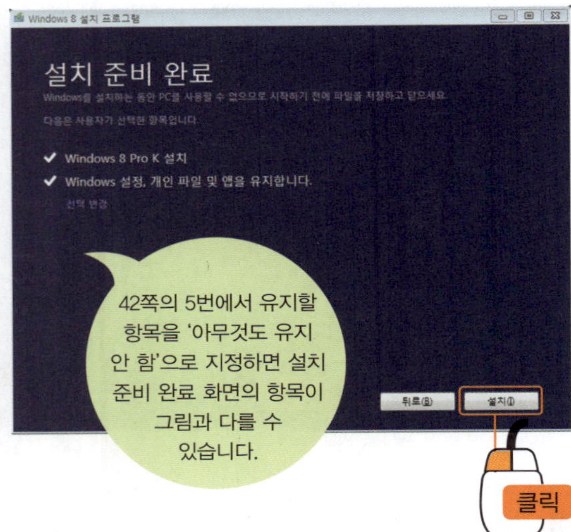

42쪽의 5번에서 유지할 항목을 '아무것도 유지 안 함'으로 지정하면 설치 준비 완료 화면의 항목이 그림과 다를 수 있습니다.

TIP

〈설치〉 버튼을 누르면 설치를 완료할 때까지는 어떤 작업도 할 수 없으므로 계속 진행하기 전에 작업 중인 파일 등을 저장합니다.

7 설치 프로그램 창이 모니터 전체로 확대되면서 윈도우 8을 설치하기 시작합니다.

8 이후 과정은 '04. 설치 CD로 윈도우 8 설치하기'의 **11**번부터와 같습니다(30~31쪽 참고).

09 Microsoft 계정 만들기

Microsoft 계정이 있으면 Windows 스토어에서 앱을 다운로드하여 사용할 수 있습니다. Microsoft 앱의 온라인 콘텐츠를 자동으로 가져오며 웹브라우저의 즐겨찾기와 열어본 페이지 목록, 언어 설정 및 관심 있는 서비스의 로그인 정보 등을 동기화하여 사용하는 PC에서도 동일한 환경과 설정을 유지할 수 있습니다. 태블릿 PC와 데스크톱 모두 윈도우 8이 설치되어 있을 경우 동일한 Microsoft 계정으로 로그인하면 쉽게 동기화되어 편하게 사용할 수 있습니다. 지금부터 Microsoft 계정을 생성하는 방법을 배워 봅니다.

1 PC 로그인 설정 화면에서 아래쪽의 '새 메일 주소 만들기'를 클릭합니다.

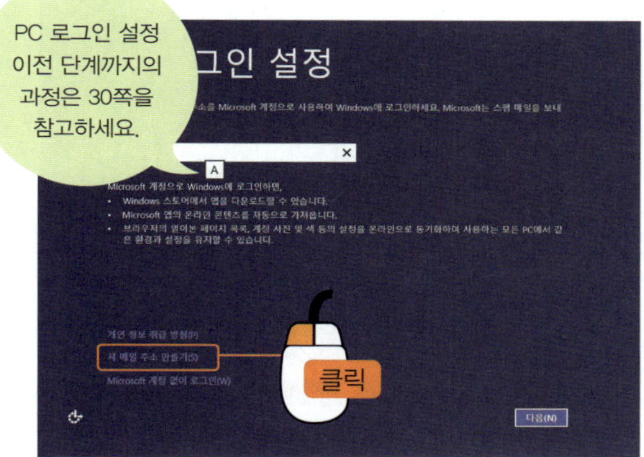

> PC 로그인 설정 이전 단계까지의 과정은 30쪽을 참고하세요.

2 새 메일 주소 만들기 화면에서 새로 만들 Microsoft 계정 메일 주소와 암호, 성, 이름 국가/지역을 입력한 뒤 〈다음〉 버튼을 누릅니다.

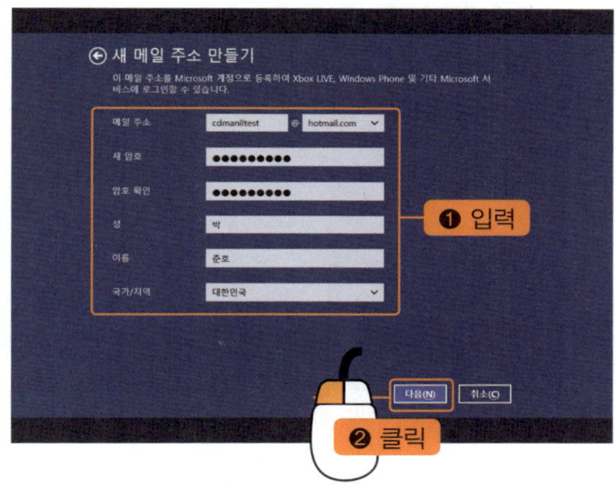

3 보안 정보 추가 화면에서 전화 번호란의 목록 펼침 버튼을 클릭하여 국가를 선택한 뒤 전화번호를 입력합니다. 나머지 항목도 모두 입력한 뒤 〈다음〉 버튼을 누릅니다.

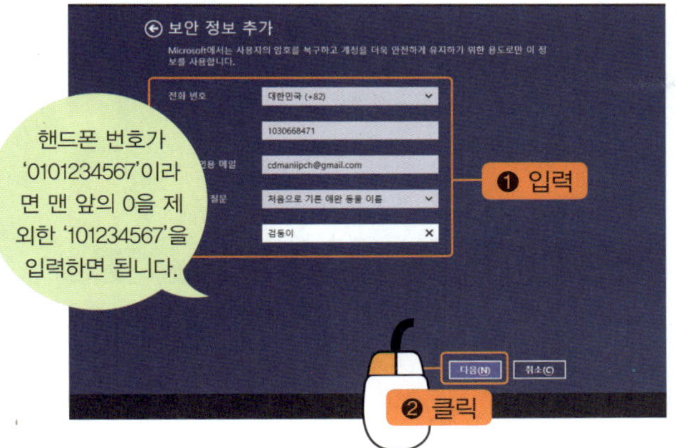

> 핸드폰 번호가 '0101234567'이라면 맨 앞의 0을 제외한 '101234567'을 입력하면 됩니다.

4 완료 화면에서 생년월일을 클릭하여 선택합니다. 성별을 선택한 뒤 그림으로 표기된 문자를 똑같이 입력합니다. 〈다음〉 버튼을 누릅니다.

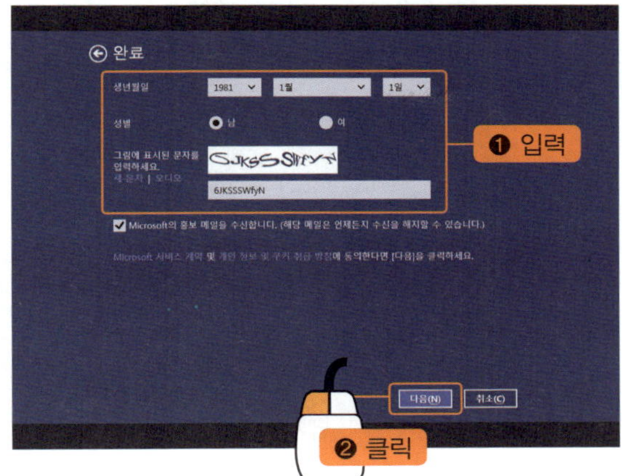

10 PC 계정으로 로그인하기

Microsoft 계정을 사용하지 않고 PC 계정을 이용하여 로그인하는 방법이 있습니다. Microsoft 계정을 새로 생성하고 싶지 않은 사용자는 이 방법으로도 로그인이 가능합니다.

1 PC 로그인 설정 화면에서 아래쪽의 'Microsoft 계정 없이 로그인'을 클릭합니다.

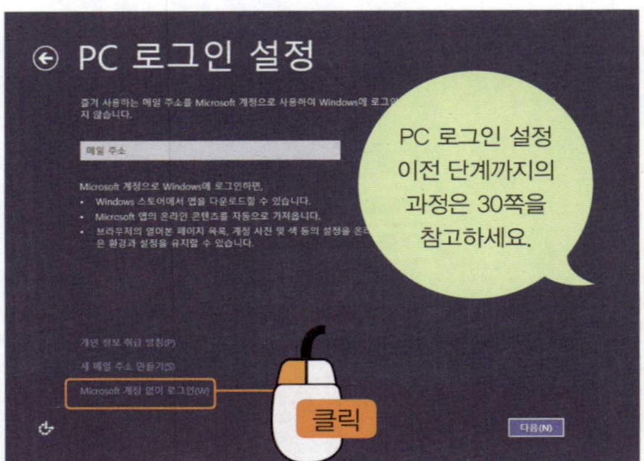

2 다음 화면에서 〈로컬 계정〉 버튼을 누릅니다.

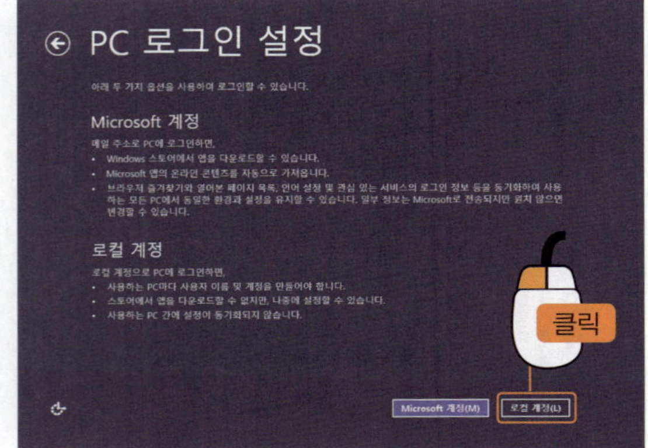

3 다음 화면에서 사용자 이름과 암호, 힌트 등을 입력한 뒤 〈마침〉 버튼을 누릅니다.

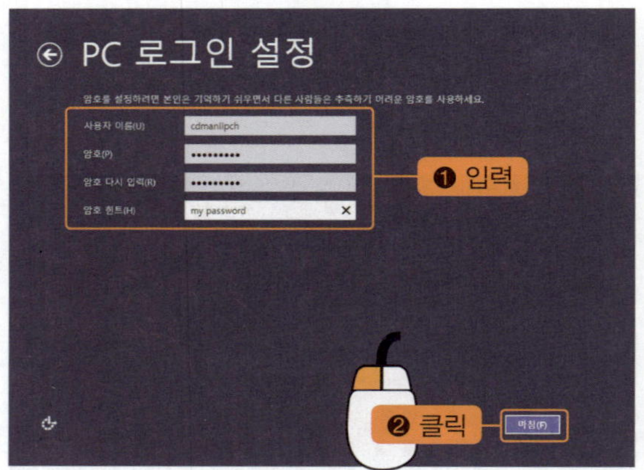

4 윈도우 8 UI 시작 화면이 나타나면서 로그인 설정이 끝났습니다.

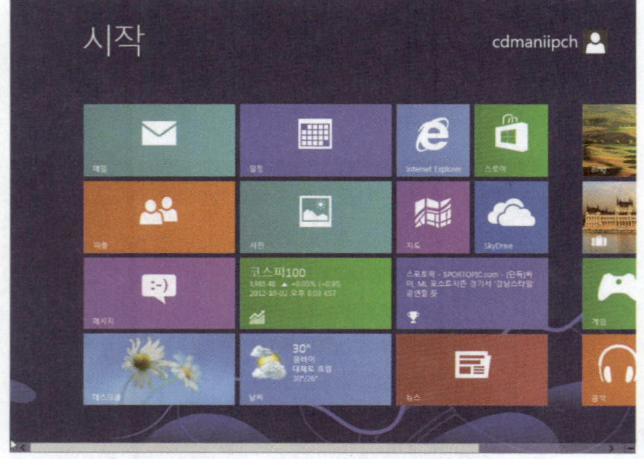

- 사용자 이름 : 로컬 계정 로그인 아이디를 입력합니다.
- 암호/암호 다시 입력 : 사용할 암호를 입력합니다.
- 암호 힌트 : 암호를 잃어버렸을 때를 대비하여 자신만 알 수 있는 메시지를 입력합니다.

11 윈도우 8 로그인하기

앞에서 윈도우 8에 로그인할 때 필요한 Microsoft 계정 생성, PC 사용자 계정 생성하는 방법을 알아보았습니다. 이번에는 생성한 계정으로 로그인하는 방법을 알아봅니다. 윈도우 8 UI 시작 화면으로 이동하려면 꼭 해야 하는 작업입니다.

1 컴퓨터를 켜면 윈도우 8이 부팅되면서 다음 화면이 나타납니다. 화면의 빈곳을 클릭하거나 키보드의 아무 키를 누릅니다.

2 Microsoft 계정 또는 로컬 계정 암호를 입력한 뒤 Enter 키를 누릅니다.

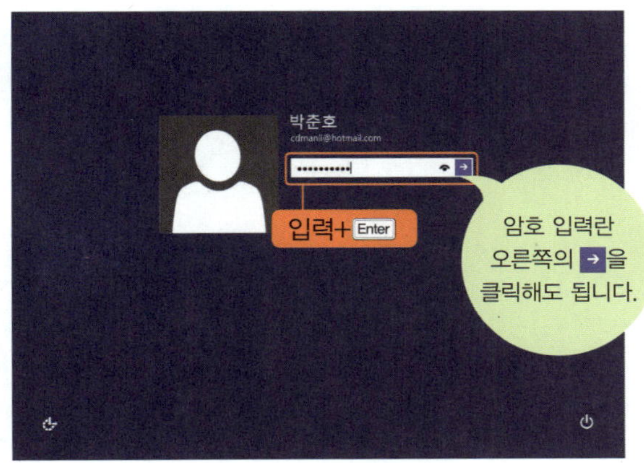

❶ Microsoft 계정 또는 로컬 계정 암호를 입력하는 화면에서 왼쪽 아래에 있는 접근성 버튼을 클릭합니다. 바로가기 메뉴에서 [화상 키보드]를 클릭합니다.

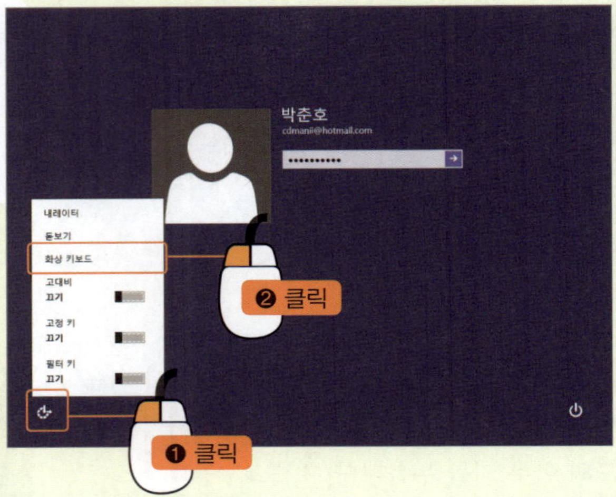

❷ 화상 키보드의 버튼을 눌러서 암호를 입력할 수 있습니다. 윈도우 8이 설치된 컴퓨터나 노트북이 터치를 지원할 경우 활용할 수 있습니다.

❸ 로그인이 완료되었습니다.

12 윈도우 8 자동 로그인하기

윈도우 8은 항상 로그인 과정을 거쳐야 합니다. 하지만 자신만 사용하는 컴퓨터에서 매번 암호를 입력하는 과정은 조금 불편할 수도 있습니다. 윈도우 8에서는 암호를 자동으로 입력할 수 있는 방법이 있는데, 지금부터 알아봅니다.

1 윈도우 8 UI 시작 화면에서 ■+D 키를 눌러 데스크톱 화면으로 이동합니다.

2 화면이 데스크톱으로 전환되면 ■+X 키를 눌러 [실행] 메뉴를 클릭합니다.

3 실행 창이 나타나면 열기란에 'netplwiz'를 입력한 뒤 〈확인〉 버튼을 누릅니다.

4 [사용자 계정] 대화상자의 [사용자] 탭에서 '사용자 이름과 암호를 입력해야 이 컴퓨터를 사용할 수 있음'의 체크를 해제합니다. 〈확인〉 버튼을 누릅니다.

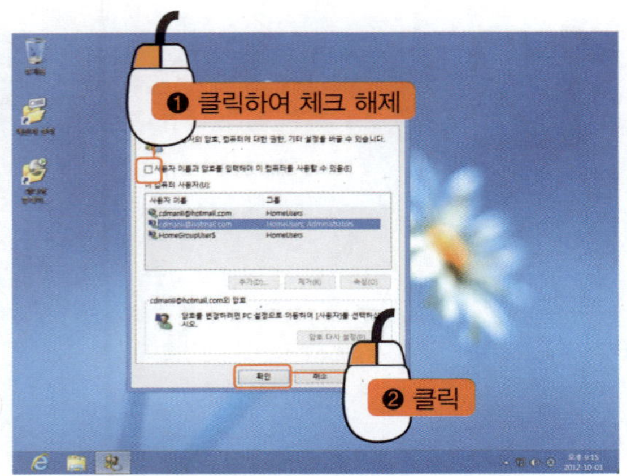

5 자동 로그인 창에서 Microsoft 계정 암호 또는 PC 계정 암호를 입력하고 〈확인〉 버튼을 누릅니다.

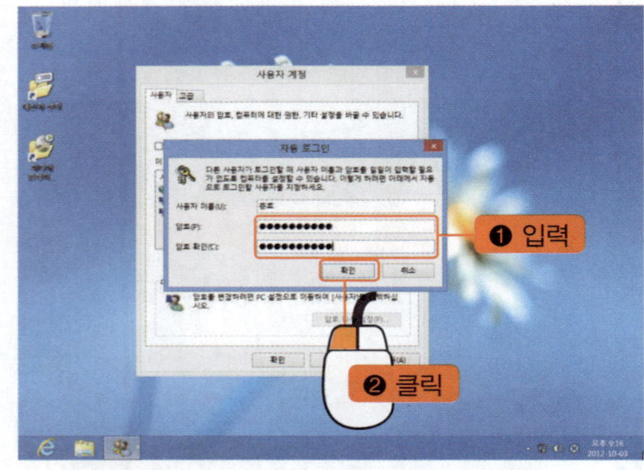

6 재부팅해 보면 암호를 입력하는 과정 없이 바로 윈도우 8 UI 시작 화면으로 진입하는 것을 확인할 수 있습니다.

Chapter 02

윈도우 8 UI
시작 화면 살펴보기

윈도우 8 UI에서는 메일, 피플, 날씨, 증권 등의 정보를

한 화면에 아이콘 형태로 쉽게 확인할 수 있습니다.

윈도우 8에서 가장 크게 바뀐 부분이자 가장 장점이 되는 부분이기도 합니다.

마이크로소프트 계정으로 로그인하면 다양한 클라우드 서비스를

이용할 수 있고, 윈도우 8 UI 시작 화면에서 여러 가지 정보를 빠르게

얻을 수도 있습니다. 이 장에서는 유저가 가장 먼저 만나는 화면이자

가장 많이 사용할 윈도우 8 UI 시작 화면의 기본 조작 방법을 알아보겠습니다

01 윈도우 8 UI 시작 화면 구성 알아보기

윈도우 8에서 가장 크게 변화한 부분이 바로 시작 화면입니다. 윈도우 8에서는 이 부분을 '윈도우 8 UI'로 지칭하고 있습니다. 각 앱 아이콘들이 타일 형태로 모여 있습니다. 앱 타일의 위치는 원하는 곳으로 옮길 수 있으며, 각 앱의 세부 내용들을 이미지나 텍스트 형태로 미리 보여줍니다. 새 메일이 도착하면 새 메일 개수가 나타나고, 날씨를 텍스트와 이미지로 알려주며, 일정에서는 오늘 날짜가 무엇인지 시각화해서 보여줍니다.

얼핏 보면 스마트폰에서 많이 보던 앱을 타일 형태로 바꾸어서 화면에 가득 채워 놓은 듯 보입니다. 실제로 각 타일은 사용자가 자주 사용하는 앱 아이콘으로, 사용자 취향에 맞춰 앱을 추가하거나 삭제할 수 있습니다.

❶ **사용자 계정** : 현재 로그인되어 있는 사용자 정보를 보여줍니다.

❷ **메일 앱** : 메일을 확인하고 새 메일을 작성할 수 있습니다.

❸ **일정 앱** : 일정을 확인하고 작성할 수 있습니다.

❹ **Internet Explorer 앱** : 터치 UI 기반의 인터넷 익스플로러입니다.

❺ **스토어 앱** : 게임, 소셜, 엔터테인먼트, 사진, 음악, 비디오, 스포츠 등 카테고리별로 앱을 다운로드받을 수 있는 곳입니다.

❻ **피플 앱** : 트위터, 페이스북 계정으로 연결된 사용자의 정보를 확인할 수 있습니다.

❼ **사진 앱** : 로컬 컴퓨터의 사진과 SkyDrive로 연결된 사용자와 관계된 이미지를 볼 수 있는 곳입니다.

❽ **지도 앱** : 전 세계 지도를 확인할 수 있는 앱입니다.

❾ **SkyDrive 앱** : 마이크로소프트의 클라우드 서비스인 SkyDrive를 사용할 수 있습니다.

❿ **메시지 앱** : 소셜 네트워크 메시지를 확인할 수 있는 메시지 앱입니다.

⑪ **금융 앱** : 금융 정보를 실시간으로 쉽게 확인할 수 있습니다.

⑫ **스포츠 앱** : 스포츠 정보를 실시간으로 쉽게 확인할 수 있습니다.

⑬ **데스크톱 앱** : 데스크톱 모드로 전환할 수 있습니다.

⑭ **날씨 앱** : 날씨 정보를 확인할 수 있습니다.

⑮ **뉴스 앱** : 각종 신문 정보를 볼 수 있습니다.

⑯ **bing 앱** : bing 검색을 제공합니다.

⑰ **여행 앱** : 여행지 정보, 호텔 및 항공권 예약 등 여행 정보를 얻을 수 있습니다.

⑱ **게임 앱** : Xbox 및 Windows 게임 스토어로 연결됩니다.

⑲ **카메라 앱** : 웹캠 등 카메라를 이용해 촬영할 수 있습니다.

⑳ **음악 앱** : 음악을 재생하고 관리할 수 있습니다.

㉑ **비디오 앱** : 비디오를 재생할 수 있습니다.

㉒ **검색** : 참 메뉴의 〈검색〉 버튼으로 파일, 설정, 앱을 통합하여 검색할 수 있습니다.

㉓ **공유** : 터치 UI 기반의 Internet Explorer 앱에서 웹페이지를 공유할 수 있습니다.

㉔ **시작** : 윈도우 8 UI 시작 화면으로 전환합니다.

㉕ **장치** : 장치를 확인하는 곳입니다.

㉖ **설정** : 제어판 및 PC 설정 등 제어할 수 있는 모든 설정이 모여 있습니다.

㉗ **스크롤바** : 화면을 좌우로 움직입니다.

TIP | **화면 아래쪽의 메뉴바**

앱 위에서 마우스 오른쪽 버튼을 누르면 화면 아래쪽에 관련 메뉴바가 나타납니다. 보통 다음 버튼들을 보여줍니다.

- **시작 화면에서 제거** : 선택한 앱을 윈도우 8 UI 시작 화면에서 삭제합니다.
- **제거** : 선택한 앱을 삭제합니다.
- **새 창에서 열기** : 데스크톱 모드로 전환되면서 새 창에서 프로그램을 엽니다.
- **관리자 권한으로 실행** : 사용자 권한 컨트롤을 실행하여 프로그램을 엽니다.
- **파일 위치 열기** : 해당 파일이 저장된 폴더를 엽니다.
- **앱 모두 보기** : 윈도우 8 UI 시작 화면에서 모든 앱을 표시합니다.

02 윈도우 8 UI 시작 화면 기본 조작 알아보기

윈도우 8 UI 시작 화면의 가장 기본적인 조작 방법을 알아봅니다. 처음에는 다소 낯선 모습에 조금 어렵게 생각될 수도 있지만, 실제로 사용해 보면 조작 방법이 간단함을 알 수 있습니다.

▌ 화면 좌우로 스크롤하기

윈도우 8 UI 시작 화면에서는 타일이 기본적으로 좌우로 넓게 배치되어 있습니다. 마우스 휠을 위아래로 움직이거나 화면 맨 아래쪽의 스크롤바를 좌우로 움직여 원하는 타일을 선택할 수 있습니다. 터치를 지원하는 컴퓨터에서는 화면을 좌우로 드래그하면 됩니다.

▌ 앱 실행하기

타일 모양의 앱 아이콘을 클릭하면 해당 앱이 실행됩니다. 다음은 메일 앱을 선택한 화면입니다.

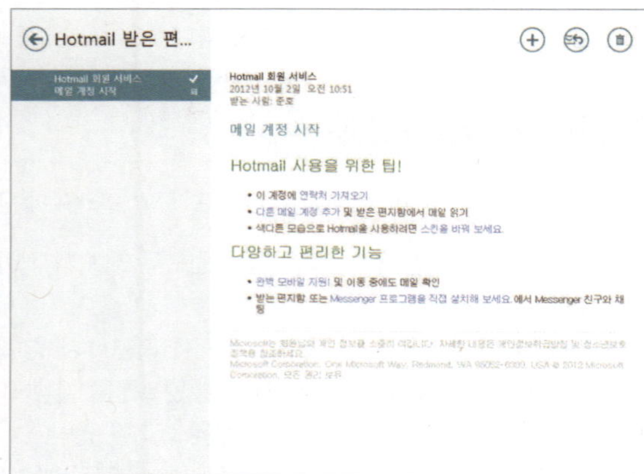

■ 실행 중인 앱 닫기

1 마우스 커서를 화면 맨 위쪽 가운데로 가져가면 커서가 손 모양으로 바뀝니다. 그 상태에서 계속 클릭합니다.

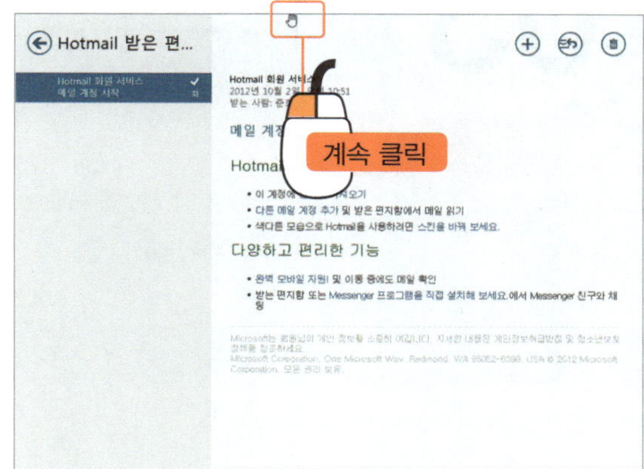

2 클릭한 상태에서 마우스를 아래로 끌어내린 뒤 마우스 왼쪽 버튼을 놓습니다.

3 윈도우 8 UI 시작 화면으로 복귀합니다.

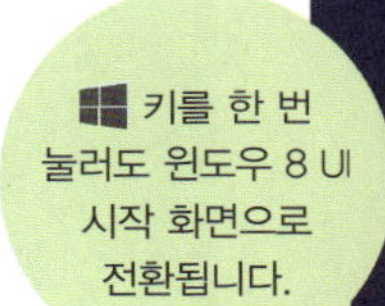

■ **윈도우 8 UI 시작 화면 조작 동영상 주소 및 QR코드**

주소 : http://youtu.be/JJ2ayDPSVls

줄임 주소 : http://goo.gl/dyb52

03 데스크톱 전환하기

윈도우 8 UI 시작 화면에서 데스크톱 모드로 전환한 뒤 다시 윈도우 8 UI 시작 화면으로 전환하는
방법을 알아봅니다.

1 윈도우 8 UI 시작 화면에서 데스크톱 앱 타
일을 클릭합니다.

데스크톱 앱 실행 : ⊞ + D 키

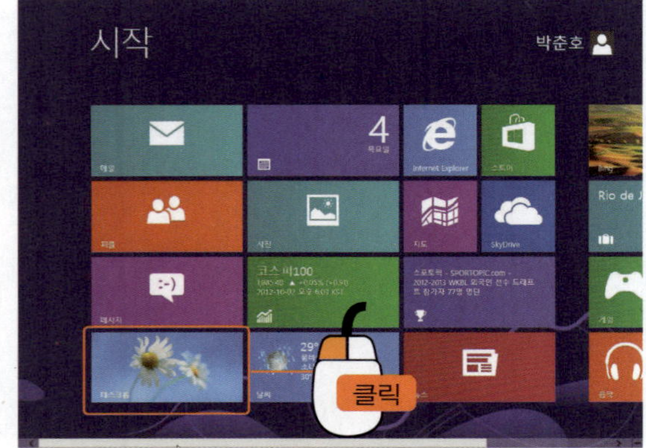

2 데스크톱 모드로 전환됩니다. ⊞ 키를 한 번
누르면 다시 윈도우 8 UI 시작 화면으로 복귀합
니다.

04 윈도우 8 UI 기본 앱 - 메일

컴퓨터를 실행했을 때 화면에서 바로 메일의 수신 내용을 확인할 수 있다면 매우 편하겠죠? 윈도우 8 UI 시작 화면에 있는 메일 앱을 이용하면 새로 수신된 메일 개수를 확인할 수 있고, 바로 답장도 보낼 수 있습니다. 물론 새 메일도 보낼 수 있습니다.

1 윈도우 8 UI 시작 화면에서 메일 앱 타일을 클릭합니다.

2 메일 앱이 실행되며 수신된 메일을 확인할 수 있습니다.

❶ 메일 앱의 초기화면으로 이동합니다.
❷ 메일을 새로 작성합니다.
❸ 받은 메일을 회신합니다.
❹ 선택한 메일을 삭제합니다.
❺ 해당 메일함의 목록을 보여줍니다.
❻ 선택한 메일의 내용을 보여줍니다.

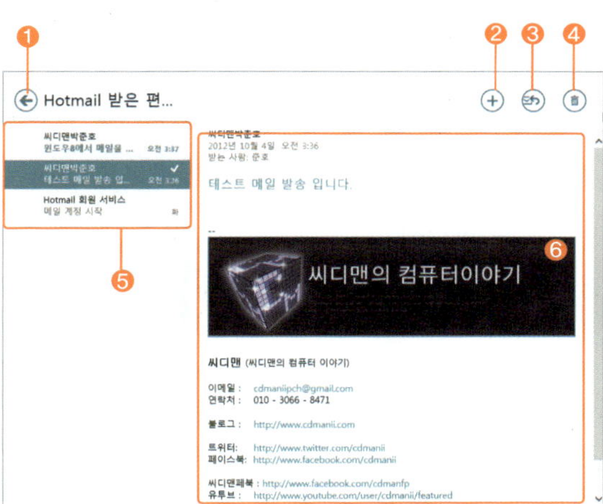

05 새 메일 보내기

메일 앱을 이용하여 새로운 메일을 작성하는 방법을 알아봅니다.

1 윈도우 8 UI 시작 화면에서 메일 앱 을 클릭해 실행합니다. 메일상자에서 받은 편지함을 클릭하고, 받은 편지함 오른쪽 위의 〈새로 만들기〉 버튼⊕을 클릭합니다.

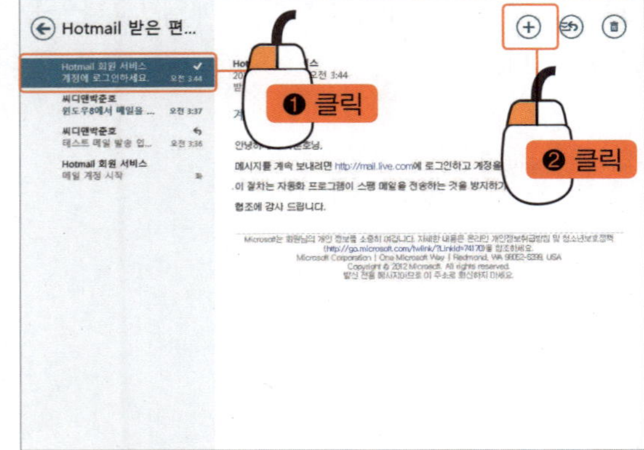

> 메일 새로 만들기 : Ctrl + N

2 받는 사람란에는 받는 사람의 메일 주소를 입력합니다. '제목 추가' 부분에는 제목을, '메시지 추가' 부분에는 내용을 각각 입력한 뒤 〈보내기〉 버튼을 클릭합니다.

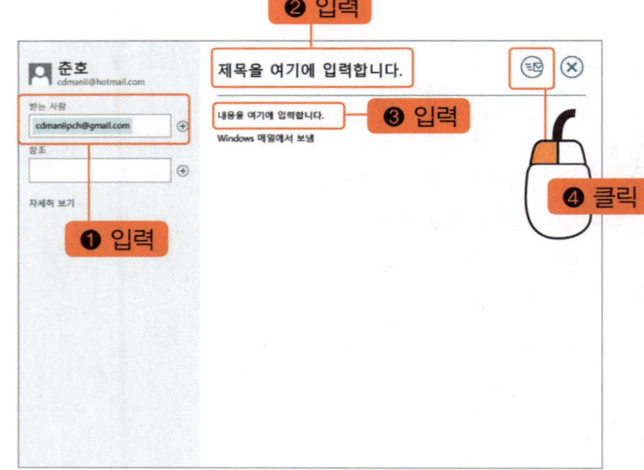

> ⊗ : 현재 작성 중인 메일 화면을 닫습니다. 작성 중인 메일을 임시 보관함에 저장하려면 〈임시 보관함에 저장〉 버튼을, 저장하지 않고 닫으려면 〈임시본 삭제〉 버튼을 클릭합니다.

TIP

목록에서 메일을 선택한 뒤 마우스 오른쪽 버튼을 누르면 관련된 메뉴바가 아래쪽에서 올라옵니다. 〈동기화〉 버튼을 클릭해 수동으로 메일을 동기화하거나 윈도우 8 UI 시작 화면에 고정시킬 수 있고, 다른 메일함으로 이동할 수도 있습니다. 또 해당 메일을 읽지 않은 상태로 표시할 수도 있습니다.

06 메일 회신 및 삭제하기

받은 메일을 확인한 뒤 바로 회신을 보내는 방법을 알아봅니다. 또 필요 없는 메일은 삭제해 봅니다. 스팸 메일이나 중요하지 않은 메일은 삭제함으로써 메일 용량을 확보할 수 있습니다.

▌ 메일 회신하기

1 받은 편지함 화면 오른쪽 위의 ⑤-〈회신〉 버튼을 차례로 클릭합니다.

메일 회신하기 : Ctrl + R

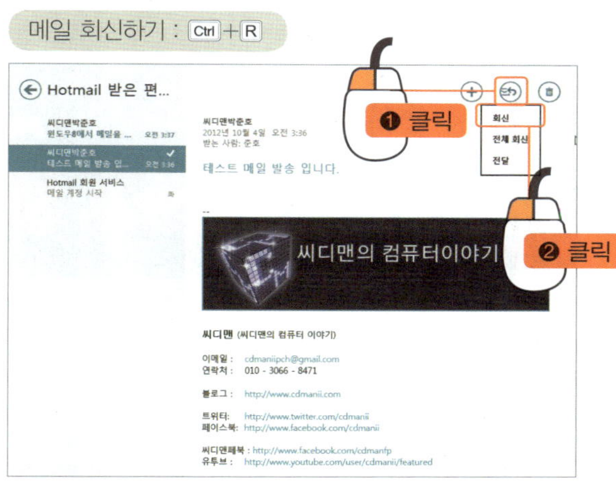

2 보낼 메시지 내용을 입력한 뒤 오른쪽 위의 〈보내기〉 버튼을 클릭합니다. 회신 발송이 완료되었습니다.

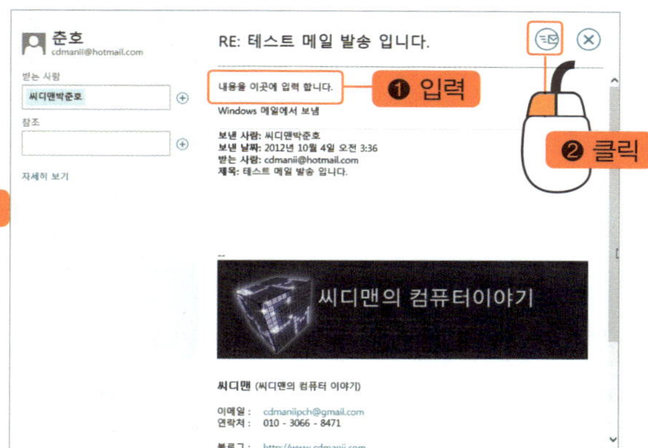

▌ 메일 삭제하기

1 왼쪽의 메일 목록에서 삭제할 메일을 클릭합니다. 화면 오른쪽 위의 〈삭제〉 버튼을 클릭합니다.

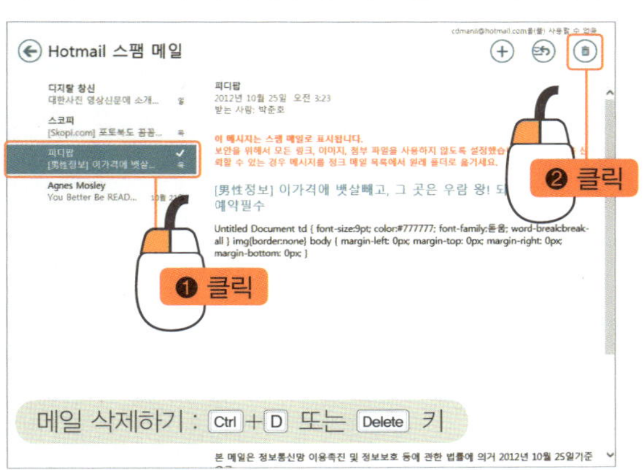

메일 삭제하기 : Ctrl + D 또는 Delete 키

2 메일이 삭제됩니다. 삭제한 편지는 지운편지함으로 이동합니다.

TIP

실수로 지운 편지는 지운 편지함에서 복구가 가능합니다. 지운 편지함에서 복구하려는 메일을 마우스 오른쪽 버튼으로 누릅니다. 아래쪽 메뉴바에서 〈이동〉 버튼을 클릭합니다. 화면 왼쪽의 메일상자에서 원하는 편지함(예 : 받은 편지함)을 클릭하면 메일이 복구됩니다.

07 윈도우 8 UI 기본 앱 - 피플

윈도우 8 UI 시작 화면에서 트위터와 페이스북 등 소셜 네트워크로 묶어진 친구의 새로운 소식을 피플에서 바로 확인할 수 있습니다. 피플을 이용하여 새로운 정보를 확인하고 소통하면서 즐기는 방법을 배워봅니다.

1 윈도우 8 UI 시작 화면에서 피플 앱을 클릭해 실행합니다. 피플은 계정과 연동되면 주소록과 연관된 내용들을 미리 사진으로 보여줍니다.

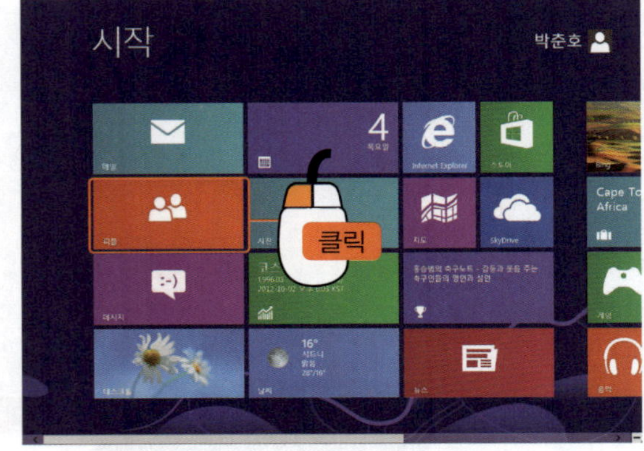

2 피플을 처음 실행하면 화면이 많이 허전한데, 계정 정보를 입력해야 주소록과 연동합니다.

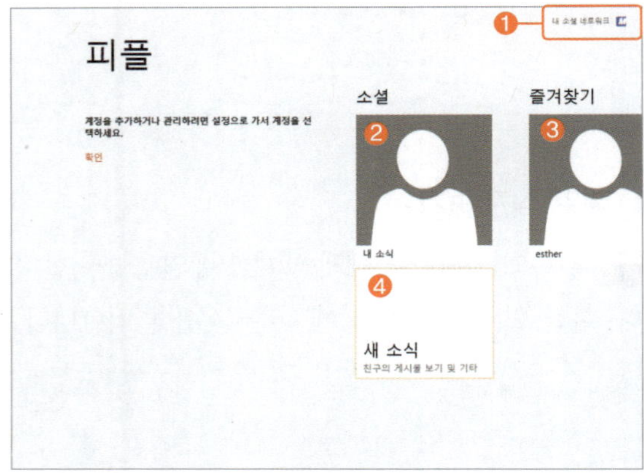

1 활성화된 소셜 네트워크 및 새 계정을 추가합니다.
2 소셜 네트워크의 내 소식을 보여줍니다.
3 즐겨찾기한 내용을 볼 수 있습니다.
4 친구의 새로운 소식을 볼 수 있습니다.

08 피플에서 페이스북 등록하기

피플은 주소록에 등록된 친구와 동료의 트위터나 페이스북 정보를 윈도우 8 UI 시작 화면에서 바로 볼 수 있게 해줍니다. 스마트폰의 알림 영역처럼 페이스북 메시지 등이 나타나므로 컴퓨터를 켜자마자 쉽게 확인할 수 있습니다. 물론 데스크톱을 사용하는 도중에도 알림이 발생하면 팝업 창으로 알려줍니다.

1 피플 앱을 실행합니다. 계정을 추가하기 위해 피플 화면 오른쪽 위의 '내 소셜 네트워크'를 클릭합니다.

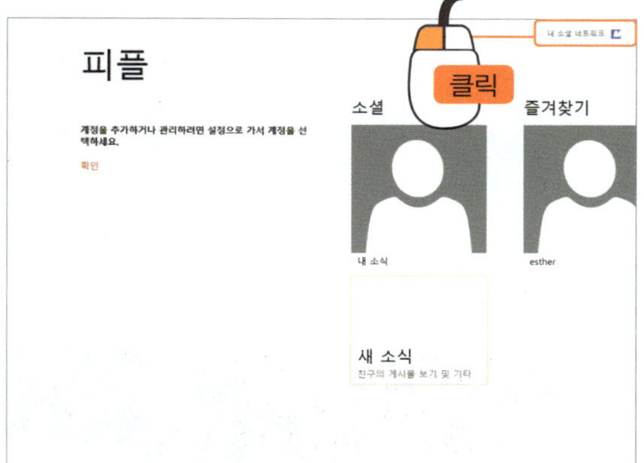

2 계정 팝업 창에서 '계정 추가'를 클릭합니다. 추가할 계정 목록이 나타나면 'Facebook'을 클릭합니다.

3 페이스북 계정과 연결하는 과정을 거쳐야 합니다. 〈연결〉 버튼을 누릅니다.

4 자신의 페이스북 이메일 정보와 비밀번호를 입력한 뒤 〈로그인〉 버튼을 누릅니다.

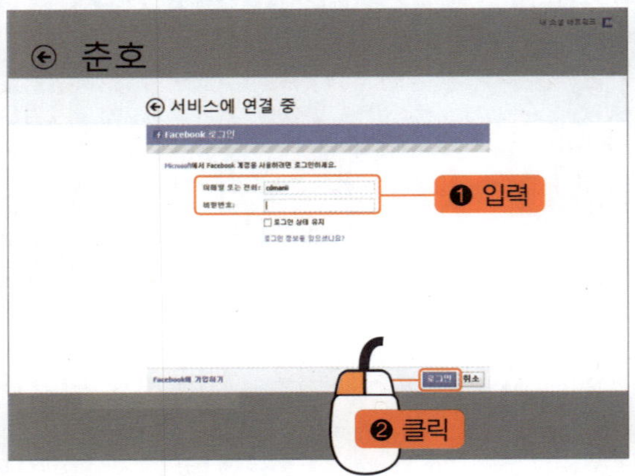

5 연결이 완료되면 다음과 같은 화면이 나타납니다. 〈완료〉 버튼을 누릅니다.

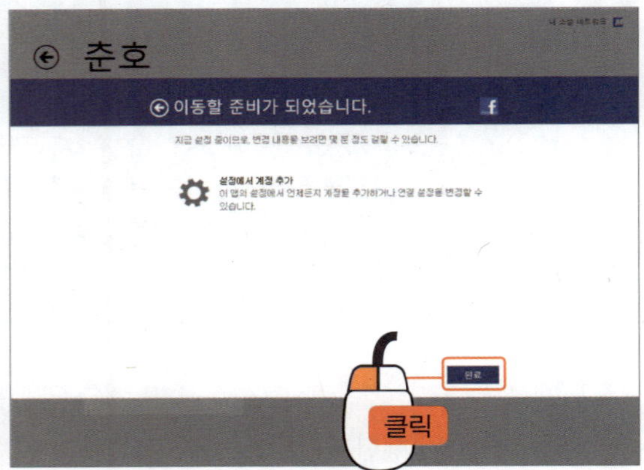

6 페이스북 계정 연동이 완료되면 새 소식에서 자신의 페이스북에 새 글을 올릴 수 있으며, 자신이 올린 글에 보인 반응도 바로 살펴볼 수 있습니다.

7 페이스북 사진에서는 페이스북 앨범에 들어 있는 사진을 바로 확인할 수 있습니다.

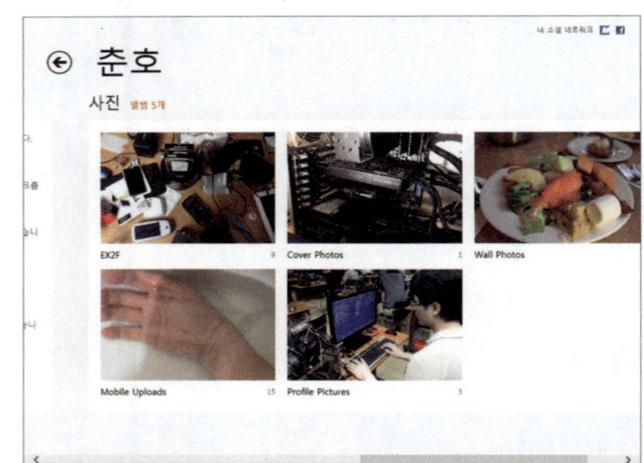

09 피플에서 트위터 등록하기

피플에 트위터 계정을 추가하는 방법을 배워봅니다. 트위터를 추가하면 트위터 페이지를 이용하지 않고
바로 윈도우 8 UI 시작 화면의 피플에서 새로운 소식을 확인하고 답장도 할 수 있습니다.

1 피플 앱에서 '내 소셜 네트워크-계정 추가
-Twitter'를 차례로 클릭합니다.

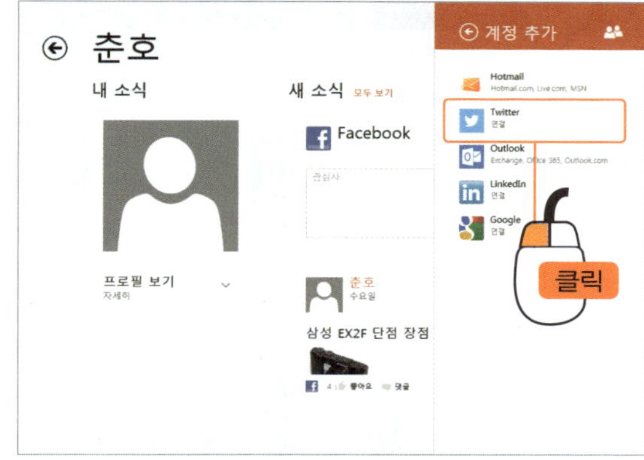

2 Twitter 계정과 연결하는 화면이 나타나면,
〈연결〉 버튼을 누릅니다.

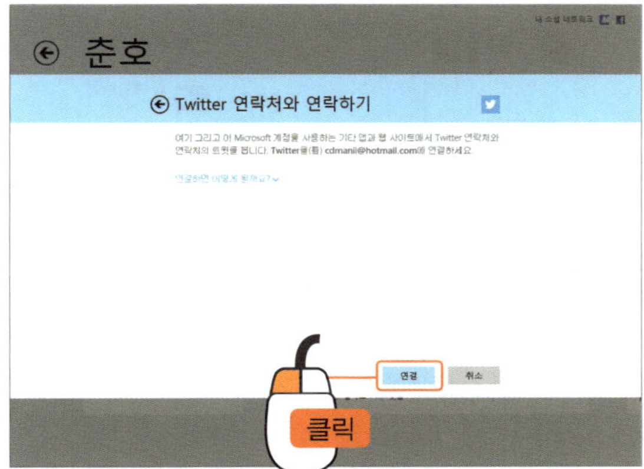

3 트위터 아이디와 비밀번호를 입력한 뒤 〈애플리케이션 승인〉 버튼을 누릅니다.

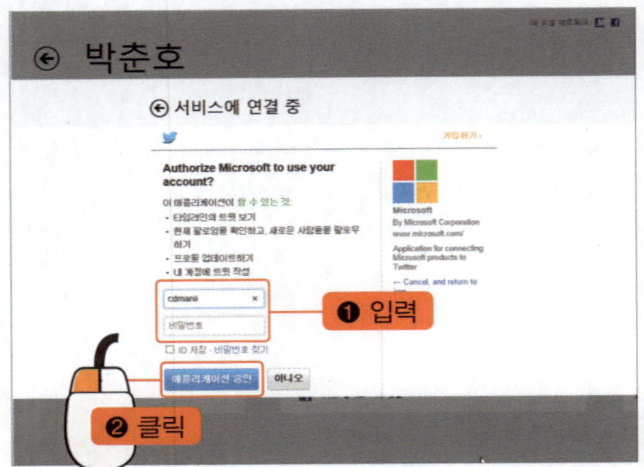

4 트위터 연동이 완료되었습니다. 〈완료〉 버튼을 누릅니다.

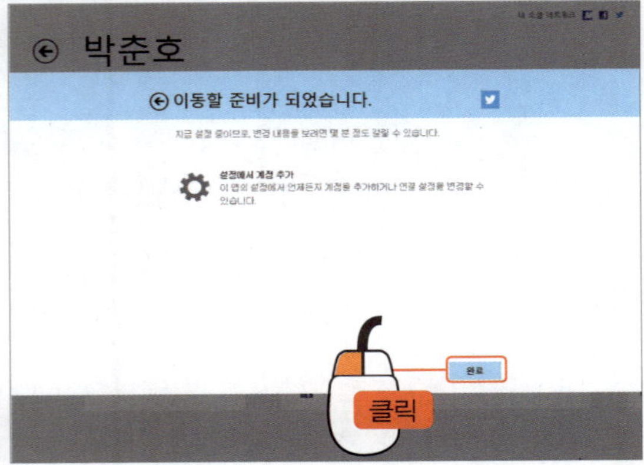

5 새 소식 부분을 선택하면 새로 올라온 자신과 관련된 트위터 정보를 확인할 수 있습니다.

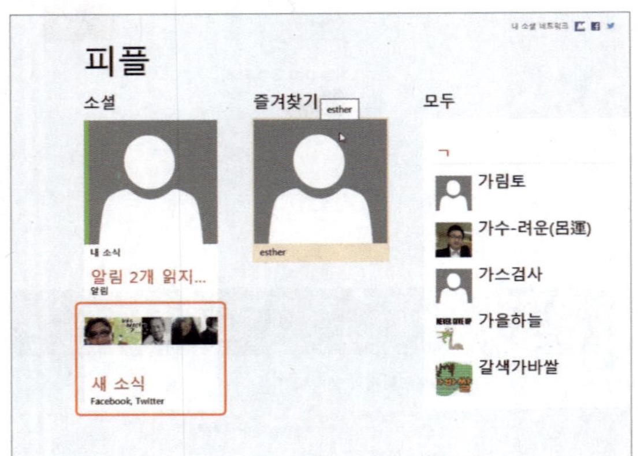

6 새로운 소식을 확인하고 댓글 등으로 대화도 가능합니다.

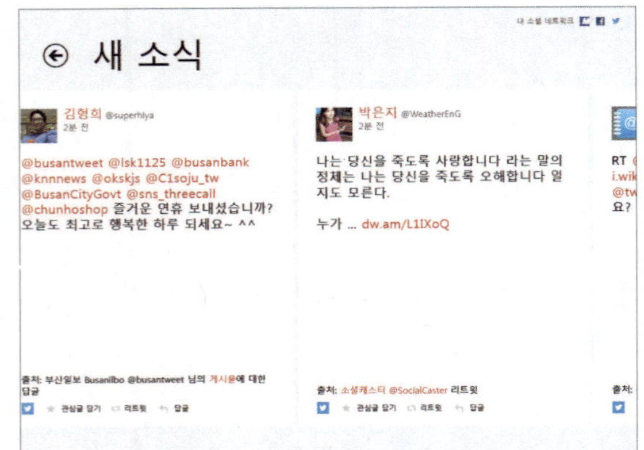

10 피플에서 주소록 활용하기

Microsoft 계정으로 로그인하면 피플에서는 해당 계정의 주소록을 자동으로 연동해서 보여줍니다. 또 페이스북과 트위터 전화번호 등으로 연결된 친구들의 주소록도 가져옵니다. 사진과 아이디를 클릭하면 트위터나 페이스북으로 쉽게 대화할 수 있습니다. 윈도우 8 UI 시작 화면에서 트위터와 페이스북을 연동하면 바로 사용이 가능하기 때문에 쉽고 간단하다는 특징이 있습니다. 데스크톱 작업 중에도 페이스북 등에 메시지가 올라오면 알림으로 알려주어 바로 대화할 수 있습니다.

1 피플에는 다음처럼 주소록에 아이콘과 아이디가 나타납니다. 주소록에 있는 친구 목록 중 소식이 궁금한 친구의 아이콘이나 아이디를 클릭합니다.

2 선택한 친구의 연락처 정보에 메일과 전화번호 프로필과 함께 최근의 행적들이 나타납니다.

3 새 소식과 사진에서는 최근 소식들을 살펴볼 수 있습니다.

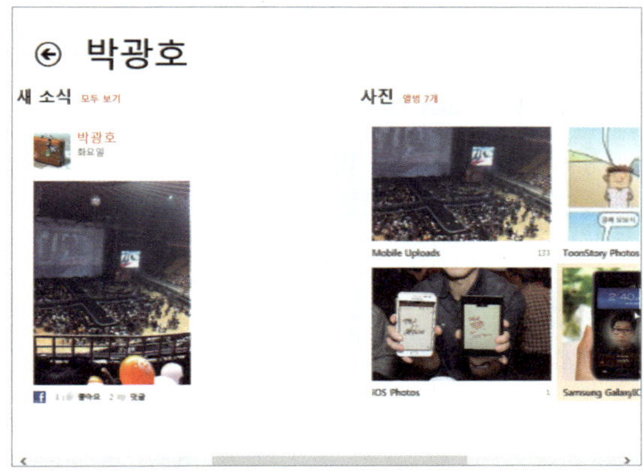

4 '연락처' 부분에 있는 〈메일 보내기〉 버튼을
누르면 등록된 주소로 가족과 친구, 동료에게 메
일을 보낼 수 있습니다. 또 메일을 보낼 때 사진을
함께 첨부하여 보낼 수도 있습니다.

5 이번에는 페이스북으로 메시지를 보내보겠
습니다. 원래는 페이스북 페이지나 메신저를 설
치해야 친구에게 메일을 보낼 수 있지만 윈도우
8 UI 시작 화면에서는 페이스북이 연동되어 있어
다음처럼 페이스북의 〈메시지 보내기〉 버튼을 이
용해 쉽게 메시지를 보낼 수 있습니다.

6 다음은 페이스북으로 메시지를 보내고 있는 화
면입니다. 상대방이 스마트폰으로 페이스북에 로
그인된 상태라면 스마트폰으로 대화를 받을 수 있
습니다. 상대방이 윈도우 8을 사용 중이고 페이스
북 앱에 연동되어 있다면 화면과 동일하게 윈도우
8 UI 시작 화면에서도 바로 대화할 수 있습니다.

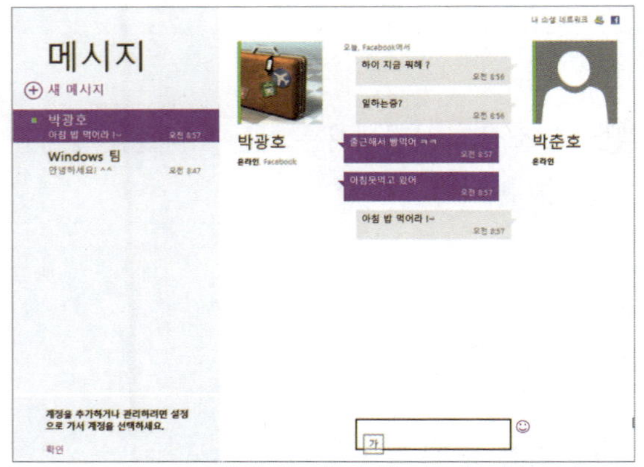

❶ 메시지를 보낼 때 텍스트 입력 창 오른쪽에 있는 이모티콘을 클릭하면 다양한 이모티콘을 함께 넣어서 메시지를 보낼 수 있습니다.

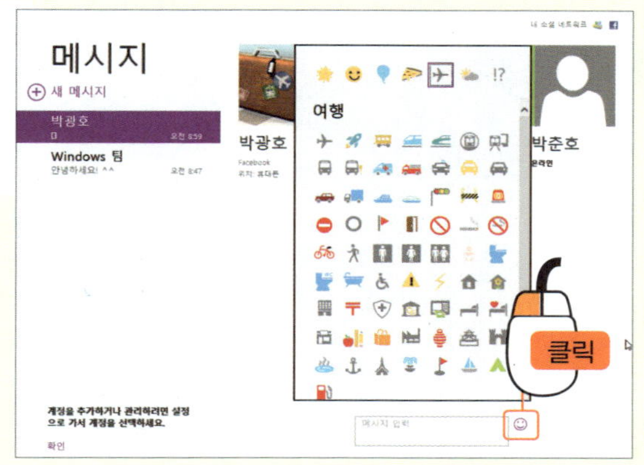

❷ 페이스북 대화 중 데스크톱으로 전환한 상태에서 상대방이 메시지를 보내면 바탕화면 오른쪽 위에 알림 창이 뜹니다. 알림 창을 클릭하면 바로 대화를 재개할 수 있습니다.

11 피플에서 주소록 등록하기

피플에 주소록을 추가하는 방법을 알아보겠습니다. 주소록을 등록한 뒤 페이스북 및 트위터로 연결해 두면 쉽게 온라인으로 연락할 수 있습니다.

1 피플 앱을 실행합니다. 화면 빈곳에서 마우스 오른쪽 버튼을 누릅니다. 화면 맨 아래쪽에 관련 메뉴바가 나타나면 〈친구 추가〉 버튼을 클릭합니다.

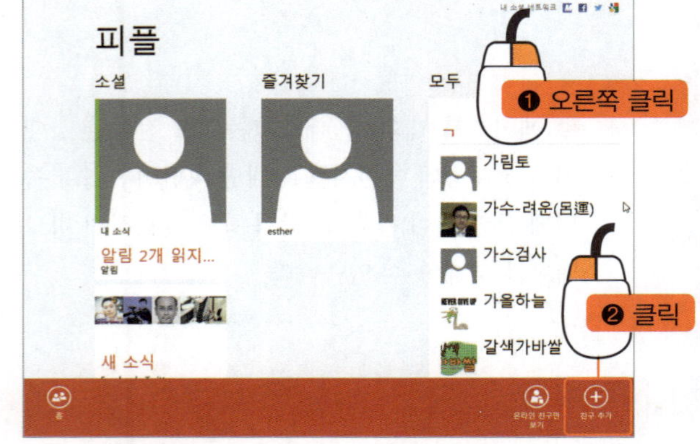

2 '계정' 항목의 목록펼침 버튼을 눌러 연결할 계정을 선택합니다. 이름과 성, 회사, 메일 주소, 전화번호 등을 입력합니다.

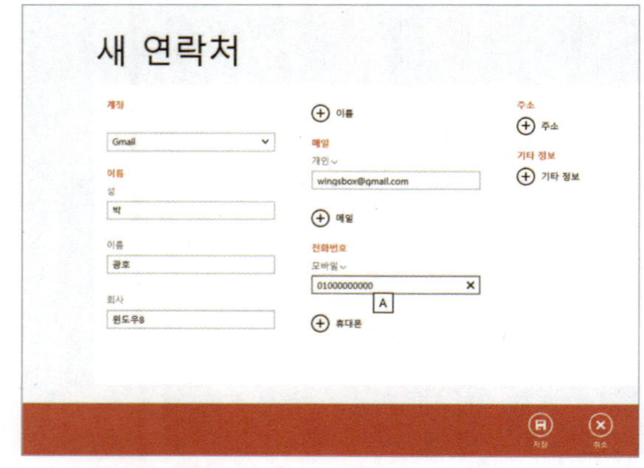

3 주소록에 새로운 정보가 등록되었습니다.

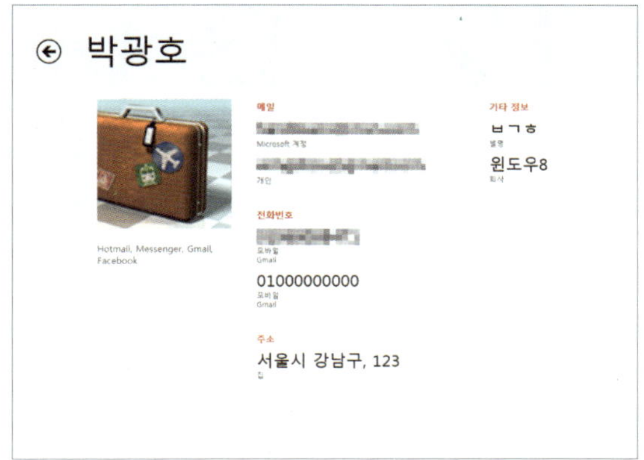

4 새로 추가된 주소록 화면 위에서 마우스 오른쪽 버튼을 누릅니다. 화면 맨 아래쪽에 관련 메뉴바가 나타나면 〈연결〉 버튼을 클릭합니다.

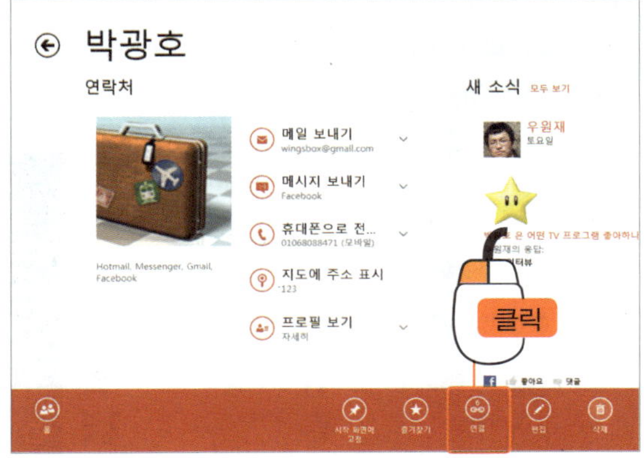

5 연결된 프로필 목록이 뜨면 원하는 정보를 선택한 뒤 〈저장〉 버튼을 클릭합니다.

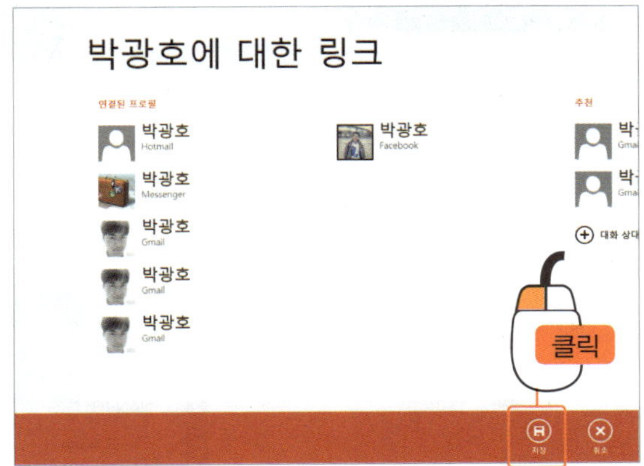

12 피플에서 주소록 검색하기

피플에 주소록을 추가하다 보면 등록된 정보가 많아져 원하는 사람의 정보를 찾을 때 시간이 많이 걸리게 됩니다. 이때, 쉽고 빠르게 검색하는 방법이 있는데, 지금부터 알아보겠습니다.

1 피플에서 마우스 커서를 오른쪽 맨 위나 아래로 가져가면 화면 오른쪽에 참 메뉴가 나타납니다. 〈검색〉 버튼을 클릭합니다.

2 앱 목록 중 피플이 선택된 상태에서 찾으려는 사람의 이름이나 정보를 입력한 뒤 Enter 키를 누르면 바로 검색합니다.

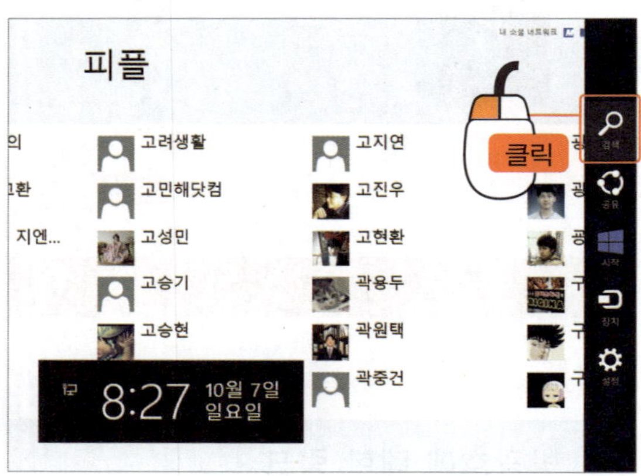

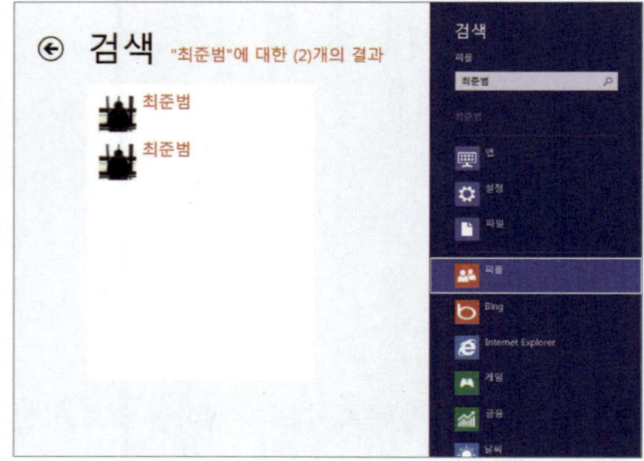

TIP │ 빠른 검색

검색란에 관련 정보의 첫 글자만 입력해도 바로 관련 정보가 검색되어 나타납니다.

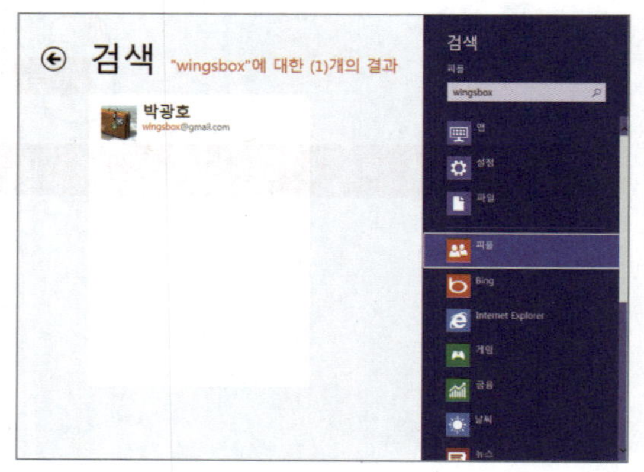

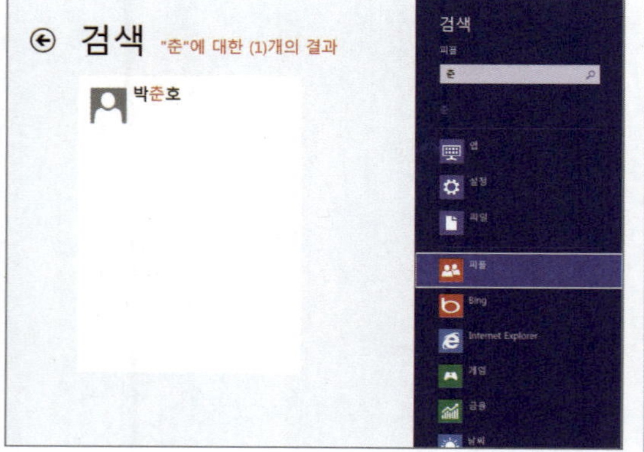

13 윈도우 8 UI 기본 앱 - Internet Explorer

윈도우 8에서는 윈도우 8 UI 시작 화면의 Internet Explorer 앱과 데스크톱의 작업 표시줄에 있는 'Internet Explorer 10' 아이콘 두 가지 방법으로 웹브라우저를 실행할 수 있습니다.

1 윈도우 8 UI 시작 화면에서 Internet Explorer 앱을 클릭합니다. Microsoft 웹사이트로 연결됩니다. 직접 주소를 입력해서 원하는 웹사이트로 이동할 수도 있습니다.

① 뒤로 : 이전 웹페이지로 이동합니다.
② 이동하려는 웹 주소를 입력합니다.
③ 새로 고침 : 현재 웹페이지를 새로고침 합니다.
④ 사이트 고정 : 현재 웹페이지를 고정시킵니다.
⑤ 페이지 도구 : 찾기, 데스크톱 브라우저 보기 등을 할 수 있습니다.
⑥ 앞으로 : 다음 웹페이지로 이동합니다.

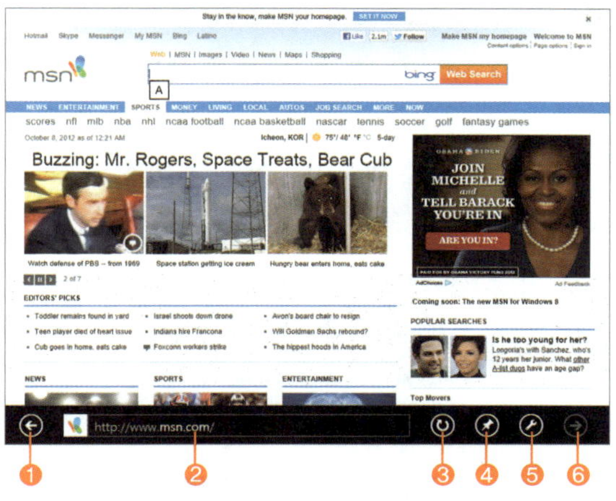

2 주소표시줄에 'http://cdmanii.com'을 입력한 뒤 Enter 키를 누릅니다. 여기서는 필자의 블로그 주소를 입력했습니다. 물론 네이버로 이동한 뒤 원하는 웹사이트를 검색할 수도 있습니다.

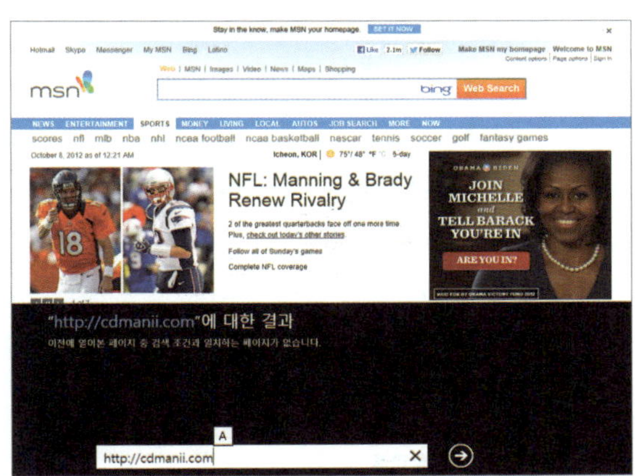

▲ 필자의 블로그 주소 입력

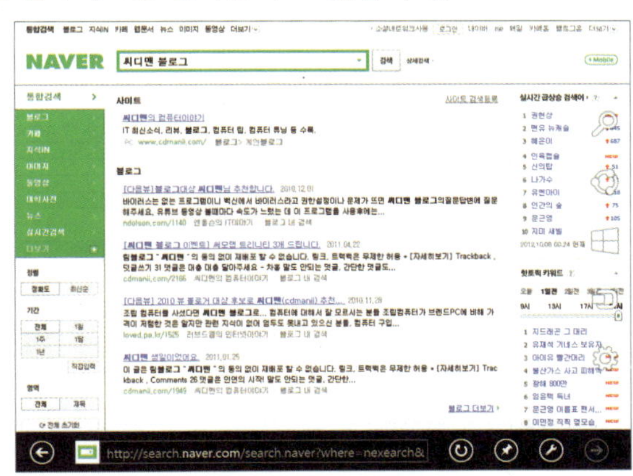

▲ 네이버에서 원하는 웹사이트 주소 입력

14 Internet Explorer에서 새 창 띄우기

Internet Explorer에서 웹서핑 중 새로운 창을 띄워 작업해야 할 경우가 있습니다. 현재 창에서만 작업하면 다시 주소를 입력해야 하는 번거로움 때문이죠. 새 창에서 다른 웹페이지를 띄우는 방법을 배웁니다.

1 Internet Explorer 앱을 실행합니다. 화면 빈 곳에서 마우스 오른쪽 버튼을 누르면 다음처럼 화면 위아래로 관련된 메뉴가 나타납니다. 새 창을 띄우려면 오른쪽 위의 〈새 탭〉 버튼 ⊕을 클릭합니다.

새 탭 열기 : Ctrl + T

2 다음처럼 새 창이 열리면서 화면 아래쪽에 이전에 사용했던 웹페이지 기록을 보여줍니다. 이전에 접속했던 웹페이지를 클릭하거나 주소표시줄에 직접 주소를 입력합니다.

3 여기서는 네이버 웹사이트로 이동하는 주소를 입력했습니다. 주소표시줄에 'http://www.naver.com'을 입력한 뒤 Enter 키를 누르면 네이버로 이동합니다.

15 Internet Explorer에서 창 전환하기

새 창을 띄워 웹서핑 중 이전 페이지로 돌아가야 할 때는 창 전환하기로 가능합니다. 창 전환을 이용해 이전과 다음 페이지로 쉽게 오고가는 방법을 배워봅니다.

1 Internet Explorer 화면 위에서 마우스 오른쪽 버튼을 누르면 위쪽에 이전 웹페이지와 현재 웹페이지를 작은 썸네일 이미지로 보여줍니다. 이동하고 싶은 웹페이지 이미지를 클릭합니다. 여기서는 필자의 블로그 이미지를 선택했습니다.

TIP

썸네일 이미지 오른쪽에 있는 을 클릭하면 해당 창 이미지를 삭제할 수 있습니다.

2 선택한 웹페이지로 이동한 것을 확인할 수 있습니다.

TIP

웹사이트에서 마우스 오른쪽 버튼을 사용하지 못하도록 막았을 때는 창 전환이 안 됩니다. 이때는 F4 키를 누른 뒤 화면 아래쪽에 나타나는 창의 빈 곳에서 마우스 오른쪽 버튼을 누르면 [창 전환] 메뉴가 나타납니다.

16 Internet Explorer에서 웹페이지 공유하기

윈도우 8 UI 시작 화면의 Internet Explorer에서는 웹서핑 중에도 문서를 쉽고 빠르게 메일과 SNS 등으로 공유할 수 있습니다. 회사 동료에게 또는 친구에게 알리고 싶을 때 활용해 보세요. 하지만 Internet Explorer 버전이 10인 데스크톱에서는 공유 기능이 제한됩니다.

1 웹서핑 중 지금 보고 있는 내용을 다른 사람과 공유하고 싶을 때가 있습니다. 윈도우 8에서는 쉽고 빠르게 공유할 수 있는데, 마우스 커서를 화면 오른쪽 맨 위나 맨 아래로 이동합니다.

2 참 메뉴가 나타나면 〈공유〉 버튼을 클릭합니다.

참 메뉴 실행하기 : ⊞ + C

3 화면 오른쪽에 공유 창이 나타납니다. 메일 또는 피플(페이스북, 트위터 등)로 공유할 수 있습니다. '메일'을 클릭합니다.

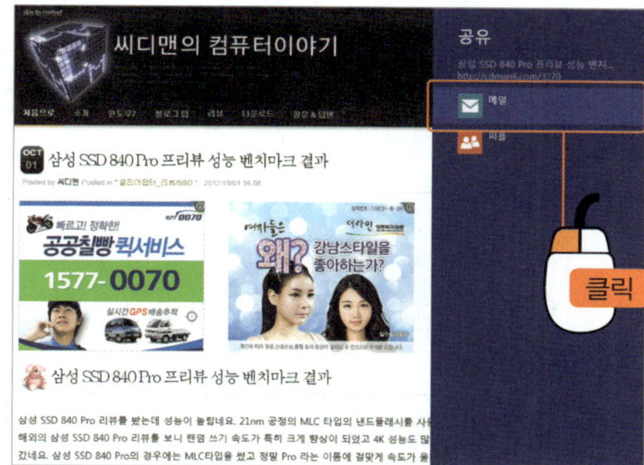

공유 창 실행하기 : ⊞+H

4 Internet Explorer 화면에서 메일 창이 뜨면 받는 사람란(❶)에 메일 주소를, '메시지 추가' 부분(❷)에는 공유에 참고가 되는 내용을 입력합니다. 〈보내기〉 버튼을 클릭합니다.

TIP

받는 사람 메일함에는 링크 형태로 해당 웹페이지가 공유됩니다.

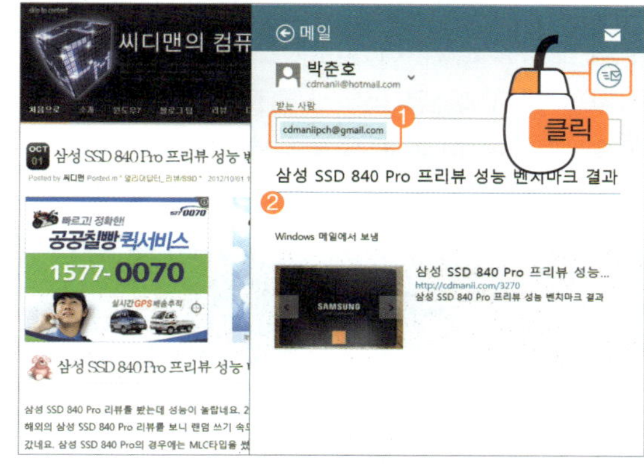

5 공유 창에서 '피플'을 선택했을 경우에는 피플에 연동된 계정으로 내용을 공유할 수 있습니다.

17 Internet Explorer에서 데스크톱으로 바로 전환하기

윈도우 8 UI 시작 화면의 Internet Explorer는 터치 기반의 기기에서 사용하기 편하도록 설계되어 있습니다. 하지만 터치가 지원되는 기기에서는 Internet Explorer 앱의 ActiveX가 제한되어 있습니다. 좀 더 많은 기능을 활용하기 위해 윈도우 8 UI 시작 화면의 Internet Explorer를 데스크톱의 Internet Explorer 10으로 전환하는 방법을 알아봅니다.

1 윈도우 8 UI 시작 화면의 Internet Explorer 앱에서 웹서핑을 하는 도중 현재 보고 있는 웹페이지를 데스크톱의 Internet Explorer로 전환하기 위해 화면 빈곳에서 마우스 오른쪽 버튼을 누릅니다.

2 화면 아래쪽에 관련된 메뉴바가 나타나면 〈페이지 도구〉 버튼을 클릭합니다. 〈데스크톱 브라우저에서 보기〉 버튼을 클릭합니다.

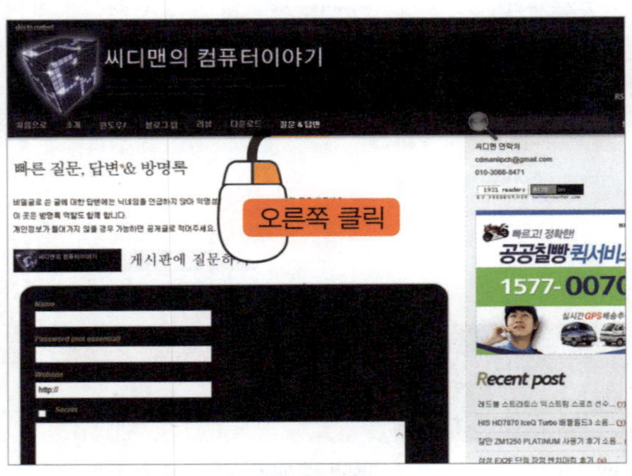

3 데스크톱의 Internet Explorer 10으로 웹페이지 화면이 전환되는 것을 확인할 수 있습니다. 이전 작업(Internet Explorer 앱) 화면으로 되돌아가려면 Alt + Tab 키를 누르면 됩니다.

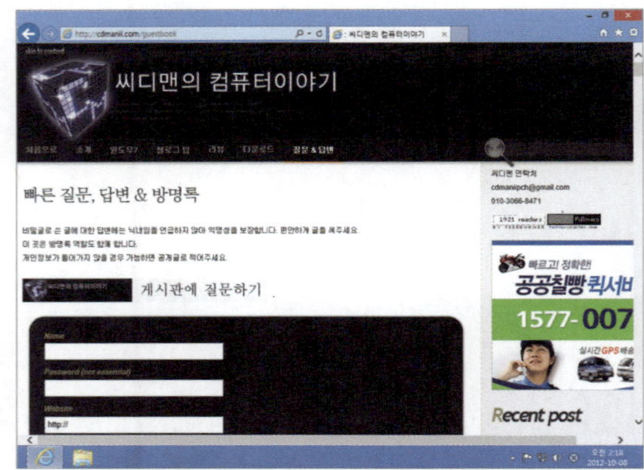

18 Internet Explorer에서 InPrivate로 개인정보 보호하기

혼자 사용하는 데스크톱이나 노트북이라면 문제가 없겠지만 여러 명이 사용하는 컴퓨터에서 웹서핑을 할 때 가장 걱정되는 부분이 아마도 개인정보 누출일 것입니다. 이런 걱정을 없애기 위해 Internet Explorer에서는 InPrivate 탭을 제공하는데, 일명 사생활 보호 모드라고 할 수 있습니다. 이것을 활용하는 방법을 알아보겠습니다.

1 Internet Explorer 화면에서 마우스 오른쪽 버튼을 누릅니다. 화면 위쪽에 관련 메뉴바가 나타나면 〈탭 도구〉⊙─〈새 InPrivate 탭〉 버튼을 클릭합니다.

2 InPrivate가 사용 중 화면으로 바뀝니다. 화면 아래쪽의 InPrivate 주소표시줄에 접속하려는 웹사이트 주소를 직접 입력합니다. 또는 자주 방문하는 사이트나 즐겨찾기 목록에서 원하는 웹사이트를 선택해도 됩니다.

3 InPrivate 화면에서는 아이디와 암호를 입력해도 기록이 남지 않아 안심하고 사용할 수 있습니다.

> **TIP | 사생활 보호 모드에서 일반 모드로 전환**
>
> 주소표시줄에 파란색의 'InPrivate'가 보인다면 해당 창에서는 사생활 보호 모드가 동작 중인 것입니다. 다시 일반 모드로 사용하려면 현재 InPrivate 창을 닫은 뒤 새 창에서 접속하면 됩니다.

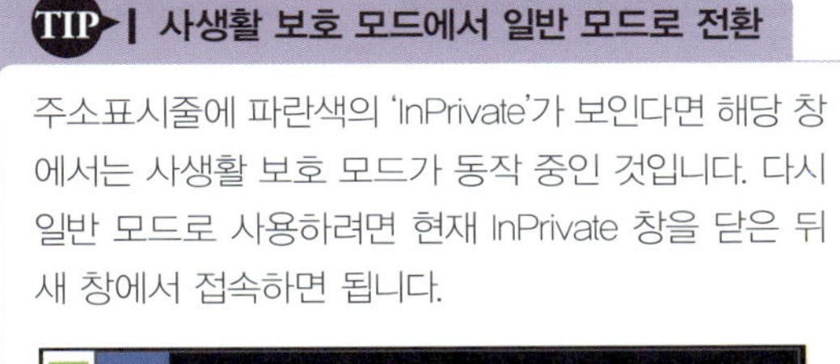

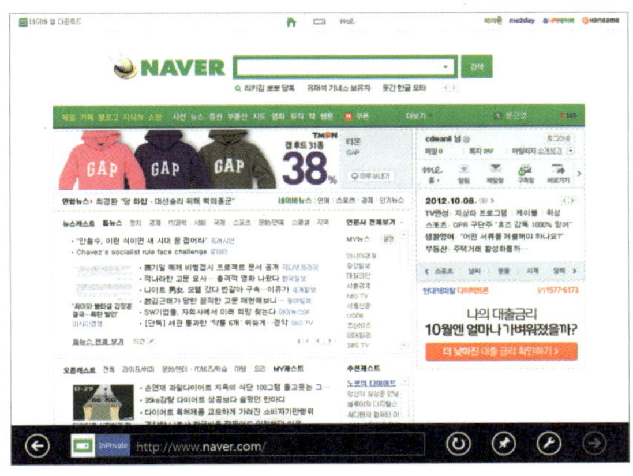

19 Internet Explorer에서 즐겨찾기 활용하기

윈도우 8 UI 시작 화면에 있는 Internet Explorer에서 웹서핑 도중 괜찮은 웹페이지를 발견했을 때 사용하는 기능이 바로 '즐겨찾기'입니다. Internet Explorer 앱에서 사용하는 즐겨찾기는 설정하는 방법이 약간 독특합니다. 어떻게 즐겨찾기를 하고 활용하는지 지금부터 알아봅니다.

1 Internet Explorer 앱에서 웹서핑 도중 해당 화면을 즐겨찾기 하고 싶을 때는 화면 위에서 마우스 오른쪽 버튼을 먼저 누릅니다. 그런 다음 아래쪽에 나타나는 메뉴바에서 〈사이트 고정〉 버튼을 클릭합니다.

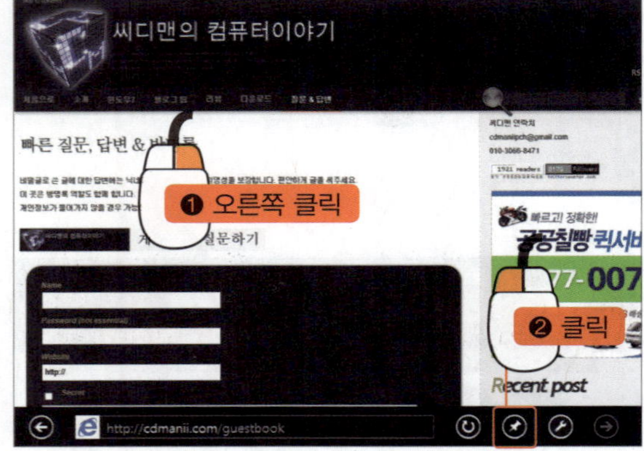

2 위쪽으로 세부 버튼이 나타나면 〈즐겨찾기에 추가〉 버튼을 클릭합니다. 즐겨찾기가 완료되었습니다.

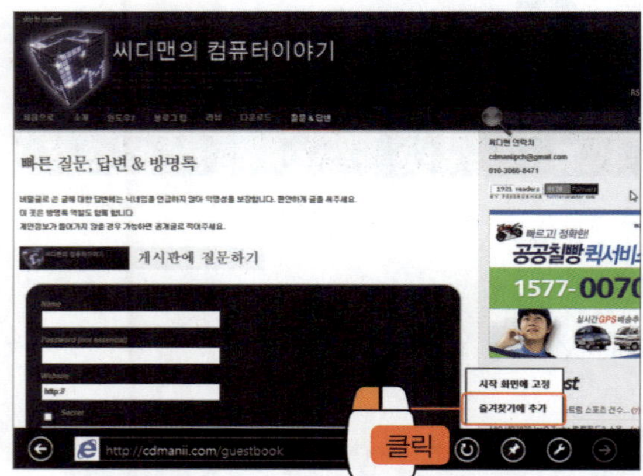

3 즐겨찾기를 활용하려면 새 탭을 열어야 합니다. 화면 위에서 마우스 오른쪽 버튼을 누른 뒤 위쪽에 나타나는 메뉴바에서 〈새 탭〉 버튼 ⊕을 클릭합니다.

4 화면 아래쪽의 메뉴바에 즐겨찾기가 타일 형태로 나타납니다. 원하는 즐겨찾기를 클릭합니다.

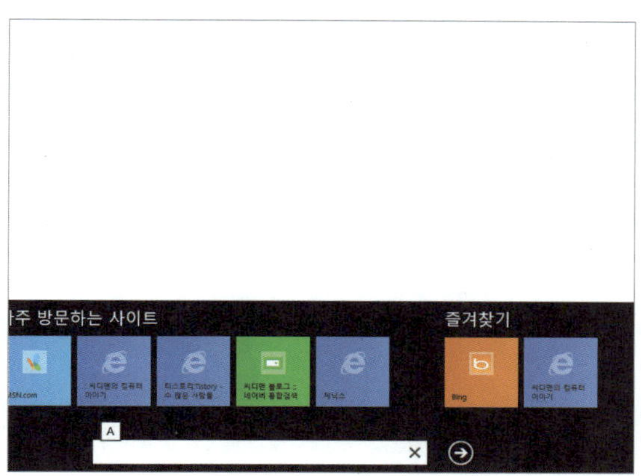

5 선택한 즐겨찾기가 새 탭으로 열리는 것을 확인할 수 있습니다.

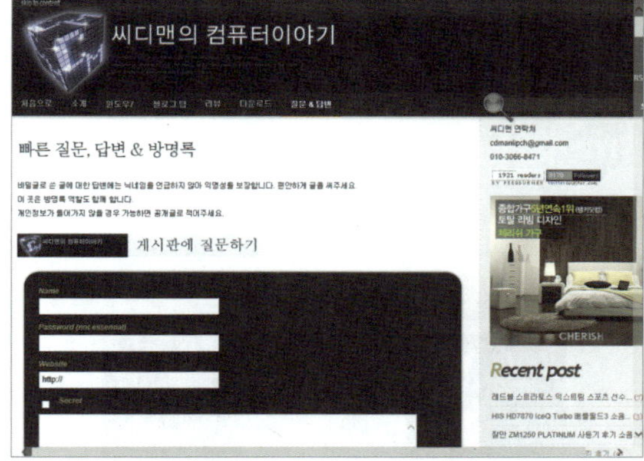

20 시작 화면에 웹사이트를 타일로 등록하기

이전 윈도우 버전에서는 자주 접속하는 웹사이트를 바탕화면에 바로가기 아이콘으로 추가할 수 있었는데, 윈도우 8에서도 윈도우 8 UI 시작 화면에 자주 접속하는 웹사이트를 타일로 추가할 수 있습니다. 지금부터 웹사이트를 윈도우 8 UI 시작 화면에 타일 형태로 등록하는 방법을 알아봅니다.

1 Internet Explorer 앱을 실행한 뒤 타일로 등록할 웹사이트에 접속합니다. 화면 위에서 마우스 오른쪽 버튼을 누르고, 아래쪽 메뉴바에서 〈사이트 고정〉 - 〈시작 화면에 고정〉 버튼을 클릭합니다.

2 윈도우 8 UI 시작 화면에 해당 웹사이트가 타일 형태로 등록된 것을 확인할 수 있습니다.

TIP

윈도우 8 UI 시작 화면에 등록한 웹사이트 타일 아이콘을 삭제하려면 아이콘 위에서 마우스 오른쪽 버튼을 누른 뒤 〈시작 화면에서 제거〉 버튼을 클릭합니다.

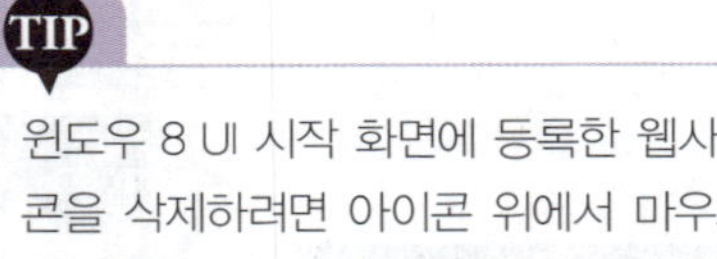

21 원도우 8 UI 기본 앱 - 여행

윈도우 8 UI 시작 화면의 여행 앱을 이용하면 세계 각지의 여행지 사진과 항공편 정보 등을 얻을 수 있습니다. 360도 파노라마 영상 및 항공사의 내부 사진, 그리고 호텔 정보 및 사진까지 한번에 살펴볼 수 있습니다. 여행을 좋아하는 사람에게는 유용한 정보를 제공하며, 업무로 피곤한 사람에게는 눈을 쉬게 하는데도 도움이 될 것입니다.

1 윈도우 8 UI 시작 화면에서 여행 앱을 클릭합니다.

2 여행 앱의 첫 화면입니다. 여행지와 관련된 멋진 사진을 랜덤으로 보여줍니다.

3 여행 앱 화면 위에서 마우스 오른쪽 버튼을 누르면 화면 위쪽에 관련 메뉴바가 나타납니다. 〈목적지〉 버튼을 클릭합니다.

- 홈 : 맨 첫 화면으로 이동합니다.
- 목적지 : 여행지를 지정할 수 있습니다.
- 항공편 : 항공편 일정 검색 및 상태를 확인할 수 있습니다.
- 호텔 : 여행지의 호텔 정보와 사진 등을 볼 수 있습니다.
- 인기 사이트 : 여행 관련 웹사이트 목록을 보여줍니다.

1 여러 지역의 목적지를 썸네일 이미지로 보여
줍니다.

2 〈지역: 모두 표시〉 버튼을 클릭하면 대륙별
로 가장 인기 있는 여행지를 썸네일 이미지로 보
여줍니다.

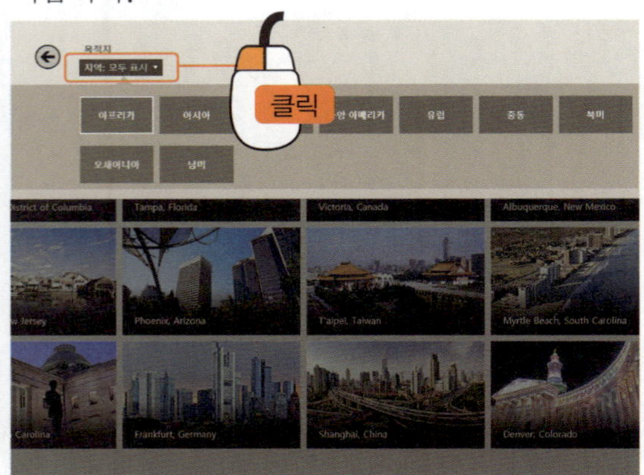

3 추천 인기 여행지 중 한곳을 클릭합니다. 상
당히 고화질의 큰 이미지를 보여줍니다.

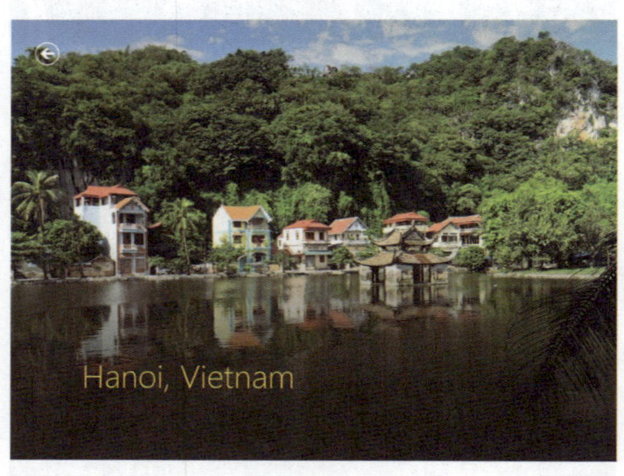

4 마우스 휠을 돌리거나 아래쪽 화살표를 오른
쪽으로 드래그하면 숨어 있던 여행지 정보가 나타
납니다. 해당 여행지와 관련된 다양한 사진도 보
여주는데, 사진을 보는 것만으로도 마치 여행하고
있는 듯한 착각을 일으킵니다.

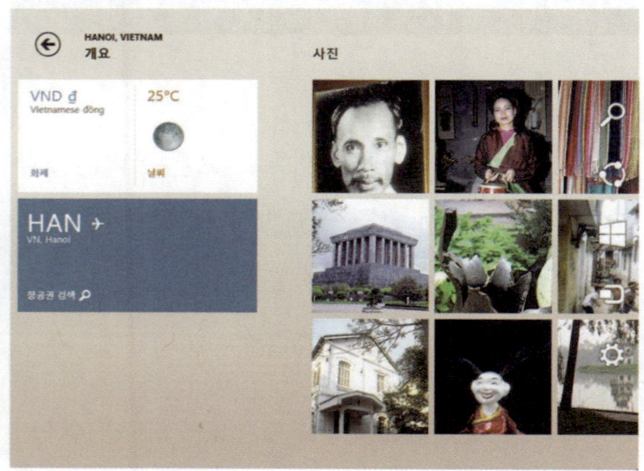

5 화면을 계속 오른쪽으로 이동하면 360도 회전하는 파노라마 사진들이 있습니다. 해당 지역의 대표 여행지를 고화질 파노라마 사진으로 볼 수 있습니다. 보고 싶은 지역의 파노라마 사진을 클릭합니다.

6 마우스를 왼쪽과 오른쪽, 위아래로 드래그해 보면 한곳을 기준으로 360도 촬영된 파노라마 사진을 즐길 수 있습니다. 특정 부분을 더블클릭하면 확대해서 볼 수 있습니다.

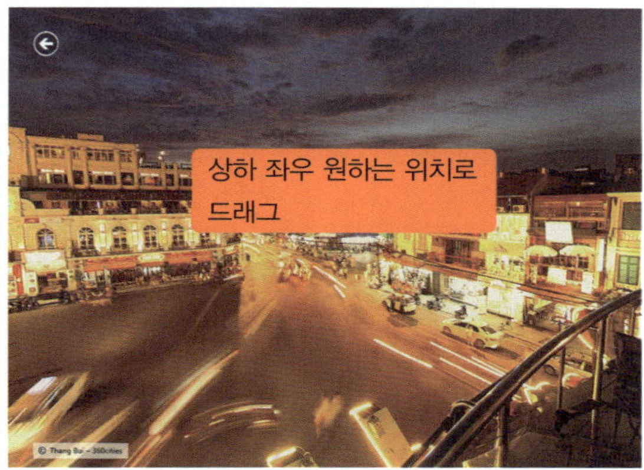

TIP | 파노라마 사진 확대·축소하기

360도 파노라마 사진에서 화면을 더블클릭하면 확대만 가능하고, 마우스 휠을 위로 올리면 확대, 아래로 내리면 축소할 수 있습니다.

■ 항공편

1 '항공편'에서는 일정 검색 및 항공사 전경을 파노라마 형식으로 볼 수 있습니다.

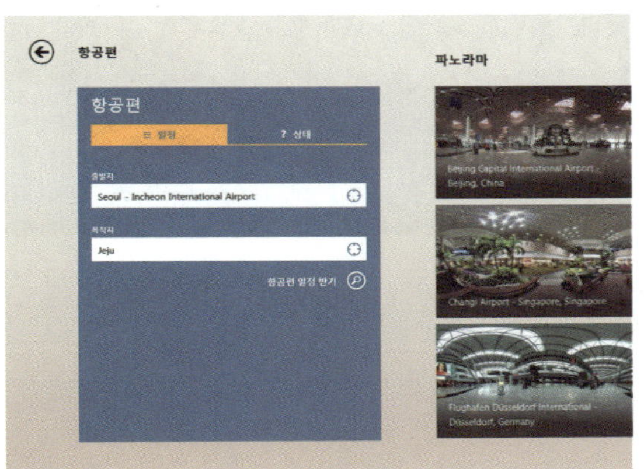

2 항공사마다 제공하는 360도 파노라마 사진을 이용하면 실제로 항공사에 있는 듯한 느낌을 받을 수 있습니다.

3 항공편의 [일정] 탭에서 출발지와 도착지 정보를 입력한 뒤 〈항공편 일정 받기〉 버튼을 누릅니다. 이용 가능한 항공사, 항공편 시간과 총소요 시간 등을 보여줍니다.

4 원하는 항공사의 항공편을 클릭하면 아래쪽으로 세부사항을 보여줍니다. 좀 더 자세한 항공편 정보를 볼 수 있습니다.

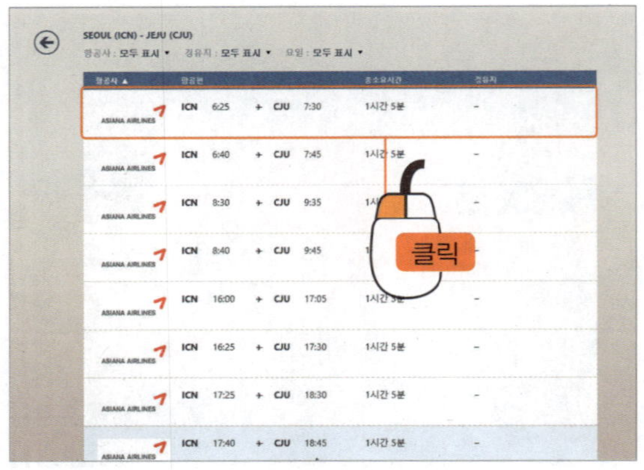

▌ 호텔

1 '호텔'에서는 도시별로 호텔 정보를 확인할 수 있습니다. 여행지의 도시명을 입력한 뒤 〈호텔 검색〉 버튼(또는 Enter 키)을 누르면 해당 도시의 호텔 정보를 확인할 수 있습니다.

2 도시 입력란 오른쪽에 있는 〈GPS 조회〉 버튼을 클릭하면 현재 위치를 기준으로 호텔 정보를 조회할 수 있습니다. 위치 서비스를 켜지 않은 상태에서는 다음처럼 허용 여부를 묻는 메시지 창이 나타납니다. 이 기능은 GPS가 내장된 기기에서만 활용할 수 있습니다.

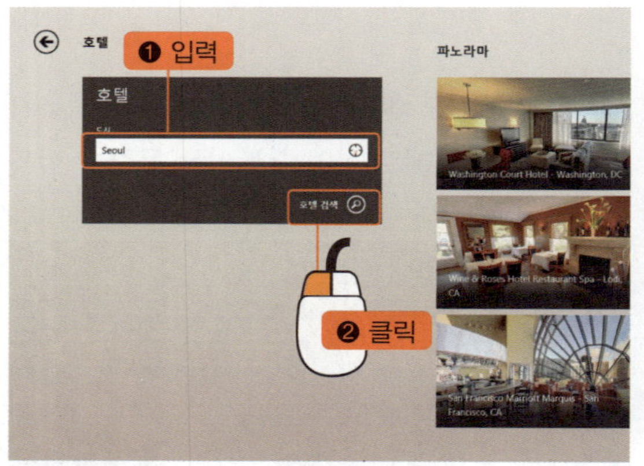

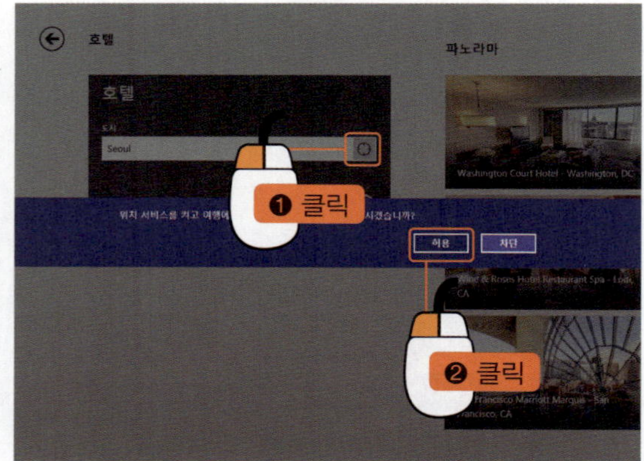

3 다음처럼 검색된 결과를 보여줍니다. 호텔 이름, 평균 가격, 호텔 등급으로 나눠서 보여주므로, 원하는 호텔을 쉽게 선택할 수 있습니다. 검색된 호텔 중 한곳을 클릭합니다.

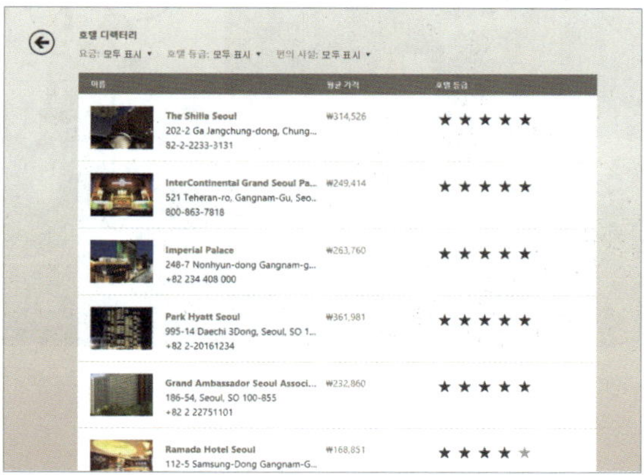

4 선택한 호텔의 자세한 소개가 나타납니다. 호텔 위치 및 전화번호도 제공하므로 직접 전화해서 예약할 수도 있습니다.

5 화면 아래쪽 화살표를 오른쪽으로 드래그하거나 마우스 휠을 내리면 선택한 호텔의 내부 전경사진이 나타납니다. 사진으로 호텔 내부를 미리 둘러볼 수 있어 편리합니다.

6 제공된 사진 중 하나를 클릭해 봅니다. 상당히 고화질로 호텔 시설을 확인할 수 있습니다.

1 화면 위에서 마우스 오른쪽 버튼을 눌러 〈인기 사이트〉 버튼을 클릭합니다.

2 여행 관련 웹사이트의 목록을 보여줍니다. 원하는 웹사이트를 클릭하면 자동으로 Internet Explorer 앱이 실행되면서 해당 웹사이트로 이동합니다.

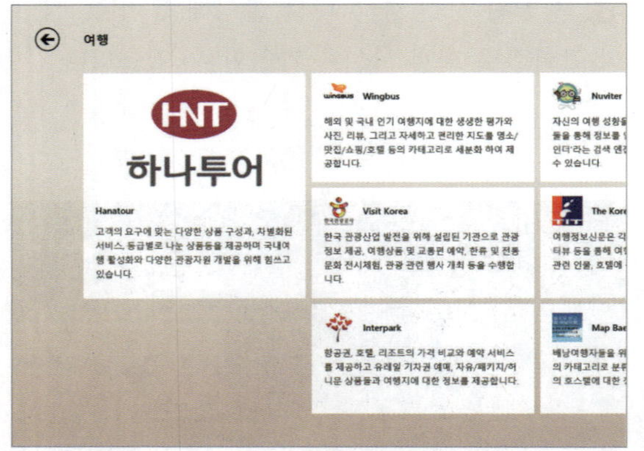

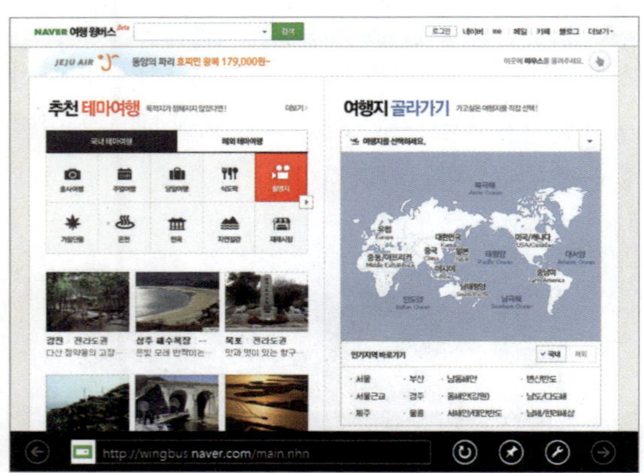

22 윈도우 8 UI 기본 앱 - 일정

일정 앱을 이용하면 컴퓨터를 켜자마자 오늘 일정을 쉽게 확인할 수 있습니다. 구글 캘린더를 사용한다면 연동도 가능합니다.

1 윈도우 8 UI 시작 화면에서 일정 앱을 클릭합니다.

2 다음처럼 달력 모양의 캘린더 화면이 나타납니다.

Windows 8 실전 매뉴얼

일정 앱에 구글 캘린더 추가하기

일정 앱은 기본적으로 윈도우 8 로그인 계정과 연동됩니다. 마이크로소프트 계정으로 로그인 하면 Microsoft 계정의 일정이 나타나며, 다른 메일 계정을 추가하여 사용할 수도 있습니다. 다만, 현재(2013년 4월 29일 기준)는 일정 앱에 구글 캘린더를 추가할 수 없는데, 구글에서 EAS(Exchange Active Sync) 서비스를 종료했기 때문입니다. 기존 사용자도 모두 일정 앱이 업데이트되면서 구글 캘린더를 연동할 수 없게 되었습니다. 따로 구글 캘린더 앱이 나오기 전까지는 기존에 작성했던 구글 일정은 읽기권한으로 일정 앱에 추가시키고, 새로 작성한 일정은 Hotmail 계정을 이용하는 방법으로 쓸 수 있습니다.

❶ 구글 캘린더 웹페이지(http://www.google.
com/calendar)에 접속한 뒤 [⚙▾]–[설정]을 클
릭합니다.

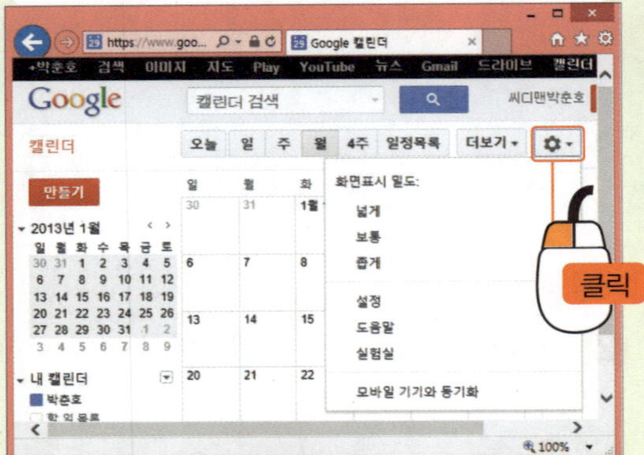

❷ 캘린더 환경설정 창에서 위쪽의 [캘린더] 탭
을 클릭합니다. 캘린더 화면에서 자신의 일정
을 클릭합니다.

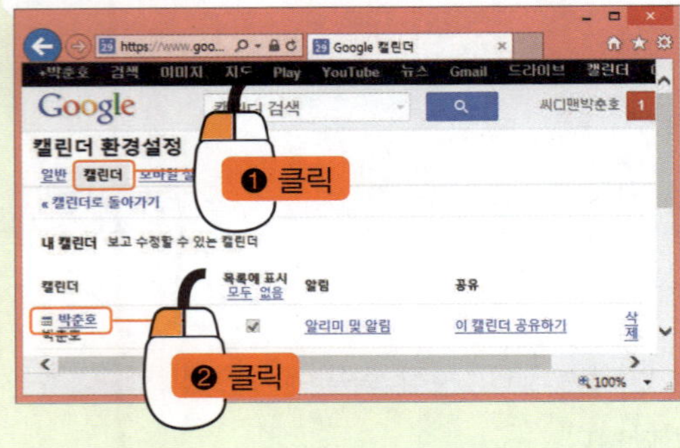

❸ 선택한 일정의 세부정보 화면에서 '비공개 주
소' 항목의 〈ICAL〉 녹색 버튼을 클릭합니다.

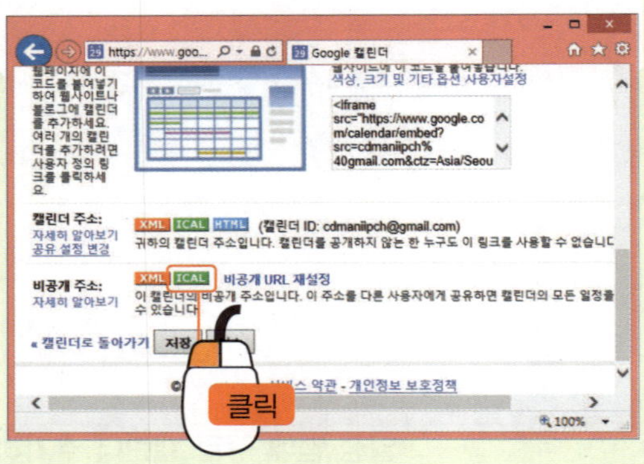

❹ 비공개 주소 팝업 창이 뜨면 주소를 영역 지
정하여 복사합니다. 이 주소는 다른 사람이 알
수 없도록 자신만 사용해야 합니다.

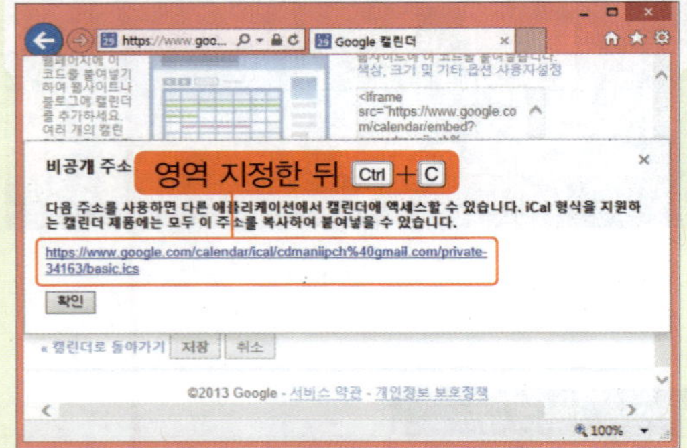

❺ 인터넷 익스플로러 창의 주소표시줄에 http://
calendar.live.com을 입력합니다. 위쪽 메뉴에
서 〈가져오기〉 버튼을 클릭합니다.

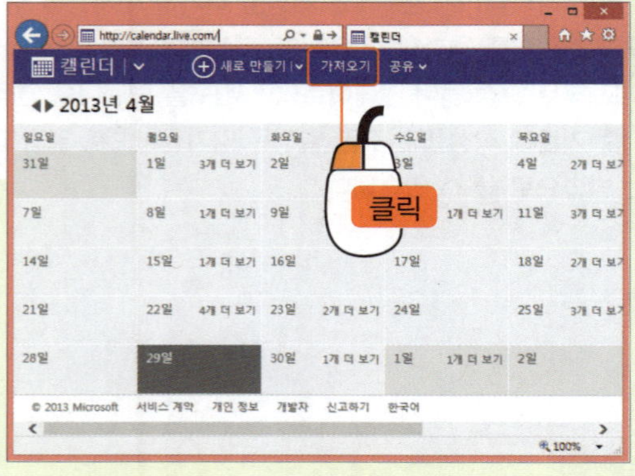

❻ 왼쪽 메뉴에서 [구독하기]를 클릭합니다. 캘린더 URL란에 ❹에서 복사했던 비공개 주소를 붙여넣기 합니다. 캘린더 이름은 자신이 쉽게 알아볼 수 있는 이름으로 지정한 뒤 〈구독하기〉 버튼을 누릅니다.

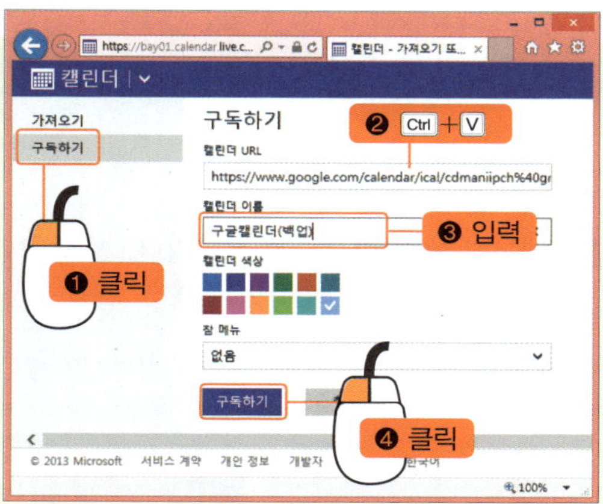

❼ 윈도우 8 UI 시작 화면으로 이동한 뒤 일정 앱을 실행합니다.

❽ 일정 앱에 구글 캘린더의 일정이 나타나는 것을 볼 수 있습니다. 다만 비공개 주소로 가져온 것이므로 일정 보기만 가능하고 수정은 할 수 없습니다.

❾ 앞으로 일정을 추가할 때는 Hotmail 계정으로 추가해야 합니다.

TIP

이것은 윈도우 8에서 구글 캘린더를 정상적인 방법으로는 추가하지 못하기에 '구독하기' 기능으로 일정을 읽기 권한으로 가져와 일정 앱에 추가하는 방법입니다. 추가 일정 관리는 윈도우 8의 기본 계정인 Hotmail에서 할 수 있습니다. 물론, Hotmail 계정도 스마트폰과 같은 스마트 기기에서 Exchange Active Sync로 계정 추가가 가능합니다. 윈도우 8 구글 캘린더 앱이 나오기 전까지는 이 방법이 최선입니다.

23 일정 추가하기

일정 앱에 새 일정을 추가하는 방법 및 편집하는 방법을 알아봅니다.

1 일정 앱을 실행합니다. 새 일정을 추가하고 싶은 날짜를 클릭합니다.

2 세부 정보 화면으로 이동합니다. 시간, 시작, 기간, 장소, 일정 등을 지정합니다. 일정 제목과 내용을 입력한 뒤 〈이 모임 저장〉 버튼(圓)을 클릭하여 새 일정을 저장합니다.

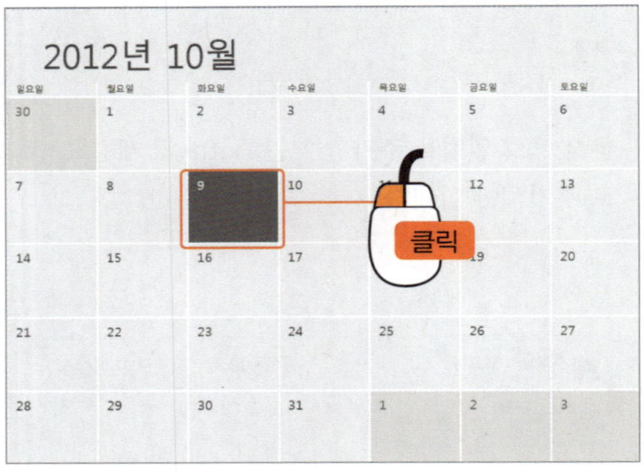

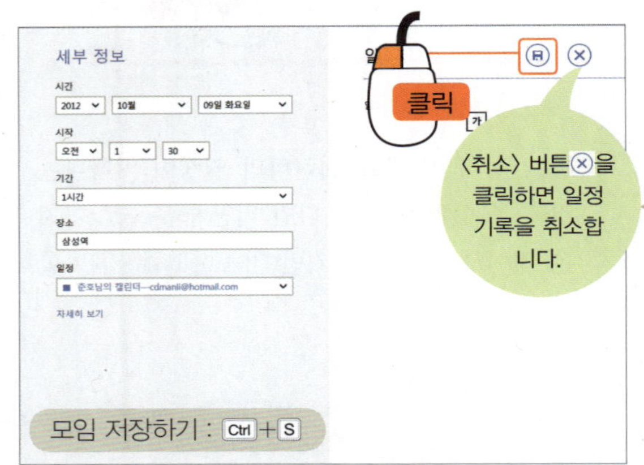

3 선택한 날짜에 새 일정이 추가된 것을 확인할 수 있습니다.

24 일정 편집 및 삭제하기

캘린더 앱에 추가한 일정을 수정하여 편집하거나 필요하지 않은 일정을 삭제하는 방법을 배워봅니다.

1 일정을 수정하거나 삭제하려면 캘린더 화면에서 기록된 일정을 클릭합니다.

2 세부 정보 화면으로 이동합니다. 수정할 부분을 클릭해 내용을 변경한 뒤 〈이 모임 저장〉 버튼을 클릭합니다.

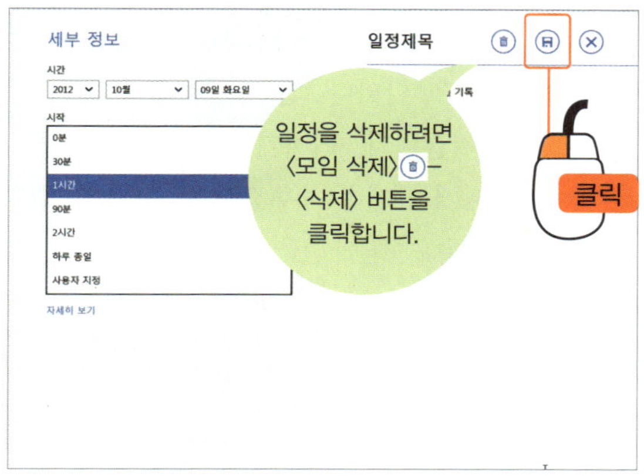

25 앱 2개 동시에 활용하기 1

윈도우 8 UI 시작 화면의 앱들은 동시에 한 화면에 2개 띄워서 볼 수 있습니다. 피플의 새 소식을 확인하면서 웹서핑을 할 수 있는데, 이런 기능을 '스냅'이라고 합니다. 스냅 기능은 1366×768 이상의 해상도에서 사용할 수 있습니다. 스냅 기능을 활용하여 여러 가지 작업을 편하게 하는 방법을 배워보겠습니다.

1 윈도우 8 UI 시작 화면에서 메일 앱을 실행합니다(꼭 메일 앱이 아니어도 됩니다).

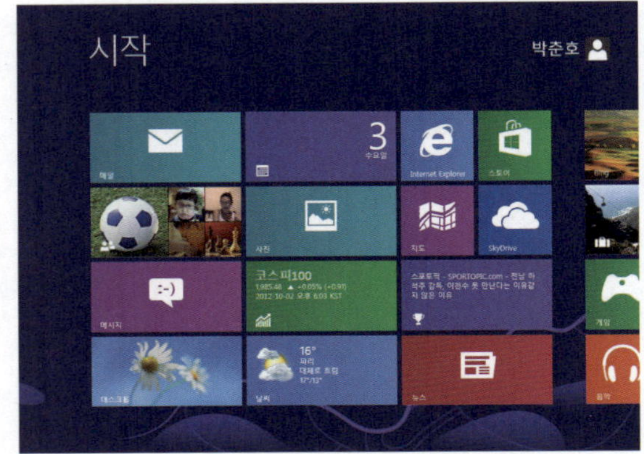

2 필자는 메일을 확인하다 인터넷으로 관련 내용을 확인하려고 합니다. 일단 마우스를 화면 맨 위쪽으로 가져갑니다. 커서가 손 모양으로 바뀌는데, 그 상태에서 계속 마우스 왼쪽 버튼을 클릭한 채로 있습니다.

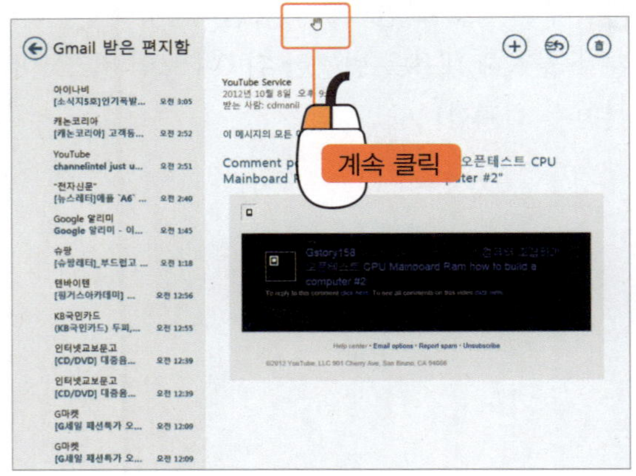

3 마우스 커서를 왼쪽이나 오른쪽으로 가져가면 다음처럼 화면에 검은색 구분선이 생기는데, 이때 마우스 왼쪽 버튼을 놓습니다.

4 메일 창이 작게 조절되면서 검은색 구분선 안쪽에 위치한 것을 확인할 수 있습니다.

5 윈도우 8 UI 시작 화면으로 이동한 뒤 이번에는 다른 앱을 실행합니다. 구분선 오른쪽 영역에 다른 앱이 실행됩니다.

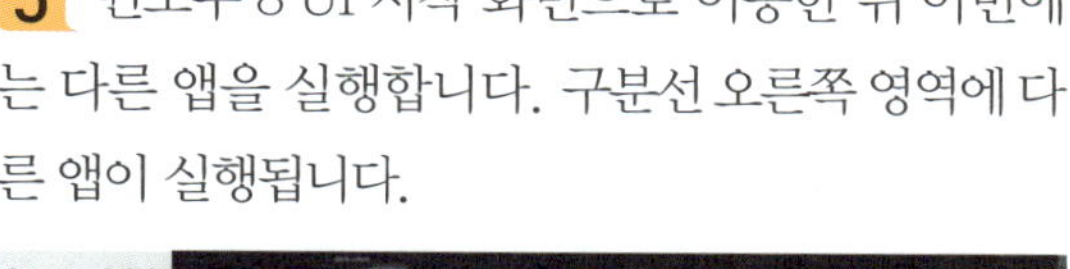

윈도우 8 UI 시작 화면 전환 : ▦

6 구분선을 오른쪽으로 옮기면 메일 영역은 넓어지고, Internet Explorer 영역은 줄어듭니다.

7 구분선을 아예 화면 밖으로 옮기면 앱 하나만 화면 전체에 꽉 차게 됩니다.

▲ 구분선을 왼쪽으로 드래그해서 화면 밖으로 이동

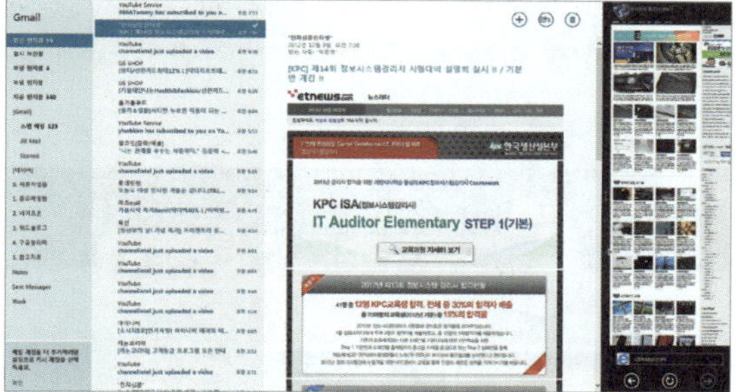

▲ 앱 하나만 화면에 표시

26 앱 2개 동시에 활용하기 2

최근에 사용한 앱 목록을 이용해도 화면에 앱을 동시에 띄울 수 있습니다. 스냅 기능을 이용하든, 최근에 사용한 앱 목록을 이용하든 화면에 앱을 동시에 띄워놓고 작업하려면 화면 해상도가 1366×768 이상이어야 합니다.

1 Internet Explorer 앱에서 최근에 사용한 앱 목록을 이용해 메일을 스냅으로 실행시켜 보겠습니다. 마우스 커서를 왼쪽 맨 위의 모서리 쪽으로 가져갑니다. 방금 전에 사용한 앱 화면을 작은 창으로 보여줍니다. 창을 클릭한 채 원하는 위치로 이동하면 검은색 구분선이 생기면서 창이 분할됩니다.

2 또는 왼쪽 맨 위의 모서리 쪽으로 마우스를 가져간 뒤 왼쪽 벽을 따라 내리면 최근에 사용한 앱 목록 창이 나타나는데, 앱 목록 창을 클릭한 채 원하는 위치로 드래그하면 됩니다.

3 왼쪽 영역에 검은색 스냅 구분선이 생기면 마우스를 놓습니다.

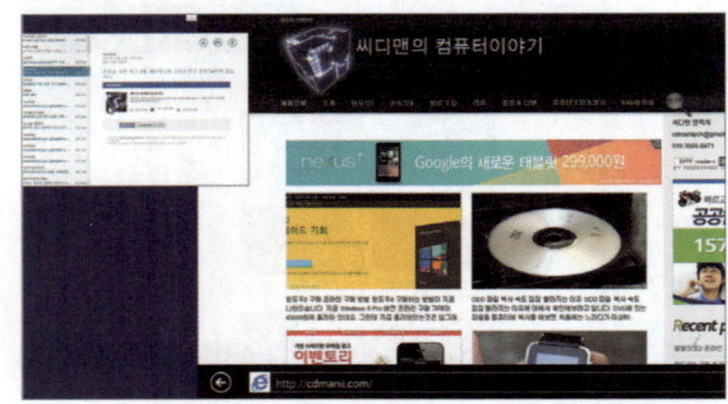

4 다음처럼 스냅으로 구분되어 메일과 Internet Explorer 앱을 함께 사용할 수 있습니다.

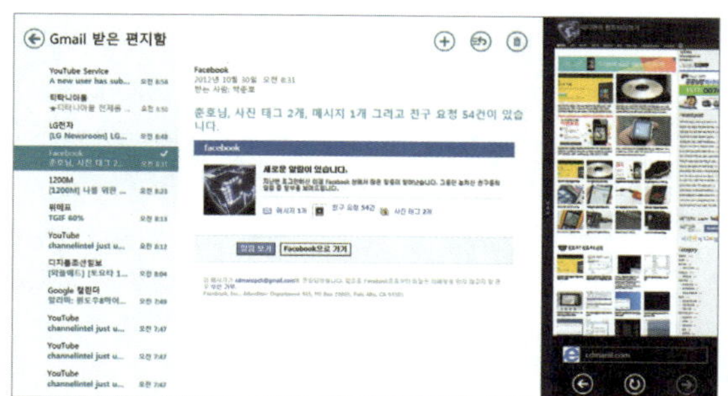

5 스냅 구분선을 오른쪽으로 밀면 메일 앱 영역이 넓어지고, Internet Explorer 앱 영역은 좁아집니다.

6 스냅 구분선을 오른쪽으로 완전히 밀면 Internet Explorer 앱 영역은 사라지고, 메일 앱만 화면에 나타납니다.

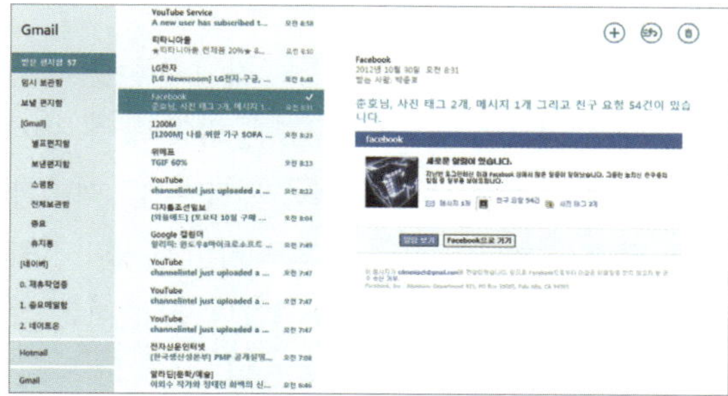

TIP | 윈도우 8 UI 시작 화면의 앱과 데스크톱 모드의 창을 동시에 띄우는 경우

윈도우 8 UI 시작 화면에 있는 앱과 데스크톱 모드에서 실행 중인 프로그램 창을 동시에 띄우면 다음처럼 작업 표시줄도 데스크톱 모드 영역에서만 표시합니다.

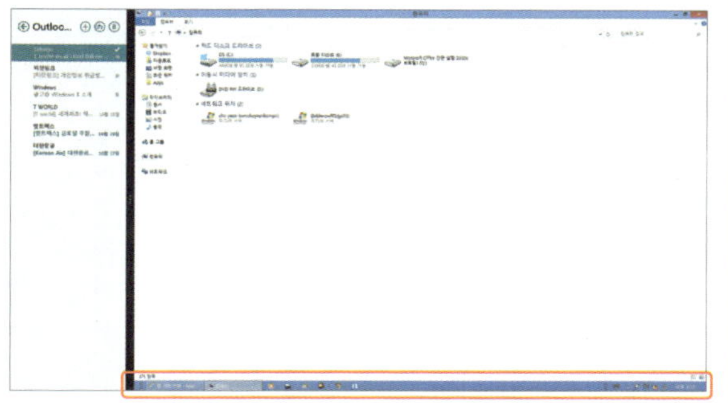

27 작업 창 전환하기

윈도우 8과 같은 운영체제에서는 여러 가지 작업을 한 화면에서 동시에 할 수 있습니다. 하지만 화면 크기가 제한되어 있어 필요하지 않은 창은 닫거나 최소화해 놓습니다. 여러 가지 작업을 동시에 하다 보면 이전 작업 창으로 되돌아갔다가 다시 현재 작업 창으로 전환하고 싶을 때가 있습니다. 마우스로 창을 전환할 수도 있지만 바로가기 키와 윈도우 8에서 제공하는 창 전환 기능을 이용하면 훨씬 쉽고 빠르게 창을 전환할 수 있습니다. 지금부터 윈도우 8에서 제공하는 창 전환 방법을 알아봅니다.

▌ 바로가기 키 `Alt` + `Tab` 으로 창 전환하기

1 `Alt` + `Tab` 키를 누른 뒤 `Alt` 키에서 손을 떼지 않은 채로 있으면 윈도우 8 UI 형태의 작업 창이 나타납니다. 이 상태에서 `Tab` 키를 누를 때마다 선택 박스가 오른쪽 작업 창으로 하나씩 옮겨지면서 화면에 해당 작업 창을 표시합니다. 원하는 작업 창이 선택되면 `Alt` 키를 놓습니다.

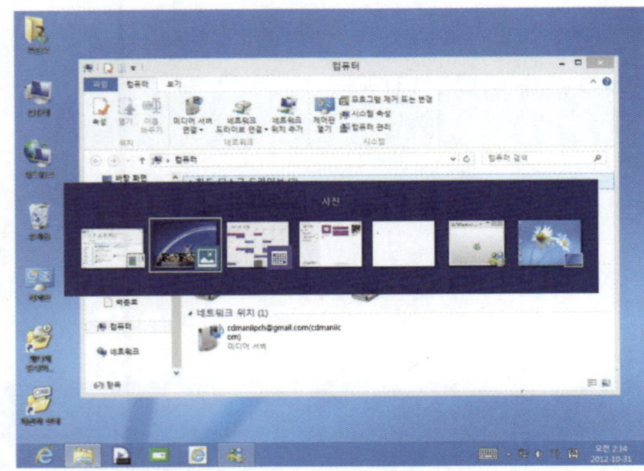

TIP

`Alt` + `Tab` 키는 선택 박스를 오른쪽으로 이동시키고, `Alt` + `Shift` + `Tab` 키는 선택 박스를 왼쪽으로 이동시킵니다.

2 선택한 작업 창으로 전환되어 나타납니다.

▌ ⊞+Tab 키로 창 전환하기

1 ⊞+Tab 키를 누른 뒤 ⊞ 키에서 손을 떼지 않은 채로 있으면 왼쪽에서 최근에 사용한 앱 목록이 나타납니다. ⊞ 키에서 손을 떼지 않은 상태에서 Tab 키를 누르면 위쪽부터 앱 목록을 차례대로 선택합니다. 원하는 앱 목록이 선택되면 ⊞ 키를 놓습니다.

2 선택한 앱 화면으로 창이 전환되어 나타납니다.

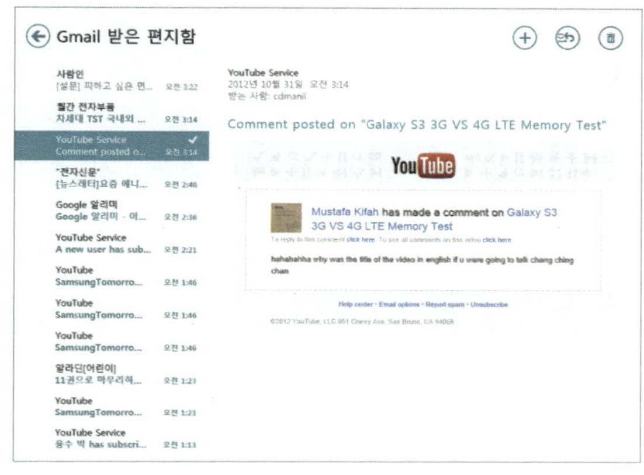

TIP

⊞+Tab 키는 최근에 사용한 앱 목록의 위에서 아래로 선택하며, ⊞+Shift+Tab 키는 최근에 사용한 앱 목록의 아래에서 위로 선택합니다.

▌ 마우스로 창 전환하기

1 마우스 커서를 왼쪽 맨 위의 모서리로 가져갑니다. 방금 전에 사용한 앱 화면을 작은 창으로 보여줍니다.

2 마우스 커서를 왼쪽 벽을 따라 내리면 최근에 사용한 앱 목록 창이 나타납니다. 창을 전환하고 싶은 앱 목록을 클릭한 채 화면 가운데로 드래그합니다.

3 원하는 작업으로 화면이 전환된 것을 확인할 수 있습니다.

TIP

마우스를 화면 왼쪽 맨 위의 모서리로 가져간 뒤 앱 목록을 클릭하면 이전 작업 창으로 이동하고, 계속해서 클릭하면 최근의 앱 목록에 있는 다음 작업 창으로 순차적으로 이동합니다. 그리고 마우스를 왼쪽 맨 아래로 가져가면 윈도우 8 UI 시작 화면이 작은 아이콘으로 나타나는데, 이것을 클릭하면 윈도우 8 UI 시작 화면으로 이동합니다. 다시 클릭하면 윈도우 8 UI 시작 화면으로 전환하기 전 작업 화면으로 되돌아갑니다.

28 윈도우 8 UI 기본 앱 - 사진

컴퓨터에 있는 사진, SkyDrive, 페이스북, Flickr 등의 이미지를 쉽고 간단하게 볼 수 있는 방법이 있습니다. 윈도우 8 UI 시작 화면의 사진 앱을 이용하는 것입니다. 터치스크린을 지원하는 노트북이나 태블릿 PC에서는 손가락 터치만으로도 쉽고 간단하게 사진을 넘기면서 볼 수 있습니다.

1 윈도우 8 UI 시작 화면에서 사진 앱을 클릭합니다.

2 사진 라이브러리와 SkyDrive, Facebook 등 사진과 관련된 폴더와 소셜 미디어 목록이 보입니다. 마우스 휠을 위로 올리거나 내리면 화면이 좌우로 이동합니다. 화면 아래쪽의 스크롤바를 움직이는 것과 같습니다.

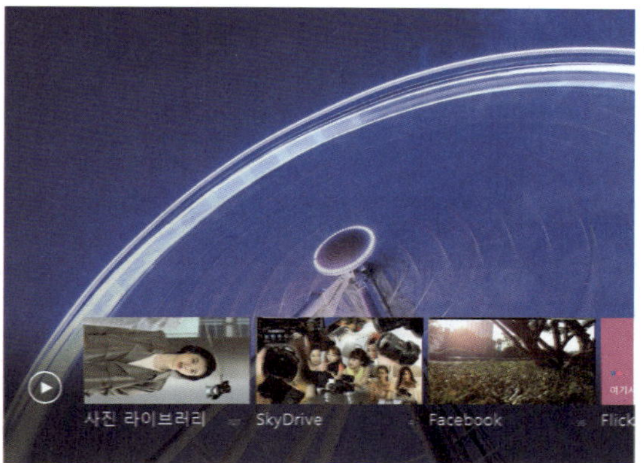

3 아직 활성화되지 않은 항목은 〈숨기기〉 버튼을 눌러서 숨길 수 있습니다. 화면 왼쪽에 있는 〈재생〉 버튼을 누릅니다.

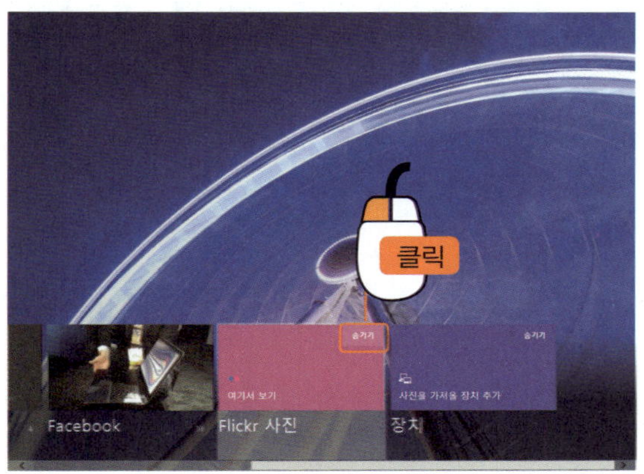

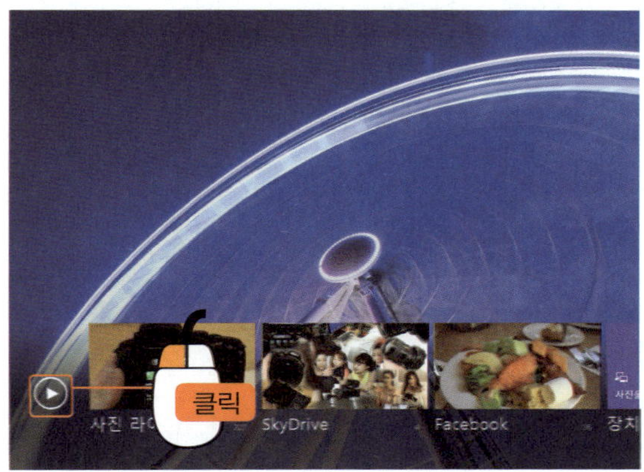

4 사진 앱에서 나타낼 수 있는 이미지를 타일 형태로 붙여서 보여줍니다. '순서 섞기'를 클릭하면 이미지를 하나씩 다른 이미지로 바꿔서 보여주는데, 꽤 근사합니다.

5 다시 사진 앱의 초기화면으로 이동하려면 〈뒤로 가기〉 버튼을 클릭합니다. 키보드의 키를 눌러도 됩니다.

6 이번에는 '사진 라이브러리'를 클릭합니다. 라이브러리의 사진 폴더에 있는 이미지를 볼 수 있습니다.

7 사진 라이브러리에서 마우스 휠을 위아래로 움직이거나 스크롤바를 좌우로 드래그하여 원하는 이미지를 찾습니다. 원하는 이미지를 클릭하거나 오른쪽 아래의 을 클릭합니다.

8 선택한 이미지가 확대되어 나타납니다. 사진의 좌우 측에 있는 방향키 버튼을 이용하면 이전과 다음 이미지를 넘겨가면서 볼 수 있습니다.

9 화면 위에서 마우스 오른쪽 버튼을 누르면 아래쪽에 메뉴바가 나타납니다. 〈다음으로 설정〉 버튼을 클릭하면 현재 이미지를 잠금 화면, 앱 타일, 앱 배경으로 지정할 수 있습니다.

10 〈삭제〉 버튼을 클릭하면 '파일 1개를 삭제합니다.'라는 메시지 창이 나타납니다. 〈삭제〉 버튼을 누르면 해당 이미지 파일이 삭제됩니다.

11 〈슬라이드 쇼〉 버튼을 클릭하면 현재 보고 있는 이미지부터 사진이 차례대로 넘어가면서 슬라이드 쇼가 진행됩니다. 슬라이드 쇼를 마치려면 아무 곳이나 클릭 또는 터치하면 됩니다.

29 윈도우 8 UI 기본 앱 - 금융

컴퓨터를 켜자마자 나타나는 윈도우 8 UI 시작 화면에서 금융 정보를 바로 확인할 수 있다면 좋겠죠? 금융 앱을 이용하면 코스피와 주식 동향 등을 바로 실시간으로 확인할 수 있습니다. 금융 앱을 활용하는 방법을 알아봅니다.

1 윈도우 8 UI 시작 화면에서 금융 앱을 클릭합니다.

2 첫 화면에는 코스피 정보가 그래프로 나타납니다.

3 코스피 정보는 일, 주, 월, 1년 단위로 정보를 수정해서 볼 수 있습니다.

4 금융 앱에서 마우스 휠을 위로 올리거나 내리면 오른쪽에 숨겨진 관심 종목과 주식 시장 현황 등이 나타납니다. 기본적으로 잘 알려진 종목이 미리 등록되어 있습니다. + 타일 버튼을 클릭하면 관심 종목을 추가할 수 있습니다. + 타일을 클릭합니다.

5 관심 종목에 추가할 종목명을 입력하면 아래쪽에 관련된 종목이 나열됩니다. 예를 들어, 삼성전자를 입력해 보면 삼성전자와 관련된 종목이 쭉 나열됩니다. 원하는 종목을 클릭하면 자동으로 관심 종목에 추가됩니다.

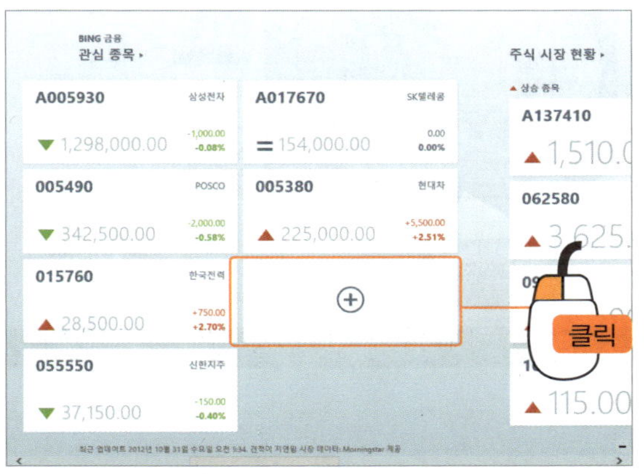

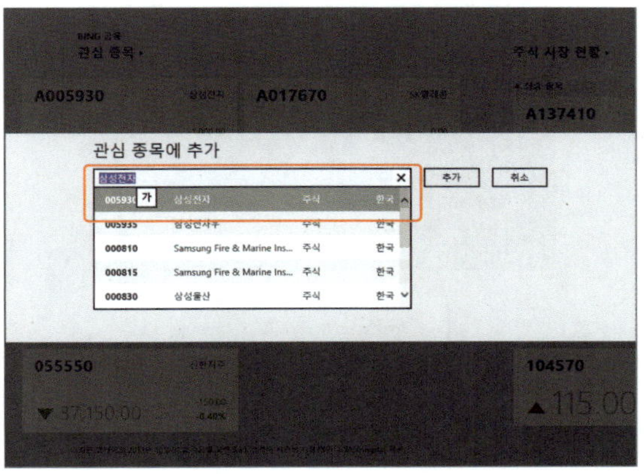

6 관심 종목에서 추가한 종목을 클릭하면 관심 종목의 상세 정보를 볼 수 있습니다. 주당 시가와 거래량 등을 보여주고, 시간에 맞춰 그래프도 나타납니다. 한 화면에서 모든 정보를 확인할 수 있습니다.

7 오른쪽으로 스크롤바를 드래그하면 주요 통계, 재무 정보, 펀드 보유 추세 등을 확인할 수 있습니다.

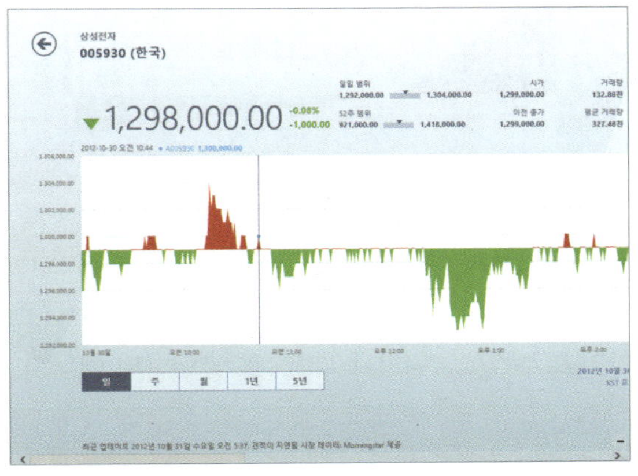

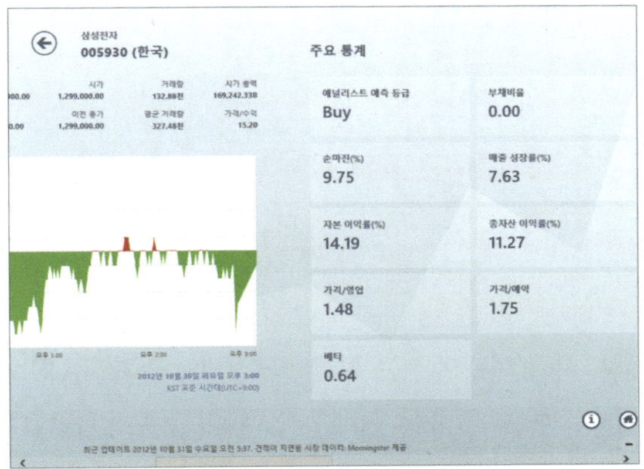

8 화면 오른쪽 아래의 ⓘ을 클릭하면 기업 정보를 확인할 수 있습니다.

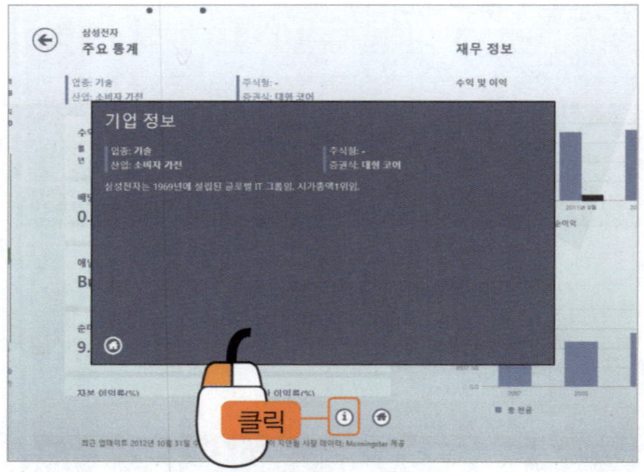

9 ⌂을 클릭하면 종목의 웹사이트로 접속합니다. 다시 증권 앱 화면으로 이동하기 위해 마우스 커서를 왼쪽 위 모서리로 가져간 뒤 최근 사용한 앱 아이콘을 클릭합니다.

10 스크롤바를 오른쪽으로 드래그하여 재무 정보와 펀드 보유 추세를 확인해 봅니다. 화면 왼쪽 위의 〈뒤로 가기〉 버튼 ←을 클릭합니다.

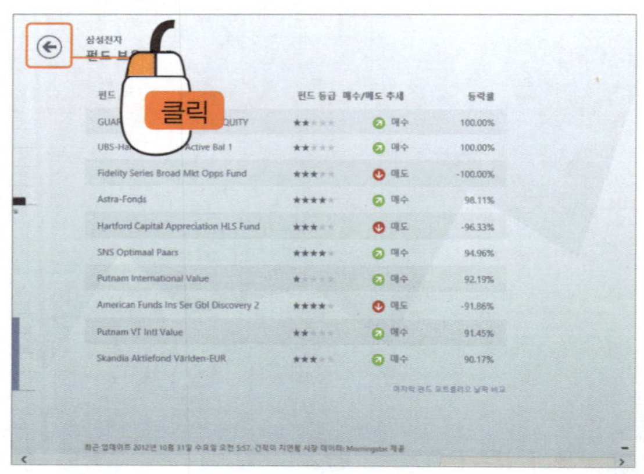

11 주식 시장 현황에서는 선택한 항목의 시가, 거래량, 이전 종가, 평균 거래량 등을 확인할 수 있습니다.

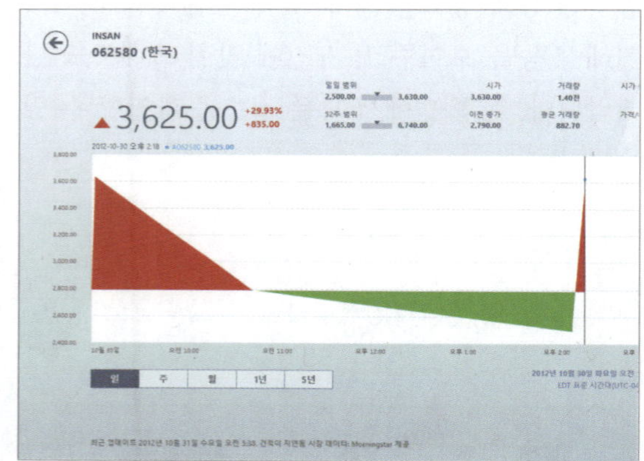

12 시장 현황에서는 환율(KRW당), 원자재(USD)를 확인할 수 있고, 원자재(USD)를 클릭하면 에너지, 금속, 농산물, 축산 시세 등을 확인할 수 있습니다.

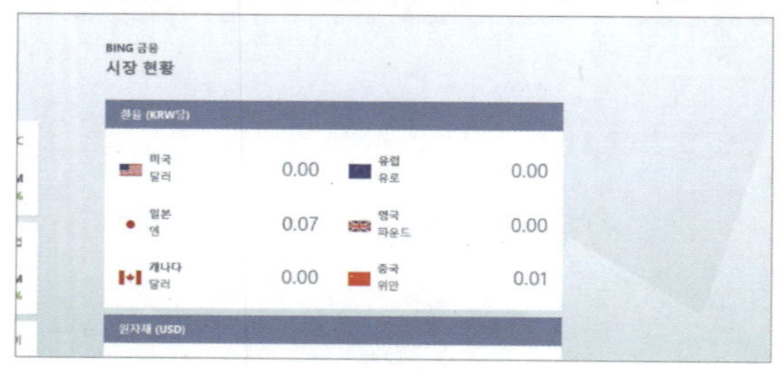

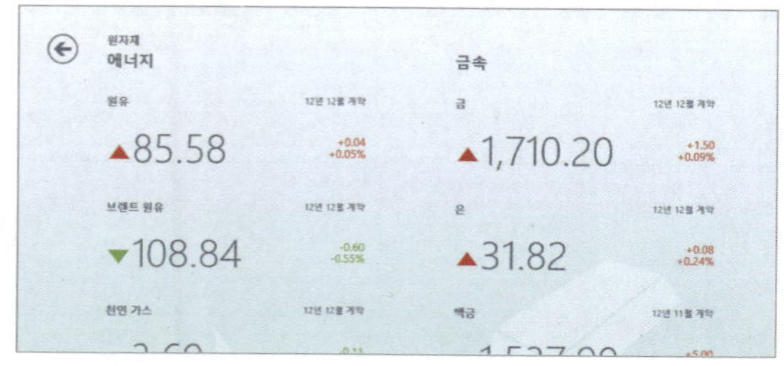

30 윈도우 8 UI 기본 앱 - 날씨

이전에는 컴퓨터에서 날씨 정보를 확인하려면 인터넷에 접속해서 날씨를 검색해야 했습니다. 그런데 윈도우 8에서는 인터넷에 따로 접속하지 않아도 날씨 정보를 실시간으로 확인할 수 있습니다. 지금부터 날씨 앱을 활용하는 방법을 알아봅니다.

1 윈도우 8 UI 시작 화면에서 날씨 앱을 클릭합니다.

2 처음에 날씨 앱을 실행하면 위치 서비스를 켜고 날씨에서 위치를 사용하도록 허용할 것인지 물어옵니다. 컴퓨터에서 GPS 및 위치 정보 서비스를 제공하는 경우 이를 사용할 수 있습니다. 〈허용〉 버튼을 누르면 현재 위치의 날씨를 바로 보여줍니다.

3 현재 서울의 날씨를 보여줍니다. 배경화면은 현재 날씨와 시간을 참고하여 다르게 보여줍니다. 초기화면에서는 기온 및 일주일 동안의 날씨를 확인할 수 있습니다.

4 날씨 앱 화면 위에서 마우스 오른쪽 버튼을 누르면 위쪽과 아래쪽에 메뉴바가 나타납니다. 화면 위쪽에서 〈지역〉 버튼을 클릭합니다.

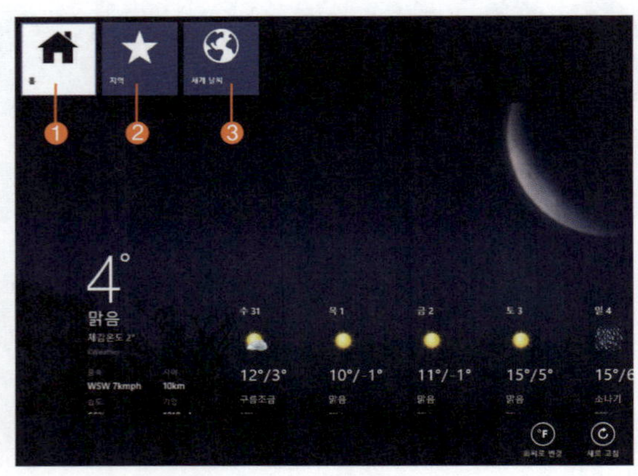

❶ 홈 : 홈 화면으로 이동합니다.
❷ 지역 : 지역 정보를 추가 및 수정할 수 있습니다.
❸ 세계 날씨 : 세계 날씨를 확인하고, 상세 정보를 조회할 수 있습니다.

5 현재 기본값으로 설정된 지역이 나타납니다. + 타일 버튼을 클릭하면 날씨를 표시할 지역을 추가할 수 있습니다.

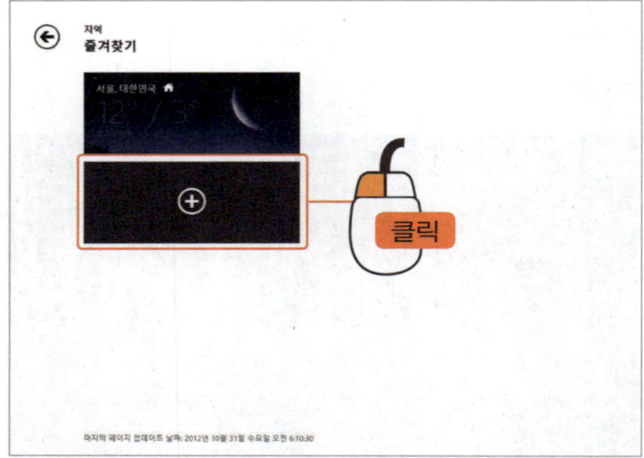

6 위치 입력 창이 뜨면 추가할 지역을 영어로 입력합니다. 아래쪽 목록에서 지역명을 클릭하면 자동으로 추가됩니다.

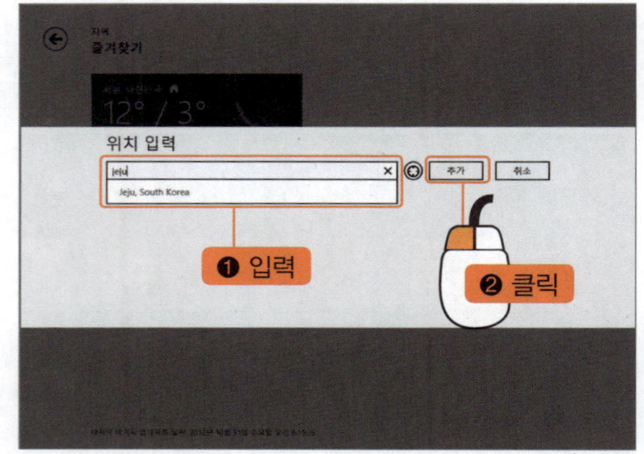

7 다음처럼 즐겨찾기에 새로운 지역이 추가되었습니다.

8 새로 추가한 지역을 기본 날씨 지역으로 설정해 보겠습니다. 추가한 지역의 타일 위에서 마우스 오른쪽 버튼을 누르면 아래쪽에 메뉴바가 나타납니다. 〈기본값으로 설정〉 버튼을 클릭하면 해당 지역의 날씨가 윈도우 8 UI의 앱 타일에 고정되어 항상 표시됩니다.

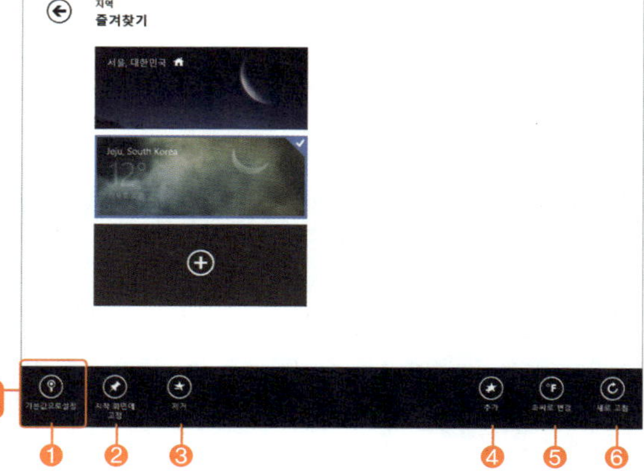

❶ 기본값으로 설정 : 선택한 지역의 날씨를 기본으로 보여줍니다.
❷ 시작 화면에 고정 : 시작 화면에 타일 형태로 고정시킵니다.
❸ 제거 : 선택한 지역을 삭제합니다.
❹ 추가 : 새로운 지역을 추가합니다.
❺ 화씨로 변경 : 온도 단위를 화씨로 변경합니다.
❻ 새로 고침 : 현재 화면을 최신 데이터로 갱신합니다.

9 〈뒤로 가기〉 버튼을 클릭해 초기화면으로 이동한 뒤 마우스 오른쪽 버튼을 눌러 〈세계 날씨〉 버튼을 클릭합니다.

10 세계의 날씨 정보가 나타납니다. 상세 정보를 확인하고 싶은 지역의 정보를 클릭합니다.

11 선택한 지역의 날씨 정보를 상세하게 볼 수 있습니다. 아래쪽 스크롤바를 오른쪽으로 드래그 하면 더 많은 정보를 확인할 수 있습니다.

12 초기화면으로 이동한 뒤 스크롤바를 오른쪽 으로 드래그하면 선택한 지역의 매시간 일기예보 와 온도, 강수, 구름량, 위성 메뉴 등을 자세히 볼 수 있습니다.

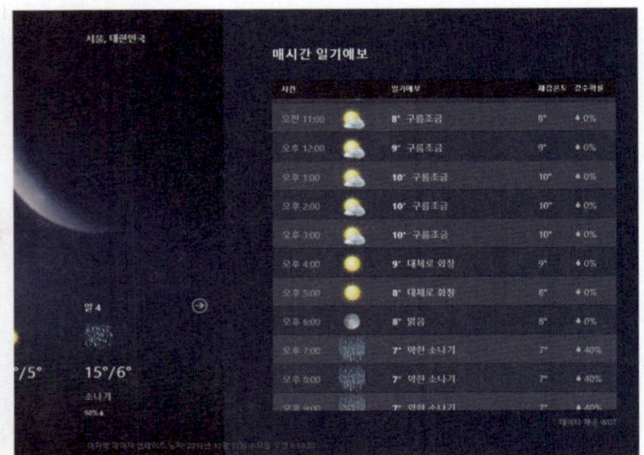

13 〈온도〉 버튼을 클릭하면 동영상으로 된 온 도 정보를 볼 수 있습니다. 강수, 구름량, 위성 정 보도 움직이는 동영상으로 확인할 수 있습니다.

14 스크롤바를 오른쪽으로 드래그하면 이전 날 씨 정보가 나타납니다. 월별로 평균 고온, 평균 저 온, 역대최고/최저 및 강우, 눈온 날, 화창, 비온 날의 정보를 한눈에 확인할 수 있습니다.

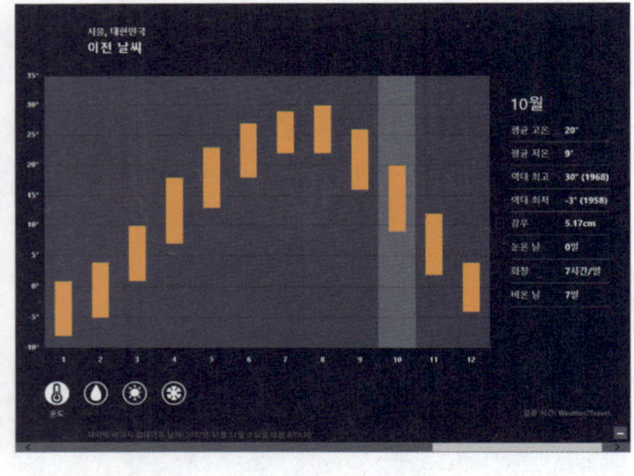

31 윈도우 8 UI 기본 앱 - 스토어

스마트폰 사용자들은 앱스토어, 마켓이라는 단어에 익숙할 것입니다. 마찬가지로 마이크로소프트에도 스토어가 있습니다. 마이크로소프트 스토어에서는 게임, 소셜, 엔터테인먼트, 사진, 음악&비디오, 스포츠 등 카테고리별로 다양한 앱을 제공합니다. 지금부터 스토어에서 게임 앱을 다운로드받아 활용하는 방법을 알아봅니다.

1 윈도우 8 UI 시작 화면에서 스토어 앱을 클릭합니다.

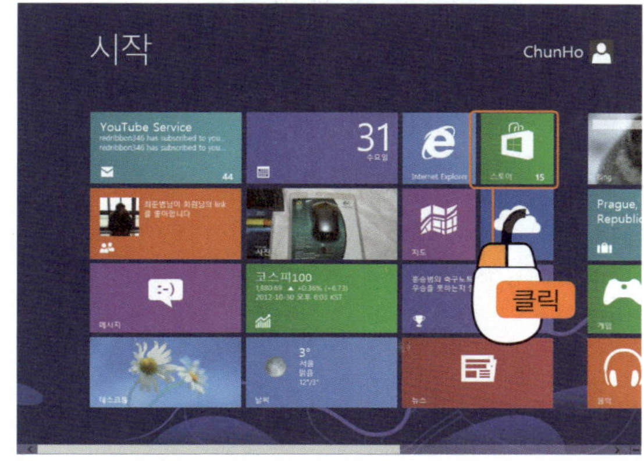

2 스토어 앱이 실행되면 하이라이트 정보가 제일 먼저 보입니다. 스크롤바를 오른쪽으로 드래그하면 더 많은 카테고리를 확인할 수 있습니다. 스토어의 카테고리는 게임, 소셜, 엔터테인먼트, 사진, 음악&비디오, 스포츠, 도서&참조, 뉴스&날씨 등으로 나눠져 있습니다.

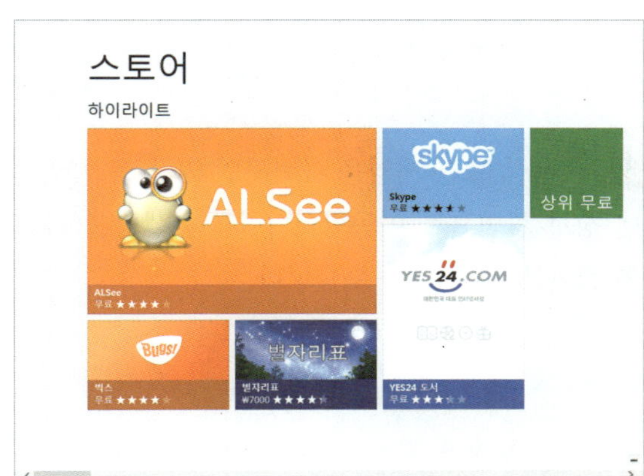

3 게임 카테고리에서는 가장 인기 있는 게임들을 보여줍니다. '게임 〉'을 클릭하여 게임 카테고리 화면으로 이동합니다.

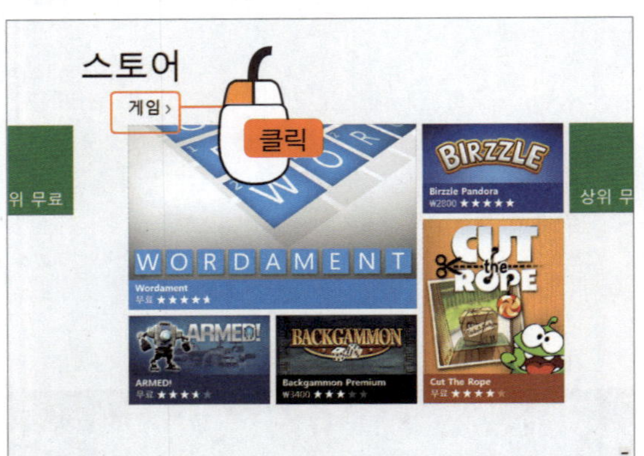

4 현재 스토어의 게임 카테고리에서 제공하는 게임 목록을 보여줍니다.

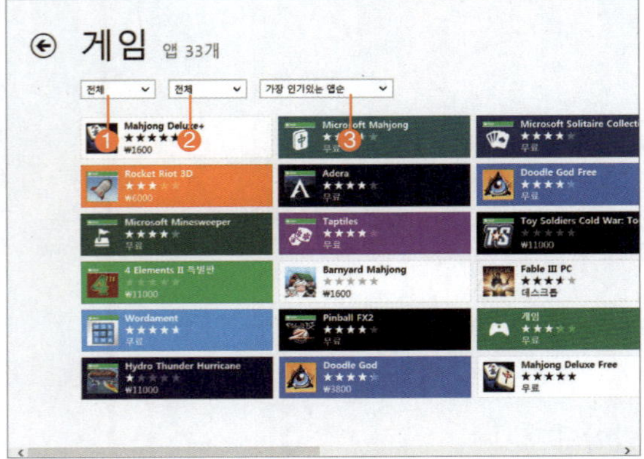

❶ 카테고리별로 분류해서 보여줍니다.
❷ 무료, 평가판, 유료 게임별로 모아서 볼 수 있습니다.
❸ 인기 있는 순, 가격순, 항목순으로 게임을 정렬할 수 있습니다.

5 마음에 드는 게임을 클릭하면 해당 게임의 상세 정보 화면으로 이동합니다. 게임 설명을 읽어본 뒤 〈설치〉 버튼을 누릅니다.

6 스토어는 Microsoft 계정이 있어야 이용할 수 있습니다. Microsoft 계정 추가 창이 뜨면 아이디와 암호를 입력하고 〈저장〉 버튼을 누릅니다 (이미 Microsoft 계정이 등록된 상태에서는 나타나지 않습니다).

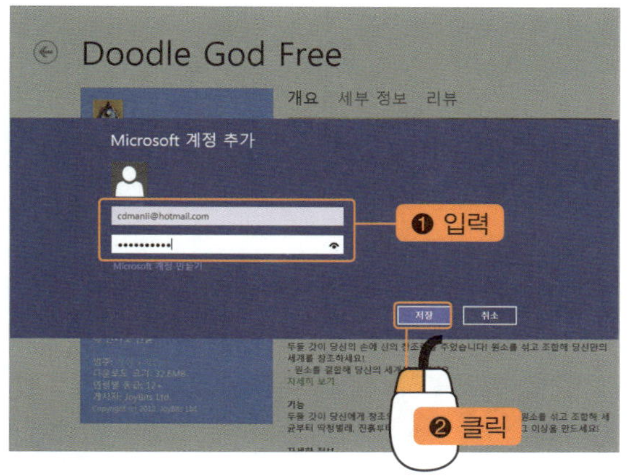

8 설치한 게임 앱은 윈도우 8 UI 시작 화면에 자동으로 등록됩니다. 이곳에 있는 게임 앱을 클릭해도 실행할 수 있습니다.

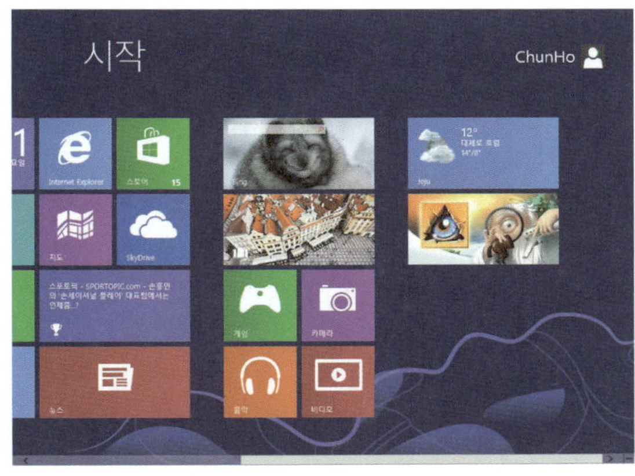

7 설치가 완료되면 화면 오른쪽 위에 해당 앱이 설치되었다는 메시지 창이 나타납니다. 메시지 창을 클릭하면 바로 게임이 실행됩니다.

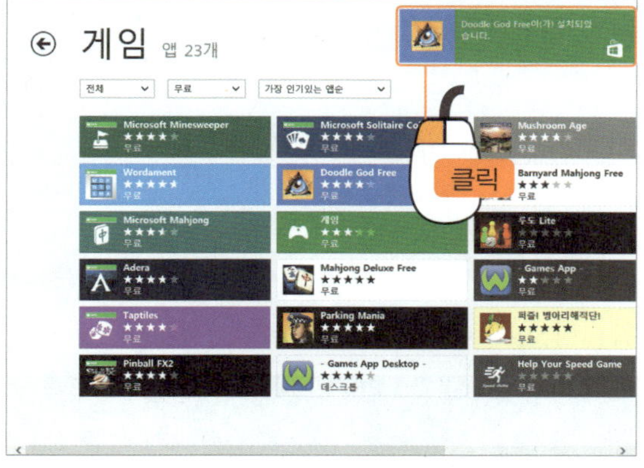

9 다음은 설치한 게임을 실행시킨 화면입니다. 필자가 설치한 Doodle God Free는 물질을 합쳐서 새로운 것을 창조하는 게임입니다. 여러분도 마음에 드는 게임을 설치해 사용하여 보세요.

32 윈도우 8 UI 기본 앱 - 지도

지도 앱을 사용하면 전 세계 지도를 한눈에 볼 수 있습니다. 지도로 확인한 이미지를 프린터로 출력하거나 메일 등으로 공유할 수도 있습니다. 세계지도는 물론 길 찾기도 가능합니다. 길 찾기로 찾은 내용을 메일로 공유하고 프린터로 출력하는 방법을 알아봅니다.

1 윈도우 8 UI 시작 화면에서 지도 앱을 클릭합니다.

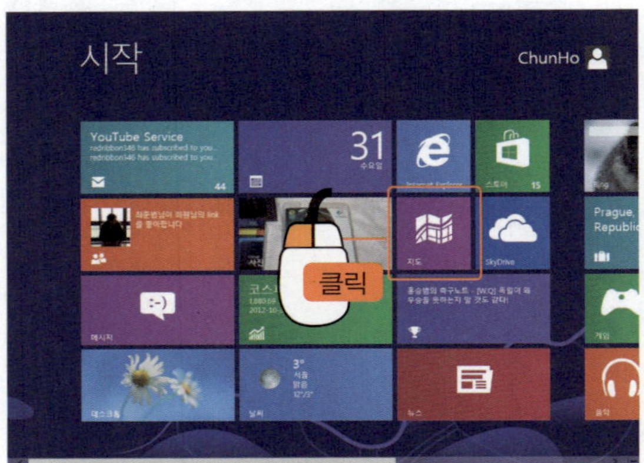

2 지도에서 위치를 사용하도록 허용할 것인지 물어옵니다. 〈허용〉 버튼을 누릅니다.

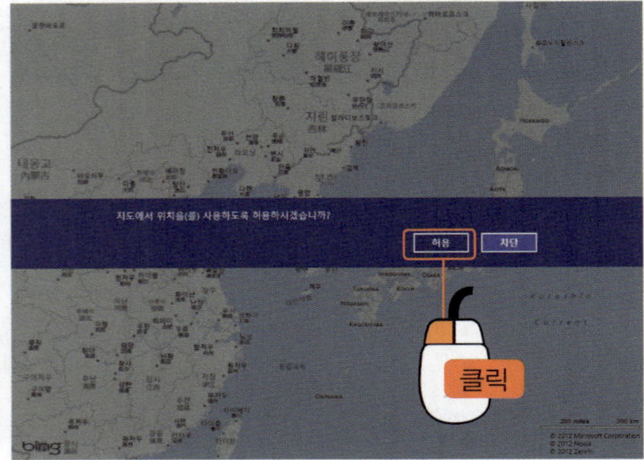

3 현재 위치를 검색하여 지도 위에 표시합니다. 클릭한 채 좌우로 드래그하면 커서가 손 모양으로 바뀌면서 지도 위치를 변경할 수 있습니다.

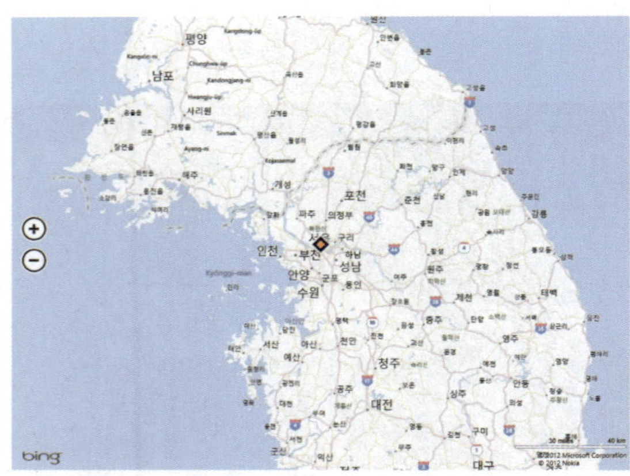

4 마우스 휠을 위로 올리면 지도가 확대되고, 아래로 내리면 지도가 축소됩니다. 〈확대〉⊕, 〈축소〉 버튼⊖으로도 지도를 확대/축소할 수 있습니다. 확대할 지역에 마우스 커서를 위치하고 지도를 확대/축소하면 커서가 위치한 지역에서 확대/축소됩니다.

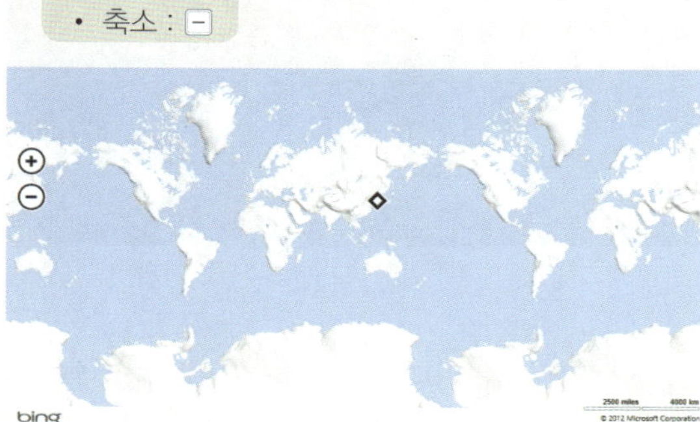

5 지도 유형 및 위치 등을 변경하기 위해 화면 위에서 마우스 오른쪽 버튼을 누릅니다. 아래쪽의 메뉴바가 나타나면 〈지도 유형〉–〈일반〉 버튼을 클릭합니다.

6 지도 화면이 위성 지도로 변경되었습니다. 다시 화면 위에서 마우스 오른쪽 버튼을 눌러 메뉴바에서 〈길찾기〉 버튼을 클릭합니다.

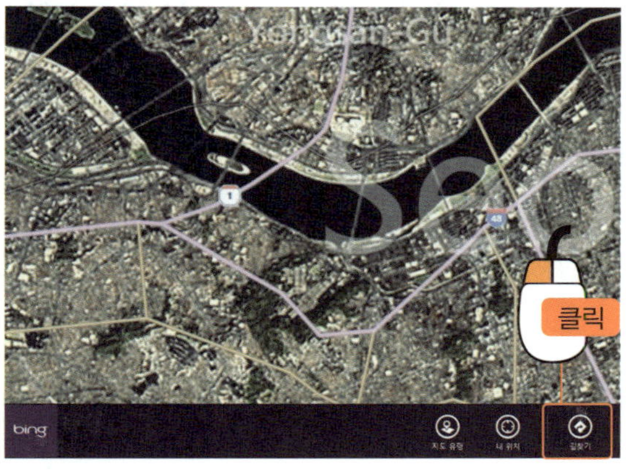

7 왼쪽에 나타나는 길찾기 창에서 출발지와 도착지를 입력하고 Enter 키를 누릅니다.

8 출발지에서 도착지까지 가는 경로를 자동으로 탐색해서 보여줍니다.

9 찾은 경로를 다른 앱으로 공유하기 위해 참 메뉴를 화면에 띄웁니다. 〈공유〉 버튼을 클릭합니다.

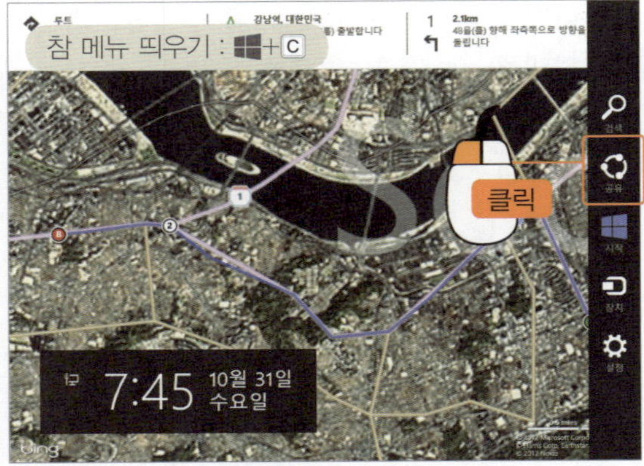

10 공유할 앱을 클릭합니다. 여기서는 메일 앱을 클릭했습니다.

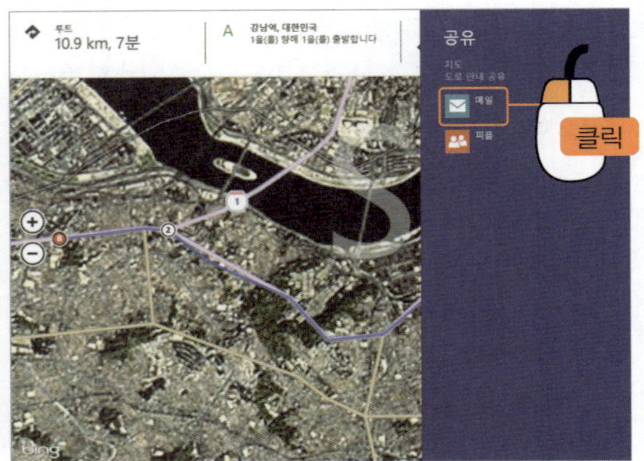

11 받는 사람과 메일 내용을 입력한 뒤 〈보내기〉 버튼을 클릭하면 검색한 경로를 다른 사람과 공유할 수 있습니다.

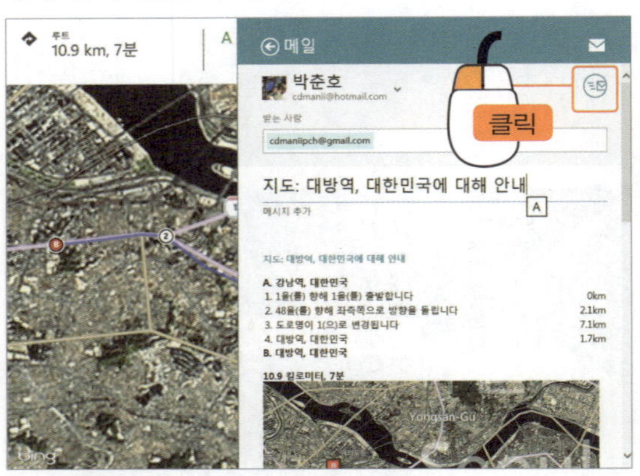

12 이번에는 프린터로 출력하기 위해 참 메뉴의 〈장치〉 버튼을 클릭합니다.

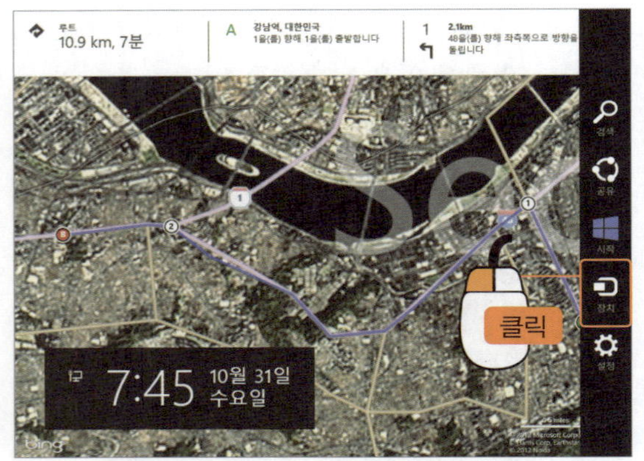

13 검색된 프린터 장치 중 하나를 선택하여 지도를 출력합니다.

33 윈도우 8 UI 기본 앱 - SkyDrive

마이크로소프트에서는 클라우드 서비스로 SkyDrive를 지원합니다. Microsoft 계정이 있다면 7GB의 용량을 제공하는 클라우드 서비스인 SkyDrive를 무료로 사용할 수 있습니다. 클라우드 서비스는 저장공간이 웹에 있기 때문에 웹에 접속만 가능하다면 어디서든 사용할 수 있습니다. 여러 기기를 사용하는 유저라면 SkyDrive를 유용하게 활용할 수 있을 것입니다.

1 윈도우 8 UI 시작 화면에서 SkyDrive 앱을 클릭합니다.

TIP

Microsoft 계정이 없다면 'Microsoft 계정 만들기'를 클릭해 계정을 생성할 수 있습니다. Microsoft 계정을 만드는 방법은 47쪽을 참고합니다.

2 SkyDrive 앱도 Microsoft 계정이 있어야 이용할 수 있습니다. Microsoft 계정 추가 창이 뜨면 아이디와 암호를 입력하고 〈저장〉 버튼을 누릅니다(이미 Microsoft 계정이 등록된 상태에서는 나타나지 않습니다).

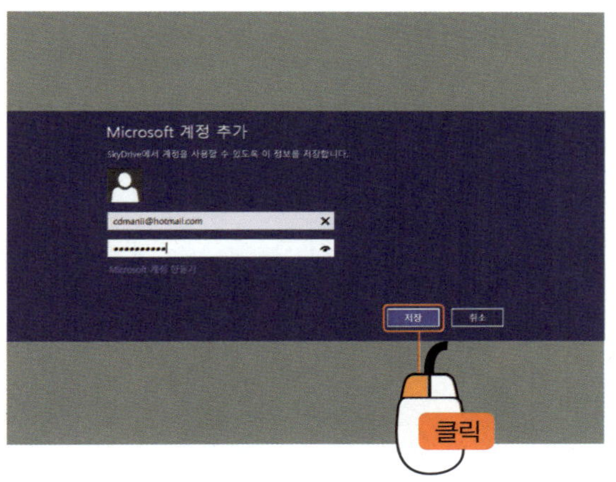

3 SkyDrive에서 사용할 수 있는 항목을 보여줍니다. 아직까지는 SkyDrive에 저장된 파일이 없어 저장공간이 비어 있습니다. SkyDrive에 파일을 업로드하기 위해 화면에서 마우스 오른쪽 버튼을 누릅니다. 아래쪽 메뉴바에서 〈업로드〉 버튼을 클릭합니다.

4 컴퓨터의 라이브러리–문서 폴더를 기본 업로드 폴더로 보여줍니다.

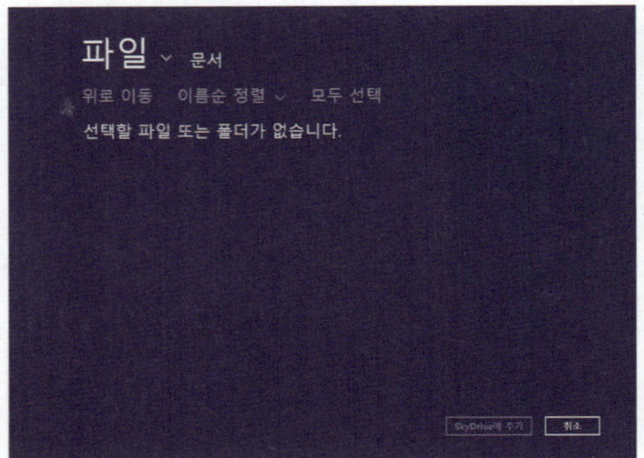

5 '파일 ∨'을 클릭하여 다른 폴더를 지정할 수 있습니다. 여기서는 사진 폴더를 업로드해 보겠습니다. 목록 중 '사진'을 클릭합니다.

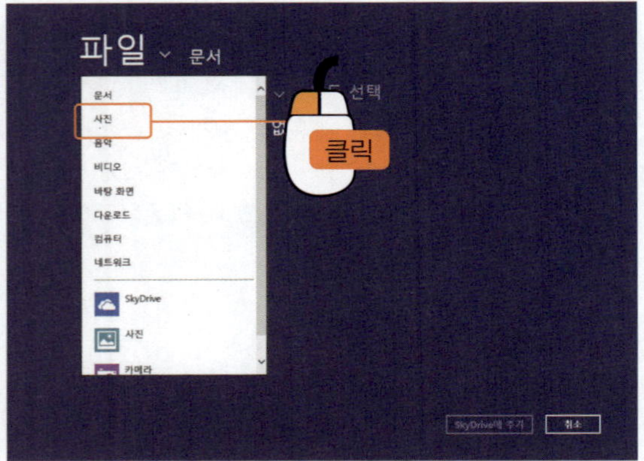

6 사진 폴더에 들어 있는 하위 폴더와 파일이 나타납니다. 업로드할 파일을 클릭하면 화면 아래쪽에 선택한 파일의 이미지와 파일명이 표시됩니다. 〈SkyDrive에 추가〉 버튼을 누릅니다.

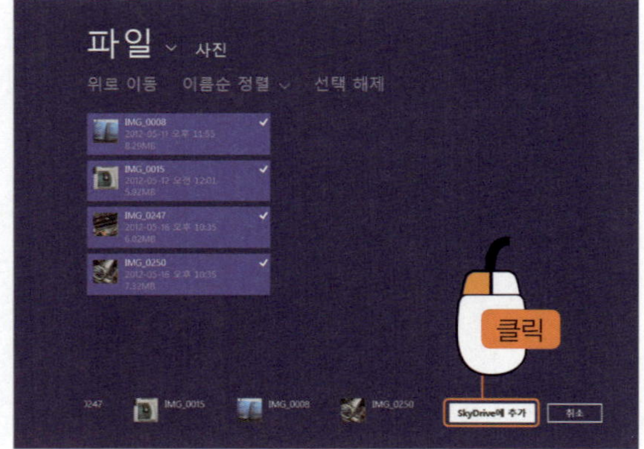

7 선택한 파일이 SkyDrive에 업로드됩니다.

8 SkyDrive에 업로드된 파일은 사진 앱 등에서도 활용이 가능합니다. 다른 컴퓨터에서도 동일한 계정으로 로그인하면 파일을 이용할 수 있습니다.

> **TIP**
>
> SkyDrive 앱은 http://skydrive.com 웹사이트에서도 동일하게 사용할 수 있습니다.

34 원도우 8 UI 기본 앱 - 스포츠

스포츠 마니아를 위한 아주 유용한 앱이 원도우 8에 있습니다. 바로 스포츠 앱으로 국내외 각종 스포츠 정보를 실시간으로 보여줍니다. 블로그의 정보도 수집하므로 새로운 정보가 가득합니다. 모든 스포츠 정보를 한곳에서 모아 볼 수 있는 것이 특징입니다.

1 원도우 8 UI 시작 화면에서 스포츠 앱을 클릭합니다.

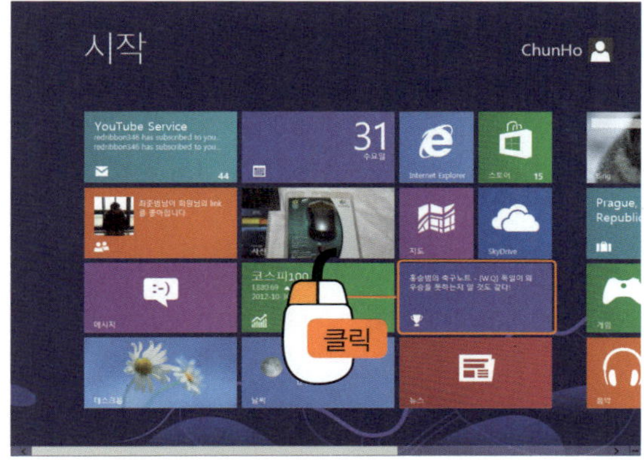

2 스포츠 뉴스 정보가 타일 형태로 나타납니다. 보고 싶은 스포츠 정보를 클릭합니다.

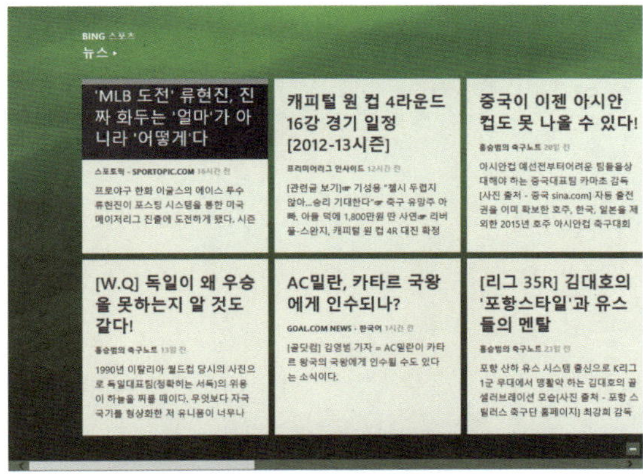

3 스포츠 관련 블로그로 연결됩니다. 관련 내용을 읽은 뒤 〈뒤로 가기〉 버튼을 클릭하면 다시 스포츠 앱으로 되돌아갈 수 있습니다.

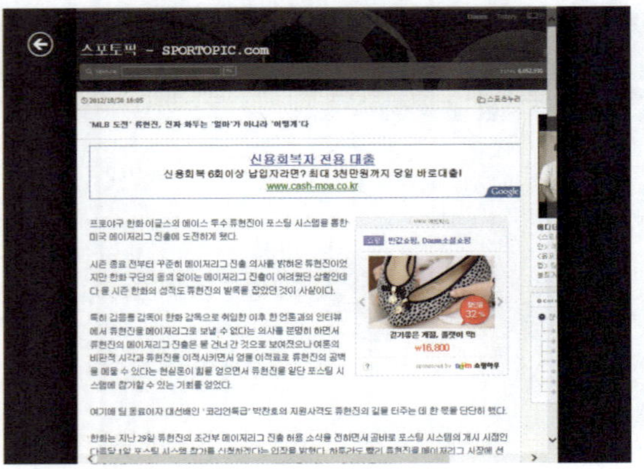

4 화면 위에서 마우스 오른쪽 버튼을 누르면 위쪽에 관련 메뉴바가 나타납니다. 보고 싶은 메뉴 버튼을 클릭합니다.

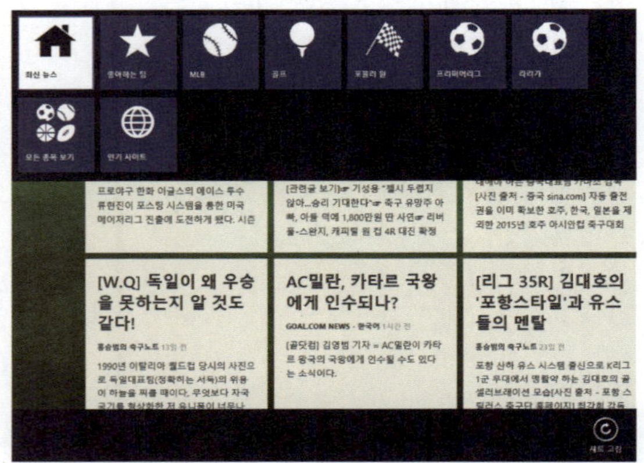

5 해당 메뉴와 관련된 인기글과 각종 정보를 볼 수 있습니다.

35 윈도우 8 UI 기본 앱 - 뉴스

예전에는 관심 있는 기사나 뉴스를 보려면 포털사이트에 접속하거나 기사나 뉴스를 제공하는 웹사이트에 접속해야 해서 조금 불편한 감이 없지 않았습니다. 하지만 윈도우 8에서는 윈도우 8 UI 시작 화면에 뉴스 앱도 기본으로 장착하여 선호 매체의 뉴스를 쉽고 빠르게 볼 수 있게 되었습니다.

1 윈도우 8 UI 기본 화면에서 뉴스 앱을 클릭합니다.

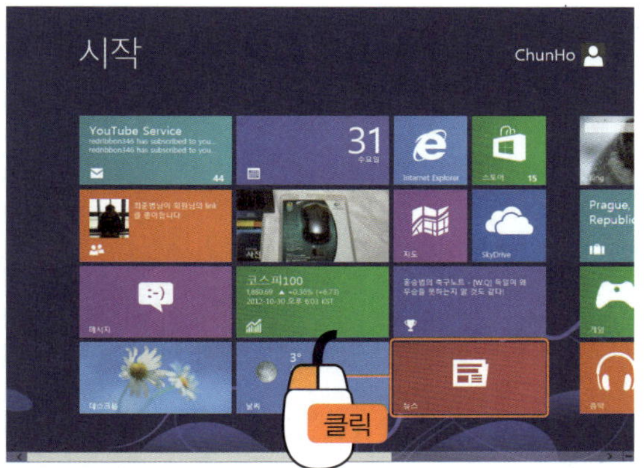

2 국내의 거의 모든 뉴스 정보가 링크로 나타납니다.

3 경향신문 타일 버튼을 클릭해 보면 다음처럼 이슈가 되는 기사를 정리해서 보여줍니다. 더 자세히 보고 싶은 기사를 클릭합니다.

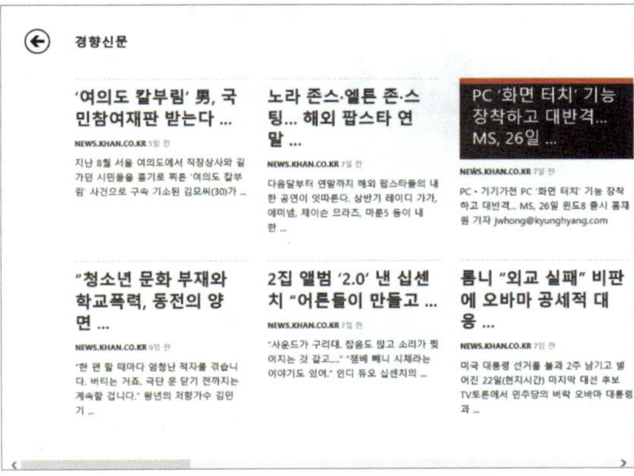

4 해당 기사의 웹페이지로 연결됩니다. 기사를 읽은 뒤 〈뒤로 가기〉 버튼 을 클릭하면 뉴스 앱으로 이동합니다.

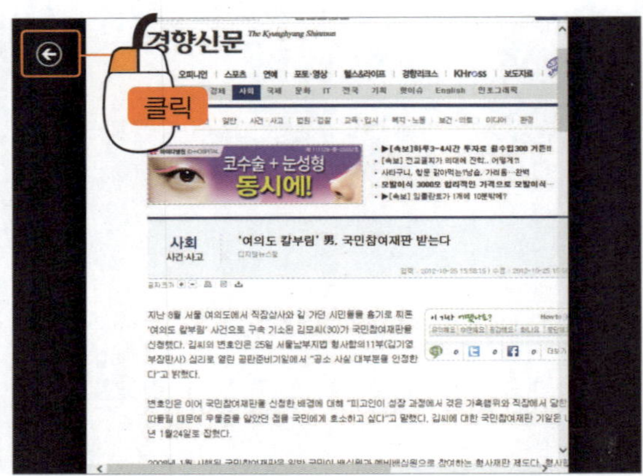

5 뉴스 앱에서 마우스 오른쪽 버튼을 누르면 화면 위쪽에 메뉴바가 나타납니다. 〈전 세계(영어)〉 버튼을 클릭합니다.

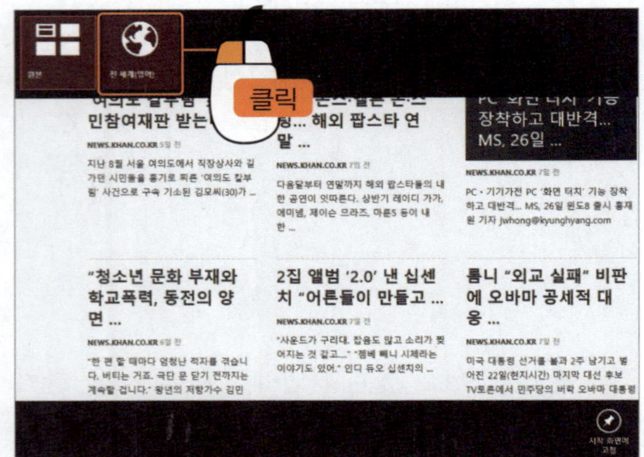

6 전 세계(영어) 뉴스가 모두 나타납니다. 뉴스 중 하나를 클릭하면 마찬가지로 이슈가 되는 기사를 보여줍니다.

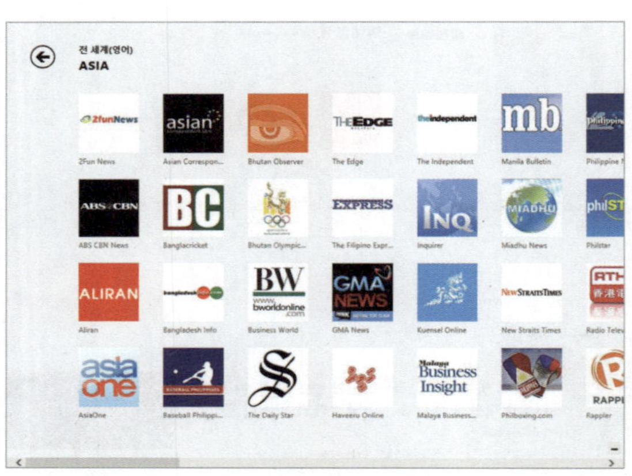

7 더 자세히 보고 싶은 기사를 클릭하면 해당 기사의 웹페이지로 연결됩니다.

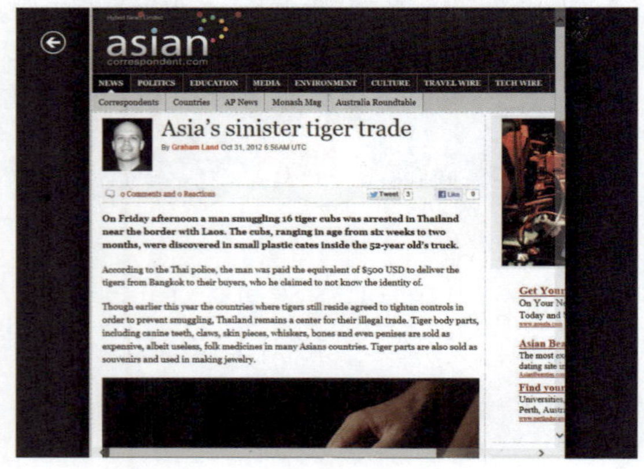

36 윈도우 8 UI 기본 앱 -
Bing 검색

Bing 검색 앱은 검색 기능을 제공하는 앱으로, 터치가 지원되는 기기에서 더 편리하게 사용할 수 있습니다. Bing 검색을 이용하여 원하는 내용을 검색하는 방법을 알아봅니다.

1 윈도우 8 UI 시작 화면에서 Bing 검색 앱을 클릭합니다.

2 Bing 검색 앱을 실행하면 창 전체에 배경화면이 보이고, 화면 위쪽에는 검색 상자가 있습니다.

3 검색 상자에 '씨디맨의 컴퓨터이야기'를 입력하고 〈검색〉 버튼 🔍을 클릭하거나 Enter 키를 누릅니다.

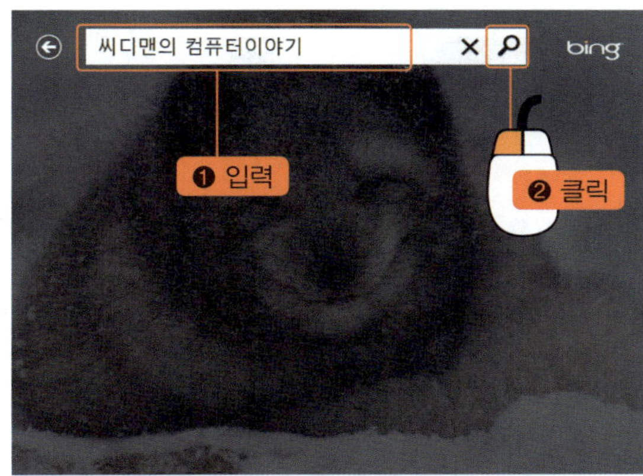

4 입력한 검색어와 관련된 내용들을 검색해서 보여줍니다. 타일 형태로 검색 결과를 보여주므로 어떤 내용인지 쉽게 확인할 수 있습니다.

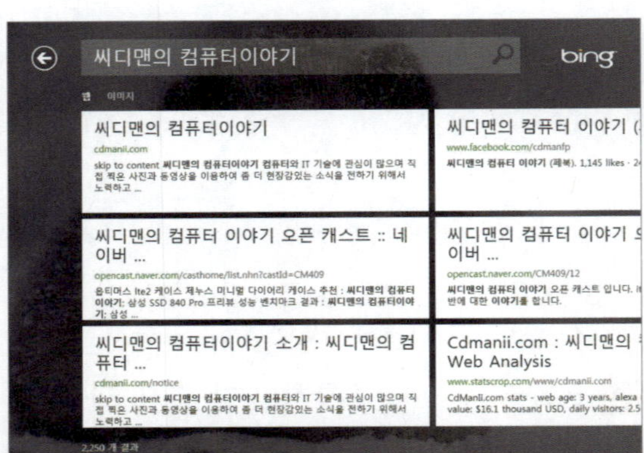

5 검색 결과를 클릭하면 Internet Explorer 앱으로 연결해서 보여줍니다.

6 다시 Bing 검색 앱으로 되돌아가기 위해 마우스 커서를 왼쪽 위의 모서리로 가져간 뒤 최근에 사용한 앱 아이콘을 클릭합니다.

7 검색된 결과는 이미지로도 볼 수 있습니다. 검색어 입력 상자 아래쪽에서 '이미지'를 클릭합니다. 검색 결과 중 이미지만 따로 보여줍니다.

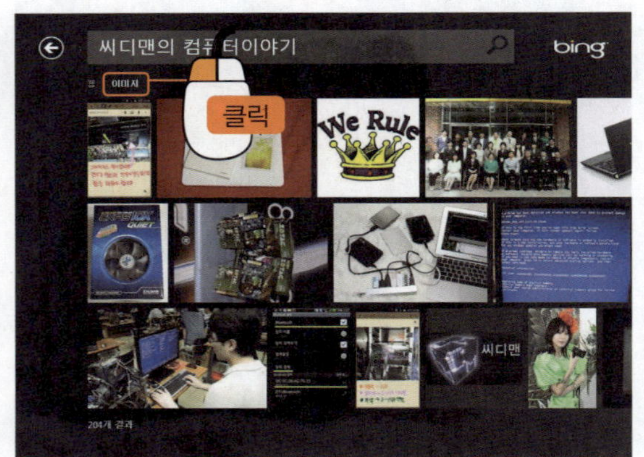

37 윈도우 8 UI 기본 앱 - 게임

게임 앱을 실행하면 XBOX 게임을 즐길 수 있습니다. 실제로 게임을 설치하고, 직접 게임을 즐기는 방법을 알아봅니다.

1 윈도우 8 UI 시작 화면에서 게임 앱을 클릭합니다.

2 Xbox 게임 화면이 나타납니다. 오른쪽 위의 '로그인'을 클릭합니다(로그인되어 있지 않을 때 선택합니다).

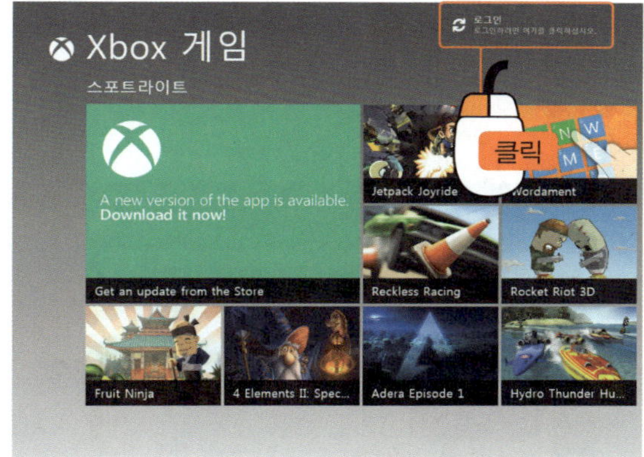

3 Microsoft 계정 추가 창이 뜨면 아이디와 암호를 입력하고 〈저장〉 버튼을 누릅니다(이미 Microsoft 계정이 등록된 상태에서는 나타나지 않습니다).

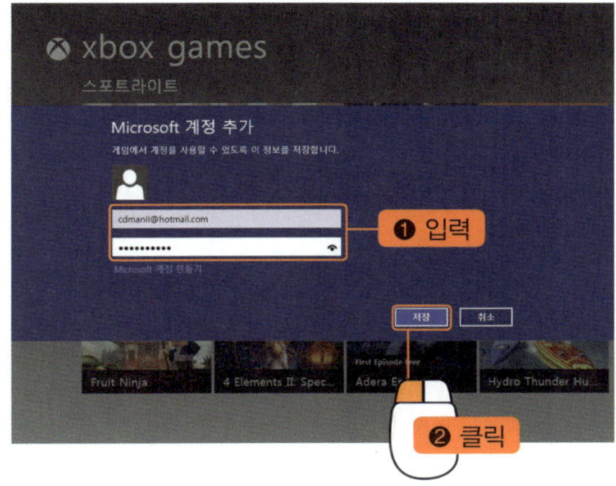

4 Xbox 프로필을 입력하는 창이 뜨면 〈동의함〉 버튼을 누릅니다.

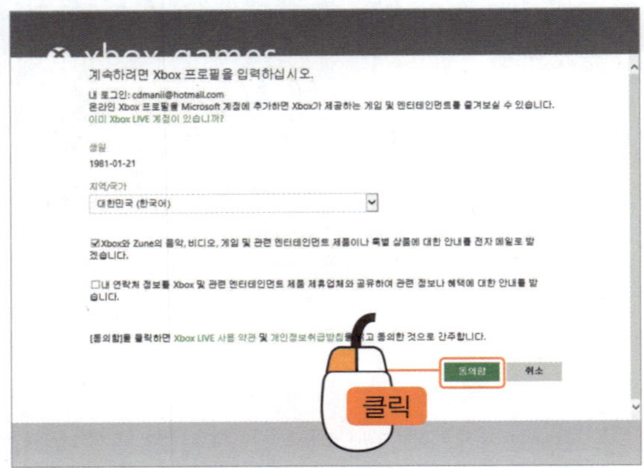

5 Xbox 사용을 환영하는 메시지가 나타납니다. 〈확인〉 버튼을 누릅니다.

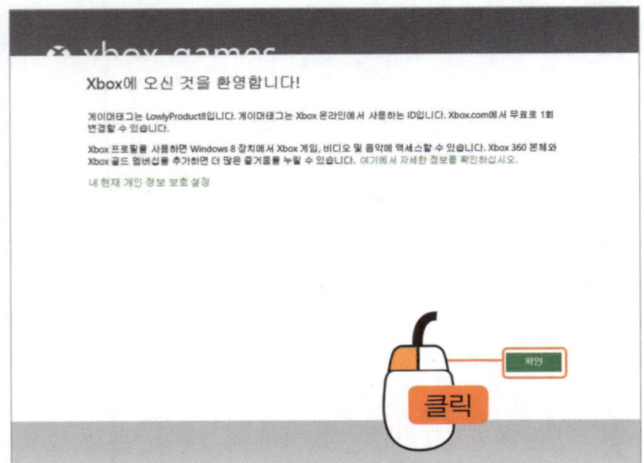

6 Xbox 게임 화면에서 원하는 게임을 클릭하면 해당 게임의 세부 정보가 팝업 창으로 뜹니다. 게임 정보를 읽어본 뒤 〈재생〉 버튼을 클릭합니다.

> **TIP**
>
> 〈재생〉 버튼은 게임을 실행할 수 있는 장치가 있을 때만 활성화됩니다.

7 이런 형식의 링크를 열 때 사용할 앱이 설치되어 있지 않다는 메시지 창이 뜨면, 〈스토어에서 가져오기〉 버튼을 클릭합니다.

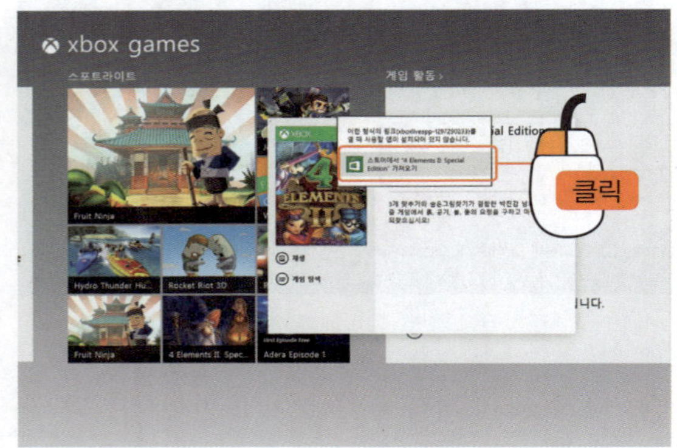

> **TIP**
>
> Xbox games 앱의 가장 왼쪽 부분에는 사용자 프로필을 확인하고 설정할 수 있는 부분이 있습니다. Xbox games 앱을 실행하면 스포트라이트 부분이 먼저 보이는데, 스크롤바를 왼쪽으로 드래그하면 나타납니다.

8 자동으로 스토어 앱으로 이동하면서 해당 게임을 구입할 수 있는 화면으로 이동합니다. 〈구입〉 버튼을 눌러 구입해도 되고, 〈무료 평가판〉 버튼을 눌러 먼저 체험한 뒤 구입해도 됩니다. 여기서는 〈무료 평가판〉 버튼을 선택했습니다.

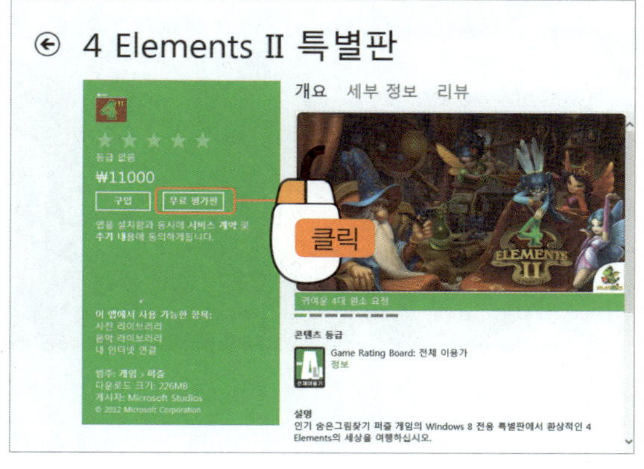

무료 앱의 경우는 〈설치〉 버튼이 표시됩니다.

9 스토어 앱의 초기화면으로 이동한 뒤 다운로드 및 설치를 진행합니다.

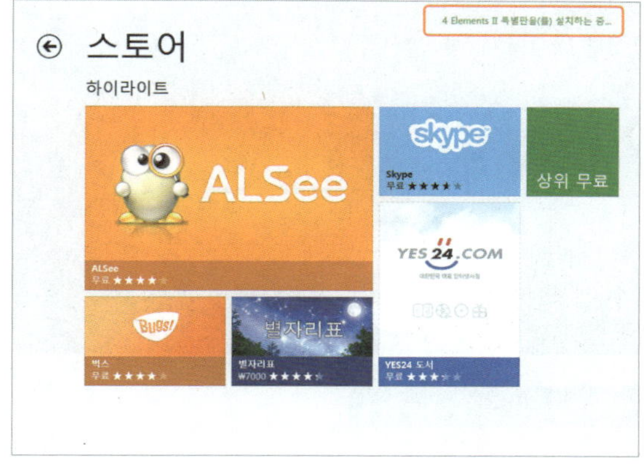

10 설치가 완료되면 오른쪽 위에 설치가 완료되었음을 알리는 알림 창이 나타납니다. 클릭하면 게임이 실행됩니다.

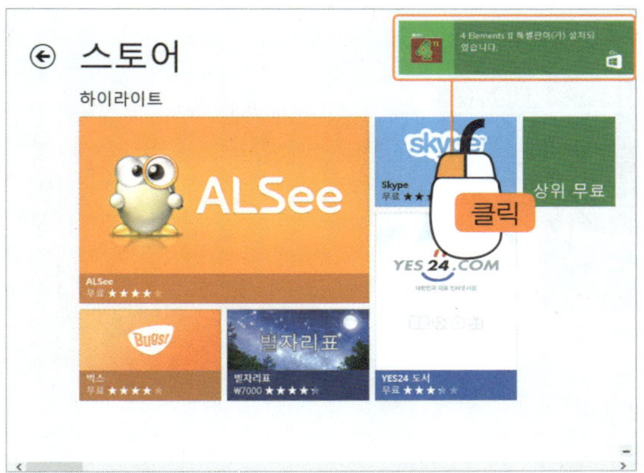

11 윈도우 8 UI 시작 화면에도 설치된 게임이 타일 형태로 나타납니다.

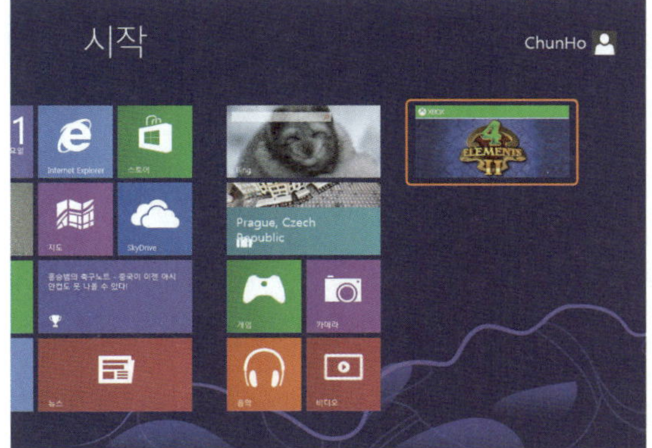

12 게임을 실행시키면 앱이 사용자의 정보를 액세스할 수 있다는 메시지 창이 나타납니다. 〈예〉 버튼을 클릭합니다.

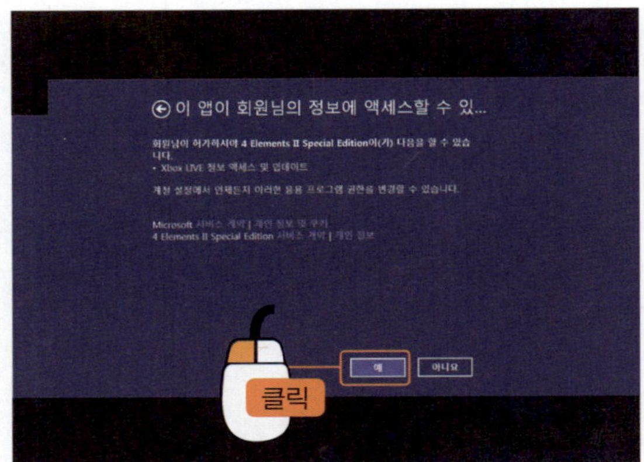

13 스토어에서 제공하는 게임 중에는 교육적인 측면을 가미한 내용도 많으므로 아이들과도 함께 즐길 수 있습니다.

앱 최신 버전으로 설치하기

❶ 앱이 최신 버전이 아닐 때 화면 오른쪽 위에 로그인하려면 최신 버전의 앱을 다운로드 받으라는 메시지가 보입니다. 메시지를 클릭합니다.

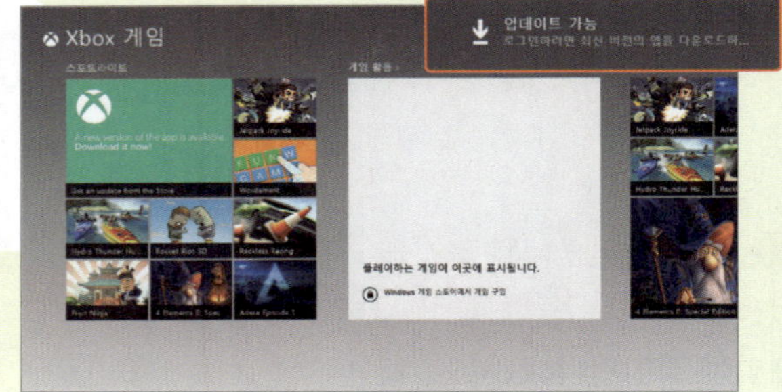

❷ 자동으로 앱 업데이트 화면으로 이동합니다. 업데이트할 앱 목록을 확인한 뒤 화면 아래쪽의 〈설치〉 버튼을 클릭합니다.

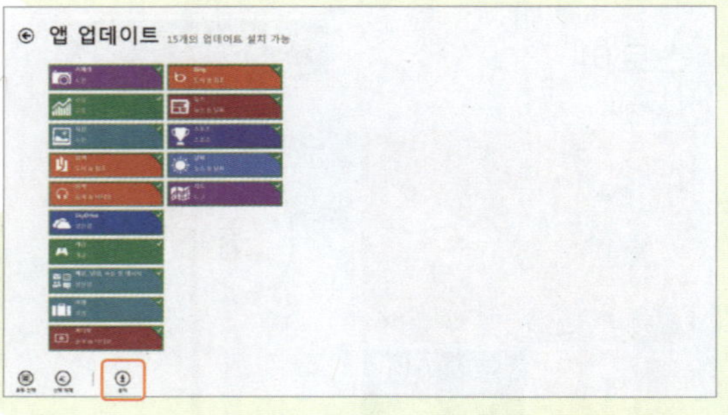

❸ 선택한 앱을 설치하기 시작합니다. 설치를 완료한 앱은 목록에서 사라집니다.

38 원도우 8 UI 기본 앱 - 카메라

터치를 지원하는 노트북 등의 기기에서는 전면과 후면에 모두 카메라가 있어 태블릿 PC처럼 사진을 찍을 수 있습니다. 하지만 데스크톱 컴퓨터에서는 활용할 수 없어 조금 불편합니다.

1 윈도우 8 UI 시작 화면에서 카메라 앱을 클릭합니다.

2 데스크톱 컴퓨터에는 카메라가 없어 '카메라를 연결합니다.'는 메시지만 보이고 더 이상 진행되지 않습니다.

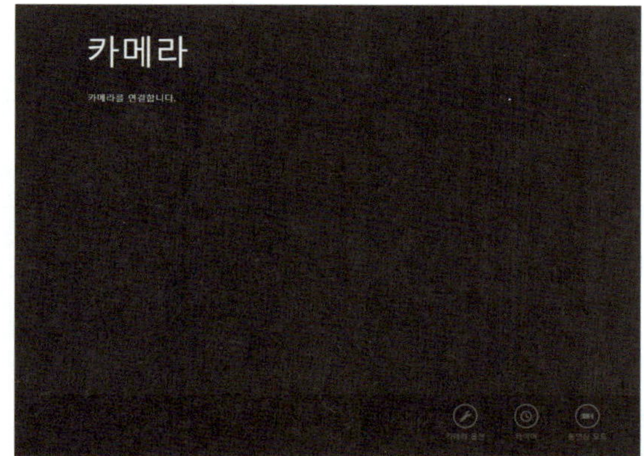

3 하지만 카메라가 장착된 윈도우 8이 탑재된 노트북에서는 카메라 앱을 실행하면 바로 화면에 카메라로 찍은 영상이 나타납니다. 영상을 동영상으로 녹화하거나 사진으로 찍을 수 있습니다. 화면 아무 곳이나 터치하면 바로 촬영됩니다.

> **❶ 카메라 옵션** : 사진 해상도, 오디오 장치, 동영상 손떨림 보정, 밝기, 대비, 깜빡임 주파수를 조정할 수 있습니다.
> **❷ 타이머** : 사진 및 동영상 모드에서 촬영 전 3초의 타이머를 동작시킵니다.
> **❸ 동영상 모드** : 활성화/비활성화로 동영상/사진 모드를 변경합니다.

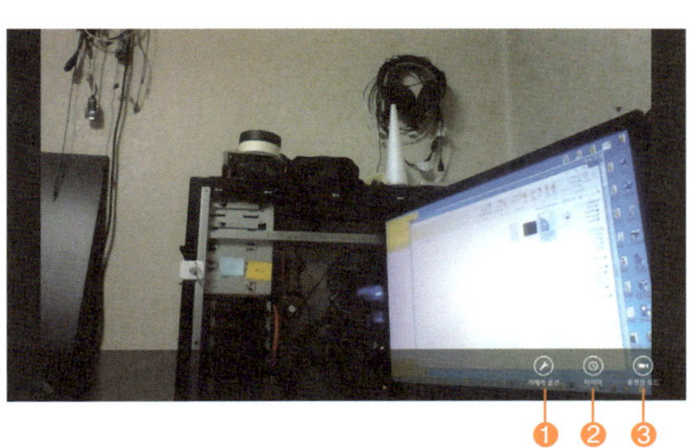

39 윈도우 8 UI 기본 앱 - 음악

윈도우 8에서 음악 앱을 활용하는 방법을 배워봅니다. 단순히 음악을 재생하고 끝나는것이 아니라 스냅 뷰를 이용해 음악을 들으면서 다른 작업을 할 수 있습니다.

1 윈도우 8 UI 시작 화면에서 음악 앱을 클릭합니다.

2 음악 앱이 실행되면 라이브러리−음악 폴더에 있는 음악 파일을 자동으로 보여줍니다. 현재는 음악 폴더에 아무런 음악 파일도 없는 상태입니다.

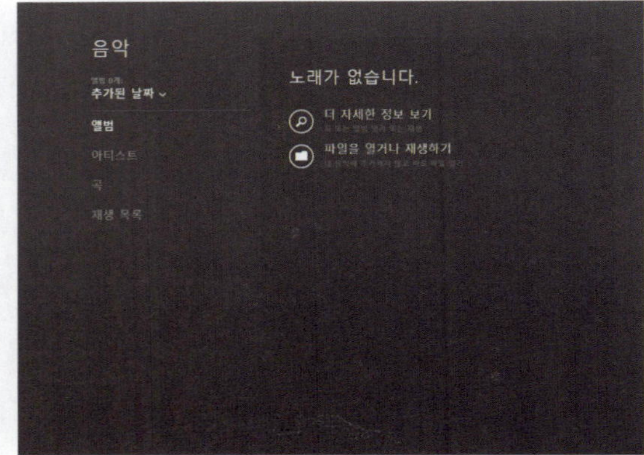

3 음악 폴더에 파일을 넣으면 다음처럼 앨범 이미지와 함께 제목과 아티스트명을 보여줍니다.

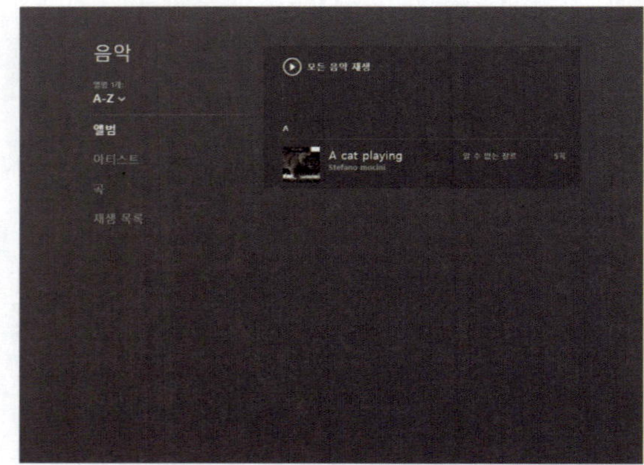

4 목록을 클릭하면 다음처럼 팝업 창이 뜨면서 앨범에 들어 있는 곡들을 보여줍니다. 〈앨범 재생〉 버튼을 클릭하면 앨범의 전체 음악을 재생할 수 있고, 재생할 곡을 클릭하면 나타나는 〈재생〉 버튼을 클릭하면 해당 곡만 재생할 수 있습니다.

❶ 재생 목록에 추가 : 재생 목록을 생성한 뒤 목록에 추가할 수 있습니다.

❷ 삭제 : 앨범을 삭제합니다.

❸ 속성 : 노래 및 앨범의 정보를 나타냅니다.

❹ 현재 재생 중인 앨범 이미지를 보여줍니다.

❺ 이전 : 이전 곡을 재생합니다.

❻ 일시 중지 : 음악을 일시 중지합니다.

❼ 다음 : 다음 곡을 재생합니다.

❽ 재생 옵션 : 반복 재생, 무작위 재생을 선택합니다.

5 〈재생 옵션〉 버튼을 클릭하면 음악을 반복 재생하거나 무작위로 재생할 수 있습니다.

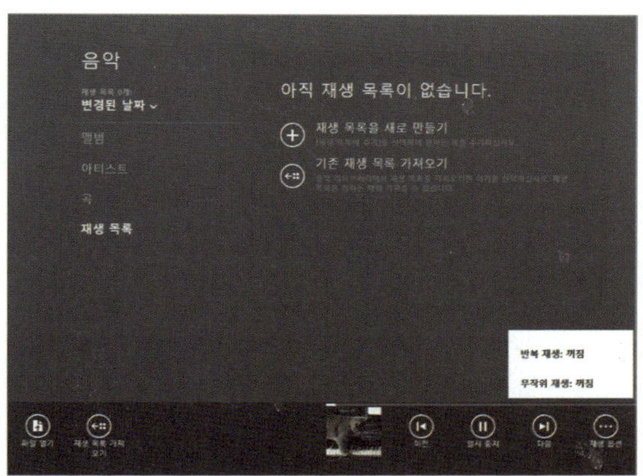

6 음악 앱을 실행시킨 상태에서 Internet Explorer 앱을 스냅 기능으로 띄우면 음악을 들으면서 해당 음악의 정보를 검색할 수 있습니다.

40 윈도우 8 UI 기본 앱 - 비디오

윈도우 8의 비디오 앱을 이용하면 간단히 터치나 마우스 조작으로 동영상을 재생할 수 있습니다. 스냅 기능을 이용하여 두 가지 작업을 동시에 같이할 수도 있습니다. 사용 방법을 알아봅니다.

1 윈도우 8 UI 시작 화면에서 비디오 앱을 클릭합니다.

2 음악 앱과 마찬가지로 라이브러리-비디오 폴더에 있는 동영상 파일을 자동으로 보여줍니다. 현재는 비디오 폴더에 아무런 동영상 파일도 없는 상태입니다.

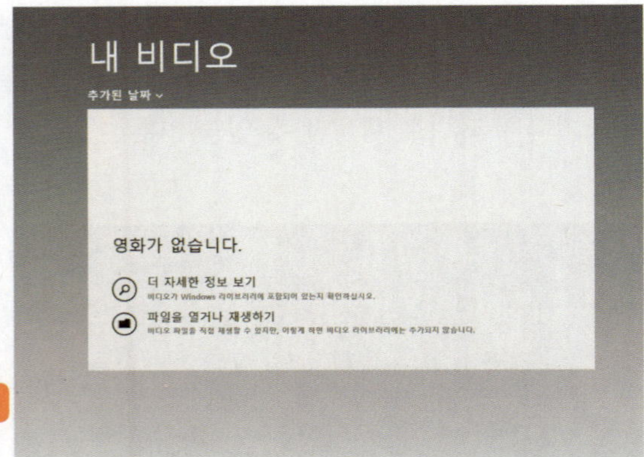

3 비디오 폴더에 파일을 넣으면 다음처럼 동영상 파일이 나타납니다.

4 동영상 파일을 클릭하면 재생됩니다. 화면으로 마우스 커서를 가져가면 〈일시정지〉 버튼과 위치 이동 스크롤바가 나타납니다. 스크롤바를 이용해 재생 중 원하는 위치로 빠르게 이동할 수 있습니다. 〈뒤로 가기〉 버튼을 클릭하면 비디오 앱의 첫 화면으로 이동합니다.

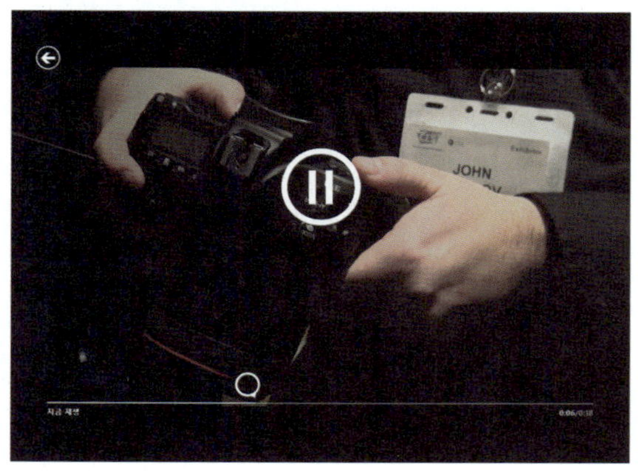

5 마우스 오른쪽 버튼을 누르면 메뉴바가 나타납니다. 별도의 경로에서 비디오를 재생할 수도 있는데, 〈파일 열기〉 버튼을 클릭합니다.

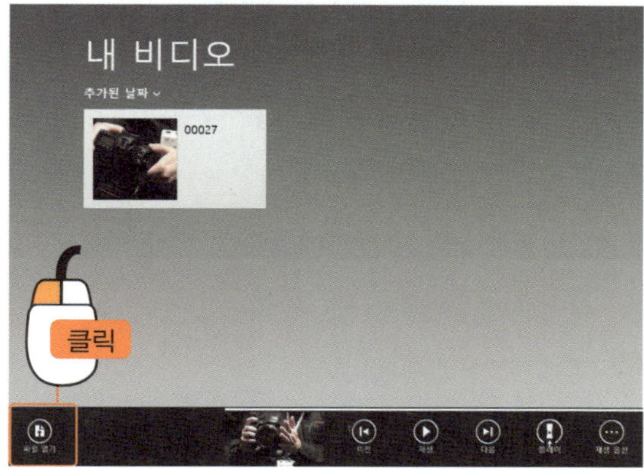

TIP | 비디오 앱의 메뉴바 살펴보기

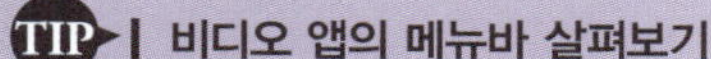
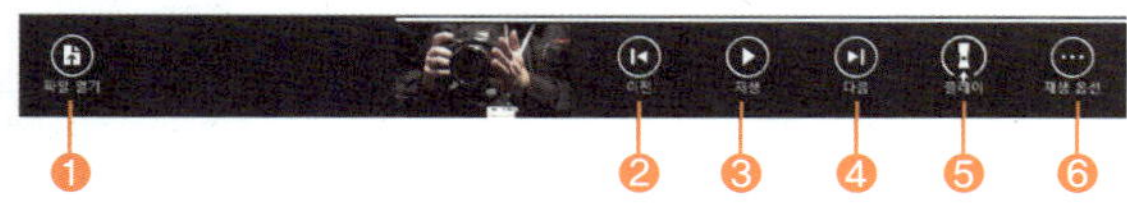

❶ **파일 열기** : 동영상 파일을 컴퓨터에서 선택할 수 있습니다.
❷ **이전** : 이전 동영상을 재생합니다.
❸ **재생** : 동영상을 재생합니다.
❹ **다음** : 다음 동영상을 재생합니다.
❺ **플레이** : 비디오를 다른 장치로 원격 재생합니다.
❻ **재생 옵션** : 반복 재생 여부를 선택합니다.

---

6 '파일 ∨'을 클릭한 뒤 목록에서 비디오가 있는 경로를 탐색합니다. 경로를 직접 찾으려면 '컴퓨터'를 클릭합니다.

7 드라이브를 선택하고 해당 드라이브의 비디오가 있는 폴더로 이동합니다.

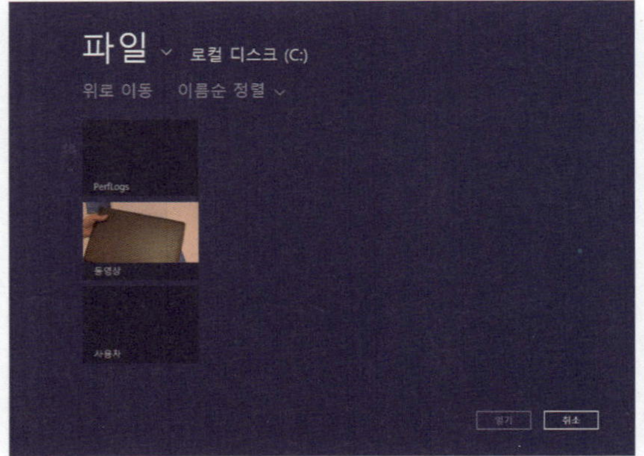

8 재생하고 싶은 비디오를 클릭한 뒤 〈열기〉 버튼을 누릅니다.

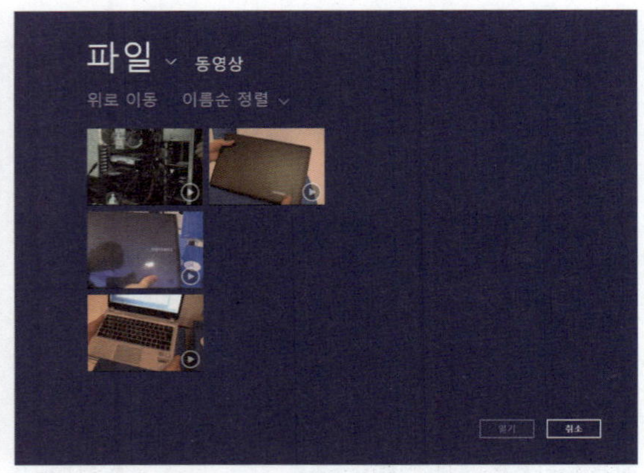

9 비디오가 재생됩니다.

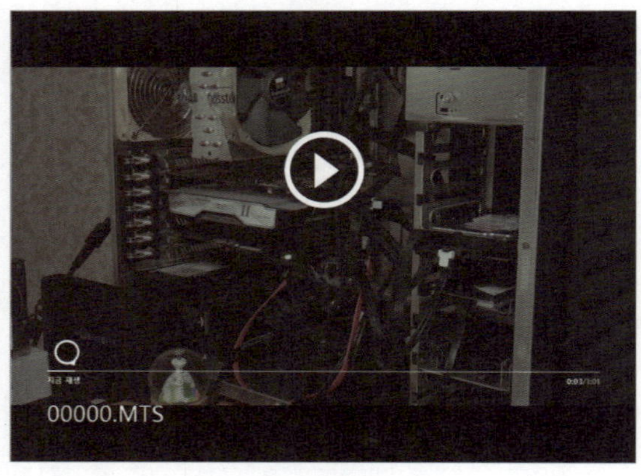

10 비디오 앱을 실행시킨 상태에서 Internet Explorer 앱을 스냅 기능으로 띄우면 동영상을 감상하면서 해당 동영상 정보를 검색할 수 있습니다.

Chapter 03
참 메뉴 살펴보기

윈도우 8을 처음 사용하면 〈시작〉 버튼이 없어진 것에

많은 사용자가 당혹해 합니다. 하지만 윈도우 8에서는

〈시작〉 버튼이 없어진 대신 더욱 기능이 많아진

참 메뉴(Charm Bar)라는 것이 새로 생겼습니다.

이 참 메뉴를 잘 활용하면 더욱더 윈도우 8을 능숙하게 활용할 수 있습니다.

참 메뉴에는 이전 운영체제에서는 볼 수 없었던

재미있고 다양한 기능이 많이 포함되어 있는데, 이 장에서 자세히 살펴봅니다.

01 화면에 참 메뉴 띄우기

참 메뉴(Charm Bar)에서는 검색, 공유, 시작, 장치, 설정 등의 작업을 할 수 있습니다. 이전 운영체제에서는 〈시작〉 버튼에서 할 수 있었던 작업을 참 메뉴라는 도구에 포함시켜 확장했다고 보면 됩니다. 이 참 메뉴를 화면에 띄우는 방법을 알아보겠습니다.

1 마우스 커서를 화면 오른쪽 맨 위나 맨 아래로 가져갑니다.

참 메뉴 실행하기 : ■+C 키

2 처음에는 바탕화면에 참 메뉴 버튼만 나타나며, 버튼 위로 마우스를 가져가면 배경이 검은색으로 바뀌면서 화면 왼쪽 아래에 날짜와 컴퓨터 상태 등을 표시합니다.

▌ 참 메뉴 기능 살펴보기

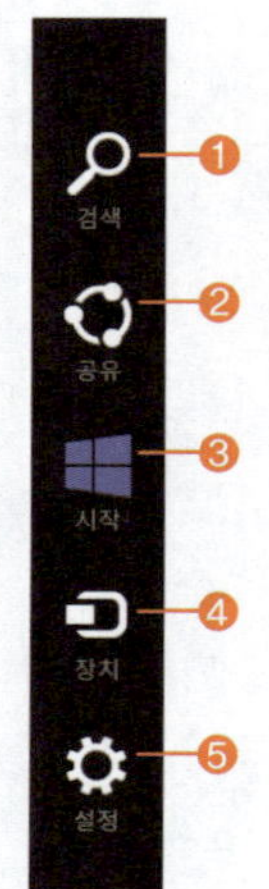

① 검색 : 사용 중인 앱 또는 다른 앱에 들어 있는 내용을 검색하거나 컴퓨터의 전체 파일 및 앱, 설정 등을 검색할 수 있습니다.

② 공유 : 현재 보고 있는 파일과 정보를 다른 사람이나 앱으로 내보낼 수 있습니다.

③ 시작 : 윈도우 8 UI 시작 화면으로 이동합니다.

④ 장치 : 컴퓨터와 연결된 모든 장치를 사용할 수 있습니다.

⑤ 설정 : 컴퓨터 세부 기능과 앱의 세부 설정을 변경합니다.

02 검색 참 메뉴 살펴보기

참 메뉴의 〈검색〉 버튼을 이용하면 웹, 설정, 파일을 모두 검색할 수 있습니다. 입력만으로 여러 가지 항목을 한번에 검색할 수 있기 때문에 상당히 유용합니다. 검색어는 첫 글자나 중간 글자만 입력해도 알아서 척척 찾아줍니다. 참 메뉴의 검색 기능으로 원하는 내용을 검색하는 방법을 알아봅니다.

1 마우스 커서를 화면 오른쪽 맨 위나 아래로 드래그하여 참 메뉴를 띄웁니다. 〈검색〉 버튼을 클릭합니다.

2 화면 왼쪽에는 윈도우 8에서 제공하는 기본 앱 목록을 보여줍니다. 화면 오른쪽에는 검색어 입력상자와 검색 대상 등을 지정할 수 있습니다.

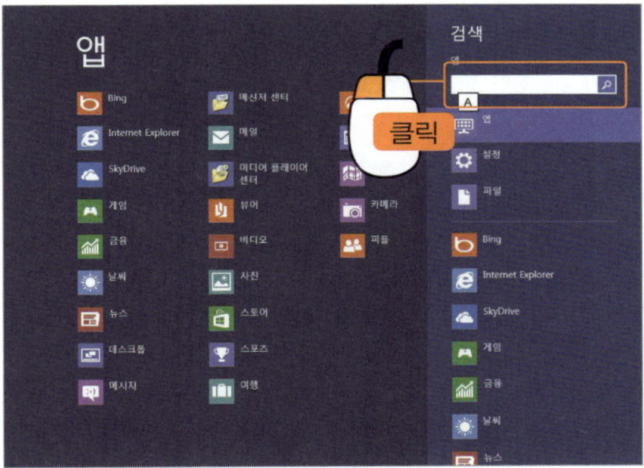

3 검색 대상을 '앱'으로 지정하고, 검색어 입력란에 '메모장'을 입력합니다. 앱과 프로그램 중에 '메모장'과 관련된 결과를 보여줍니다.

앱 검색 창 :  + Q

> **TIP**
>
> 검색어를 입력한 뒤 Enter 키를 누르면 검색 결과 목록에서 선택되어 있는 앱이 자동으로 실행됩니다.

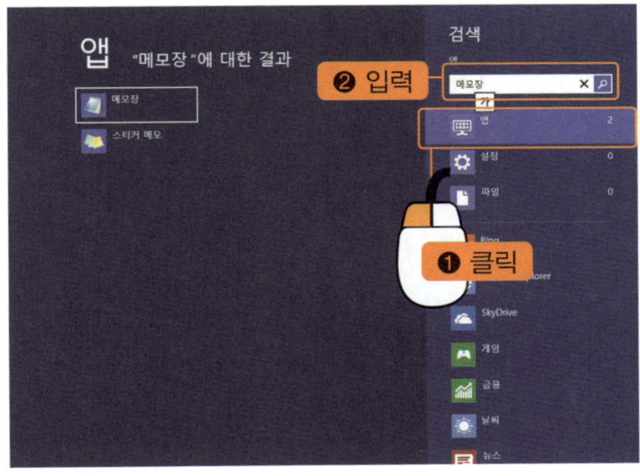

4 이번에는 검색 대상을 '설정'으로 지정한 뒤 검색하면 설정과 관련된 기능 중 입력한 검색 내용과 일치된 결과를 바로 보여줍니다. 예를 들어, '언어'를 입력하면 언어와 관련된 기능이 검색됩니다.

설정 검색 창 : ■+W 키

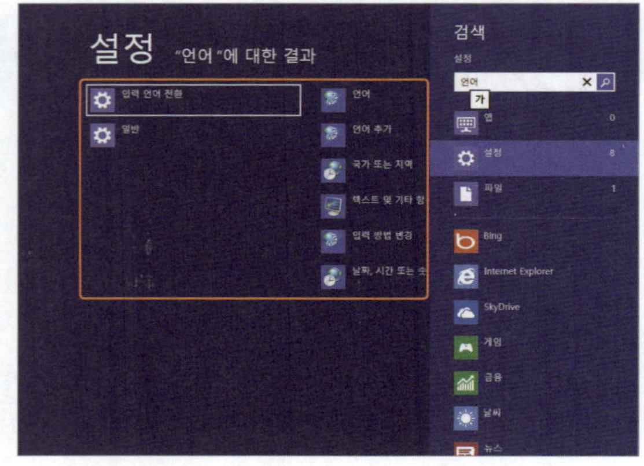

5 검색 대상을 '파일'로 지정하면 컴퓨터에 저장된 파일에서 관련된 내용을 검색해서 보여줍니다.

파일 검색 창 : ■+F 키

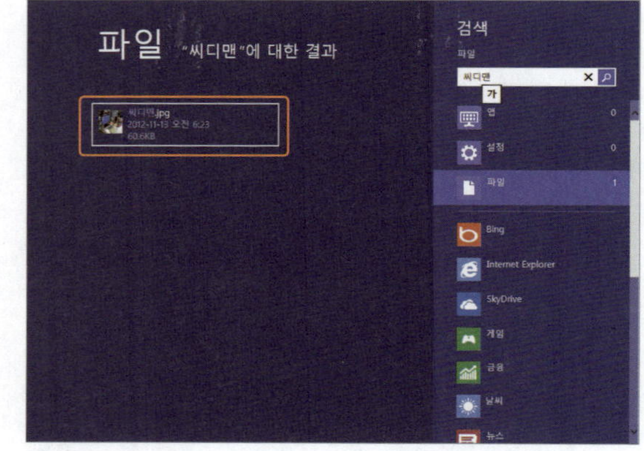

6 검색 기능을 지원하는 앱에서도 동일하게 사용할 수 있습니다.

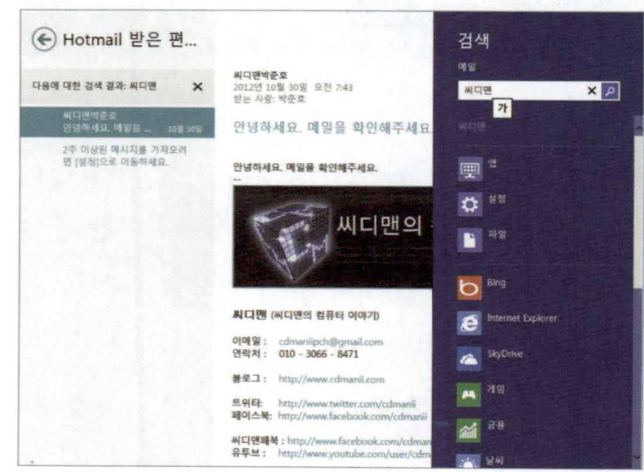

03 공유 참 메뉴 살펴보기

웹서핑을 하는 도중 공유하고 싶은 페이지나 이미지를 발견했을 때, 또는 자신의 컴퓨터 사진을 공유하고 싶을 때 참 메뉴의 공유 기능을 이용하면 쉽고 빠르게 공유할 수 있습니다.

1 사진 앱에서 원하는 이미지를 메일로 공유해 보겠습니다. 윈도우 8 UI 시작 화면으로 이동한 뒤 사진 앱을 클릭하여 실행합니다.

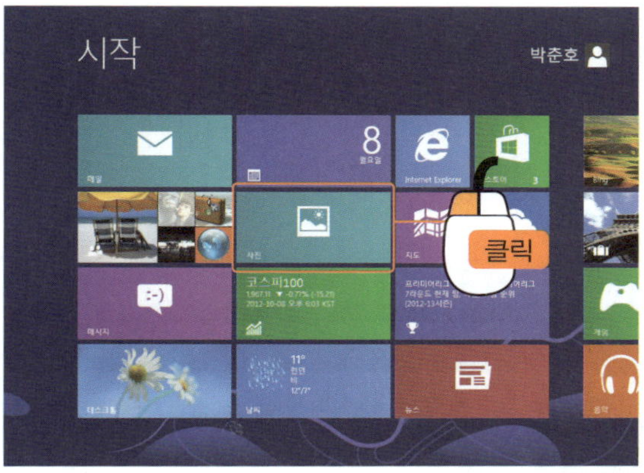

2 사진 라이브러리의 이미지를 미리 보여줍니다. 원하는 사진을 클릭합니다.

3 좌우로 사진을 넘겨서 공유하고 싶은 이미지를 선택합니다.

4 마우스 커서를 화면 오른쪽 맨 위나 아래로 가져가 참 메뉴를 띄웁니다. 〈공유〉 버튼을 클릭합니다.

공유 창 실행하기 : ⊞+H

5 공유 창에서 메일 또는 SkyDrive로 공유할 수 있습니다. 이전에 공유했던 앱을 맨 위에 보여줍니다. 다른 앱으로 공유하려면 아래쪽 목록에서 선택하면 됩니다. 메일 앱을 클릭합니다.

6 메일 창이 나타납니다. 받는 사람란에 받을 메일 주소를 입력합니다. 제목 추가란에는 제목을, 메시지 추가란에는 내용을 입력한 뒤 〈보내기〉 버튼을 클릭합니다.

7 메일을 받은 사람의 메일에서는 다음처럼 공유 내용(사진)을 확인할 수 있습니다.

TIP

데스크톱의 프로그램에서는 공유 항목이 제한됩니다. 예를 들어, Internet Explorer 10에서는 공유 항목을 사용할 수 없습니다.

04 시작 참 메뉴 살펴보기

어떤 작업을 하는 중이든 ▦ 키를 누르면 바로 윈도우 8 UI 시작 화면으로 이동하고, 다시 한 번 ▦ 키를 누르면 작업 중이던 화면으로 되돌아갑니다. 화면 터치를 지원하는 컴퓨터에서는 참 메뉴에 있는 〈시작〉 버튼이 이 기능을 합니다. 지금부터 참 메뉴에 있는 〈시작〉 버튼이 어떤 역할과 기능을 하는지 알아봅니다.

1 마우스 커서를 화면 오른쪽 맨 위나 아래로 가져가 참 메뉴를 띄웁니다. 〈시작〉 버튼을 클릭합니다.

2 윈도우 8 UI 시작 화면으로 전환됩니다. 어떤 곳에서 작업하든 참 메뉴의 〈시작〉 버튼을 클릭하면 윈도우 8 UI 시작 화면으로 이동합니다. 윈도우 8 UI 시작 화면에서는 타일 형태의 앱을 확인하고 실행시킬 수 있습니다.

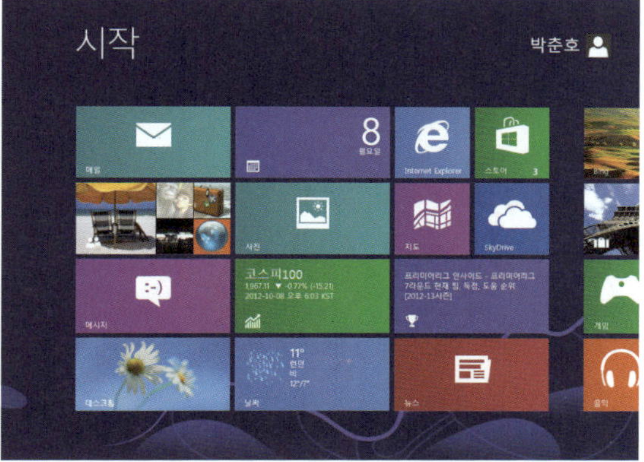

TIP | 윈도우 8 UI 시작 화면 및 이전 작업으로 창 전환하기

마우스 커서를 화면 왼쪽 맨 아래로 이동하면 다음처럼 윈도우 8 UI 시작 화면이 작게 나타납니다. 이것을 클릭하면 쉽게 윈도우 8 UI 시작 화면으로 전환할 수 있습니다. 이것은 ▦ 키나 참 메뉴의 〈시작〉 버튼을 클릭하는 것과 동일한 기능을 수행합니다.

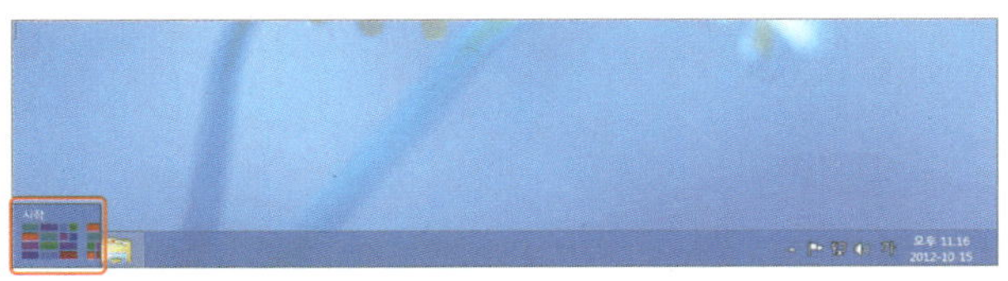

05 장치 참 메뉴 살펴보기

참 메뉴의 '장치'를 이용하면 사진이나 지도의 정보를 쉽게 프린터로 출력할 수 있습니다. 물론 문서로도 출력할 수 있습니다. 장치 참 메뉴를 이용하는 방법을 알아봅니다.

1 사진 앱의 이미지를 프린터로 출력해 보겠습니다. 윈도우 8 UI 시작 화면에서 사진 앱을 클릭합니다.

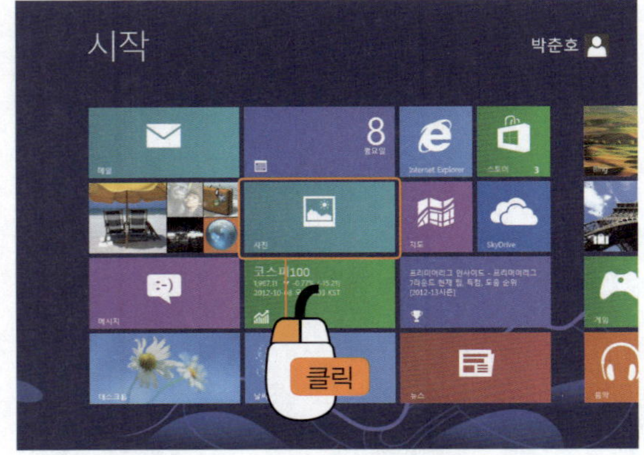

2 사진 라이브러리, SkyDrive, Facebook 등 연결된 사진 정보가 나타납니다. 사진 라이브러리를 선택합니다.

3 사진 라이브러리가 실행되면 화면 좌우에 있
는 화살표를 클릭해 프린터로 출력할 이미지를 선
택합니다.

4 마우스 커서를 화면 오른쪽 맨 위나 아래로
가져가 참 메뉴를 띄웁니다. 〈장치〉 버튼을 클릭
합니다.

5 장치 목록에 이미지와 함께 사용할 수 있는
장치들이 나열되어 나타납니다. 프린터명을 클릭
하면 해당 프린터로 출력됩니다.

06 설정 참 메뉴 살펴보기

윈도우 8은 설정과 관련된 내용을 쉽고 빠르게 접근할 수 있도록 참 메뉴에 모아 두었습니다. 이제는 컴퓨터를 관리할 때 어려운 명령어들을 입력하면서 해결하지 않아도 마우스 클릭만으로도 쉽고 빠르게 설정을 변경할 수 있게 되었습니다.

1 마우스 커서를 화면 오른쪽 맨 위나 아래로 가져가 참 메뉴를 띄웁니다. 〈설정〉 버튼을 클릭합니다.

설정 창 실행하기 : ⊞+I

2 다음처럼 컴퓨터의 세부 설정을 지정할 수 있는 창이 오른쪽에 나타납니다.

❶ **네트워크** : 현재 연결된 네트워크 정보를 확인할 수 있습니다.

❷ **볼륨 조절 아이콘** : 컴퓨터의 사운드 볼륨을 조절할 수 있습니다.

❸ **밝기 조절 아이콘** : 화면의 밝기를 조절할 수 있습니다.

❹ **알림** : 알림 내용을 표시하는 시간 단위를 변경할 수 있습니다.

❺ **전원** : 시스템을 종료하거나 다시 시작할 수 있습니다.

❻ **키보드** : 키보드 언어를 변경할 수 있습니다.

3 다음은 '제어판'을 선택했을 때 나타나는 화면입니다. 시스템 전반에 대한 설정을 이곳에서 할 수 있습니다. '개인 설정'에서는 테마를 선택하여 꾸밀 수 있고, 창 색상을 변경할 수 있습니다. 윈도우 8에서 사용하는 효과 사운드와 화면 해상도도 설정할 수 있습니다.

4 'PC 정보'를 클릭하면 시스템 등록 정보가 나타납니다. 시스템 사양을 확인할 수 있고, 운영체제의 에디션 정보도 이 화면에서 확인이 가능합니다. 이곳에서 장치 관리자, 원격 설정, 시스템 보호, 고급 시스템 설정 등도 지정할 수 있습니다.

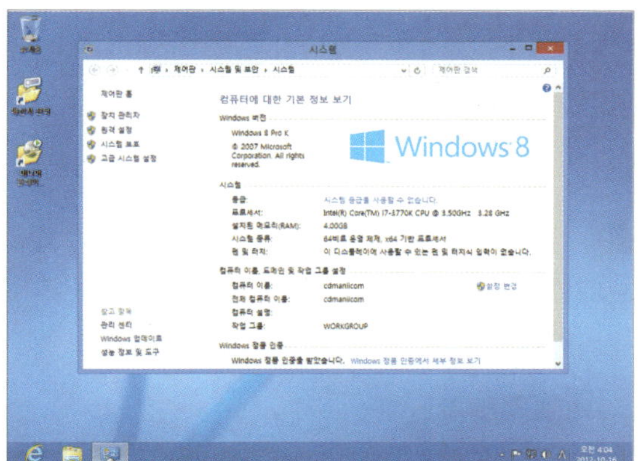

5 '도움말'에서는 윈도우 8 운영체제의 전반적인 기본 사용법 및 활용법의 도움말을 얻을 수 있습니다.

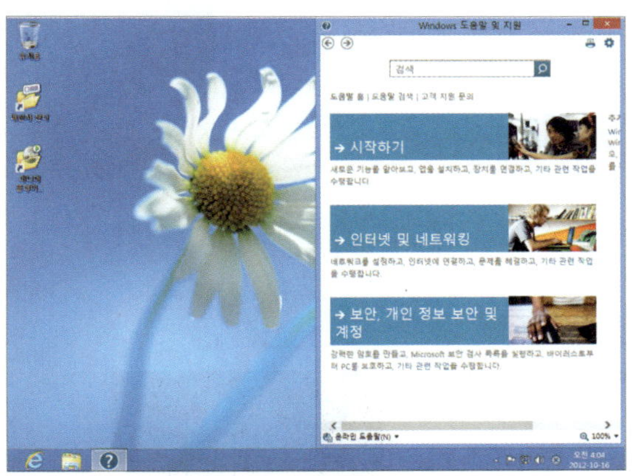

6 'PC 설정 변경'에서는 사용자 계정, 알림, 검색, 무선 연결, 접근성 등 컴퓨터 설정과 관련된 세부 옵션을 지정할 수 있습니다.

07 설정 참 메뉴의 'PC 설정 변경' 살펴보기

'PC 설정 변경'에서는 앱 및 시스템 설정과 관련된 세부 옵션을 쉽고 빠르게 지정할 수 있습니다. 윈도우 8은 태블릿 PC와 터치가 지원되는 노트북에 대응해서 만든 운영체제이기에 메뉴 구성이 간편하여 쉽게 설정할 수 있습니다. 또 PC 설정 변경에서는 윈도우 8만의 차별화된 기능도 들어 있으니 사용법을 꼭 숙지하기 바랍니다.

1 마우스 커서를 화면 오른쪽 맨 위나 아래로 드래그하여 참 메뉴를 띄웁니다. 〈설정〉 버튼을 클릭합니다.

설정 창 실행하기 : ▓▓+Ⅰ 키

2 설정 창 아래쪽의 'PC 설정 변경'을 클릭합니다.

3 PC 설정에서는 다음과 같은 세부 기능을 설정할 수 있습니다.

① 개인 설정

잠금 화면, 시작 화면, 계정 사진을 설정할 수 있습니다. 잠금 화면에서는 윈도우 8이 잠겼을 때 나타나는 이미지를 선택할 수 있습니다.

- [잠금 화면] 탭 : '잠금 화면용 앱' 항목의 잠금 화면에서는 알림이 나타날 앱을 선택할 수 있습니다.
- [시작 화면] 탭 : 윈도우 8 UI 시작 화면의 스타일과 색을 변경할 수 있습니다.
- [계정 사진] 탭에서는 자신의 계정 사진을 변경할 수 있습니다. 카메라가 있는 경우에는 직접 카메라로 사진을 찍어 바로 계정 사진으로 지정할 수 있습니다.

② 사용자

계정 유형을 변경할 수 있습니다. Microsoft 계정을 사용하면 클라우드 서비스를 이용할 수 있고, 계정 동기화를 이용할 수 있습니다. 그리고 스토어도 활용 가능합니다. 물론 PC 로컬 계정으로 로그인도 가능합니다.

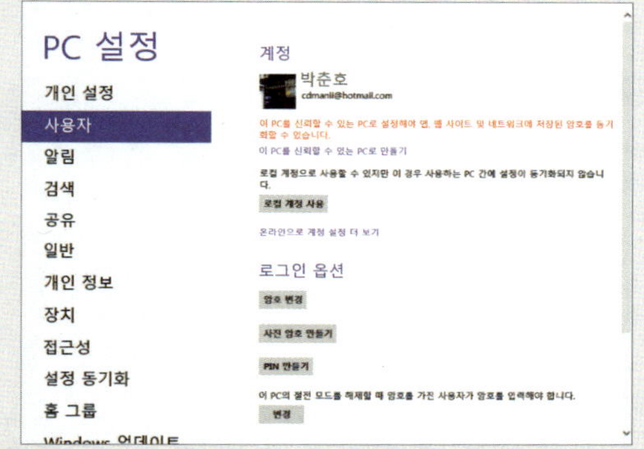

③ 알림

앱 알림 표시, 잠금 화면에 앱 알림 표시, 알림 사운드를 설정할 수 있습니다. '앱 알림 개별 설정' 항목에서는 앱마다 알림을 선택적으로 끄고 켤 수 있습니다.

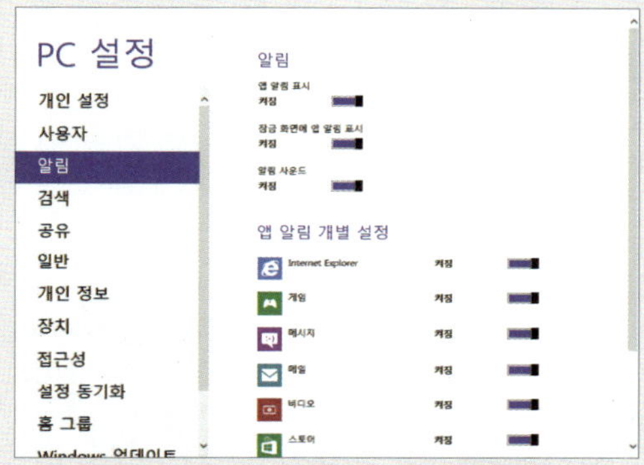

④ 검색

검색 창에서 가장 많이 검색되는 앱을 먼저 표시할 수 있습니다. 검색에 사용할 앱을 선택할 수 있어 참 메뉴에서 검색할 때 유용하게 사용할 수 있습니다.

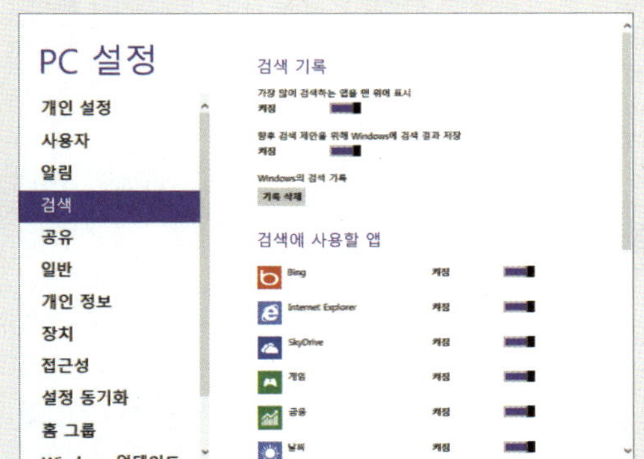

⑤ 공유

공유에서는 공유에 자주 사용되는 앱을 먼저 표시할 수 있습니다. 그리고 공유에 사용할 앱을 선택할 수 있습니다. 공유를 이용하면 Internet Explorer 앱을 사용하는 도중 친구와 공유하고 싶은 내용을 발견했을 때 클릭 몇 번으로 간단히 공유할 수 있습니다.

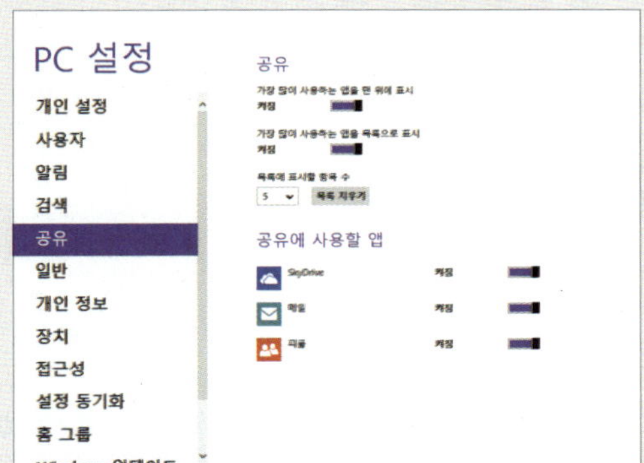

❻ 일반

일반 설정에서는 시스템과 관련된 설정을 할 수 있습니다. 시간, 앱 전환, 터치 키보드, 언어, 사용 가능한 저장소, PC 복구, 고급 시작을 이용할 수 있습니다.

❼ 개인 정보

개인 정보 보호를 위한 설정을 할 수 있습니다. 앱에서 자신의 위치 사용 여부와 이름 계정 사진의 사용 여부를 설정 가능합니다.

❽ 장치

컴퓨터에 연결된 장치 목록을 확인할 수 있으며, +를 클릭해 장치를 새로 추가하거나 삭제할 수 있습니다.

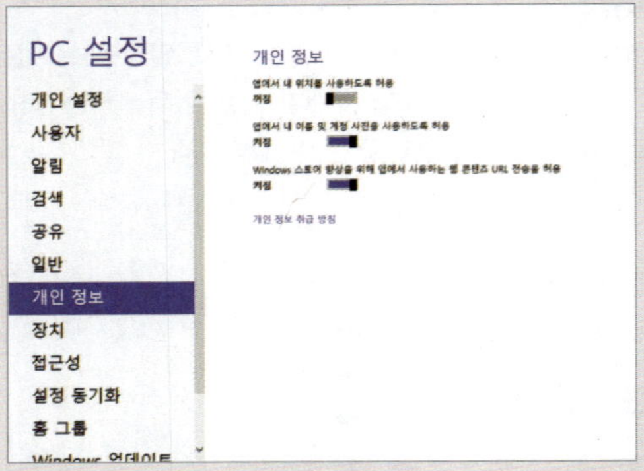

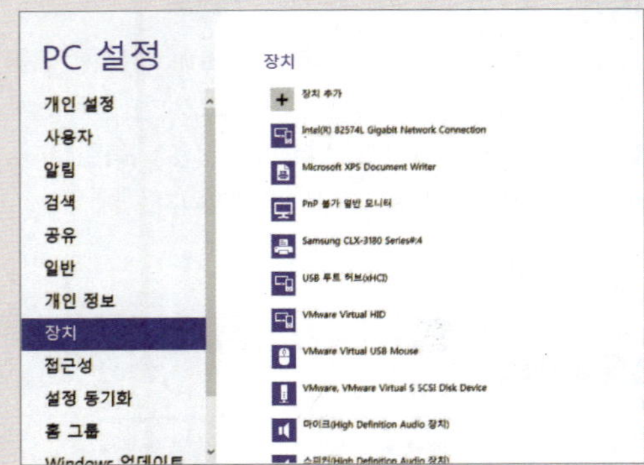

❾ 접근성

화면에 표시되는 텍스트나 항목 커서 두께 등을 보기 편하게 변경할 수 있습니다.

❿ 설정 동기화

Microsoft 계정으로 다른 컴퓨터에서도 PC 설정을 동기화할 수 있습니다. 항목별로 동기화 여부도 따로 지정할 수 있습니다.

⓫ 홈 그룹

홈 그룹에서 사용할 라이브러리 및 장치를 공유할 것인지 선택할 수 있습니다. '구성원' 항목에 표시되는 암호를 이용해 다른 구성원과 홈 그룹을 설정하여 자료를 공유할 수 있습니다.

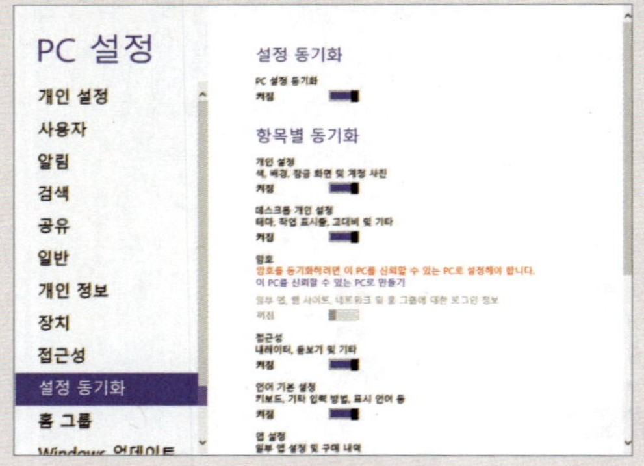

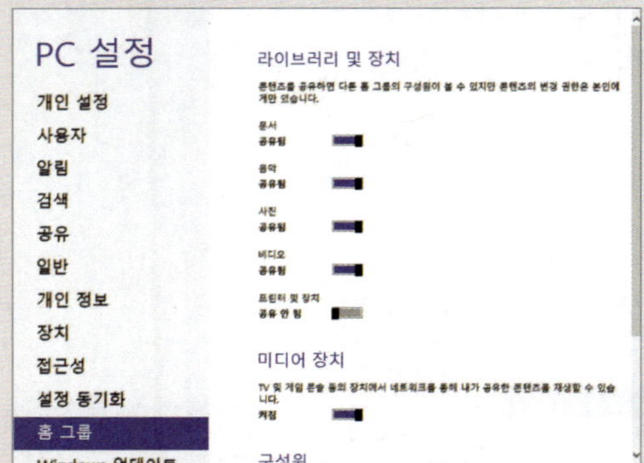

⓬ Windows 업데이트

새로 출시된 Windows 업데이트를 확인하고 설치할 수 있습니다. Windows 업데이트로 윈도우 8을 항상 최신 상태로 유지할 수 있습니다.

Chapter 04
윈도우 8
기본 조작 배우기

이 장에서는 윈도우 8을 사용하면서

반드시 알아두어야 할 기본 조작 방법을 알아봅니다.

창을 이동하거나 최대화/최소화 하는 등 창을 제어하는 방법을 배워봅니다.

윈도우에서 창을 제어하는 기능은

가장 많이 사용하므로 반드시 숙지해야 합니다.

01 창 조작하기

창을 드래그하여 원하는 곳으로 이동하는 방법과 창을 최대화/최소화하거나 이전 크기로 복귀하는 방법을 알아봅니다.

▌ 창 이동하기

이동하고 싶은 창의 제목표시줄을 클릭한 채 원하는 위치로 드래그합니다. 터치가 지원되는 컴퓨터에서는 제목표시줄을 터치한 채 원하는 곳으로 이동하면 됩니다.

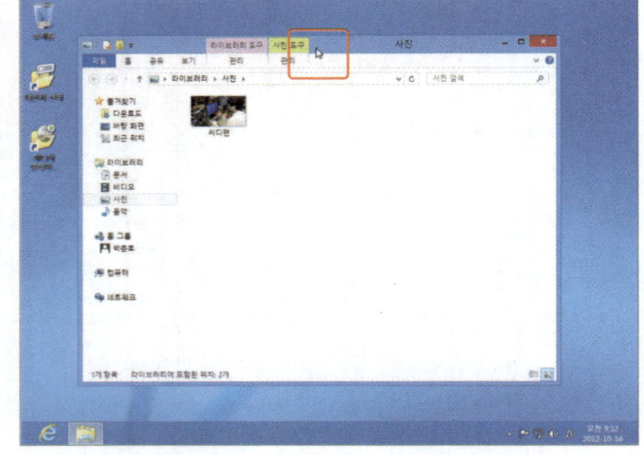

▌ 창 최대화하기

방법1 : 작업하고 있는 창을 최대화하는 가장 기본적인 방법은 창 오른쪽 위의 〈최대화〉 버튼 □을 클릭하는 것입니다.

방법2 : 창의 제목표시줄을 더블클릭하면 크기가 최대화됩니다.

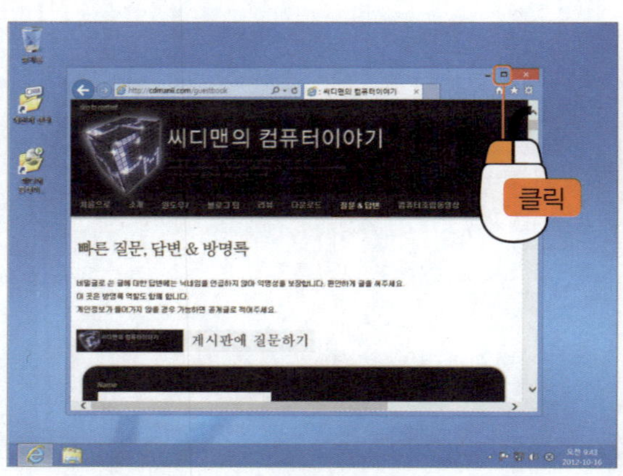

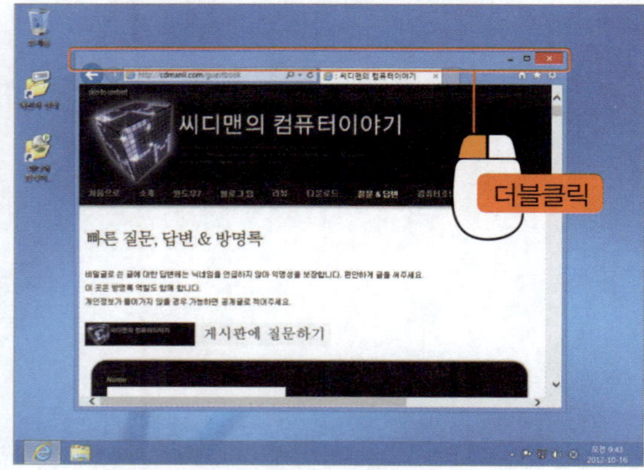

방법3 : 최대화하고 싶은 창의 제목표시줄을 드래그하여 화면 맨 위쪽 가운데 모서리 부분으로 가져간 뒤 놓습니다.

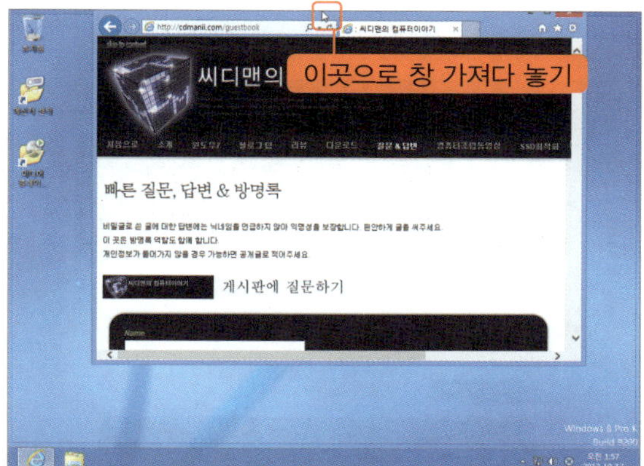

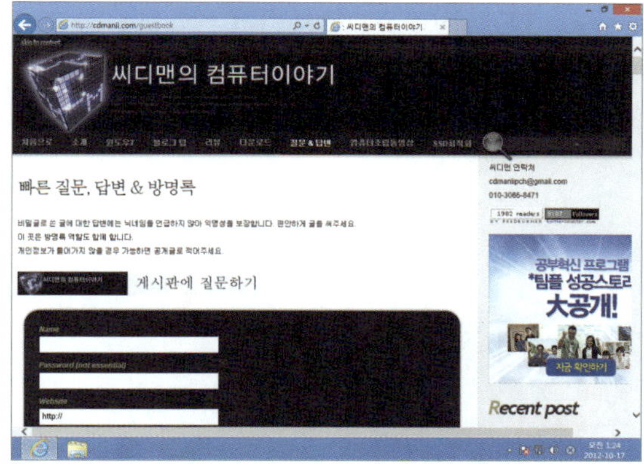

■ 창 최소화하기

방법1 : 최소화하고 싶은 창 오른쪽 위의 〈최소화〉 버튼 - 을 클릭합니다. 해당 창이 작업 표시줄로 이동하면서 사라집니다.

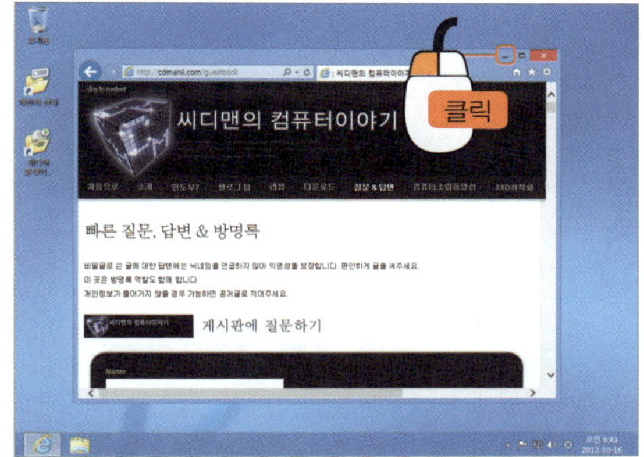

방법2 : 최소화하고 싶은 창의 작업 표시줄 아이콘 을 클릭합니다. 여기서는 Internet Explorer를 실행한 상태여서 Internet Explorer 아이콘을 클릭한 것입니다.

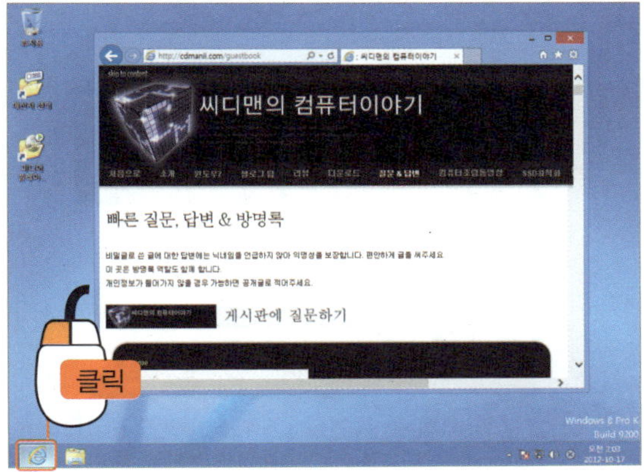

▌ 이전 크기로 복귀하기

방법1 : 작업 표시줄에 최소화시켰던 창의 아이콘(여기서는 Internet Explorer)을 클릭하면 화면이 다시 원래 크기로 복귀됩니다.

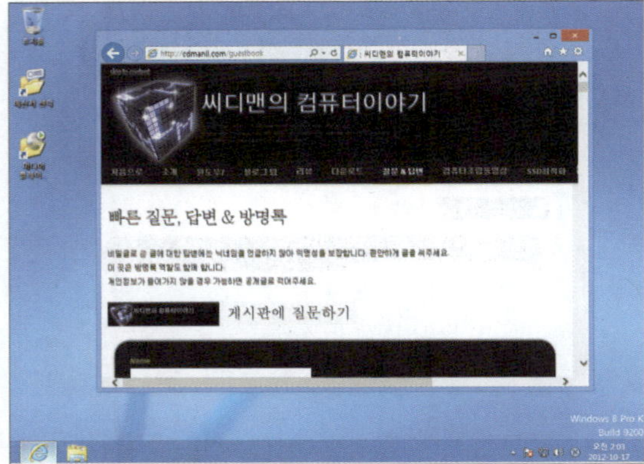

방법2 : 최대화된 창을 이전 크기로 되돌리려면 제목표시줄 오른쪽에 있는 〈복귀〉 버튼 을 클릭합니다.

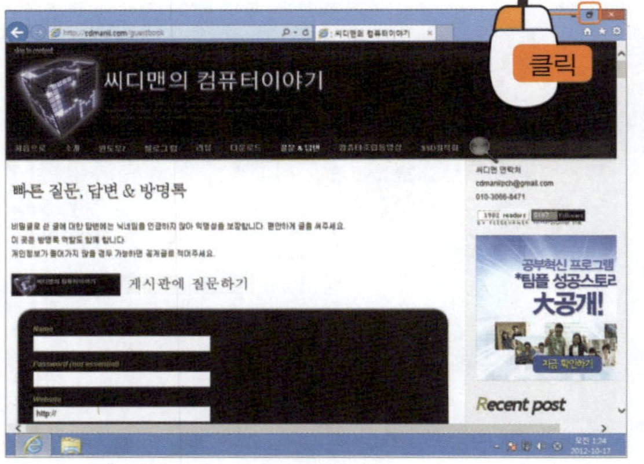

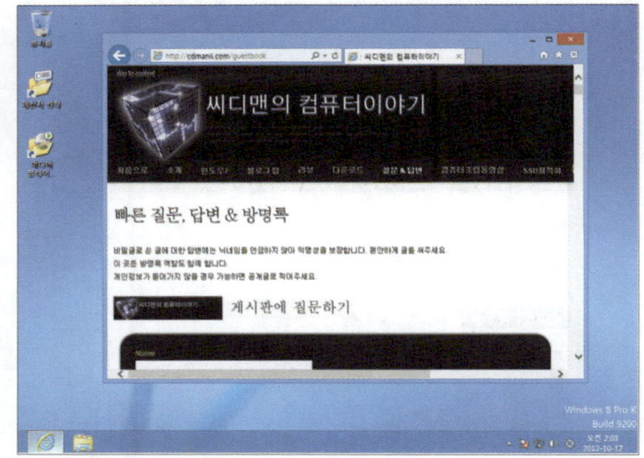

방법3 : 창을 화면 맨 위쪽 가운데 모서리 부분으로 가져가서 최대화했을 때는 다시 확대된 창의 제목표시줄을 클릭한 채 아래로 드래그하면 원래 크기로 복귀됩니다.

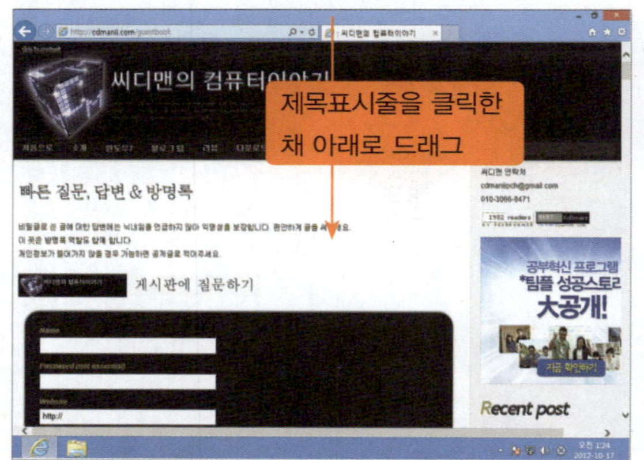

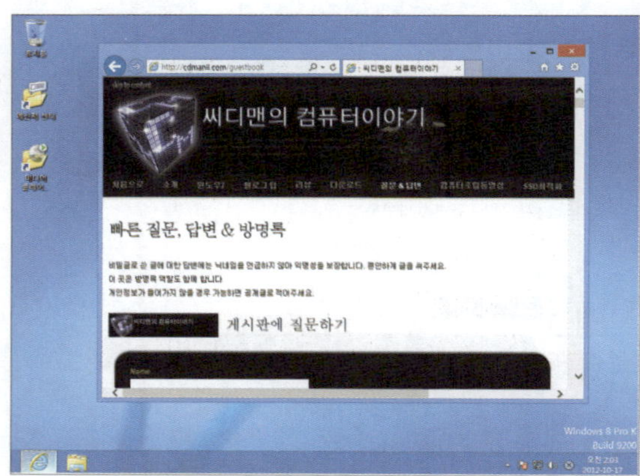

02 창 닫기

작업을 마친 창은 닫는 것이 좋습니다. 한정된 크기의 모니터에서 너무 많은 창을 띄워놓으면 불편하기 때문이죠. 창을 닫는 여러 가지 방법을 알아봅니다.

방법1 : 창 오른쪽 위의 〈닫기〉 버튼 ✕ 을 클릭하면 창이 닫힙니다.

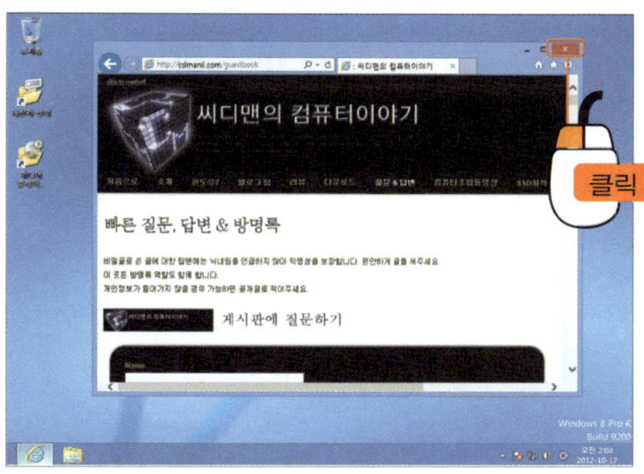

방법2 : 닫고 싶은 창이 활성화되어 있는 상태에서 Alt + F4 키를 누르면 창이 닫힙니다.

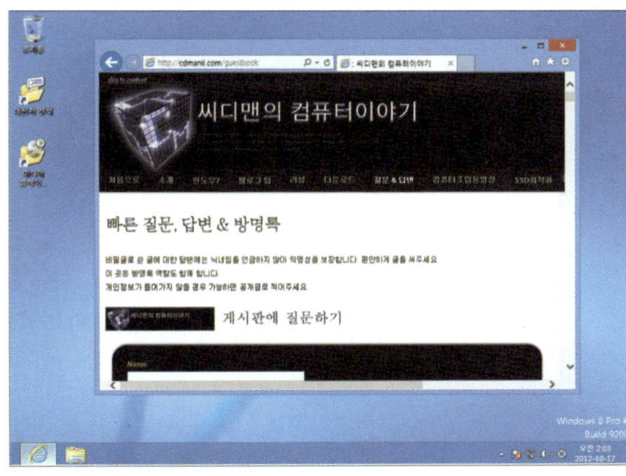

방법3 : 제목표시줄에 최소화되어 있는 아이콘 위로 마우스 커서를 가져가면 아이콘 위쪽으로 에어로 피크(Aero Peek)가 나타납니다. 에어로 피크 위로 마우스를 가져가면 다음처럼 오른쪽 위에 〈닫기〉 버튼이 나타나는데, 클릭하면 창을 닫을 수 있습니다.

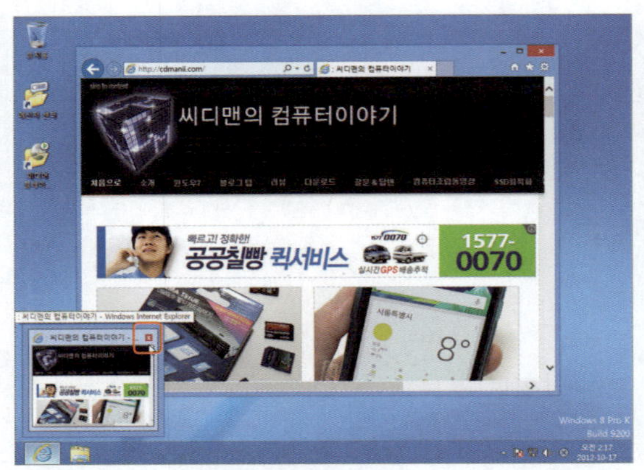

엿보기 기능으로, 작업 표시줄의 아이콘 위로 마우스 커서를 가져가면 내용을 미리 볼 수 있습니다.

• 에어로 쉐이크(Aero Shake)

창의 제목표시줄을 클릭한 채 좌우로 흔들면 현재 활성화된 다른 창을 모두 최소화하는 기능입니다.

03 모든 창 최소화 및 한 가지 작업만 하기

윈도우 8 운영체제에서 창을 여러 개 띄운 채 작업하다 보면 화면에 창이 가득차서 정신없을 때가 있습니다. 이때는 모든 창을 최소화하거나 불필요한 창은 최소화시키고 필요한 창만 띄워(에어로 쉐이크) 작업하면 편리합니다. 자주 사용하는 작업이므로, 조작 방법을 꼭 이해하고 넘어갑니다.

▌ 실행 중인 창 모두 최소화하기

방법1 : 마우스 커서를 화면의 맨 오른쪽 아래로 가져가 클릭하면 작은 직사각형이 생기면서 화면에 보이는 모든 창이 최소화됩니다. 다시 한 번 클릭하면 최소화된 창이 모두 원래 상태로 복귀됩니다.

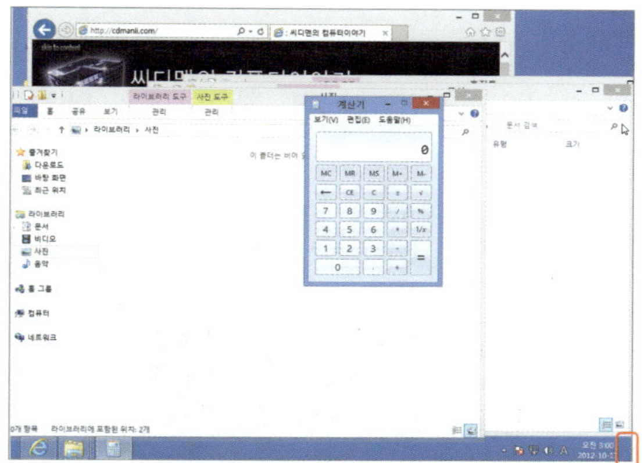 

 **TIP**

데스크톱에서 화면에 보이는 모든 창을 최소화하고 싶을 때는 ⊞+D 키를 눌러도 됩니다. 해당 키를 다시 한 번 누르면 원래대로 복귀됩니다.

방법2 : 작업표시줄에서 마우스 오른쪽 버튼을 누른 뒤 [바탕 화면 보기] 메뉴를 클릭합니다. 모든 창이 최소화됩니다.

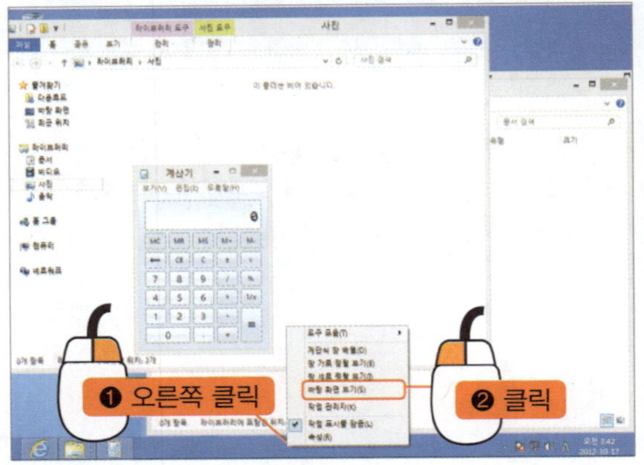

■ 현재 작업 중인 창 이외에 모두 최소화하기

현재 작업 중인 창의 제목표시줄을 클릭한 채 좌우로 여러 번 흔들어 줍니다. 해당 창을 제외한 나머지 모든 창이 최소화됩니다. 다시 제목표시줄을 클릭한 채 창을 흔들면 최소화된 창들이 모두 원래대로 복귀됩니다.

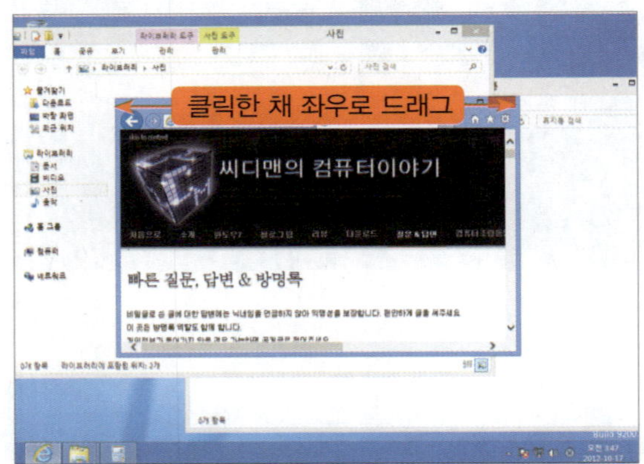

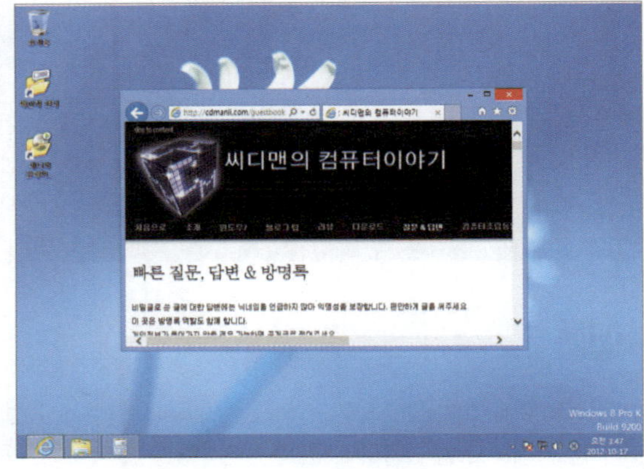

04 창 크기 조절하기

이번에는 창의 크기를 조절하는 방법을 알아봅니다. 윈도우 운영체제에서는 마지막으로 조절했던 창의 크기를 기억하고 있습니다. 창을 닫은 뒤 다시 열면 마지막으로 지정했던 창 크기로 실행됩니다.

1 크기를 조절하고 싶은 창의 가장자리 부분에 마우스 커서를 가져가면 다음처럼 화살표 모양으로 바뀝니다.

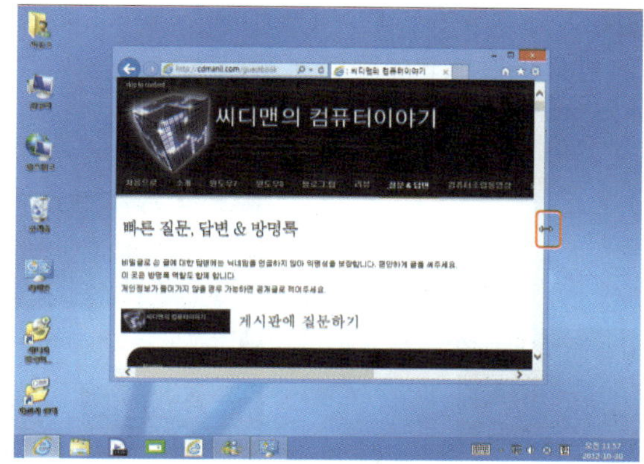

2 클릭한 채 드래그하면 창 크기를 늘리거나 줄일 수 있습니다. 마우스 커서의 모양이 변하지 않는 창은 크기를 조정할 수 없습니다.

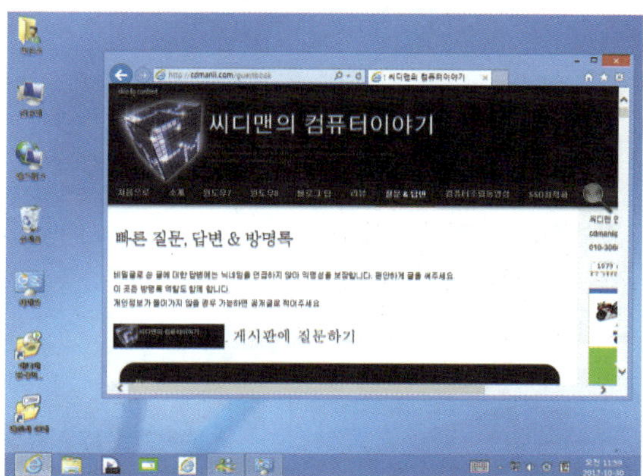

05 창 벽에 붙이기

한 화면에 창을 2개 나란히 놓고 작업해야 할 때가 있습니다. 이때 사용하는 기능이 '창 벽에 붙이기'입니다. 예를 들어, 한쪽에서는 문서 작업을, 다른 한쪽에서는 문서에 삽입할 내용을 웹에서 서칭하는 식으로 말이죠. 또는 문서 2개를 똑같은 창 크기로 놓고, 서로 다른 부분을 찾을 때도 있을 것입니다. 이때, 창을 벽에 붙이면 화면을 자동으로 50:50 크기로 정확하게 나누어서 보여줍니다.

1 창의 제목표시줄을 클릭한 채 드래그하여 화면의 왼쪽 벽에 가져가 놓습니다. 창이 왼쪽 벽에 화면을 반으로 나눈 크기로 붙게 됩니다.

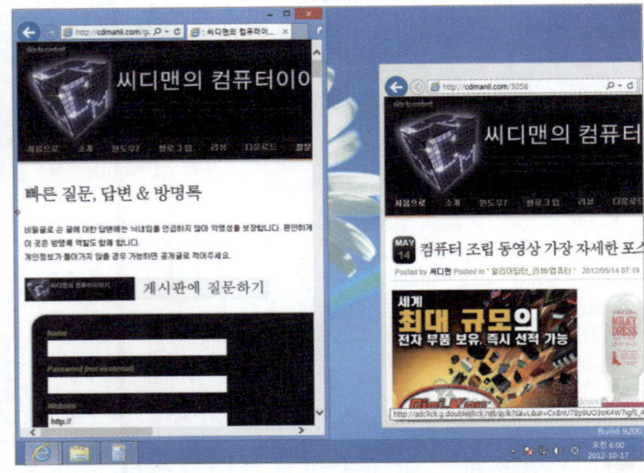

2 나머지 창 역시 제목표시줄을 클릭한 채 오른쪽 벽으로 드래그하여 놓습니다. 창 2개를 정확히 화면을 반으로 나눠서 표시합니다.

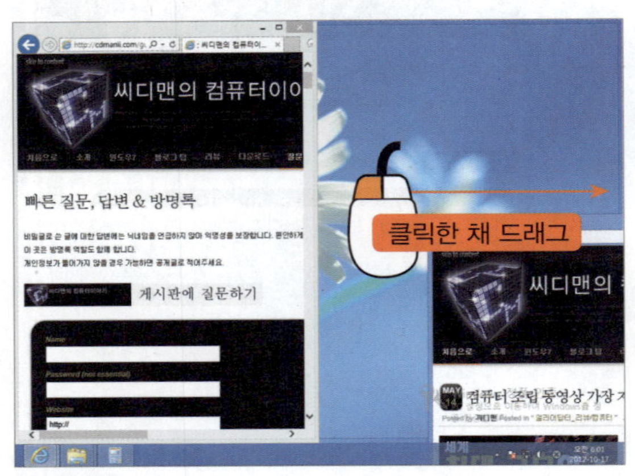

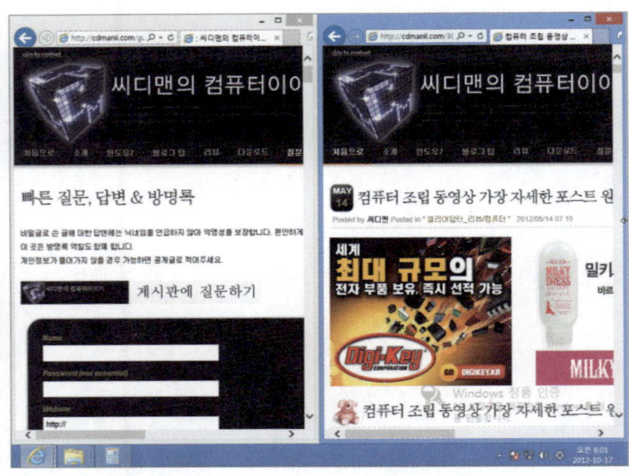

TIP

창이 선택된 상태에서 ■+→ 키를 누르면 오른쪽 벽에 붙여지고, ■+← 키를 누르면 원래 크기로 복귀됩니다. 반대로 ■+← 키를 누르면 왼쪽 벽에 붙여지고, ■+→ 키를 누르면 원래 크기로 복귀됩니다.

06 컴퓨터 종료 및 재시작하기

윈도우 8을 처음 접하면 그동안 〈시작〉 버튼에서 제어했던 시스템 종료를 어디서 해야 하는지 찾지 못해 당황하게 됩니다. 하지만 위치만 바뀌었을 뿐 방법은 똑같습니다. 지금부터 윈도우 8에서 위치가 바뀐 〈시스템 종료〉/〈재시작〉 버튼의 위치를 알아봅니다.

1 마우스 커서를 화면 오른쪽 맨 위나 아래로 가져가 참 메뉴를 띄웁니다. 〈설정〉 버튼을 클릭합니다.

2 설정 창에서 〈전원〉-〈시스템 종료〉 버튼을 차례로 클릭합니다(〈다시 시작〉 버튼을 클릭하면 컴퓨터를 재부팅합니다).

3 종료 중임을 나타내는 화면이 뜹니다. 기다리면 컴퓨터가 꺼지고 종료됩니다.

조금 더 빠르게 컴퓨터를 종료하는 방법

방법1 : 컴퓨터 본체의 〈전원〉 버튼을 한 번 누르면 시스템이 종료됩니다. 컴퓨터 〈전원〉 버튼은 기본적으로 시스템 종료로 설정되어 있습니다.

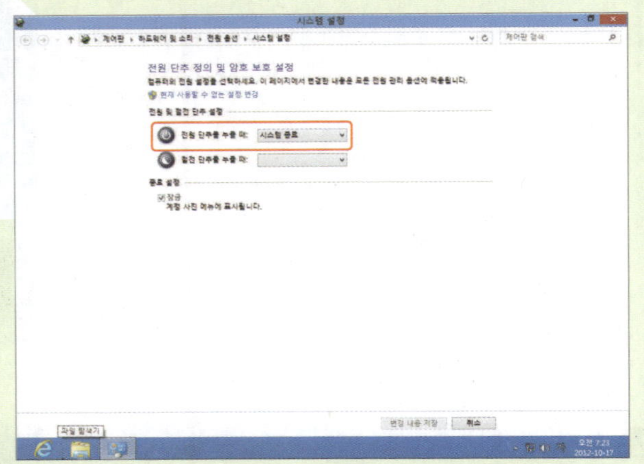

방법2 : 바탕화면에서 Alt + F4 키를 누르면 Windows 종료 창이 나타납니다. 목록펼침 버튼을 클릭해 원하는 작업을 선택한 뒤 〈확인〉 버튼을 누르면 됩니다.

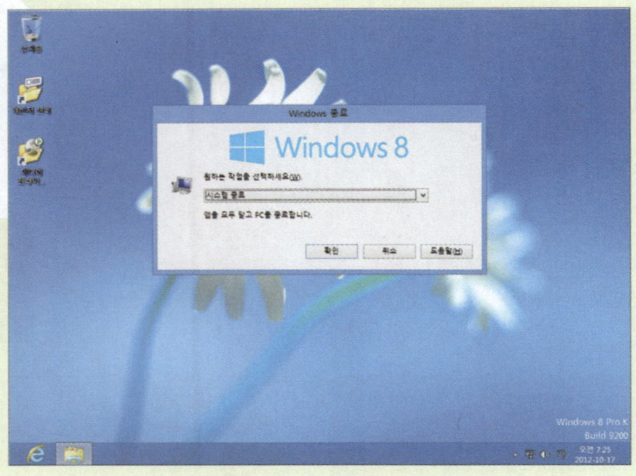

07 사운드 볼륨 조절하기

볼륨을 조절하는 방법은 두 가지가 있습니다. 작업 표시줄 오른쪽에 있는 볼륨 조절 버튼을 사용해 조절하는 방법과 참 메뉴에서 조절하는 방법이 그것입니다. 참 메뉴에는 태블릿 PC와 터치가 지원되는 노트북 사용자들이 좀 더 편안하게 조절할 수 있도록 버튼 크기를 크게 배치했습니다. 컴퓨터처럼 별도로 스피커가 있다면 스피커의 볼륨을 조절해도 되지만, 태블릿 PC나 노트북 사용자는 이 버튼을 사용하므로 조절하는 방법을 알아두면 편리하게 이용할 수 있습니다.

1 작업 표시줄의 트레이 영역에 있는 볼륨 조절 버튼을 클릭합니다. 버튼 위쪽으로 조절바가 나타나는데, 조절바를 위아래로 드래그해서 볼륨을 조절할 수 있습니다.

2 마우스 커서를 화면 오른쪽 맨 위나 아래로 가져가 참 메뉴를 띄운 뒤 〈설정〉 버튼을 클릭합니다. 설정 창에서 볼륨 조절 버튼을 클릭하면 볼륨을 조절할 수 있는 슬라이드바가 나타납니다.

08 화면 밝기 조정하기

태블릿 PC와 노트북 사용자는 설정 창에서 디스플레이의 밝기를 조절할 수 있습니다. 하지만 데스크톱에서는 밝기를 조절할 수 없습니다.

1 마우스 커서를 화면 오른쪽 맨 위나 아래로 가져가 참 메뉴를 띄운 뒤 〈설정〉 버튼을 클릭합니다.

2 설정 창에서 밝기 조절 버튼을 클릭하면 밝기를 조절할 수 있는 슬라이드바가 나타납니다.

> **TIP**
>
> 윈도우 8이 설치된 노트북이나 태블릿 PC에서는 설정 창의 버튼을 이용해 밝기 조절이 가능합니다. 그러나 데스크톱 컴퓨터에서는 버튼을 이용해 밝기를 조절할 수 없습니다.

Chapter 05
윈도우 8 설치 후 꼭 필요한 작업

윈도우 8을 처음 설치한 뒤에는 무엇을 해야 할까요?

먼저 장치가 잘 설치되었는지 확인해야 합니다.

그리고 각 설정들을 자신에게 맞게 바꾸는 작업과

안전한 컴퓨터 사용을 위해 보안에 신경 써야 합니다.

이번 장에서는 백신을 설치하여 컴퓨터를 안전하게 지키는 방법과

윈도우 8의 정품 인증을 하는 방법을 알아봅니다.

01 시스템 드라이버 설치 상태 확인하기

윈도우 8을 설치하면 컴퓨터 장치의 드라이버를 대부분은 자동으로 설치해 줍니다. 하지만 몇몇 드라이버는 자동으로 설치되지 않아 직접 해당 드라이버를 설치해 줘야 합니다. 드라이버가 미설치된 장치는 정상적으로 동작하지 않아서 느려지거나 다른 문제를 일으킬 수 있으므로 드라이버의 설치 상태를 확인한 뒤 문제가 있는 장치는 직접 드라이버를 설치하도록 합니다.

1 바탕화면으로 이동한 뒤 ⊞+X 키를 누릅니다. 바로가기 메뉴에서 [장치 관리자]를 클릭합니다.

2 장치 관리자 창에서는 컴퓨터 장치의 상태를 확인할 수 있습니다. 항목 중 물음표가 있는 장치는 설치가 완료되지 않은 것입니다. 해당 항목에 맞는 드라이버를 설치해 줍니다.

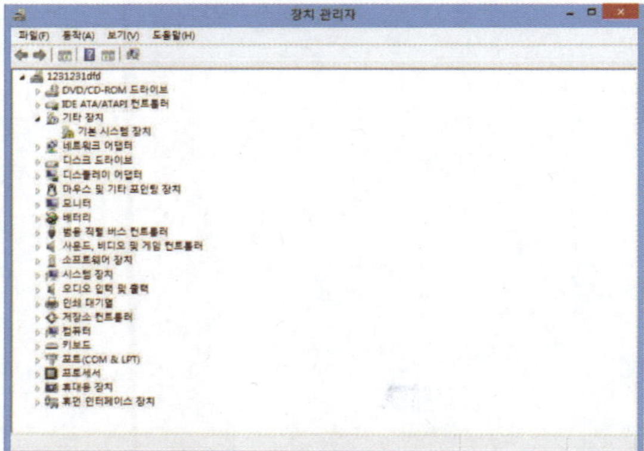

TIP | 주요 드라이버 설명

- **디스플레이 어댑터에 물음표** : 그래픽 카드 드라이버를 최신 버전으로 설치해 주어야 합니다.
- **시스템 장치의 물음표** : 메인보드 CD의 드라이버를 설치해 주어야 합니다.

이외에 장치에 물음표가 있다면 해당 장치의 설치 CD를 이용하여 드라이버를 다시 설치해야 합니다.

02 윈도우 8 정품 인증하기

윈도우 8을 처음 설치했을 경우에는 정품 인증 과정을 거쳐야 합니다. 지금부터 설치한 윈도우 8을 정품 인증하는 방법을 알아봅니다.

1 바탕화면에서 ⊞+X 키를 누릅니다. 바로 가기 메뉴에서 [명령 프롬프트(관리자)]를 클릭합니다.

2 사용자 계정 컨트롤 창이 나타나면 〈예〉 버튼을 누릅니다(UAC를 끈 경우에는 나타나지 않을 수도 있습니다).

용어 UAC(사용자 계정 컨트롤)

사용자 PC에서 관리자 수준 권한이 필요한 변경 내용이 적용되기 전에 이를 사용자에게 알려줍니다. 기본적으로 UAC는 앱이 PC를 변경하려고 할 때마다 알림을 표시하도록 설정되어 있지만 사용자가 직접 UAC 알림 빈도를 변경할 수 있습니다. UAC를 설정하는 방법은 344쪽을 참고하세요.

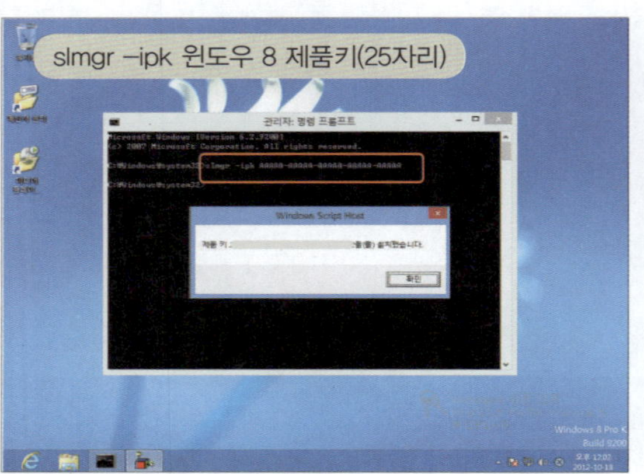

3 관리자: 명령 프롬프트 창이 나타나면, 다음 과 같이 입력한 뒤 Enter 키를 누릅니다. 잠시 뒤 제품키를 설치했다는 메시지 창이 나타납니다.

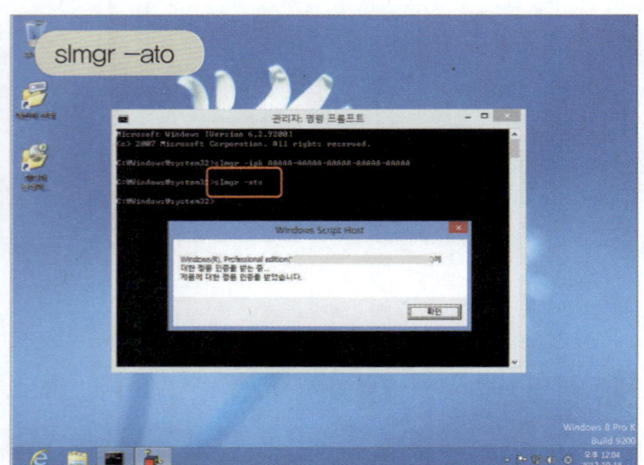

4 다음 줄에 추가로 내용을 입력하고 Enter 키를 누릅니다. 잠시 뒤 정품 인증을 받았다는 메시지 창이 나타납니다.

5 정품 인증이 제대로 되었는지 확인하기 위해 참 메뉴를 띄우고 〈설정〉 버튼을 클릭합니다.

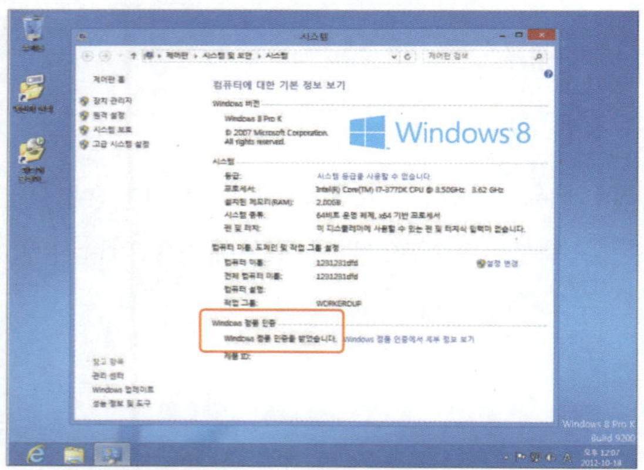

6 설정 창에서 'PC 정보'를 클릭합니다. 시스템 창의 'Windows 정품 인증' 항목에서 정품 인증 여부를 확인할 수 있습니다.

TIP

윈도우 8을 설치 및 정품 인증하고 필요한 프로그램을 설치한 뒤에는 윈도우 8 전체를 한 번 백업해 놓는 것이 좋습니다. 백업해 놓으면 문제가 생겼을 때 언제든 되돌릴 수 있습니다. 윈도우 8을 백업하는 방법은 461쪽을 참고하세요.

03 바탕화면에 컴퓨터, 내문서 폴더 만들기

윈도우 8을 설치한 뒤 바탕화면에 보면 처음에는 휴지통, 메신저 선택, 미디어 플레이어 센터 폴더만 있습니다. 여기에 자주 사용하는 컴퓨터와 내문서 폴더를 만드는 방법을 알아봅니다.

1 바탕화면 위에서 마우스 오른쪽 버튼을 누릅니다. 바로가기 메뉴에서 [개인 설정]을 클릭합니다. [개인 설정] 대화상자의 왼쪽 항목 중 '바탕 화면 아이콘 변경'을 클릭합니다.

2 [바탕 화면 아이콘 설정] 대화상자의 [바탕 화면 아이콘] 탭에서 '컴퓨터'와 '문서' 항목에 체크한 뒤 〈확인〉 버튼을 누릅니다. 항목에 체크하거나 체크 해제해서 바탕화면에 표시할 폴더를 선택할 수 있습니다.

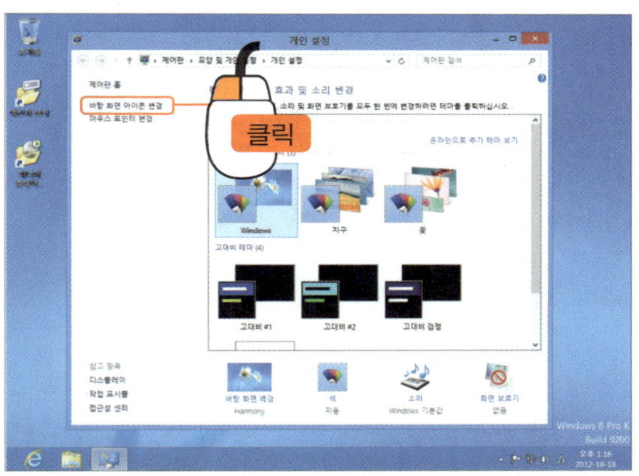

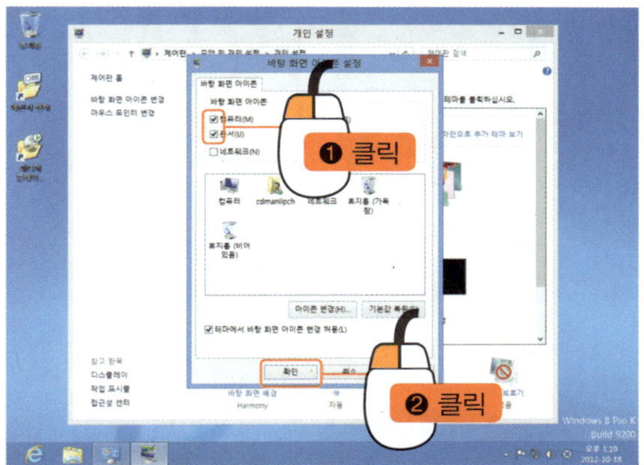

3 바탕화면에 선택한 컴퓨터, 내문서 폴더가 나타난 것을 확인할 수 있습니다. 내문서 폴더의 이름은 사용자 로그인 정보로 표시됩니다.

04 마우스 속도 조절하기

윈도우 8에서 기본으로 제공하는 마우스 포인터의 속도가 너무 빠르거나 느려서 불편할 수 있습니다. 마우스 포인터의 속도를 사용자 취향에 맞게 조절할 수 있는데, 지금부터 변경하는 방법을 알아봅니다.

1 바탕화면 위에서 마우스 오른쪽 버튼을 누른 뒤 [개인 설정] 메뉴를 클릭합니다.

2 개인 설정 창의 왼쪽 항목 중 '마우스 포인터 변경'을 클릭합니다.

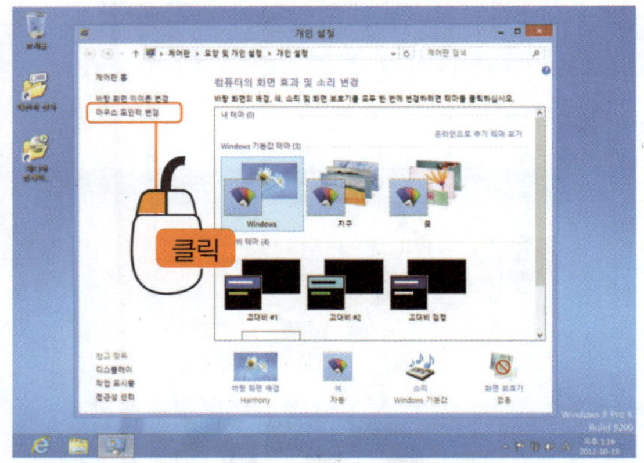

3 [마우스 속성] 대화상자의 [포인터 옵션] 탭을 클릭합니다. '동작' 항목의 조절바를 느림이나 빠름 쪽으로 드래그하여 자신에게 맞는 속도로 조절한 뒤 〈확인〉 버튼을 누릅니다.

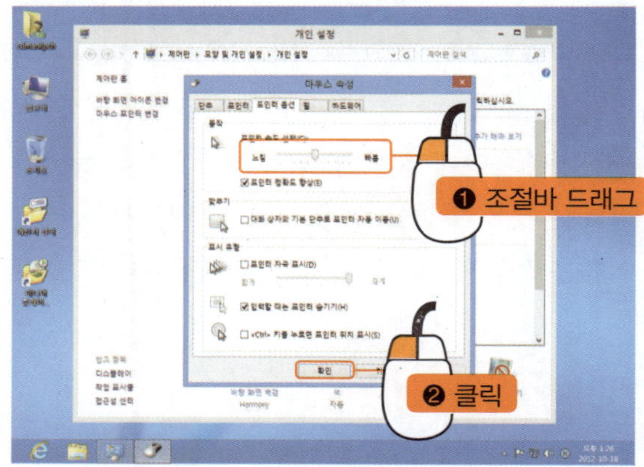

05 백신 설치하기

원도우 8에는 기본적으로 방화벽이 있고 악성 코드를 막아주는 보안 기능이 강화되었지만, 다른 백신을 추가적으로 설치하면 더욱 안전하게 컴퓨터를 사용할 수 있습니다. 원도우 8 관련 무료 백신은 상당히 많습니다. 그런데 자신이 알고 있는 백신이 원도우 8에서 호환되는지 판단하기 어렵다면 AVTEST 웹사이트에서 호환 여부를 쉽게 확인할 수 있습니다. 아울러 무료 백신을 설치하는 방법도 알아봅니다.

1 Internet Explorer 10을 실행한 뒤 주소표시줄에 http://www.av-test.org/en/tests/home-user/windows-8을 입력해 AVTEST 웹사이트의 원도우 8 페이지로 접속합니다. 이 웹사이트에서는 원도우 8에서 호환 가능한 백신 목록을 계속 업데이트해 줍니다.

2 원도우 8과 호환되는 안티바이러스 목록이 나타납니다. 이 중 맨 위에 있는 목록의 〈Visit product page〉 버튼을 클릭합니다(목록에 있는 다른 백신을 설치해도 됩니다).

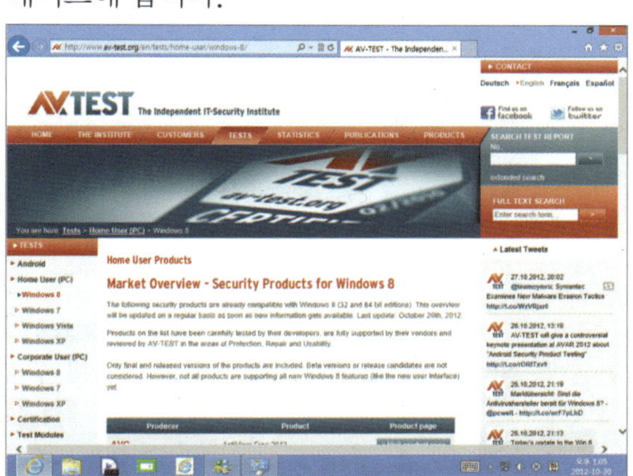

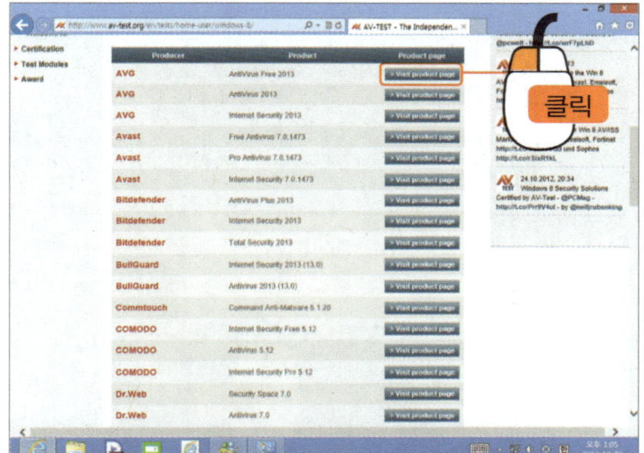

3 AntiVirus Free 2013 웹사이트로 이동합니다. 〈GET FREE〉 버튼을 누릅니다.

TIP

원도우 8에서는 Windows Defender 실시간 감시 프로그램이 기본적으로 동작합니다. 하지만 백신을 추가로 설치하면 기본 감시 기능이 해제됩니다. 원도우 8 기본 감시 기능을 사용하려면 317쪽을 참고하세요.

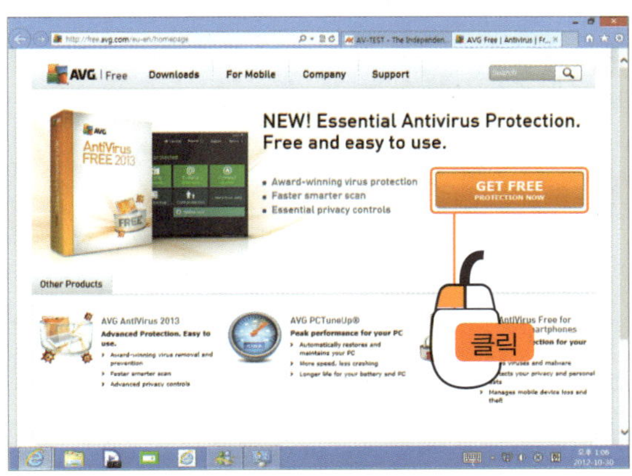

4 화면을 아래쪽으로 드래그하면 두 가지 버전이 준비되어 있습니다. AntiVirus Free 2013은 무료 버전으로 〈DOWNLOAD〉 버튼을 누릅니다.

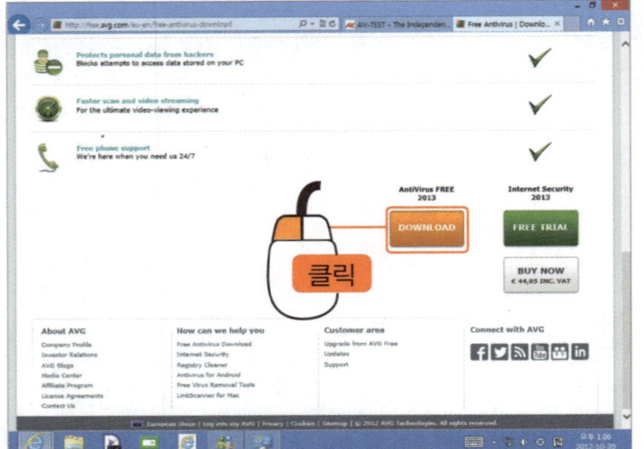

5 최종 파일을 다운로드받을 수 있는 화면으로 이동하면 〈Download Now〉 버튼을 누릅니다. 화면 아래쪽에 다운로드 창이 나타나면 〈실행〉 버튼을 누릅니다.

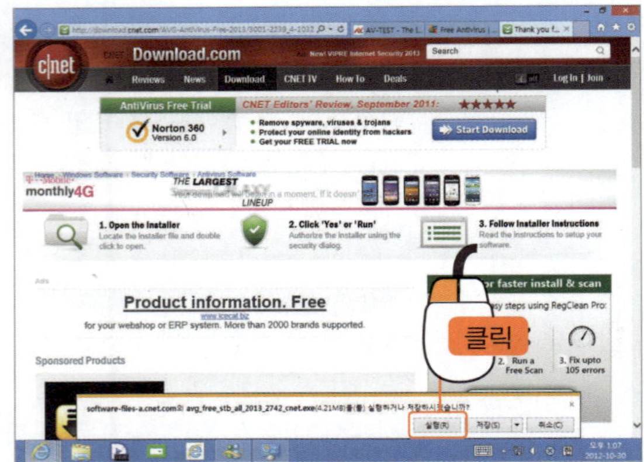

6 사용자 계정 컨트롤 창이 나타나면 〈예〉 버튼을 누릅니다.

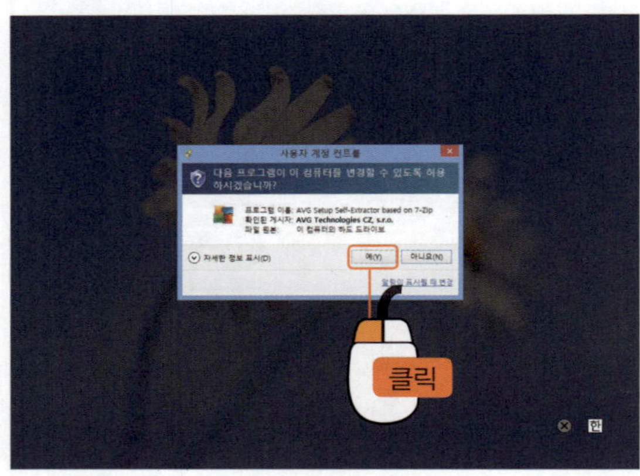

7 AVG 2013 설치 관리자 창이 나타납니다. 언어를 한국어로 지정한 뒤 〈다음〉 버튼을 누릅니다.

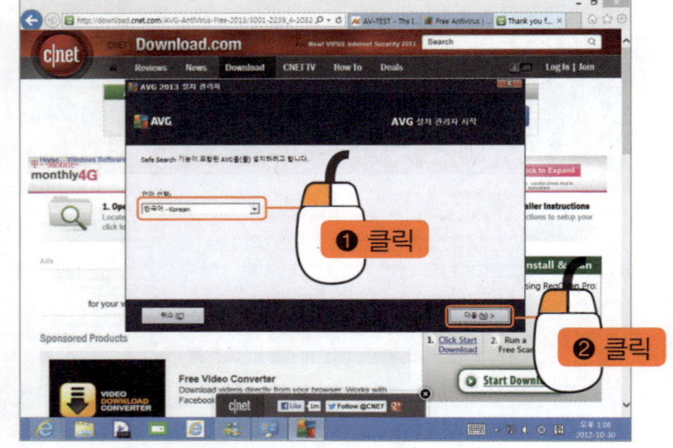

8 라이선스 계약 조건을 확인한 뒤 〈동의〉 버튼을 누릅니다.

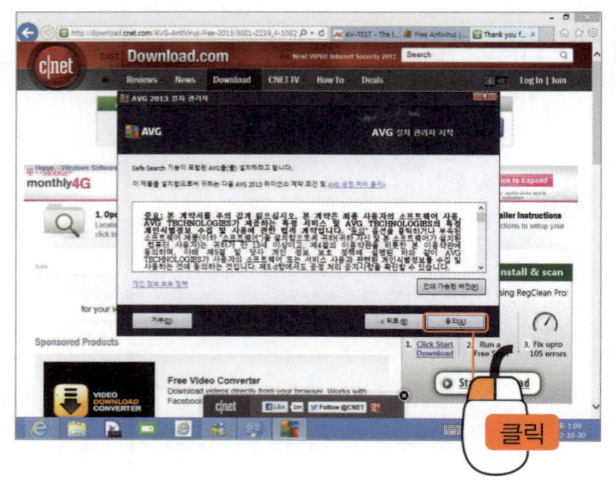

9 무료 백신을 사용할 것이므로 'Anti-Virus 무료-기본 보호 기능'에 체크한 뒤 〈다음〉 버튼을 누릅니다.

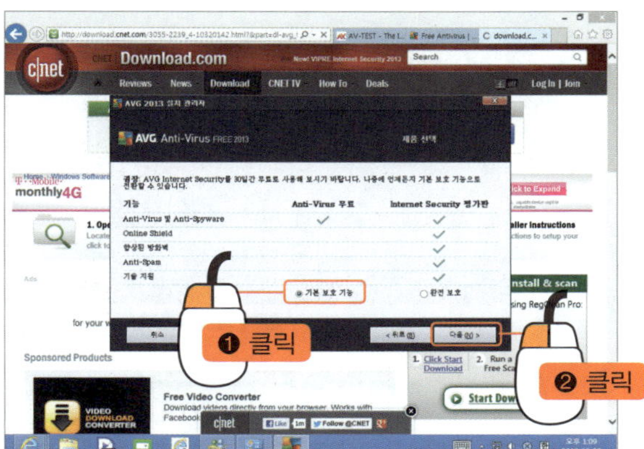

10 '빠른 설치(권장)'에 체크한 뒤 〈다음〉 버튼을 누릅니다.

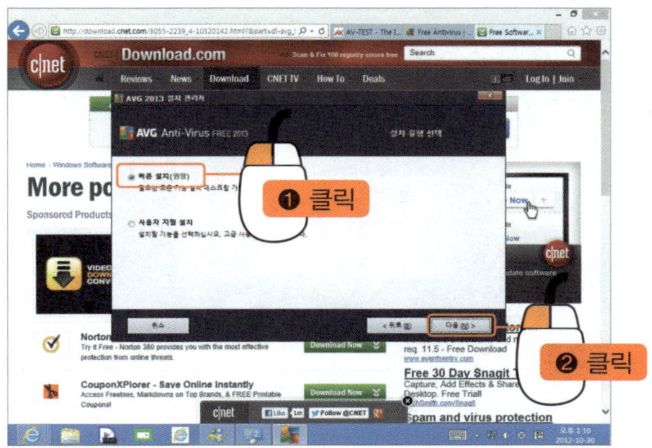

11 기본 검색 공급자로 설치 및 유지와 툴바 설치 항목의 체크를 모두 해제한 뒤 〈다음〉 버튼을 누릅니다.

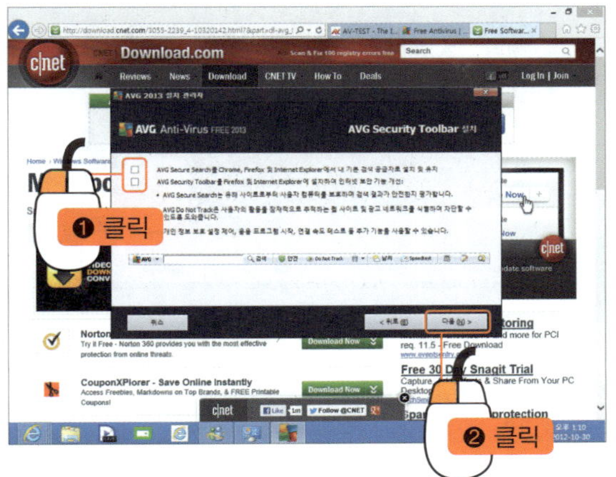

12 설치가 모두 끝나면 〈마침〉 버튼을 누릅니다.

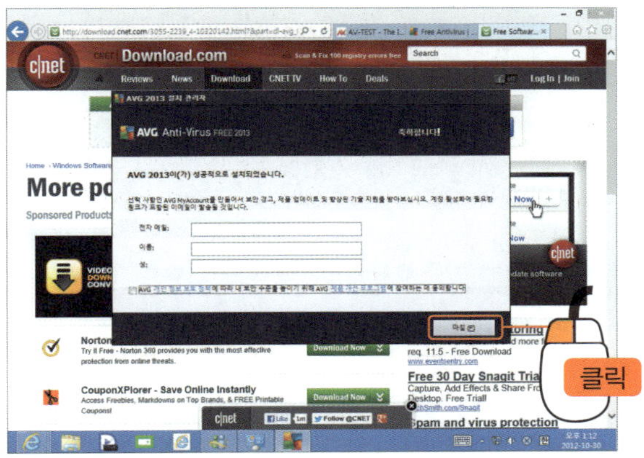

13 AVG Anti-Virus FREE가 실행되어 동작합니다. '완벽하게 보호되고 있지 않습니다'를 클릭합니다.

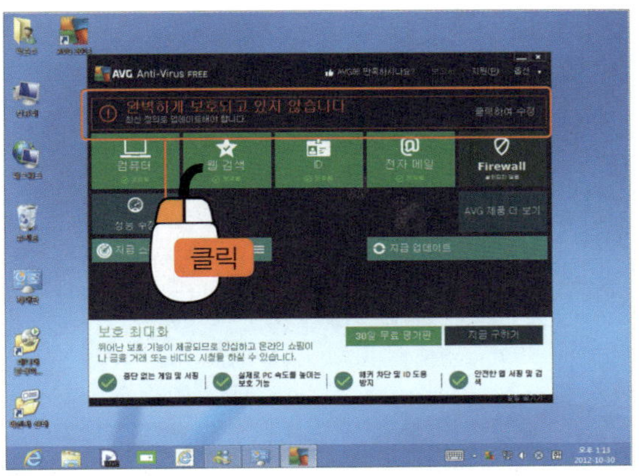

14 엔진 업데이트 때문에 사용자 계정 컨트롤 창이 나타납니다. 〈예〉 버튼을 누릅니다.

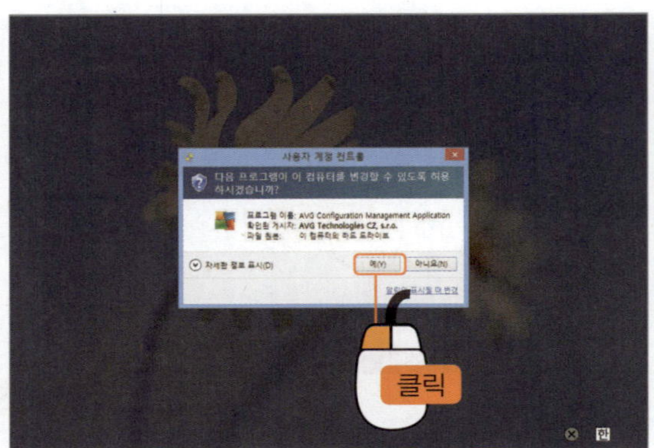

15 AVG Anti-Virus FREE 상태가 '보호되고 있습니다'로 변경되었습니다. 〈지금 스캔〉 버튼을 눌러 검사를 실시합니다.

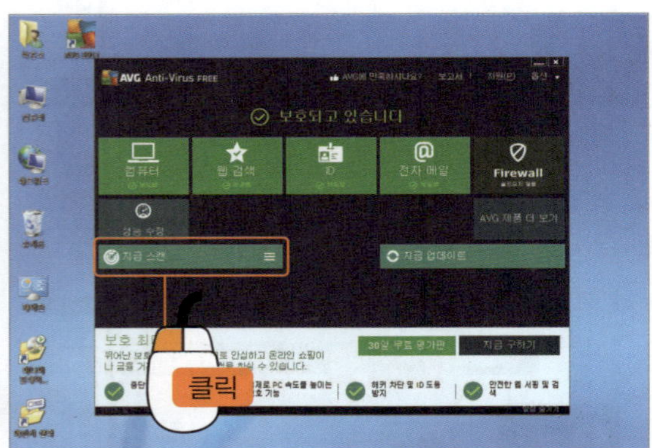

16 검사를 진행합니다. 검사할 파일이 많으면 검사 시간이 길어집니다.

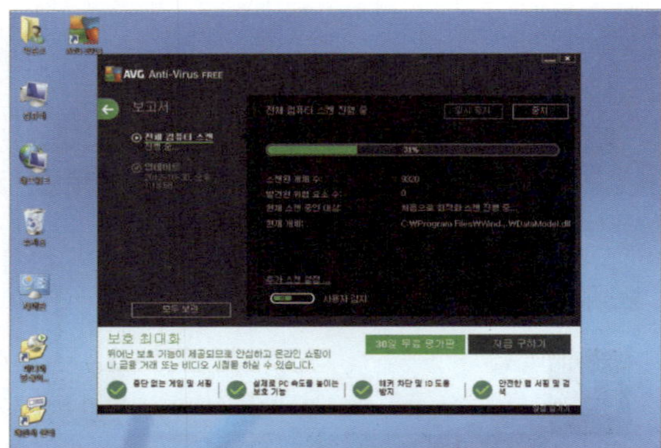

17 검사 결과 잠재적으로 위험한 요소가 2개 발견되었습니다. 〈문제 문제 해결〉 버튼을 누릅니다.

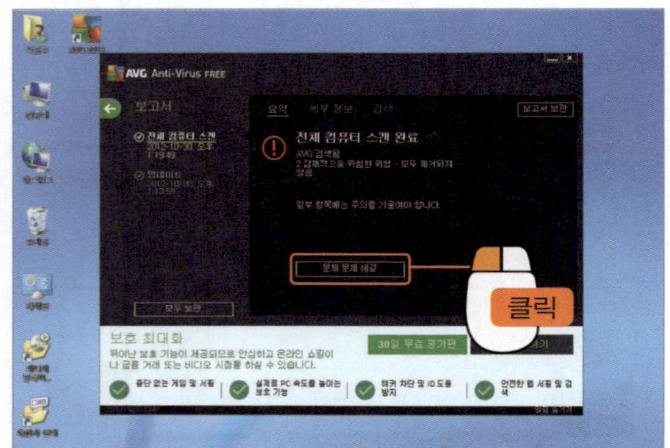

18 파일 1개는 삭제하여 치료되었으나, 1개는 감염된 상태로 나타납니다. 〈모두 제거〉 버튼을 누르거나 삭제되지 않은 문제의 파일만 선택한 뒤 〈선택 항목 제거〉 버튼을 누릅니다.

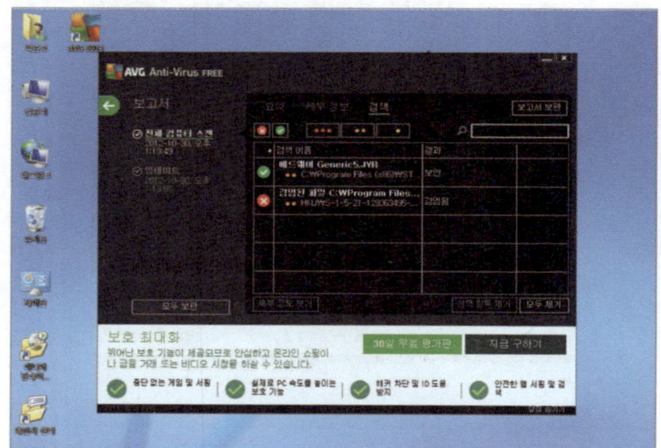

19 모든 치료가 완료되었습니다.

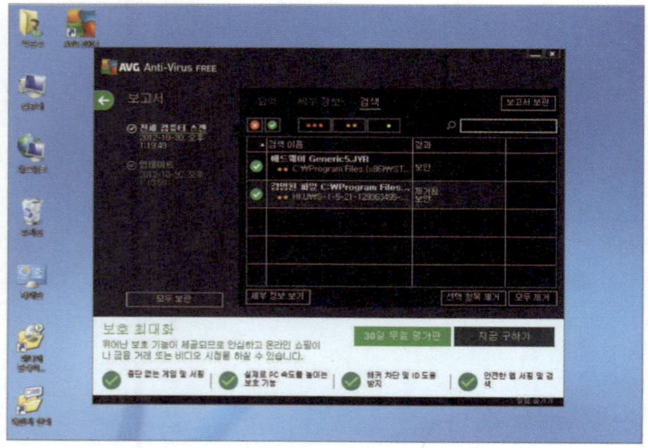

Chapter 06
윈도우 8 꾸미기

윈도우 운영체제는 꾸미기 나름이라는 말이 있는데,

이 장에서는 자신의 취향대로 테마를 변경하여

윈도우 8을 꾸미는 방법을 배워봅니다.

기본으로 제공하는 테마 외에 추가 테마를 설치하면

다른 사람과는 차별화되는 독특한 윈도우 8을 만들 수 있습니다.

테마 외에 자신이 찍은 사진으로도 이미지 배경을 만들 수 있습니다.

윈도우 8에서 새로 추가된 사진 암호를 이용하면 독특한 방법으로

컴퓨터에 잠금 설정을 할 수 있습니다.

이 모든 유용한 기능들을 지금부터 하나씩 배워봅니다.

01 바탕화면 테마 변경하기

윈도우 8에는 처음에 조금은 단조로운 Windows 테마가 적용되어 있습니다. 그런데 이것 외에도 몇가지 테마가 기본적으로 올라가 있습니다. 테마를 변경하면 배경화면과 창의 색, 소리 등 전체적인 느낌이 바뀌어 새로운 컴퓨터를 쓰는 듯한 느낌을 받게 해줍니다. 추가로 테마를 구성하는 방법을 알아봅니다.

1 참 메뉴에서 〈설정〉 버튼을 클릭합니다(바로가기 키 : ■+ⅠⅠ). 설정 창에서 '개인 설정'을 클릭합니다.

2 개인 설정 창의 '내 테마–Windows 기본값 테마' 항목에서 원하는 테마를 클릭한 뒤 창을 닫습니다. 테마를 클릭할 때마다 해당 테마로 바탕화면이 자동으로 바뀝니다.

3 선택한 테마로 화면이 변경된 것을 확인할 수 있습니다.

02 테마 추가하기

윈도우 8에서 기본으로 제공하는 테마 외에 더 많은 테마를 추가할 수 있습니다. 무료로 이용할 수 있으며, 카테고리별로 나눠진 다양한 테마를 지원하므로 자신에게 어울리는 테마를 설치해서 꾸며 보세요.

1 바탕화면 위에서 마우스 오른쪽 버튼을 눌러 [개인 설정] 메뉴를 클릭합니다. 개인 설정 창에서 '내 테마' 항목의 '온라인으로 추가 테마 보기'를 클릭합니다.

2 윈도우 테마를 제공하는 웹사이트로 연결됩니다.

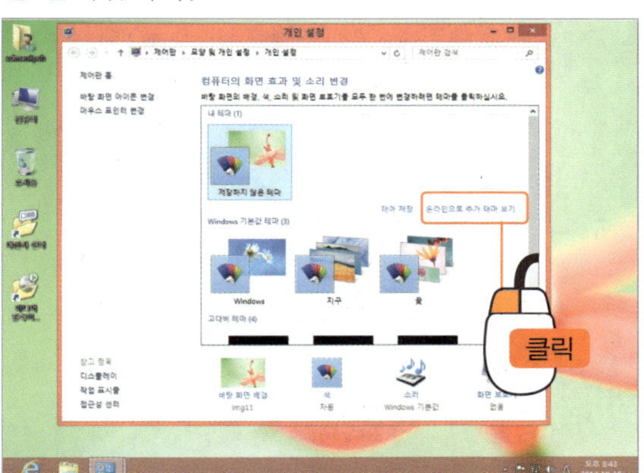

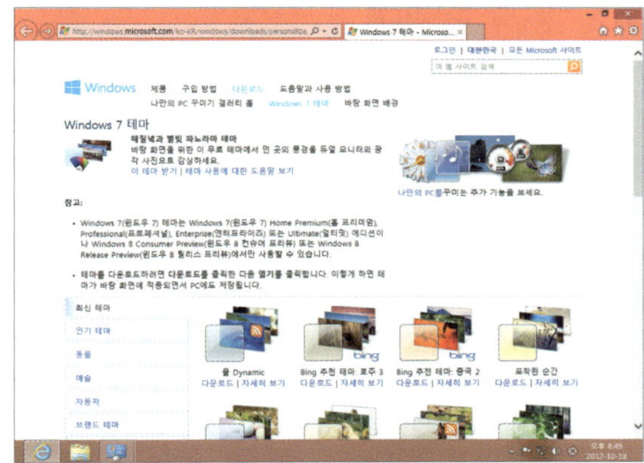

3 화면 왼쪽 카테고리 분류 중 하나를 선택한 뒤 마음에 드는 테마를 클릭합니다.

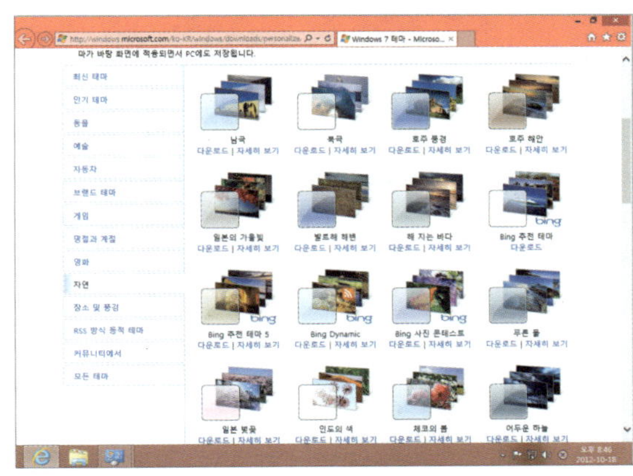

4 화면 아래쪽에 테마 다운로드를 확인하는 창이 나타나면 〈열기〉 버튼을 누릅니다. 다운로드가 진행됩니다.

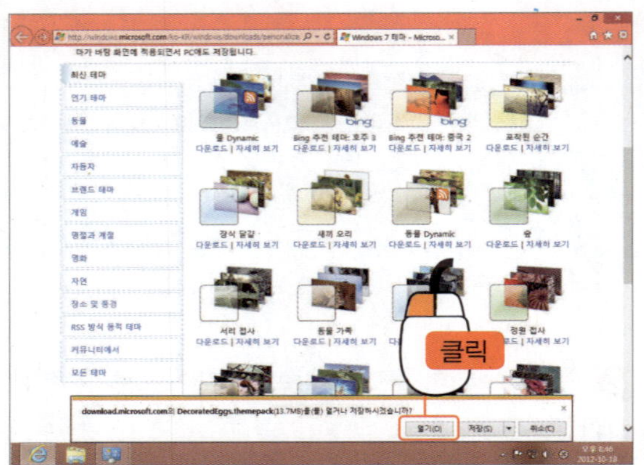

5 다운로드가 완료되면 자동으로 내 테마에 등록됩니다. '내 테마' 항목에 새로 추가된 테마를 클릭한 뒤 창을 닫습니다.

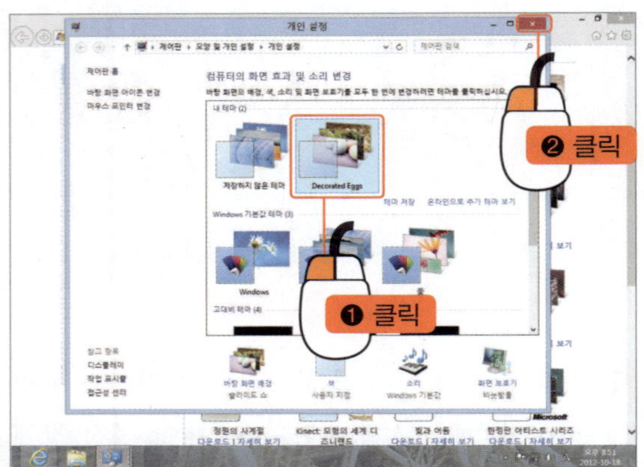

6 해당 테마로 바뀐 것을 확인할 수 있습니다.

다른 테마가 선택된 상태에서 삭제할 테마 위에서 마우스 오른쪽 버튼을 누릅니다. 테마 위쪽으로 나타나는 [테마 삭제]를 클릭합니다(테마를 선택한 상태에서는 [테마 삭제]가 아닌 [테마 저장] 메뉴가 나타납니다).

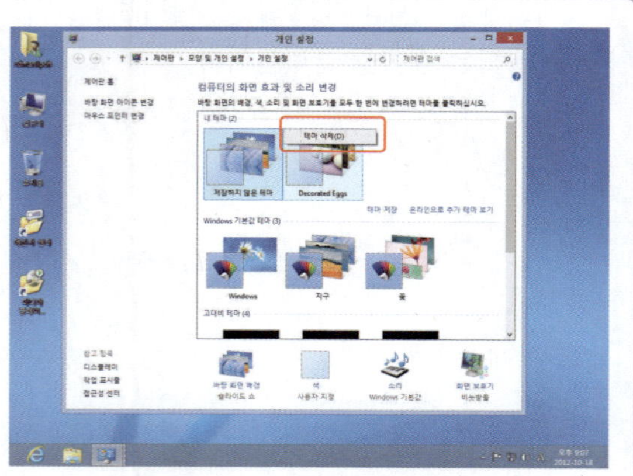

03 이미지 갤러리로 배경 지정하기

윈도우 8은 윈도우 7과 마찬가지로 자신이 원하는 이미지로 배경화면을 지정할 수 있습니다. 그리고 여러 이미지를 선택하여 지정한 시간 간격으로 배경화면이 계속 바뀌도록 설정할 수도 있습니다. 자신이 좋아하는 사진이나 가족 사진으로 배경화면을 지정해 봅니다.

1 인터넷에서 마음에 드는 이미지를 발견했다면 이미지 위에서 마우스 오른쪽 버튼을 눌러 [다른 이름으로 사진 저장] 메뉴를 클릭합니다.

2 [사진 저장] 대화상자에서 저장 위치를 '라이브러리-사진' 폴더로 지정하고, 파일 이름을 입력한 뒤 〈저장〉 버튼을 누릅니다.

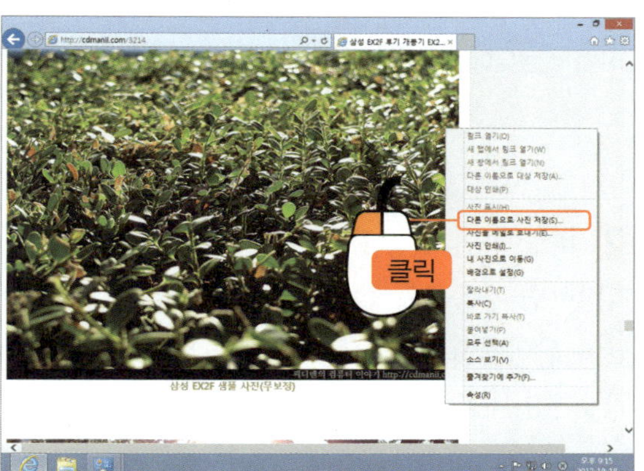

3 바탕화면으로 이동하고 작업 표시줄의 '파일 탐색기' 아이콘을 클릭합니다. 라이브러리 창에서 사진 폴더를 더블클릭합니다.

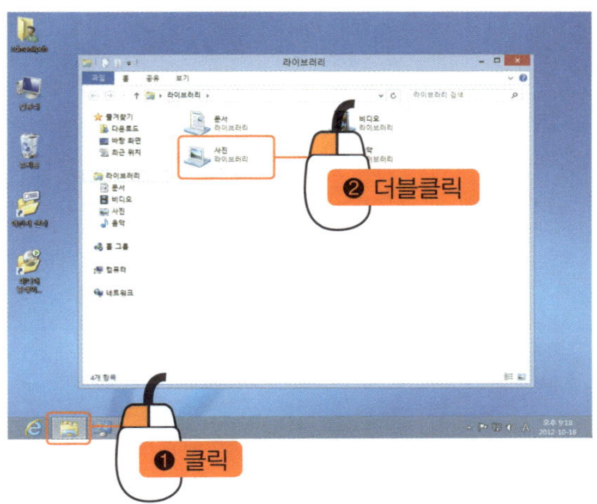

4 저장한 이미지를 확인할 수 있습니다. 다른 곳에 저장된 이미지를 직접 이 폴더로 복사해도 됩니다.

5 바탕화면 위에서 마우스 오른쪽 버튼을 누른 뒤 [개인 설정] 메뉴를 클릭합니다.

6 개인 설정 창에서 아래쪽의 '바탕 화면 배경 슬라이드 쇼'를 클릭합니다.

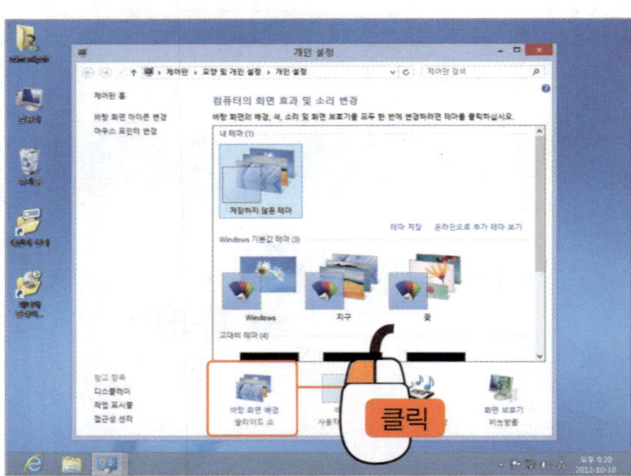

7 바탕 화면 배경 창에서 사진이 저장된 폴더를 지정하면 자동으로 폴더 안에 들어 있는 모든 사진이 선택됩니다. 사진 위치와 간격 등을 지정한 뒤 〈변경 내용 저장〉 버튼을 누릅니다.

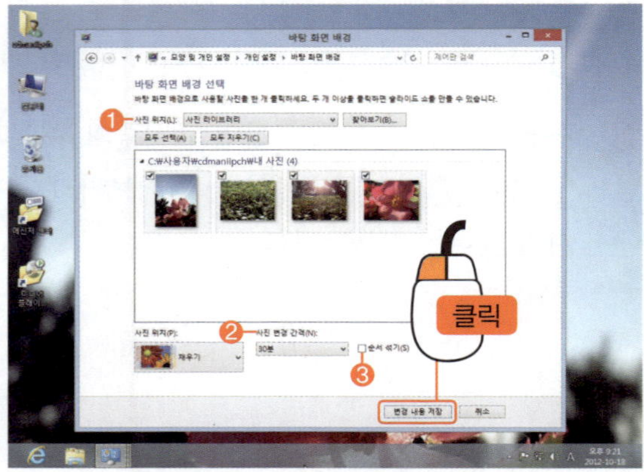

❶ 사진 위치 : 바탕화면에서 보일 사진의 표시 방식을 지정합니다.

❷ 사진 변경 간격 : 사진 여러 개를 슬라이드 쇼 형식으로 보여줄 때 다음 사진으로 바뀔 간격을 지정합니다.

❸ 순서 섞기 : 선택한 사진을 랜덤으로 보여줍니다.

8 선택한 사진들로 테마가 지정되었습니다. 개인 설정 창을 닫습니다.

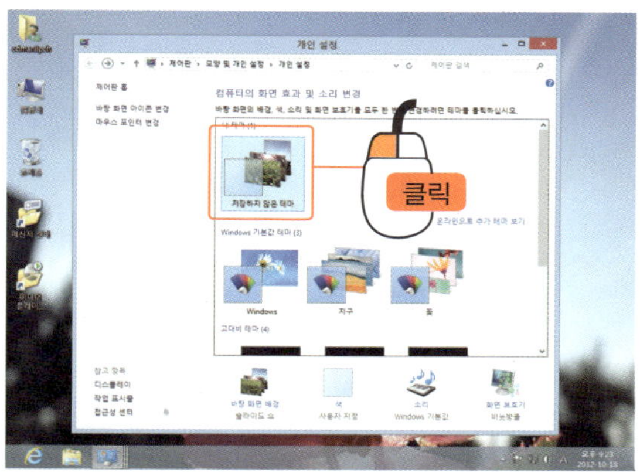

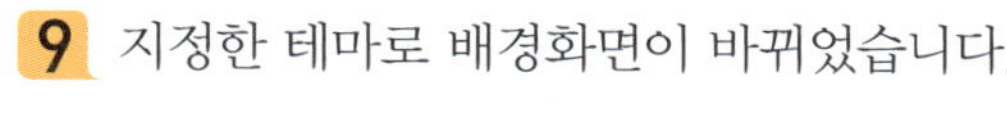 **9** 지정한 테마로 배경화면이 바뀌었습니다.

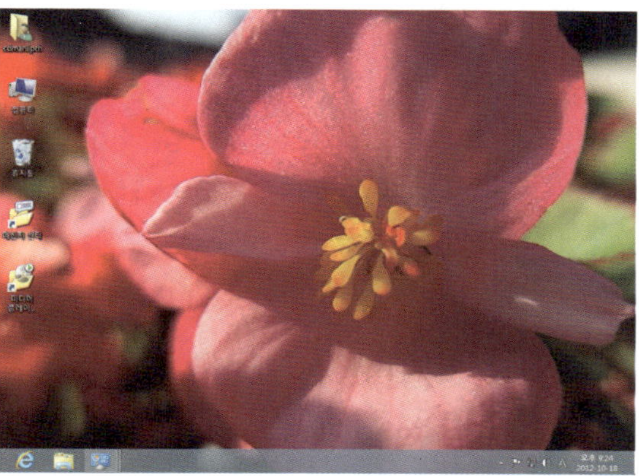

TIP │ 배경화면 다음 이미지로 바로 바꾸기

사진 변경 간격에 관계없이 다음 배경화면을 보고 싶을 때는 화면 위에서 마우스 오른쪽 버튼을 눌러 [다음 바탕 화면 배경]을 클릭합니다.

TIP │ 다양한 윈도우 테마와 배경화면 설치하기

http://windows.microsoft.com/ko-KR/windows/themes에서는 다양한 윈도우 테마를 설치할 수 있고, http://windows.microsoft.com/ko-KR/windows/wallpaper에서는 무료로 공개된 다양한 배경화면을 이용할 수 있습니다.

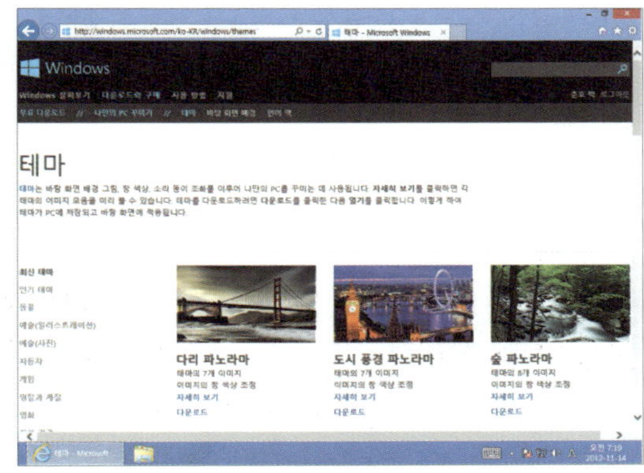

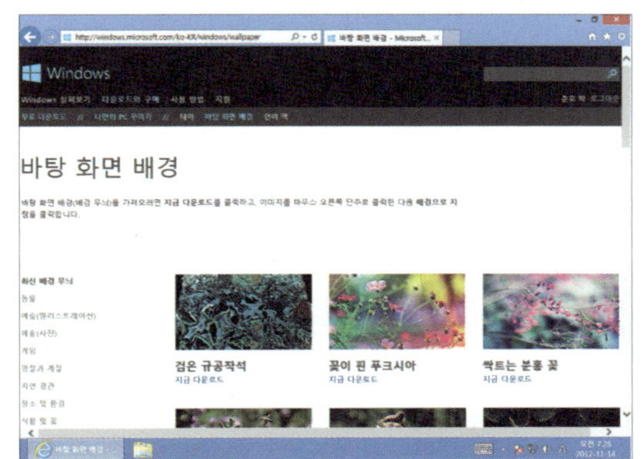

04 창 테두리 색 바꾸기

윈도우 8의 창 테두리 색을 변경하는 방법을 배워봅니다. 윈도우 8에는 기존 윈도우 7에서 할 수 있었던 창을 투명하게 하는 기능은 없어졌으나 채도와 밝기, 색상을 조정하여 자신에게 어울리는 색을 지정할 수 있습니다. 그리고 자동으로 셋팅해 두면 배경화면의 색에 맞춰 창의 색이 바뀝니다.

1 바탕화면 위에서 마우스 오른쪽 버튼을 눌러 [개인 설정] 메뉴를 클릭합니다. 개인 설정 창에서 아래쪽의 '색 사용자 지정'을 클릭합니다.

2 색 및 모양 창의 '창 테두리 및 작업 표시줄의 색 변경' 항목에서 원하는 색을 선택합니다. '색의 농도' 항목의 조절바를 좌우로 드래그하여 창 색상을 변경합니다. '컬러 믹서 표시'를 클릭하면 색상, 채도, 밝기를 세밀하게 조절할 수 있습니다. 설정이 끝났으면 〈변경 내용 저장〉 버튼을 누릅니다.

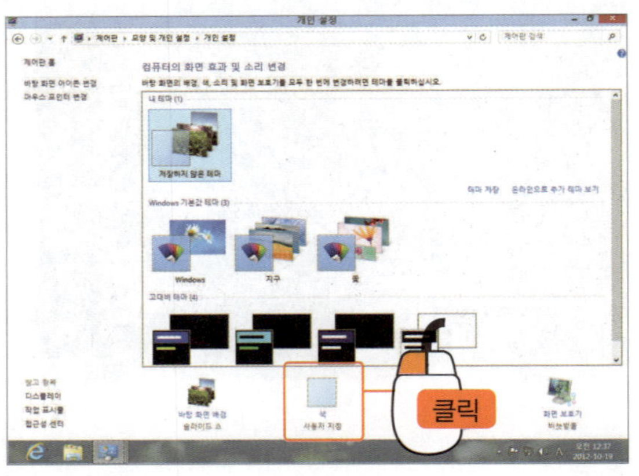

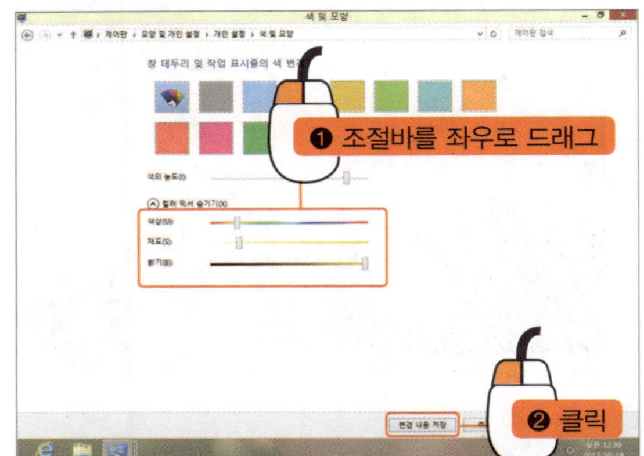

3 활성화된 모든 창에 새로 지정한 창 테두리 색상이 적용된 것을 확인할 수 있습니다.

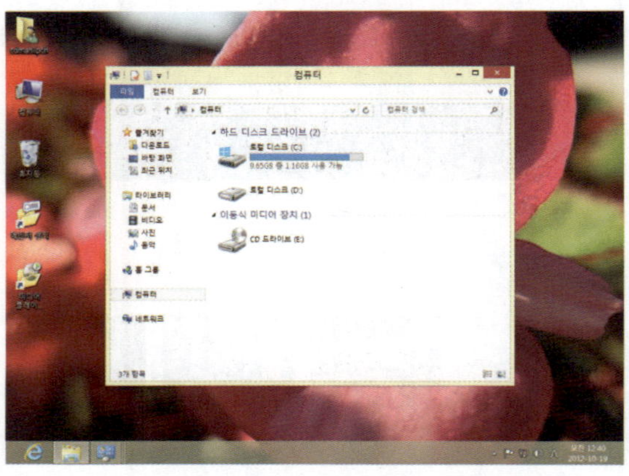

TIP

기본 설정인 창 색을 자동으로 해두면 배경화면의 색에 따라 창의 색이 변합니다. 배경화면에 붉은색 계열이 많으면 자동으로 창 색이 붉은색으로 변합니다.

05 윈도우 8 사운드 변경하기

컴퓨터의 전원을 켜면 부팅 시 소리가 흘러나오는데, 이처럼 윈도우 8에서는 기본값으로 설정된 소리가 창을 닫거나 오류가 발생했을 때 흘러나옵니다. 이런 소리를 사용자 취향에 맞게 바꿀 수 있습니다.

1 바탕화면 위에서 마우스 오른쪽 버튼을 눌러 [개인 설정] 메뉴를 클릭합니다. 개인 설정 창에서 아래쪽의 '소리'를 클릭합니다. [소리] 대화상자가 나타나면, [소리] 탭의 '프로그램 이벤트' 항목에서 변경하고 싶은 목록을 선택한 뒤 '소리' 항목의 〈테스트〉 버튼을 눌러 확인해 봅니다. 다른 소리로 바꾸기 위해 〈찾아보기〉 버튼을 누릅니다.

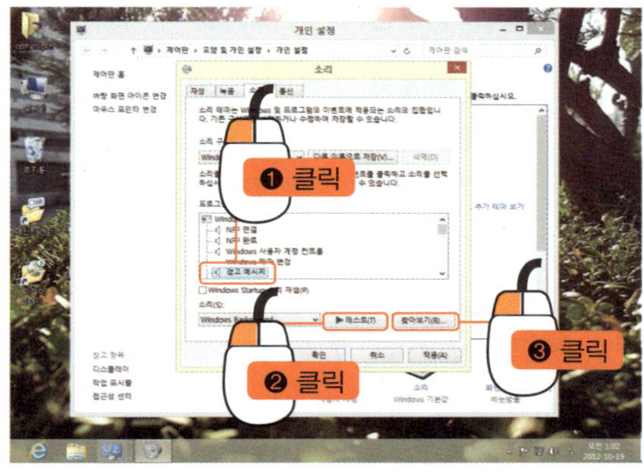

2 선택한 목록의 소리를 찾을 수 있는 창이 나타나면, 원하는 소리를 선택한 뒤 〈확인〉 버튼을 누릅니다.

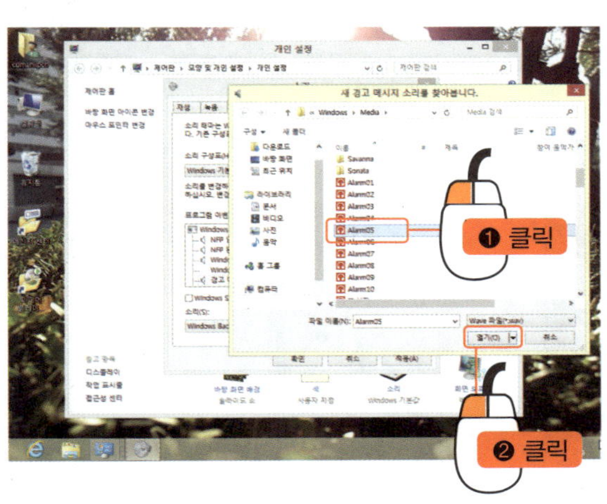

3 '소리' 항목에 **2** 에서 선택한 소리가 추가되면 〈테스트〉 버튼을 눌러서 들어본 뒤 〈확인〉 버튼을 눌러서 저장합니다.

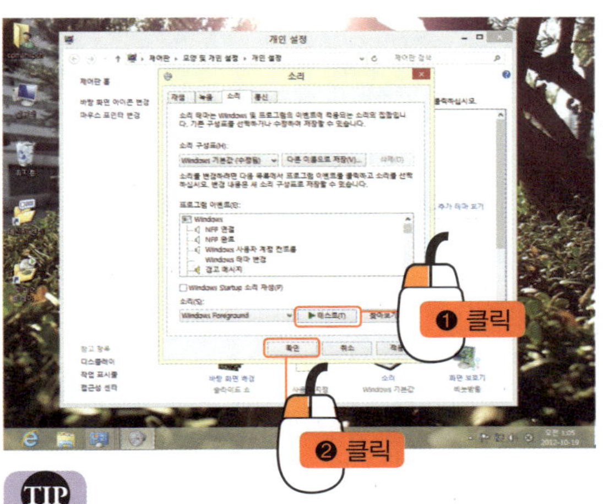

> **TIP**
> '소리' 항목의 목록펼침 버튼을 눌러 목록에서 선택해도 됩니다.

06 화면 보호기 설정하기

컴퓨터를 오랫동안 사용하지 않을 경우 화면 보호기를 동작시켜서 컴퓨터를 보호할 수 있습니다. 같은 화면을 장시간 켜놓았을 때 생기는 모니터 스트레스를 줄여줄 수 있으며, 암호 잠금으로 다른 사람이 자신의 컴퓨터를 함부로 쓸 수 없게 보호해 줍니다. 설정 방법도 어렵지 않습니다.

■ 화면 보호기 설정하기(암호 걸기)

1 배경화면 위에서 마우스 오른쪽 버튼을 눌러 [개인 설정] 메뉴를 클릭합니다. 개인 설정 창에서 아래쪽의 '화면 보호기'를 클릭합니다.

2 [화면 보호기 설정] 대화상자의 '화면 보호기' 항목에서 화면 보호기 종류를 선택합니다. '대기' 항목에서 화면 보호기를 실행할 시간을 설정하고, 화면 보호기에 암호를 지정하려면 '다시 시작할 때 로그온 화면 표시'에 체크합니다.

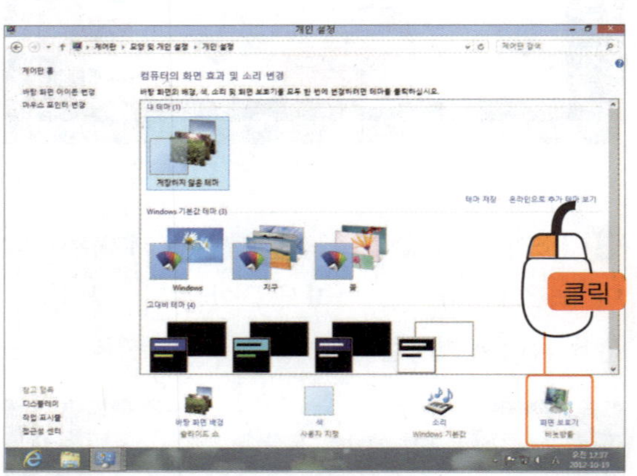

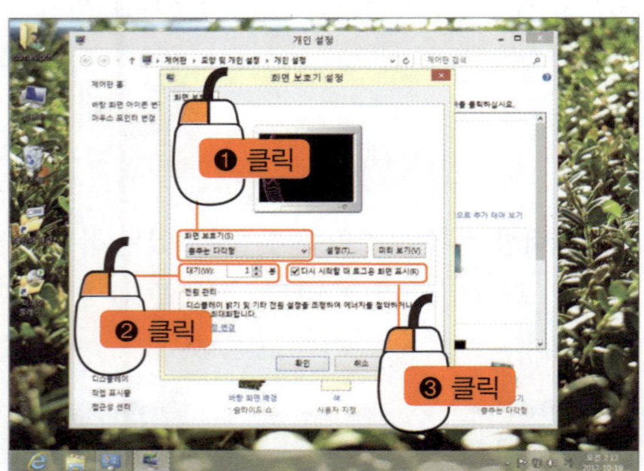

3 〈미리 보기〉 버튼을 누르면 실제로 화면 보호기가 어떻게 동작하는지 살펴볼 수 있습니다. 〈확인〉 버튼을 눌러 설정을 마칩니다.

TIP

화면 보호기 암호는 사용자 계정 정보의 암호로 자동으로 설정되어 있습니다. 화면 보호기를 '없음'으로 설정하고 '다시 시작할 때 로그온 화면 표시'에 체크하면 대기 시간은 화면 잠금을 하는 시간으로 자동 설정됩니다.

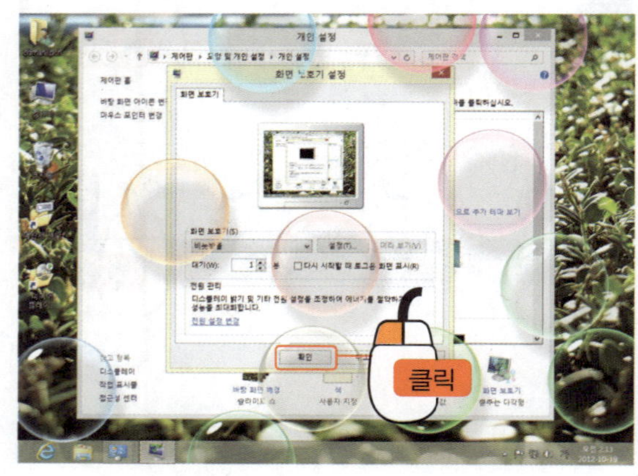

4 컴퓨터를 설정한 시간만큼 사용하지 않으면 화면 보호기가 실행됩니다. 화면 보호기 화면을 터치하거나 마우스를 조작하면 다음처럼 잠금 화면이 나타납니다. 화면의 빈곳을 클릭합니다.

5 사용자 로그인 화면이 나타나면 암호를 입력합니다.

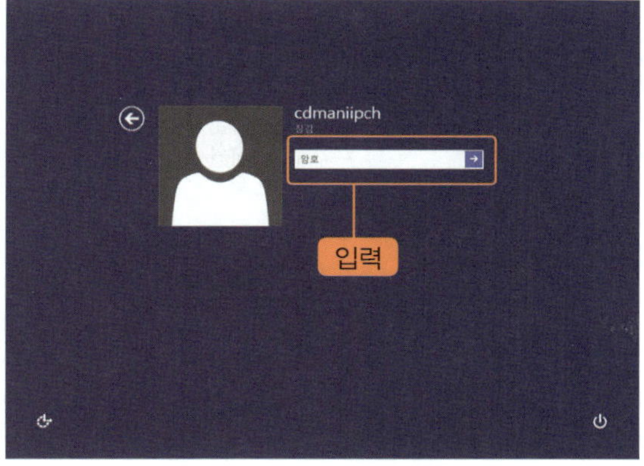

6 화면 보호기가 동작하기 전 화면으로 복귀하는 것을 확인할 수 있습니다.

■ 사용자 암호 변경하기

1 마우스 커서를 화면 오른쪽 맨 위나 아래로 가져가 참 메뉴를 띄운 뒤 〈설정〉 버튼을 클릭합니다. 설정 창에서 'PC 설정 변경'을 클릭합니다.

설정 창 실행하기 : ■+ⅠⅠ 키

2 PC 설정 창에서 '사용자–로그인 옵션' 항목의 〈암호 변경〉 버튼을 누릅니다.

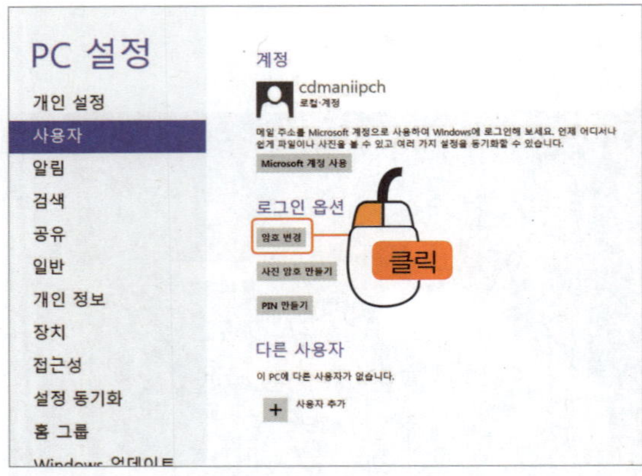

3 암호 변경 화면이 나타나면, 현재 암호를 입력한 뒤 〈다음〉 버튼을 누릅니다.

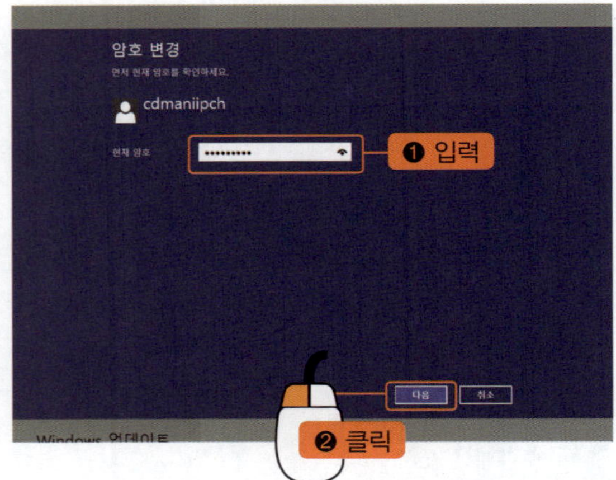

4 새 암호를 두 번 입력하고, 암호를 잊어버렸을 때를 대비하여 자신만 아는 힌트도 입력합니다. 〈다음〉 버튼을 누릅니다.

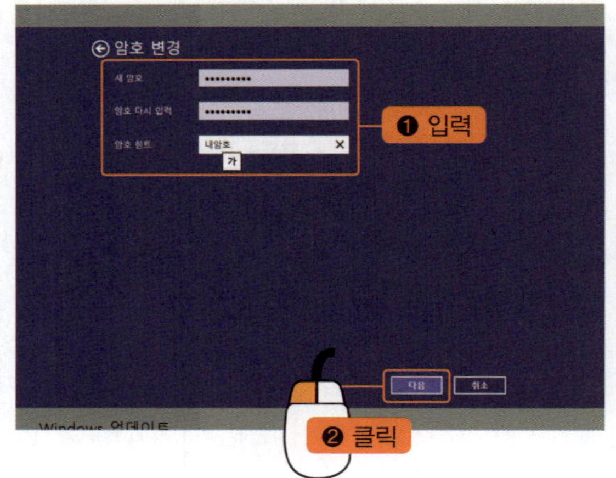

5 〈마침〉 버튼을 누르면 암호 변경이 완료됩니다.

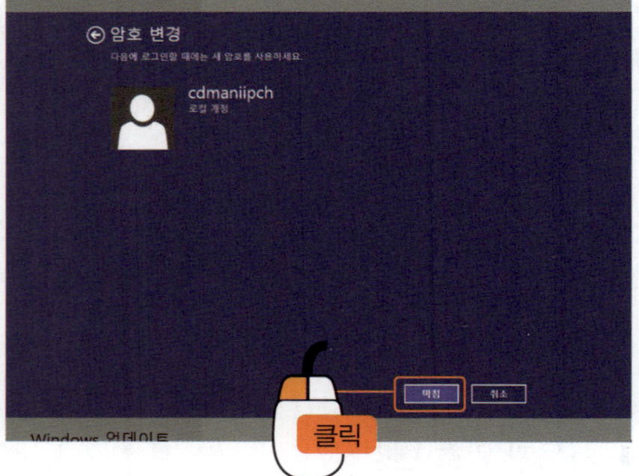

07 잠금 화면 사진 변경하기

윈도우 8을 처음 부팅했을 때 마주치는 화면이 바로 잠금 화면입니다. 암호를 입력해야 윈도우 8 UI 시작 화면으로 이동할 수 있는데, 화면 보호기에서도 활용되고 절전 모드에서 다시 복귀할 때도 활용됩니다. 잠금 화면은 컴퓨터를 사용하지 못하게 잠깐 막는 역할만 하는 것이 아니라 오늘의 일정 및 주요 알람 내용을 나타나게 할 수도 있습니다. 어떻게 꾸미느냐에 따라서 얼마든지 다른 느낌을 받을 수 있습니다.

1 마우스 커서를 화면 오른쪽 맨 위나 아래로 가져가 참 메뉴를 띄운 뒤 〈설정〉 버튼을 클릭합니다. 설정 창에서 'PC 설정 변경'을 클릭합니다 (바로가기 키 : ⊞+I 키).

2 PC 설정 창에서 '개인 설정–잠금 화면' 항목을 클릭합니다. 잠금 화면의 이미지를 아래 프리셋에서 선택할 수 있습니다. 바꾸고 싶은 이미지를 클릭합니다.

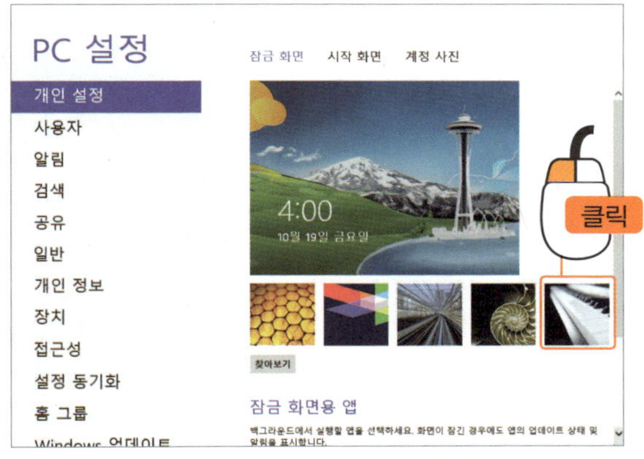

3 미리 보기 창에서 잠금 화면 이미지가 변경된 것을 확인할 수 있습니다. 자신이 직접 찍은 이미지로 변경하려면 〈찾아보기〉 버튼을 누릅니다.

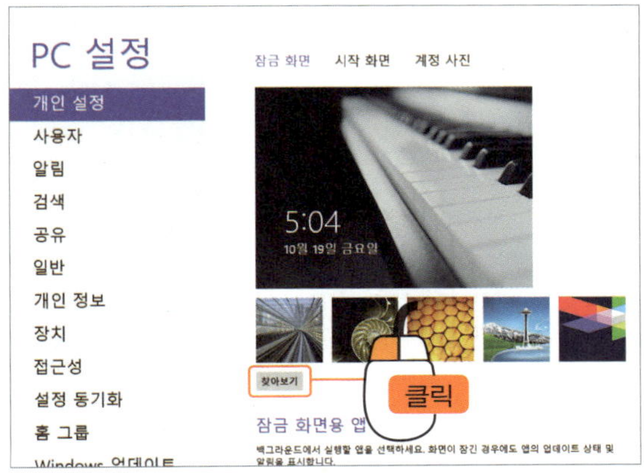

4 사진 폴더에 등록된 이미지들을 보여줍니다. 잠금 화면 이미지로 사용하고 싶은 사진을 클릭한 뒤 〈사진 선택〉 버튼을 클릭합니다.

5 잠금 화면 이미지가 변경된 것을 확인할 수 있습니다.

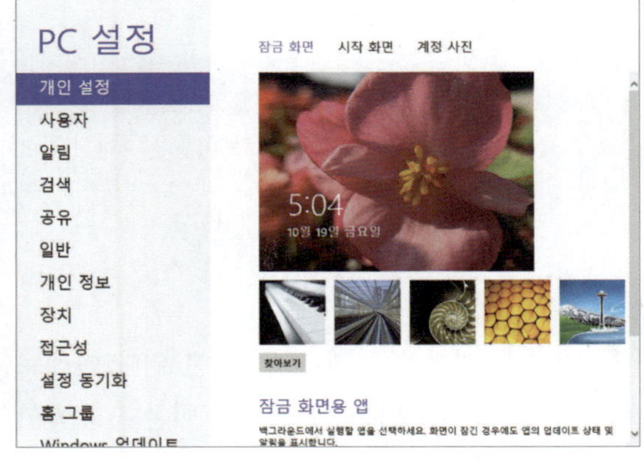

6 다음은 실제로 화면이 잠겼을 때 보이는 모습입니다.

TIP | 화면을 바로 잠그는 방법

윈도우 8 UI 시작 화면에서 오른쪽 위의 계정 정보를 선택한 뒤 〈잠그기〉 버튼을 클릭하면 화면을 바로 잠글 수 있습니다.

08 잠금 화면용 앱 설정하기

이미지만 적용된 잠금 화면은 왠지 좀 밋밋한 맛이 납니다. 여기에 일정 알림이나 날씨 정보 등을 추가하면 좀 더 재미있는 잠금 화면을 만들 수 있습니다.

1 PC 설정 창의 '개인 설정–잠금 화면용 앱' 항목에서 백그라운드에서 실행할 앱을 선택합니다. 이것은 잠긴 화면에서도 앱의 업데이트 상태 및 알림을 표시하는 기능입니다.

2 미리 지정된 앱 아이콘 을 클릭하면 다른 앱을 선택할 수 있는 창이 뜹니다. 잠금 화면에서 사용할 알림 앱을 클릭합니다.

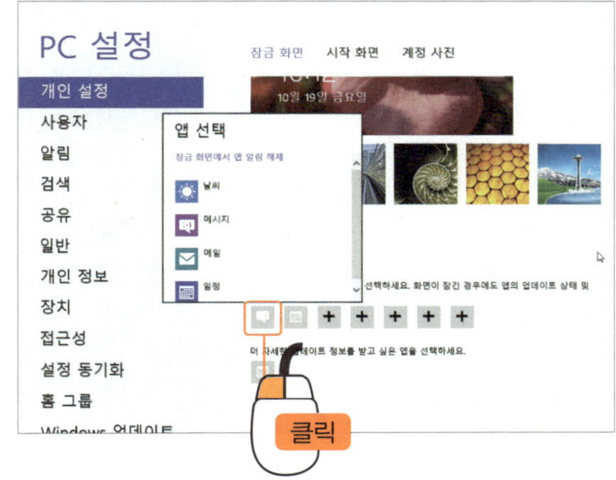

> **TIP**
>
> '잠금 화면에서 앱 알림 해제'를 클릭하면 선택한 앱 아이콘이 ➕ 으로 바뀌면서 알림 설정이 해제됩니다.

3 더 자세한 업데이트 정보를 받고 싶은 앱을 선택합니다. 선택한 앱의 업데이트 정보를 잠금 화면에서 좀 더 자세히 보여줍니다. 앱의 업데이트 정보를 표시하지 않으려면 '잠금 화면에서 자세한 업데이트 해제'를 클릭합니다. 다음은 잠금 화면에 보일 앱으로 '메일'과 '일정'을 설정한 것으로, 새 메일 개수와 일정을 미리 확인할 수 있습니다.

09 윈도우 8 UI 시작 화면 변경하기

윈도우 8 UI 시작 화면은 타일 형태로 앱들을 보여주고, 정보도 미리 확인할 수 있습니다. 잠금 화면과 마찬가지로 윈도우 8 UI 시작 화면도 다양한 사진으로 예쁘게 꾸밀 수 있습니다. 지금부터 변경하는 방법을 알아봅니다.

1 마우스 커서를 화면 오른쪽 맨 위나 아래로 가져가 참 메뉴를 띄운 뒤 〈설정〉 버튼을 클릭합니다. 설정 창에서 'PC 설정 변경'을 클릭합니다 (바로가기 키 : ⊞+I 키).

2 PC 설정 창에서 '개인 설정-시작 화면' 항목을 클릭합니다. 시작 화면의 이미지를 아래 프리셋에서 선택할 수 있고, 색상도 지정할 수 있습니다. 바꾸고 싶은 이미지나 색상을 클릭합니다.

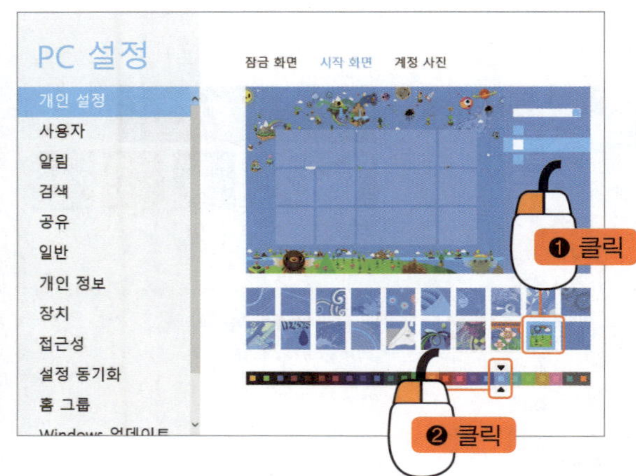

3 ⊞ 키를 눌러 윈도우 8 UI 시작 화면으로 이동하면 지정한 이미지와 색상으로 바뀐 것을 확인할 수 있습니다.

10 계정 사진 변경하기

원도우 8 계정 사진을 변경하는 방법을 알아봅니다. 윈도우 8은 하나의 컴퓨터로 여러 명이 사용할 수 있도록 지원하므로 각 사용자별로 자신의 계정 사진을 따로 관리하면 편리하게 이용할 수 있습니다.

1 윈도우 8 UI 시작 화면에서 오른쪽 위에 있는 자신의 계정 정보를 클릭한 뒤 〈계정 사진 변경〉 버튼을 누릅니다.

2 PC 설정 창의 '계정 사진' 항목으로 자동으로 이동합니다. 〈찾아보기〉 버튼을 누릅니다.

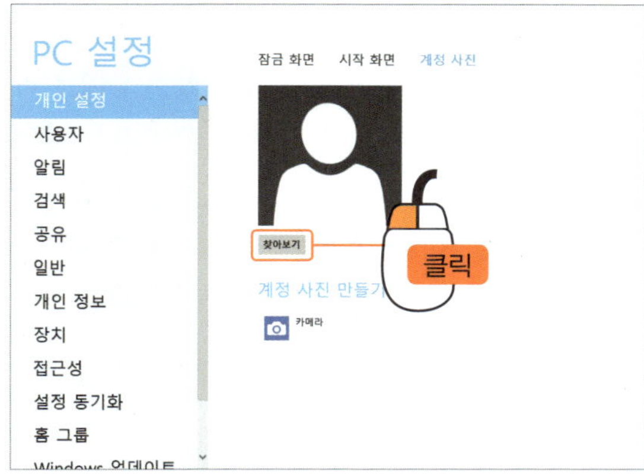

3 처음에는 라이브러리–사진 폴더 안에 있는 이미지를 보여줍니다. '위로 이동'을 클릭하면 다른 폴더에 있는 이미지를 선택할 수 있습니다. 계정 사진으로 사용할 이미지를 클릭한 뒤 〈이미지 선택〉 버튼을 누릅니다.

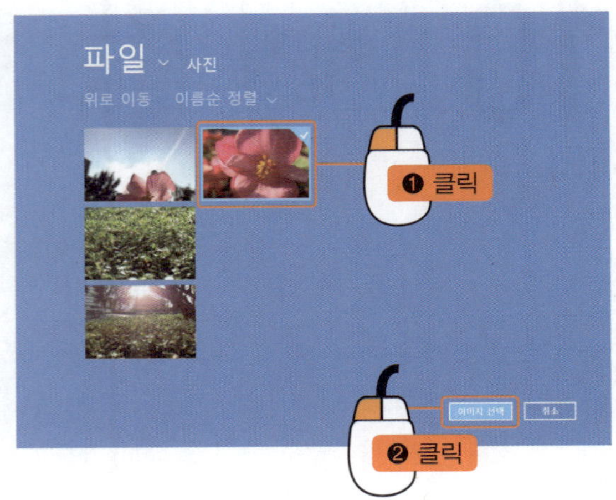

4 계정 사진이 변경된 것을 확인할 수 있습니다. 직접 카메라로 찍어 계정 사진을 설정할 수도 있습니다. '계정 사진 만들기' 항목의 '카메라'를 클릭합니다.

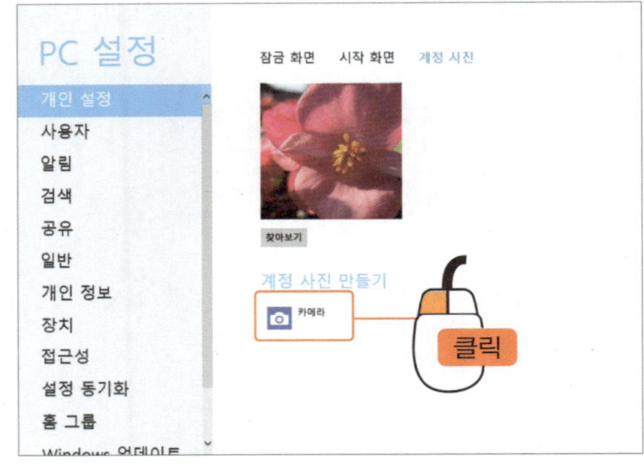

5 카메라가 연결되면 촬영할 수 있는 상태로 바뀝니다. 화면을 터치하여 사진을 찍습니다. 촬영한 사진 중 정사각형의 일부분을 계정 사진으로 등록할 수 있습니다. 위치와 크기를 조정하여 원하는 위치로 이동한 뒤 〈확인〉 버튼을 누릅니다.

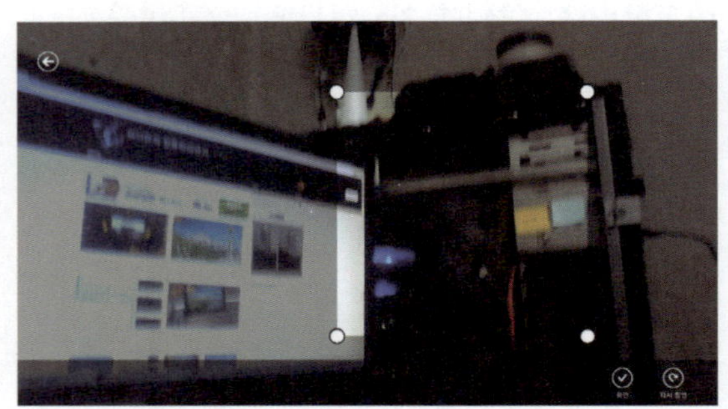

11 사진 암호로 로그인하기

사진 암호는 터치스크린을 지원하는 컴퓨터에서 유용하게 활용할 수 있는 암호 형식으로, 안드로이드 운영체제의 스마트폰에서 지원하는 패턴 암호 방식과 비슷합니다. 사진의 특정 부분을 탭하거나 모양을 그려 암호를 만드는 방식입니다. 터치스크린을 지원하지 않는 컴퓨터에서는 마우스로 모양을 그릴 수 있습니다.

1 PC 설정 창의 '사용자-로그인 옵션' 항목에서 〈사진 암호 만들기〉 버튼을 누릅니다.

2 사진 암호 만들기 창이 뜨면 사용자 로그인 계정 암호를 입력한 뒤 〈확인〉 버튼을 누릅니다. 이는 새로운 암호를 만들기 위해 현재 사용자를 인증하는 단계입니다.

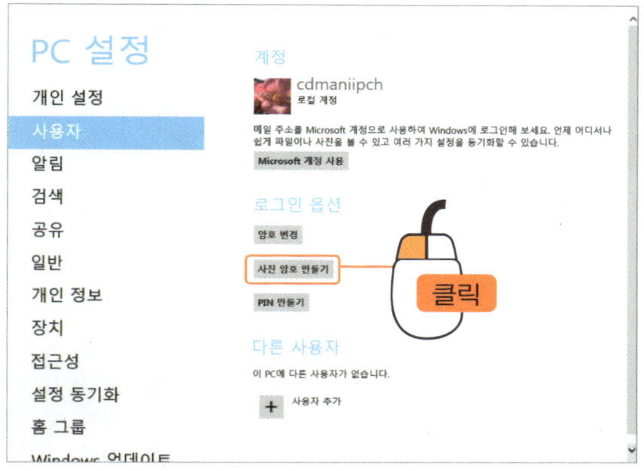

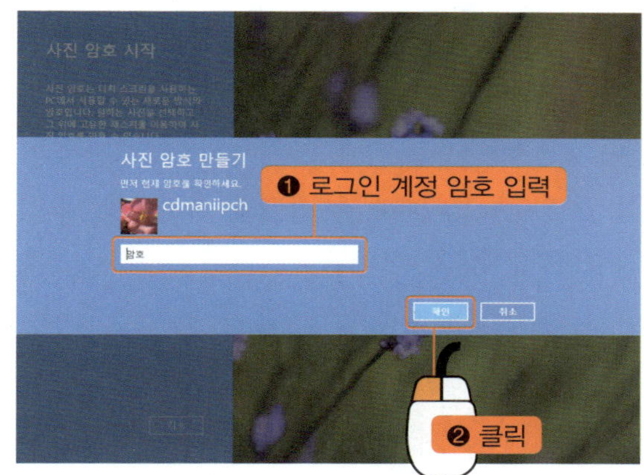

3 사진 암호 시작 화면에서 〈사진 선택〉 버튼을 누릅니다.

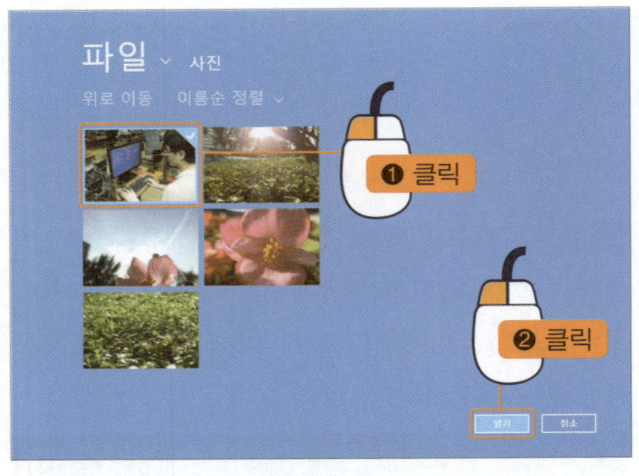

4 사진 암호로 사용할 사진을 선택합니다(기본적으로 라이브러리–사진 폴더 안에 있는 이미지를 보여줍니다). '위로 이동'을 클릭하면 다른 폴더에 있는 이미지를 선택할 수 있습니다. 암호로 사용할 이미지를 클릭한 뒤 〈열기〉 버튼을 누릅니다.

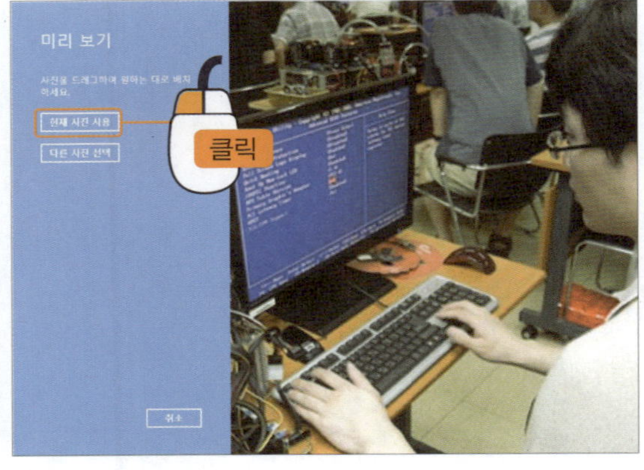

5 미리 보기 화면이 나타나면 사진을 드래그하여 원하는 대로 배치한 뒤 〈현재 사진 사용〉 버튼을 누릅니다.

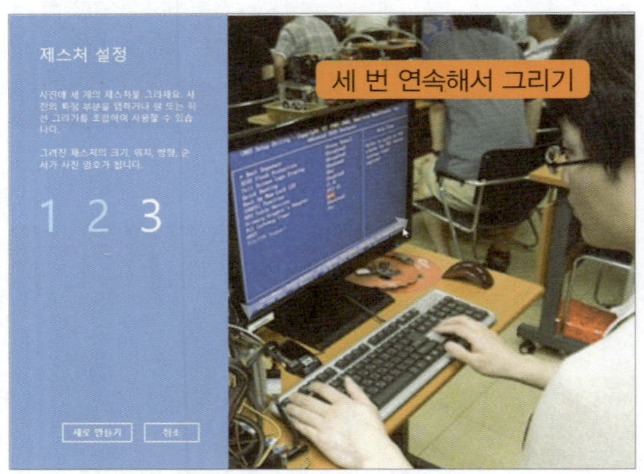

6 제스처 설정 화면에서 사진 위에 자신만 알아볼 수 있는 모양(패턴)을 동일한 위치에서 세 번 그립니다. 참고로 직선 또는 원으로만 그릴 수 있습니다.

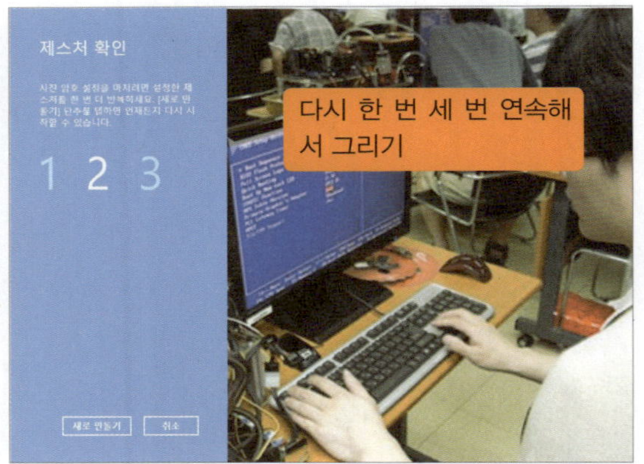

7 제스처 확인 화면이 나타나면 **6**에서 지정한 제스처의 동일한 위치에서 동일한 모양(패턴)으로 다시 세 번 그립니다. 어느 정도는 정확히 일치하지 않아도 동일한 제스처로 인식합니다.

TIP

〈새로 만들기〉 버튼을 누르면 사진 암호를 처음부터 다시 만들 수 있습니다. 〈취소〉 버튼을 누르면 모든 작업을 종료하고 PC 설정 창으로 되돌아갑니다.

8 성공적으로 사진 암호를 만들었다는 축하 메시지가 나타나면 〈마침〉 버튼을 누릅니다.

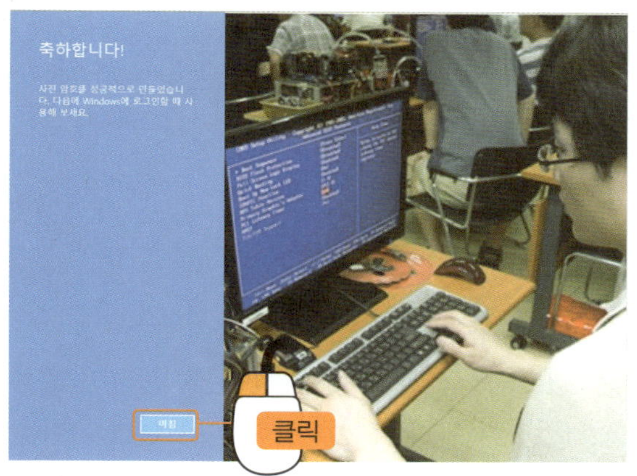

9 PC 설정 화면으로 이동합니다. 〈사진 암호 만들기〉 버튼 대신 〈사진 암호 변경〉과 〈제거〉 버튼이 보입니다.

❶ 사진 암호 변경 : 설정한 사진 암호의 모양을 바꿉니다.

❷ 제거 : 설정한 사진 암호를 삭제합니다.

10 윈도우 8 UI 시작 화면에서 오른쪽 위의 사용자 계정-〈잠그기〉 버튼을 클릭합니다. 잠금 화면이 나타나면 화면의 빈곳을 클릭하여 사진 암호 화면으로 이동합니다.

11 사진 암호를 입력하는 화면이 나타납니다. 자신이 입력했던 모양(패턴)대로 사진 위에서 세 번 손가락으로 그리거나 마우스로 드래그합니다. 잠금이 해제되면 윈도우 8 UI 시작 화면으로 이동합니다.

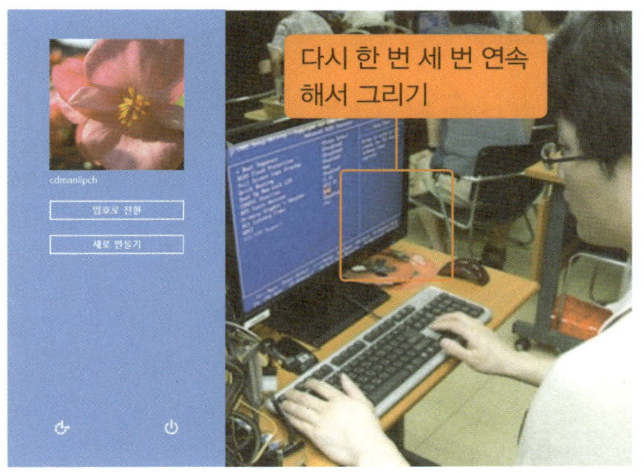

TIP

사진 암호의 모양(패턴)이 기억나지 않을 때는 〈암호로 전환〉 버튼을 눌러 사용자 계정 암호로 잠금을 해제할 수 있습니다. 모양(패턴)을 잘못 그렸을 때는 〈새로 만들기〉 버튼을 눌러 다시 처음부터 그리면 됩니다.

12 PIN 암호 만들기

윈도우 8 잠금 화면의 암호를 PIN 암호로도 지정할 수 있습니다. 사진 암호나 계정 암호를 잊어버렸을 때를 대비하여 대체 암호로 사용할 수 있습니다. PIN 암호는 네 자리 숫자 조합으로 만듭니다.

1 참 메뉴에서 〈설정〉 버튼을 클릭합니다. 설정 창에서 'PC 설정 변경'을 클릭합니다. PC 설정 창에서 '사용자–로그인 옵션' 항목의 〈PIN 만들기〉 버튼을 누릅니다.

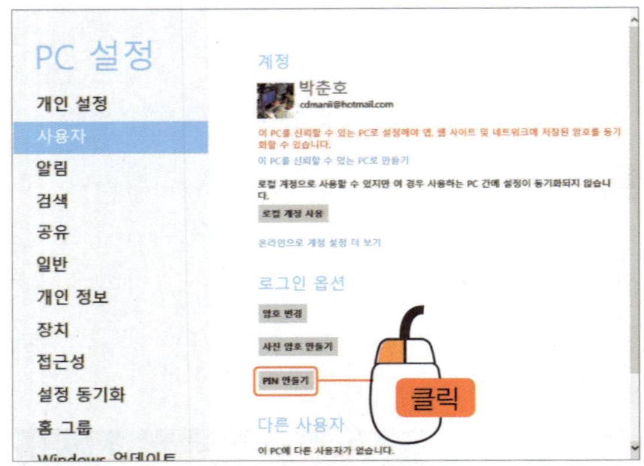

2 PIN 만들기 창에서 현재 사용자 로그인 계정을 확인하기 위해 암호를 입력한 뒤 〈확인〉 버튼을 누릅니다.

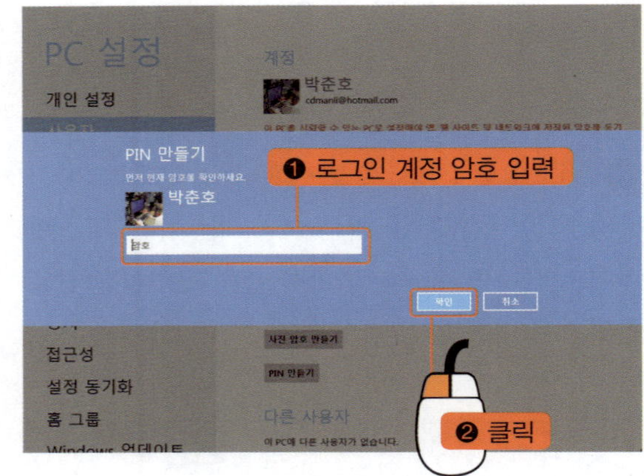

3 PIN 번호를 두 번 입력한 뒤 〈마침〉 버튼을 누릅니다. PIN 번호는 숫자만 입력할 수 있습니다.

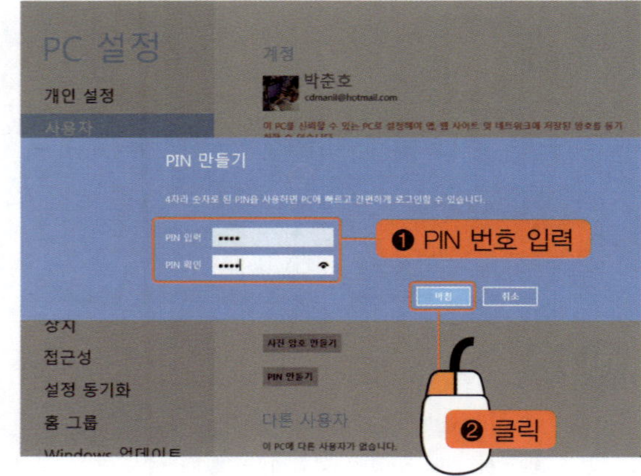

4 PIN 번호가 제대로 적용되었는지 확인하기 위해 윈도우 8 UI 시작 화면으로 이동합니다. 사용자 계정-〈잠그기〉 버튼을 클릭합니다.

5 잠금 화면이 나타나면 화면의 빈곳을 클릭하거나 키보드의 아무 키나 누릅니다.

6 로그인 화면으로 이동하면 PIN 번호를 입력해 잠금을 해제합니다.

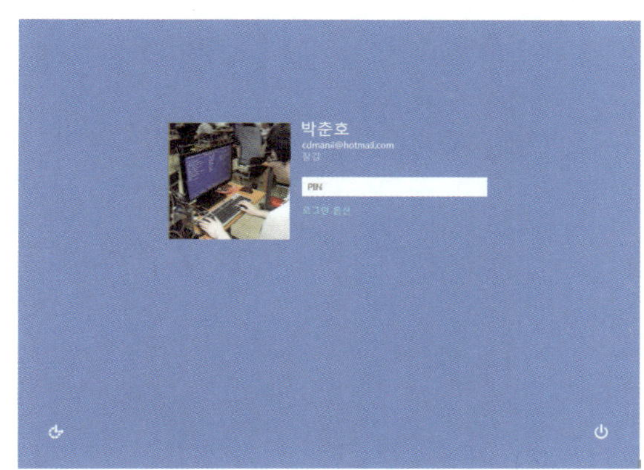

 | 로그인 계정 암호 옵션 지정하기

사용자 로그인 계정 암호 입력란 아래쪽에 있는 '로그인 옵션'을 클릭하면 암호 입력 방식을 선택할 수 있습니다.

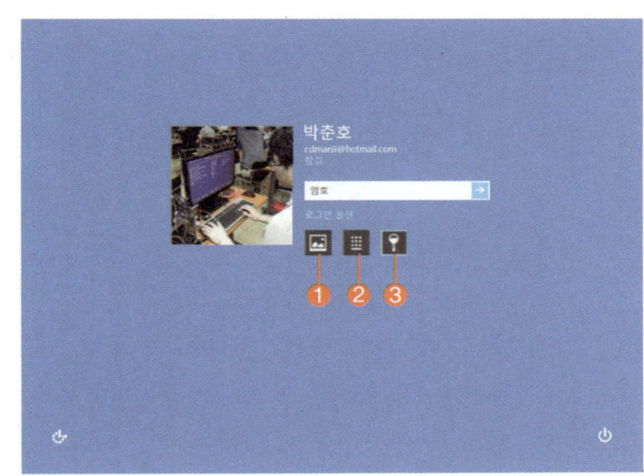

❶ : 암호 입력 방식을 사진 암호 입력 방식으로 지정합니다.

❷ : 암호 입력 방식을 PIN 번호 입력 방식으로 지정합니다.

❸ : 암호 입력 방식을 사용자 로그인 계정 암호 입력 방식으로 지정합니다.

2 부

윈도우 8 기본 기능 익히기

2부에서는 실제로 윈도우 8에서

사용자가 가장 많이 활용하는 기능은 무엇이고,

어떻게 활용하는지 알아보겠습니다.

컴퓨터 하드디스크의 파일이나 문서를 열고,

복사·삭제하는 등의 작업이 여기에 포함됩니다.

또 추가로 알아두면 좋은 팁들도 함께 소개합니다.

Chapter 07
컴퓨터 폴더 마스터하기

윈도우 XP 운영체제를 사용하면서 내 컴퓨터라는 말을 많이 들어보았을 것입니다.

윈도우 7부터는 내 컴퓨터에서 컴퓨터로 명칭이 바뀌었습니다.

물론 윈도우 8에서도 동일하게 컴퓨터라고 부릅니다.

컴퓨터 폴더에서는 내 컴퓨터에 연결된 저장장치로 쉽게 접근할 수 있고,

네트워크 드라이브 연결 및 제어판 열기, 컴퓨터 관리, 시스템 속성,

프로그램 제거·변경 등 다양한 작업도 할 수 있습니다.

실제로 가장 많은 작업들을 하는 곳이므로 각각의 기능을 완벽하게 익혀 봅니다.

01 컴퓨터 폴더 화면 살펴보기

처음 윈도우 8을 설치하면 바탕화면에 컴퓨터 폴더가 보이지 않습니다. 이때는 컴퓨터 폴더를 바탕화면으로 꺼내는 작업을 해야 합니다. 바탕화면에 컴퓨터 폴더를 꺼내는 자세한 방법은 167쪽을 참고하세요.

바탕화면에서 '컴퓨터' 아이콘을 더블클릭합니다. 컴퓨터 폴더는 다음과 같이 구성되어 있습니다.

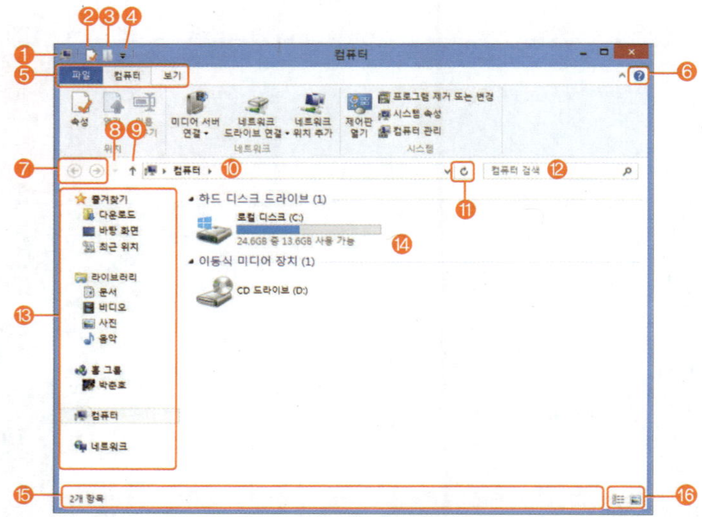

❶ 창 제어 버튼 : 클릭하여 창을 이동하거나 크기 조정, 최소화/최대화하거나 닫을 수 있습니다.

❷ 시스템 창 열기 : 시스템 창을 엽니다.

❸ 새 폴더 : 새 폴더를 바로 만듭니다.

❹ 빠른 실행 도구 모음 관리 : 빠른 실행 도구의 항목을 사용하거나 해제합니다.

❺ 메뉴표시줄 : 선택한 폴더나 드라이브에 따라서 다르게 나타나며, 각 항목을 제어하는 다양한 메뉴가 나타납니다.

❻ 도움말 : 활성화된 창에 대한 도움말을 나타냅니다.

❼ 앞으로/뒤로 가기 버튼 : 접속했었던 기록을 따라 앞으로 또는 뒤로 갈 수 있습니다.

❽ 이동 기록 : 폴더나 드라이브를 이동했던 기록을 나타냅니다.

❾ 상위 폴더로 이동 : 현재 폴더의 상위 폴더로 이동합니다.

❿ 주소표시줄 : 현재 접속되어 있는 경로를 나타냅니다.

⓫ 새로 고침 : 현 페이지를 새로 고침 하여 갱신합니다.

⓬ 검색 : 현재 위치를 기준으로 파일이나 컴퓨터를 검색합니다.

▌[파일] 메뉴 살펴보기

① 새 창 열기 : 같은 창을 다시 열 수 있습니다. '새 창 열기'는 창을 다시 여는 것이며, '새 프로세스로 새 창 열기'는 프로세스를 독립하여 창을 다시 열기합니다.

② 확장 버튼 ▶ : 세부 메뉴로 진입합니다.

③ 명령 프롬프트 열기 : 명령 프롬프트 창을 엽니다. '관리자 권한으로 명령 프롬프트 열기'는 세부 메뉴에서 다시 선택할 수 있습니다.

④ Windows PowerShell 열기 : 반복되는 작업을 고급 명령어로 해결할 수 있습니다. '관리자 권한으로 Windows PowerShell 열기'는 시스템에 영향을 주는 명령어 실행 시 필요합니다.

⑤ 기록 삭제 : 자주 사용하는 폴더 이동 목록을 삭제합니다. 세부 목록에서 최근 위치 목록 및 주소표시줄 기록을 삭제할 수 있습니다.

⑥ 도움말 : 현재 나타나 있는 창에 대한 도움말을 참고합니다.

⑦ 닫기 : 현재 창을 닫습니다.

⑧ 자주 사용하는 폴더 : 자주 사용하는 폴더 목록을 보여줍니다.

⑨ 고정핀 : 핀을 활성화해 항목을 고정합니다. 다시 누르면 해제됩니다.

■ [컴퓨터] 탭 살펴보기

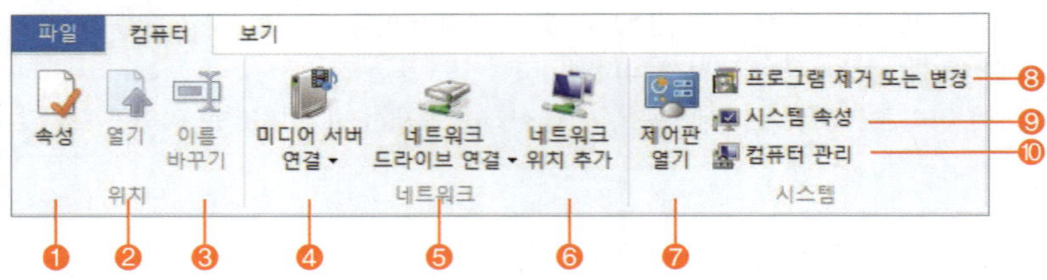

❶ 속성 : 선택한 드라이브의 속성 또는 컴퓨터 정보를 볼 수 있습니다.

❷ 열기 : 선택한 폴더 또는 파일을 엽니다.

❸ 이름 바꾸기 : 선택한 폴더 또는 파일의 이름을 바꿉니다.

❹ 미디어 서버 연결 : 다른 컴퓨터의 미디어 서버를 연결합니다.

❺ 네트워크 드라이브 연결 : 네트워크 드라이브를 연결합니다.

❻ 네트워크 위치 추가 : 웹 브라우저와 인터넷 연결만으로 문서와 사진을 저장하고 구성하며 공유할 수 있습니다.

❼ 제어판 열기 : 제어판을 엽니다.

❽ 프로그램 제거 또는 변경 : 프로그램 제거 또는 변경을 할 수 있습니다.

❾ 시스템 속성 : 컴퓨터 속성 창을 엽니다.

❿ 컴퓨터 관리 : 컴퓨터 관리 창을 엽니다.

■ [보기] 탭 살펴보기

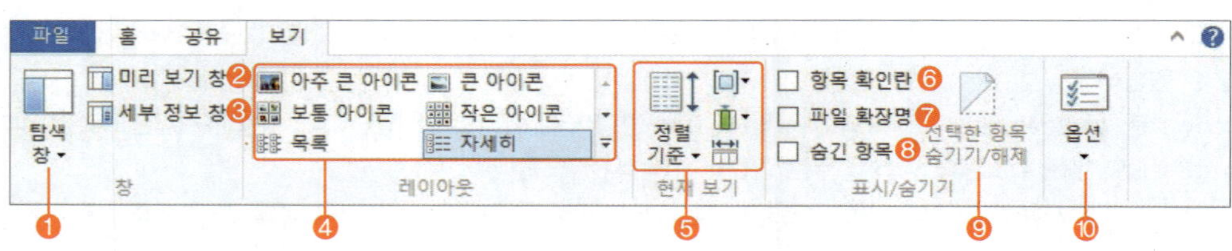

❶ 탐색 창 : 탐색 창을 활성화/비활성화하거나 세부 메뉴의 활성화/비활성화 여부를 지정합니다.

❷ 미리 보기 창 : 파일 정보의 미리 보기 창을 활성화/비활성화합니다.

❸ 세부 정보 창 : 파일 정보 세부 정보 창을 활성화/비활성화합니다.

❹ 보기 선택 : 파일의 보기 형태를 선택합니다.

❺ 정렬 기준 : 파일의 정렬 기준을 이름, 유형별, 제목별, 크기별 등으로 오름차순 또는 내림차순으로 정렬합니다.

❻ 항목 확인란 : 파일의 목록 앞에 체크를 위한 체크 박스를 생성합니다.

❼ 파일 확장명 : 파일 확장명을 숨기거나 보이게 합니다.

❽ 숨긴 항목 : 숨김 속성을 가진 파일을 숨기거나 보이게 합니다.

❾ 선택한 항목 숨기기/해제 : 선택한 항목에 숨김 속성을 부여하거나 해제합니다.

❿ 옵션 : 폴더 및 검색 옵션을 변경합니다.

02 파일이나 폴더의 리본 메뉴 살펴보기

파일이나 폴더 창을 열면 창 위쪽으로 관련 메뉴들을 도구 모음 형태로 보여주는데, 이것을 리본 메뉴라고 합니다. 마이크로소프트에서 제공하는 프로그램에서 기본 인터페이스로 나타납니다. 이 리본 메뉴의 각 기능을 자세히 알아봅니다.

컴퓨터 폴더에서 파일이나 폴더를 선택하면 제목 표시줄 아래에 표시되는 메뉴 구성이 달라집니다. 파일이나 폴더의 메뉴 구성은 다음과 같습니다([파일] 메뉴와 [보기] 탭의 구성은 컴퓨터 폴더와 같습니다).

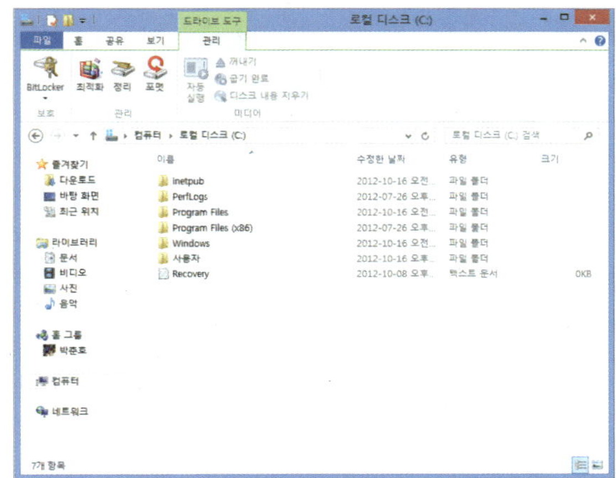

▌[홈] 탭

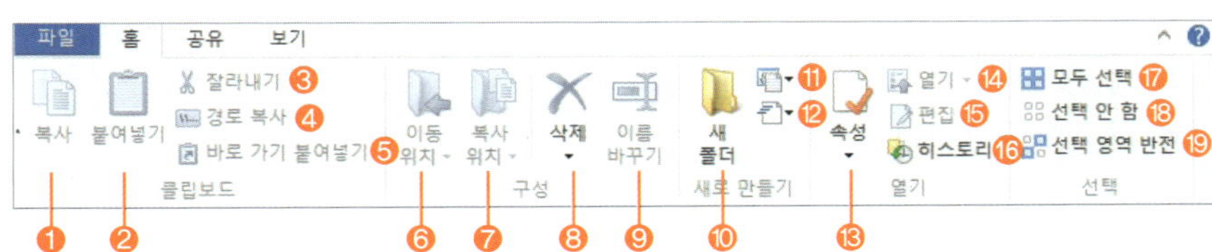

❶ 복사 : 선택한 항목을 복사합니다.

❷ 붙여넣기 : 복사 또는 잘라내기 한 항목을 붙여넣기 합니다.

❸ 잘라내기 : 선택한 폴더나 파일을 이동하기 위하여 잘라내기 합니다.

❹ 경로 복사 : 선택한 항목의 경로를 복사합니다.

❺ 바로 가기 붙여넣기 : 복사한 항목의 바로가기를 만듭니다.

❻ 이동 위치 : 잘라내기 한 파일 또는 폴더를 바탕화면, 다운로드, 문서, 음악, 사진, 비디오 또는 지정된 폴더로 이동합니다.

❼ 복사 위치 : 복사한 파일 또는 폴더를 바탕화면, 다운로드, 문서, 음악, 사진, 비디오 또는 지정된 폴더로 복사합니다.

❽ 삭제 : 선택한 항목을 삭제합니다.

❾ 이름 바꾸기 : 선택한 항목의 이름을 바꿉니다.

❿ 새 폴더 : 새 폴더를 생성합니다.

⓫ 새 항목 : 폴더 또는 파일을 바로 만듭니다.

⑫ 빠른 연결 : 선택한 항목을 시작 화면에 고정 또는 라이브러리에 포함, 즐겨찾기에 추가, 네트워크 드라이브에 연결합니다.

⑬ 속성 : 선택한 항목의 속성 창을 나타냅니다.

⑭ 열기 : 선택한 항목을 연결 프로그램을 이용하여 열기 합니다.

⑮ 편집 : 선택한 항목을 연결 프로그램을 이용하여 편집합니다.

⑯ 히스토리 : 선택한 파일에 대한 파일 히스토리를 확인합니다.

⑰ 모두 선택 : 창의 모든 항목을 선택합니다.

⑱ 선택 안 함 : 창의 모든 항목을 선택하지 않습니다.

⑲ 선택 영역 반전 : 창의 항목에서 선택한 내용을 반전시킵니다.

▌[공유] 탭

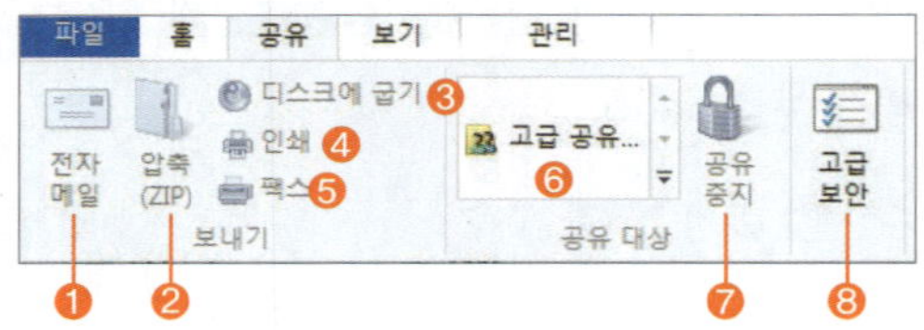

① 전자메일 : 선택한 항목을 전자메일로 보냅니다(메일이 설정되어 있어야 합니다).

② 압축(ZIP) : 선택한 항목을 zip 파일로 압축합니다.

③ 디스크에 굽기 : 선택한 항목을 DVD/CD로 제작합니다.

④ 인쇄 : 선택한 항목을 프린터로 출력합니다.

⑤ 팩스 : 선택한 항목을 팩스로 보냅니다.

⑥ 고급 공유 : 사용자가 직접 선택하여 특정 사용자에게 공유하거나 홈 그룹을 이용할 수 있습니다.

⑦ 공유 중지 : 공유를 중지합니다.

⑧ 고급 보안 : 공유에 필요한 사용 권한 및 공유 항목, 감사, 유효한 액세스 정보를 수정합니다.

▌[관리] 탭

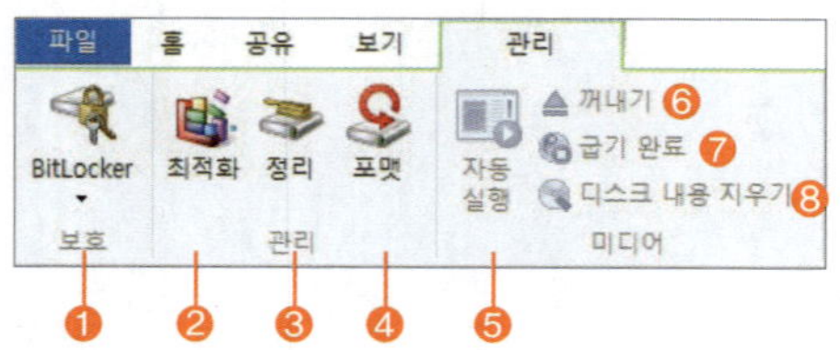

① BitLocker : 선택한 드라이브를 BitLocker 암호화합니다.

② 최적화 : 선택한 드라이브를 조각 모음 또는 최적화합니다.

③ 정리 : 선택한 드라이브의 필요치 않은 파일을 정리합니다.

④ 포맷 : 선택한 드라이브를 포맷합니다.

⑤ 자동 실행 : 선택한 드라이브에 자동 실행 파일이 있을 경우 실행시킵니다.

⑥ 꺼내기 : 선택한 드라이브를 제거 또는 꺼냅니다.

⑦ 굽기 완료 : 굽기 가능한 ODD에 포함한 내용을 굽기 시작합니다.

⑧ 디스크 내용 지우기 : ODD의 미디어가 RW를 지원할 경우 디스크의 내용을 지웁니다.

03 즐겨찾기/라이브러리 목록 활용하기

컴퓨터 폴더의 왼쪽 영역에 보면 즐겨찾기와 라이브러리 목록이 있습니다. 즐겨찾기에는 기본적으로 다운로드, 바탕화면, 최근 위치가 등록되어 있습니다. 즐겨찾기에 자주 접속하는 폴더를 등록해 두면 웹서핑 중 파일을 다운로드할 때 쉽고 빠르게 저장 위치를 지정할 수 있습니다. 라이브러리에서는 문서, 비디오, 사진, 음악 폴더로 빠르게 접근이 가능합니다. 라이브러리는 컴퓨터끼리 공유할 때 카테고리별로 구분된 내용으로 쉽고 빠르게 접근할 수 있게 해줍니다. 컴퓨터 폴더의 왼쪽 영역은 모든 폴더 창에서 활용이 가능하므로 사용법을 잘 익혀두면 유용합니다.

1 컴퓨터 폴더 왼쪽 영역에서 '즐겨찾기-다운로드'를 클릭합니다. 오른쪽 영역에 해당 폴더의 내용이 보입니다.

2 '라이브러리-사진' 폴더를 클릭하면 사진 폴더에 들어 있는 파일을 표시합니다. [보기] 탭의 레이아웃 그룹을 이용하면 저장된 사진을 큰 아이콘, 작은 아이콘, 목록 등으로 정리해서 볼 수 있습니다. 웹서핑 중 저장한 이미지도 이곳에 보관하면 편리하게 관리할 수 있습니다.

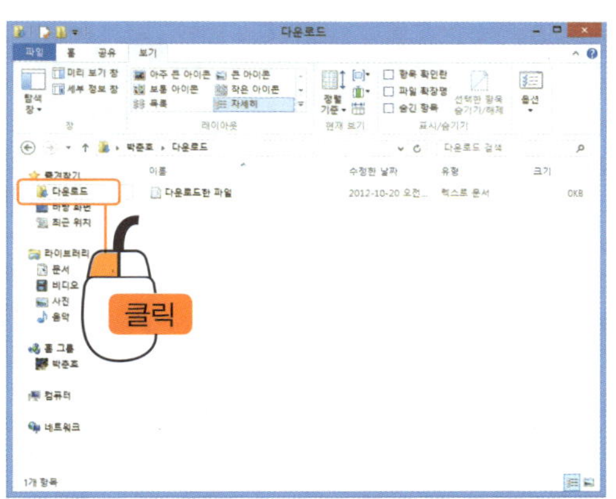

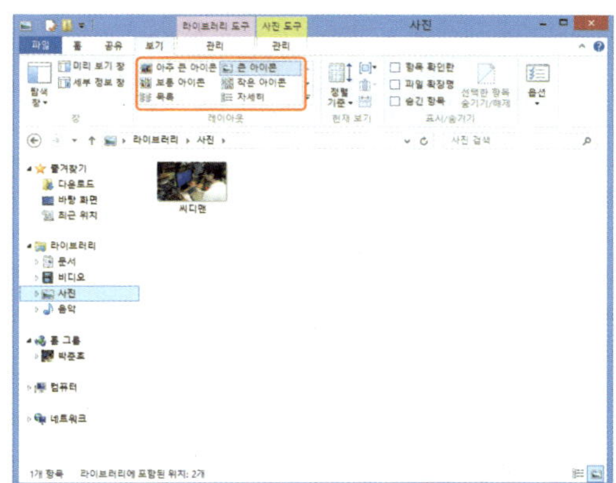

3 직접 폴더를 즐겨찾기에 등록할 수도 있습니다. 자주 사용하는 폴더를 클릭한 채 왼쪽 영역의 즐겨찾기 목록 위로 드래그하여 놓습니다.

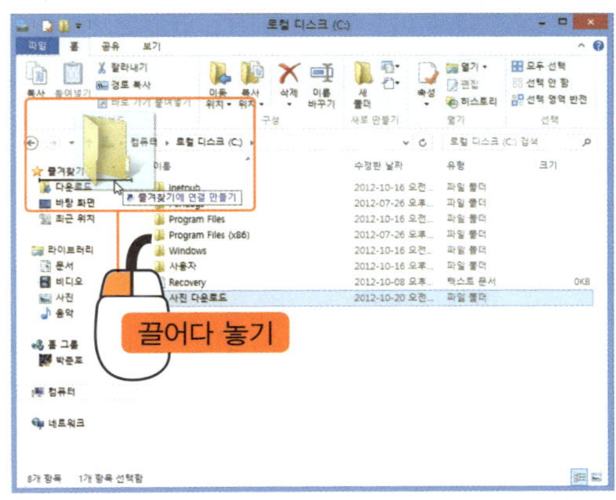

4 바탕화면에서 작업 표시줄의 'Internet Explorer 10' 아이콘 을 클릭해 실행합니다. 웹 서핑 중 마음에 드는 이미지 위에서 마우스 오른쪽 버튼을 누른 뒤 [다른 이름으로 사진 저장] 메뉴를 클릭합니다.

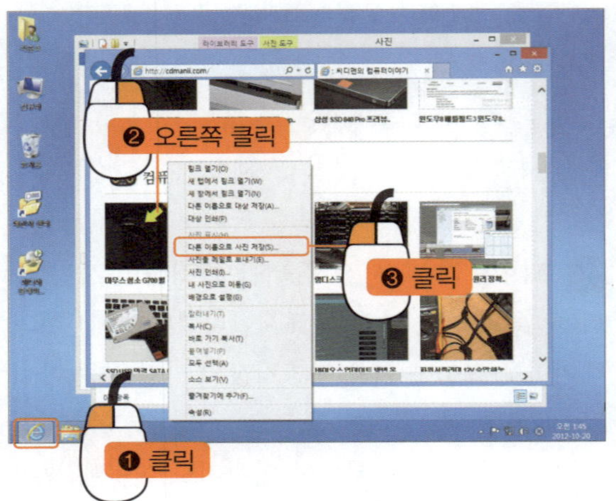

5 [사진 저장] 대화상자가 나타납니다. 왼쪽 영역에서 **3**에서 등록한 사진 다운로드 폴더를 클릭합니다. 파일 이름과 형식을 지정한 뒤 〈저장〉 버튼을 누릅니다.

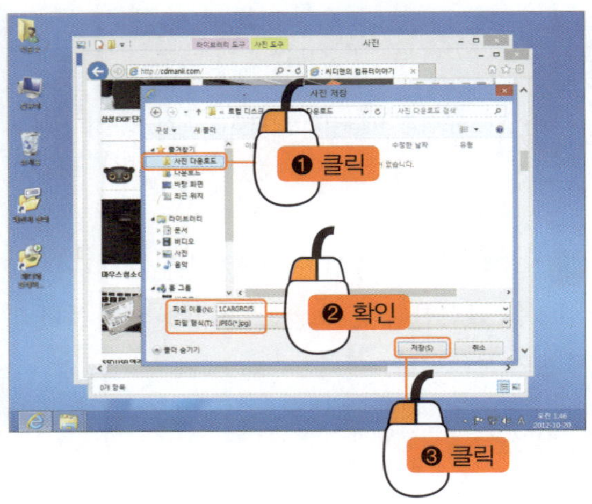

6 사진 다운로드 폴더에 다음처럼 이미지가 저장되었습니다. [보기] 탭의 레이아웃 그룹에서 지정한 보기 형식대로 이미지가 표시됩니다.

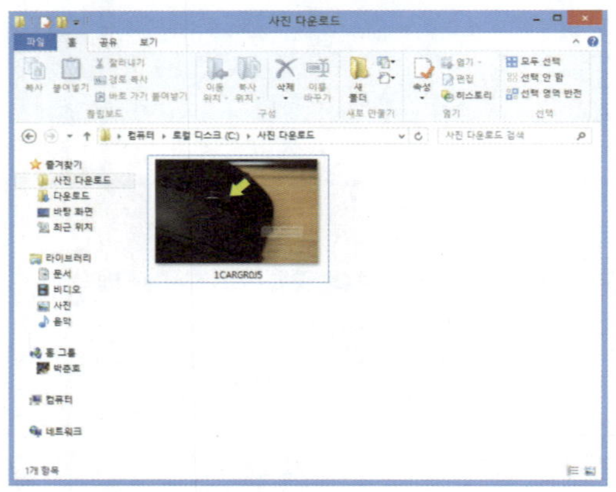

7 즐겨찾기에 등록한 폴더를 삭제하려면 폴더 위에서 마우스 오른쪽 버튼을 누른 뒤 [제거] 메뉴를 클릭합니다. 폴더를 삭제해도 즐겨찾기 목록에서만 사라지는 것일 뿐 실제로 폴더 및 파일이 사라지는 것은 아닙니다.

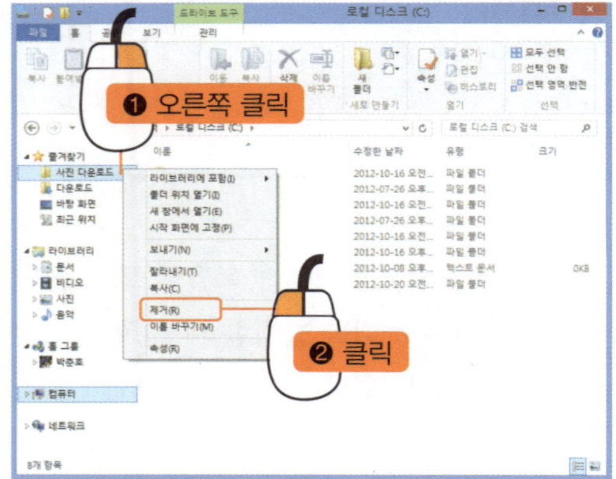

04 폴더 만들기 및 삭제하기

윈도우 운영체제에서는 파일이 트리 구조로 되어 있습니다. 루트가 최상단이며, 폴더를 이용해 파일을 묶거나 상하관계를 유지할 수 있습니다. 폴더를 만드는 것은 서류철에 비슷한 서류를 모아 정리해 놓는 것과 비슷합니다. 서류철을 열면 안에 들어 있는 서류를 모두 볼 수 있겠죠. 이런 폴더를 만드는 방법과 삭제하는 방법을 지금부터 알아봅니다.

▌ 폴더 만들기

1 바탕화면의 폴더를 만들고 싶은 곳에서 마우스 오른쪽 버튼을 누른 뒤 [새로 만들기]-[폴더]를 클릭합니다.

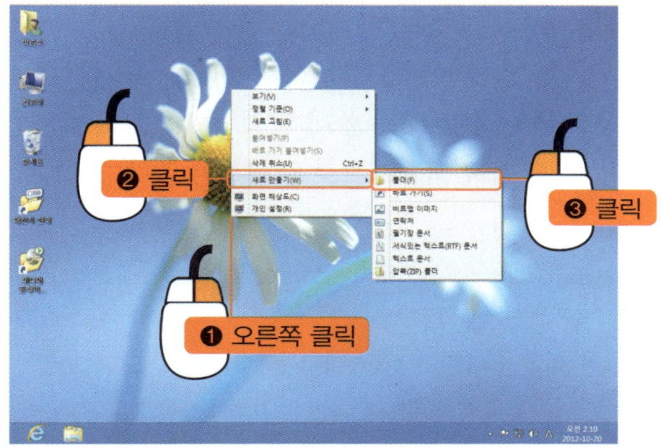

2 해당 위치에 새 폴더가 생성되면서 이름을 입력할 수 있는 상태로 바뀝니다. 원하는 이름으로 폴더 이름을 입력한 뒤 Enter 키를 누릅니다.

TIP

Enter 키를 누르거나 화면의 빈곳을 클릭하면 폴더명이 자동으로 '새 폴더'로 지정됩니다. 이미 '새 폴더'란 이름이 있을 때는 '새 폴더 (2)' 형식으로 계속 이름에 숫자가 늘어나면서 생성됩니다.

3 생성된 폴더를 더블클릭해서 열어보면 비어 있는 것을 확인할 수 있습니다. 폴더 안에 다시 하위 폴더를 생성하려면 **1**의 과정을 반복하면 됩니다.

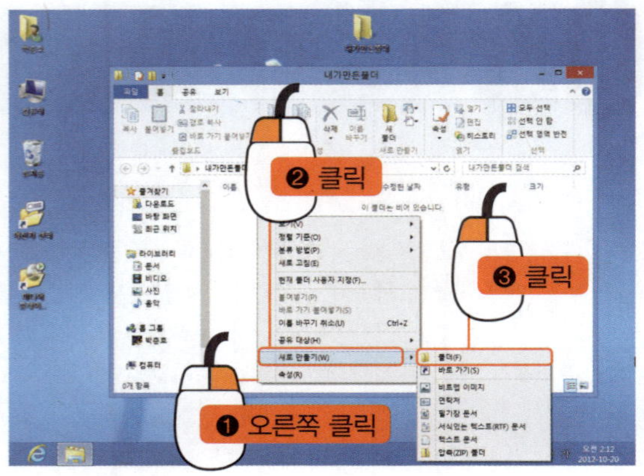

▌ 폴더 삭제하기

1 폴더를 삭제하려면 해당 폴더 위에서 마우스 오른쪽 버튼을 누른 뒤 [삭제] 메뉴를 클릭합니다. 폴더를 삭제할 때는 폴더 안에 들어 있는 파일들도 모두 함께 삭제되므로 주의해야 합니다.

> **TIP**
>
> 삭제할 폴더를 클릭한 뒤 Delete 키를 눌러도 삭제할 수 있습니다.

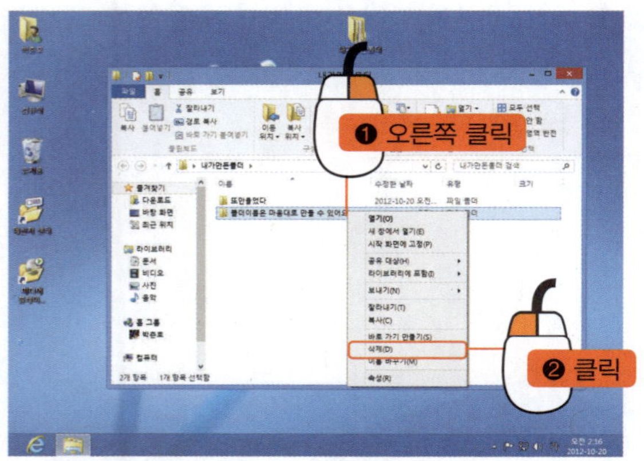

2 폴더 여러 개를 삭제할 때는 삭제할 폴더가 모두 범위에 포함되도록 마우스를 드래그하여 선택한 뒤 마우스 오른쪽 버튼을 눌러 [삭제] 메뉴를 클릭합니다.

> **TIP ▎ 폴더 여러 개 선택하기**
>
> • Shift 키 : 선택할 폴더 중 맨 위의 폴더를 클릭한 채 맨 마지막 폴더를 클릭하면 그 사이의 폴더까지 모두 선택됩니다.
> • Ctrl 키 : 원하는 폴더만 선택할 수 있습니다.
> • Ctrl + A 키 : 해당 폴더 안의 모든 폴더와 파일을 선택할 수 있습니다.

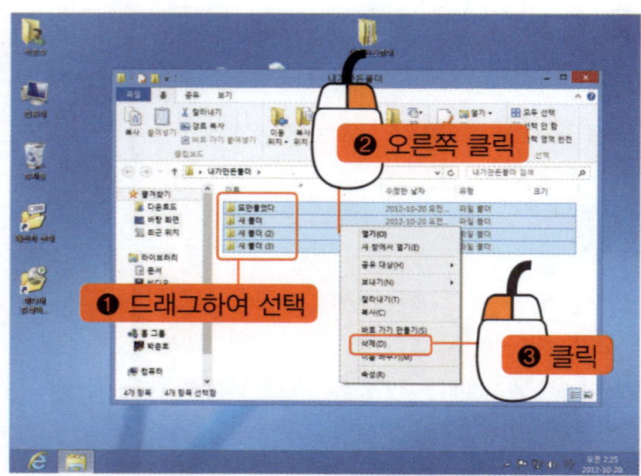

05 파일 만들기 및 삭제하기

이번에는 필요한 파일을 생성하고 삭제하는 방법을 알아봅니다. 사용하지 않는 파일은 삭제하여 컴퓨터 저장장치의 공간을 확보할 수 있습니다. 해당 프로그램을 열어 저장하지 않고도 원하는 형식의 파일을 생성하는 방법도 함께 알아봅니다.

▌ 파일 만들기

1 파일을 만들고 싶은 폴더로 이동합니다. 화면 빈곳에 마우스 오른쪽 버튼을 눌러 [새로 만들기] 메뉴를 클릭합니다. 목록에 있는 파일 형식 중 하나를 클릭합니다. 여기서는 텍스트 문서를 선택했습니다.

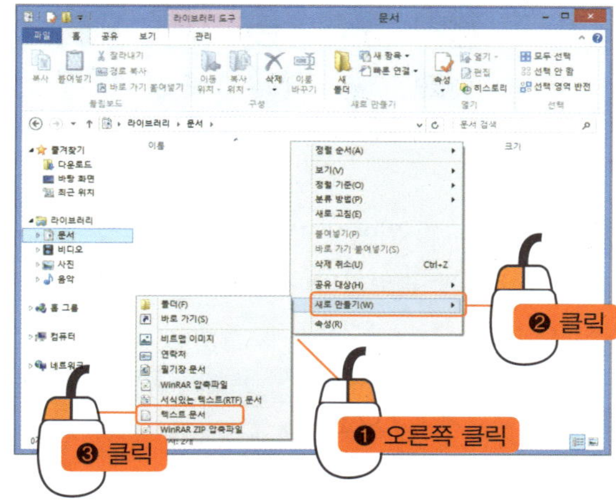

2 '새 텍스트 문서'라는 이름으로 파일이 생성됩니다. 이름이 파란색 바탕으로 지정된 것은 현재 파일 이름을 변경할 수 있는 상태라는 뜻입니다. 파일명을 원하는 이름으로 변경한 뒤 Enter 키를 누릅니다. 이후에 텍스트 파일을 더블클릭해 프로그램을 실행한 뒤 내용을 입력하여 저장할 수 있습니다.

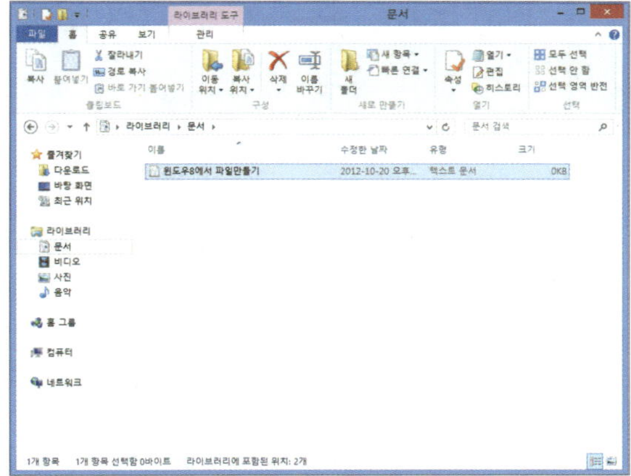

TIP

화면의 빈곳을 클릭하면 파일명이 자동으로 '새 텍스트 문서'로 지정됩니다. 이미 '새 텍스트 문서'란 이름이 있을 때는 마찬가지로 '새 텍스트 문서 (2)' 형식으로 계속 이름에 숫자가 늘어나면서 생성됩니다.

▌ 파일 삭제하기

1 삭제하고 싶은 파일을 선택합니다. 삭제해야 할 파일이 많다면 드래그하여 파일을 선택할 수 있습니다. 모든 파일을 삭제하려면 Ctrl + A 키를 눌러 전체 선택합니다.

2 몇몇 파일만 선택하여 삭제하고 싶을 때는 Ctrl 키를 누른 상태로 원하는 파일만 클릭하여 선택합니다.

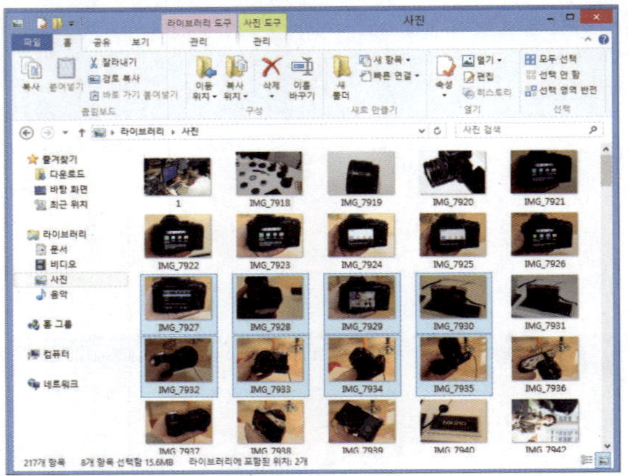

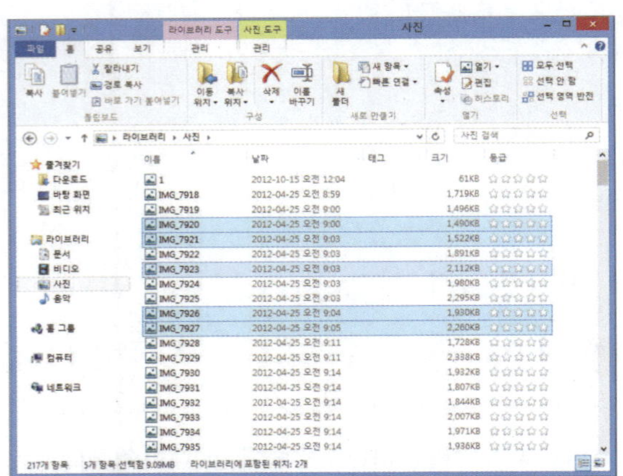

3 선택한 파일 위에서 마우스 오른쪽 버튼을 누른 뒤 [삭제]를 클릭합니다. 또는 Delete 키를 누릅니다.

4 선택한 파일이 삭제된 것을 확인할 수 있습니다. 삭제된 파일은 휴지통 폴더로 이동하는데, 휴지통 폴더에 있는 파일은 다시 되살릴 수 있습니다.

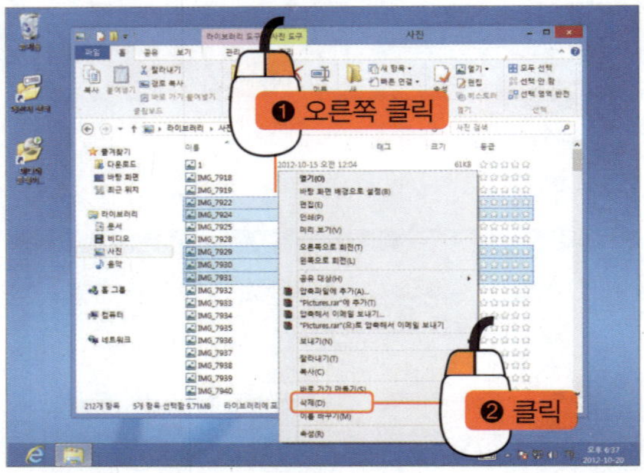

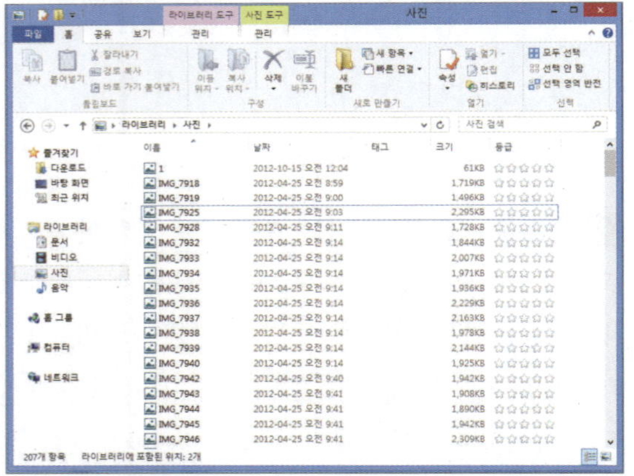

TIP | 파일을 휴지통으로 이동하지 않고 바로 삭제하기

파일을 휴지통에 넣지 않고 바로 삭제하는 방법이 있습니다. Shift 키를 누른 상태로 파일을 선택한 뒤 [삭제] 메뉴를 클릭하거나 Delete 키를 누르면 됩니다. 이 경우 휴지통을 이용한 정상적인 파일 복원을 할 수 없으므로 삭제 시 주의가 필요합니다.

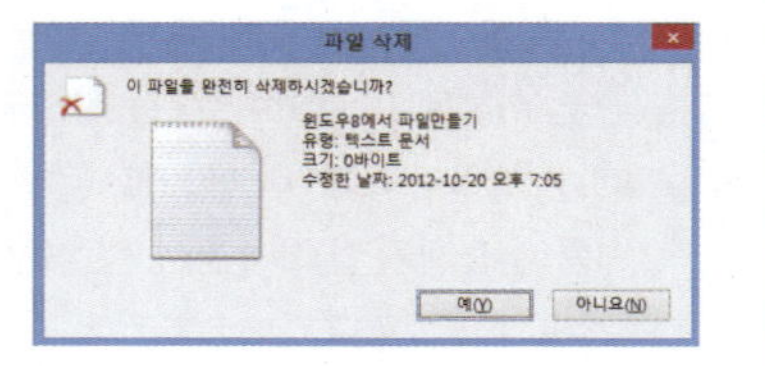

06 휴지통에서 삭제한 폴더 및 파일 복원하기

파일 또는 폴더를 삭제하면 휴지통으로 이동됩니다. 삭제한 파일을 휴지통을 이용해 다시 복원하는 방법을 배워봅니다. 실수로 파일을 삭제해도 이 방법을 이용하면 복원할 수 있습니다.

1 삭제할 파일과 폴더를 선택한 뒤 마우스 오른쪽 버튼을 누릅니다. 바로가기 메뉴에서 [삭제]를 클릭하거나 Delete 키를 눌러 삭제합니다.

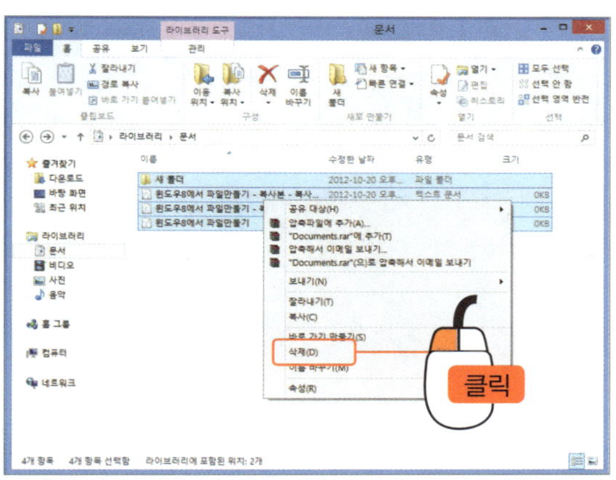

2 바탕화면의 '휴지통' 아이콘을 더블클릭해 휴지통을 엽니다. **1** 에서 삭제한 파일과 폴더가 휴지통 폴더 안으로 이동했습니다.

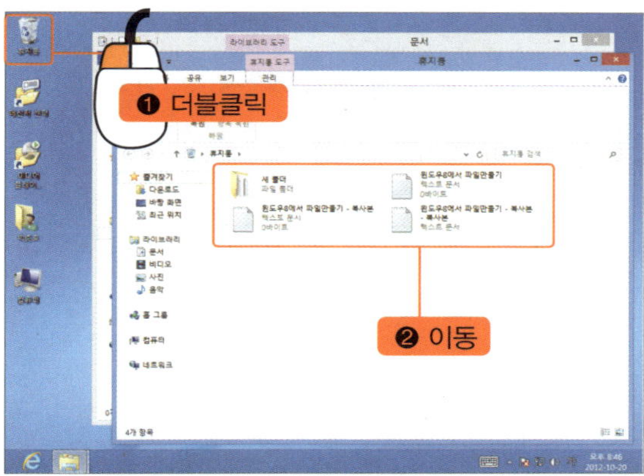

3 휴지통에서 복원한 파일이나 폴더를 선택한 뒤 마우스 오른쪽 버튼을 누릅니다. 바로가기 메뉴에서 [복원]을 클릭합니다. 복원한 파일과 폴더가 원래 폴더로 다시 이동한 것을 확인할 수 있습니다.

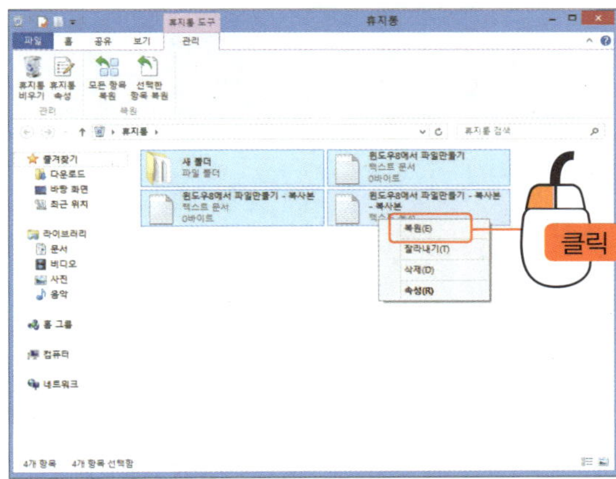

07 휴지통 설정 및 관리하기

삭제한 파일은 먼저 휴지통으로 이동합니다. 휴지통을 비워야 진짜로 파일이 삭제되는 것입니다. 일 상생활에서도 쓸모없는 쓰레기는 일단 집안에 있는 휴지통에 모아두었다 쓰레기봉투에 넣어 완전 히 버립니다. 그런데 쓰레기가 너무 많아 휴지통이 넘쳐버리면 어떤가요? 집안이 온통 쓰레기로 더 러워지겠지요? 컴퓨터도 마찬가지입니다. 지금부터 컴퓨터 휴지통이 넘치지 않도록 삭제한 파일을 관리하는 방법을 알아봅니다.

▌ 휴지통 비우기

1 휴지통을 비우지 않은 채 파일과 폴더를 계 속 삭제하면 휴지통이 꽉 차게 됩니다. 휴지통 폴 더에 들어 있는 파일과 폴더는 완전히 삭제된 것 이 아니라 휴지통 공간을 차지하고 있는 것입니 다. 그래서 휴지통도 주기적으로 비워주어야 합 니다. '휴지통' 아이콘 위에서 마우스 오른쪽 버 튼을 누른 뒤 [휴지통 비우기] 메뉴를 클릭합니다.

2 휴지통 폴더 안의 파일을 완전히 삭제할 것인 지 묻는 창이 뜨면, 〈예〉 버튼을 누릅니다.

3 휴지통 안이 완전히 비워진 것을 확인할 수 있습니다.

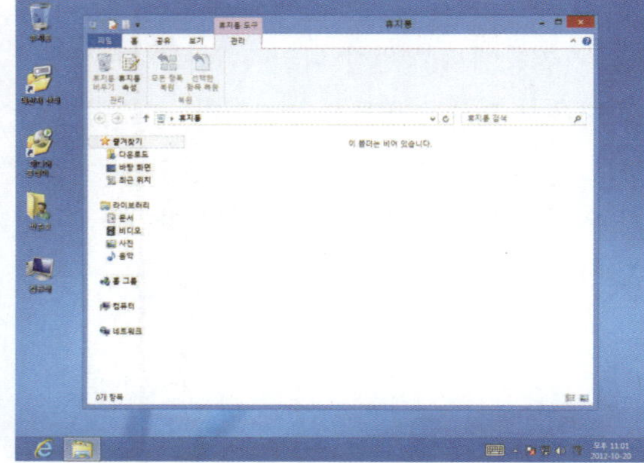

휴지통에 파일이나 폴더가 있을 때와 없을 때의 아이콘의 모양이 서로 다릅니다. 휴지통 폴더에 지정된 허용 용량을 넘으면 예전에 삭제된 파일부터 자동으로 삭제됩니다. 하드디스크 공간이 충분하다면 특별히 휴지통 용량에 신경 쓰지는 않아도 괜찮습니다.

▮ 휴지통 공간 설정하기

1 바탕화면의 '휴지통' 아이콘 위에서 마우스 오른쪽 버튼을 누른 뒤 [속성] 메뉴를 클릭합니다.

2 [휴지통 속성] 대화상자가 나타나면 공간을 늘릴 휴지통 위치를 선택하고, 사용자 지정 크기 등을 설정한 뒤 〈확인〉 버튼을 누릅니다.

- 사용자 지정 크기 : 최대 크기를 사용자가 디스크마다 MB 단위로 지정합니다.
- 파일을 휴지통에 버리지 않고 삭제할 때 바로 제거 : 이 옵션을 선택하면 파일을 삭제할 때 휴지통에 넣지 않고 바로 삭제합니다.
- 삭제 확인 대화 상자 표시 : 체크하면 파일을 삭제할 때마다 삭제할 것인지 물어옵니다.

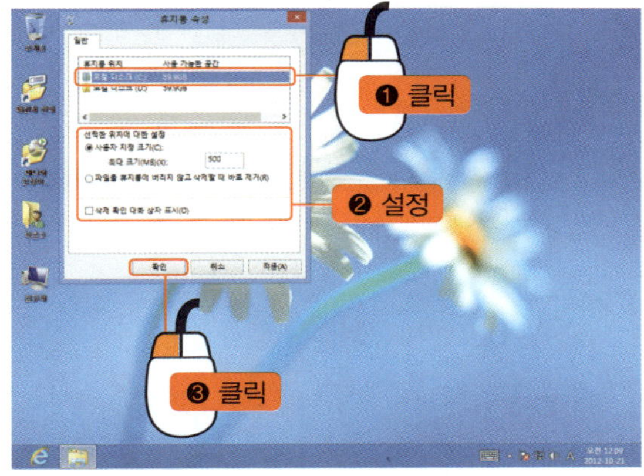

'삭제 확인 대화 상자 표시' 항목을 체크하면 파일을 삭제할 때마다 삭제 여부를 물어옵니다. 반대로 체크 해제하면 삭제 여부를 묻지 않습니다. 원하는 대로 설정하여 사용하면 됩니다.

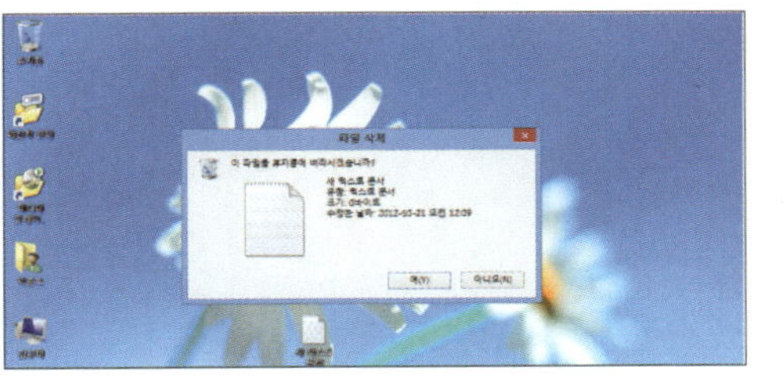

08 폴더 및 파일 복사/이동하기

동영상 파일, 사진 파일 등을 다른 드라이브나 폴더로 복사/이동하는 방법을 알아봅니다. 윈도우 8에서는 이전 버전과는 달리 폴더나 파일을 복사하거나 이동할 때 새로운 기능을 제공합니다. 그것은 일시정지 기능과 한곳에 모아서 보는 기능입니다. 그럼 윈도우 8에서는 복사/이동 작업이 어떻게 편리하게 바뀌었는지 살펴보겠습니다.

1 파일을 복사할 폴더와 붙여넣을 폴더를 엽니다. 복사할 파일을 선택한 뒤 붙여넣을 폴더로 드래그하여 놓습니다.

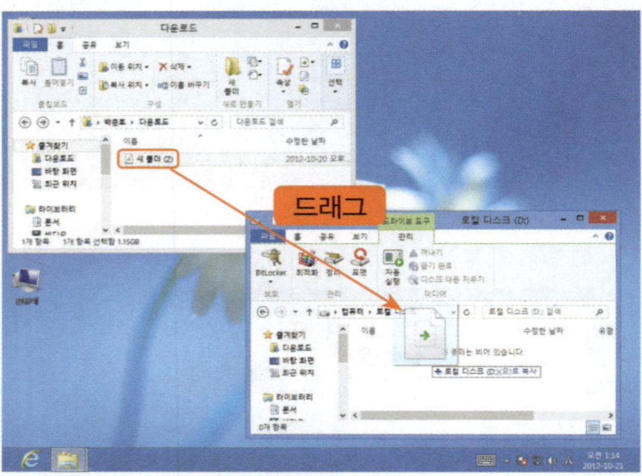

2 복사할 파일이나 폴더 위에서 마우스 오른쪽 버튼을 누른 뒤 [잘라내기] 또는 [복사] 메뉴를 클릭합니다.

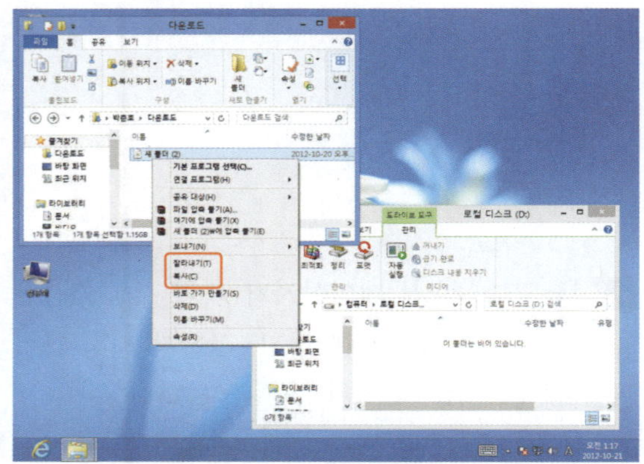

TIP | 파일 이동

Shift 키를 누른 채 파일을 드래그하면 이동됩니다.

---

3 다음과 같이 파일 복사가 진행되면서 대상 폴더로 이동 또는 복사할 수 있습니다.

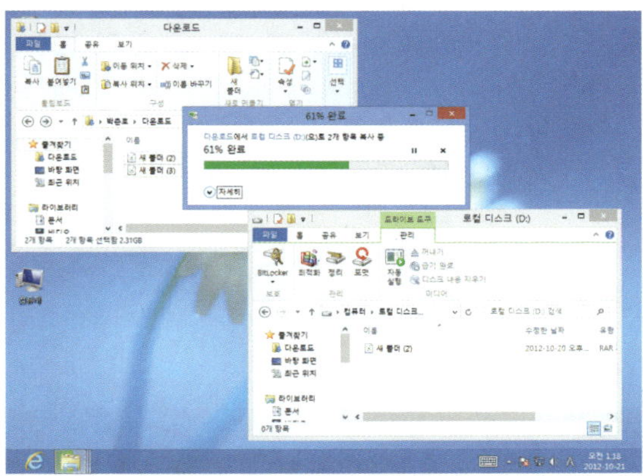

4 복사 창 아래쪽에 있는 '자세히'를 누르면 이동하는 속도를 그래프 형식으로 볼 수 있습니다. 이 때문에 복사하는 실제 속도를 벤치마크 하는 용도로도 사용할 수 있습니다.

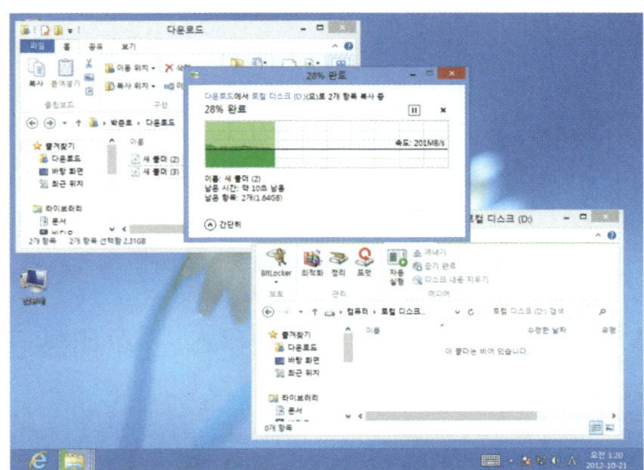

5 복사 또는 이동을 여러 번 실행했을 경우에는 다음처럼 매 작업별로 구분해서 보여줍니다. 예를 들어, C드라이브의 파일을 D드라이브로 이동하고, D드라이브의 파일을 다른 폴더로 복사할 때 이 모든 작업을 하나의 창에서 보여줍니다.

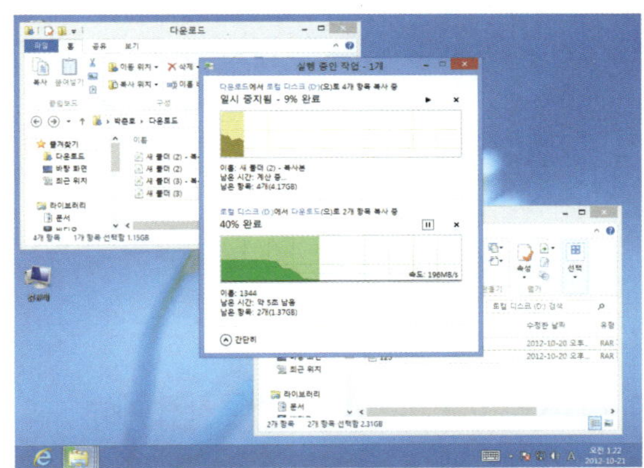

TIP

복사(이동) 창의 〈일시정지〉 버튼 Ⅱ 을 클릭하면 파일 복사를 일시정지할 수 있습니다. 이는 하드디스크에서 한꺼번에 너무 많은 이동 또는 복사 작업을 진행해서 속도가 느려질 때 유용하게 사용할 수 있습니다. 일시정지된 상태로 있는 작업은 〈재생〉 버튼 ▶ 을 클릭해 다시 재개할 수 있습니다. 복사 또는 이동을 취소하고 싶을 때는 〈닫기〉 버튼 ✕ 을 클릭해 취소할 수 있습니다.

09 파일 및 폴더 이름 바꾸기

파일이나 폴더가 많아지면 이름을 보고 원하는 파일이나 폴더를 찾게 됩니다. 이번에는 일목요연하게 파일명이나 폴더명을 바꾸는 방법을 알아봅니다. 그리고 좀 더 쉽게 여러 개의 파일 이름을 바꾸는 방법도 알아봅니다.

■ 파일(폴더)명 바꾸기 1 : 마우스 왼쪽 버튼 클릭

이름을 변경하고 싶은 파일을 선택한 뒤 1초 정도 뒤에 다시 한 번 클릭합니다. 파일명을 변경할 수 있는 상태로 바뀌면 원하는 파일명을 입력한 뒤 Enter 키를 누릅니다.

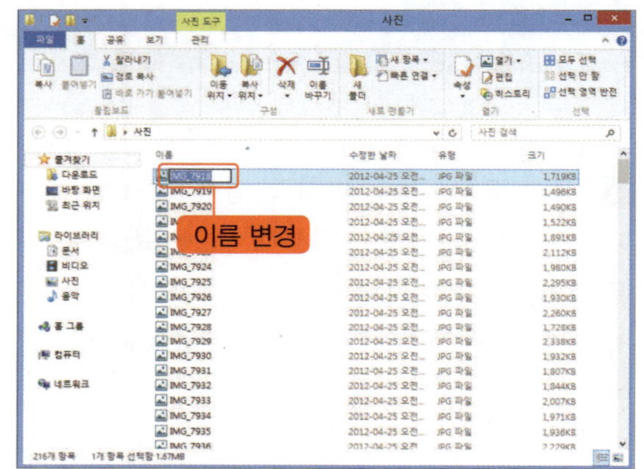

■ 파일(폴더)명 바꾸기 2 : 바로가기 메뉴

1 이름을 바꿀 파일을 선택한 뒤 마우스 오른쪽 버튼을 누릅니다. 바로가기 메뉴에서 [이름 바꾸기]를 클릭합니다.

2 파일명을 변경할 수 있는 상태로 바뀌면 이름을 입력한 뒤 Enter 키를 누릅니다.

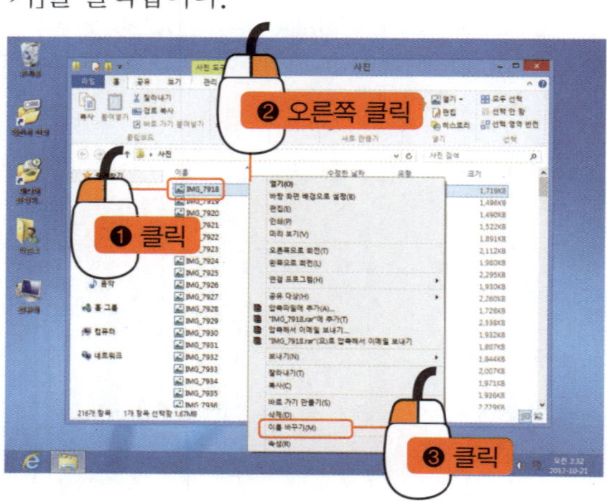

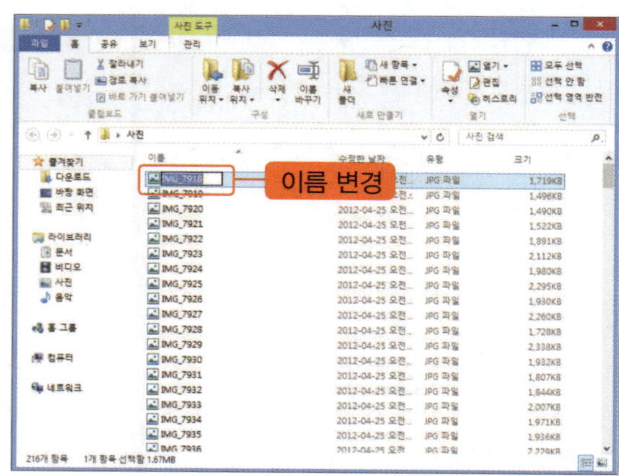

좀 전에 바꾼 파일 이름을 취소하려면 이름 변경을 취소할 파일 위에서 마우스 오른쪽 버튼을 누른 뒤 [이름 바꾸기 취소] 메뉴를 클릭하거나 이전 작업 취소 바로가기 키 Ctrl+Z를 누릅니다.

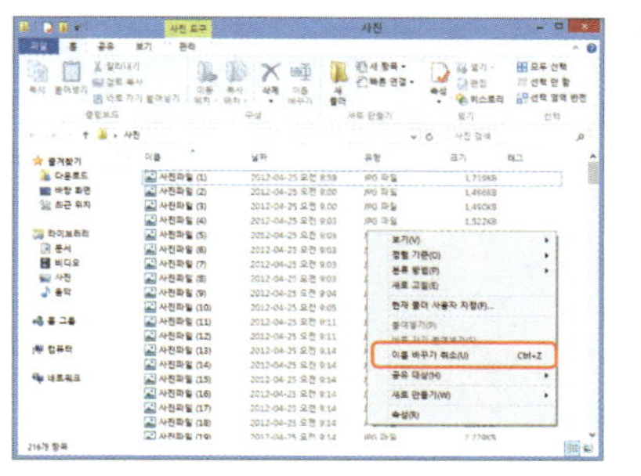

▌ 파일명 바꾸기 3 : 바로가기 키

이름을 바꿀 파일을 선택한 뒤 F2 키를 누릅니다. 파일명을 변경할 수 있는 상태로 바뀌면 이름을 입력한 뒤 Enter 키를 누릅니다. 폴더명을 변경하는 방법도 이와 같습니다.

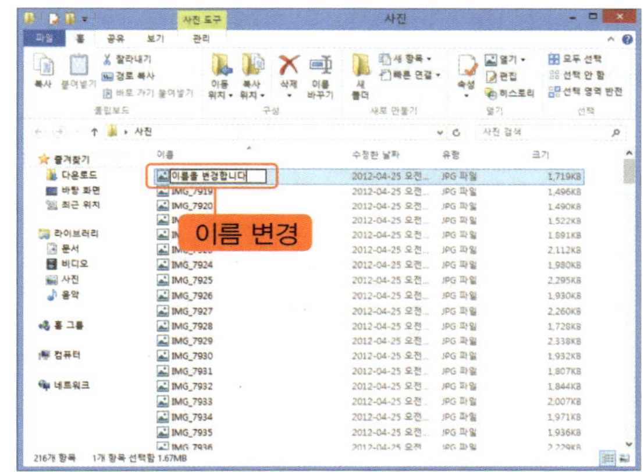

▌ 파일 여러 개의 이름 일관되게 변경하기

1 파일 여러 개의 이름을 한꺼번에 (1)~(...)으로 바꿀 수 있습니다. 이름을 바꿀 파일을 모두 선택(Ctrl+A 키)한 뒤 F2 키를 눌러 이름을 변경할 수 있는 상태로 바꿉니다.

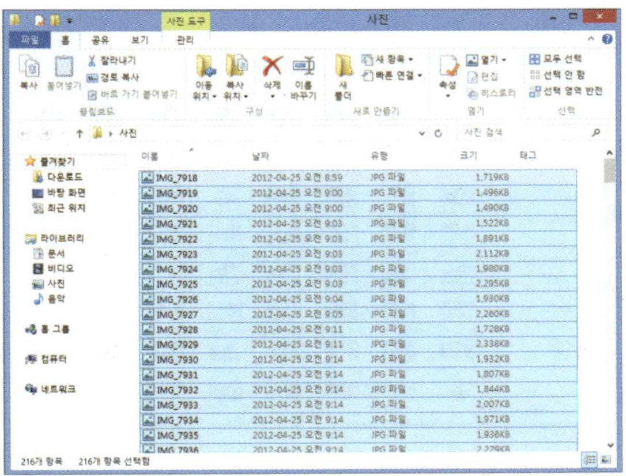

2 공통으로 사용할 이름을 입력한 뒤 Enter 키를 누릅니다. 공통으로 사용하는 이름에 순차적으로 숫자가 붙으면서 새로운 이름으로 모두 바뀝니다.

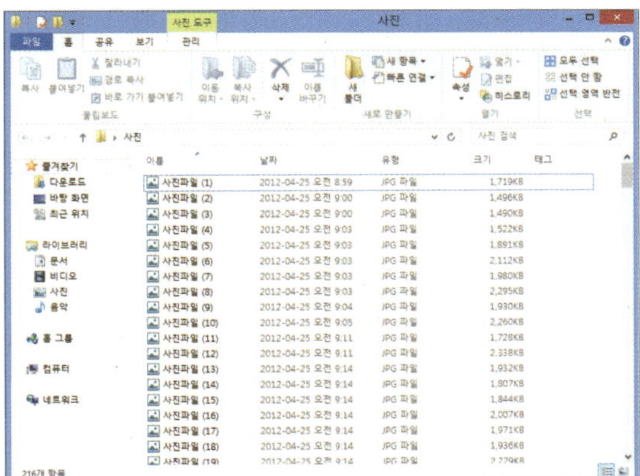

10 파일(폴더) 보기 모드 변경 및 정렬하기

이미지 파일은 미리보기 기능을 이용하면 파일을 일일이 열어보지 않고도 확인할 수 있어 좀 더 편하게 관리할 수 있습니다. 동영상 파일도 마찬가지입니다. 큰 아이콘, 작은 아이콘, 목록, 자세히 등 여러 가지 파일 보기 모드를 쉽게 변경하는 방법을 알아봅니다. 그리고 파일이 많아질 때 반드시 필요한 파일 정렬 방법도 알아보겠습니다.

▌ 파일(폴더) 보기 모드 변경하기

1 이미지가 들어 있는 임의의 폴더를 엽니다. Ctrl 키를 누른 채 마우스 휠을 조작하면 폴더에 표시하는 이미지의 크기를 조절할 수 있습니다.

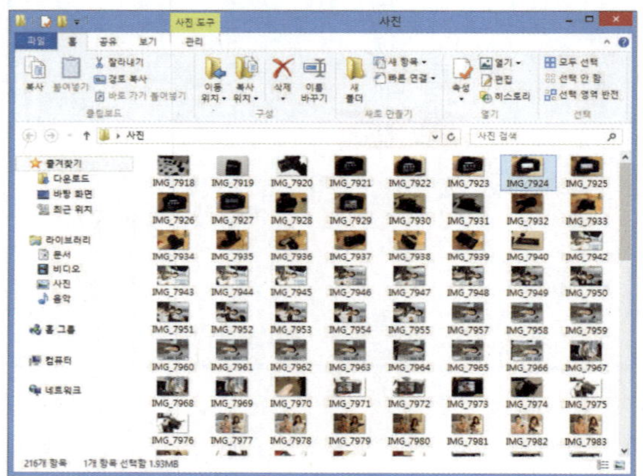 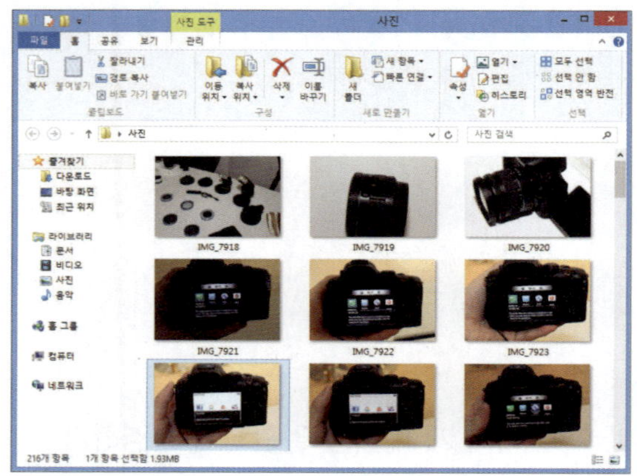

TIP ▌ 마우스 휠 동작

폴더의 빈곳을 한 번 클릭한 뒤 Ctrl 키를 누른 채 마우스 휠을 위로 올리면 미리보기 아이콘이 점점 커지고, 반대로 내리면 미리보기 아이콘이 점점 작아집니다.

2 화면 위쪽의 [보기] 탭-레이아웃 그룹에서도 파일(폴더) 보기 모드를 지정할 수 있습니다.

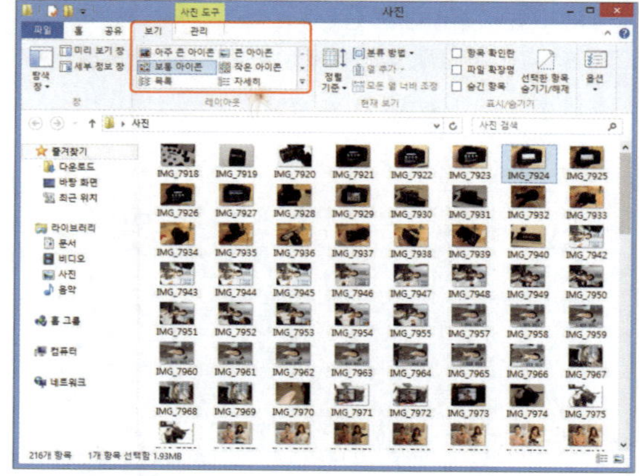

3 폴더 창의 오른쪽 아래에 있는 버튼으로도 쉽게 보기 모드를 변경할 수 있습니다. 를 클릭하면 자세히 보기 모드로 바뀌며, 를 누르면 큰 아이콘 보기 모드로 바뀝니다.

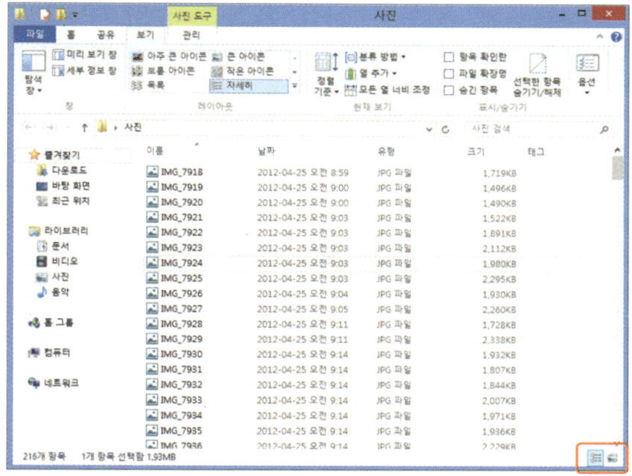

▲ 자세히 보기 모드

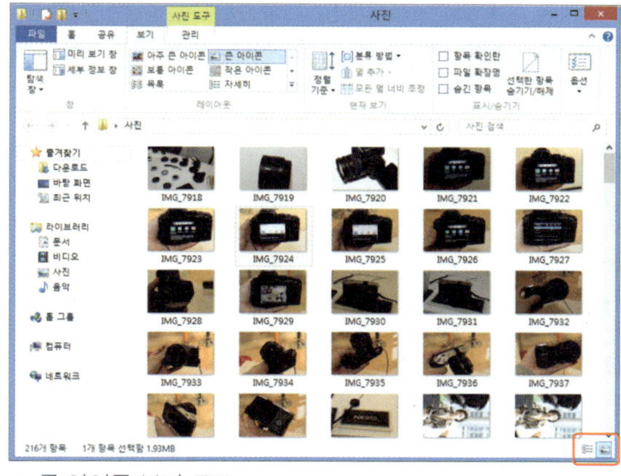

▲ 큰 아이콘 보기 모드

- 아주 큰 아이콘 : Ctrl + Shift + 1
- 큰 아이콘 : Ctrl + Shift + 2
- 보통 아이콘 : Ctrl + Shift + 3
- 작은 아이콘 : Ctrl + Shift + 4
- 목록 : Ctrl + Shift + 5
- 자세히 : Ctrl + Shift + 6
- 타일 : Ctrl + Shift + 7
- 내용 : Ctrl + Shift + 8

※ 일부 시스템에서는 Shift 키 대신 Alt 키로 변경할 수 있습니다.

■ 파일(폴더) 정렬하기

1 파일 목록 위쪽에 있는 목록펼침 버튼을 이용하면 파일(폴더)을 정렬할 수 있는데, '이름' 부분을 클릭해 봅니다. 파일 이름이 오름차순 또는 내림차순으로 정렬됩니다.

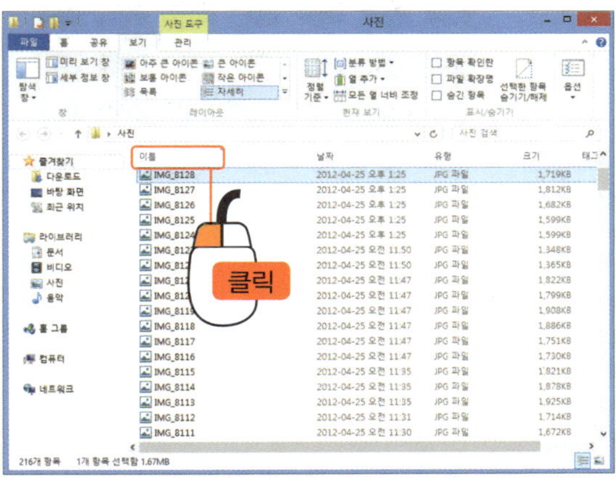

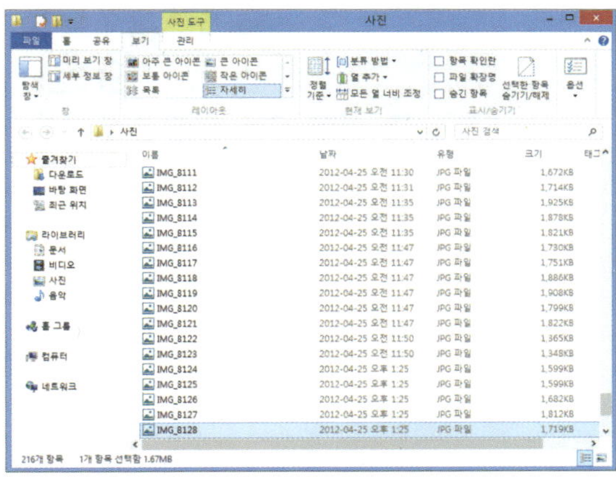

2 창의 빈곳에서 마우스 오른쪽 버튼을 누르면 나타나는 바로가기 메뉴에서 파일(폴더) 정렬 방식과 분류 방법을 지정할 수도 있습니다.

• **정렬 기준** : 파일(폴더)을 이름, 날짜, 유형, 크기, 태그, 오름차순, 내림차순, 자세히 방식으로 정렬 가능합니다.

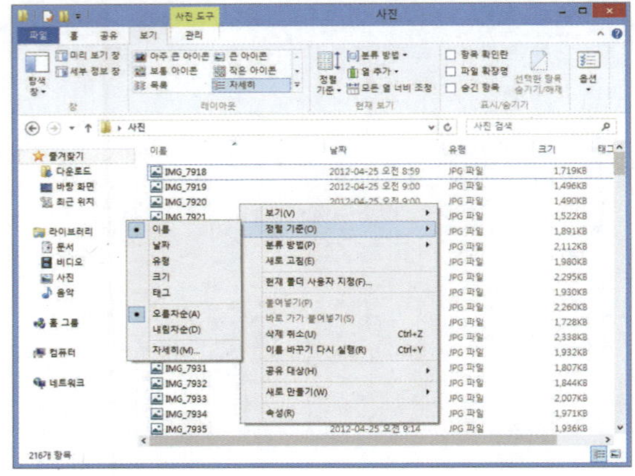

• **분류 방법** : 이름, 날짜, 유형, 크기, 태그순으로 분류할 수 있습니다. 마우스 오른쪽 버튼을 누른 뒤 [분류 방법] 메뉴에서 원하는 분류 방법을 지정합니다. 유형별로 구분되어 나타나는 것을 볼 수 있습니다.

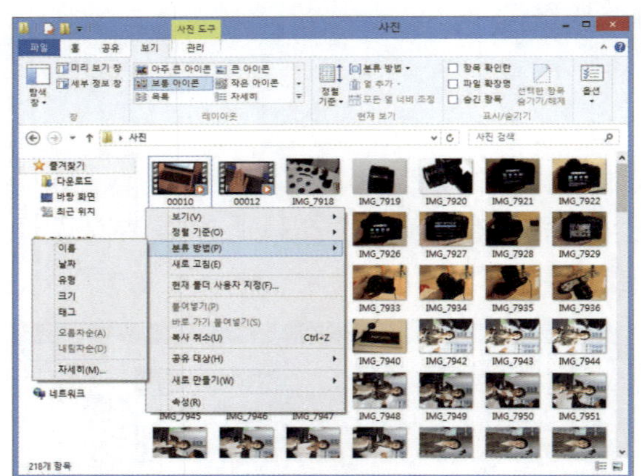

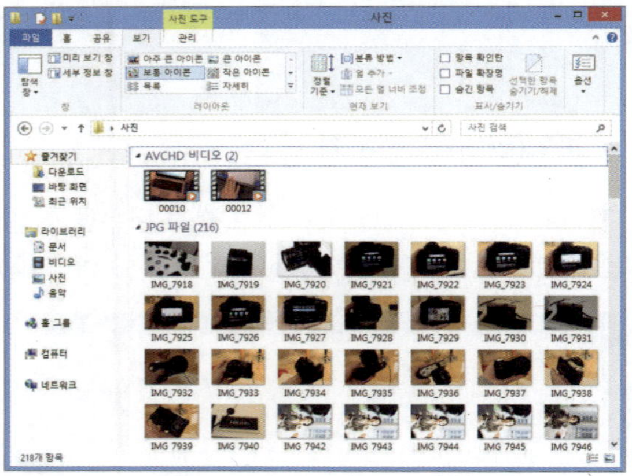

11 사용자 계정 컨트롤로 파일 실행하기

UAC(사용자 계정 컨트롤)는 실행하거나 설치한 프로그램이 시스템에 중대한 영향을 줄 수 있을 때 그 위험성을 사용자에게 알려주는 역할을 합니다. 프로그램을 실행할 때마다 알림이 뜨므로 조금 불편할 수도 있으나, 자신도 모르게 악의적 프로그램이 실행되거나 설치되는 것을 막아주므로 기능을 활성화한 채로 사용하는 것이 좋습니다.

1 Internet Explorer 10 주소표시줄에 'www.naver.com'을 입력해 네이버로 이동합니다. 검색란에 '다음팟플레이어'를 입력한 뒤 결과 목록에서 '다음 팟플레이어' 웹사이트 주소를 클릭합니다.

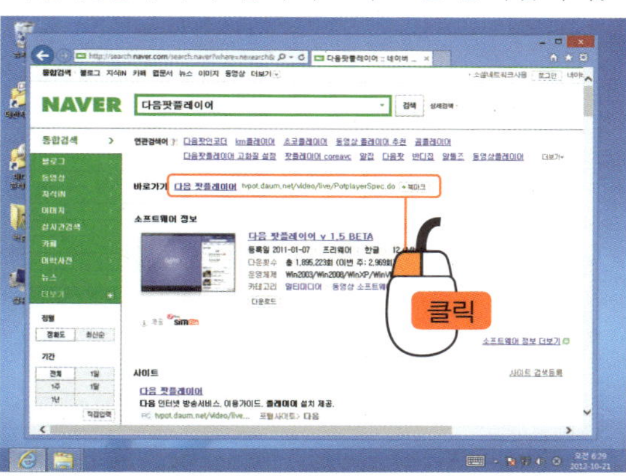

2 다음팟 플레이어 웹사이트로 이동하면 〈팟플레이어 다운로드〉 버튼을 누릅니다. 화면 아래쪽에 창이 나타나면 〈실행〉이나 〈저장〉 버튼을 누릅니다.

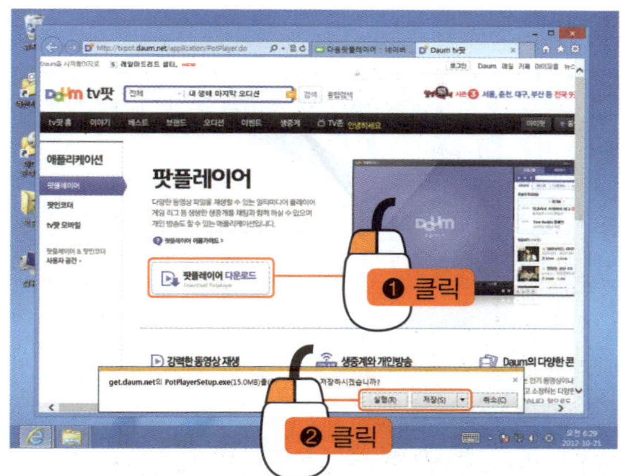

3 파일을 다운로드하고 보안 검사를 실행한 뒤 사용자 계정 컨트롤 창이 나타납니다. 이 프로그램이 컴퓨터를 변경할 수 있도록 허락해 달라는 뜻으로, 신뢰할 수 있는 파일이면 〈예〉 버튼을, 그렇지 않으면 〈아니요〉 버튼을 누릅니다.

TIP

UAC 기능을 해제하여 나타나지 않게 할 수도 있습니다. 책 344쪽을 참고하세요. SmartScreen 경고를 끄는 방법은 479쪽을 참고하세요.

12 연결 프로그램 변경하기

각 파일마다 연결할 프로그램을 수동으로 지정할 수 있습니다. 하나의 파일에 프로그램 1개만 연결해서 사용할 수도 있고, 여러 프로그램을 연결해서 사용할 수도 있습니다. 보통 파일을 더블클릭하게 되면 기본으로 연결된 프로그램이 실행되는데, 기본 연결 프로그램 외에 다른 프로그램과 연결하는 방법도 알아봅니다.

1 동영상 파일이 들어 있는 폴더를 열고, 재생할 동영상 파일을 더블클릭하여 실행합니다. 동영상이 윈도우 8 UI 시작 화면에 새로 추가된 비디오 앱과 연결되어 재생되는 것을 확인할 수 있습니다.

2 동영상 연결 프로그램을 변경하려면 동영상 파일 위에서 마우스 오른쪽 버튼을 누른 뒤 [연결 프로그램] 메뉴에서 연결할 프로그램을 선택하면 됩니다.

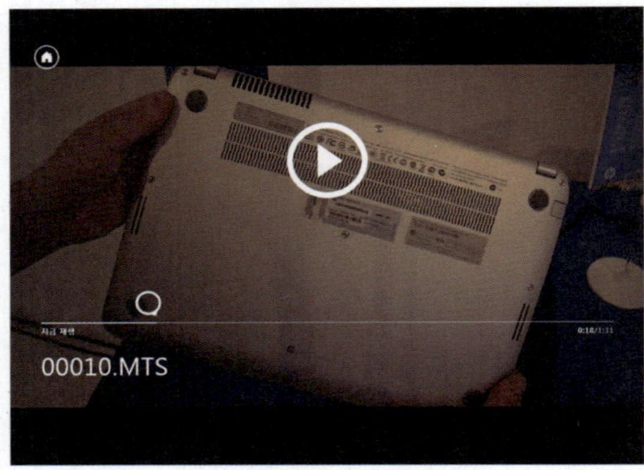

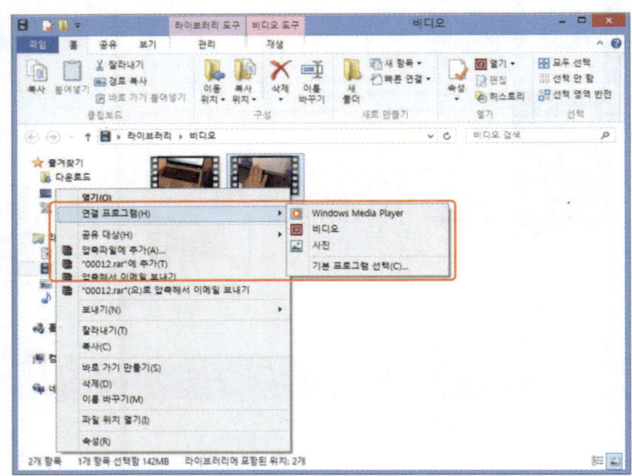

3 Windows Media Player와 처음으로 연결하면 다음처럼 초기 설정 화면이 나타납니다. '권장 설정' 항목에 체크한 뒤 〈마침〉 버튼을 누릅니다.

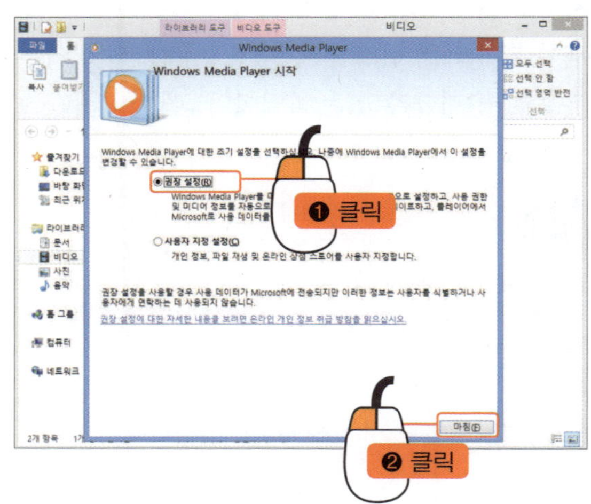

4 동영상 파일이 Windows Media Player와 연결되어 재생되는 것을 확인할 수 있습니다. 매번 이 프로그램으로 연결되는 것이 아니라, 이번 한 번만 연결된 것입니다.

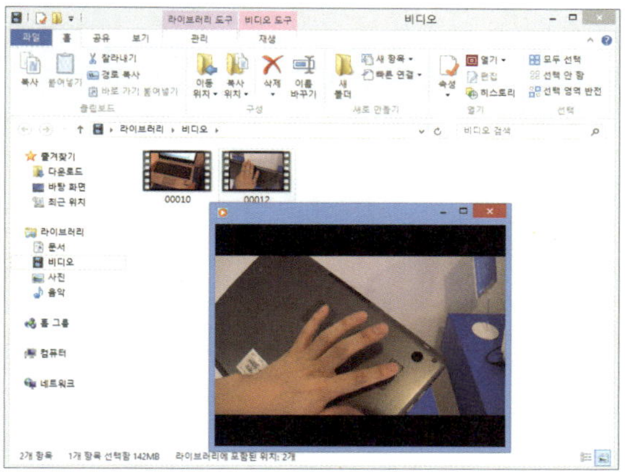

5 영구적으로 연결 프로그램을 변경하려면 동영상 파일 위에서 마우스 오른쪽 버튼을 누른 뒤 [연결 프로그램]–[기본 프로그램 선택] 메뉴를 클릭합니다.

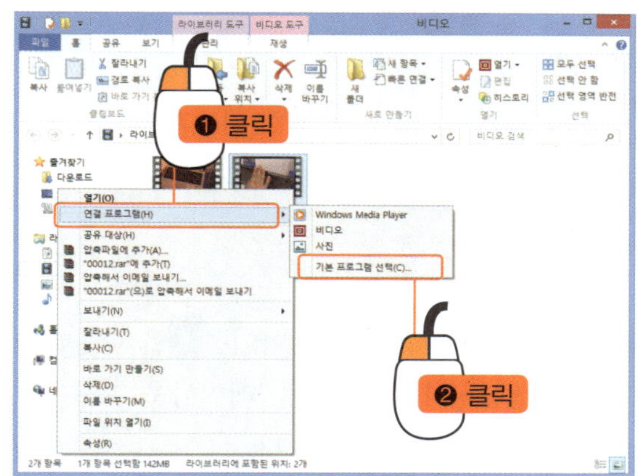

6 파일을 열 때 사용할 앱 선택 창에서 해당 확장자를 지닌 파일을 열 때 사용할 앱을 선택합니다. 여기서는 해당 동영상 확장자를 실행할 때 PotPlayer(팟플레이어)를 자동으로 실행하도록 PotPlayer를 선택했습니다.

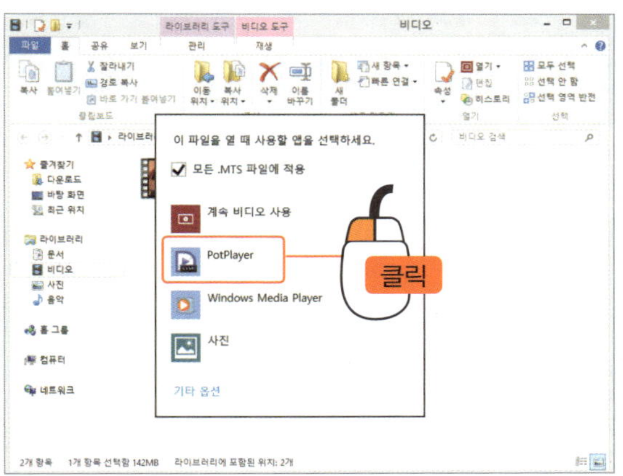

7 팟플레이어가 실행되면서 동영상이 재생되는 것을 확인할 수 있습니다. 기본 프로그램이 변경되었으므로 앞으로 해당 동영상 확장자는 모두 팟플레이어로 재생됩니다.

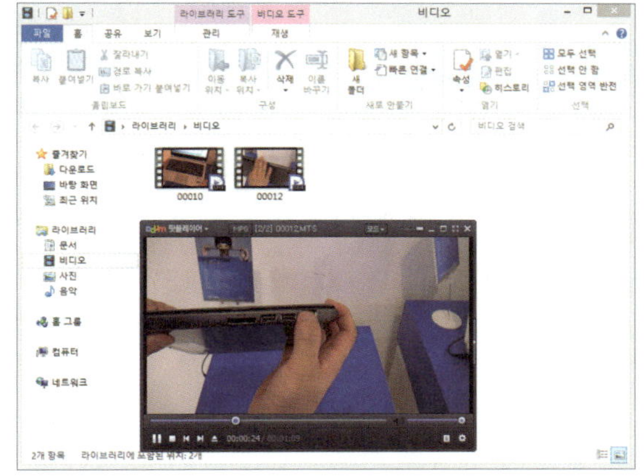

TIP

'기타 옵션'을 클릭하면 더 많은 앱 목록을 볼 수 있습니다.

※ 기본 연결 프로그램 변경은 매우 자주 사용하는 기능으로, 동영상 외에 그림이나 문서 파일 등에도 활용할 수 있습니다.

13 숨김 파일 화면에 표시하기

윈도우 운영체제에서는 중요한 폴더나 파일은 기본적으로 숨겨놓습니다. 하지만 폴더나 파일 관리를 위해 종종 숨겨진 파일을 화면에 표시해야 할 때가 있는데, 지금부터 숨겨진 파일을 표시하는 방법을 알아봅니다.

1 바탕화면에서 '컴퓨터' 아이콘을 더블클릭하여 실행합니다. [보기] 탭-레이아웃 그룹에서 '옵션' 아이콘을 클릭합니다.

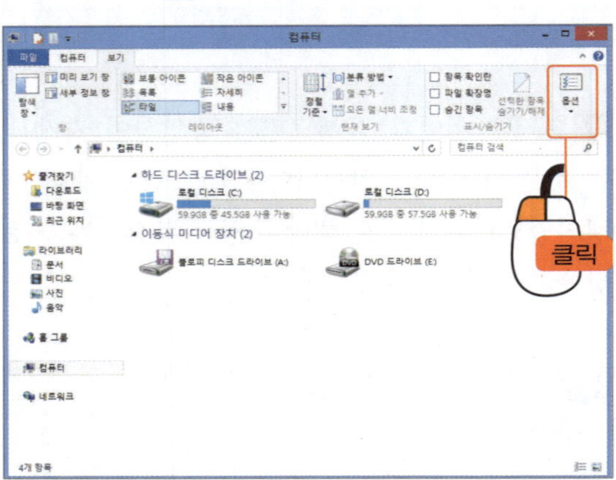

2 [폴더 옵션] 대화상자(Alt+V+Y+O 키)가 나타나면 [보기] 탭을 클릭합니다.

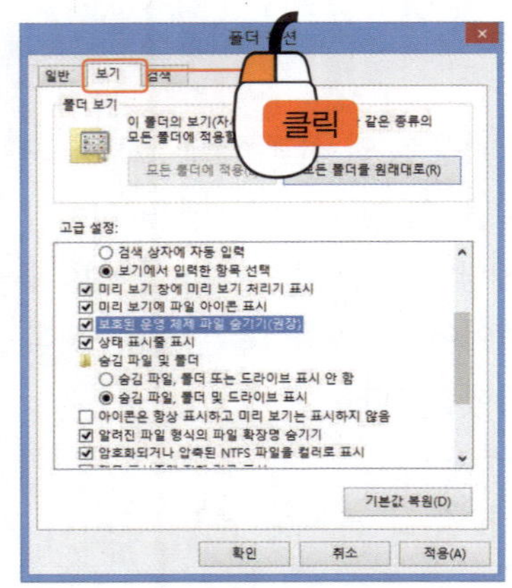

3 숨긴 파일이나 폴더의 이름과 미리보기는 흐리게 나타나는 것을 확인할 수 있습니다. 흐리게 보여주는 것은 숨긴 파일임을 표시하기 위해서입니다.

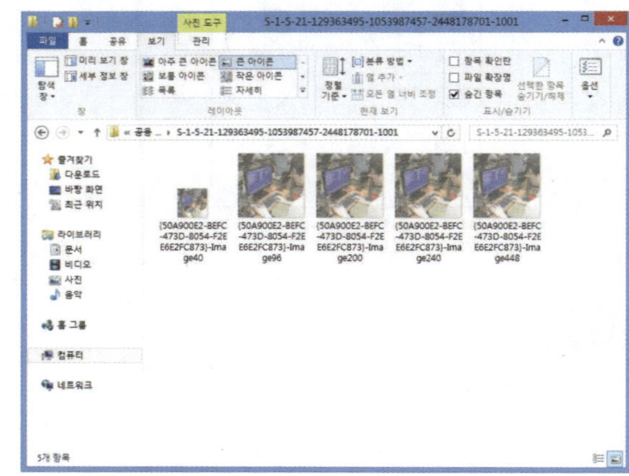

• **[일반] 탭**

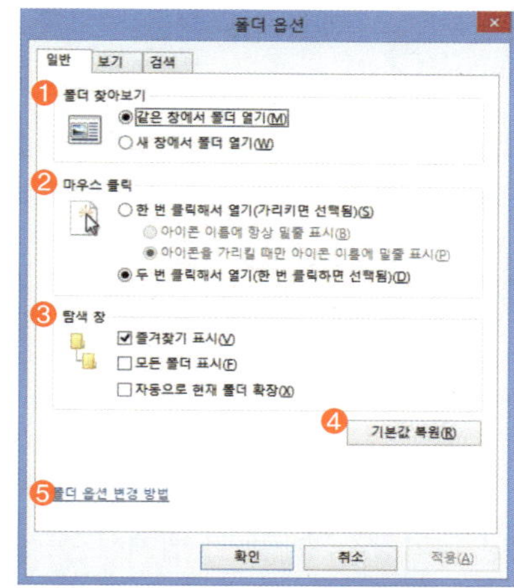

❶ 폴더 찾아보기 : 폴더를 같은 창에서 열지, 새 창에서 열지 지정합니다.

❷ 마우스 클릭 : 폴더를 마우스 클릭 한 번으로 열지, 두 번 클릭(더블클릭)해서 열지 지정합니다.

❸ 탐색 창 : 창 왼쪽의 탐색 창에 즐겨찾기, 모든 폴더 표시, 자동으로 현재 폴더 확장의 사용 유무를 체크합니다.

❹ 기본값 복원 : 모든 설정을 초기값으로 되돌립니다.

❺ 폴더 옵션 변경 방법 : 폴더 옵션 변경 방법에 대한 도움말을 나타냅니다.

• **[보기] 탭**

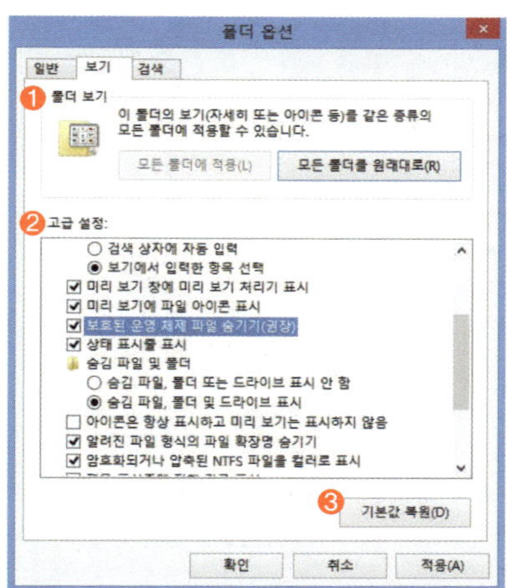

❶ 폴더 보기 : 이 폴더의 보기를 같은 종류의 폴더에 모두 적용 또는 해제합니다.

❷ 고급 설정 : 폴더의 속성을 변경하는 모든 고급 설정을 지정합니다.
 – 보호된 운영 체제 파일 숨기기(권장) : 체크하면 보호된 운영체제 파일이 숨겨지며, 체크를 해제하면 다시 나타납니다.
 – 숨김 파일, 폴더 및 드라이브 표시 : 체크하면 숨긴 파일을 보이도록 설정할 수 있습니다.

❸ 기본값 복원 : 모든 설정을 초기값으로 되돌립니다.

• **[검색] 탭**

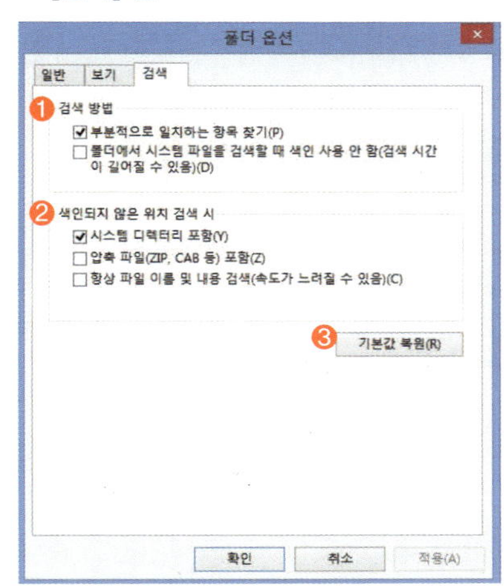

❶ 검색 방법 : 검색 방법을 지정합니다.
 – 부분적으로 일치하는 항목 찾기 : 검색한 내용과 부분적으로 일치하는 항목도 검색 내용에 반영합니다.
 – 폴더에서 시스템 파일을 검색할 때 색인 사용 안 함 : 검색에서 시스템 파일을 검색할 때 색인을 사용하지 않습니다.

❷ 색인되지 않은 위치 검색 시 : 색인이 지원되지 않는 검색을 할 때 설정하는 항목입니다.
 – 시스템 디렉터리 포함 : 시스템 디렉터리를 포함할지 여부를 선택합니다.
 – 압축 파일(ZIP, CAB 등) 포함 : 압축 파일 내의 파일을 검색할지 여부를 선택합니다.
 – 항상 파일 이름 및 내용 검색 : 검색할 때마다 다시 항상 파일 이름 및 내용을 검색합니다.

❸ 기본값 복원 : 모든 설정을 초기값으로 되돌립니다.

14 폴더 및 파일 숨김/표시하기

폴더와 파일은 필요에 따라서 숨길 수도 있습니다. 다른 사용자가 보지 못하도록 의도적으로 숨기거나 불필요한 파일은 숨겨서 정리할 수도 있습니다. 폴더나 파일을 숨긴 뒤 숨긴 파일을 다시 표시하도록 설정해 보겠습니다.

▌ 폴더 및 파일 숨기기

1 숨기고 싶은 폴더나 파일 위에서 마우스 오른쪽 버튼을 누른 뒤 [속성] 메뉴를 클릭합니다.

2 폴더 속성 대화상자의 [일반] 탭에서 '특성–숨김' 항목에 체크한 뒤 〈확인〉 버튼을 누릅니다.

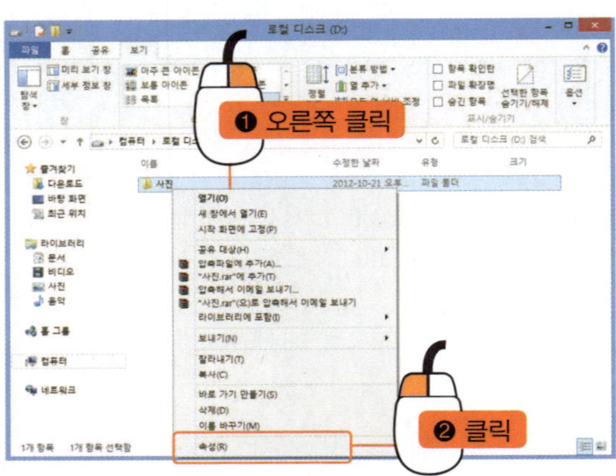

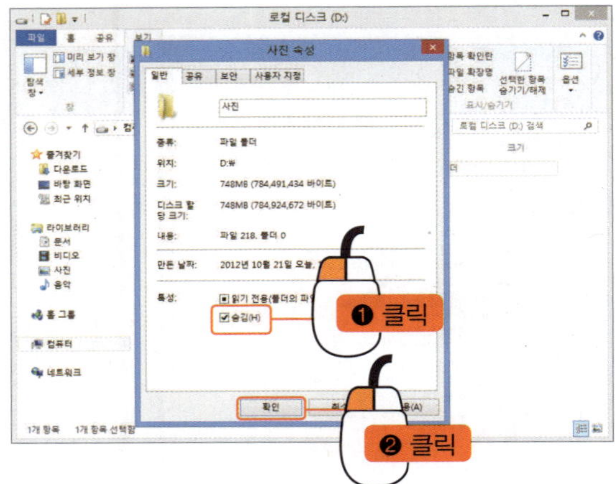

3 특성 변경 확인 창이 나타나면, '이 폴더, 하위 폴더 및 파일에 변경 사항 적용'에 체크하고 〈확인〉 버튼을 누릅니다.

- 이 폴더에만 변경 사항 적용 : 선택한 폴더에만 숨김이 적용됩니다.
- 이 폴더, 하위 폴더 및 파일에 변경 사항 적용 : 폴더 및 폴더 내의 파일 모두에 숨김이 적용됩니다.

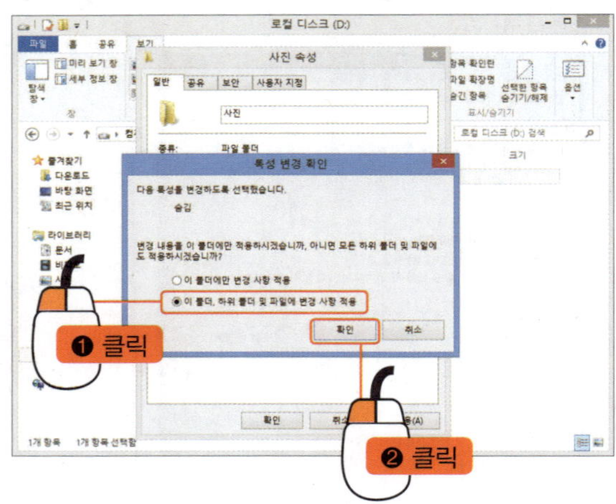

4 해당 폴더가 화면에서 숨겨진 것을 확인할 수 있습니다(화면에만 보이지 않는 것이지 실제로는 폴더에 들어 있습니다).

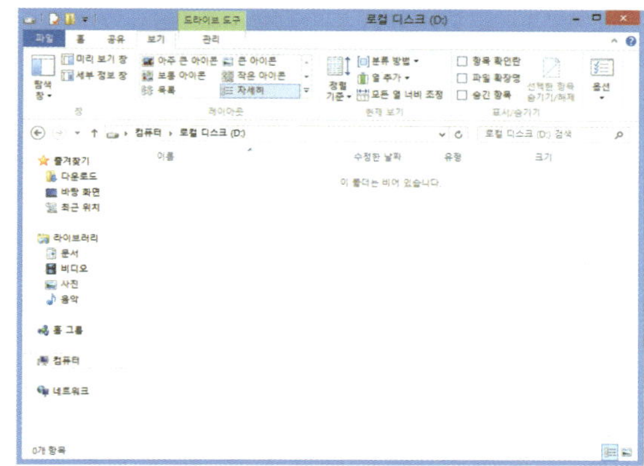

▌ 숨긴 폴더 및 파일 표시하기

1 숨긴 폴더나 파일을 다시 표시하려면 [폴더 옵션] 대화상자의 [보기] 탭에서 '고급 설정–숨김 파일, 폴더 및 드라이브 표시'에 체크하고 〈확인〉 버튼을 누릅니다.

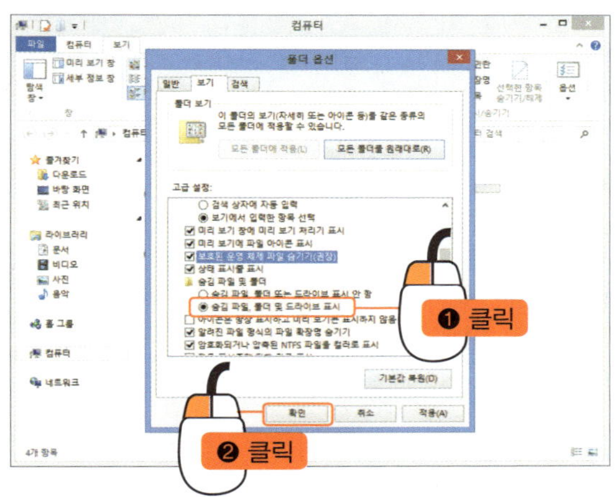

2 숨겨진 폴더가 흐릿한 모양으로 다시 화면에 나타납니다. 숨겨진 폴더에서 마우스 오른쪽 버튼을 누른 뒤 [속성] 메뉴를 클릭합니다. 폴더 속성 대화상자의 [일반] 탭에서 '특성–숨김'에 체크를 해제한 뒤 〈확인〉 버튼을 누릅니다.

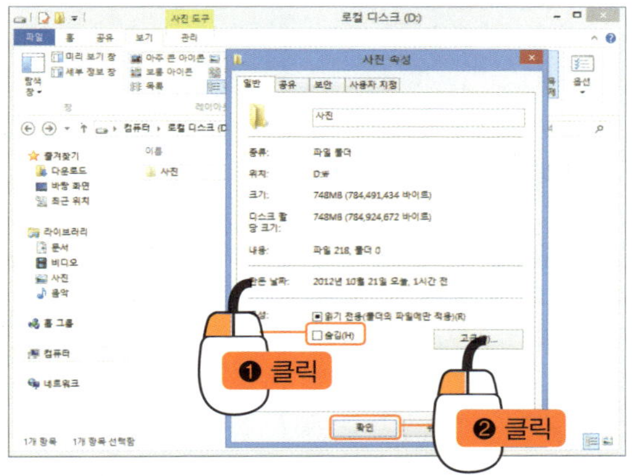

3 특성 변경 확인 창이 나타나면, '이 폴더, 하위 폴더 및 파일에 변경 사항 적용'에 체크하고 〈확인〉 버튼을 누릅니다. 폴더 및 파일이 다시 보이는 것을 확인할 수 있습니다.

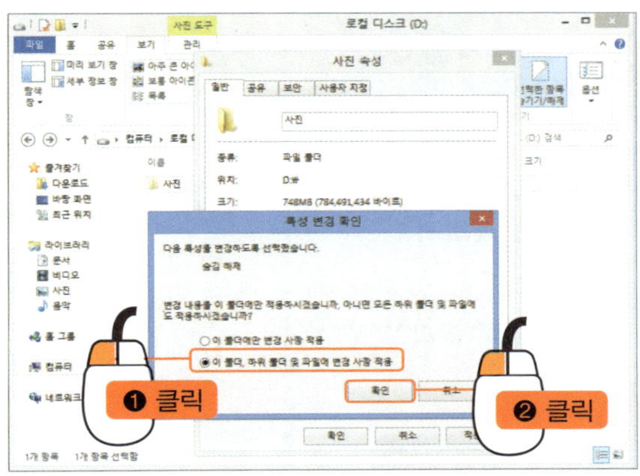

- **[일반] 탭**

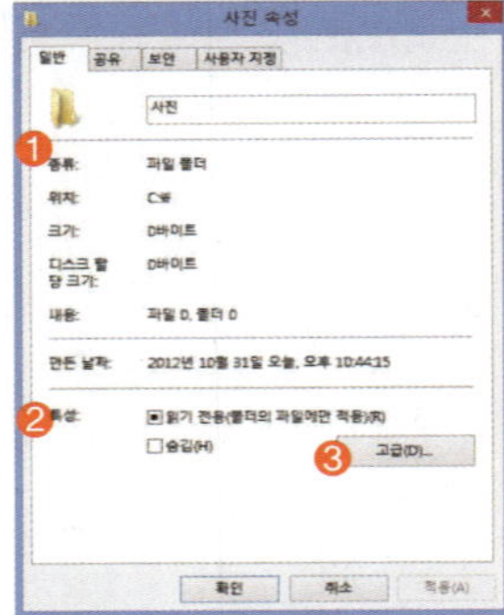

❶ 파일 속성 : 파일의 종류, 위치, 크기, 디스크 할당 크기, 내용을 확인합니다.
❷ 특성 : 파일의 읽기 전용, 숨김 등의 특성을 확인 및 설정합니다.
❸ 〈고급〉 버튼 : 보관 및 색인 특성, 압축 또는 암호화 특성을 설정합니다. 색인을
추가하여 검색 속도를 향상하거나 파일을 압축하여 디스크 공간을 늘리거나
데이터를 암호화할 수 있습니다. 고급 사용자만 사용할 것을 권합니다.

- **[공유] 탭**

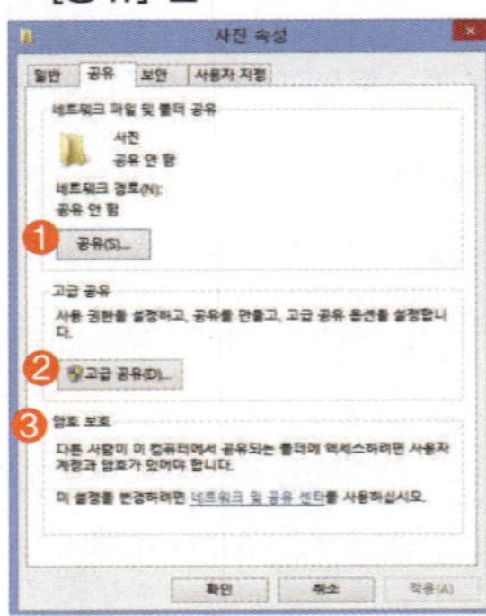

❶ 〈공유〉 버튼 : 선택한 폴더를 공유 마법사를 따라서 공유합니다.
❷ 〈고급 공유〉 버튼 : 선택한 폴더를 공유합니다. 고급 설정을 이용해 직접 공유
이름, 사용자, 권한, 캐싱, 주석 등을 설정할 수 있습니다.
❸ 암호 보호 : 다른 사람이 이 컴퓨터의 공유된 드라이브를 액세스할 수 있도
록 설정합니다.

- **[보안] 탭**

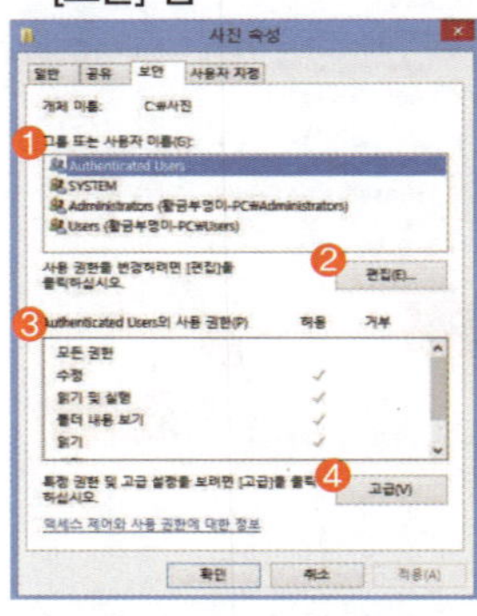

❶ 그룹 또는 사용자 이름 : 선택된 폴더에 권한을 가진 사용자 또는 그룹을 표
시합니다.
❷ 〈편집〉 버튼 : 선택된 폴더에 권한을 가진 사용자와 그룹을 편집합니다.
❸ Authenticated Users의 사용 권한 : 인증된 사용자에 대한 모든 권한, 수정, 읽
기 및 실행, 폴더 내용 보기 등의 허용 여부를 확인합니다.
❹ 〈고급〉 버튼 : 사용자와 그룹에 대한 권한을 설정합니다.

- **[사용자 지정] 탭**

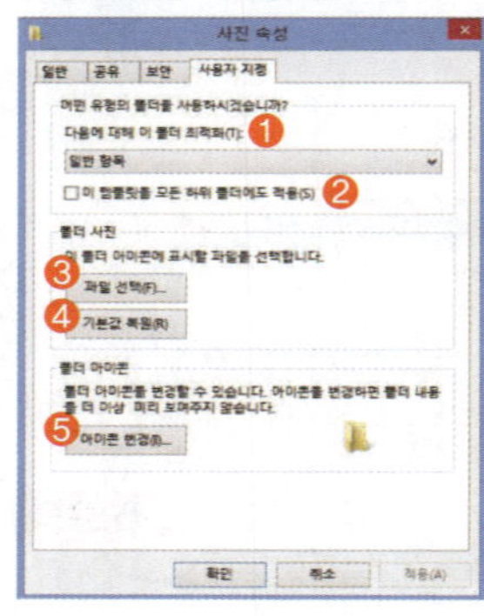

❶ 다음에 대해 이 폴더 최적화 : 선택한 폴더에 템플릿을 적용합니다(문서, 사진,
음악, 비디오에 대해서 특화할 수 있습니다).
❷ 이 템플릿을 모든 하위 폴더에도 적용 : 선택한 폴더에 적용된 템플릿을 하위
폴더에도 적용시킵니다.
❸ 〈파일 선택〉 버튼 : 폴더의 사진을 임의로 지정할 수 있습니다.
❹ 〈기본값 복원〉 버튼 : 폴더의 사진을 기본값으로 복원합니다.
❺ 〈아이콘 변경〉 버튼 : 폴더 아이콘을 변경합니다.

15 공유 폴더로 자료 공유하기

두 대 이상의 컴퓨터를 사용하는 작업 그룹에서는 서로의 자료를 공유해야 할 때가 많습니다. 이때, 홈 그룹으로 묶으면 서로의 폴더를 공유할 수 있습니다. 지금부터 특정한 폴더를 공유하고, 해제하는 방법을 알아봅니다.

1 공유하고 싶은 폴더에서 마우스 오른쪽 버튼을 누른 뒤 [속성] 메뉴를 클릭합니다.

2 폴더 속성 대화상자에서 [공유] 탭을 클릭합니다. '고급 공유' 항목의 〈고급 공유〉 버튼을 클릭합니다.

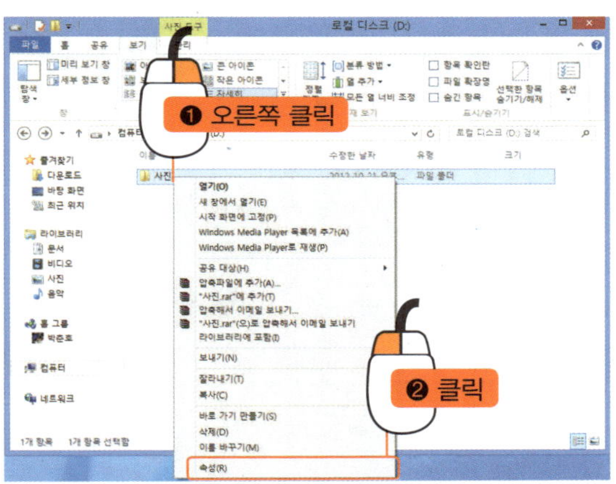

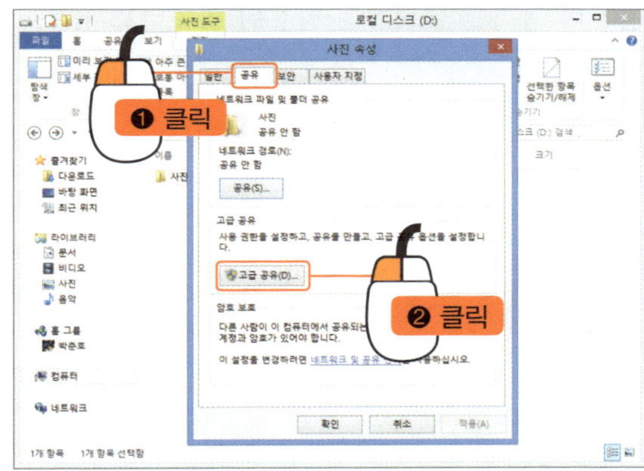

3 [고급 공유] 대화상자에서 '선택한 폴더 공유' 항목에 체크합니다. '동시 사용자의 수를 다음으로 제한' 항목에서 숫자를 수정한 뒤 〈권한〉 버튼을 누릅니다.

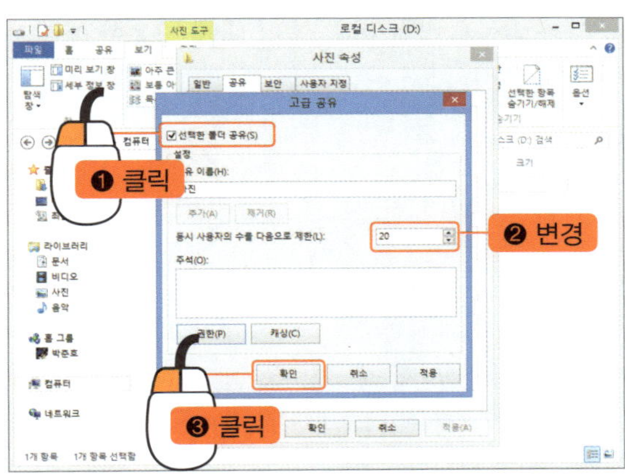

4 폴더의 사용 권한 대화상자에서 'Everyone
의 사용 권한' 항목의 설정을 변경하고 〈확인〉 버
튼을 누릅니다.

> • 모든 권한 : '허용'에 체크하면 읽기는 물론 쓰기 작업
>   과 삭제도 가능합니다.
> • 읽기 : '허용'에 체크하면 읽기 전용으로 공유합니다.
>   공유 폴더에 들어 있는 데이터를 다른 사용자가 함부
>   로 지우지 못하게 하려면 '읽기 권한'만 설정합니다.

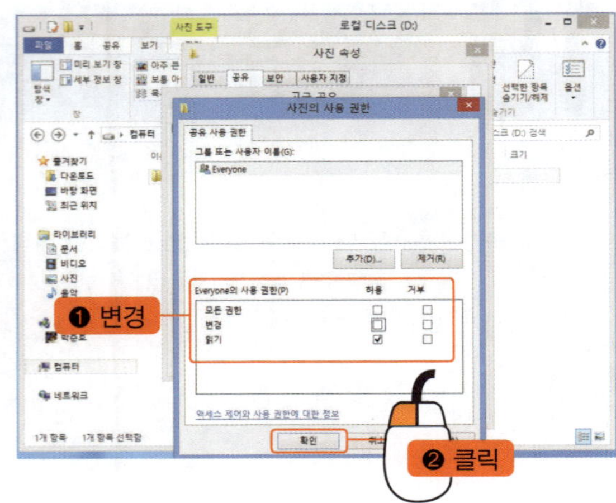

5 다른 컴퓨터에서 바탕화면의 '네트워크' 아이
콘을 더블클릭해 엽니다. 화면 왼쪽 영역에서
컴퓨터 목록을 클릭하여 공유된 컴퓨터로 접속합
니다.

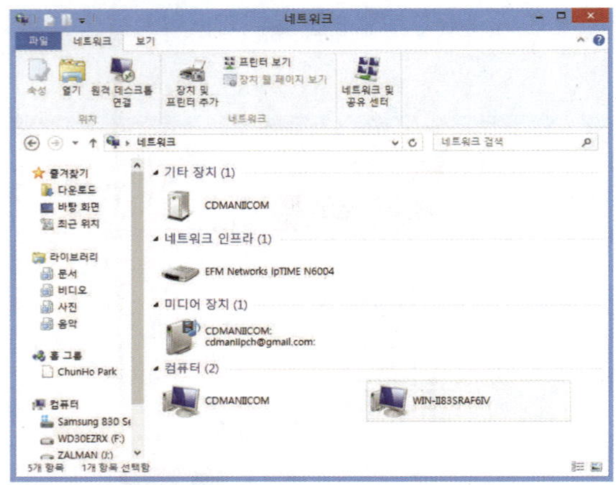

> **TIP**
>
> 바탕화면에 '네트워크' 아이콘을 꺼내는 방법은 167쪽
> 을 참고합니다.

6 폴더가 서로 공유된 것을 확인할 수 있습니
다. 여기서는 사진 폴더를 공유했기 때문에 사진
폴더를 더블클릭합니다. 폴더 내에 공유한 이미지
들이 보입니다.

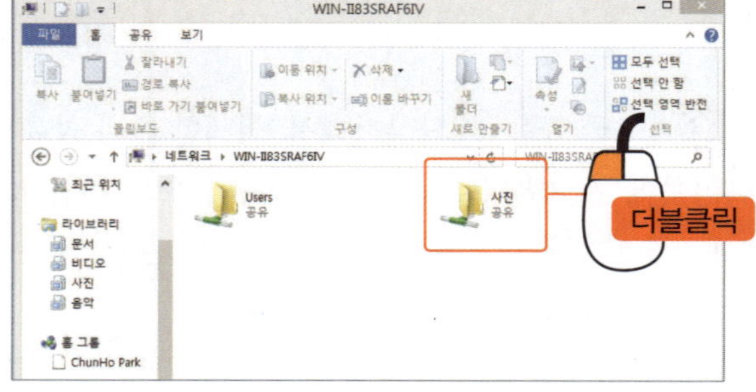

> **TIP**
>
> 공유 폴더를 설정할 때 가장 중요한 것이 권한 설정입니다. 공유한 뒤 모든 권한
> 을 Everyone에 부여했을 때 익명의 사용자가 공유 폴더의 파일을 지워버리거나
> 변형할 수 있으므로 주의해야 합니다. 읽기 전용으로 권한을 지정했을 때는 다
> 음처럼 다른 사용자가 파일을 지우려고 해도 지울 수 없습니다.
>
> 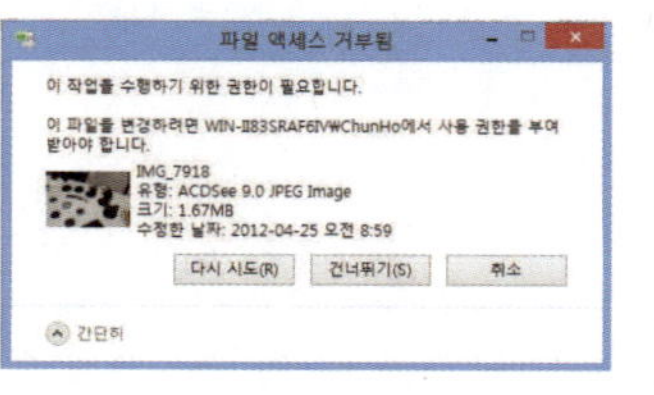
>

16 디스크 오류 검사하기

컴퓨터를 사용하다 보면 저장장치에 문제가 발생하기도 합니다. 하드디스크에 오류가 생겨 운영체제에 발생한 문제 등은 없는지 직접 검사하여 알아낼 수 있습니다. 컴퓨터가 가끔 너무 느리거나 오류 메시지가 자주 뜬다면 검사를 한번 해보는 것이 좋습니다.

1 바탕화면에서 '컴퓨터' 아이콘을 더블클릭해 엽니다. 디스크 오류 검사를 하고 싶은 드라이브 위에서 마우스 오른쪽 버튼을 누른 뒤 [속성]을 클릭합니다.

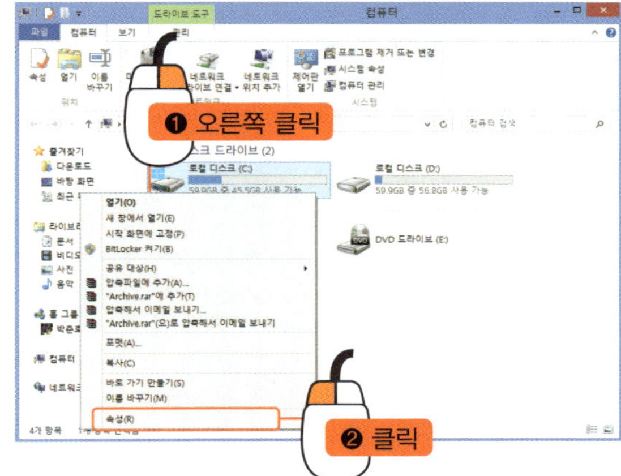

2 해당 드라이브 속성 대화상자의 [도구] 탭에서 '오류 검사' 항목의 〈검사〉 버튼을 클릭합니다.

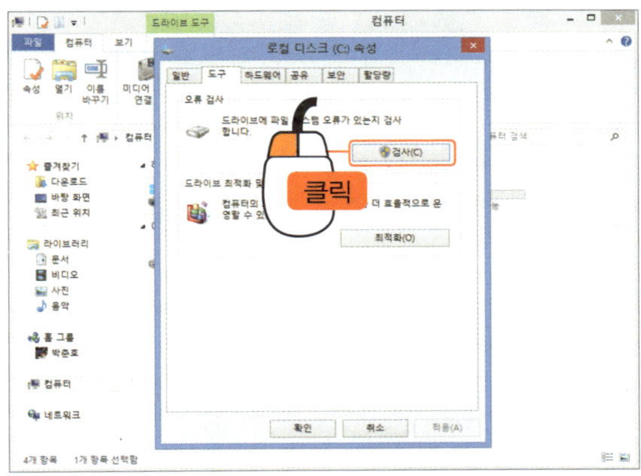

3 오류 검사 창이 나타나면 〈드라이브 검사〉 버튼을 누릅니다.

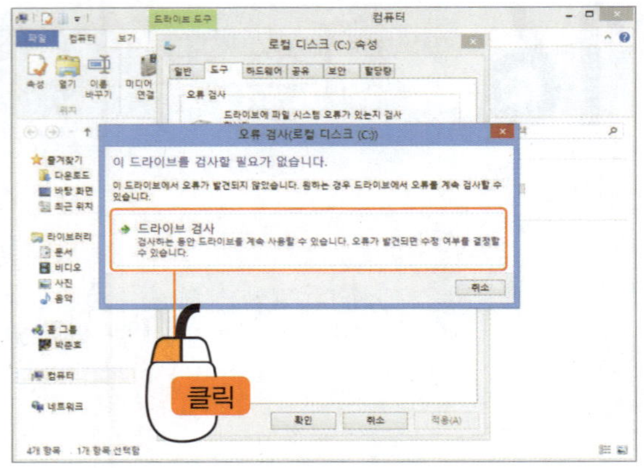

4 해당 드라이브의 오류를 검사합니다.

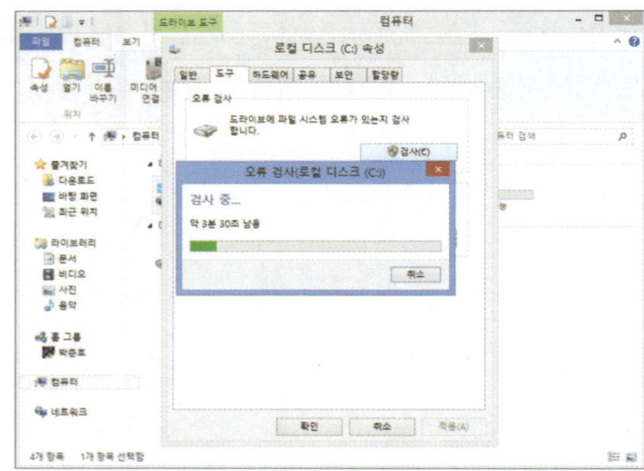

5 오류 검사를 마치면 검사 결과를 보여줍니다. 오류를 확인하고 하드디스크 배드 섹터를 검사하여 문제를 해결합니다. 관련 내용은 486쪽을 참고합니다. 발견된 오류가 없으면 〈닫기〉 버튼을 누릅니다.

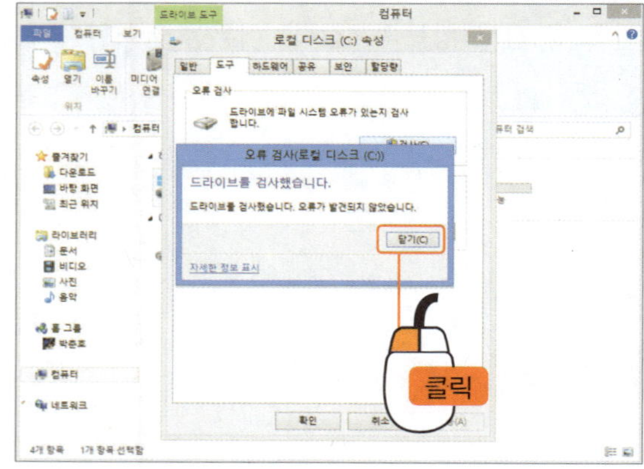

• **[일반] 탭**

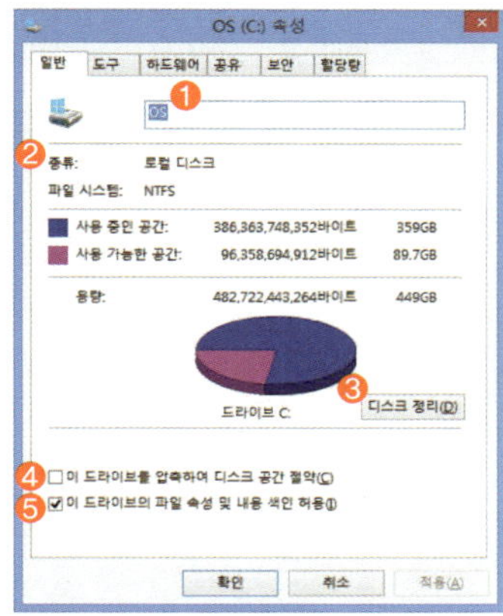

❶ 드라이브의 이름을 입력한 내용으로 변경합니다.

❷ 종류, 파일 시스템 : 드라이브의 종류 및 파일 시스템(FAT/FAT32/NTFS 등)을 나타냅니다.

❸ 〈디스크 정리〉 버튼 : 드라이브의 필요 없는 파일을 정리합니다.

❹ 이 드라이브를 압축하여 디스크 공간 절약 : 드라이브의 공간을 압축하여 용량을 늘립니다. 모든 데이터가 압축/압축 해제되면서 읽는 과정을 거치므로 속도가 느려집니다.

❺ 이 드라이브의 파일 속성 및 내용 색인 허용 : 검색 속도를 늘리기 위하여 이 드라이브의 색인을 허용할 수 있으며 해제할 수도 있습니다.

• **[도구] 탭**

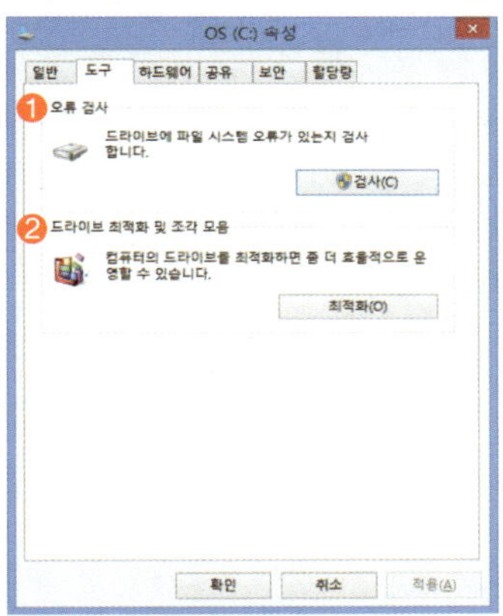

❶ 오류 검사 : 드라이브에 문제가 있는지 검사합니다.

❷ 드라이브 최적화 및 조각 모음 : 드라이브를 최적화 또는 조각 모음 합니다.

• **[하드웨어] 탭**

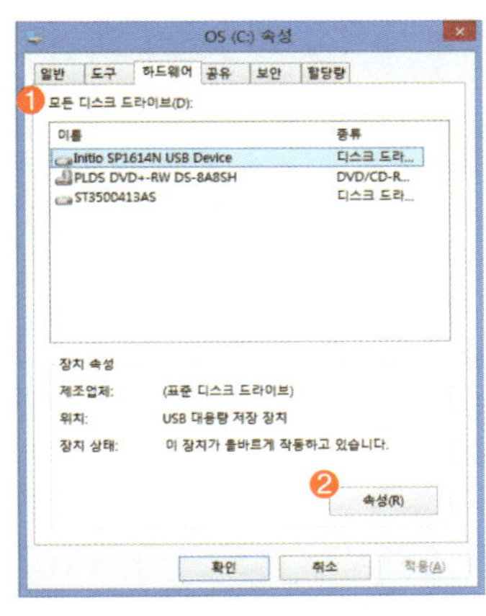

❶ 모든 디스크 드라이브 : 컴퓨터에 연결된 모든 디스크 드라이브 정보를 표시합니다.

❷ 〈속성〉 버튼 : 선택된 드라이브의 속성을 확인합니다.

- **[공유] 탭**

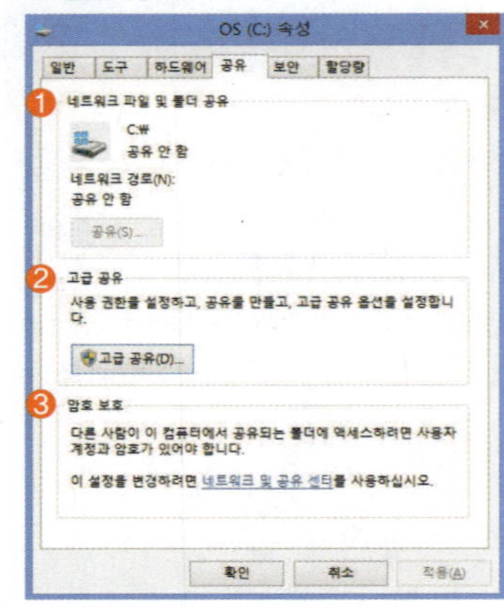

① 네트워크 파일 및 폴더 공유 : 선택된 드라이브를 공유합니다.

② 고급 공유 : 선택한 드라이브를 직접 사용자 선택 및 권한을 부여하여 공유합니다.

③ 암호 보호 : 다른 사람이 이 컴퓨터의 공유된 드라이브를 액세스할 수 있도록 설정합니다.

- **[보안] 탭**

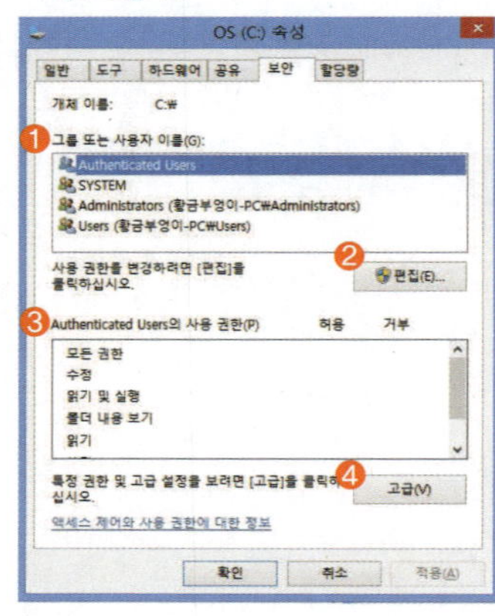

① 그룹 또는 사용자 이름 : 선택한 폴더에 권한을 가진 사용자 또는 그룹을 표시합니다.

② 〈편집〉 버튼 : 선택된 폴더에 권한을 가진 사용자와 그룹을 편집합니다.

③ Authenticated Users의 사용 권한 : 인증된 사용자에 대한 모든 권한, 수정, 읽기 및 실행, 폴더 내용 보기 등의 허용 여부를 확인합니다.

④ 〈고급〉 버튼 : 사용자와 그룹에 대한 권한을 설정합니다.

- **[할당량] 탭**

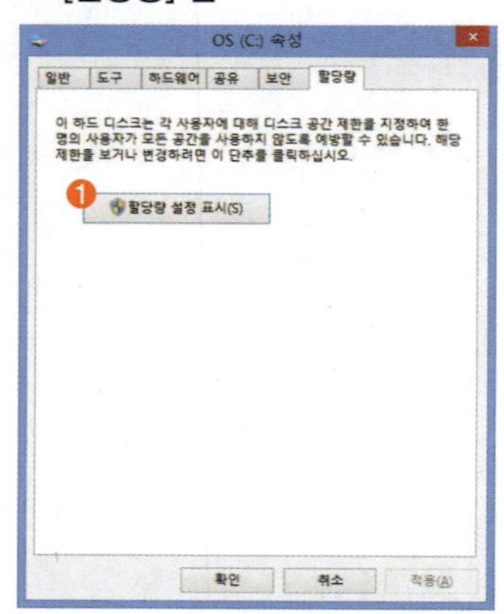

① 할당량 설정 표시 : 각 사용자마다 디스크 드라이브의 공간을 할당하여 사용하도록 설정할 수 있습니다. 디스크 할당량을 지정하고 관리합니다.

17 디스크 조각 모음하기

컴퓨터를 오래 사용하다 보면 조금씩 컴퓨터가 느려지는데, 그 요인 중 하나는 하드디스크의 단편화 때문입니다. 하드디스크는 디스크가 고속으로 회전하고 그 위를 헤더가 움직이면서 데이터를 읽는데, 쓰기 작업을 하다 보면 헤더가 움직여야 하는 거리가 점점 더 멀어집니다. 이 문제는 디스크 조각 모음으로 해결할 수 있는데, 디스크 조각 모음은 데이터를 한곳에 모아줍니다. 단, SSD의 경우에는 조각 모음을 하지 않는 것을 권합니다.

1 컴퓨터 폴더를 열고 하드디스크 위에서 마우스 오른쪽 버튼을 누른 뒤 [속성] 메뉴를 클릭합니다(어떤 하드디스크 드라이브를 선택해도 관계없습니다). 속성 대화상자의 [도구] 탭에서 '드라이브 최적화 및 조각 모음' 항목의 〈최적화〉 버튼을 누릅니다.

2 [드라이브 최적화] 대화상자에서 조각 모음을 실행할 드라이브를 선택합니다. 〈분석〉 버튼을 눌러 현재 상태를 점검한 뒤 〈최적화〉 버튼을 누릅니다.

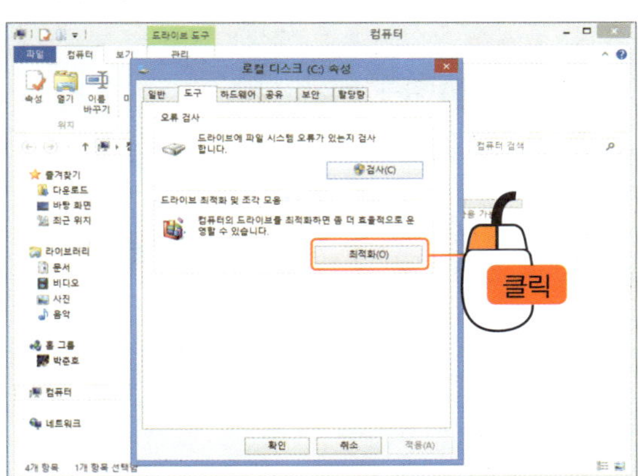

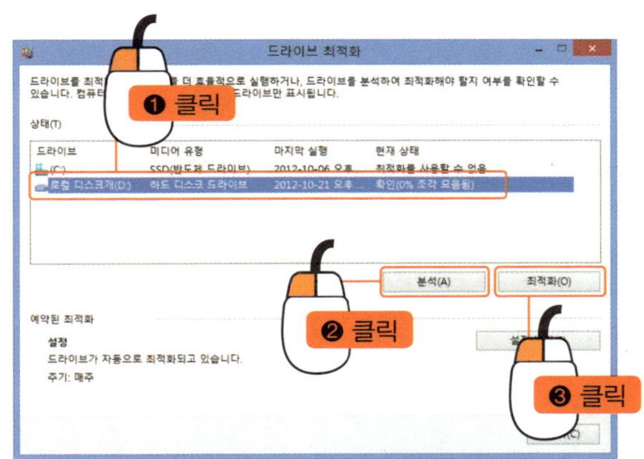

드라이브 최적화 창에서 최적화 일정을 예약할 수 있습니다. 예약된 시간에 자동으로 최적화 작업을 진행합니다. 하지만 가끔은 수동으로 최적화 작업을 실행하는 것이 좋습니다.

18 디스크 정리로 공간 늘리기

컴퓨터를 사용하다 보면 C드라이브의 저장공간이 부족할 때가 있습니다. 휴지통이나 임시 폴더 등 데이터가 쌓이면서 공간이 부족해지는데, 간단히 디스크 정리를 이용해 공간을 확보할 수 있는 방법이 있습니다. 바로 디스크 정리로 쓰지 않는 데이터를 대청소하는 것입니다. 지금부터 그 방법을 알아봅니다.

1 컴퓨터 폴더를 열고, 디스크 정리를 할 드라이브를 선택합니다. 위쪽의 [관리] 탭을 선택한 뒤 '정리' 아이콘을 클릭합니다.

2 [디스크 정리] 대화상자(바로가기 키 : Alt + J + C)가 나타납니다. '삭제할 파일' 항목에서 삭제할 파일에 체크한 뒤 〈확인〉 버튼을 누릅니다. 모든 파일을 삭제해도 됩니다.

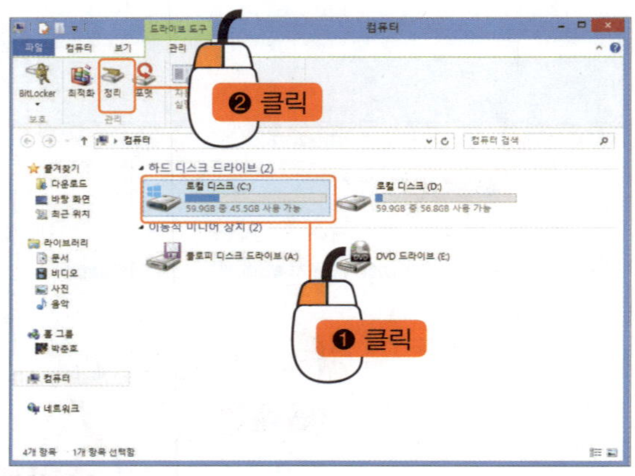

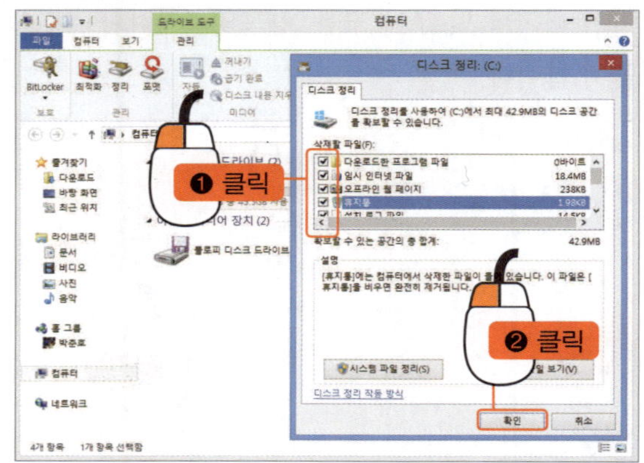

3 파일을 완전히 삭제할 것인지 묻는 메시지 창이 뜨면 〈파일 삭제〉 버튼을 누릅니다. 선택한 항목을 모두 삭제하면 디스크 정리가 끝납니다.

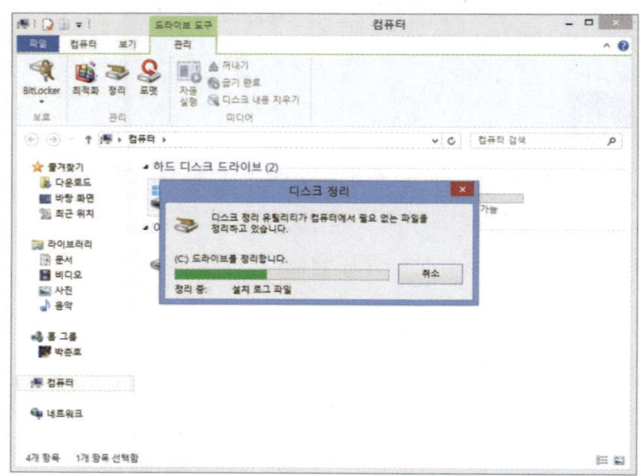

Chapter 08
작업 표시줄 마스터하기

윈도우 8 바탕화면에서 작업하다 보면

항상 화면 맨 아래쪽에 작업 표시줄이 보입니다.

작업 표시줄은 어떤 작업으로든지 쉽고 빠르게 접근할 수 있게 해줍니다.

작업 표시줄을 잘 활용하면 일의 능률을 올릴 수 있습니다.

어떻게 꾸미고 관리할 수 있는지 지금부터 살펴보도록 하겠습니다.

01 바로가기에 프로그램 바로가기 아이콘 추가 및 제거하기

작업 표시줄에 자주 사용하는 프로그램의 바로가기 아이콘을 등록 및 제거하는 방법을 알아봅니다.
사용 빈도순이 높은 프로그램을 등록해 두면 좀 더 빠른 작업을 할 수 있습니다.

▌ 바탕화면에 바로가기 아이콘 추가하기

1 마우스 커서를 화면 오른쪽 맨 위나 아래로 가져가 참 메뉴를 띄운 뒤 〈검색〉 버튼을 클릭합니다.

참 메뉴 띄우기 : ■+C

2 아래쪽 스크롤바를 좌우로 넘기거나 마우스 휠을 드래그하면 프로그램들이 타일 형태로 나타납니다. 작업 표시줄에 고정할 프로그램 앱 타일 위에서 마우스 오른쪽 버튼을 누릅니다. 화면 아래쪽에 나타나는 메뉴바에서 〈작업 표시줄에 고정〉 버튼을 클릭합니다.

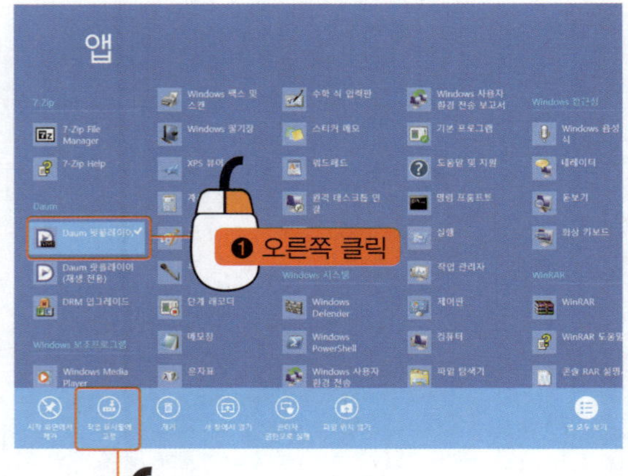

3 작업 표시줄에 프로그램 바로가기 아이콘이
생성된 것을 볼 수 있습니다.

▌작업 표시줄에 바로가기 아이콘 추가하기

바탕화면에 있는 바로가기 아이콘을 작업 표시줄
위로 드래그하면 이곳에 아이콘을 고정시킬 수 있
습니다. 바탕화면에 있는 바로가기 아이콘을 삭
제해도 작업 표시줄에 고정한 바로가기 아이콘은
남아 있습니다.

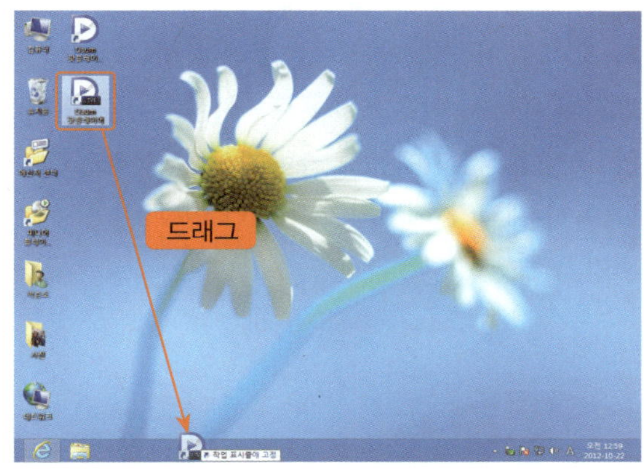

▌바로가기 아이콘 삭제하기

작업 표시줄에 고정한 바로가기 아이콘을 제거하
려면 아이콘 위에서 마우스 오른쪽 버튼을 누른
뒤 [이 프로그램을 작업 표시줄에서 제거] 메뉴를
클릭합니다.

02 작업 표시줄 크기 및 위치 조절하기

작업 표시줄의 크기도 사용자 임의대로 조절할 수 있습니다. 위치도 조절할 수 있는데, 지금부터 작업 표시줄의 크기와 위치를 조절하는 방법을 알아봅니다.

▌작업 표시줄 위치 바꾸기

1 작업 표시줄의 크기나 위치를 조절하려면 먼저 작업 표시줄의 잠금을 해제해야 합니다. 작업 표시줄 위에서 마우스 오른쪽 버튼을 누른 뒤 [작업 표시줄 잠금] 메뉴를 클릭해 체크를 해제합니다(이미 체크가 해제되어 있다면 이 과정은 건너뛰어도 됩니다).

2 작업 표시줄을 클릭한 채 상하 좌우로 드래그하면 위치를 바꿀 수 있습니다.

▌작업 표시줄 크기 조절하기

1 잠금이 해제된 상태에서는 작업 표시줄 위쪽으로 마우스 커서를 가져가면 마우스 포인터가 화살표 모양으로 바뀝니다. 위로 드래그하면 작업 표시줄 영역을 넓힐 수 있습니다.

2 작업 표시줄 영역이 넓으면 많은 창 정보를 볼 수 있다는 장점이 있는 반면, 작업 화면이 좁아지는 단점이 있습니다.

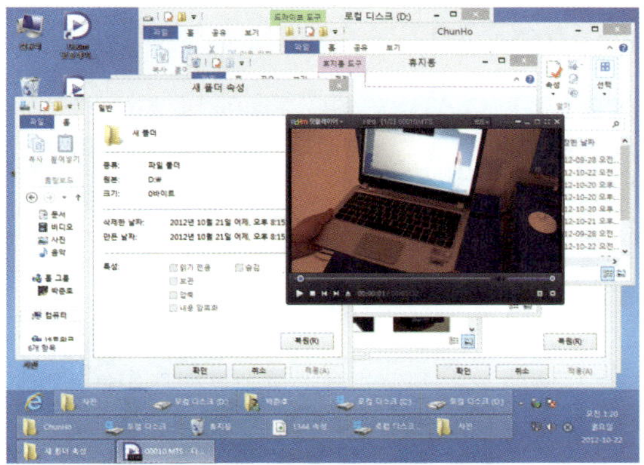

03 모든 작업 창 숨기기

좁은 바탕화면에 많은 창이 실행되어 있으면 복잡해서 원하는 작업 창을 찾기가 어렵습니다. 이때는 모든 창을 최소화한 뒤 원하는 창만 화면에 띄워 놓고 싶은데, 지금부터 활용할 수 있는 유용한 팁을 배워봅니다.

1 다음 그림을 보면 화면 가득 창으로 채워져 있습니다. 화면에 띄워져 있는 창을 한번에 최소화해 보겠습니다.

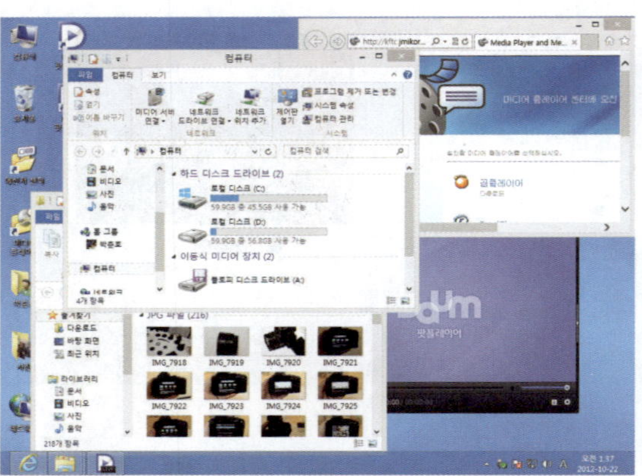

2 마우스 포인터를 화면 오른쪽 아래의 모서리 부분으로 가져간 뒤 〈바탕 화면 보기〉 버튼(회색의 직사각형 네모)을 클릭합니다.

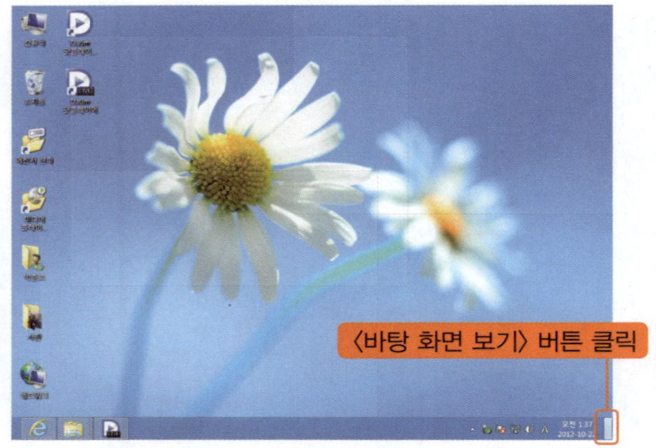

3 활성화된 모든 창이 최소화되면서 바탕화면이 나타나는 것을 볼 수 있습니다. 다시 〈바탕 화면 보기〉 버튼(회색의 직사각형 네모)을 클릭하면 최소화한 창을 모두 원래대로 복귀시킵니다.

04 작업 창 정렬하기

바탕화면에 활성화된 창도 보기 좋게 정렬할 수 있습니다. 계단식 창 배열, 창 가로 정렬 보기, 창 세로 정렬 보기로 창을 정렬하는 방법을 알아봅니다.

1 작업 표시줄에서 마우스 오른쪽 버튼을 누른 뒤 [계단식 창 배열] 메뉴를 클릭합니다.

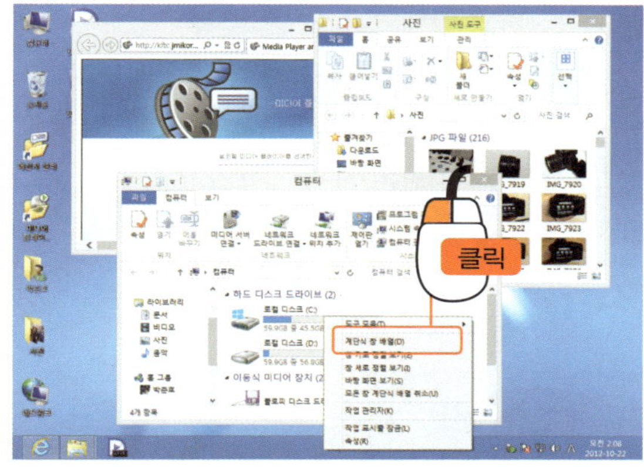

2 계단식 창 배열로 작업 창을 정렬합니다. 다른 보기 방식으로도 창을 배열해 봅니다.

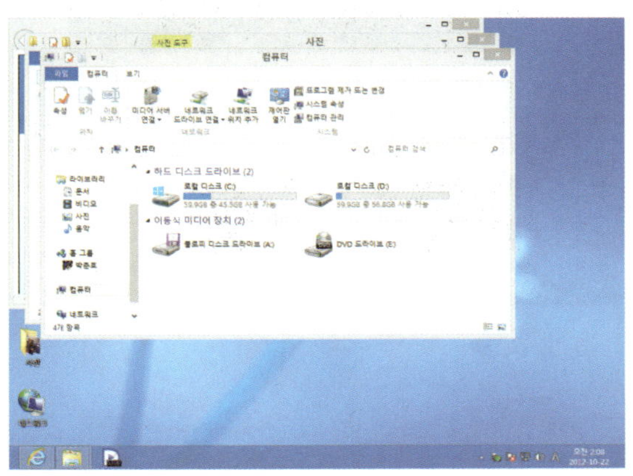

3 정렬한 창을 다시 원래대로 되돌리려면 작업 표시줄에서 마우스 오른쪽 버튼을 누른 뒤 정렬 보기 취소 메뉴를 클릭하면 됩니다.

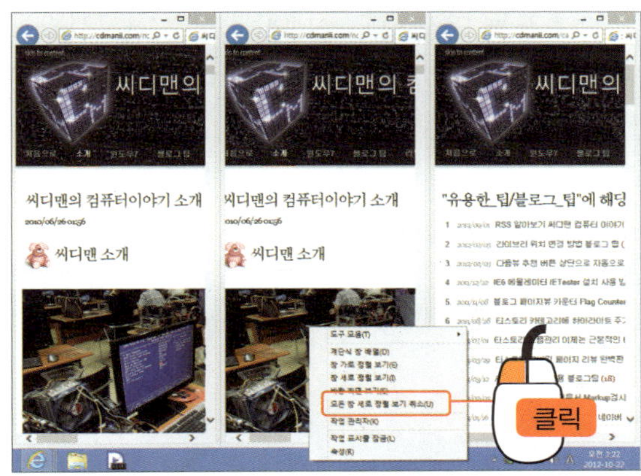

05 작업 표시줄 도구모음 활용하기

작업 표시줄에 웹브라우저의 주소표시줄만 삽입하여 바로 원하는 웹사이트로 이동하거나 터치 키
보드를 실행하여 편하게 텍스트를 입력할 수 있습니다. 지금부터 작업 표시줄의 도구 모음을 활용
해 어떤 작업을 할 수 있는지 알아봅니다.

1 바탕화면 아래쪽의 작업 표시줄 위에서 마우
스 오른쪽 버튼을 누릅니다. 바로가기 메뉴 중 [도
구 모음] 메뉴를 클릭해 보면 주소, 링크, 터치 키
보드, 바탕 화면 등의 하위 메뉴가 있습니다.

2 [도구 모음]–[주소] 메뉴를 클릭하면 작업 표
시줄에 웹 주소를 입력할 수 있는 주소표시줄이
나타납니다. 접속하려는 웹사이트 주소를 입력하
면 자동으로 Internet Explorer 10이 실행되면서
해당 웹사이트로 바로 이동합니다.

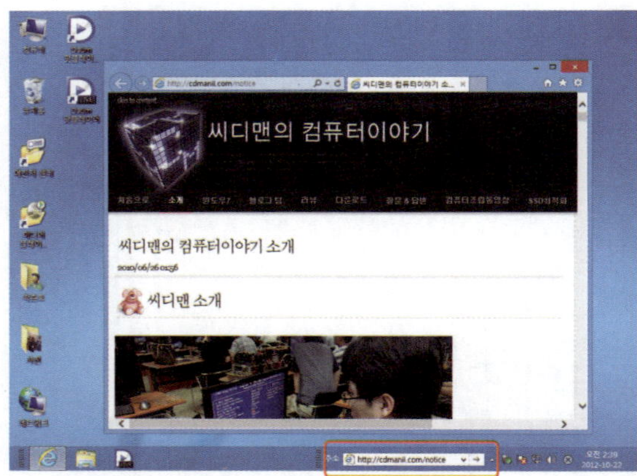

3 [도구 모음]–[링크] 메뉴를 클릭하면 Inter-net Explorer의 '즐겨찾기–링크'에 있는 내용이 주소표시줄에 바로 나타납니다. 해당 링크를 클릭하면 웹사이트로 빠르게 접속할 수 있습니다. 자주 접속하는 웹사이트가 있다면 활용하기 좋은 기능입니다.

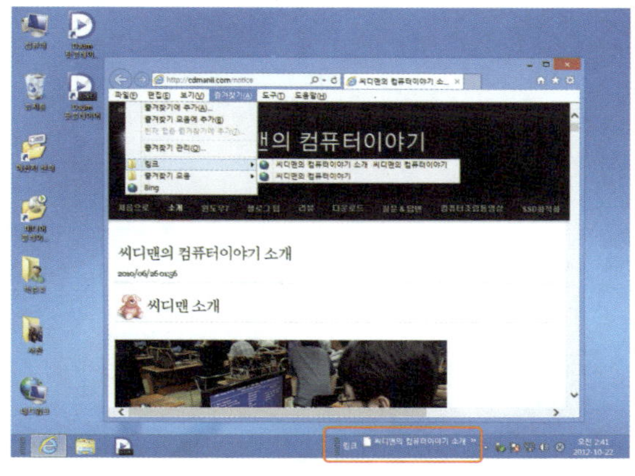

4 [도구 모음]–[터치 키보드] 메뉴를 클릭하면 작업 표시줄의 트레이 영역에 '터치 키보드' 아이콘이 나타납니다.

5 작업 표시줄의 '터치 키보드' 아이콘을 클릭하면 화면 아래쪽에서 터치 키보드가 스르르 올라옵니다. 화상 키보드와 비슷한 역할을 하지만 키의 크기가 크고 시원하게 배치되어 있어 터치를 지원하는 노트북이나 태블릿 PC에서 유용하게 사용할 수 있습니다.

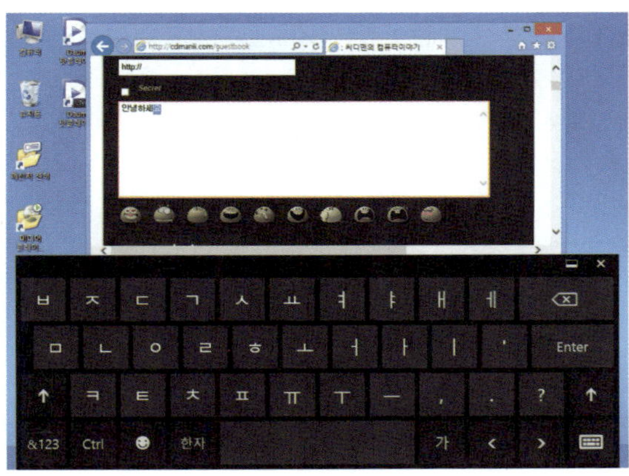

6 [도구 모음]–[바탕 화면] 메뉴를 클릭하면 바탕화면과 라이브러리 홈 그룹 등 바탕화면과 관련된 모든 폴더 및 아이콘이 메뉴 형태로 나타납니다.

TIP

윈도우 8의 데스크톱을 처음 접하면 가장 당혹스러운 부분이 바로 〈시작〉 버튼이 보이지 않는다는 것인데, 이 〈시작〉 버튼을 바탕화면에 만드는 방법이 있습니다. 바탕화면에 〈시작〉 버튼을 만드는 방법은 434쪽을 참고합니다.

06 작업 표시줄 속성 살펴보기

작업 표시줄에도 다양한 옵션을 지정할 수 있습니다. 작업 표시줄을 화면에서 숨긴다든지, 같은 종류의 창 아이콘은 그룹으로 묶어서 보여준다든지 여러 가지 유용한 기능을 많이 설정할 수 있습니다. 지금부터 하나씩 알아봅니다.

1 작업 표시줄에서 마우스 오른쪽 버튼을 누른 뒤 [속성]을 클릭합니다.

2 [작업 표시줄 속성] 대화상자가 나타납니다. 각 탭의 기능은 다음과 같습니다.

• **[작업 표시줄] 탭**

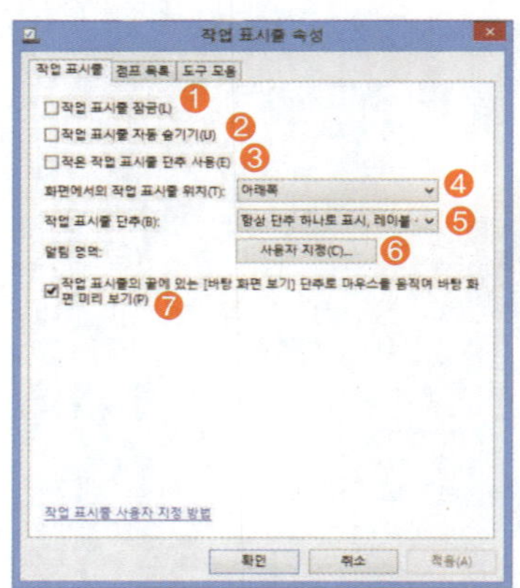

① **작업 표시줄 잠금** : 작업 표시줄을 잠그거나 잠금을 해제합니다.

② **작업 표시줄 자동 숨기기** : 평상시에는 작업 표시줄을 숨기고 마우스 커서를 가져갔을 때만 나타나게 합니다.

③ **작은 작업 표시줄 단추 사용** : 작업 표시줄의 아이콘을 작게 표시합니다.

④ **화면에서의 작업 표시줄 위치** : 작업 표시줄의 위치를 아래쪽, 왼쪽, 오른쪽, 위쪽으로 지정합니다.

⑤ **작업 표시줄 단추** : 작업 표시줄 단추를 같은 범주로 묶어 하나로 나타낼지, 각기 나타낼지 선택합니다.

⑥ **알림 영역** : 〈사용자 지정〉 버튼을 누르면 알림 영역 아이콘 창이 나타나는데, 작업 표시줄에 표기할 아이콘 및 알림을 지정할 수 있습니다.

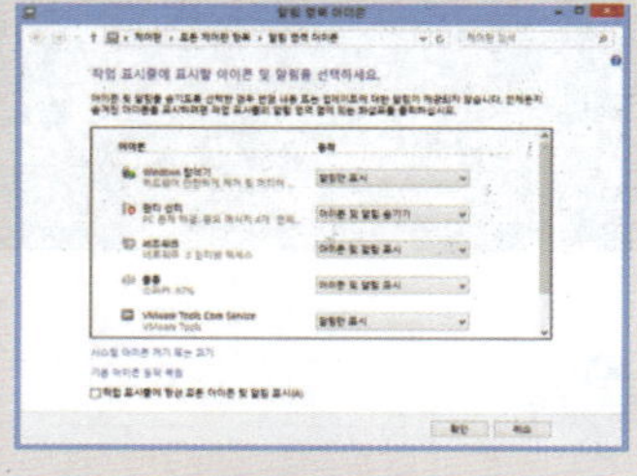

⑦ **작업 표시줄의 끝에 있는 [바탕 화면 보기] 단추로 마우스를 움직여 바탕 화면 미리 보기** : 〈바탕 화면 보기〉 버튼 위로 마우스 커서를 가져갔을 때 모든 창을 투명하게 하고 바탕화면을 보이게 할지 여부를 지정합니다.

• [점프 목록] 탭

최근 항목의 개수 및 표시 여부를 지정할 수 있습니다. 점프 목록은 작업 표시줄에 있는 바로가기 아이콘에서 마우스를 위로 쓸어 올리면 나타납니다.

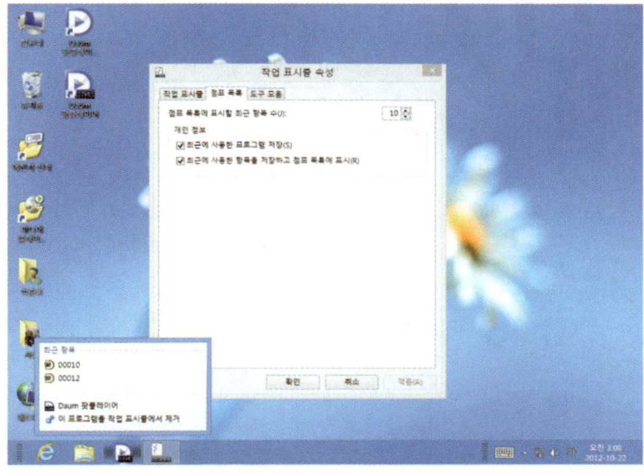

• [도구 모음] 탭

도구 모음의 활성화 여부를 지정할 수 있습니다.

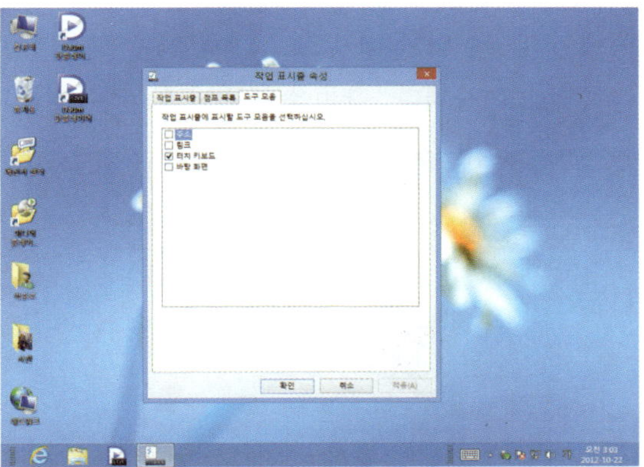

07 자주 사용하는 항목(점프 목록) 활용하기

파일 탐색기의 자주 사용하는 항목은 말 그대로 자주 사용하는 파일이나 폴더, 프로그램의 목록을 보여주어 빠르게 실행할 수 있게 해주는 기능입니다. 파일 탐색기 항목에 고정시킬 수도 있고, 고정시킨 항목을 제거할 수도 있습니다. 사용자 대부분은 매번 비슷한 프로그램만 실행하므로 활용 방법을 알아두면 좋습니다.

1 작업 표시줄에 있는 '파일 탐색기' 아이콘을 클릭한 채 위로 쓸어 올립니다. 그동안 자주 실행했던 파일이나 폴더, 프로그램을 자주 사용하는 항목에 보여줍니다. 항목을 클릭하면 열립니다.

2 자주 사용하는 항목에 있는 목록을 고정시킬 수도 있습니다. 자주 사용하는 항목에서 고정시킬 목록 위에서 마우스 오른쪽 버튼을 누른 뒤 [이 목록에 고정] 메뉴를 클릭합니다.

3 다운로드 폴더가 '고정됨'으로 이동됩니다. 자주 사용하는 항목은 사용 빈도수에 따라 변하지만, 고정된 항목은 항상 보여주므로 자주 사용하는 파일이나 폴더, 프로그램을 고정해 두면 편리합니다. 고정됨 항목에 등록된 목록을 삭제하려면 마우스 오른쪽 버튼을 눌러 [이 목록에서 제거] 메뉴를 클릭합니다.

08 USB 안전하게 제거 (하드웨어 안전하게 제거)하기

작고 가벼운 휴대성 때문에 USB 메모리를 많이들 사용합니다. 작고 가벼워서 휴대하기 좋고, 최근에는 용량도 많이 늘어 쓸모가 더욱 많아졌죠. 다만 주의해야 할 점이 있는데, USB 메모리를 컴퓨터와 연결해 쓰기 작업한 뒤 그냥 분리하면 데이터가 유실될 수도 있다는 것입니다. 이것을 방지하려면 귀찮아도 USB를 컴퓨터와 분리하기 전에 '하드웨어 안전하게 제거'를 먼저 실행하는 것이 좋습니다.

1 가지고 있는 USB 메모리를 컴퓨터의 USB 포트에 꽂아 사용한 뒤 분리하기 위해 작업 표시줄의 트레이 영역에 있는 '숨겨진 아이콘 표시' 아이콘▲을 클릭합니다.

2 숨겨진 아이콘 중 '하드웨어 안전하게 제거 및 미디어 꺼내기' 아이콘을 클릭합니다.

3 바로가기 메뉴에서 제거할 장치의 꺼내기 메뉴를 클릭합니다(보통 USB 장치명으로 표시됩니다).

4 이제 컴퓨터에서 'USB 대용량 저장 장치'를 안전하게 제거할 수 있다는 메시지 창이 뜨면 USB 장치를 분리해도 됩니다.

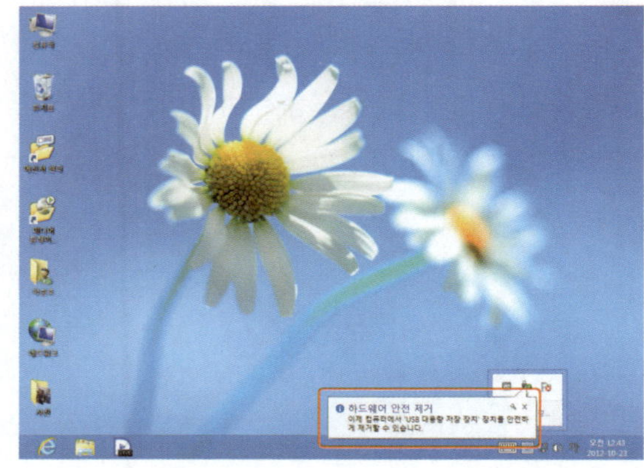

TIP

USB 저장장치는 기본값으로 빠른 제거가 설정되어 있어 '하드웨어 안전 제거'를 사용하지 않더라도 큰 문제 없이 컴퓨터와 연결을 끊을 수 있습니다. 하지만 USB 저장장치에 읽기 작업 외에 쓰기 작업을 했다면 '하드웨어 안전 제거'를 실행해 주는 것이 좋습니다. USB 저장장치 안에 저장된 데이터가 중요하다면 이 점을 반드시 기억해 두세요.

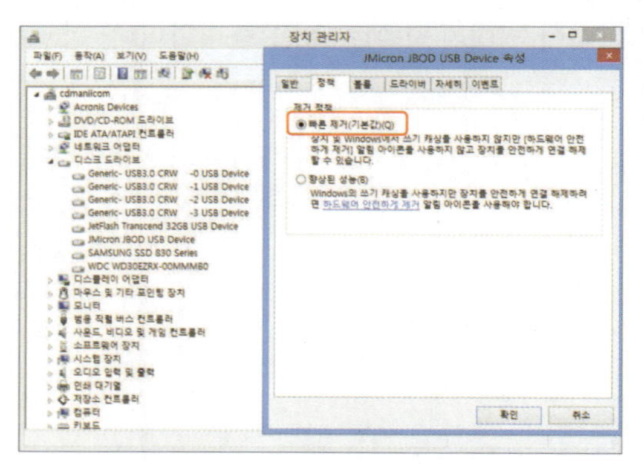

Chapter 09
Internet Explorer 10 활용하기

■ Internet Explorer 10 활용 동영상 주소 및 QR코드
주소 : http://youtu.be/jVxhHZcGufg
줄임 주소 : http://goo.gl/TJWuV

윈도우 8 운영체제에서 아마도 가장 활용도가 높은 프로그램은

Internet Explorer일 것입니다.

컴퓨터와 인터넷을 따로 떨어뜨려놓고 생각할 수가 없을 정도죠.

Internet Explorer를 이용하여 원하는 내용을 검색하는 방법을 배워보겠습니다.

그리고 Internet Explorer 활용에서

알아두면 유용한 정보도 차례대로 배워보겠습니다.

01 Internet Explorer 실행하기

윈도우 8에서는 터치스크린에 최적화된 윈도우 8 UI 시작 화면에 있는 Internet Explorer 앱과 기존 웹브라우저 사용에 적합한 Internet Explorer 10 두 가지 버전의 프로그램을 제공합니다. 여기서는 데스크톱에 있는 Internet Explorer 10을 사용하여 인터넷을 즐기는 방법을 알아봅니다.

1 데스크톱 모드로 전환한 뒤 작업 표시줄에서 'Internet Explorer 10' 아이콘 e 을 클릭합니다. Internet Explorer 10이 실행되면 기본적으로 msn.com 웹사이트로 접속합니다.

2 네이버에 접속하기 위해 주소표시줄에 네이버 주소(http://www.naver.com)를 입력한 뒤 Enter 키를 누릅니다. 네이버 검색어 입력란에 검색할 내용을 입력한 뒤 Enter 키나 〈검색〉 버튼을 누릅니다.

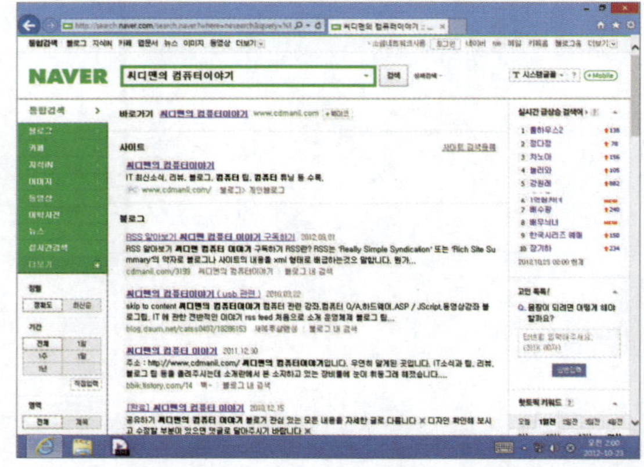

TIP | 화면 위아래로 빠르게 이동하기

웹페이지 화면의 빈곳을 클릭한 뒤 Space Bar 키를 누르면 스크롤바를 아래로 드래그하는 것과 동일한 기능을 합니다. 반대로 Shift + Space Bar 키를 누르면 화면의 위쪽으로 이동합니다.

02 Internet Explorer 시작 페이지 바꾸기

Internet Explorer를 처음 열자마자 뜨는 페이지를 시작 페이지라고 합니다. 시작 페이지를 자신이 원하는 페이지로 바꾸는 방법을 알아봅니다.

1 'Internet Explorer 10' 아이콘 📧 을 클릭해 실행한 뒤 제목표시줄 위에서 마우스 오른쪽 버튼을 누릅니다. 바로가기 메뉴에서 [메뉴 모음]을 클릭합니다(메뉴표시줄이 화면에 표시된 상태라면 해당 메뉴에 체크가 되어 있습니다).

2 메뉴표시줄에서 [도구]–[인터넷 옵션] 메뉴를 클릭합니다. [인터넷 옵션] 대화상자가 나타나면 [일반] 탭에서 '홈 페이지' 항목에 시작 페이지로 등록하고 싶은 웹사이트 주소를 입력하고 〈확인〉 버튼을 누릅니다. 현재 열린 웹사이트를 시작 페이지로 등록하려면 〈현재 페이지〉 버튼을 누릅니다.

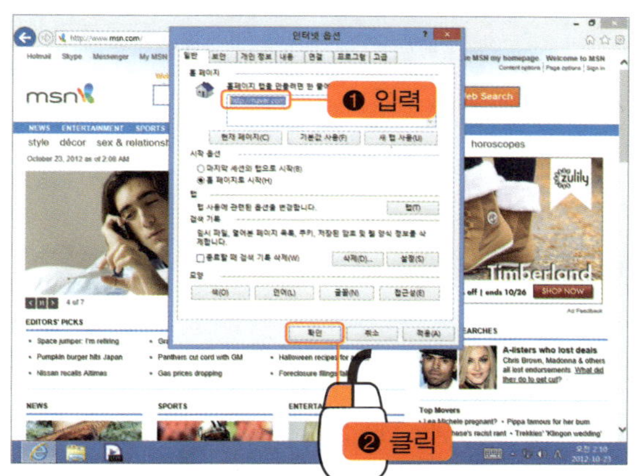

3 Internet Explorer 창을 닫은 뒤 다시 열어보면 등록한 웹사이트로 접속하는 것을 확인할 수 있습니다.

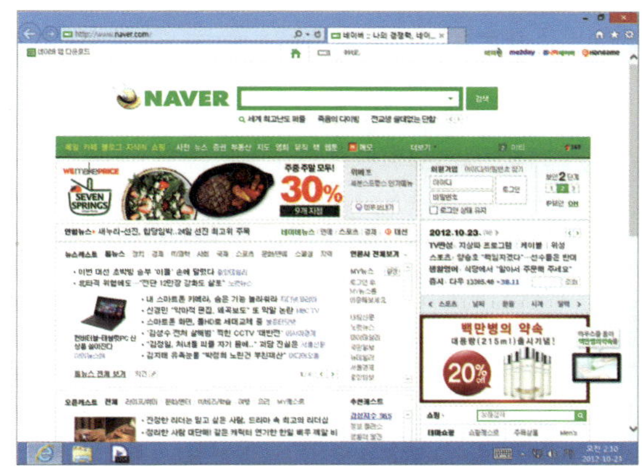

자주 사용하는 웹사이트가 여러 개일 때 해당 웹사이트를 모두 시작 페이지로 등록하면 Internet Explorer를 실행할 때마다 등록한 웹사이트가 모두 열립니다. 자주 접속하는 웹사이트가 여러 개일 때 편리하게 사용할 수 있습니다.

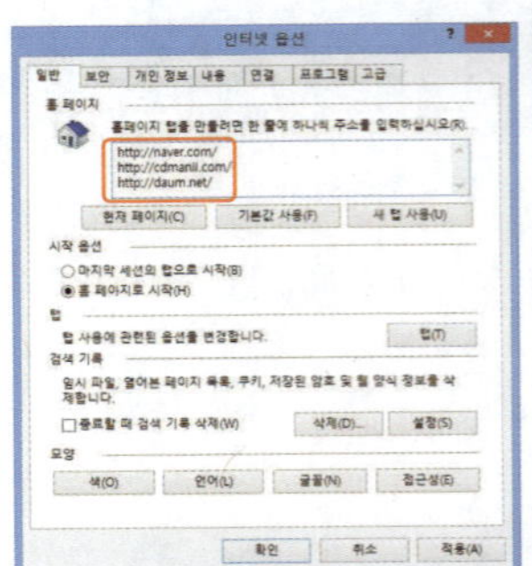

[인터넷 옵션] 대화상자 살펴보기

• [일반] 탭

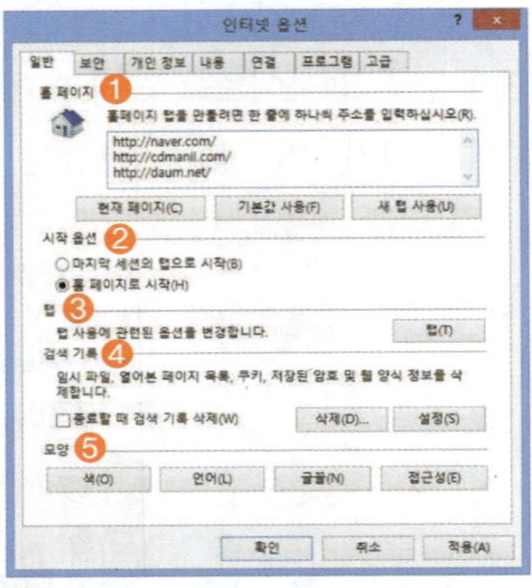

❶ **홈 페이지** : Internet Explorer를 실행할 때 보여줄 웹사이트를 지정합니다. 〈현재 페이지〉 버튼은 현재 접속한 웹사이트, 〈기본값 사용〉은 기본으로 설정된 MSN 웹사이트, 〈새 탭 사용〉은 빈 화면으로 열립니다.

❷ **시작 옵션** : Internet Explorer를 실행할 때 지정한 형식으로 화면을 표시합니다. '마지막 세션의 탭으로 시작' 항목은 마지막으로 닫은 창 설정대로 다시 열리고, '홈 페이지로 시작' 항목은 항상 지정한 시작 페이지로 열립니다.

❸ **탭** : 탭 사용 옵션을 변경할 수 있습니다. 〈탭〉 버튼을 누르면 좀 더 세부적으로 설정할 수 있습니다.

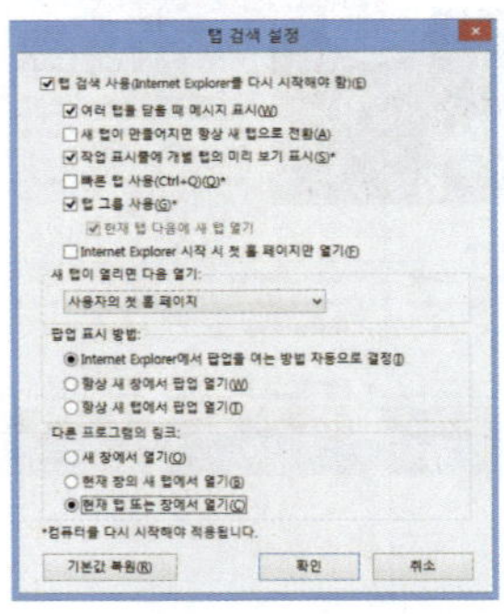

• 탭 검색 사용 : 탭을 닫을 때 메시지를 표시하거나 항상 새 탭으로 열거나 탭 그룹을 사용하는 등 탭 설정과 관련된 옵션을 지정할 수 있습니다.

• 새 탭이 열리면 다음 열기 : 새 탭을 열 때 시작 페이지로 열지, 빈 화면으로 열지를 지정합니다.

• 팝업 표시 방법 : 팝업 창을 어떤 방식으로 열지 지정합니다.

• 다른 프로그램의 링크 : Internet Explorer가 아닌 다른 프로그램에서의 새 창을 탭으로 어떻게 제어할 것인지 설정합니다.

• 〈기본값 복원〉 버튼 : 모든 설정을 초기 설정값으로 되돌립니다.

❹ **검색 기록** : 임시 파일, 열어본 페이지 목록, 사용자 암호 등을 삭제합니다. '종료할 때 검색 기록 삭제'에 체크하면 Internet Explorer 창을 닫을 때 모든 검색 기록을 삭제합니다. 〈삭제〉 버튼을 누르면 원하는 항목만 삭제할 수 있고, 〈설정〉 버튼을 누르면 임시 인터넷 파일, 기록, 캐시 및 데이터베이스 등 데이터 설정을 세밀하게 조정할 수 있습니다.

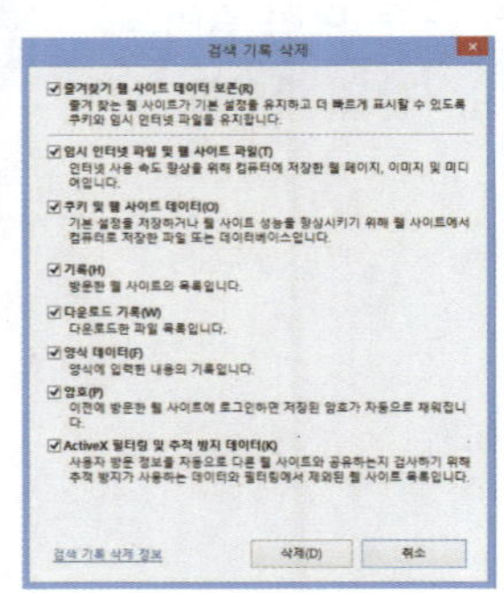

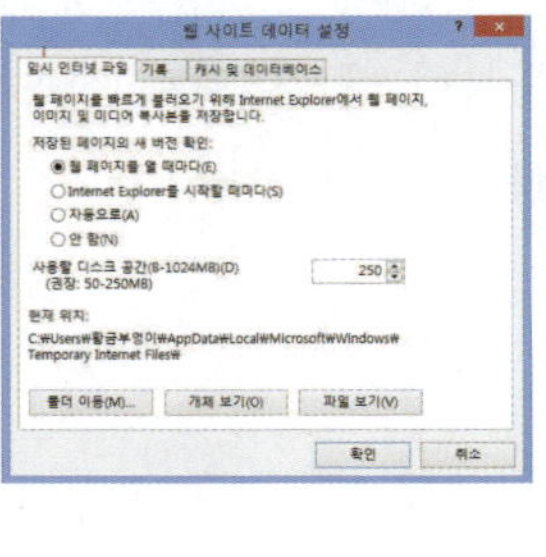

❺ **모양** : 텍스트 및 링크의 색상, 표시 언어, 글꼴 등을 지정할 수 있습니다.

• **[보안] 탭**

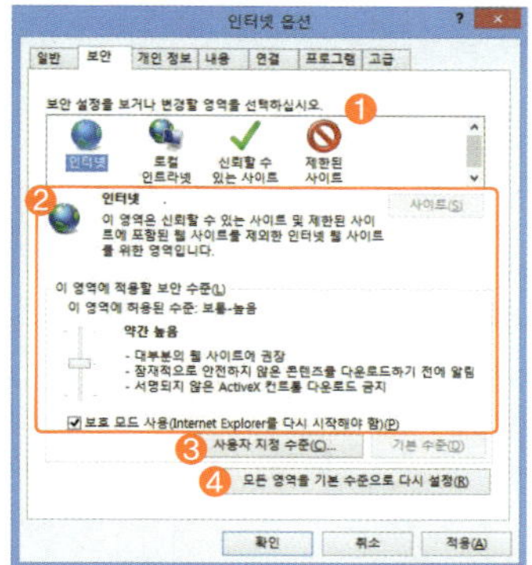

❶ 보안 설정 종류를 선택할 수 있습니다.

❷ 선택한 보안 설정의 세부 항목을 확인하거나 지정합니다.

❸ 〈사용자 지정 수준〉/〈기본 수준〉 버튼 : 선택한 보안 설정을 사용자 임의대로 지정할 수 있습니다.

❹ 〈모든 영역을 기본 수준으로 다시 설정〉 버튼 : 변경한 보안 설정을 다시 기본 설정값으로 되돌립니다.

• **[내용] 탭**

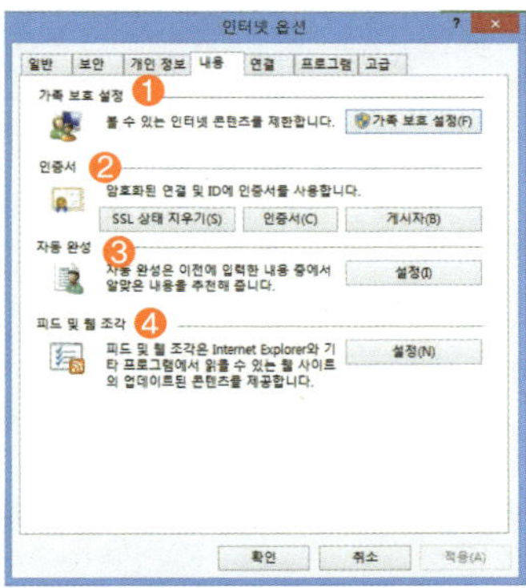

❶ **가족 보호 설정** : 자녀의 컴퓨터 사용 내역을 확인하거나 인터넷 시간 및 프로그램 사용을 제한할 수 있습니다.

❷ **인증서** : 공개 키 인증서는 해당 개인 키를 소유한 사람, 장치 또는 서비스의 ID에 공개 키 값을 바인딩하는 디지털 서명된 문서입니다.

❸ **자동 완성** : 검색 기록, 아이디, 암호 등 이전에 입력했던 내용을 자동으로 완성해 줍니다. 〈설정〉 버튼을 누르면 원하는 항목만 자동 완성 기능을 사용할 수 있습니다.

❹ **피드 및 웹 조각** : 등록된 피드 및 웹 조각을 업데이트하고 갱신하는 시간을 설정합니다. 읽어들인 피드를 어떻게 표시할지 설정할 수도 있습니다.

• **[연결] 탭**

이 탭에서는 인터넷 연결과 관련된 세부 설정을 할 수 있습니다.

• **[개인 정보] 탭**

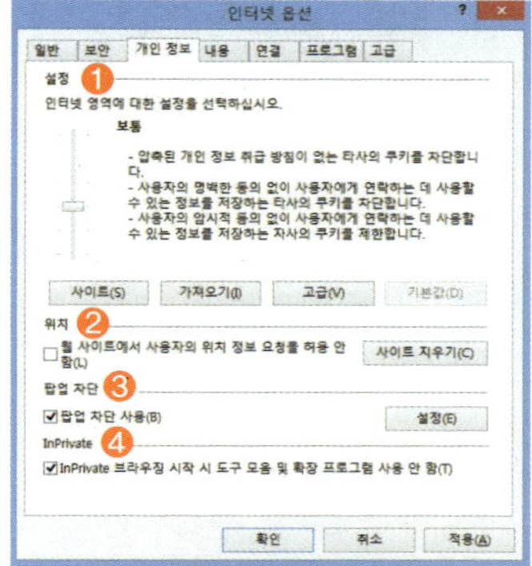

❶ **설정** : 특정 웹사이트 허용 여부, 개인 정보 기본 설정 파일 가져오기, 특정 웹사이트의 쿠키 무시 등을 설정할 수 있습니다. 〈기본값〉 버튼을 누르면 개인 정보 설정을 원래 값으로 되돌립니다.

❷ **위치** : 체크하면 사용자의 위치를 검색하는 웹사이트를 차단합니다.

❸ **팝업 차단** : 체크하면 자동으로 팝업 창이 뜨는 것을 막습니다.

❹ **InPrivate** : 체크하면 도구 모음이 사용자의 브라우징 활동을 감시하는 것을 막습니다.

• **[프로그램] 탭**

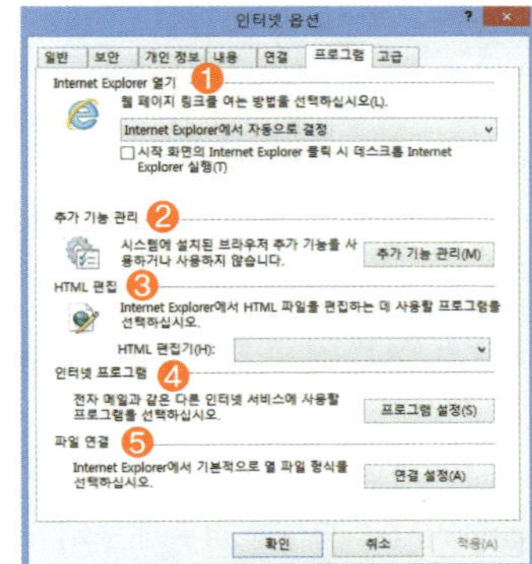

❶ **Internet Explorer 열기** : 링크가 설정된 내용을 클릭했을 때 어떤 Internet Explorer 프로그램으로 열지 지정합니다.

❷ **추가 기능 관리** : 컴퓨터에 설치된 Internet Explorer의 추가 기능을 확인하거나 관리할 수 있습니다.

❸ **HTML 편집** : HTML 소스 편집기를 지정합니다.

❹ **인터넷 프로그램** : 인터넷 서비스를 이용할 수 있는 프로그램을 지정합니다.

❺ **파일 연결** : Internet Explorer에서 열 수 있는 파일 형식을 지정합니다.

• **[고급] 탭**

Internet Explorer의 고급 설정을 적용하거나 기본 설정을 복원할 수 있습니다.

03 탭 브라우징하기

Internet Explorer 10은 탭 브라우징을 지원합니다. 탭 브라우징이란 하나의 창에 탭으로 구분된 웹 사이트를 여러 개 열 수 있는 기능입니다. 탭으로 여러 웹사이트 사이를 전환할 수 있어 화면도 깔끔하고 사용하기도 편합니다.

1 Internet Explorer 창의 주소표시줄 오른쪽에 보면 현재 열린 웹사이트의 이름을 탭 형식으로 보여줍니다. 해당 탭 오른편에 있는 '새 탭' 아이콘을 클릭합니다(바로가기 키 : Ctrl + T).

2 새 탭이 열리면 자주 방문하는 사이트 목록을 나열해서 보여줍니다. 나열된 목록 중에서 선택하여 웹사이트로 이동할 수 있고, 주소표시줄에 직접 접속하려는 웹사이트 주소를 입력해도 됩니다.

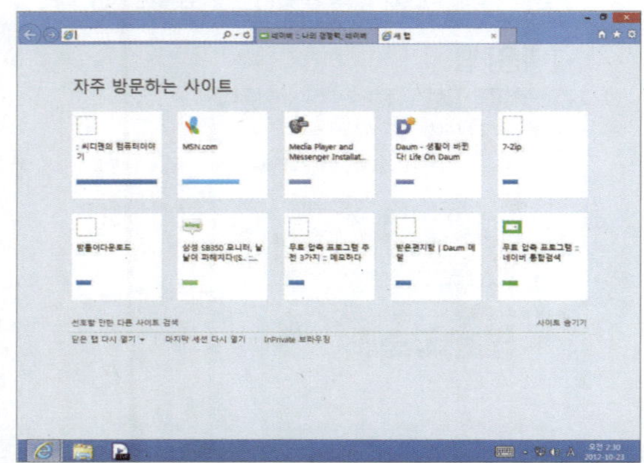

TIP

새 탭을 사용자의 첫 홈페이지로 지정한 경우에는 시작 페이지로 자동 접속합니다. 새 탭 열기 설정은 [인터넷 옵션] 대화상자의 [일반] 탭–'탭' 항목에서 지정할 수 있습니다.

3 다음은 새 탭에서 필자의 블로그에 접속한 화면입니다. 탭을 클릭해 웹사이트를 이동하면서 볼 수 있습니다.

04 탭 분리 및 합치기

탭 브라우징 시 탭을 서로 분리해서 볼 수 있습니다. 분리한 탭은 하나로 다시 합칠 수도 있습니다. 지금부터 방법을 하나씩 살펴봅니다.

1 Internet Explorer 창에 탭이 2개 열린 상태에서 각자 따로 분리해 보겠습니다. 분리하고 싶은 탭을 클릭한 채 탭 바깥쪽으로 드래그합니다.

2 다음처럼 탭이 창 2개로 분리되는 것을 확인할 수 있습니다.

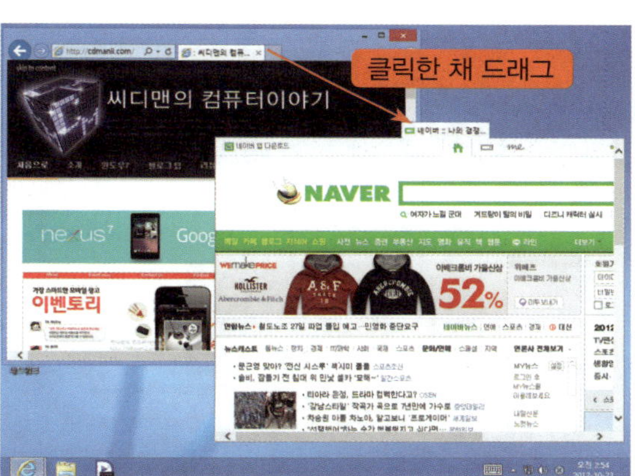

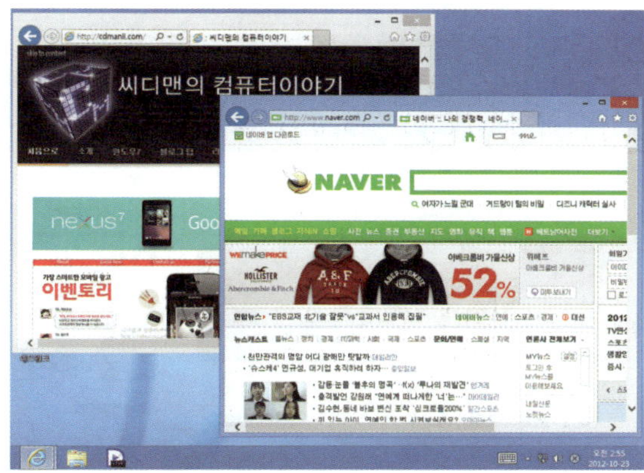

3 분리된 탭을 다시 합치려면 탭을 클릭한 채 다른 창의 탭 옆으로 드래그하면 됩니다.

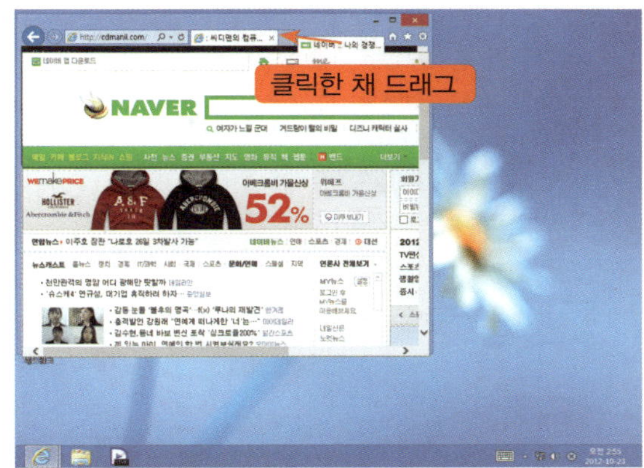

05 즐겨찾기 추가하기

웹서핑을 하다 보면 마음에 드는 웹사이트나 웹페이지를 발견할 때가 있는데, 이 웹사이트나 웹페이지의 주소를 일일이 기억하기란 쉽지 않습니다. 이럴 때 활용하는 기능이 바로 '즐겨찾기'입니다. 그리고 자주 방문하는 사이트도 즐겨찾기에 추가하면 원할 때 쉽게 접속할 수 있습니다. 지금부터 즐겨찾기에 등록하는 방법을 알아봅니다. 또 즐겨찾기를 백업 및 복구하는 방법도 배워봅니다.

1 즐겨찾기에 추가할 웹사이트나 웹페이지에 접속한 뒤 창 오른쪽 위의 〈즐겨찾기〉 버튼☆을 클릭합니다.

2 〈즐겨찾기에 추가〉 버튼을 누르면 즐겨찾기 추가 창이 나타납니다.

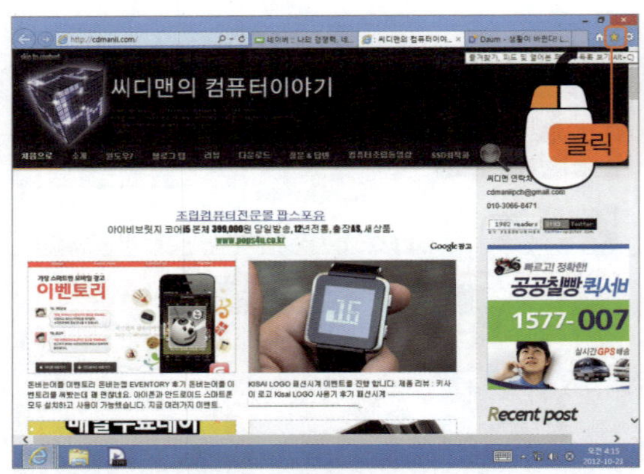

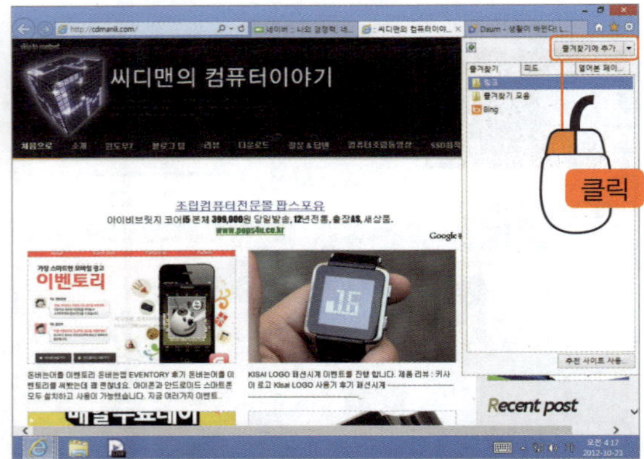

TIP | 즐겨찾기 창 살펴보기

- **즐겨찾기 추가 메뉴**

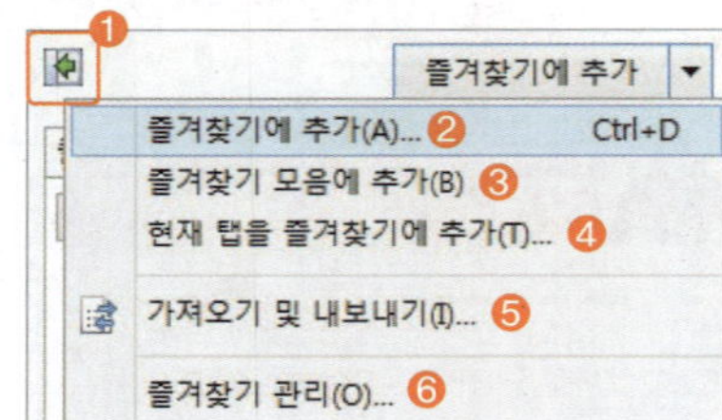

❶ 즐겨찾기 센터 고정 : 즐겨찾기 창을 화면 왼쪽에 고정시킵니다.

❷ 즐겨찾기에 추가 : 즐겨찾기 추가 창이 나타납니다.

❸ 즐겨찾기 모음에 추가 : 제목표시줄 아래쪽에 표시되는 즐겨찾기 모음에 등록합니다.

❹ 현재 탭을 즐겨찾기에 추가 : 새 폴더를 만들어 현재 열린 탭을 모두 즐겨찾기에 추가합니다.

❺ 가져오기 및 내보내기 : 즐겨찾기 목록을 가져오거나 내보내기 하여 관리할 수 있습니다.

❻ 즐겨찾기 관리 : 등록한 즐겨찾기 목록을 이동/이름 바꾸기/삭제할 수 있습니다.

- **[피드] 탭** : 웹사이트나 블로그에서 RSS를 지원할 경우 피드를 추가하여 관리할 수 있습니다.

- **[열어본 페이지 목록 보기] 탭** : 이전에 열었던 웹페이지 목록을 보여줍니다. 목록을 날짜/웹사이트 이름순, 자주 열어본 순서, 오늘 열어본 순서별로 정렬하거나 직접 검색해서 원하는 목록만 볼 수 있습니다.

3 즐겨찾기 이름과 위치를 정한 뒤 〈추가〉 버튼을 누릅니다. 즐겨찾기 위치를 새로 지정하려면 〈새 폴더〉 버튼을 눌러 폴더를 새로 만들 수 있습니다.

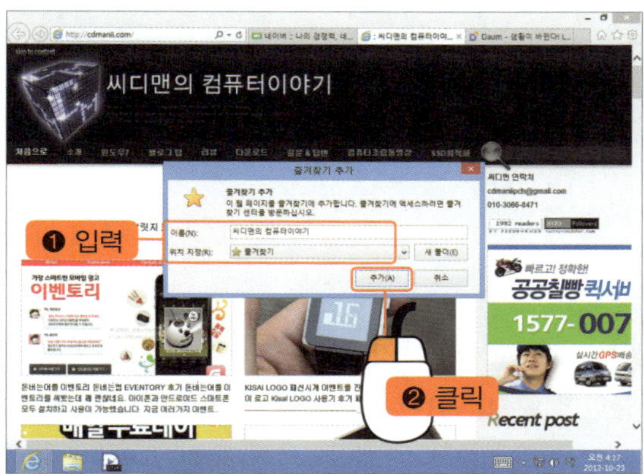

4 추가한 즐겨찾기 목록을 이용하려면 〈즐겨찾기〉 버튼★을 클릭한 뒤 원하는 목록을 클릭하면 됩니다.

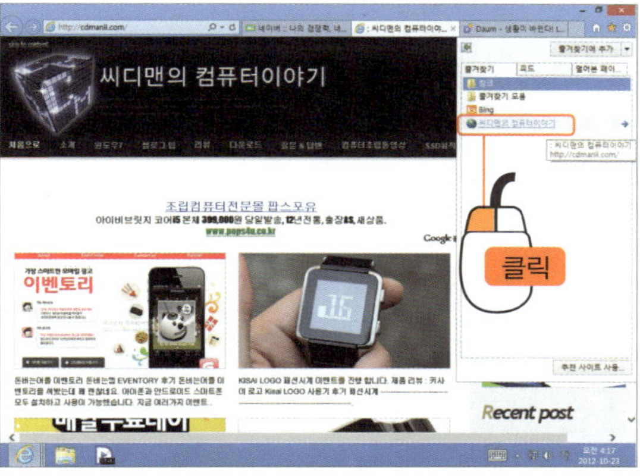

 Internet Explorer 10 호환성 문제 해결하기

Internet Explorer 10으로 정상적으로 나타나지 않는 페이지가 있을 수 있습니다. 이 경우에는 개발자 도구의 호환성 도구로 해결하거나 영구적으로는 IE7로 호환성 보기를 실시하여 해결할 수 있습니다. 왼쪽 그림은 웹페이지의 댓글 창이 위아래로 길게 잘못 출력되고 있습니다. F12 키를 눌러 개발자 도구를 엽니다. [브라우저 모드]–[Internet Explorer 9(9)] 메뉴를 클릭합니다. 문제가 해결되는 것을 확인할 수 있습니다. 하지만 이 방법은 Internet Explorer를 다시 열면 같은 문제가 나타납니다. 이때는 주소표시줄 오른쪽에 있는 호환성 보기 아이콘을 누르면 Internet Explorer 7 호환성 보기로 변경되며, Internet Explorer 10을 다시 열더라도 항상 호환성 보기로 고정되어 나타납니다.

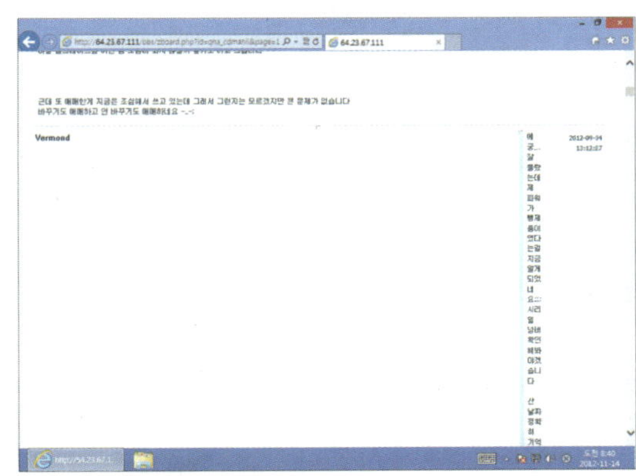

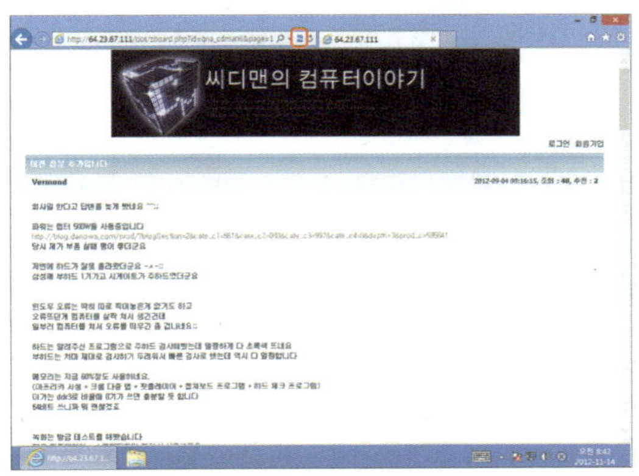

06 작업 표시줄에 웹페이지 등록하기

Internet Explorer 즐겨찾기 기능은 해당 창으로 이동해서 등록된 주소를 클릭해야 하므로 조금 번거롭습니다. 이동하고 싶은 웹사이트를 바탕화면이나 작업 표시줄에 등록해 두면 바로 접속할 수 있어 편리합니다. 자주 방문하는 웹사이트를 즐겨찾기 대신 작업 표시줄에 등록하는 방법을 알아봅니다.

1 Internet Explorer에서 자주 방문하는 웹사이트에 접속한 뒤 탭을 클릭한 채 작업 표시줄 위로 드래그합니다.

2 해당 웹사이트가 작업 표시줄에 등록된 것을 확인할 수 있습니다(작업 표시줄에 등록된 아이콘은 해당 웹사이트의 로고로 표시되어 어떤 웹사이트인지 쉽게 구분할 수 있습니다). Internet Explorer 창을 닫아도 작업 표시줄에 등록된 아이콘을 이용하면 언제든 바로 해당 웹사이트로 빠르게 접속할 수 있습니다.

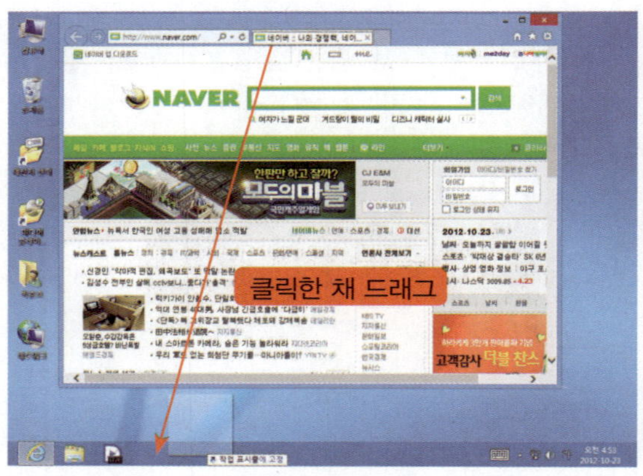

3 작업 표시줄에 등록된 아이콘을 삭제하려면 아이콘 위에서 마우스 오른쪽 버튼을 누른 뒤 [이 프로그램을 작업 표시줄에서 제거] 메뉴를 클릭합니다(작업 표시줄에 등록된 아이콘에서 마우스 왼쪽 버튼을 클릭한 채 위로 드래그하여 끌어올려도 메뉴가 나타납니다).

07 Internet Explorer 화면 확대/축소하기

Internet Explorer로 글을 읽다 보면 글자가 너무 작아 화면을 확대해서 보고 싶을 때가 있습니다. 이 때 사용하는 기능이 확대/축소 기능으로 Internet Explorer 화면을 확대/축소하는 방법을 알아봅니다.

1 확대/축소할 웹페이지를 Internet Explorer 창에 띄웁니다. [보기]–[확대/축소] 메뉴를 클릭하면 확대 비율을 선택할 수 있습니다. [보기]–[확대/축소]–[200%] 메뉴를 클릭합니다.

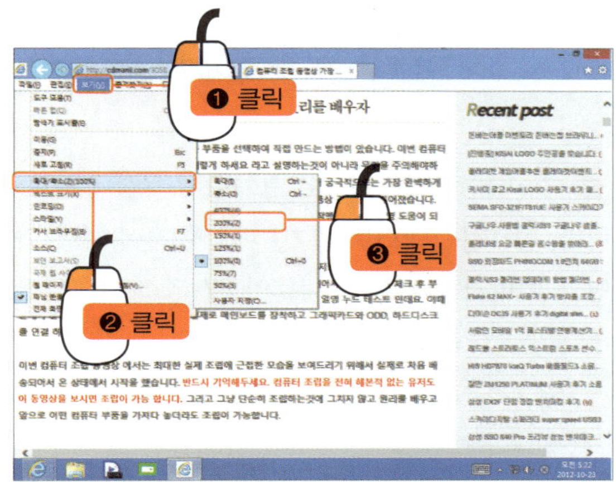

- 화면 확대하기 : Ctrl + + (Ctrl +마우스 휠 위로 올리기)
- 화면 축소하기 : Ctrl + − (Ctrl +마우스 휠 아래로 내리기)
- 원래 크기로 : Ctrl + 0

TIP | 확대/축소 수준 변경

창 오른쪽 아래에 있는 확대/축소 수준 변경 버튼을 이용해도 화면을 확대/축소할 수 있습니다. [사용자 지정] 메뉴를 클릭하면 확대/축소 비율을 10~1000% 사이의 값으로 조절할 수 있습니다. 확대/축소 수준 변경 버튼이 보이지 않으면 [보기]–[도구 모음]–[상태 표시줄] 메뉴를 클릭합니다.

확대(I)	Ctrl +
축소(O)	Ctrl −
400%(4)	
200%(2)	
150%(1)	
125%(1)	
100%(0)	Ctrl+0
75%(7)	
50%(5)	
사용자 지정(C)...	

2 화면이 200%로 확대된 것을 볼 수 있습니다.

3 Ctrl + 0 키를 누르면 기본 크기값인 100%으로 지정됩니다.

4 같은 방법으로 텍스트 크기도 조절할 수 있습니다. [보기]–[텍스트 크기] 메뉴를 클릭하면 화면과 이미지 크기는 그대로인 채 텍스트 크기만 조절되는 것을 확인할 수 있습니다.

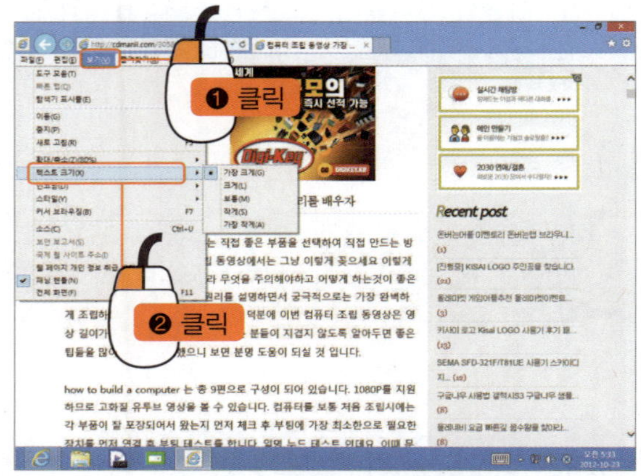

TIP | InPrivate 브라우징 시작

사용자의 검색 세션의 데이터를 저장하지 않는 기능으로, 개인 데이터를 보관하지 않으므로 보안이 강화됩니다. 공공 장소의 컴퓨터에서 웹 브라우징할 때 활용하면 좋습니다.

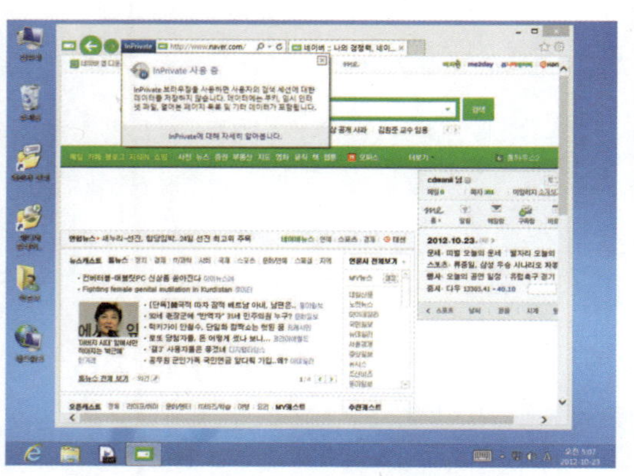

08 커서 브라우징하기

커서 브라우징은 Internet Explorer 화면에 이동 가능한 입력 커서를 표시하여 텍스트를 선택할 때 키보드로 이동할 수 있게 하는 기능을 말합니다. 키보드를 이용해 스크롤은 물론 일부 내용을 블록으로 지정하여 복사/붙여넣기도 가능합니다.

1 Internet Explorer 창에서 [보기]–[커서 브라이징] 메뉴(F7)를 클릭합니다. 화면에 메뉴표시줄이 보이지 않을 때 Alt 키나 F10 키를 누르면 상위 메뉴가 나타납니다. 커서 브라우징 창이 나타나면 〈예〉 버튼을 누릅니다.

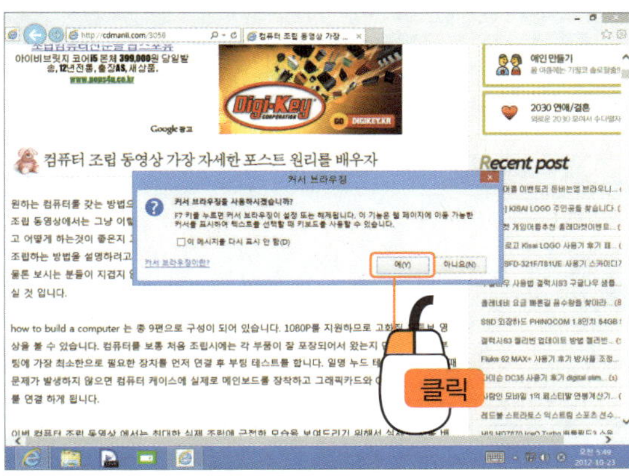

2 화면의 텍스트 부분을 클릭하면 입력 커서가 나타나는 것을 확인할 수 있습니다.

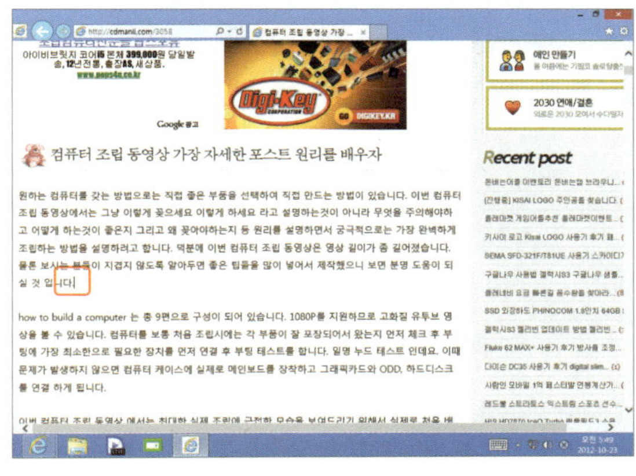

> **TIP**
>
> Alt 키나 F10 키를 누르면 상위 메뉴가 선택되는데, 키보드의 ←, → 키를 누르면 다른 상위 메뉴로 이동할 수 있습니다. 선택한 메뉴를 펼치려면 ↓ 키를 누릅니다.

3 Shift +방향키를 이용하여 텍스트에 블록을 지정하여 선택할 수 있습니다.

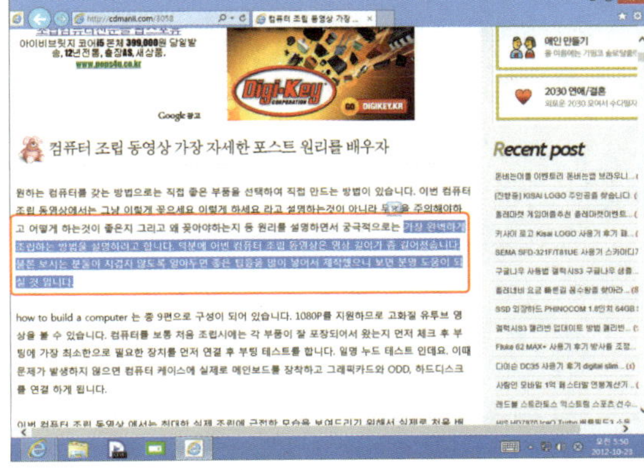

09 패닝 핸들 사용하기

패닝 핸들은 모니터 화면이 좁은 노트북 등에서 인터넷을 사용할 때 스크롤바를 움직여서 원하는 부분을 보는 불편함을 마우스 조작으로 좀 더 쉽게 할 수 있도록 해줍니다. 하지만 패닝 핸들 기능이 특정 웹페이지에서는 글쓰기를 방해하거나 오히려 불편할 수도 있습니다. 만약 이런 증상이 있을 경우에는 패닝 핸들을 끄면 됩니다. 어떻게 활용하는지 살펴보겠습니다.

1 해상도가 낮은 모니터나 노트북 등에서 Internet Explorer 창을 열면, 다음처럼 화면 오른쪽에는 물론 아래쪽에도 스크롤바가 생기는 것을 볼 수 있습니다. 양쪽에 생긴 스크롤바를 모두 조작하려면 불편한데, 이럴 때 사용하는 기능이 바로 패닝 핸들입니다.

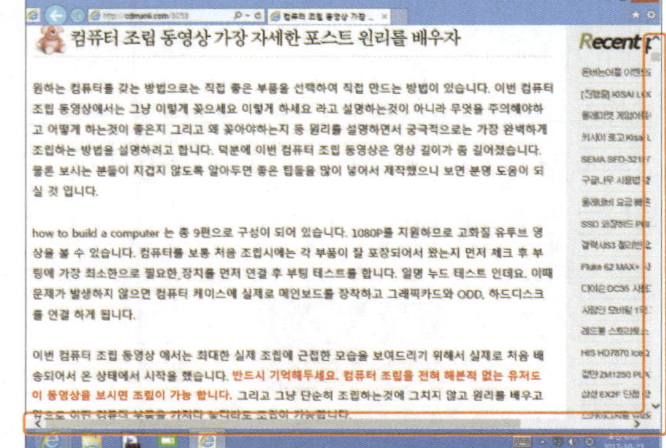

2 화면 위쪽의 [보기]-[패닝 핸들] 메뉴를 클릭합니다. 패닝 핸들 기능이 활성화되면 마우스 커서가 손바닥 모양으로 바뀝니다. 클릭한 채 화면을 좌우로 드래그하면 화면을 상하 좌우로 움직일 수 있습니다.

TIP

터치가 안 되는 경우 [패닝 핸들] 메뉴가 나타나지 않을 수도 있습니다.

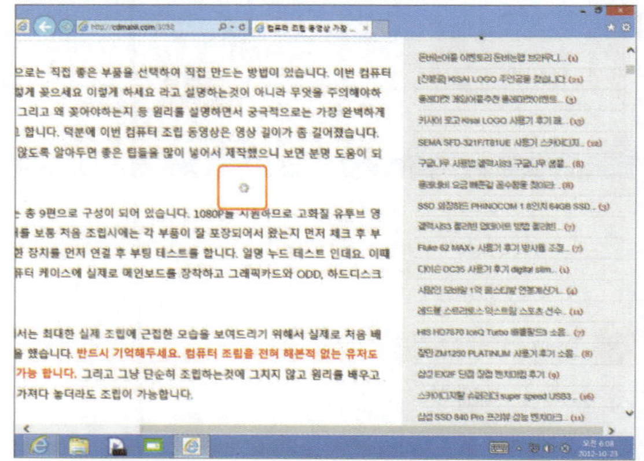

10 웹페이지 인쇄 및 XPS 문서 파일 만들기

웹서핑하던 중 마음에 드는 내용을 발견했을 때 프린트로 인쇄해서 남기고 싶을 때가 있습니다. 웹페이지를 인쇄하는 방법과 웹페이지를 XPS 문서 파일로 만드는 방법을 알아봅니다.

1 [파일]-[인쇄] 메뉴를 클릭합니다. 메뉴표시줄이 보이지 않는다면 Alt 키나 F10 키를 누릅니다.

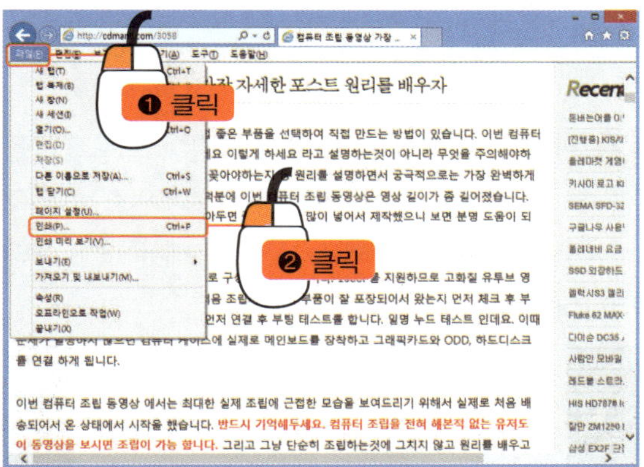

2 [인쇄] 대화상자의 [일반] 탭에서 인쇄 가능한 프린터를 선택하고, 〈인쇄〉 버튼을 누르면 인쇄가 시작됩니다.

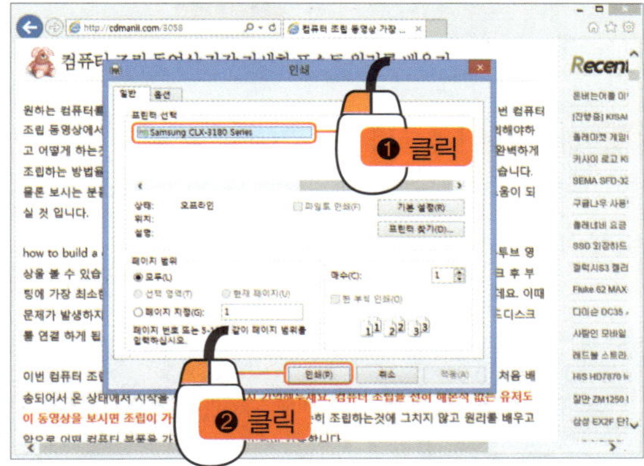

3 프린터로 출력하지 않고 XPS 문서로 만들려면 '프린터 선택' 항목에서 'Microsoft XPS Document Writer'를 선택한 뒤 〈인쇄〉 버튼을 누릅니다.

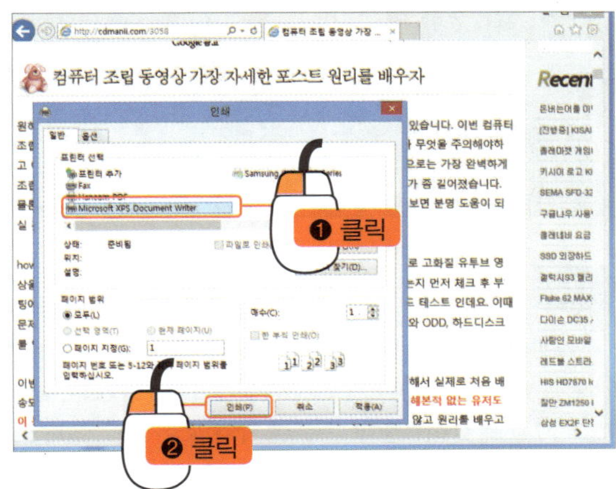

4 [다른 이름으로 프린터 출력 저장] 대화상자에서 파일 이름을 입력하고 형식을 'OpenXPS 문서(*.oxps)'로 지정한 뒤 〈저장〉 버튼을 누릅니다.

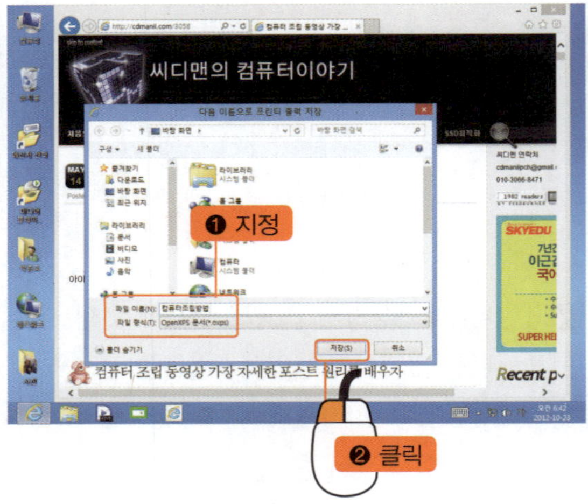

5 지정한 위치에 XPS 문서가 만들어졌습니다.

6 파일을 더블클릭하면 처음에는 해당 파일을 열 앱을 선택하는 창이 나타나는데, '뷰어'를 클릭합니다.

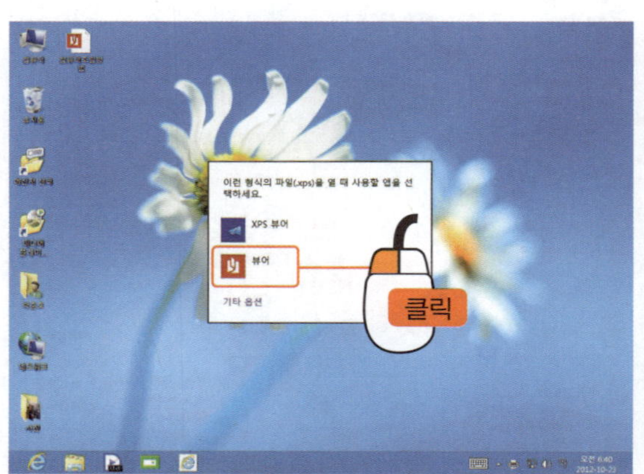

7 바로 뷰어 앱과 연결되어 특별한 프로그램을 설치하지 않아도 볼 수 있습니다. 마우스 오른쪽 버튼을 누르면 창 아래쪽에 관련 메뉴바가 나타납니다.

XPS(XML Paper Specification)는 문서 서식이 유지되고 파일 공유가 가능한 고정된 레이아웃의 전자 파일 형식의 파일을 말합니다. 오픈XPS(Open XML Paper Specification)는 페이지 기술 언어를 위한 규격으로, 마이크로소프트가 본래 XML 문서 규격(XML Paper Specification)으로 개발한 고정 문서 포맷입니다. 윈도우 8에서는 OpenXPS, XPS 모두 지원합니다. 호환성을 위해서는 XPS를, 관리와 모든 프린터에서의 사용성 등을 위해서는 OpenXPS가 좋습니다.

11 팝업 차단 해제 및 설정하기

Internet Explorer로 웹서핑을 하다 보면 수많은 팝업 창이 뜹니다. 기본적으로 Internet Explorer 10은 팝업 창을 차단하도록 되어 있습니다. 안전하지 않은 웹사이트에서 팝업 창이 나타남으로써 발생하는 오류를 막아줍니다. 그런데 반대로 팝업 창 차단이 불편할 때도 있습니다. 팝업 차단을 해제하는 방법과 특정 웹사이트만 팝업 창을 허용하는 방법을 알아봅니다.

1 화면 아래쪽을 보면 팝업 창이 차단되었음을 알려주는 메시지 창이 보입니다. 다음처럼 'XXX의 팝업을 차단했습니다'는 메시지 창이 나타나면 팝업을 차단한 것입니다.

2 팝업 차단 설정을 해제하려면 [도구]-[팝업 차단]-[팝업 차단 끄기] 메뉴를 클릭합니다. 메뉴 표시줄이 보이지 않는다면 Alt 키나 F10 키를 누릅니다.

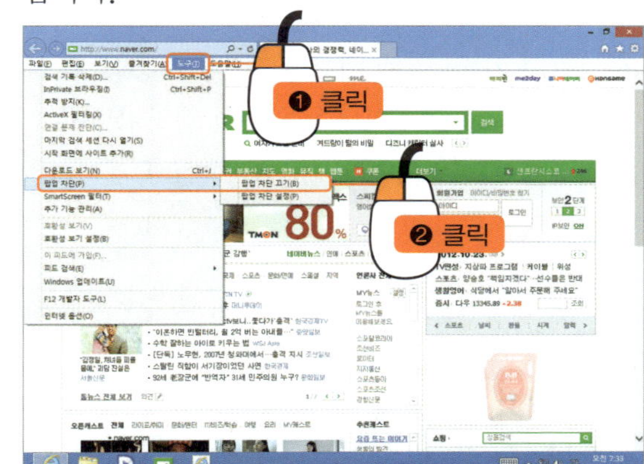

3 팝업 차단을 끌 것인지 묻는 메시지 창이 나타나면 〈예〉 버튼을 누릅니다. 팝업 차단이 해제되었습니다.

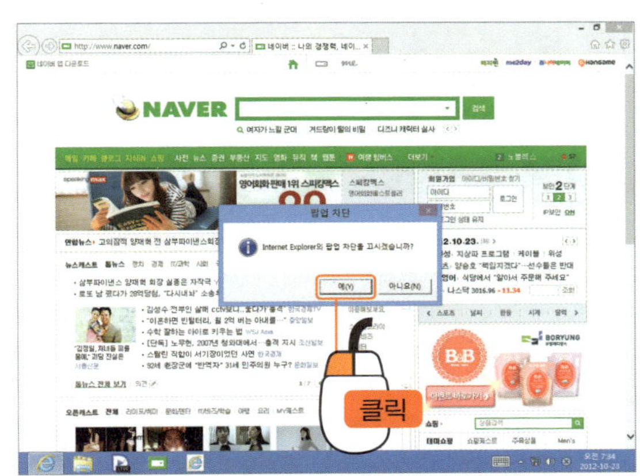

4 같은 방법으로 다시 팝업 창을 차단할 수 있습니다. [도구]–[팝업 차단]–[팝업 차단 켜기] 메뉴를 클릭하고, 팝업 차단을 켜겠느냐고 물어오면 〈예〉 버튼을 누릅니다.

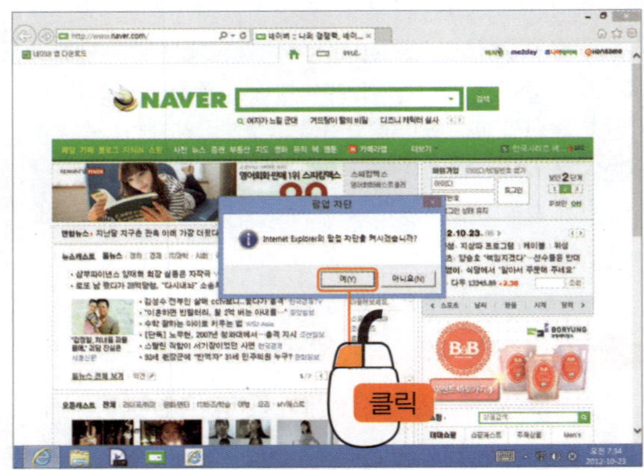

5 이번에는 [도구]–[팝업 차단]–[팝업 차단 설정] 메뉴를 클릭합니다.

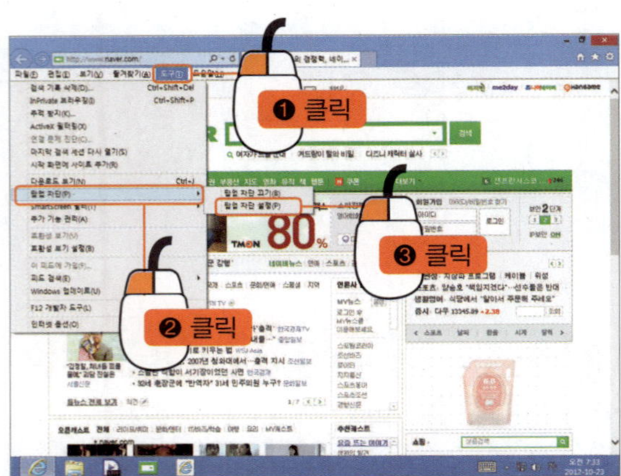

6 [팝업 차단 설정] 대화상자에서 허용할 웹 사이트 주소란에 팝업 차단을 허용할 웹사이트 주소를 입력합니다(형식 예 : *.naver.com).

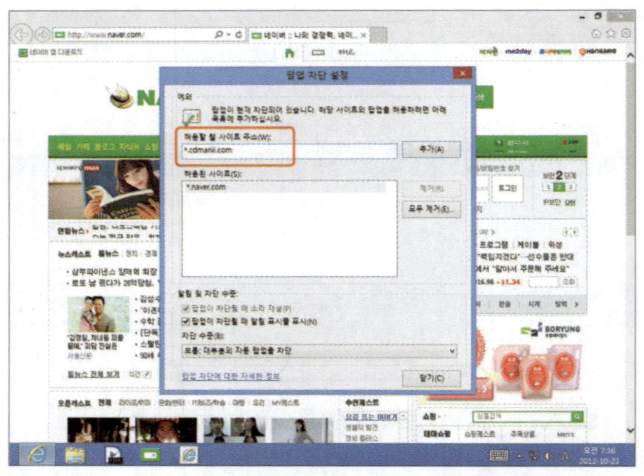

7 '차단 수준' 항목에서는 팝업을 어느 정도 수준으로 막을 것인지 설정할 수 있습니다. '높음'은 모든 팝업을 차단하며, '보통'은 대부분의 팝업을 차단, '낮음'은 안전한 웹사이트의 팝업만 허용합니다.

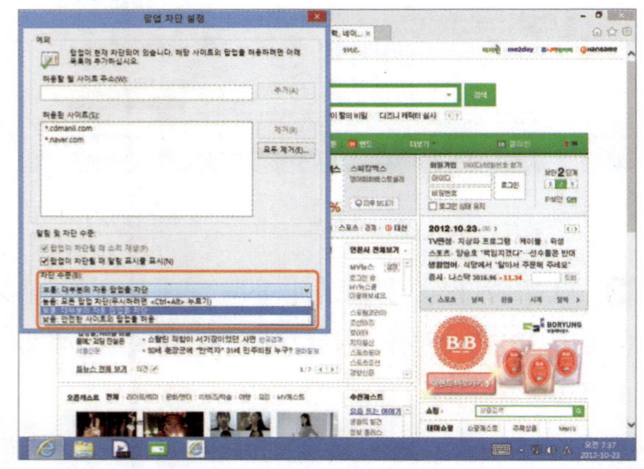

Chapter 10

보조프로그램 살펴보기

윈도우 8 보조프로그램은 운영체제를 사용하는 데
필요한 유용한 도구들을 제공합니다.
하나하나의 기능들을 자세히 살펴보도록 하겠습니다.

01 Windows Media Player 살펴보기

윈도우 8 보조프로그램 중 하나인 Windows Media Player는 음악이나 동영상을 재생할 수 있는 프로그램입니다. 별도의 프로그램을 설치하지 않아도 동영상을 재생할 수 있습니다.

1 화면 위에서 마우스 커서를 오른쪽 맨 위나 맨 아래로 가져간 뒤 참 메뉴에서 〈검색〉 버튼을 클릭합니다. 또는 ■+C 키를 누릅니다.

2 윈도우 8 UI에 기본으로 설치된 앱 목록과 함께 검색 창이 나타납니다.

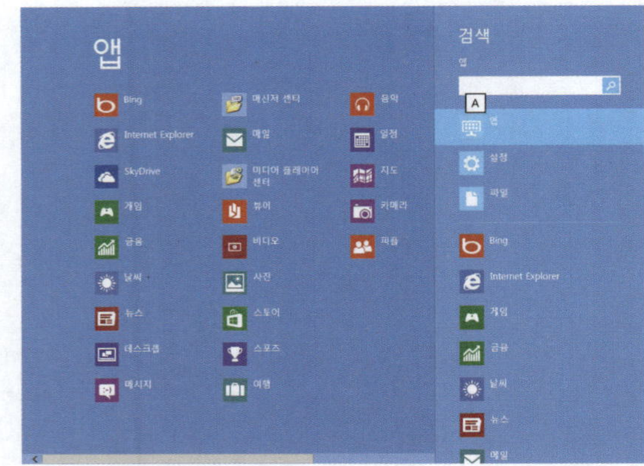

3 스크롤바를 오른쪽으로 드래그하여 앱 목록에서 Windows 보조프로그램을 찾습니다. 'Windows Media Player'를 클릭합니다.

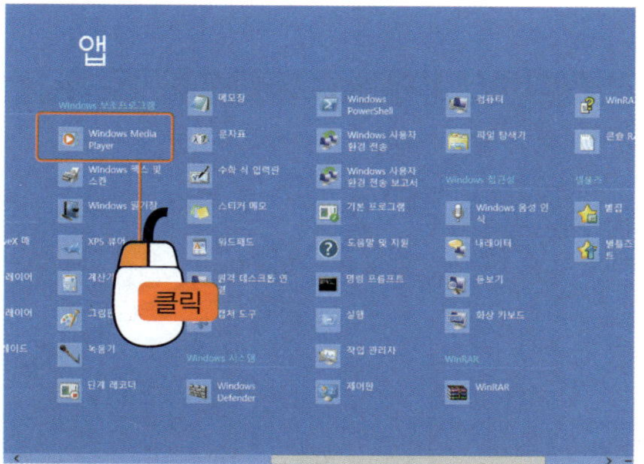

4 데스크톱 모드로 전환되면서 Windows Media Player가 실행됩니다.

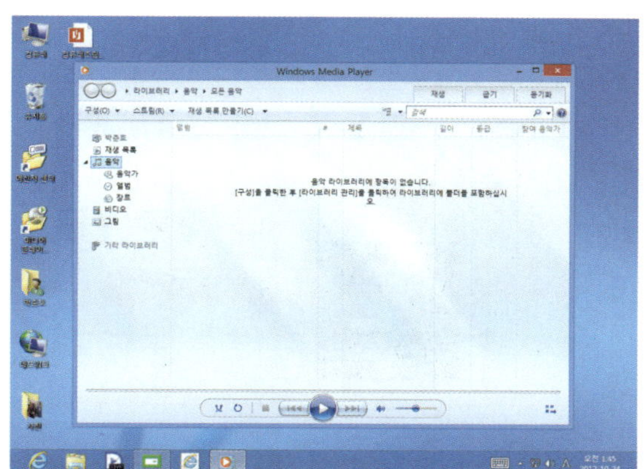

5 맨 처음 실행하면 Windows Media Player 시작 창이 나타납니다. '권장 설정'에 체크한 뒤 〈마침〉 버튼을 누릅니다.

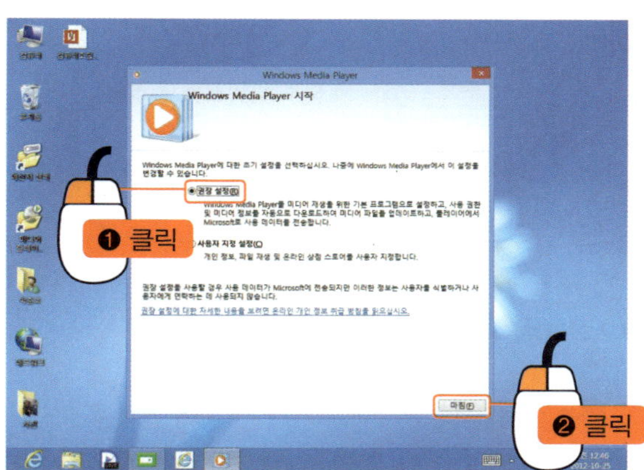

6 라이브러리–음악 폴더에 있는 음악 파일을 자동으로 검색해서 음악 목록을 표시합니다. '지금 재생으로 전환' 아이콘 을 클릭합니다.

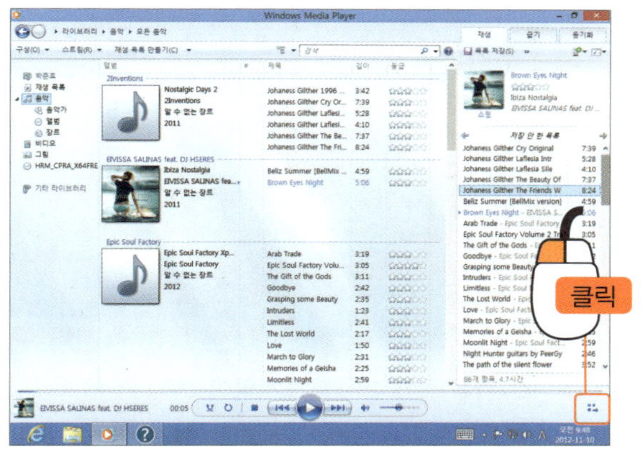

TIP

재생할 동영상 파일을 선택하고 [홈] 탭을 클릭합니다. 열기 그룹에 있는 '열기' 아이콘의 목록펼침 버튼을 누르면 재생할 동영상 프로그램을 선택할 수 있습니다.

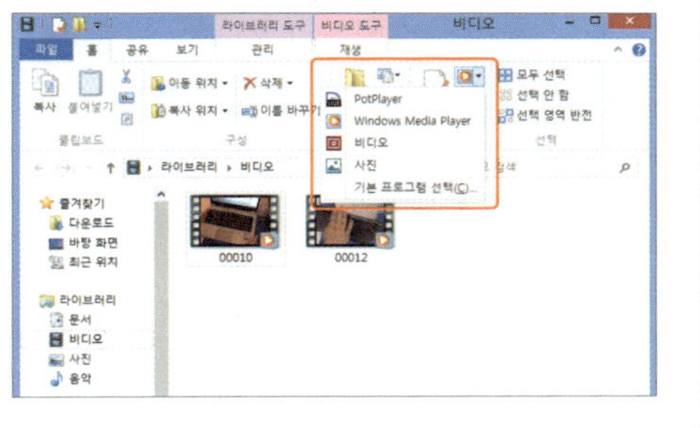

7 Windows Media Player가 작은 창으로 전환됩니다. 동영상 파일이 저장된 폴더를 열고, 파일을 Windows Media Player 창 위로 드래그합니다.

8 해당 동영상이 Windows Media Player에서 재생됩니다.

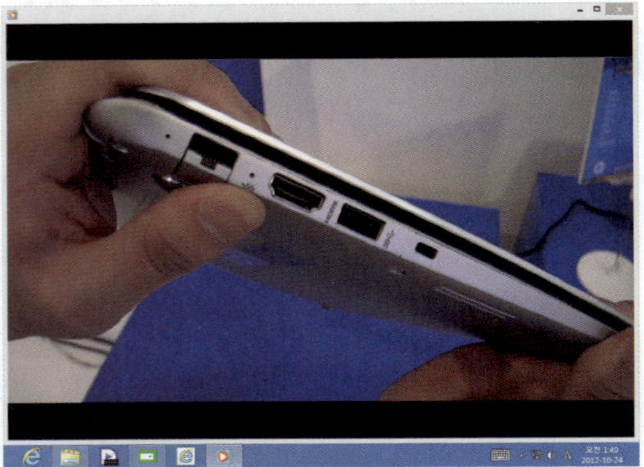

TIP | Windows Media Player 창 살펴보기

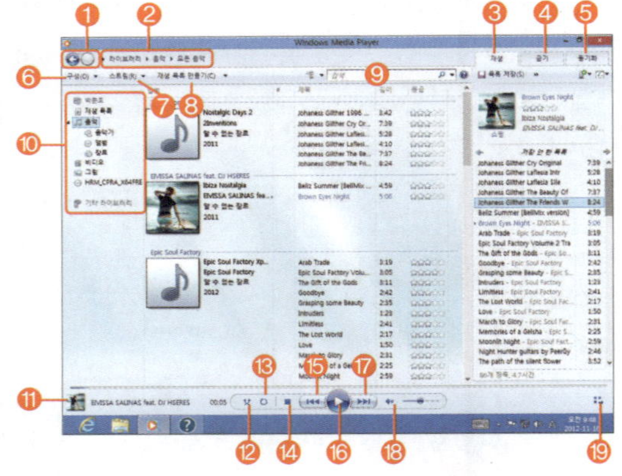

❶ **이전/다음 단계** : 단계 표시의 이전/다음 단계로 이동합니다.

❷ **단계** : 단계 표시줄로 지금의 위치를 나타냅니다.

❸ **재생** : 재생과 관련된 탭을 나타냅니다.

❹ **굽기** : 항목을 끌어넣어 선택한 뒤 굽기 할 수 있습니다.

❺ **동기화** : 음악 파일을 장치로 동기화합니다.

❻ **구성** : 구성 재배치와 관련된 메뉴입니다.

❼ **스트림** : 홈 미디어와 내 플레이어 원격 제어 관련 설정입니다.

❽ **재생 목록 만들기** : 재생 목록을 생성합니다.

❾ **검색** : 음악을 검색합니다.

❿ **트리 메뉴** : 재생 목록과 음악, 비디오 목록을 보여줍니다.

⓫ **현재 선택된 음악** : 현재 선택되어 재생 중인 음악의 정보를 표시합니다.

⓬ **순서 섞기** : 음악 재생 리스트의 순서를 섞어서 재생합니다.

⓭ **반복 기능 설정** : 음악 리스트를 모두 재생한 뒤 반복하여 재생할지 선택합니다.

⓮ **정지** : 음악 재생을 정지합니다.

⓯ **되감기(뒤로)** : 음악을 되감거나 이전 곡을 재생합니다.

⓰ **일시 정지/재생** : 일시 정지하거나 재생합니다.

⓱ **빨리감기(앞으로)** : 음악을 빨리 감거나 다음 곡을 재생합니다.

⓲ **볼륨** : 소리의 크기를 조정할 수 있습니다.

⓳ **지금 재생으로 전환** : 재생 플레이어로 형태를 변경합니다.

02 계산기 살펴보기

수학적 계산을 해야 할 때 계산기는 너무나도 유용한 프로그램입니다. 계산기를 실행시키는 방법과 간단한 계산에서 복잡한 계산까지 활용하는 방법을 알아봅니다. 그리고 계산기의 숨겨진 기능도 살펴봅니다.

1 참 메뉴에서 〈검색〉 버튼을 누릅니다. 윈도우 8 UI에 기본으로 설치된 앱 목록이 나타나면 스크롤바를 오른쪽으로 드래그하여 앱 목록에서 Windows 보조프로그램을 찾습니다. '계산기'를 클릭합니다.

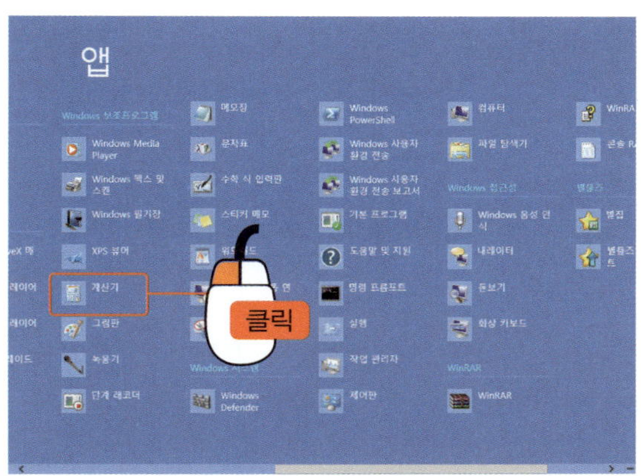

2 데스크톱 모드로 전환되면서 계산기가 실행됩니다. 키보드의 키패드로 계산식을 입력하여 계산할 수 있습니다. [보기] 메뉴를 클릭하면 일반용, 공학용, 프로그래머용, 통계용의 계산기를 사용할 수 있습니다. 공학용을 선택하면 좀 더 복잡한 수학식을 계산할 수 있습니다.

3 계산기를 사용하면서 이전의 계산식을 참고해야 할 때가 있습니다. 결과 창에서 마우스 오른쪽 버튼을 누른 뒤 [기록 표시] 메뉴를 클릭합니다. 이전에 입력한 계산식을 결과 창에 계속 표시하는 것을 확인할 수 있습니다.

4 [보기]−[워크시트] 메뉴를 이용하면 주택 담보 대출, 자동차 임대, 연비 등을 계산할 수 있습니다. [보기]−[워크시트]−[주택 담보 대출] 메뉴를 클릭합니다.

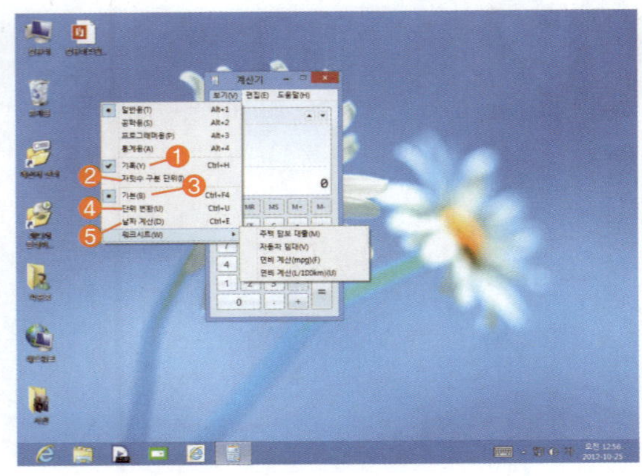

① 기록 : 결과 창에 이전 계산식을 보여줍니다.
② 자릿수 구분 단위 : 숫자의 세 자리마다 콤마(,)를 표시합니다.
③ 기본 : 계산기 창을 기본값으로 표시합니다.
④ 단위 변환 : 사용할 계산식의 단위를 변경합니다.
⑤ 날짜 계산 : 두 날짜 사이의 차이를 계산합니다.

5 계산기 창 오른쪽에 주택 담보 대출을 계산할 수 있는 항목이 나타납니다. 구매 가격, 첫 불입금, 기간, 이자율을 입력한 뒤 〈계산〉 버튼을 누르면 자동으로 대출금을 계산합니다. 이외에도 여러 가지 계산식을 제공하므로 유용하게 사용할 수 있습니다.

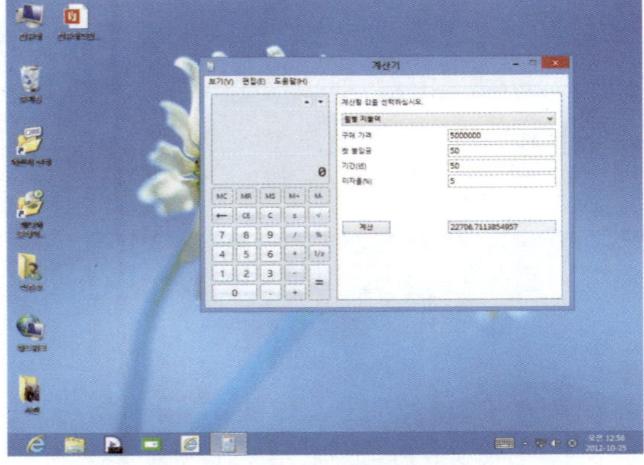

계산기를 2개 이상 실행해야 할 경우에는 계산기 앱에서 마우스 오른쪽 버튼을 누른 뒤 메뉴바에서 〈새 창에서 열기〉 버튼을 클릭하면 프로그램을 여러 번 실행할 수 있습니다. 직접 실행하려면 바탕화면의 실행 창(Ctrl+R 키)에서 'calc'를 입력하면 됩니다.

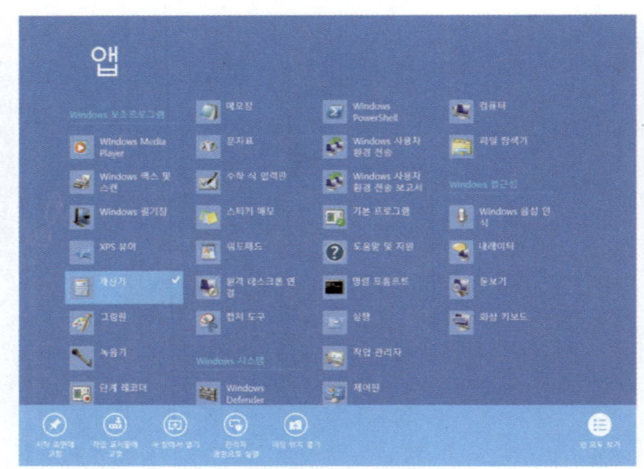

03 그림판 살펴보기

보조프로그램의 그림판에서는 간단히 그림을 그리거나 색상 및 크기 등을 변경할 수 있습니다. Print Screen 키로 캡처한 이미지도 편집한 뒤 저장할 수 있습니다.

1 참 메뉴에서 〈검색〉 버튼을 클릭합니다. 윈도우 8 UI에 기본으로 설치된 앱 목록이 나타나면 스크롤바를 오른쪽으로 드래그하여 Windows 보조프로그램을 찾습니다. '그림판'을 클릭합니다.

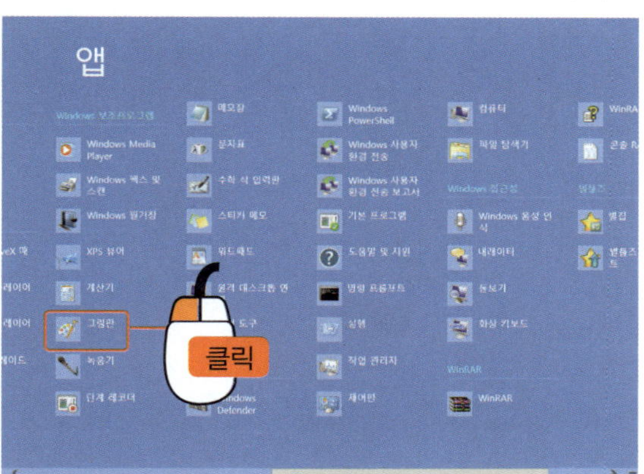

2 화면 위쪽의 [홈] 탭과 [보기] 탭을 이용하면 다양한 기능을 적용할 수 있습니다.

3 [홈] 탭의 '색 편집' 아이콘으로 여러 가지 색을 조합하여 원하는 색을 지정할 수 있습니다.

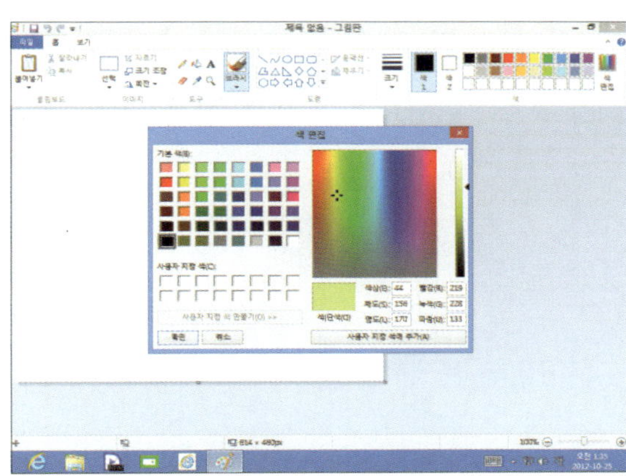

04 녹음기 살펴보기

컴퓨터에서도 외부나 내부에서 나는 소리를 녹음할 수 있습니다. 외부에서 나는 소리를 녹음하려면 컴퓨터에 마이크 단자가 있어야 합니다.

1 참 메뉴에서 〈검색〉 버튼을 클릭합니다. 윈도우 8 UI의 앱 목록에서 Windows 보조프로그램을 찾습니다. '녹음기'를 클릭합니다.

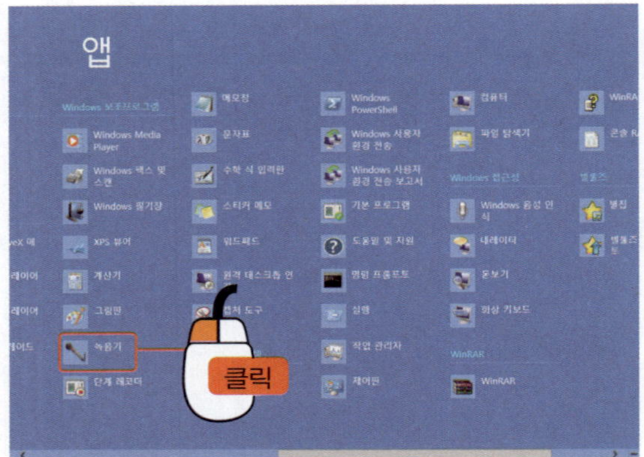

2 다음처럼 녹음기 창이 나타납니다. 〈녹음 시작〉 버튼 ● 녹음 시작(S) 을 누르면 녹음을 시작합니다. 녹음을 마치려면 〈녹음 중지〉 버튼을 누릅니다.

3 자동으로 저장 대화상자가 나타납니다. 파일 이름을 입력한 뒤 〈저장〉 버튼을 누릅니다. 기본 저장 위치는 라이브러리-문서 폴더입니다.

05 단계 레코더 살펴보기

윈도우 8에서는 특정 프로그램의 사용 방법이나 동작하는 순서 등을 녹화할 수 있습니다. 단계 레코더 프로그램이 그것으로, 지금부터 쉽고 빠르게 단계별로 동작을 보여주는 동영상을 만들어 보겠습니다.

1 참 메뉴에서 〈검색〉 버튼을 클릭합니다. 원도우 8 UI 앱 목록의 Windows 보조프로그램에서 '단계 레코더'를 클릭합니다.

2 단계 레코더가 실행되면 〈녹화 시작〉 버튼 녹화 시작(A)을 누릅니다. 녹화가 진행됩니다. 이제 휴지통의 파일을 삭제하는 과정을 녹화해 보겠습니다.

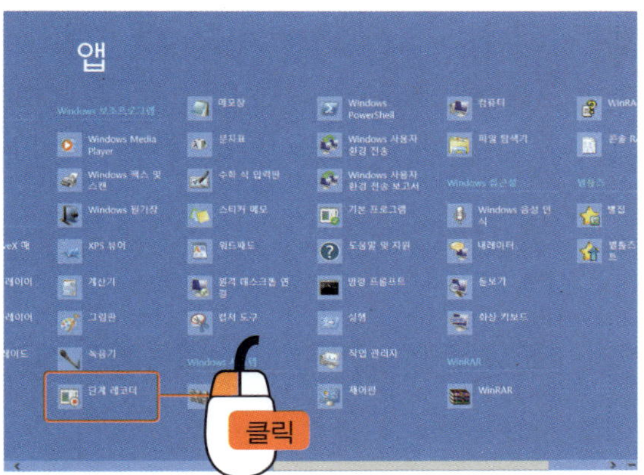

3 바탕화면의 '휴지통' 아이콘을 더블클릭합니다. 휴지통 폴더를 여는 과정이 녹화됩니다.

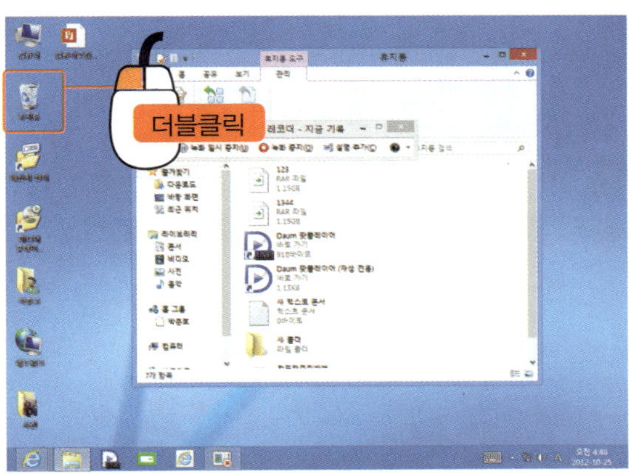

4 단계별 설명을 추가하고 싶을 때는 〈설명 추가〉 버튼 [설명 추가(C)]을 누릅니다. 설명하고 싶은 부분을 드래그하여 영역 지정한 뒤 영역 강조 표시 및 설명 창에 내용을 추가하면 됩니다.

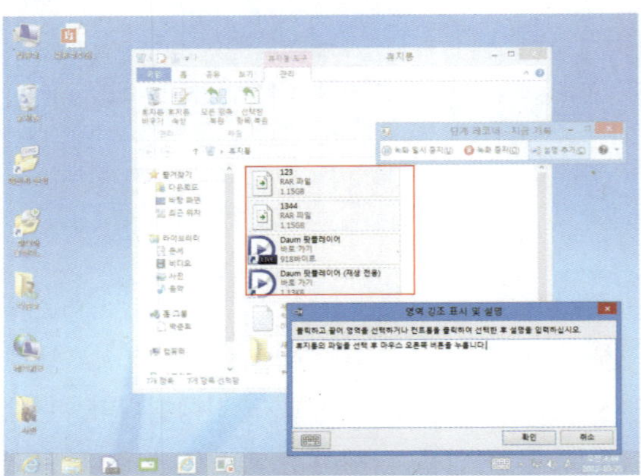

5 모든 단계의 녹화가 끝나면 〈녹화 중지〉 버튼을 누릅니다. 단계 레코더 창에 녹화된 내용이 나타나면 녹화된 내용을 확인합니다.

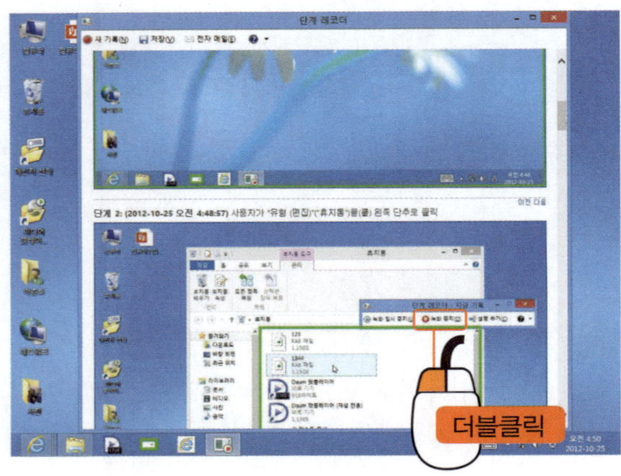

6 '기록된 단계를 슬라이드 쇼로 검토'를 클릭하면 슬라이드 쇼가 진행됩니다. 슬라이드 쇼를 마치려면 '슬라이드 쇼 끝내기'를 클릭합니다. 파일을 저장하려면 〈저장〉 버튼을 누릅니다. 단계 레코더 파일의 확장자는 *.mht로, 이것을 zip 형식의 파일로 압축하여 저장합니다.

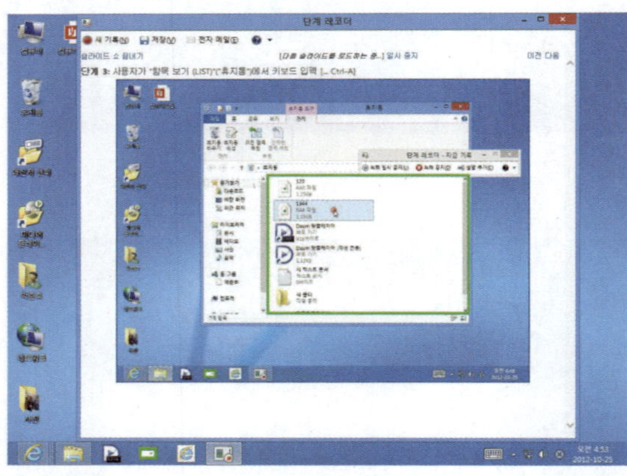

7 zip 압축 파일을 해제한 뒤 파일을 더블클릭하면 Internet Explorer 창이 열립니다. 이 문서를 아는 사람에게 보내어 확인하도록 할 수 있습니다.

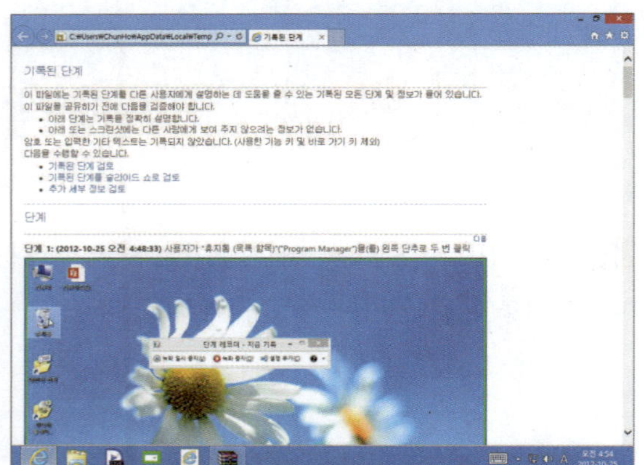

06 메모장 살펴보기

메모장은 텍스트(*.txt) 파일을 가장 쉽게 작성·저장할 수 있는 입력 프로그램입니다. 간단한 문서 파일을 작성한 뒤 저장해 보겠습니다.

1 윈도우 8 UI의 앱 목록에서 Windows 보조프로그램을 찾습니다. '메모장'을 클릭합니다.

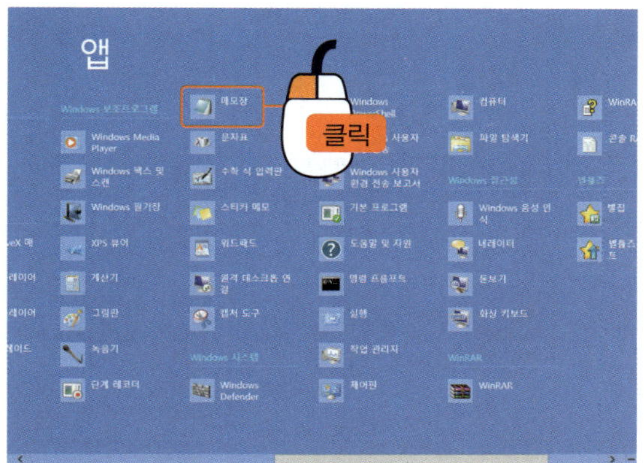

2 메모장이 실행되면 내용을 입력합니다. 내용을 계속 입력하면 가로로 스크롤이 생깁니다.

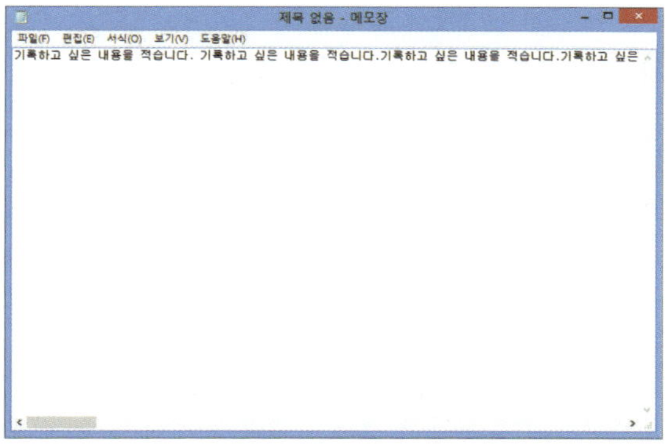

3 [서식]−[자동 줄 바꿈] 메뉴를 클릭합니다.

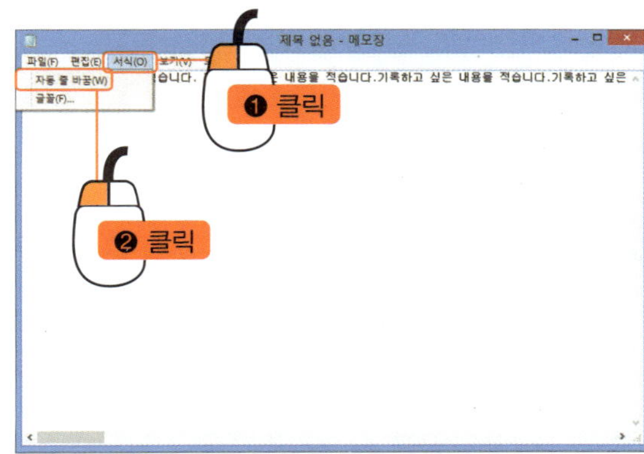

4 자동으로 줄 바꿈 되어 나타나는 것을 확인
할 수 있습니다.

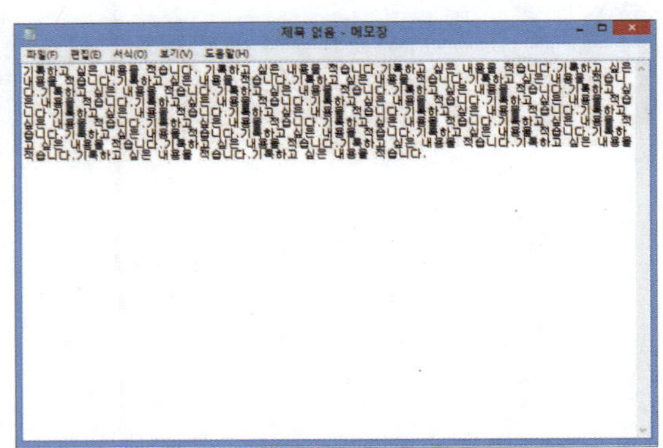

5 [서식]−[글꼴] 메뉴를 클릭합니다. 글꼴과 크
기 등을 지정할 수 있습니다.

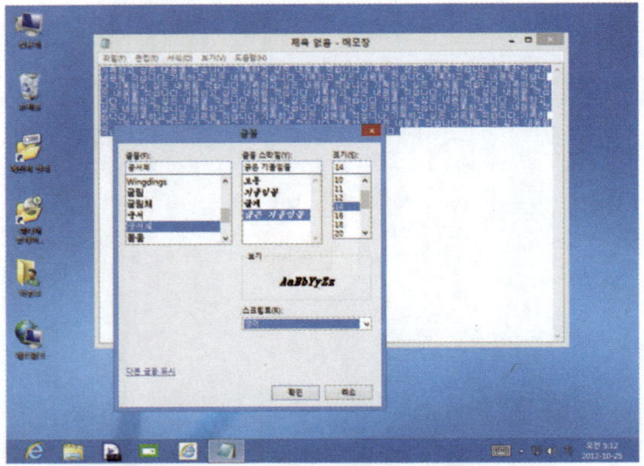

6 [파일]−[저장] 메뉴를 클릭합니다. 파일 이름
을 입력하고 〈저장〉 버튼을 누릅니다. 메모장 파
일은 기본적으로 *.txt 파일로 저장됩니다.

TIP

+ R 키를 눌러 실행 창에서 'notepad'를 입력해도
메모장을 실행할 수 있습니다.

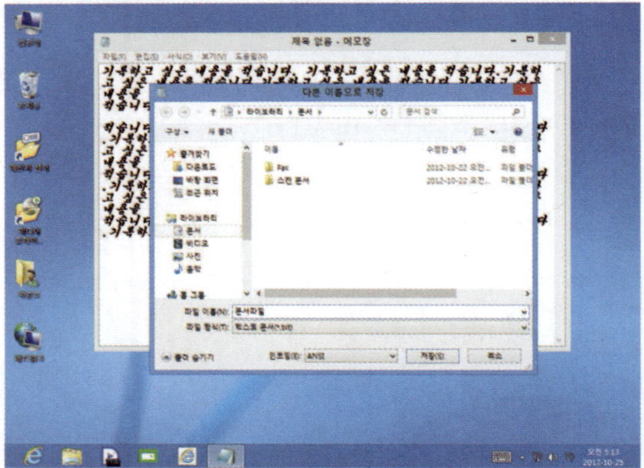

07 문자표 살펴보기

윈도우 8에서도 한글 등 문서 작성 프로그램처럼 다양한 특수문자를 입력할 수 있습니다. 윈도우 8의 문자표를 이용하여 독특한 글자를 입력하는 방법을 알아봅니다.

1 윈도우 8 UI의 앱 목록에서 Windows 보조프로그램의 '문자표'를 클릭합니다.

2 문자표에는 여러 가지 기호 문자들이 있습니다. 글꼴을 지정하면 글꼴에 해당하는 기호 문자들을 볼 수 있습니다.

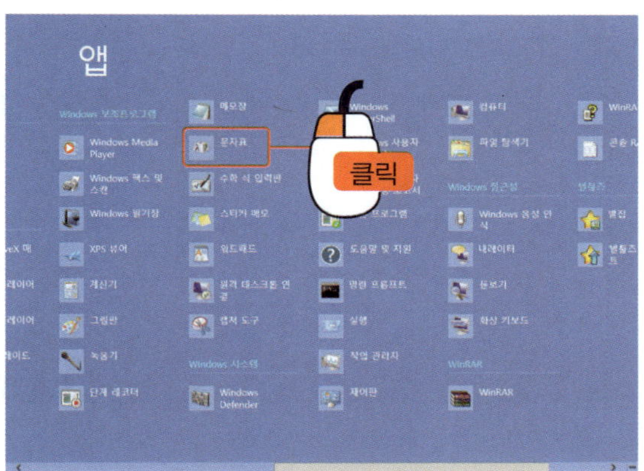

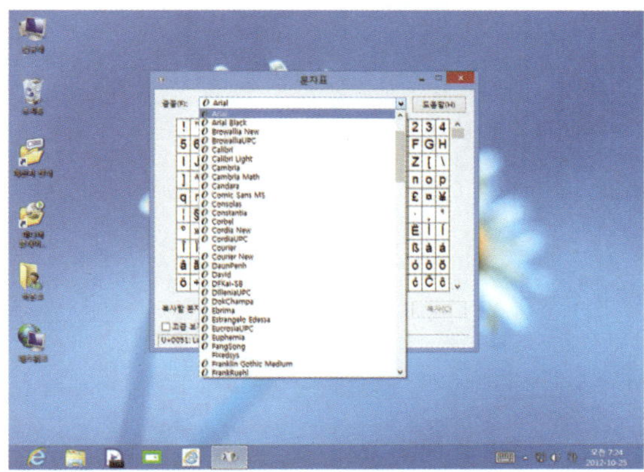

3 특정 문자를 선택하고 〈복사〉 버튼을 누릅니다. 복사한 문자는 메모장이나 문서 작성 프로그램에 붙여넣어 사용할 수 있습니다.

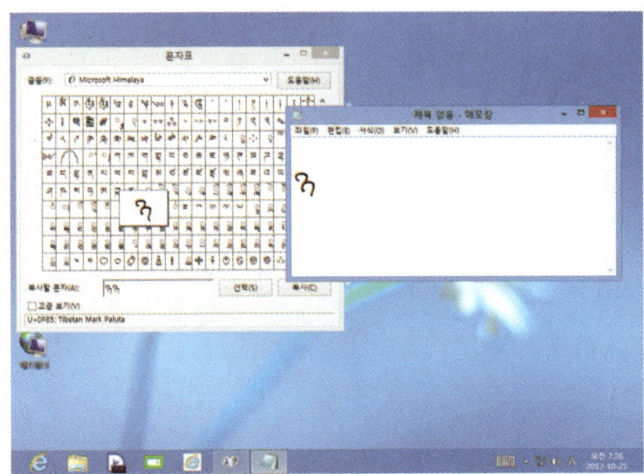

08 수학 식 입력판 살펴보기

문서 작성 프로그램에서 제공하는 수식 기호를 사용하여 수학식을 입력하지 않고도 손으로 직접 수학식을 입력해서 작성할 수 있습니다. 이때 사용하는 보조프로그램이 바로 '수학 식 입력판'입니다. 지금부터 수학 식 입력판 프로그램을 이용해 직접 수학식을 써보겠습니다.

1 윈도우 8 UI의 앱 목록에서 Windows 보조프로그램의 '수학 식 입력판'을 클릭합니다.

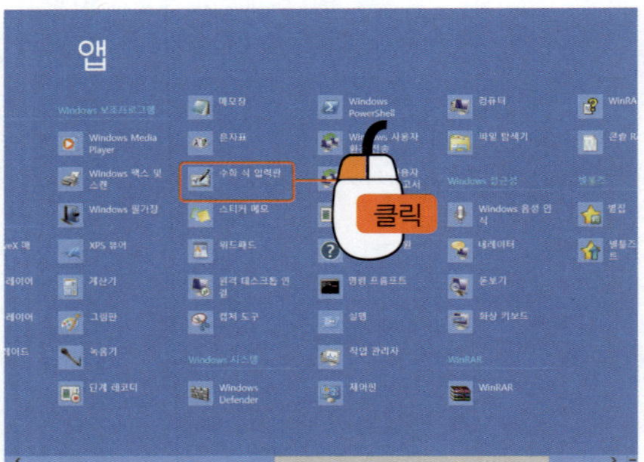

2 다음처럼 수학 식 입력판이 나타나면 마우스를 이용해 cos를 직접 써봅니다.

3 입력판이 잘못 인식한 부분이 있다면 〈선택 및 수정〉 버튼을 누른 상태로 잘못 입력한 부분을 드래그하여 선택합니다. 또는 잘못 입력한 문자에서 마우스 오른쪽 버튼을 누릅니다.

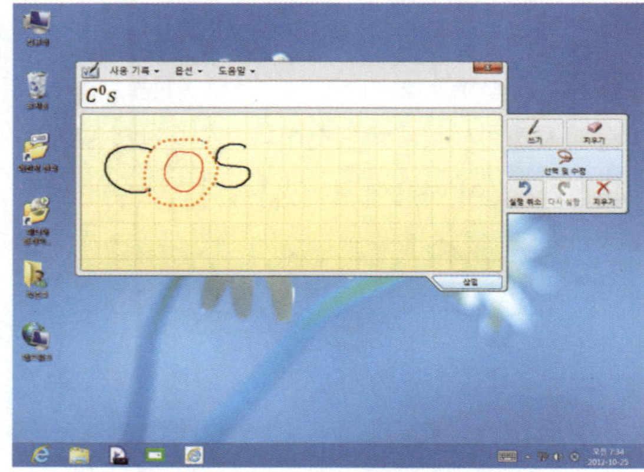

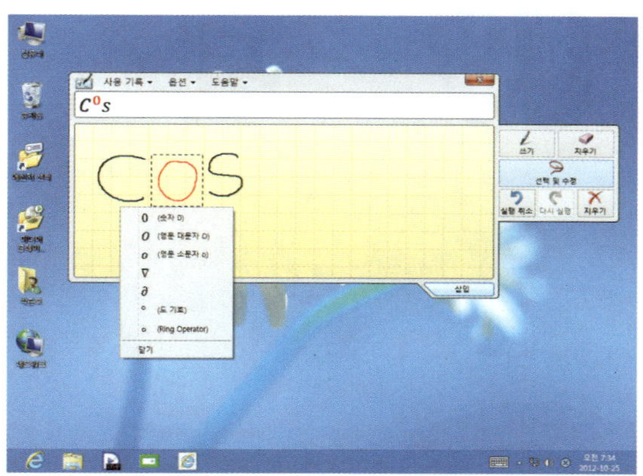

4 선택한 부분을 대체할 다른 문자들의 목록이 나타납니다. 원하는 문자를 클릭합니다.

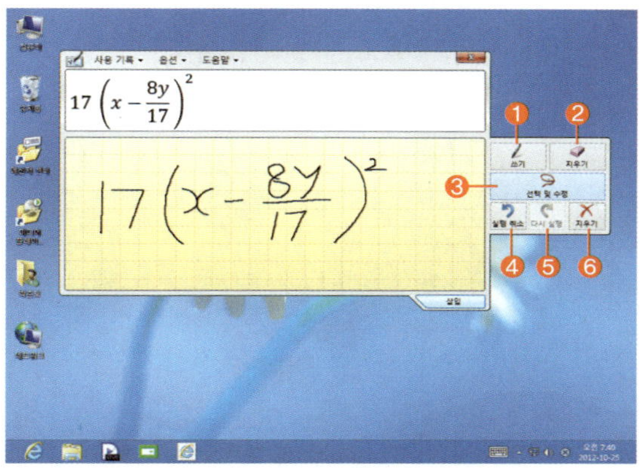

5 같은 방식으로 좀 더 복잡한 수학식도 입력해 봅니다.

- ❶ 쓰기 : 입력판에 수학식을 쓸 수 있습니다.
- ❷ 지우기 : 지우개로 원하는 수학식을 지울 수 있습니다.
- ❸ 선택 및 수정 : 입력한 수학식 중 일부를 선택해서 수정할 수 있습니다.
- ❹ 실행 취소 : 이전 작업으로 되돌립니다.
- ❺ 다시 실행 : 실행을 취소한 작업 단계에서 다시 원 작업으로 되돌립니다.
- ❻ 지우기 : 입력한 수학식을 모두 삭제합니다.

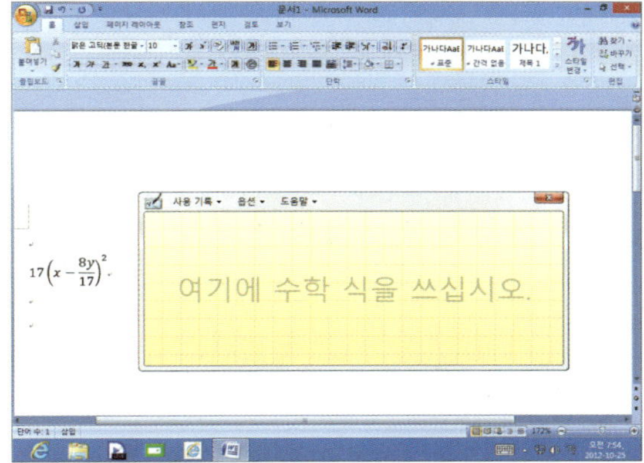

6 수학 식 입력판 아래쪽의 〈삽입〉 버튼을 누르면 Microsoft Word에 입력할 수 있습니다.

09 스티커 메모 살펴보기

보통 꼭 기억해야 할 중요한 약속이나 일정이 있을 때 포스트잎에 적어서 모니터 옆 등 눈에 잘 띄는 곳에 붙여놓는데, 이것과 비슷하게 바탕화면에도 포스트잎을 표시할 수 있습니다. 이것은 스티커 메모를 이용하는 방법으로 중요한 일정 등을 항상 바탕화면에 보여주므로 유용하게 사용할 수 있는 프로그램입니다.

1 윈도우 8 UI의 앱 목록에서 Windows 보조프로그램의 '스티커 메모'를 클릭합니다.

2 바탕화면 오른쪽에 스티커 메모가 실행됩니다. 입력한 메모 내용이 많아지면 자동으로 스크롤바가 생깁니다.

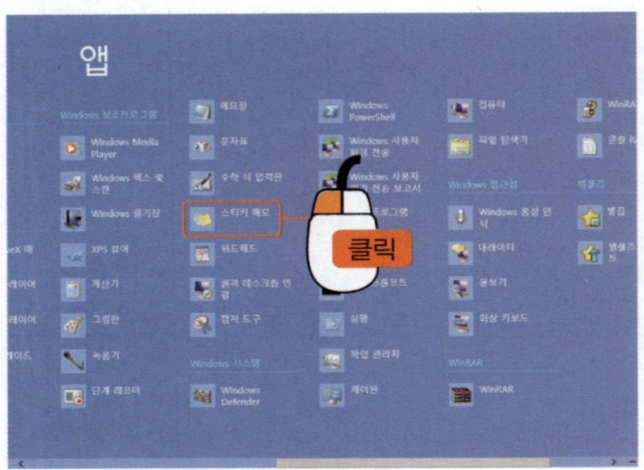

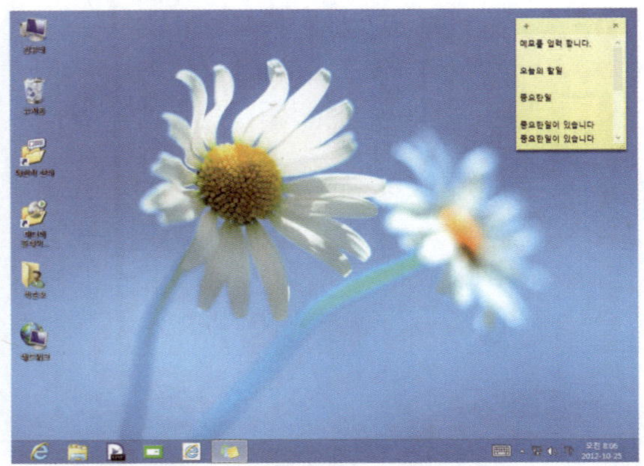

3 스티커 메모의 왼쪽 위에 있는 '새 메모' 아이콘 + (Ctrl + N)을 클릭하면 새 메모가 생성됩니다.

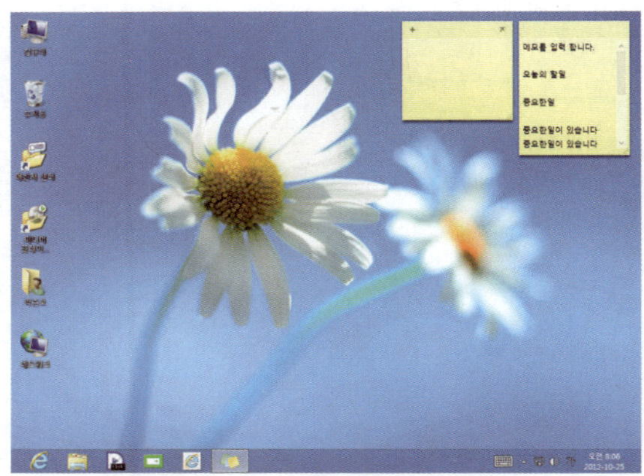

4 메모 본문에서 마우스 오른쪽 버튼을 누르면 바로가기 메뉴가 나타납니다. 복사 및 선택, 스티커 배경 색상 등을 지정할 수 있습니다.

5 스티커 메모의 크기는 입력한 내용에 따라 자유자재로 조절 가능합니다.

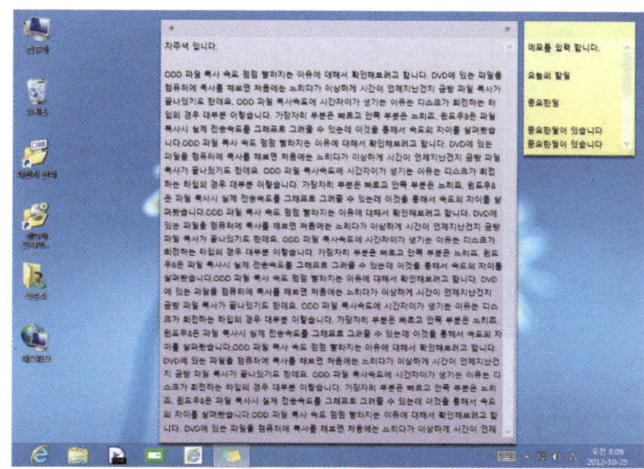

6 필요 없는 스티커 메모는 '메모 삭제' 아이콘 ×(Ctrl + D)을 클릭해 삭제할 수 있습니다. 한 번 삭제한 메모는 다시 되살릴 수 없으므로 신중하게 삭제합니다.

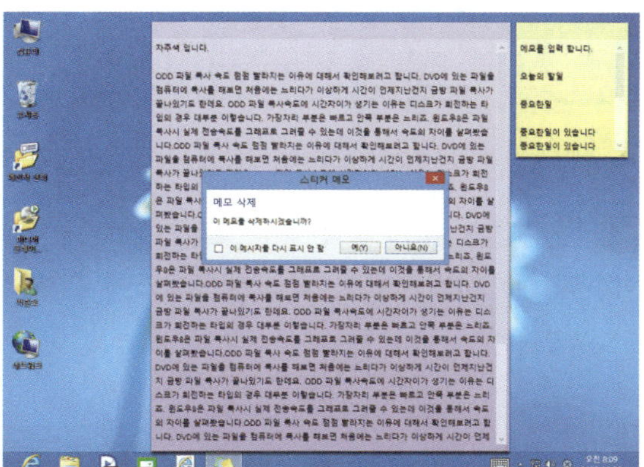

> **TIP**
>
> 화면에 띄워진 스티커 메모 창을 모두 닫으려면 작업 표시줄의 스티커 메모 작업 창 위에서 마우스 오른쪽 버튼을 눌러 〈창 닫기〉 버튼을 누릅니다. 〈새 메모〉 버튼을 누르면 새 스티커 메모 창이 열립니다.

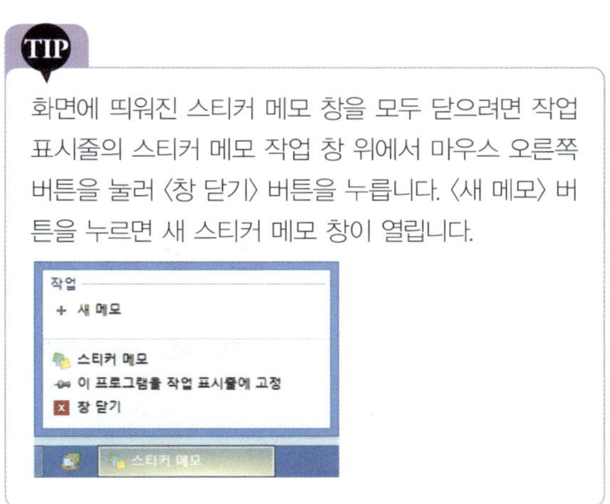

10 워드패드 살펴보기

보조프로그램의 워드패드는 Microsoft가 지원하는 간단한 워드프로세서 프로그램입니다. 메모장보다는 좀 더 다양한 기능을 제공합니다. RTF, Office Open XML, OpenDocument 텍스트, 일반 텍스트 등 다양한 문서 포맷을 지원합니다.

1 윈도우 8 UI의 앱 목록에서 Windows 보조프로그램의 '워드패드'를 클릭합니다.

2 워드패드가 실행되면 내용을 입력합니다. [홈] 탭의 삽입 그룹에서 '그림판 그림' 아이콘을 클릭하면 그림판 프로그램이 실행됩니다. 그림판에 입력한 내용이 워드패드에도 자동으로 입력됩니다.

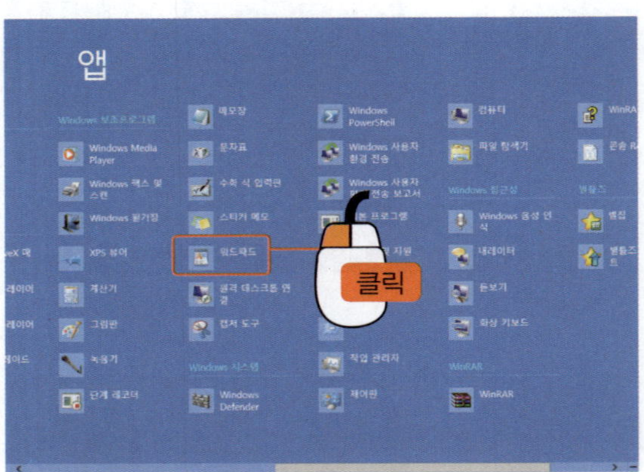

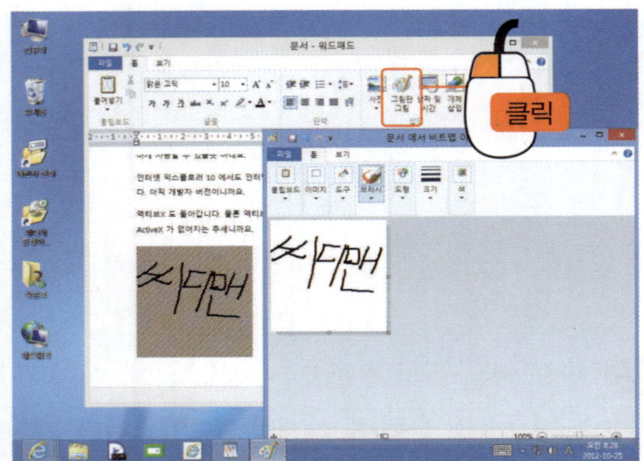

3 [홈] 탭의 삽입 그룹에서 '사진' 아이콘을 클릭하면 컴퓨터에 있는 사진을 워드패드에 추가할 수 있습니다.

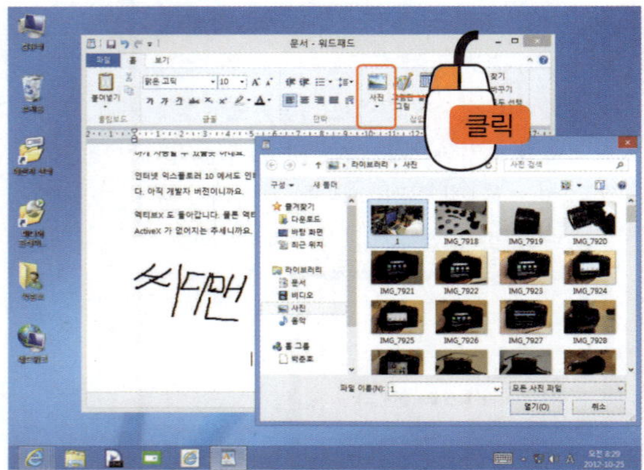

4 [홈] 탭의 삽입 그룹에 있는 '개체 삽입' 아이콘을 이용하면 여러 가지 개체를 추가할 수 있습니다. Microsoft Graph 차트를 추가해 보았습니다.

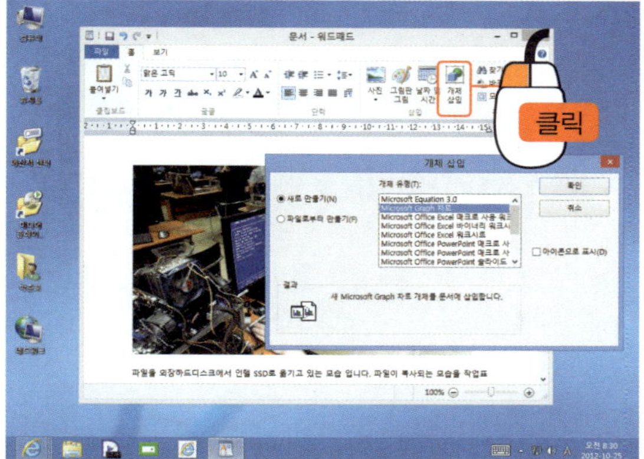

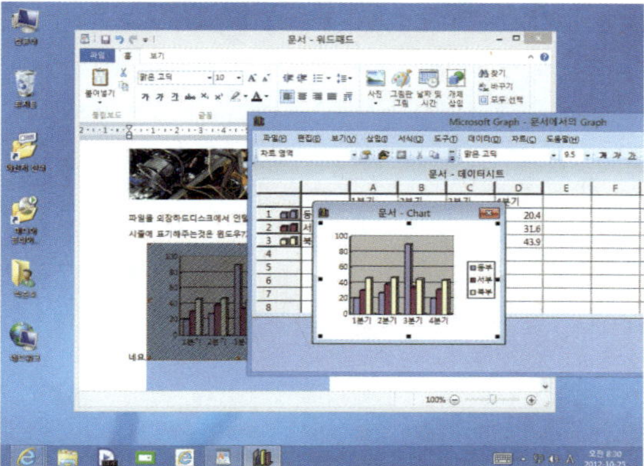

5 [파일]-[저장] 메뉴를 클릭하여 작성한 문서를 저장합니다.

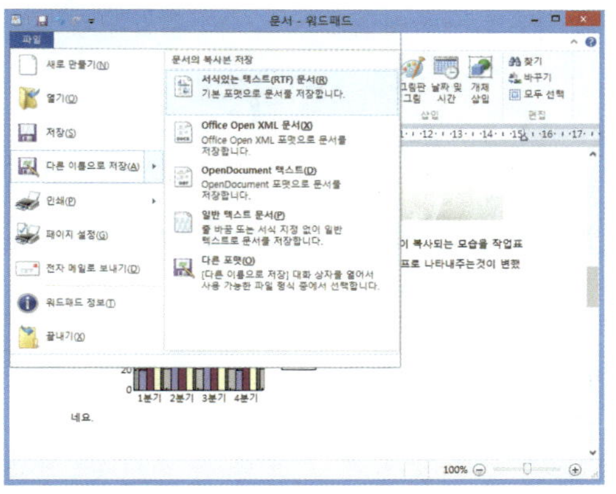

6 저장한 파일은 Microsoft Word로도 볼 수 있습니다.

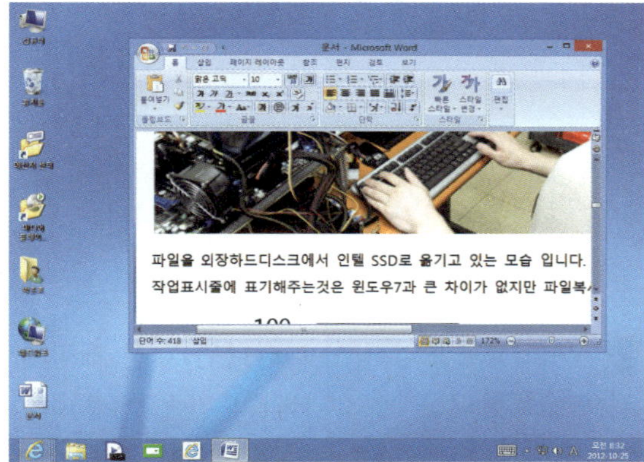

11 원격 데스크톱 연결 살펴보기

원격 데스크톱 연결은 다른 컴퓨터에 원격으로 접속하여 오류를 해결하거나 프로그램을 조작하는 등 제어할 수 있게 해주는 기능입니다. 위급할 때 유용하게 사용할 수 있습니다.

1 윈도우 8 UI의 앱 목록에서 Windows 보조프로그램의 '원격 데스크톱 연결'을 클릭합니다. 원격 데스크톱 연결 창이 나타납니다. '컴퓨터' 항목에서 접속하려는 원격 서버의 IP를 입력한 뒤 〈연결〉 버튼을 누릅니다.

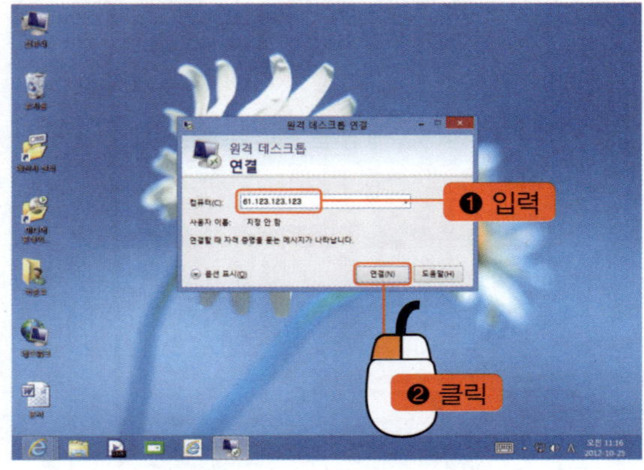

2 Windows 보안 창이 나타나면 '다른 계정 사용'을 클릭합니다. 원격 서버의 접속 계정 아이디와 암호를 입력한 뒤 〈확인〉 버튼을 누릅니다.

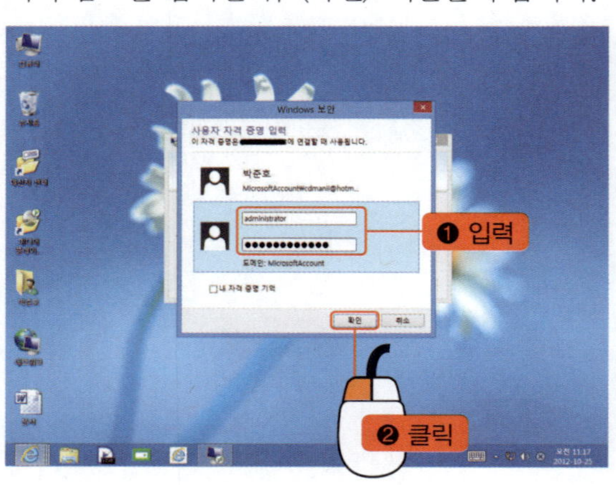

3 원격으로 터미널에 접속하여 서버 컴퓨터를 사용합니다.

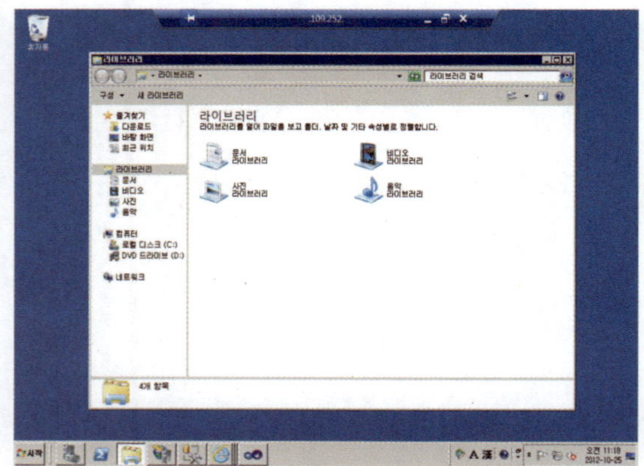

12 캡처 도구 살펴보기

윈도우 이전 버전에서는 화면을 캡처하려면 Print Screen 키를 누른 뒤 그림판 등 이미지 편집 프로그램을 실행하여 붙여넣어 저장하거나 따로 캡처 프로그램을 설치한 뒤 사용해야 했습니다. 하지만 윈도우 8에서는 보조프로그램에 '캡처 도구'라는 프로그램이 있어 따로 프로그램을 설치하지 않도록 화면을 간편하게 캡처할 수 있게 되었습니다.

1 윈도우 8 UI의 앱 목록에서 Windows 보조프로그램의 '캡처 도구'를 클릭합니다. 캡처 도구 프로그램이 실행되면 캡처할 화면으로 이동합니다. 새로 만들기(N)를 클릭하면 현재 설정된 영역으로 캡처됩니다.

2 새로 만들기(N) 오른쪽의 목록펼침 버튼을 클릭하면 캡처 영역을 지정할 수 있습니다. [전체 화면 캡처]를 클릭합니다.

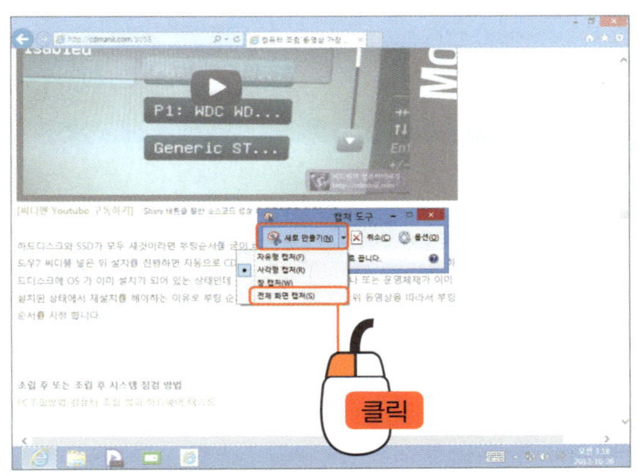

3 캡처 도구 프로그램 창이 열리면서 캡처한 화면을 표시합니다. 사각형 캡처를 이용하면 원하는 내용만 잘라내서 캡처할 수 있습니다.

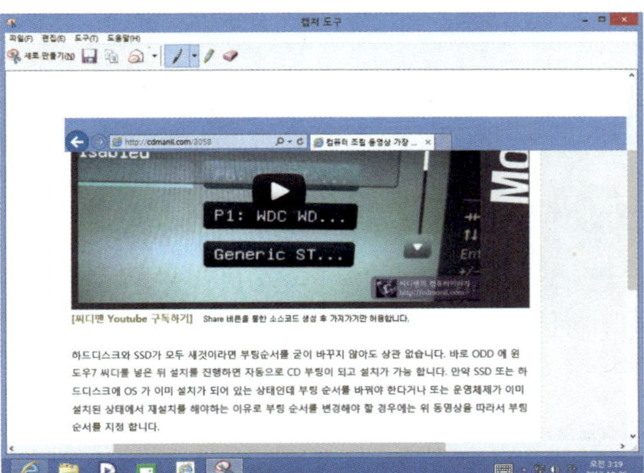

4 펜 도구 ✎ 를 이용해 캡처한 화면에 글씨나 그림 등을 넣을 수 있고, 형광펜 도구 ✎ 를 이용하면 글자에 형광펜으로 선을 그어서 강조할 수 있습니다.

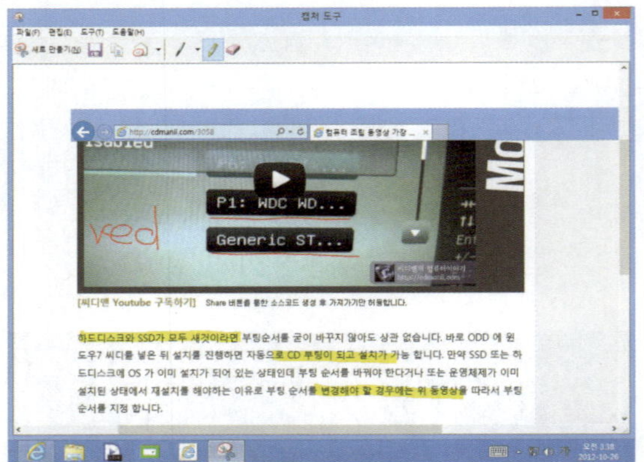

5 지우개 도구 ▱ 를 이용하면 펜과 형광펜으로 강조한 내용을 삭제할 수 있습니다. 전자메일이 지정되어 있으면 메일로도 캡처 화면을 내보낼 수 있습니다.

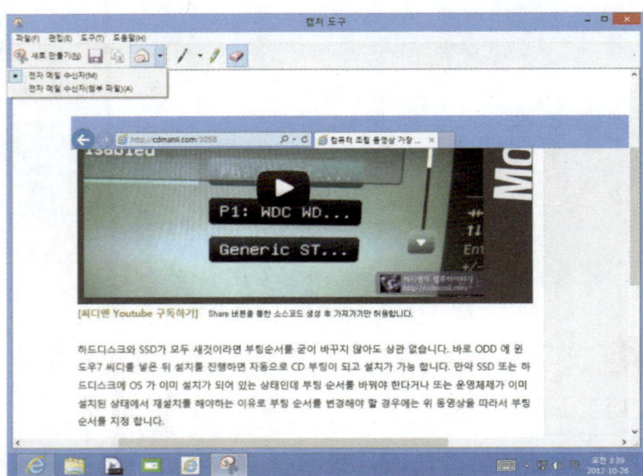

6 복사 도구 ▤ 를 클릭하면 캡처한 이미지를 클립보드로 복사한 뒤 Microsoft Word 등으로 붙여 넣을 수 있습니다.

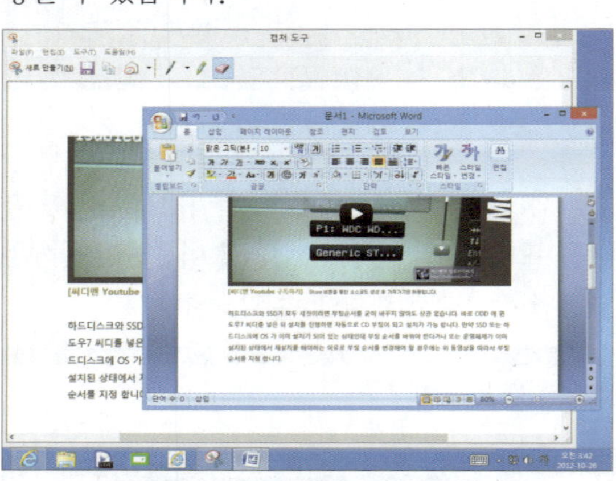

7 저장 도구 ▤ 를 클릭하면 캡처한 이미지를 저장할 수 있습니다.

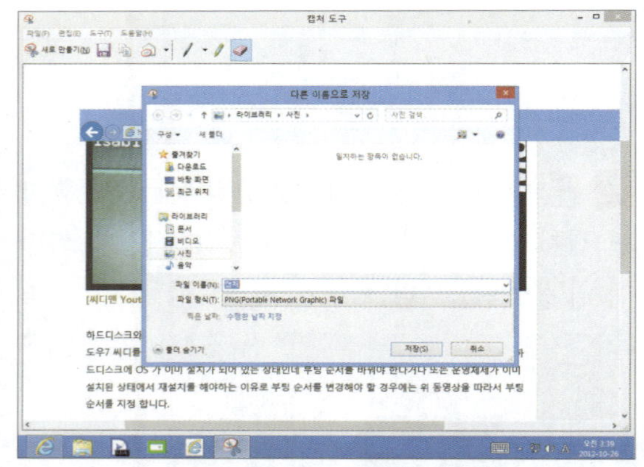

> **TIP**
>
> ⊞+Print Screen 키를 누르면 화면 전체를 캡처한 뒤 라이브러리-사진-스크린샷 폴더에 자동으로 저장합니다.

Chapter 11
제어판으로
윈도우 8 제어하기

제어판을 이용하면 컴퓨터 시스템 전반의

세부 설정을 제어할 수 있고,

시스템에 생긴 문제도 해결할 수 있습니다.

세부적으로 나뉜 제어판의 각 항목들을 살펴보겠습니다.

01 제어판 열기

제어판을 여는 방법 중 가장 많이 사용하는 방법이 참 메뉴의 설정 창을 이용하는 것과 데스크톱의 바탕화면에 있는 '제어판' 아이콘을 이용하는 것입니다. 바탕화면의 '제어판' 아이콘은 기본으로 나타나는 것이 아니라 따로 바탕화면으로 꺼내는 작업이 필요합니다.

▌ 참 메뉴 이용

참 메뉴의 〈설정〉 버튼을 클릭합니다. 설정 창에서 '제어판'을 클릭합니다.

▌ 바탕화면의 바로가기 아이콘 이용

바탕화면에 있는 '제어판' 아이콘을 더블클릭합니다. 바탕화면에 '제어판' 아이콘이 없다면 마우스 오른쪽 버튼을 눌러 [개인 설정] 메뉴를 클릭한 뒤 [바탕 화면 아이콘 설정] 대화상자에서 '제어판'에 체크하고 〈확인〉 버튼을 누릅니다. 바탕화면에 '제어판' 아이콘이 나타납니다.

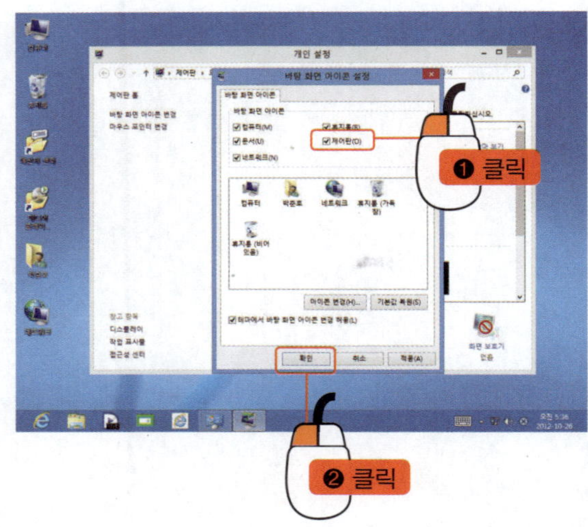

TIP

화면 맨 왼쪽 아래에 마우스 커서를 가져가면 윈도우 8 UI 시작 화면이 작은 아이콘으로 나타납니다. 그 아이콘 위에서 마우스 오른쪽 버튼을 눌러 나타나는 바로가기 메뉴를 이용해도 제어판을 실행할 수 있습니다.

02 BitLocker 드라이브 암호화

BitLocker는 드라이브를 암호화하여 다른 사용자가 함부로 사용하지 못하도록 합니다. 그리고 소프트
웨어가 임의로 파일을 수정하거나 쓰는 것도 보호합니다. BitLocker로 드라이브를 암호화하고 해제하
는 방법을 알아봅니다.

1 제어판을 열고, '보기 기준' 항목의 목록펼침 버튼을 눌러 범주를 '작은 아이콘'으로 설정합니다. 'BitLocker 드라이브 암호화'를 클릭합니다.

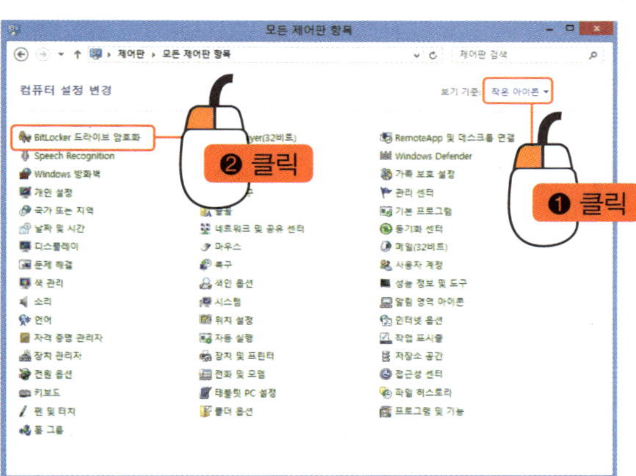

2 BitLocker 드라이브 암호화 창에서 암호화하고 싶은 드라이브를 선택한 뒤 〈BitLocker 켜기〉 버튼을 누릅니다.

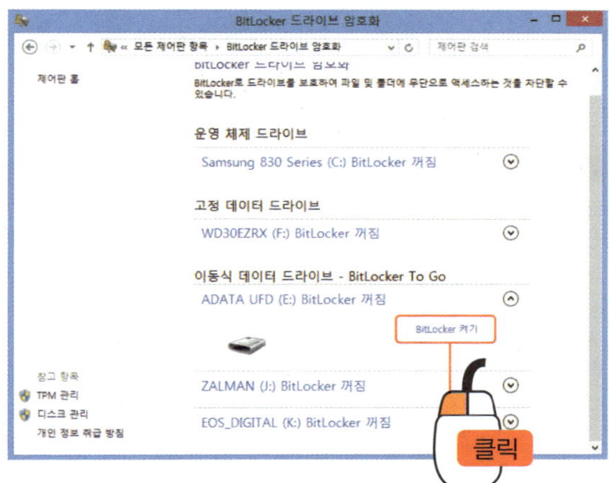

3 드라이브의 잠금을 해제할 암호를 입력한 뒤 〈다음〉 버튼을 누릅니다. 스마트카드를 이용하여 잠금을 해제할 수도 있습니다.

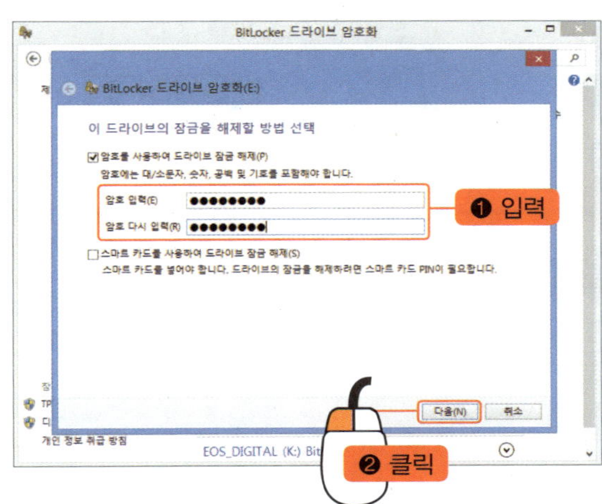

4 복구 키를 백업할 장소를 지정한 뒤 〈다음〉 버튼을 누릅니다. 여기서는 'Microsoft 계정에 저장'을 선택했습니다. 복구키 백업이 완료되면 〈다음〉 버튼을 누릅니다.

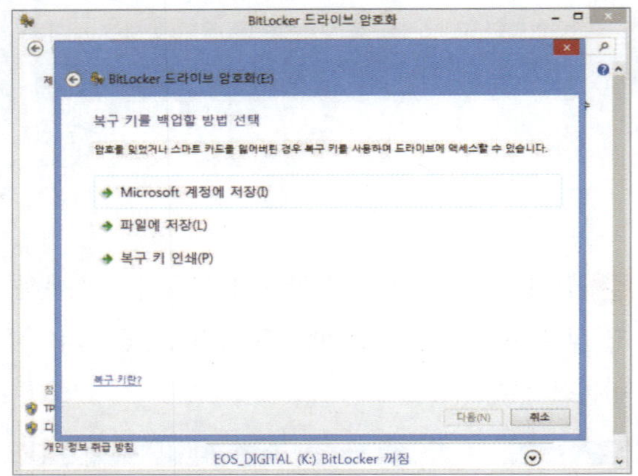

5 암호화할 드라이브의 공간을 선택합니다. 새 드라이브라면 사용 중인 디스크 공간만 암호화를 선택하는 게 유리하고, 이미 사용 중인 드라이브에는 전체 드라이브를 암호화를 선택하는 것이 유리합니다. 〈다음〉 버튼을 누릅니다.

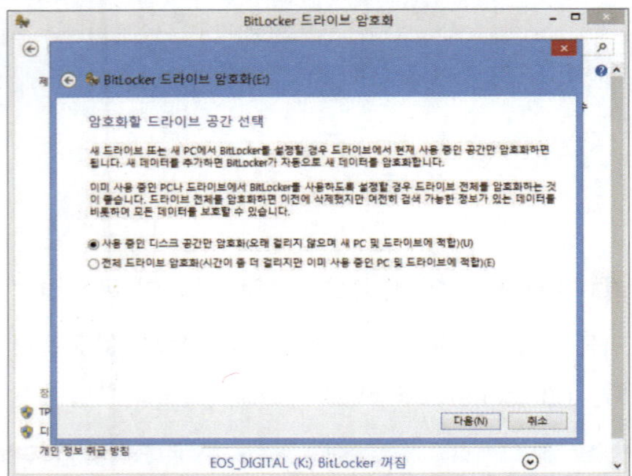

6 〈암화화 시작〉 버튼을 누르면 선택한 드라이브가 BitLocker 암호화됩니다.

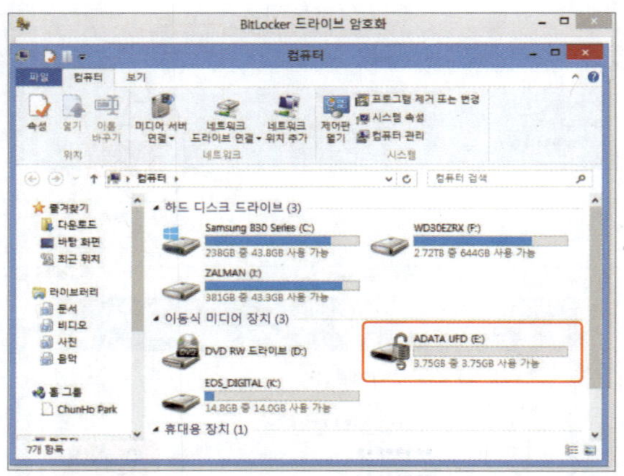

7 BitLocker 드라이브 암호화를 끄려면 암호화된 드라이브를 선택한 뒤 'BitLocker 끄기'를 클릭합니다.

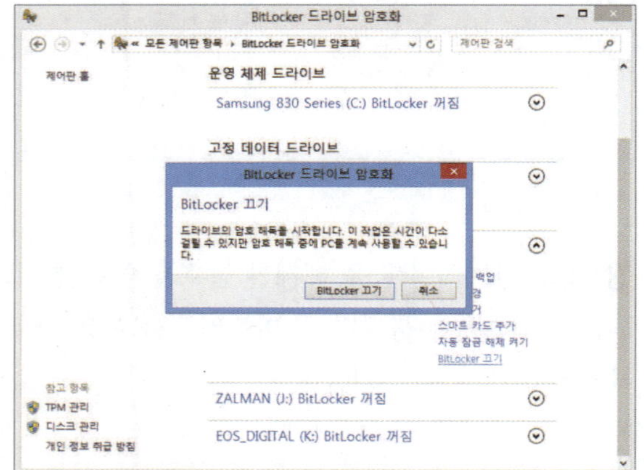

TIP

BitLocker로 드라이브를 암호화하는 자세한 방법은 405쪽을 참고합니다.

03 Windows 방화벽 설정

무료/유료로 다운로드받아 설치하는 백신 프로그램 외에 윈도우 8에서도 자체적으로 방화벽 기능을
제공합니다. 방화벽을 활성화해서 시스템을 보호하고, 방화벽 규칙을 변경하는 방법 등을 살펴봅니다.

1 제어판에서 'Windows 방화벽'을 클릭합니다.

2 Windows 방화벽을 이용해 현재 시스템이 보호되고 있는 현황을 한눈에 살펴볼 수 있습니다. 화면 왼쪽에서 '알림 설정 변경'을 클릭합니다.

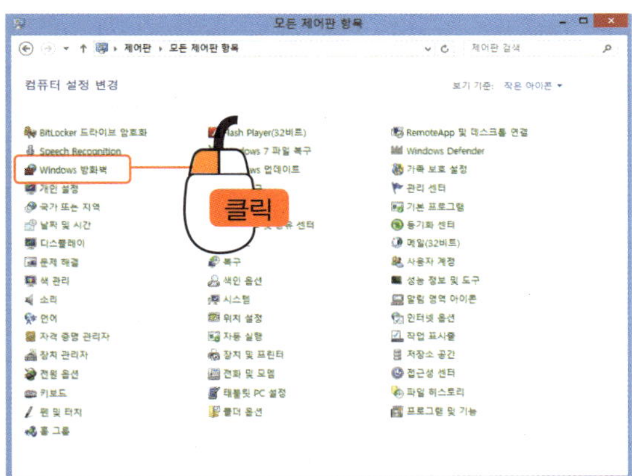

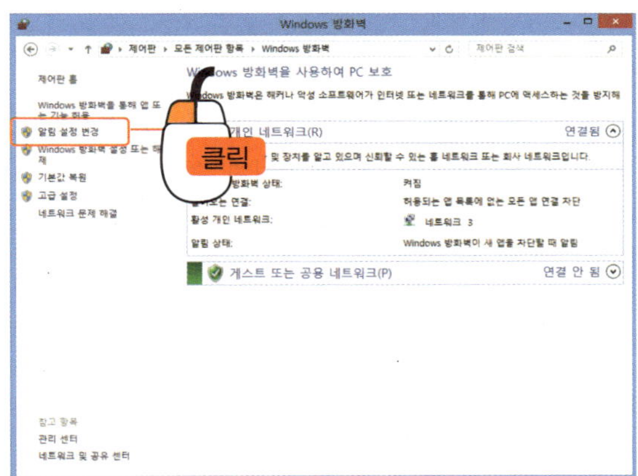

3 설정 사용자 지정 창에서 개인 네트워크 및 공용 네트워크에서 Windows 방화벽 사용 유무를 지정할 수 있습니다. 그리고 허용하는 앱 목록에서 들어오는 연결을 차단할지 유무도 지정할 수 있습니다.

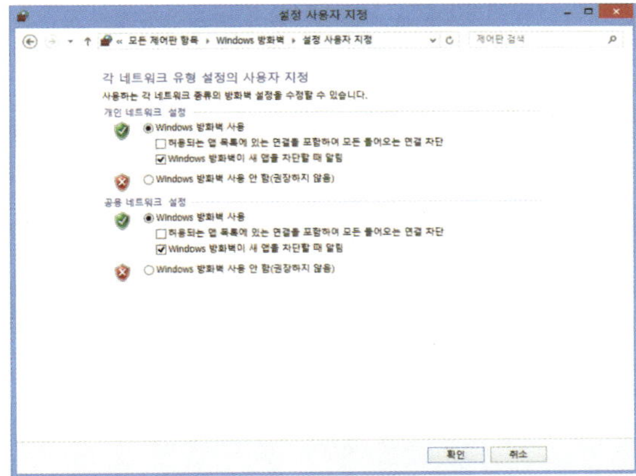

4 왼쪽 항목에서 '기본값 복원'을 클릭하면 Windows 방화벽 설정에 문제가 있을 때 초기 설정값으로 되돌릴 수 있습니다.

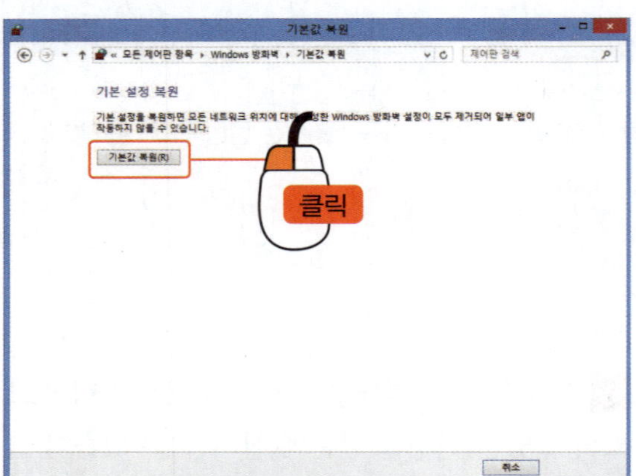

5 '고급 설정'에서는 방화벽 규칙을 좀 더 세밀하게 지정 가능합니다.

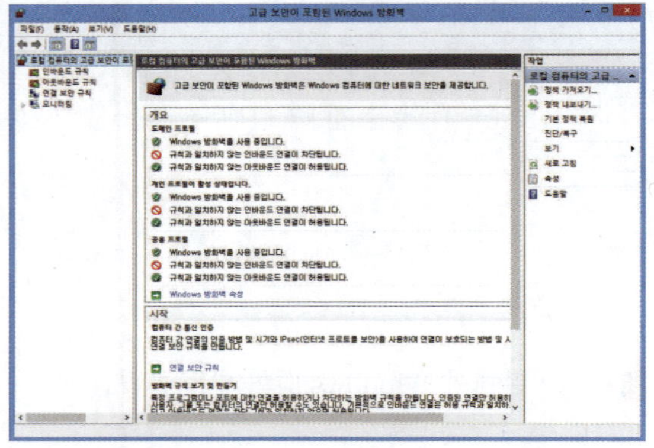

6 '네트워크 문제 해결'에서는 인터넷 연결, 공유 폴더, 홈 그룹, 네트워크 어댑터, 들어오는 연결 등의 문제를 체크하고 해결할 수 있습니다.

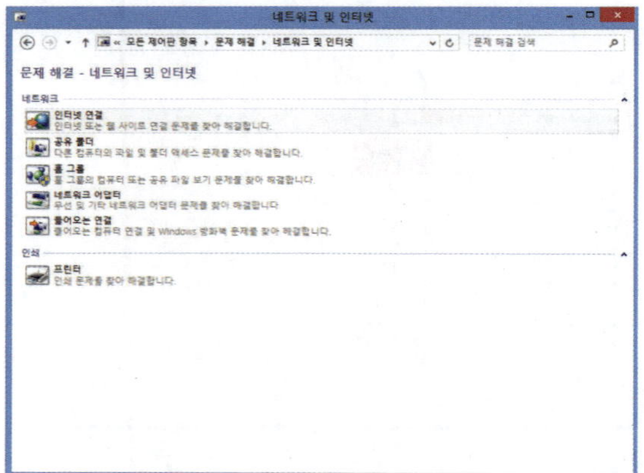

04 국가 또는 지역 설정

윈도우 8의 언어 설정 및 단위 등을 변경할 때 국가 또는 지역에서 설정할 수 있습니다.

1 제어판에서 '국가 또는 지역'을 클릭합니다. [국가 또는 지역] 대화상자의 [형식] 탭에서는 날짜 및 시간, 요일 등의 표시 형식을 지정할 수 있습니다.

2 [위치] 탭에서는 현재 자신의 위치를 지정할 수 있습니다. 소프트웨어가 특정 지역에서만 동작할 경우에 이 옵션을 조정할 수 있습니다.

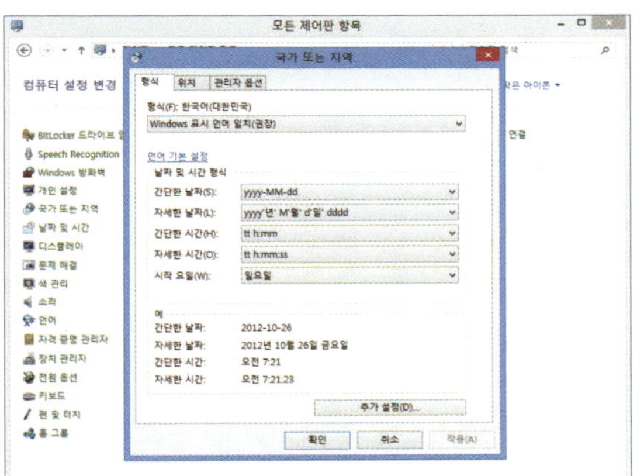

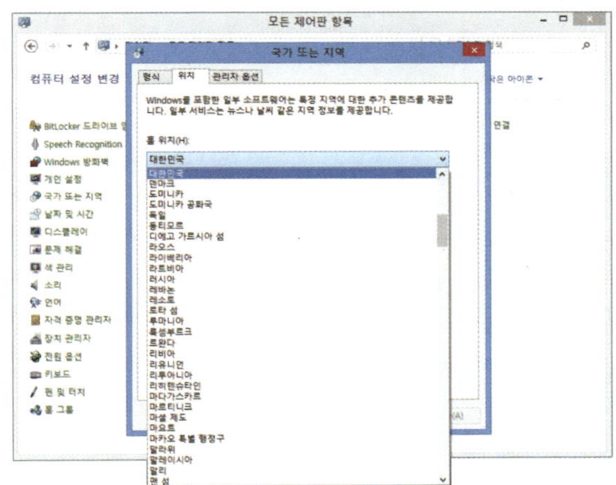

3 [관리자 옵션] 탭에서는 사용자의 현재 국가·언어 설정을 확인한 뒤 시작 화면 및 새 사용자 계정으로 설정을 복사하거나 유니코드를 지원하지 않는 프로그램용 언어 등을 설정할 수 있습니다.

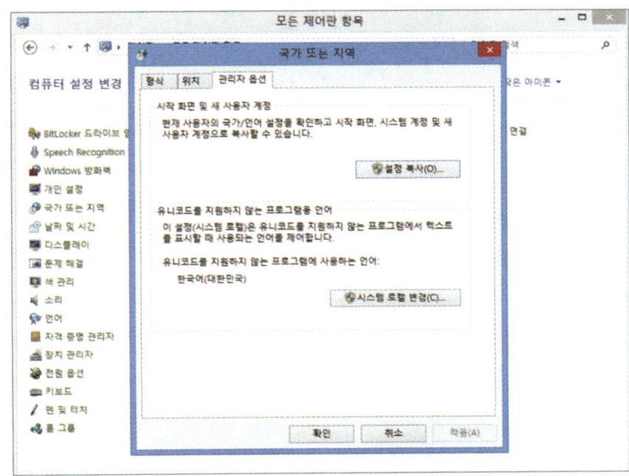

05 날짜 및 시간 표시

윈도우 8의 날짜 및 시간은 제어판의 '날짜 및 시간'에서 설정할 수 있습니다. 컴퓨터의 날짜와 시간을 조정하거나 한국 시간과 해외 시간을 함께 표시하는 듀얼 시계도 설정할 수 있습니다. 시간을 동기화하는 서버 설정도 가능합니다.

1 제어판에서 '날짜 및 시간'을 클릭합니다. 〈날짜 및 시간 변경〉 버튼을 눌러 시간을 직접 입력할 수 있고, 〈표준 시간대 변경〉 버튼을 눌러서 표준 시간대를 지정할 수 있습니다.

2 [추가 시계] 탭에서는 시계를 추가하여 다른 표준 시간대의 시간을 표시할 수 있습니다. 해외에 체류 중일 때 활용할 수 있는 기능입니다.

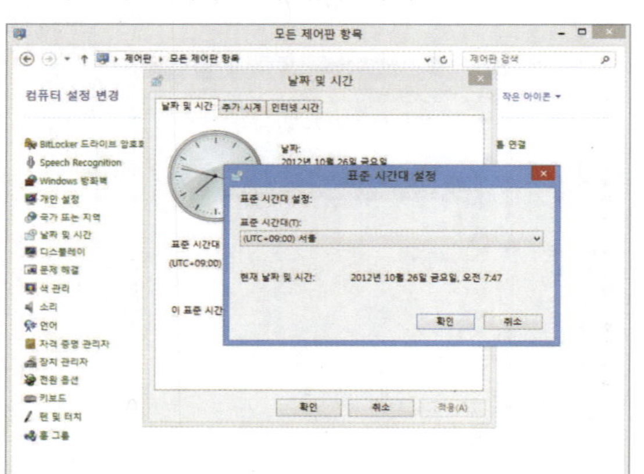

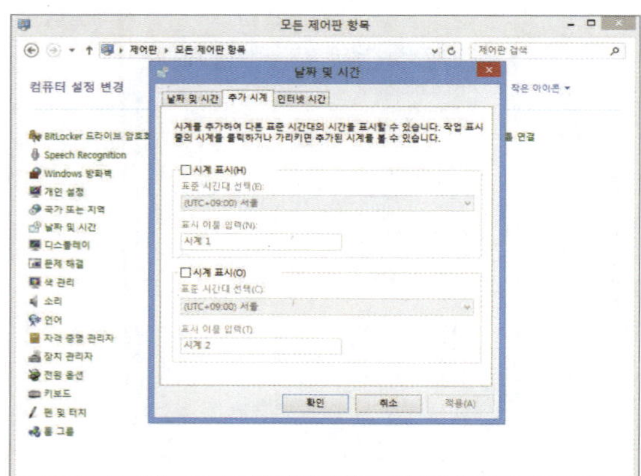

3 [인터넷 시간] 탭에서는 시간 동기화 서버와 자동으로 동기화하도록 설정할 수 있습니다.

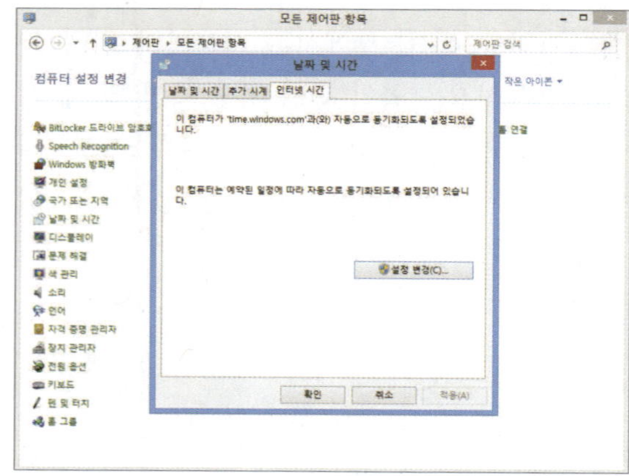

06 디스플레이 변경

디스플레이에서는 데스크톱이나 작업 창 등에 표시되는 메뉴나 아이콘의 크기, 텍스트의 크기 등을 변경할 수 있습니다.

1 제어판에서 '디스플레이'를 클릭합니다. 모든 항목의 크기 변경 항목을 이용하면 글자와 크기가 모두 커지거나 작아집니다. 화면은 작으나 해상도가 높을 때 편리하게 사용할 수 있습니다.

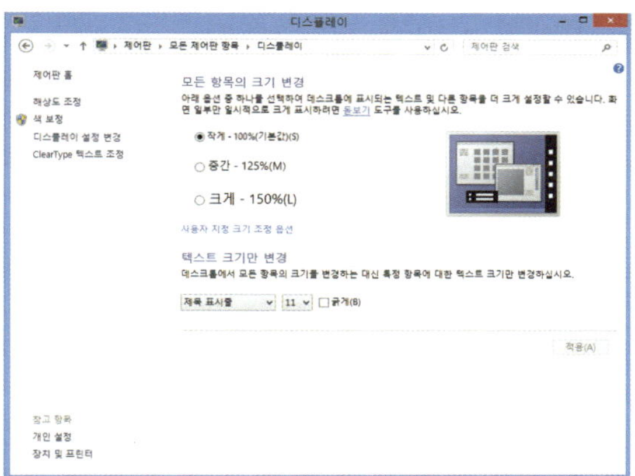

2 모든 항목의 크기를 변경하려면 로그인 상태를 로그오프로 바꿔야 합니다. 메시지 창에서 〈지금 로그아웃〉 버튼을 누릅니다. 지정한 크기로 화면이 모두 커집니다.

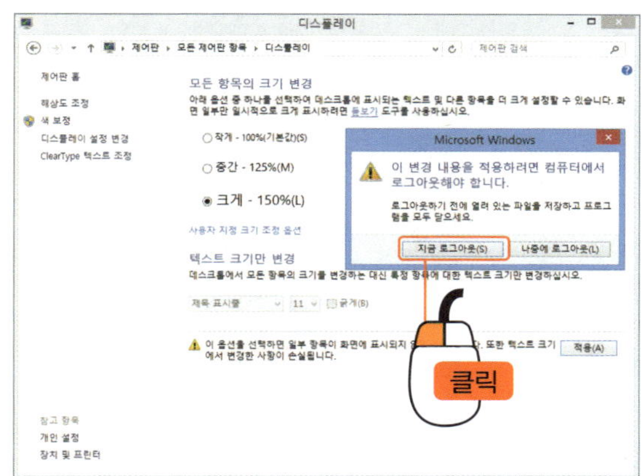

3 텍스트 크기만 변경할 수도 있습니다. 디스플레이 창의 '텍스트 크기만 변경' 항목에서 다음처럼 지정합니다. 제목표시줄의 글자가 커진 것을 확인할 수 있습니다.

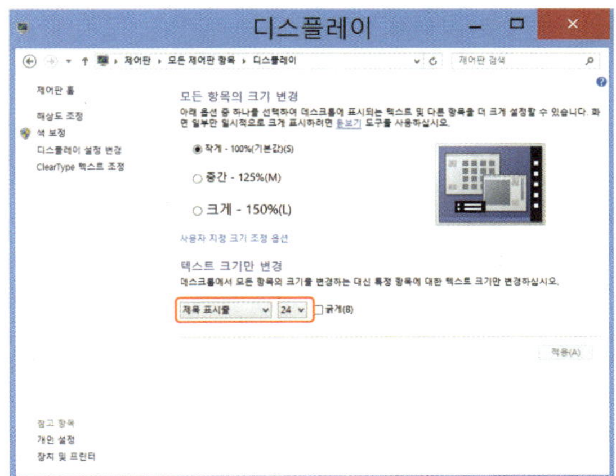

07 컴퓨터 문제 해결

문제 해결에서는 윈도우 8에서 일어나는 사소한 오류나 문제점을 미리 점검해 볼 수 있고, 문제를 해결할 수 있는 대응책도 마련할 수 있습니다.

1 제어판에서 '문제 해결'을 클릭합니다. 컴퓨터 문제를 해결할 항목을 선택하면 장치의 문제를 검증하거나 해결할 수 있습니다. '네트워크 및 인터넷-인터넷 연결'을 클릭합니다.

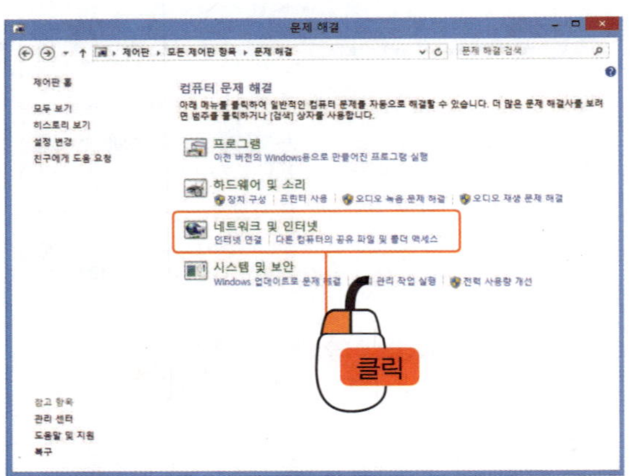

2 Internet Explorer 성능을 체크해 보겠습니다. '인터넷 연결'을 클릭합니다.

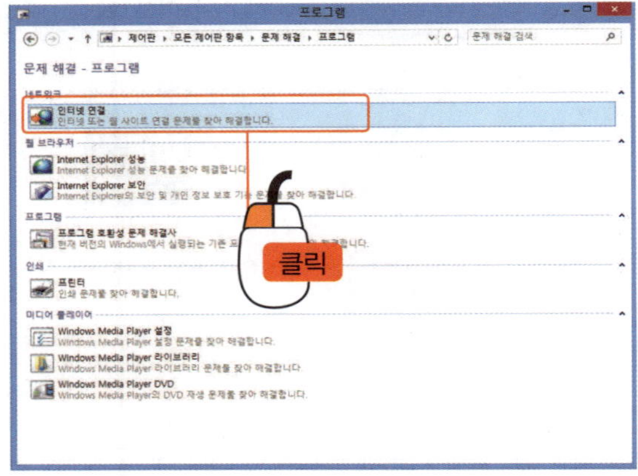

3 문제를 찾아내지 못했다는 메시지 창이 나타나면 현재 인터넷이 정상적으로 연결된 상태입니다. 다른 항목도 마찬가지로 검증 및 해결할 수 있습니다.

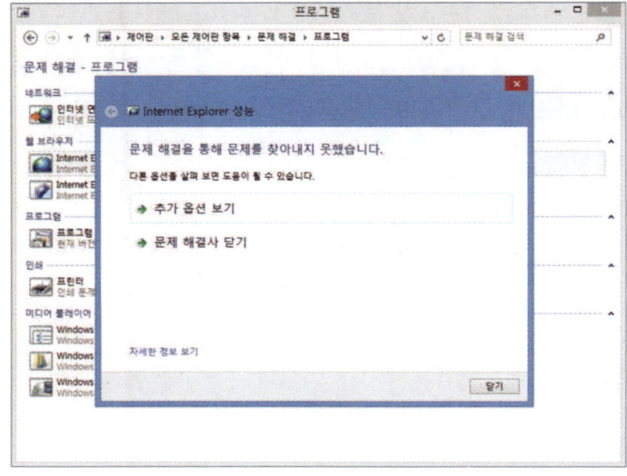

08 소리 설정

부팅이나 오류 메시지, 창 표시 등 운영체제를 동작할 때 흘러나오는 각종 소리와 관련된 설정을 하는 곳입니다. 스피커의 연결 상태나 마이크의 동작 상태 등도 확인 가능합니다.

1 제어판에서 '소리'를 클릭합니다. [소리] 대화 상자의 [재생] 탭에서는 소리를 재생하는 장치와 연결 정보를 볼 수 있습니다.

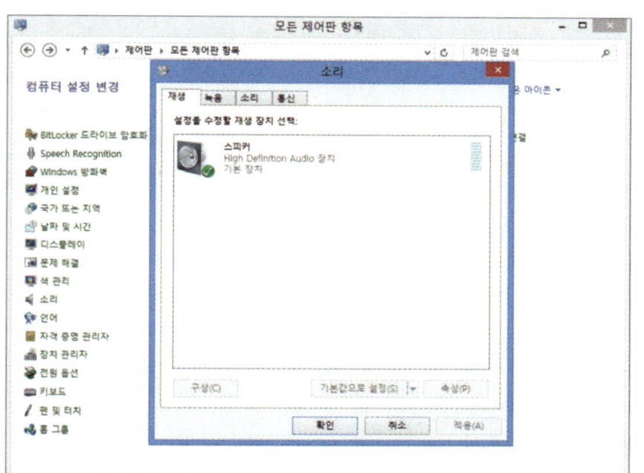

2 [녹음] 탭에서는 녹음할 수 있는 장치의 정보가 나타납니다.

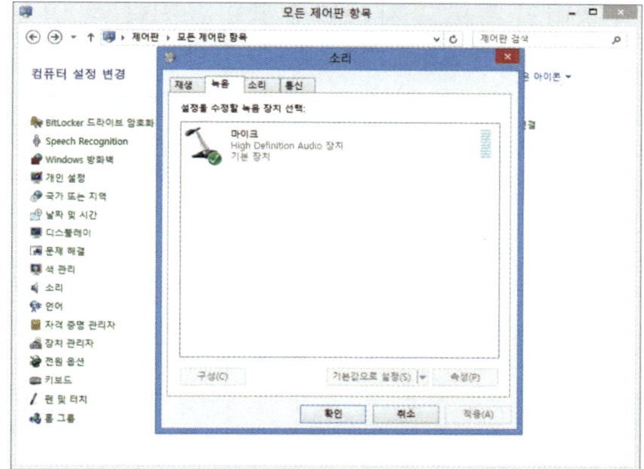

3 [소리] 탭에서는 운영체제 전반의 사운드를 설정할 수 있고, [통신] 탭에서는 컴퓨터로 전화를 받을 때 크기를 설정할 수 있습니다.

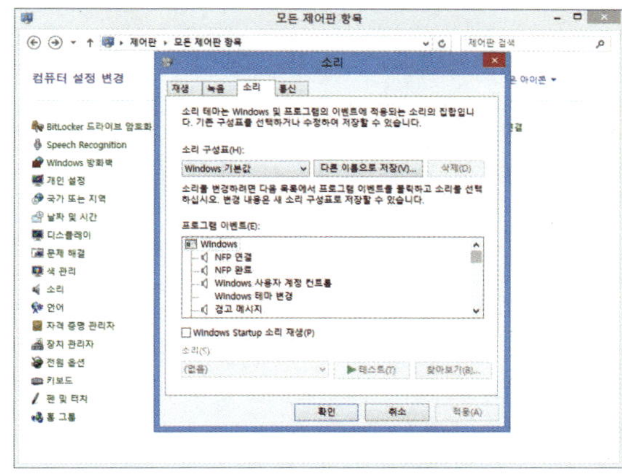

09 키보드 제어

키보드에서는 키보드의 키를 눌렀을 때 반응하는 입력 속도와 커서의 깜빡임 속도 등을 조정할 수 있습니다. 키보드의 장치 드라이버도 설치할 수 있습니다.

1 제어판에서 '키보드'를 클릭합니다. [키보드 속성] 대화상자의 [속도] 탭에서는 키보드의 재입력 시간, 반복 속도 등을 조정 가능합니다. 커서의 깜빡임 속도도 자신에게 맞게 조정할 수 있습니다.

2 [하드웨어] 탭에서 현재 시스템에 연결된 키보드 장치의 정보를 확인할 수 있습니다.

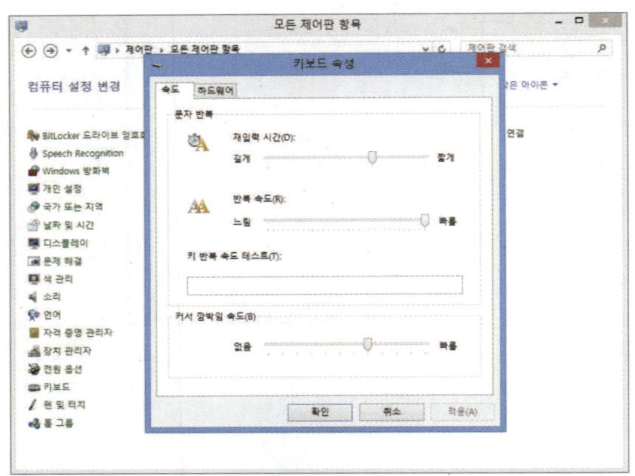

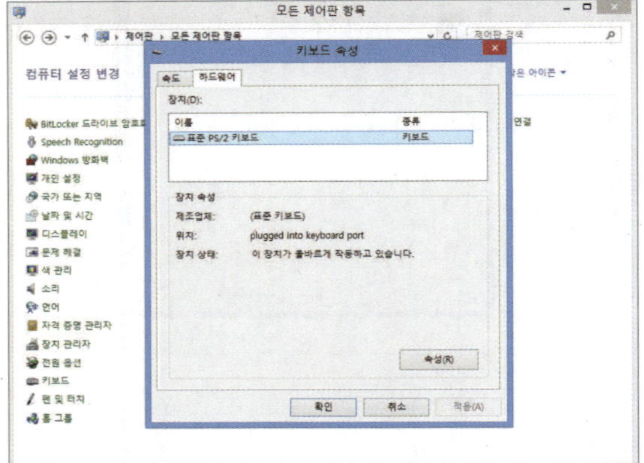

3 〈속성〉 버튼을 누르면 키보드 드라이버를 업데이트하여 키보드의 타입을 재설정할 수 있습니다.

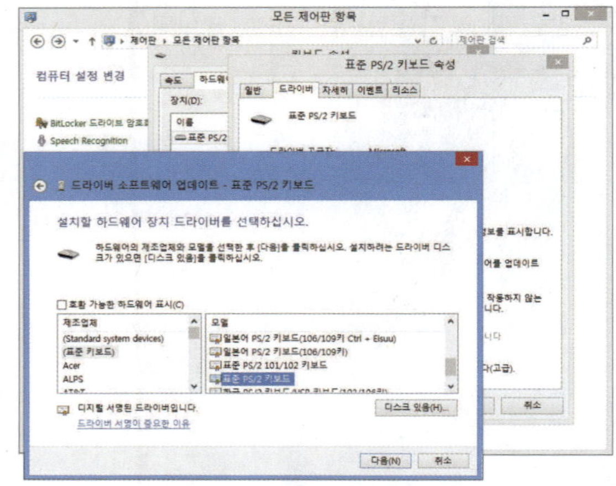

10 펜 및 터치 설정

펜 및 터치 설정으로 윈도우 8이 설치된 태블릿 PC나 터치가 지원되는 노트북에서 터치 설정과 누르기 (마우스 오른쪽 버튼 역할) 기능을 적용할 수 있습니다.

1 제어판에서 '펜 및 터치'를 클릭합니다. [펜 및 터치] 대화상자에서 터치 방법(두 번 탭하여 터치, 길게 눌러 터치)을 지정할 수 있습니다. 두 번 탭하기는 마우스를 더블클릭한 동작과 같고, 길게 누르기는 마우스 오른쪽 버튼과 기능이 같습니다.

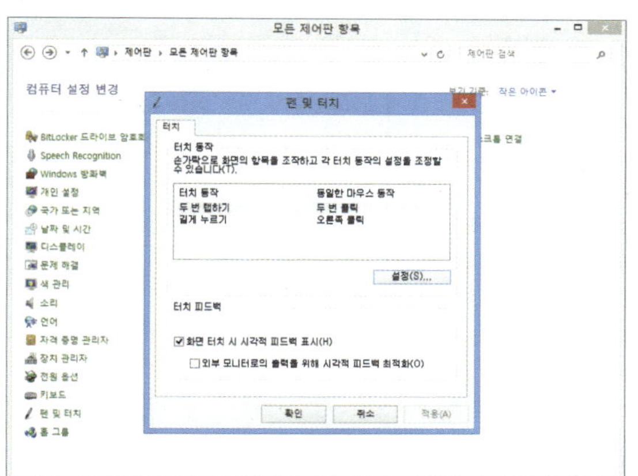

2 '두 번 탭하기'를 선택하고 〈설정〉 버튼을 누릅니다. 두 번 탭하기 설정 창에서 속도 및 오차 허용 범위를 지정할 수 있습니다. 〈설정 테스트〉 버튼을 누르면 실제로 적용되는 모습을 미리 확인해 볼 수 있습니다.

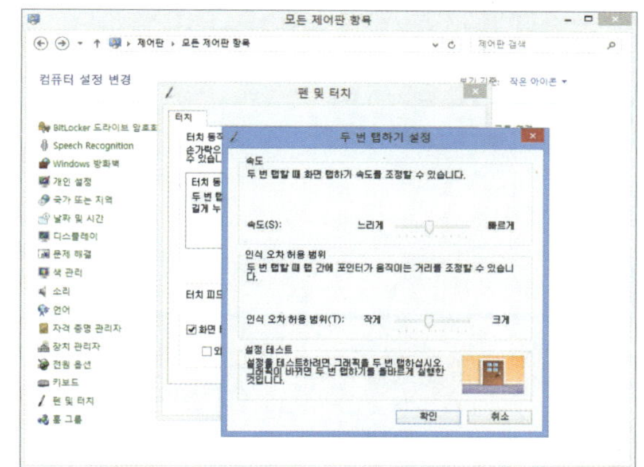

3 길게 누르기 설정 창에서는 오른쪽 버튼 클릭 모드 활성화와 길게 누르기 지속 시간을 설정할 수 있습니다. 마찬가지로 〈길게 누르기 테스트〉 버튼을 눌러 미리 확인할 수 있습니다.

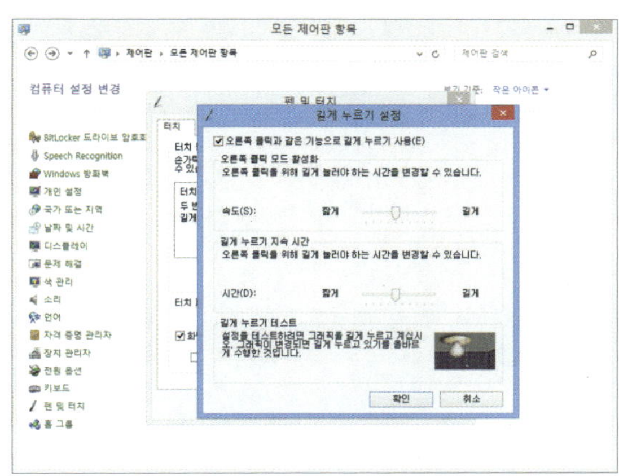

11 홈 그룹 설정

홈 그룹은 같은 네트워크에 있는 사용자가 서로의 데이터를 쉽게 공유하고 사용할 수 있도록 합니다. 그룹장이 홈 그룹을 만들고 다른 사용자는 그룹장의 암호를 입력하는 형태로 가입하여 구성원이 될 수 있습니다. 홈 그룹은 암호를 입력하여 보안을 높이면서도 쉽게 서로의 데이터를 공유할 수 있는 방법입니다.

1 제어판에서 '홈 그룹'을 클릭합니다. 홈 그룹에서는 공유 항목의 설정을 변경할 수 있습니다.

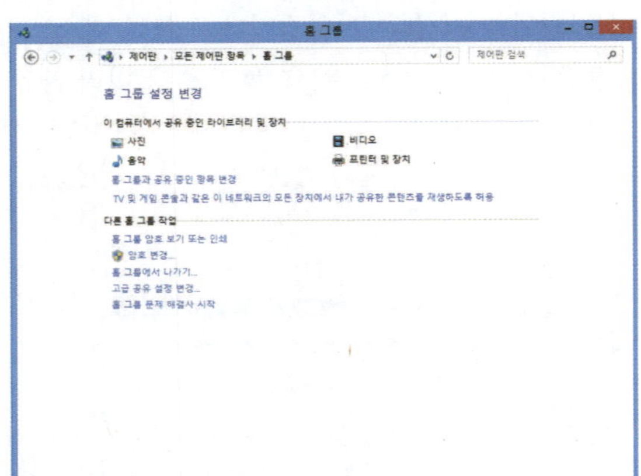

2 홈 그룹 공유 설정 변경 창에서 라이브러리 또는 폴더의 공유 여부를 지정할 수 있습니다.

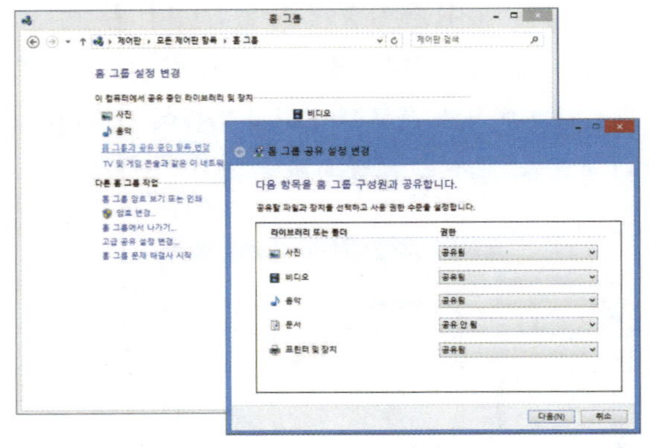

3 TV 및 게임 콘솔 등 네트워크의 모든 장치에서 자신이 공유한 콘텐츠를 재생하도록 허용할 것인지 옵션도 설정 가능합니다.

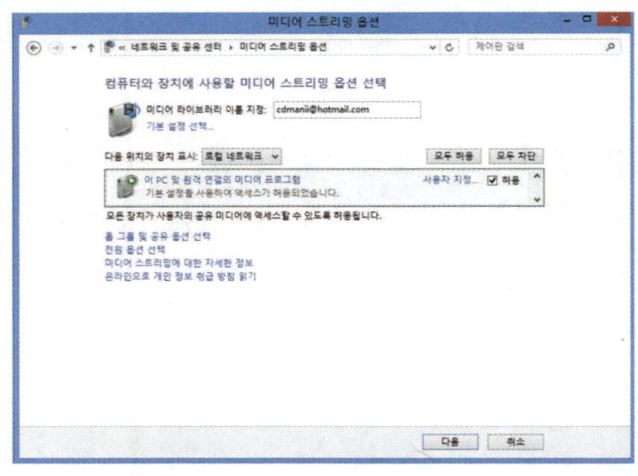

12 Windows 7 파일 복구

모든 사용자의 라이브러리와 개인 폴더의 파일 및 시스템 이미지를 백업 및 복구하는 방법을 알아봅니다. 백업이 정기적으로 동작하도록 설정했을 때는 실수로 라이브러리의 파일을 삭제했더라도 복구가 가능합니다.

1 제어판에서 'Windows 7 파일 복구'를 클릭합니다. Windows 백업을 설정 또는 해제할 수 있습니다. '백업 설정'을 클릭합니다.

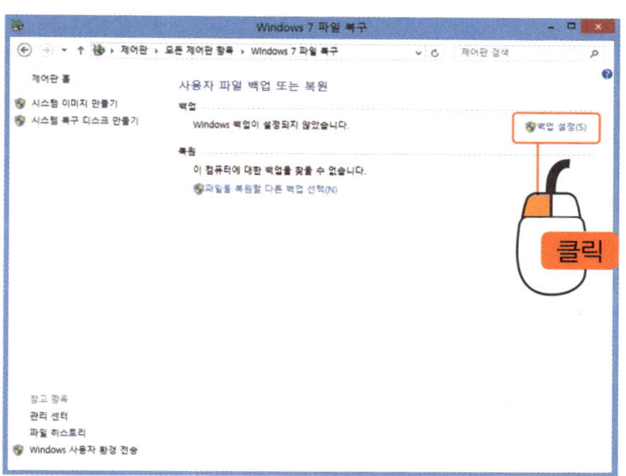

2 시스템 이미지를 저장할 경로를 지정한 뒤 〈다음〉 버튼을 누릅니다. 여유 공간이 충분한 드라이브를 선택합니다.

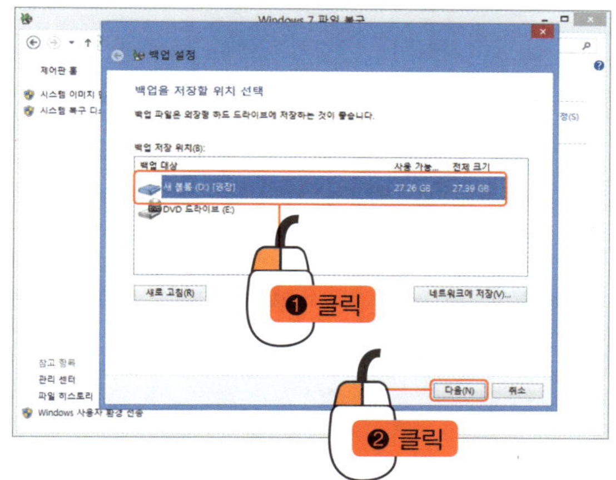

3 백업 설정 창에서 '자동 선택(권장)'에 체크하고 〈다음〉 버튼을 누릅니다. 시스템 이미지를 백업에 포함하지 않거나 라이브러리의 폴더를 직접 선택해 백업하려면 '직접 선택'에 체크합니다.

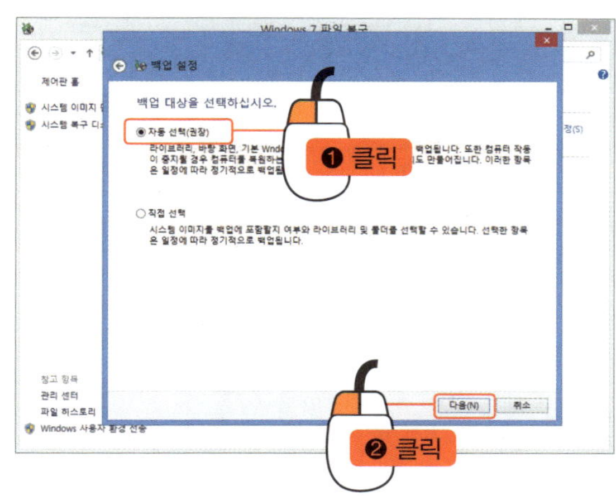

4 백업 설정 검토 화면에서 백업에 포함될 내용을 확인한 뒤 〈설정 저장 및 백업 실행〉 버튼을 누릅니다.

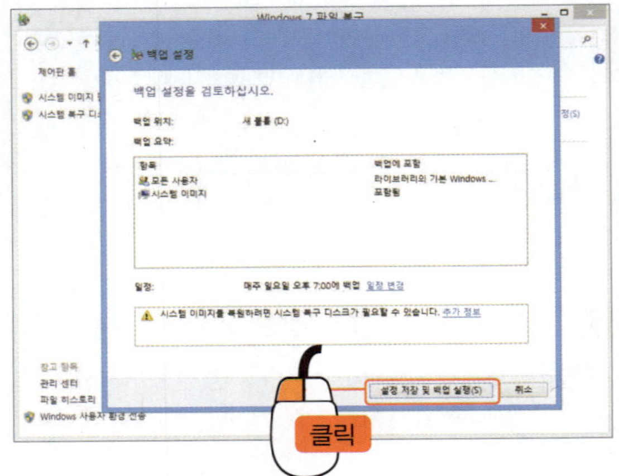

5 백업을 진행합니다. 백업 공간이 충분하지 않은 드라이브에 백업할 때는 정상적으로 진행이 안 될 수도 있습니다. 가능하면 공간이 충분한 외장 하드로 지정합니다.

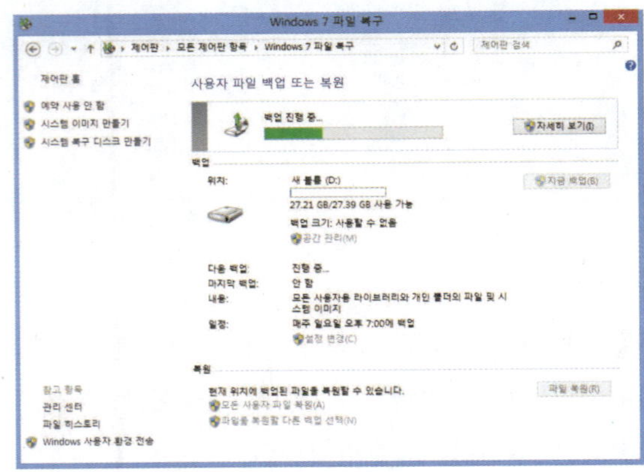

6 백업이 완료되었습니다. 매주 같은 시간에 백업하도록 지정되었기 때문에 해당 주기가 되면 자동으로 백업을 진행합니다. 파일을 복구할 때는 〈파일 복원〉 버튼을 누릅니다.

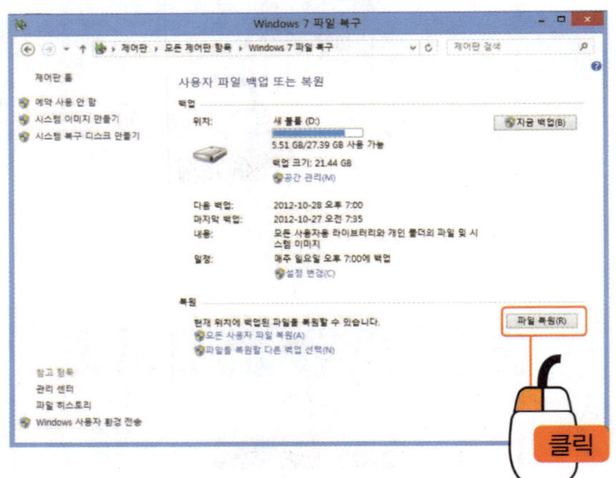

7 파일 복원 창에서 〈파일 찾아보기〉 버튼을 누릅니다.

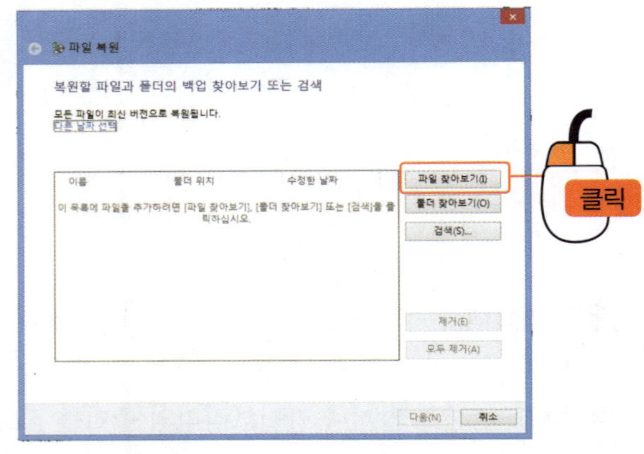

8 [파일 백업 찾아보기] 대화상자에서 복구할 파일 위치로 이동한 뒤 〈파일 추가〉 버튼을 누릅니다. 복구할 파일은 여러 개 선택 가능합니다.

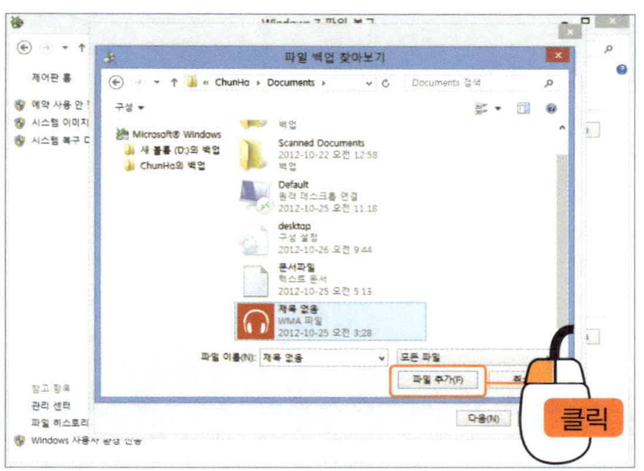

9 추가된 파일을 확인한 뒤 〈다음〉 버튼을 누릅니다.

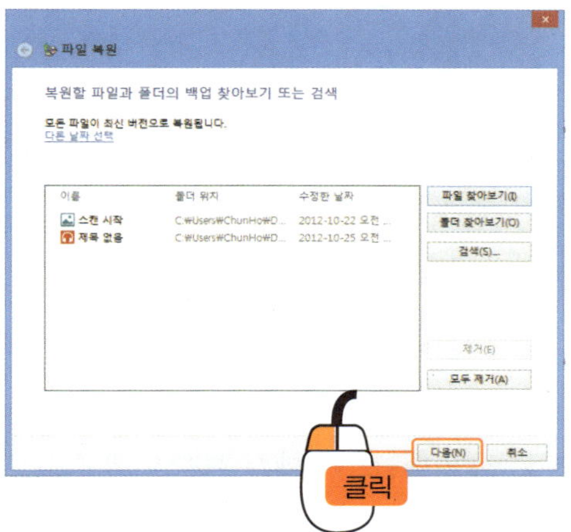

10 선택한 파일의 복원 위치를 지정합니다. '원래 위치' 항목에 체크하면 파일이 원래 있던 자리에 복구됩니다. 〈복원〉 버튼을 누릅니다.

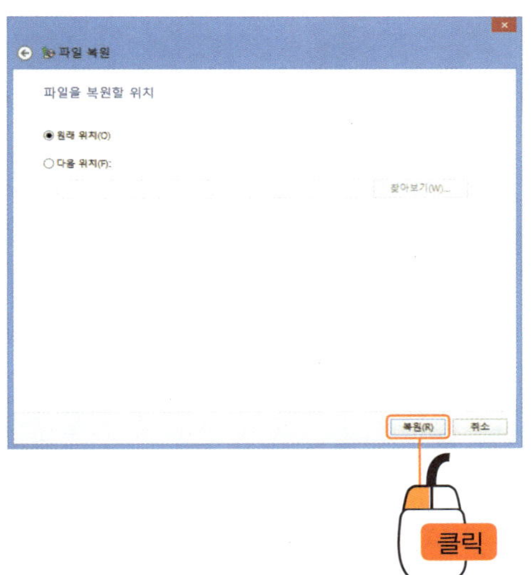

11 복원이 완료되었습니다. 〈마침〉 버튼을 누릅니다.

13 Windows 업데이트

윈도우 운영체제는 보안사항이나 수정사항 등 Windows 관련 업데이트 내용을 수시로 받습니다. 맨 처음 윈도우 8을 설치할 때 '자동(권장)'으로 지정했다면 따로 업데이트하지 않아도 됩니다.

1 제어판에서 'Windows 업데이트'를 클릭합니다. Windows 업데이트 창에서 현재 업데이트 상태를 확인할 수 있습니다. 업데이트가 자동 설정되어 있으므로 따로 설치하지 않아도 됩니다. 아래쪽 '#개의 선택적 업데이트 사용 가능'을 클릭하면 개별적으로 원하는 내용만 업데이트할 수 있습니다.

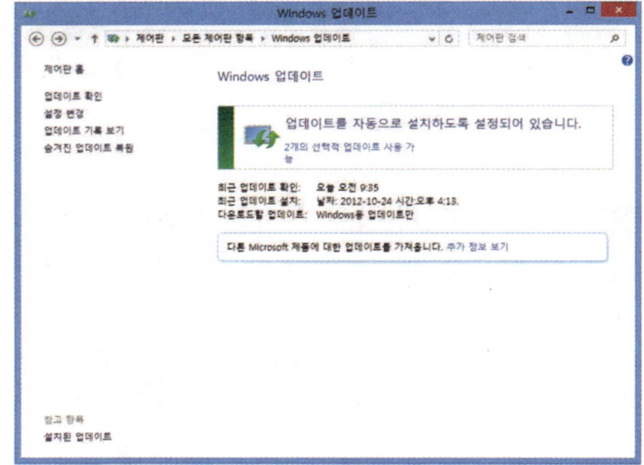

2 업데이트할 내용에 체크한 뒤 〈설치〉 버튼을 누르면 업데이트가 진행됩니다.

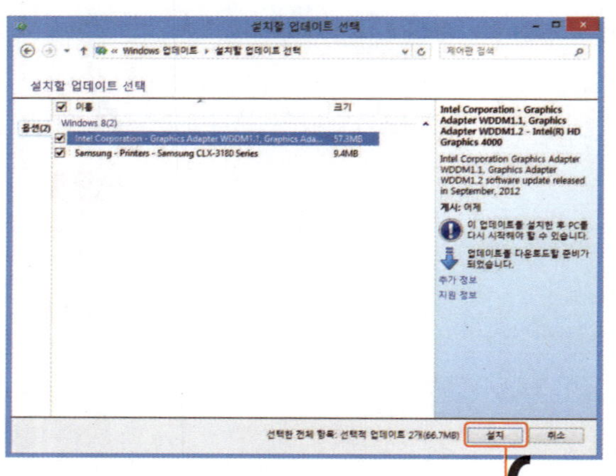

3 Windows 업데이트 창의 왼쪽 항목에서 '업데이트 기록 보기'를 클릭하면 업데이트한 내역이 나타납니다.

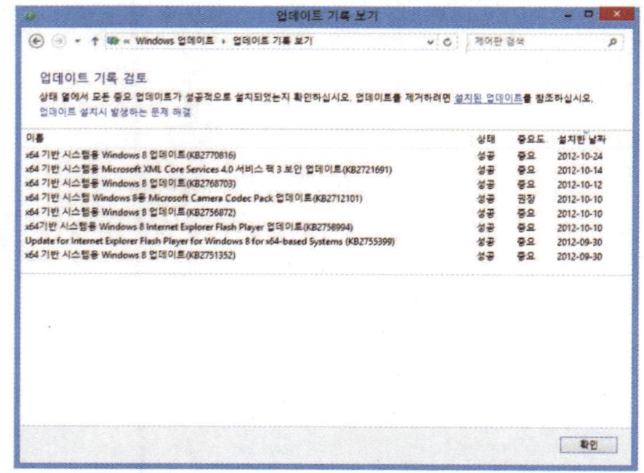

14 네트워크 및 공유 센터 설정

네트워크 및 공유 센터에서는 현재 네트워크의 연결 상태를 확인할 수 있습니다. 이 항목에서 컴퓨터의 이더넷에 아이피를 직접 입력할 수도 있습니다. 또 네트워크에 문제가 있을 때 확인 후 해결할 수 있습니다.

1 제어판에서 '네트워크 및 공유 센터'를 클릭합니다. 네트워크 및 공유 센터 창에서 '연결' 항목의 '이더넷'을 클릭합니다.

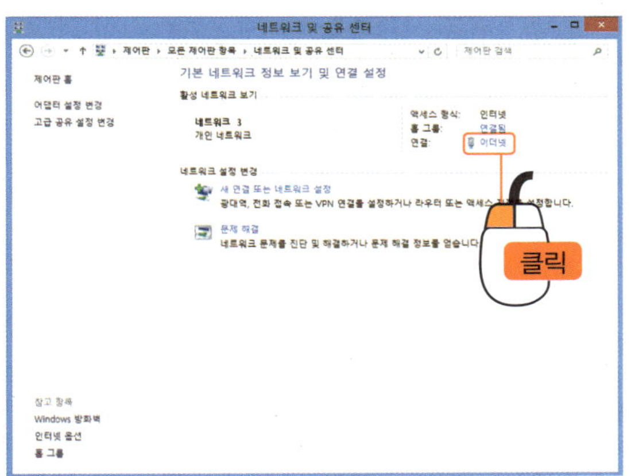

2 [이더넷 상태] 대화상자에서는 이더넷의 연결 상태를 자세히 볼 수 있습니다. 〈진단〉 버튼을 눌러 네트워크의 상태를 진단할 수 있습니다. IP를 직접 설정하기 위해 〈속성〉 버튼을 누릅니다.

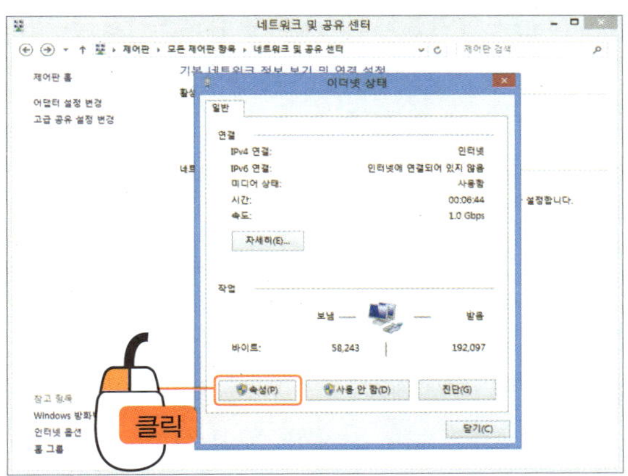

3 [이더넷 속성] 대화상자의 '이 연결에 다음 항목 사용' 항목에서 'Internet Protocol Version 4 (TCP/IPv4)'에 체크합니다. 〈속성〉 버튼을 누른 뒤 해당 대화상자에서 '다음 IP 주소 사용'에 체크하면 IP 주소를 수동으로 입력하여 설정할 수 있습니다.

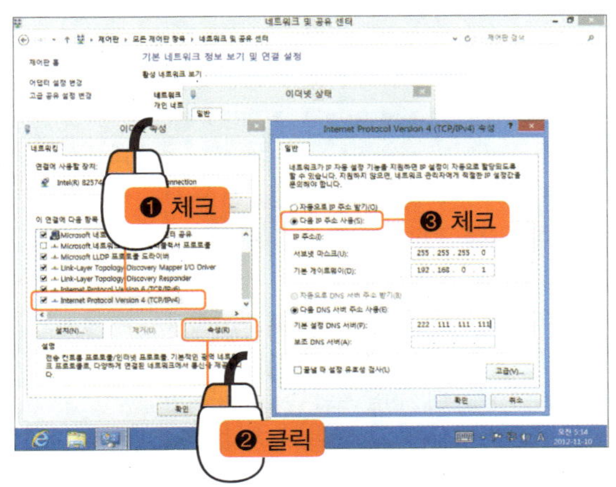

15 마우스 설정

제어판의 마우스에서는 마우스에 대한 전체적인 설정을 할 수 있습니다. 마우스 포인터의 속도를 조정하여 자신의 손에 맞출 수 있습니다. 마우스 포인터의 모양을 바꿔서 새로운 분위기를 연출할 수도 있습니다.

1 제어판에서 '마우스'를 클릭합니다. [마우스 속성] 대화상자—[단추] 탭에서는 버튼과 관련된 설정을 할 수 있습니다. '단추 구성' 항목에서 오른쪽 단추와 왼쪽 단추의 기능을 바꾸면 왼손잡이용, 오른손잡이용으로 따로 설정할 수 있습니다. '두 번 클릭 속도' 항목에서는 더블클릭 속도를 자신의 스타일에 맞출 수 있습니다.

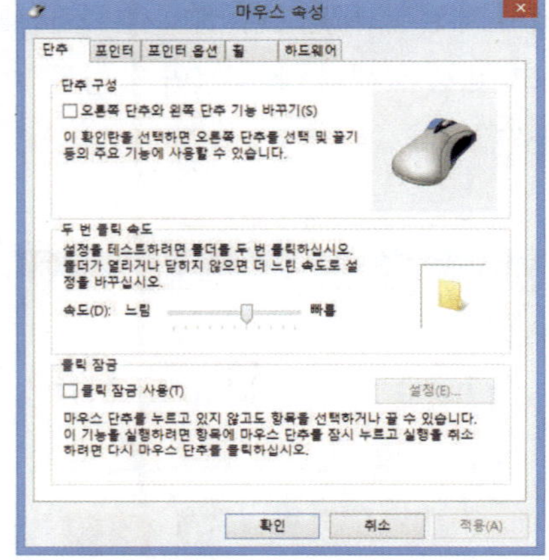

2 [포인터] 탭에서는 마우스 포인터의 모양을 자신이 원하는 대로 설정할 수 있습니다. 〈찾아보기〉 버튼을 누르면 Windows에서 제공하는 다양한 마우스 포인터를 추가할 수 있습니다.

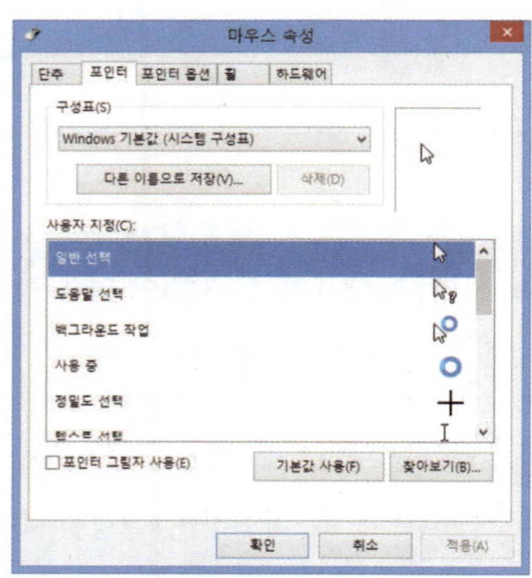

- [포인터 옵션] 탭 : 포인터의 속도를 조정하여 마우스의 포인터 속도를 자신에게 맞게 맞출 수 있습니다. '대화 상자의 기본 단추로 포인터 자동 이동'에 체크하면 마우스 포인터를 버튼 근처로 가져갔을 때 자동으로 버튼 위로 이동하도록 설정할 수 있습니다. '표시 유형' 항목에서는 마우스 포인터에 효과를 줄 수 있습니다.
- [휠] 탭 : 마우스 휠로 한번에 스크롤되는 줄이나 문자 수를 지정할 수 있습니다.
- [하드웨어] 탭 : 마우스의 장치명을 확인할 수 있습니다. 〈속성〉 버튼을 누르면 마우스의 드라이버를 업데이트할 수 있습니다.

16 시스템 복구 설정

시스템 복구를 이용하면 컴퓨터가 너무 느려지거나 응답하지 않는 문제를 해결할 수 있습니다. 시스템을 복구하기 전에 먼저 데이터를 백업해야 합니다. 간단히 백업하고 복구하는 방법을 알아봅니다.

1 제어판에서 '복구'를 클릭합니다. 복구에서는 복구 드라이브 만들기, 시스템 복원 열기, 시스템 복원 구성을 할 수 있습니다.

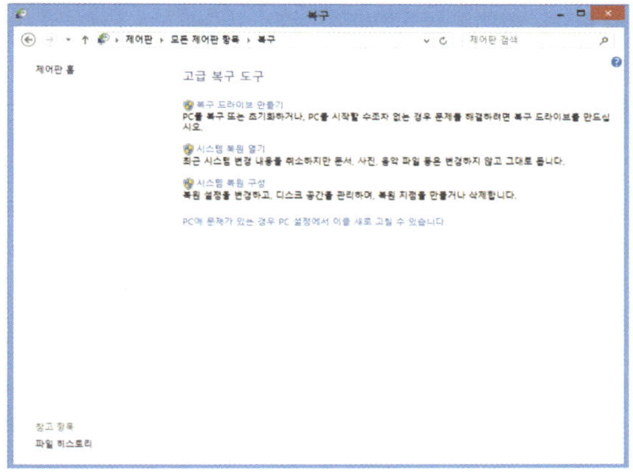

2 '복구 드라이브 만들기'에서는 플래시 메모리에 복구 영역을 만들어 시스템에 문제가 생겼을 때 플래시 메모리로 부팅하여 문제를 해결할 수 있습니다. 복구 드라이브는 다음 과정에 따라 만들면 됩니다.

❶ 복구 드라이브 창이 나타나면 복구 드라이브 만들기 화면에서 〈다음〉 버튼을 누릅니다.

❷ USB 플래시 드라이브 선택 화면에서 〈다음〉 버튼을 누릅니다.

❸ 플래시 메모리의 기존 데이터는 모두 삭제하므로 주의하라는 경고 메시지를 확인한 뒤 〈만들기〉 버튼을 누릅니다.

❹ 시스템 복원 창에서 복원 시점이 생성된 날짜로 시스템을 돌려서 복구할 수 있습니다. 어떤 프로그램을 설치한 뒤로 시스템에 문제가 생겼을 때 쉽게 정상으로 되돌릴 수 있습니다. '권장 복원'을 클릭하거나 다른 복원 지점의 시점을 클릭한 뒤 〈다음〉 버튼을 누릅니다.

❺ 복원 지점 확인 화면에서 〈마침〉 버튼을 누릅니다. 복원하는 동안에는 멈출 수 없습니다.

3 복구 창의 '시스템 복원 구성'에서는 시스템 복원을 설정할 수 있습니다. [시스템 속성] 대화상자의 [시스템 보호] 탭에서 〈만들기〉 버튼을 누르면 복원 지점을 바로 만들 수 있습니다. 〈구성〉 버튼을 누르면 시스템 복원을 끄거나 켤 수 있고, 디스크 공간을 어느 정도 사용할지 선택할 수 있습니다.

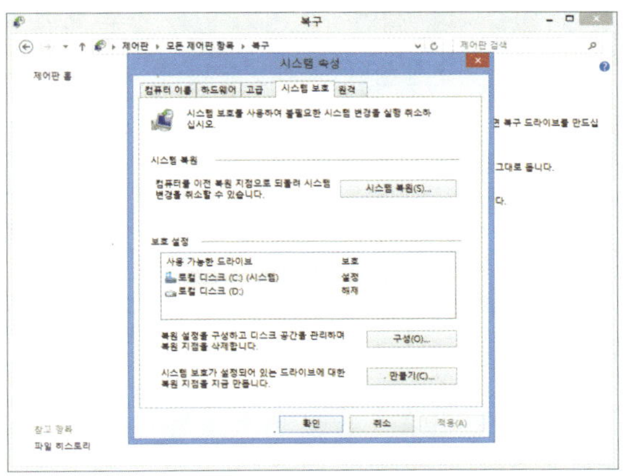

17 색인 옵션 설정

윈도우에서는 색인을 사용하여 매우 빠른 속도로 검색할 수 있습니다. 색인이 위치한 장소를 변경하거나 색인을 추가하거나 삭제를 색인 옵션에서 할 수 있습니다.

1 제어판에서 '색인 옵션'을 클릭합니다. 색인 옵션 창에 색인할 위치가 나타납니다. 〈수정〉 버튼을 누릅니다.

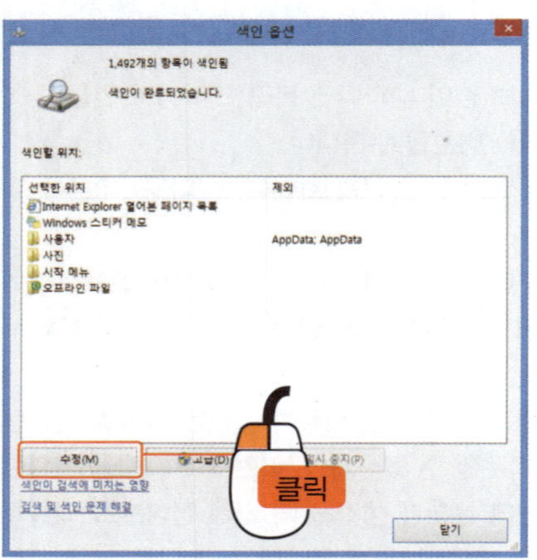

2 색인한 위치가 나타납니다. 체크해서 색인을 추가할 수 있고, 체크를 해제하여 색인을 해제할 수도 있습니다.

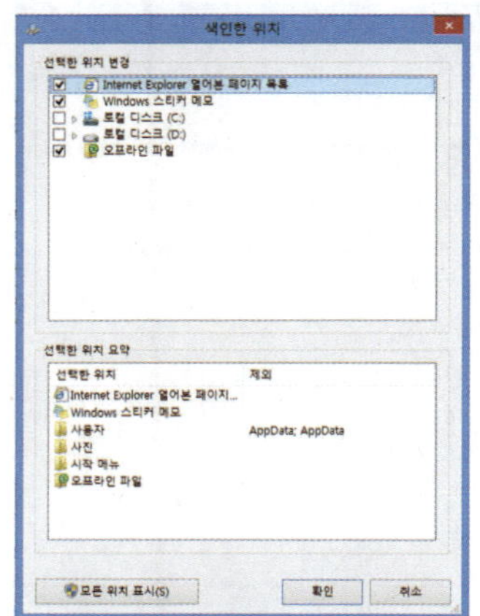

3 색인 옵션 창에서 〈고급〉 버튼을 누르면 나타나는 [고급 옵션] 대화상자에서 색인 파일을 설정할 수 있습니다. 색인에 문제가 있을 경우 색인을 삭제하고 다시 생성할 수도 있습니다.

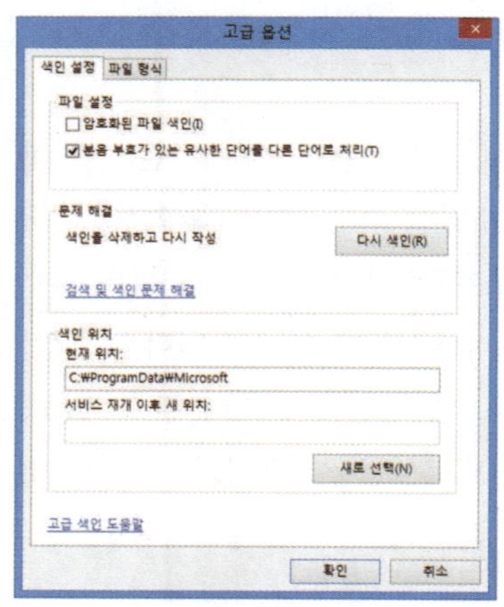

18 시스템 설정

시스템에서는 현재 운영체제의 버전 및 에디션 정보를 확인할 수 있습니다. 시스템 영역에서는 현재 컴퓨터의 주요 장치 정보를 확인할 수 있고, 윈도우 체험 지수로 어느 정도의 성능이 있는지 체크할 수도 있습니다. 윈도우 운영체제의 정품 인증 확인도 이곳에서 가능합니다.

1 제어판에서 '시스템'을 클릭합니다.

2 시스템 창에서는 Windows 버전 및 시스템, 컴퓨터 이름, 도메인 및 작업 그룹 설정, 정품 인증 정보를 확인할 수 있습니다. 'Windows 체험 지수'를 클릭합니다.

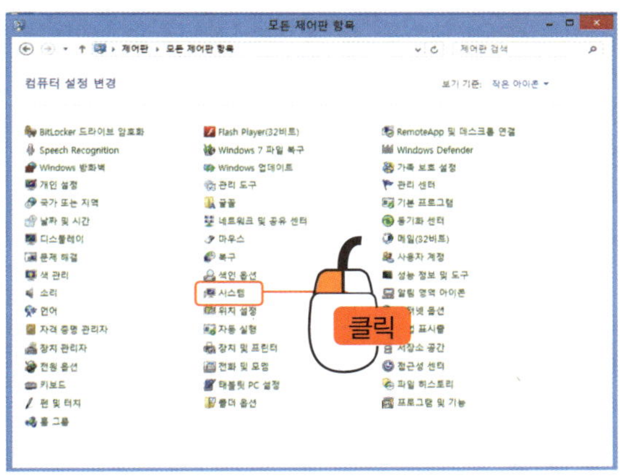

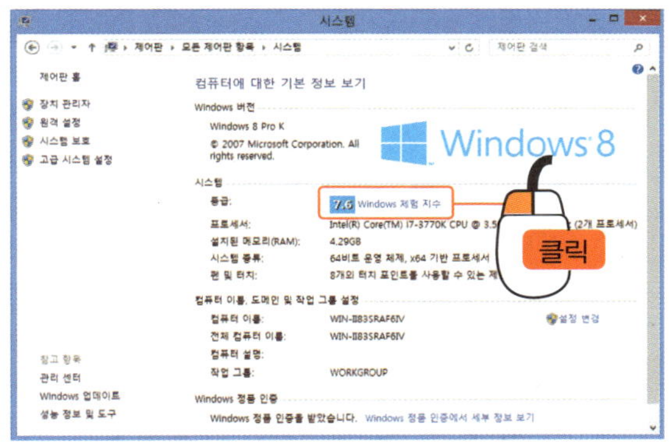

3 컴퓨터 성능을 평가할 수 있습니다. 최저 1.0에서 최고 9.9점까지 시스템의 주요 장치들을 평가합니다.

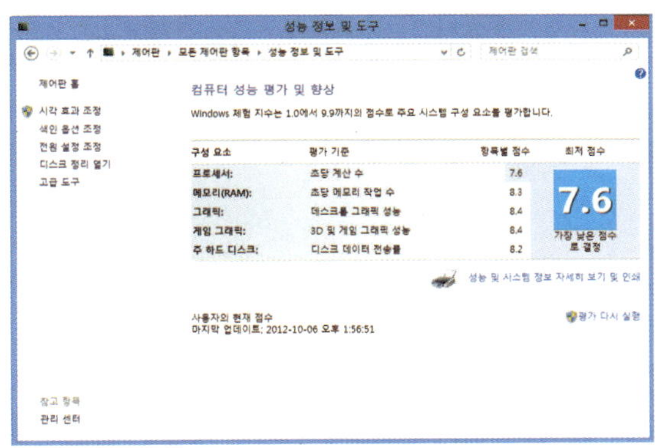

19 자동 실행 사용

컴퓨터에 새로운 미디어나 DVD 장치가 들어오면 자동으로 프로그램이 실행됩니다. 자동으로 실행되는 프로그램 설정은 제어판의 자동 실행에서 할 수 있습니다.

1 제어판에서 '자동 실행'을 클릭합니다. 각 미디어나 장치가 삽입되었을 때 할일을 설정할 수 있습니다.

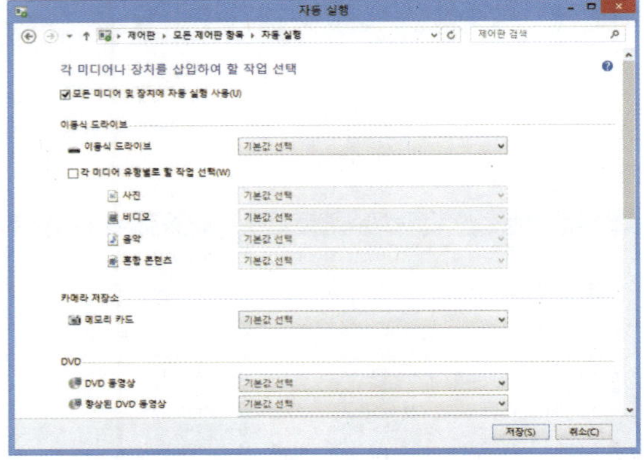

2 각 장치별로 사진 및 동영상 가져오기(사진), 재생(Windows Media Player), 아무 작업 안 함, 폴더를 열어 파일 보기(파일 탐색기), 매 번 확인 등의 작업을 선택할 수 있습니다.

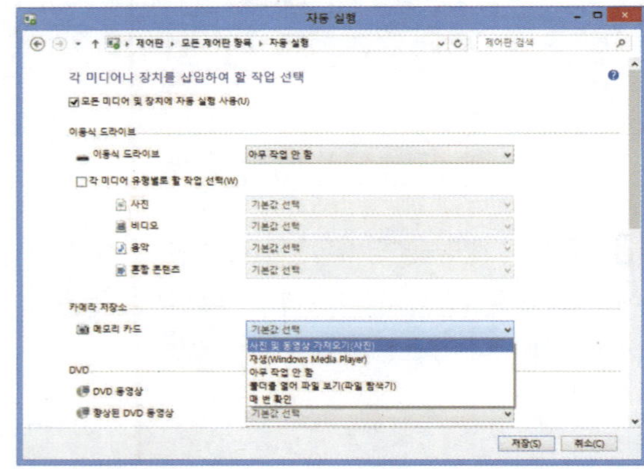

20 장치 및 프린터 연결

제어판의 장치에서는 컴퓨터에 연결된 장치들을 한눈에 관리할 수 있습니다. 컴퓨터에 새로운 프린터를 장착하거나 장착되어 있는 장치를 제거할 때도 사용합니다.

1 제어판에서 '장치 및 프린터'를 클릭합니다. 장치 및 프린터 창에 컴퓨터에 연결되어 있는 장치들이 나타납니다. 연결된 프린터기에서 마우스 오른쪽 버튼을 누르면 프린터 속성을 확인할 수 있습니다.

2 [속성] 메뉴를 클릭하면 장치의 연결 정보를 확인할 수 있습니다.

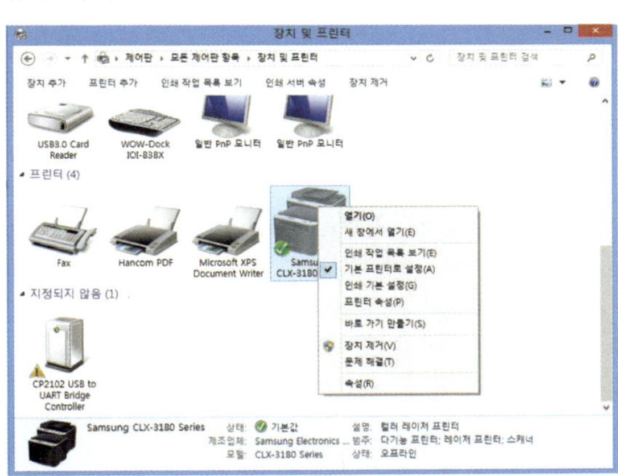

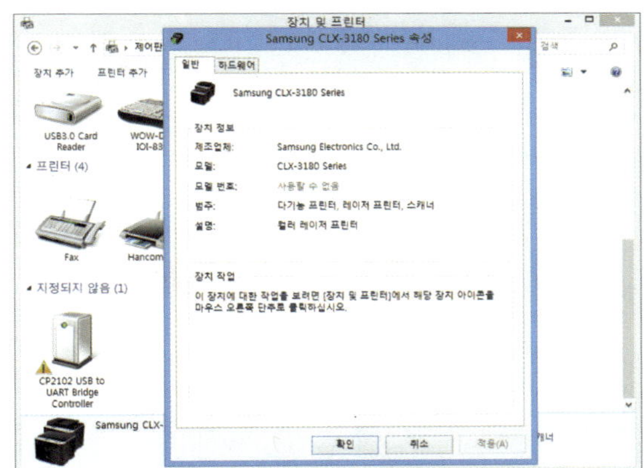

3 장치 및 프린터 창 위쪽의 '장치 추가'를 클릭하면 새로운 장치를 추가할 수 있습니다. 새로운 장치가 준비되면 '이 PC에 추가할 장치 또는 프린터 선택'에 추가할 장치 목록이 나타납니다.

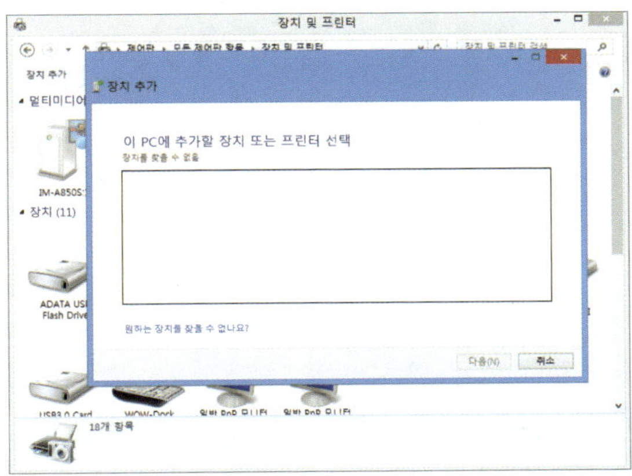

21 태블릿 PC 설정

노트북이 터치스크린을 지원할 경우에는 윈도우 8에서 따로 터치를 설정할 수 있습니다. 지금부터 화면 터치와 관련하여 세부 설정을 변경해 봅니다.

1 제어판에서 '태블릿 PC 설정'을 클릭합니다 (터치스크린을 지원하지 않는 컴퓨터의 제어판에서는 항목이 보이지 않습니다). [태블릿 PC 설정] 대화상자의 [디스플레이] 탭에서 〈보정〉 버튼을 누릅니다.

2 터치 보정 화면이 나타납니다. 화면에서 설명하는 대로 따라하여 보정을 마칩니다.

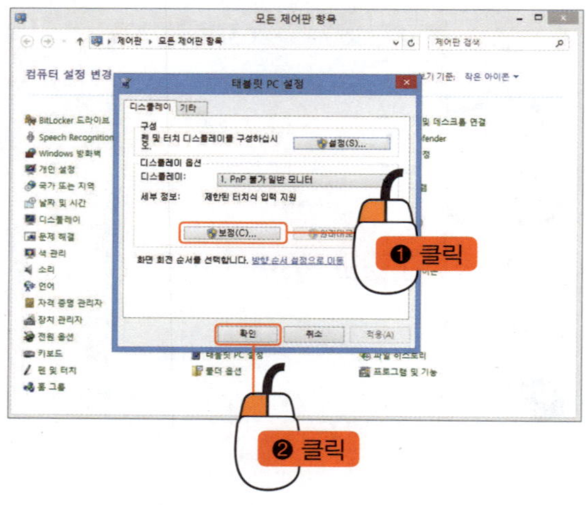

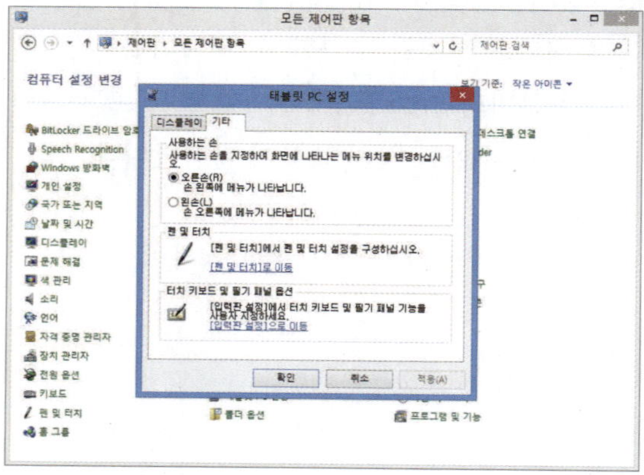

3 [기타] 탭에서는 오른손잡이용과 왼손잡이용을 따로 설정할 수 있습니다. 펜 및 터치, 터치 키보드 및 필기 패널 옵션을 이용해 펜 입력을 좀 더 세밀하게 조절할 수 있습니다.

22 Windows Defender 설정

원도우 8은 별도의 백신을 설치하지 않더라도 기본적으로 Windows Defender가 동작하게 되어 있습니다. 이 프로그램은 바이러스와 악성코드를 검진하고 치료합니다.

1 제어판에서 'Windows Defender'를 클릭합니다. Windows Defender 창이 나타납니다. 빠른 검사와 전체 검사, 사용자 지정 검사를 사용해 시스템의 바이러스와 스파이웨어를 검사할 수 있습니다. 〈검사 시작〉 버튼을 누릅니다.

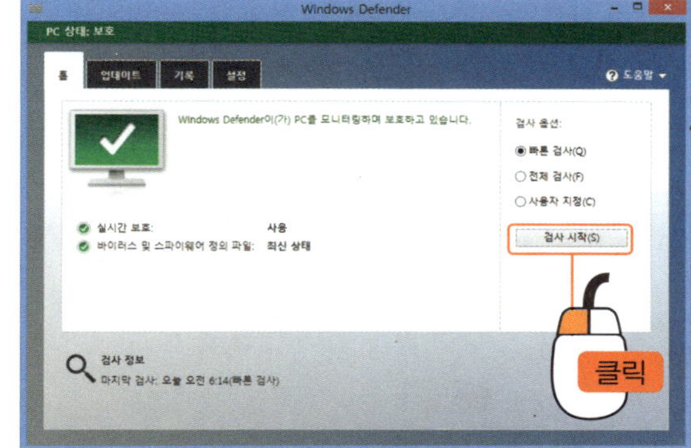

2 검사가 진행됩니다. 바이러스나 악성 코드가 있으면 자동으로 치료합니다.

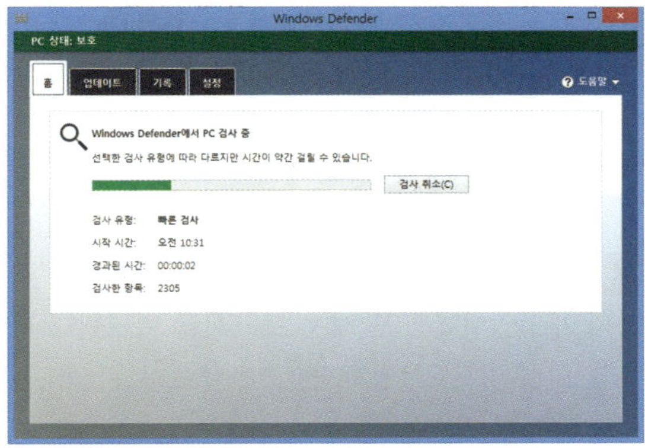

TIP

별도의 안티바이러스 프로그램을 설치했다면 Windows Defender 사용을 해제하여 리소스를 확보할 수도 있습니다.

23 가족 보호 설정

컴퓨터 한 대로 가족이 함께 사용할 때 자녀들이 위험한 웹사이트에 접속하지 않도록 보호할 수 있습니다. 관리자는 어떤 웹사이트에 접속했는지 기록을 확인할 수 있습니다.

1 제어판에서 '가족 보호 설정'을 클릭합니다. 가족 보호 설정을 사용하려면 각 계정으로 사용자를 구분해야 합니다. 가족 보호 설정 창에서 파란색 링크 글자를 클릭합니다.

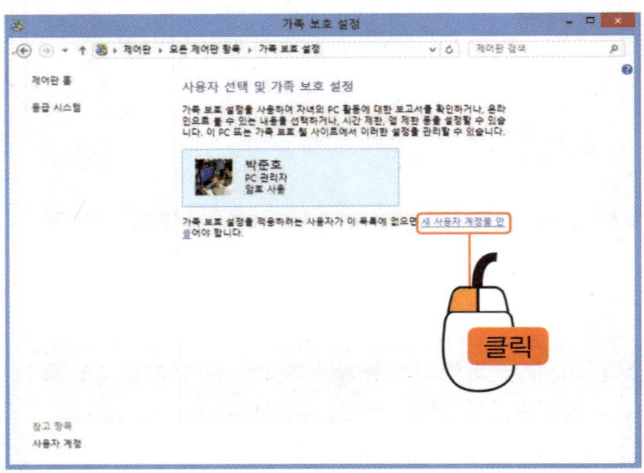

2 사용자 추가 화면에서 입력란에 사용할 메일 주소를 입력한 뒤 〈다음〉 버튼을 누릅니다.

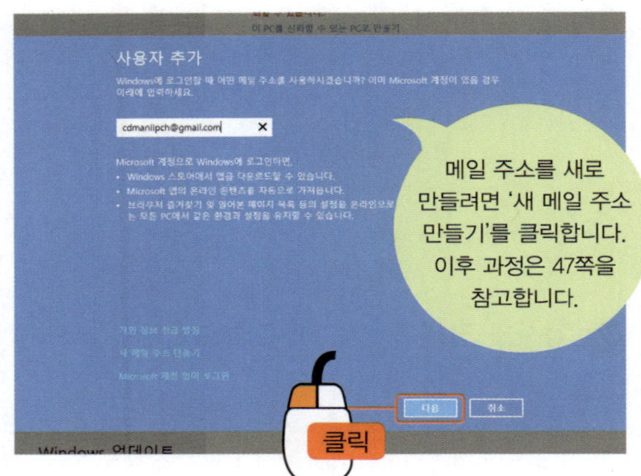

메일 주소를 새로 만들려면 '새 메일 주소 만들기'를 클릭합니다. 이후 과정은 47쪽을 참고합니다.

3 새로 추가한 사용자가 자녀의 계정이라면 '자녀의 계정입니까? PC 사용 보고서를 보려면 가족 보호 설정을(를) 설정하세요.'에 체크하고 〈마침〉 버튼을 누릅니다.

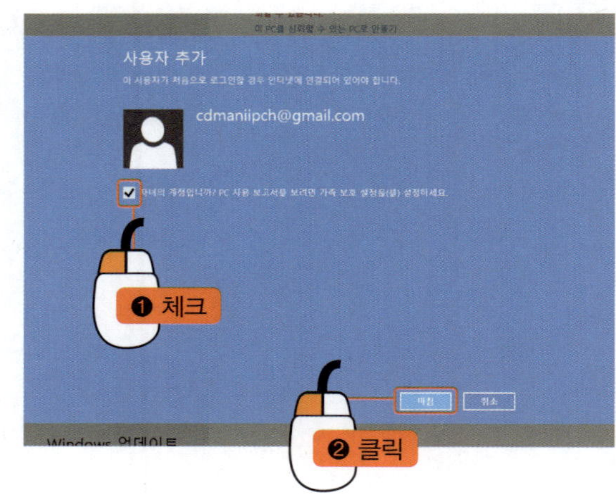

4 사용자가 추가된 것을 확인할 수 있습니다. 이제부터 해당 계정으로 컴퓨터를 사용하면 그 기록이 저장됩니다.

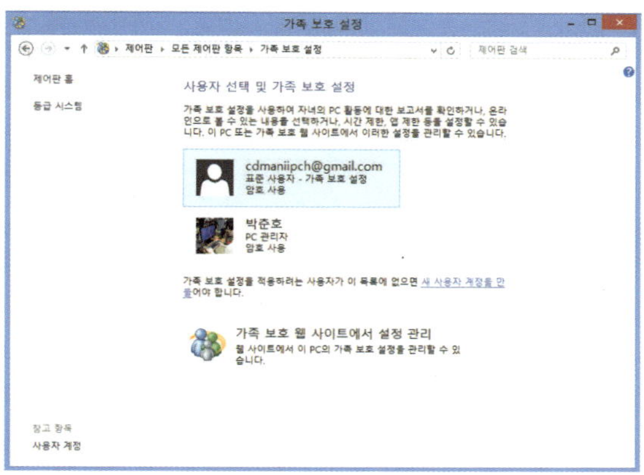

5 관리자로 로그인하면 각 사용자의 사용 기록을 살펴볼 수 있습니다.

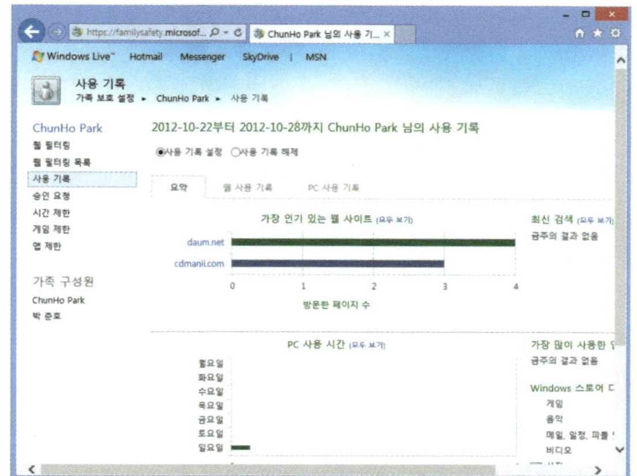

6 '시간 제한'을 클릭하면 사용자 계정별로 사용 시간을 제한할 수 있습니다.

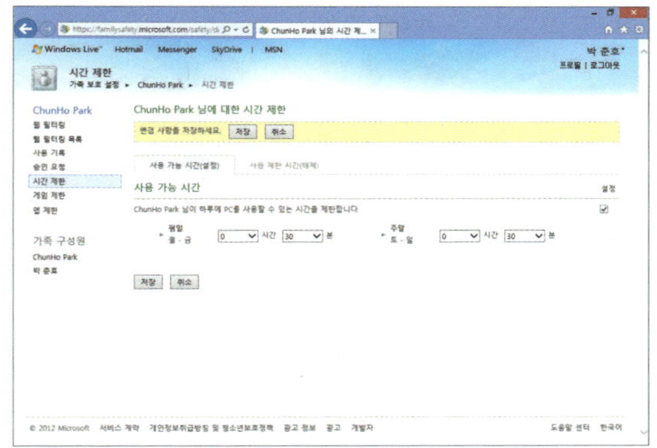

7 '게임 제한'에서는 연령별 게임을 선택적으로 제한할 수 있습니다.

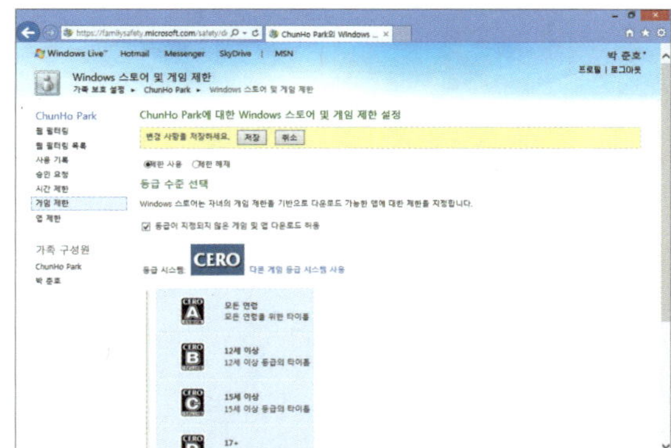

24 관리 센터 설정

관리 센터에서는 시스템 보안, 네트워크 방화벽, 바이러스 방지, 인터넷 보안 설정 등을 전체적으로 확인하고 관리할 수 있습니다.

1 제어판에서 '관리 센터'를 클릭합니다. 관리 센터 창의 최근 메시지 검토 및 문제 해결 부분에는 중요한 사항이 나타납니다. 윈도우 업데이트와 Windows SmartScreen 등 심각한 사항은 붉은색으로 표시하는데, 정보를 확인하고 재설정합니다.

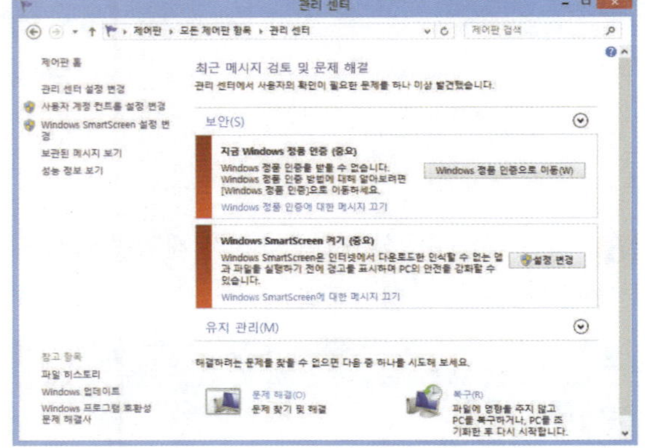

2 문제를 해결하면 다음과 같이 나타납니다.

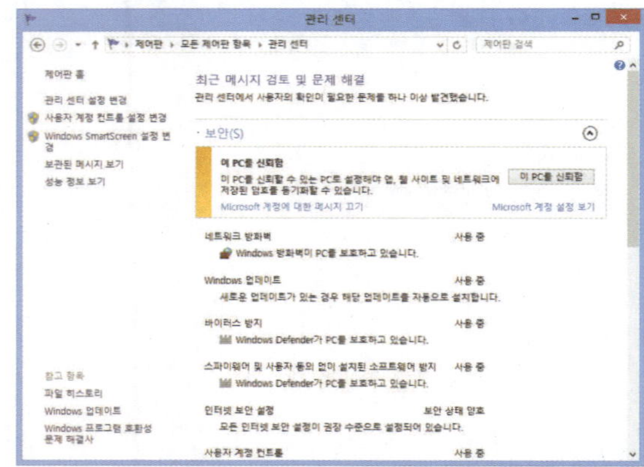

25 사용자 계정

원도우 8을 여러 명의 사용자가 한 컴퓨터에서 사용할 수 있도록 사용자별로 별도의 계정을 지원합니다. 각각 사용자를 따로 만들어 자신만의 컴퓨터를 설정하고 사용할 수 있습니다. 사용자를 추가 및 관리하는 방법을 알아봅니다.

1 제어판에서 '사용자 계정'을 클릭합니다. 사용자 계정 창에서 '다른 계정 관리'를 클릭합니다.

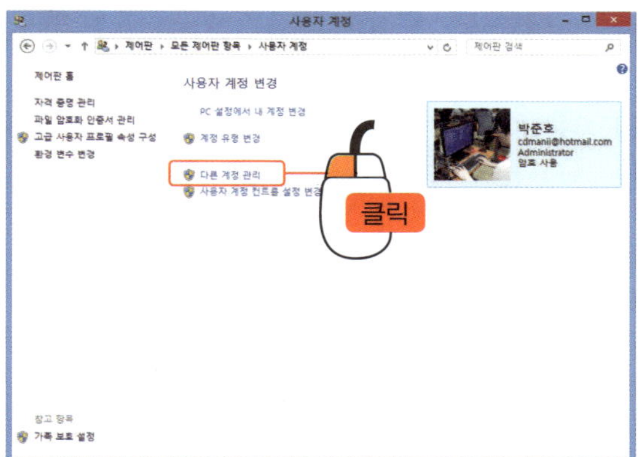

2 원도우 8에 등록된 사용자의 정보가 나타납니다. 'PC 설정에서 새 사용자 추가'를 클릭합니다.

3 PC 설정 창에서 [사용자] 메뉴를 클릭하고 '다른 사용자' 항목에서 〈사용자 추가〉 버튼을 눌러 사용자를 추가합니다.

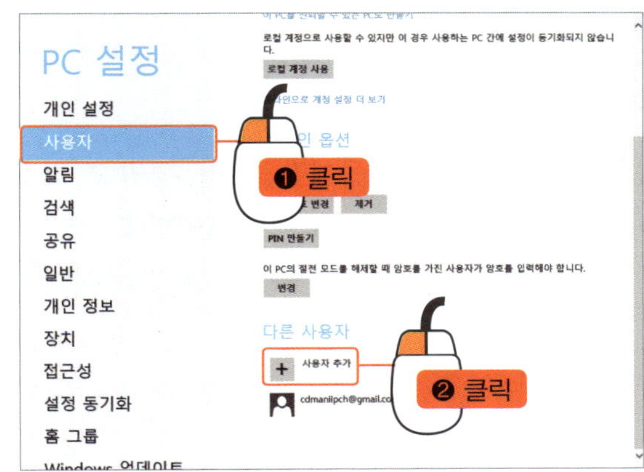

26 저장소 공간 관리

저장소 공간은 윈도우의 새로운 기능입니다. 이전의 디스크 관리에서 소프트웨어 레이드 등과 비슷해 보일 수 있으나, 저장소 공간의 장점은 실제 물리 장치보다 훨씬 큰 공간을 할당해 놓고 사용할 수 있습니다. 그리고 새로운 파일 시스템인 ReFS도 지원합니다. 저장소 공간을 어떻게 만들고 활용하는지 간단히 살펴봅니다.

1 제어판에서 '저장소 공간'을 클릭합니다. 저장소 공간 창에서 '새 풀 및 저장소 공간 만들기'를 클릭합니다.

2 저장소 풀을 만들 드라이브 선택 화면에서 저장소 풀로 만들 드라이브를 선택한 뒤 〈풀 만들기〉 버튼을 누릅니다. 저장소 공간의 이름, 복원 유형 및 크기를 지정한 뒤 〈저장소 공간 만들기〉 버튼을 누릅니다.

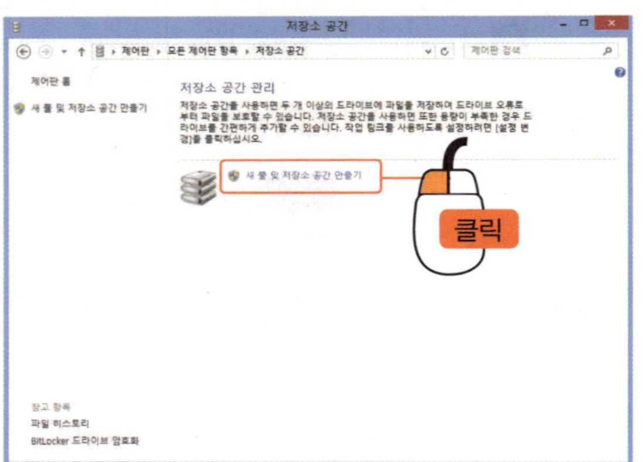

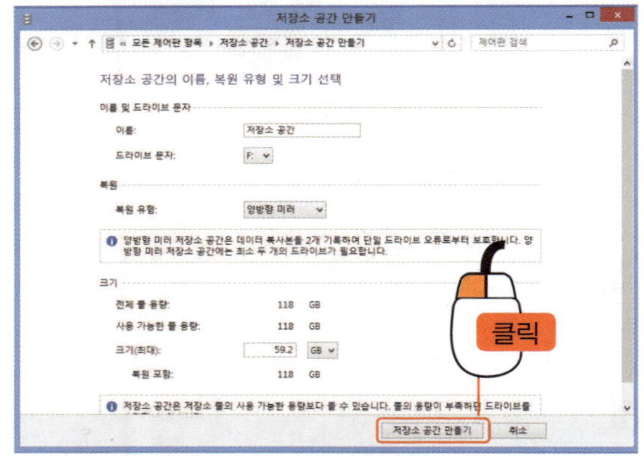

3 저장소 공간이 만들어졌습니다. 양방향 미러를 설정했을 경우 드라이브에서 데이터에 문제가 생겨도 다른 드라이브를 이용해 복원 가능합니다.

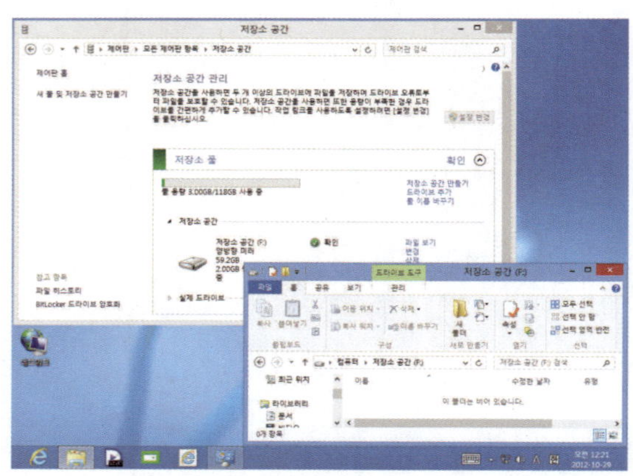

27 파일 히스토리 관리

파일 히스토리를 이용하면 파일이 손실되거나 손상되었을 때 USB 저장장치를 이용하여 복구할 수 있습니다. 보호되는 대상은 라이브러리, 데스크톱, 연락처 및 즐겨찾기입니다.

1 제어판에서 '파일 히스토리'를 클릭합니다. 파일 히스토리 창에서 USB 저장장치를 연결한 뒤 〈켜기〉 버튼을 누릅니다.

2 파일 히스토리가 켜지면 선택한 저장장치로 파일 복사가 진행됩니다. 저장장치가 켜져 있는 동안에는 수시로 백업이 진행됩니다. 화면 왼쪽에서 '고급 설정'을 클릭합니다.

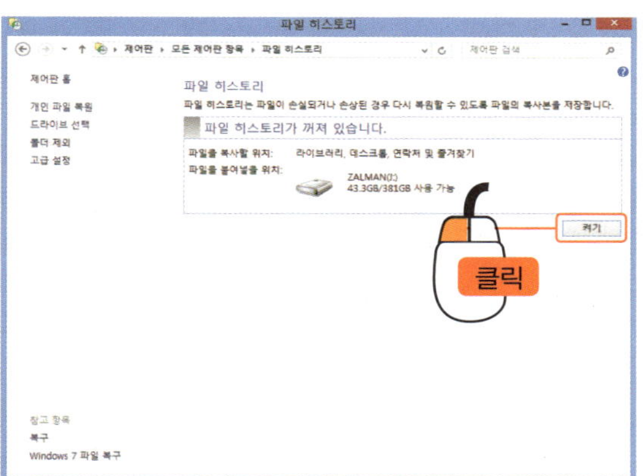

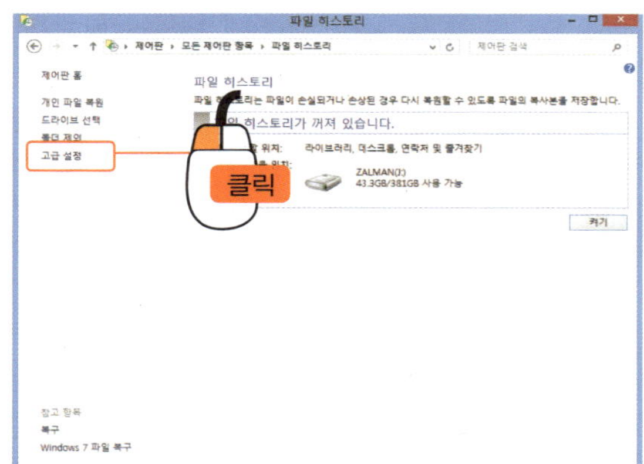

3 고급 설정 창에서는 파일 히스토리에 백업되는 주기, 오프라인 캐시 크기, 저장된 버전 유지를 설정할 수 있습니다.

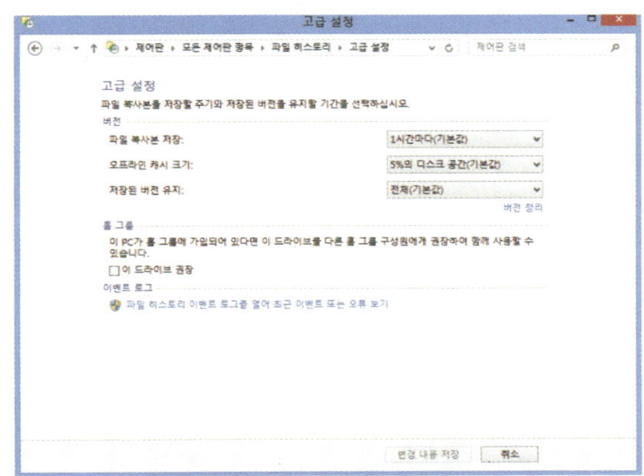

28 프로그램 및 기능 제어

컴퓨터를 사용하다 보면 수많은 프로그램을 설치했다 삭제했다 하게 되는데, 사용하지 않는 프로그램은 삭제하는 것이 좋습니다. 프로그램 제거는 제어판의 프로그램 및 기능에서 할 수 있습니다. 지금부터 필요 없는 프로그램을 삭제하는 방법을 알아봅니다.

1 제어판에서 '프로그램 및 기능'을 클릭합니다. 프로그램 및 기능 창에 설치된 프로그램 목록이 나타납니다. 삭제할 파일을 더블클릭하거나 마우스 오른쪽 버튼을 누른 뒤 [제거] 메뉴를 클릭합니다. 또는 삭제할 파일을 선택하고 화면 위쪽의 '제거'를 클릭해도 됩니다.

2 선택한 프로그램의 제거 화면이 나타나면 화면 지시에 따라서 프로그램을 제거합니다.

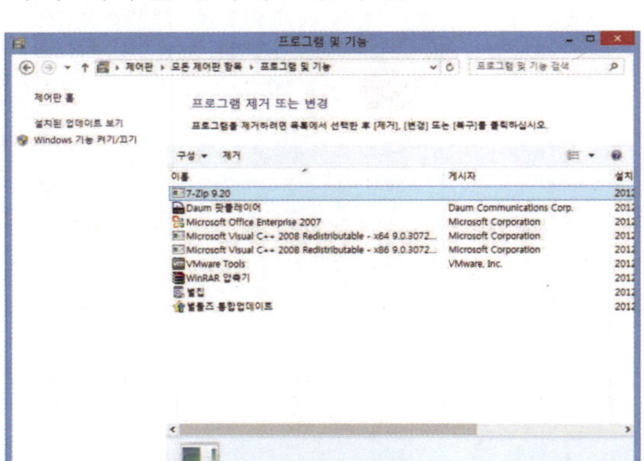

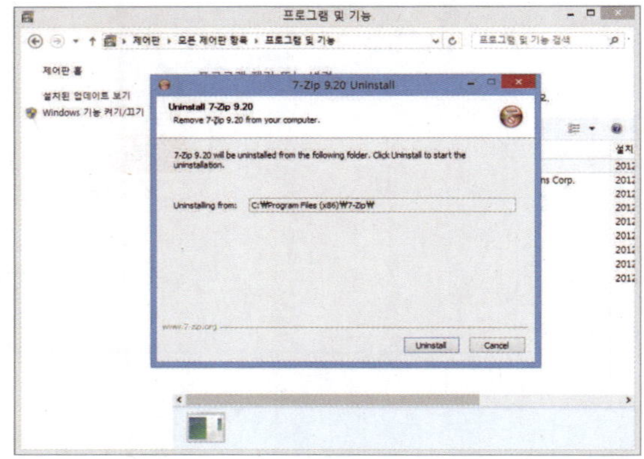

TIP

⊞+Ⅹ 키를 누른 뒤 Ｆ 키를 누르면 프로그램 및 기능 창이 바로 나타납니다.

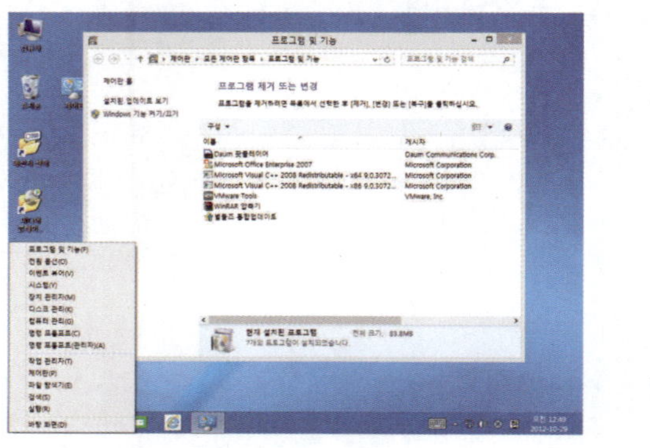

Chapter 12
윈도우 8 멀티미디어 기능 파헤치기

이번 장에서는 윈도우 8의 멀티미디어 기능을 이용하여

사진과 동영상을 편집하고 DVD로 만드는 방법을 알아보겠습니다.

별도의 비용 없이 기능만으로도 충분히 활용할 수 있습니다.

01 미디어 플레이어 센터 활용하기

바탕화면에 있는 미디어 플레이어 센터에는 사람들이 가장 많이 사용하는 멀티미디어와 관련된 프로그램의 설치 링크를 제공하여 쉽게 설치할 수 있습니다. 기본으로 제공하는 프로그램의 종류와 설치 방법을 알아봅니다.

1 바탕화면의 '미디어 플레이어 센터' 아이콘을 더블클릭합니다. 미디어 플레이어 센터에 설치할 수 있는 프로그램의 목록이 나타납니다. '곰플레이어'를 설치해 보겠습니다.

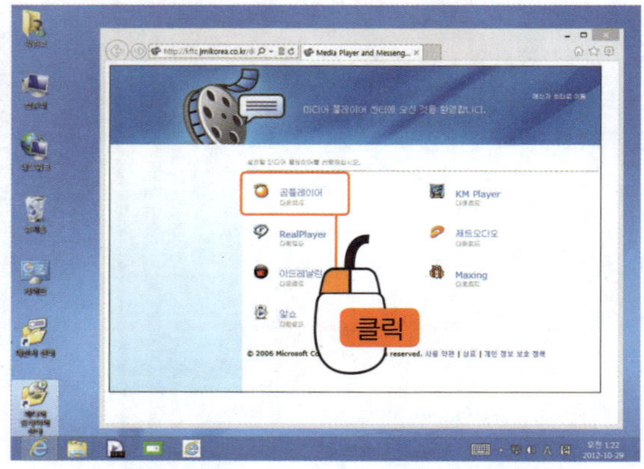

2 '곰플레이어'를 클릭하면 제3자 소프트웨어 링크 동의를 묻는 창이 나타납니다. 내용을 읽어 보고 〈동의함〉 버튼을 누릅니다.

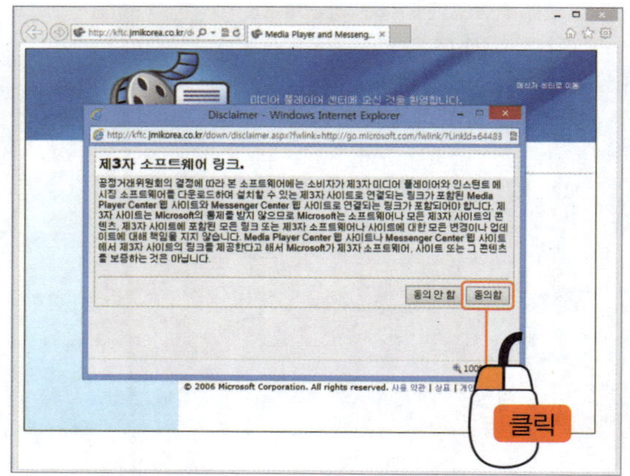

3 곰플레이어를 다운로드받을 수 있는 웹사이트로 이동하면 설치 파일을 클릭합니다. 다운로드 창에서 〈실행〉 버튼을 누릅니다.

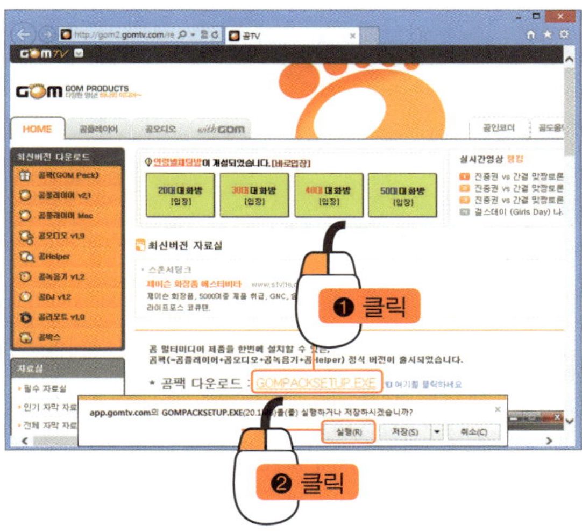

4 파일을 다운로드하고 보안 검사를 실행한 뒤 사용자 계정 컨트롤 창이 나타납니다. 〈예〉 버튼을 누릅니다.

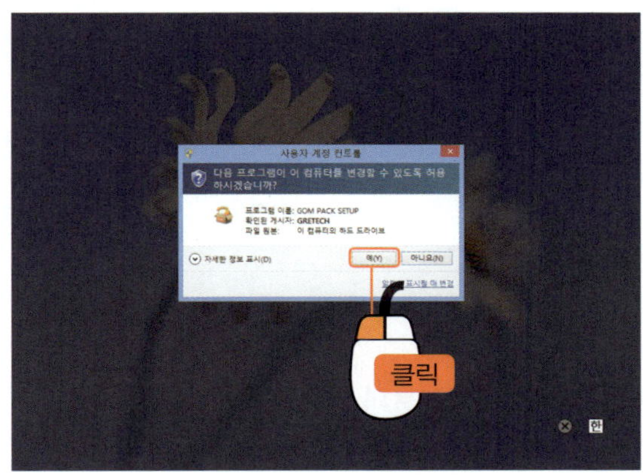

5 [곰팩 설치] 대화상자가 나타나면 화면의 지시에 따라 설치를 진행합니다.

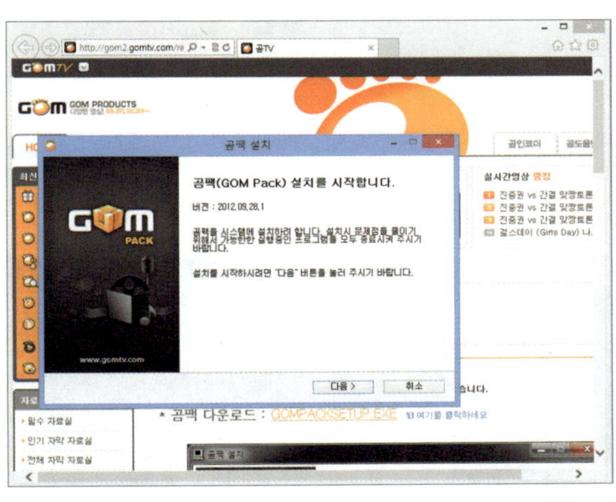

6 설치가 끝나면 자동으로 곰플레이어를 실행합니다. 동영상 파일을 곰플레이어로 드래그하거나 파일을 더블클릭하면 곰플레이어로 재생할 수 있습니다. 곰플레이어 외에 다른 재생 프로그램도 필요에 따라 설치하면 됩니다. 설치한 프로그램은 프로그램 및 기능에서 삭제할 수 있습니다.

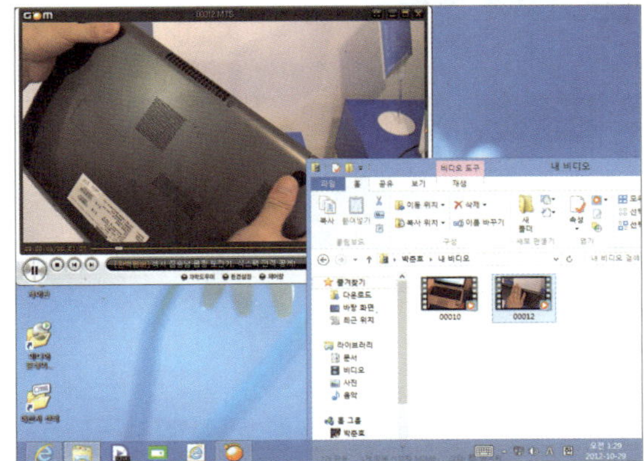

02 사진 갤러리, 무비 메이커 설치하기

윈도우 8에서는 사진 갤러리와 무비 메이커를 별도로 설치해 주어야 합니다. 미디어를 만들고 공유하고 즐길 수 있는 사진 갤러리와 무비 메이커를 설치하는 방법을 알아봅니다.

1 마이크로소프트의 무료 다운로드 웹사이트(http://windows.microsoft.com/ko-KR/windows/downloads)에 접속합니다. 화면 오른쪽의 'Windows 사진 갤러리' 또는 'Windows 무비 메이커'를 클릭합니다.

2 사진 갤러리를 다운로드받을 수 있는 화면이 나타나면 〈지금 다운로드〉 버튼을 누릅니다. 아래쪽에 다운로드 창이 나타나면 〈실행〉 버튼을 누릅니다.

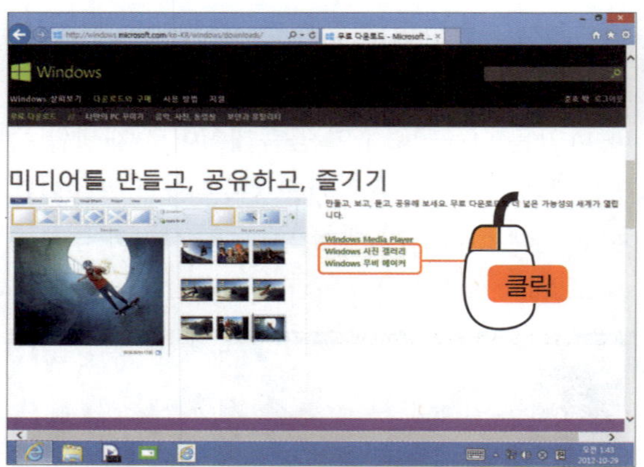

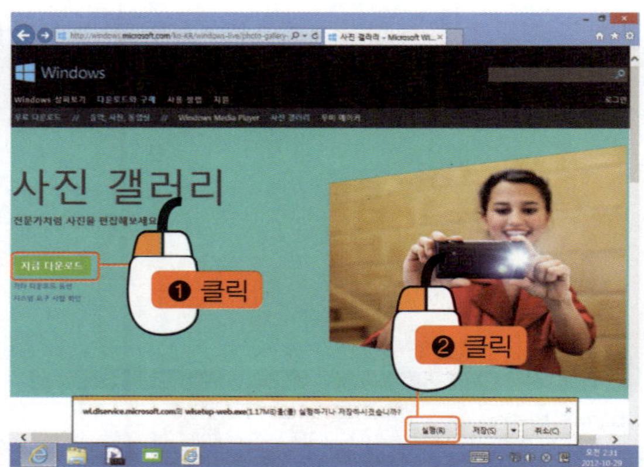

3 사용자 계정 컨트롤 창이 나타나면 〈예〉 버튼을 누릅니다.

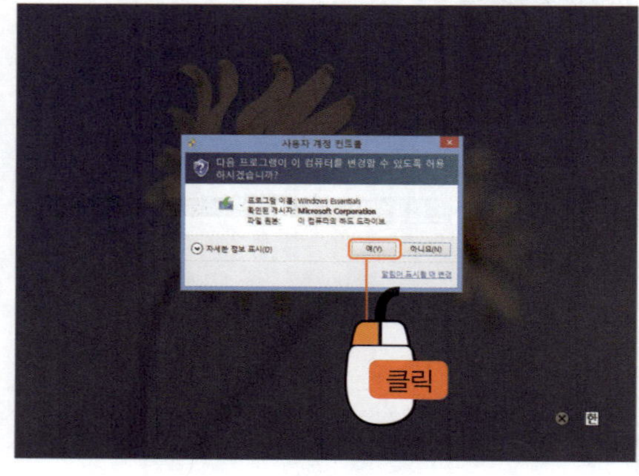

4 Windows 필수 패키지 2012 창에서 '설치하려는 프로그램 선택'을 클릭합니다.

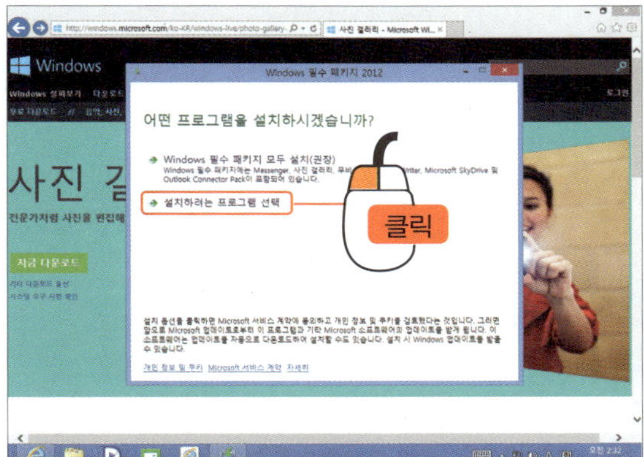

5 설치할 프로그램 선택 화면에서 〈설치〉 버튼을 누릅니다.

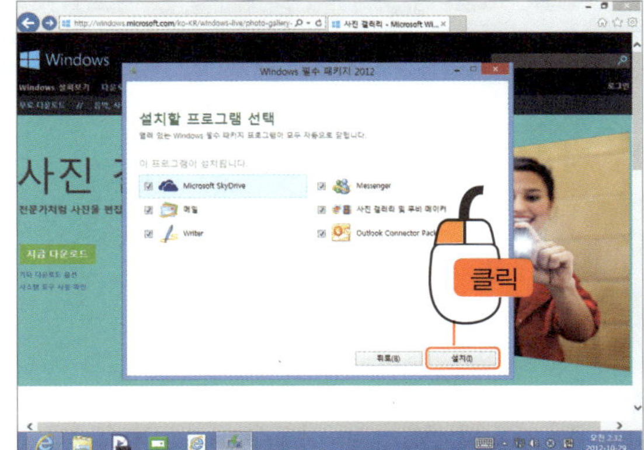

6 설치가 완료되면 〈닫기〉 버튼을 누릅니다.

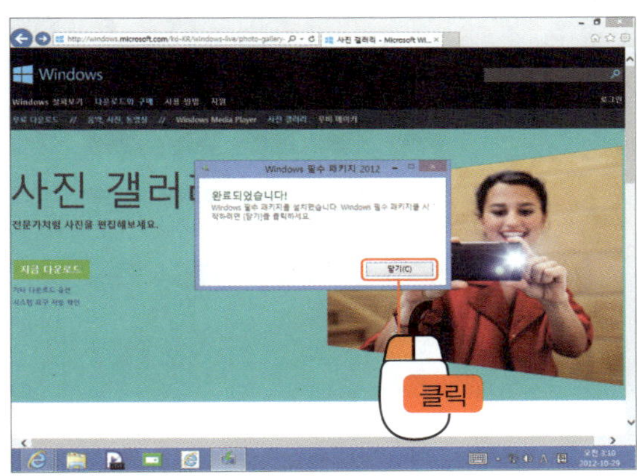

7 설치한 무비 메이커와 사진 갤러리는 윈도우 8 UI 앱 목록에서 확인할 수 있습니다.

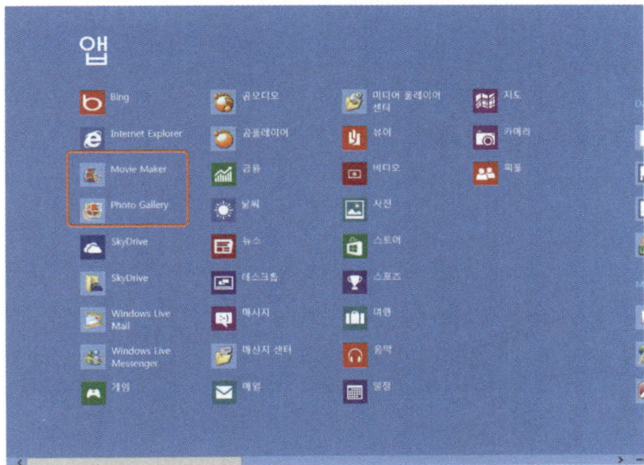

03 사진 갤러리로 합성, 콜라주, 파노라마 사진 만들기

사진 갤러리를 이용하여 파노라마 사진이나 합성 사진, 슬라이드 쇼를 만들 수 있습니다. 복잡하고 전문적인 프로그램을 따로 설치하지 않아도 사진 갤러리만으로 쉽고 간단하게 사진을 보정하고 편집할 수 있습니다.

1 ■+Q 키를 눌러 윈도우 8 UI의 앱 목록을 표시합니다. Photo Gallery를 클릭하여 실행합니다.

2 사진 갤러리가 실행되면서 자동으로 라이브러리 폴더에 저장된 사진과 비디오의 내용들을 불러옵니다.

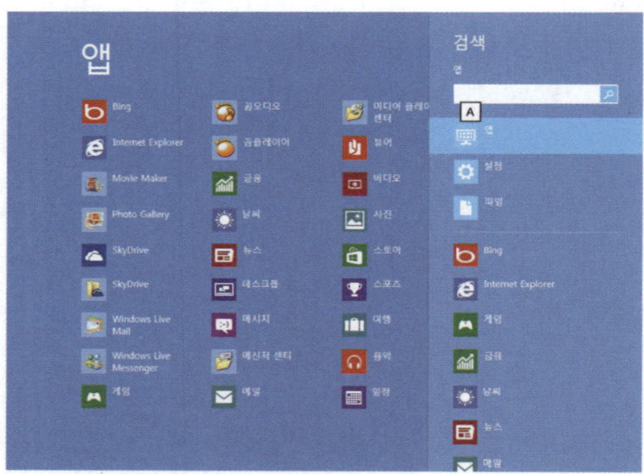

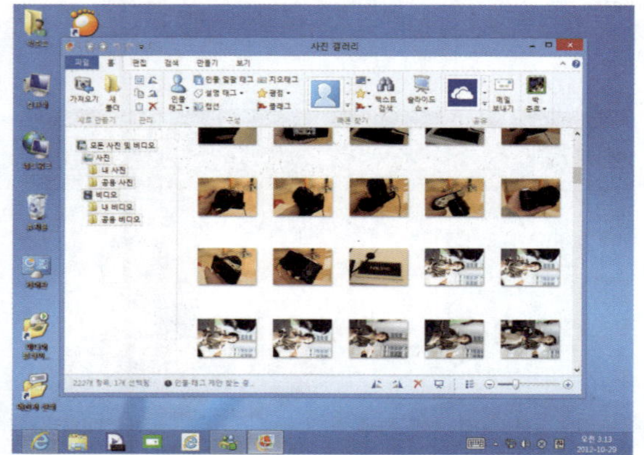

3 같은 장소에서 다른 각도로 찍은 사진 3장을 이용해서 파노라마 사진을 만들어 보겠습니다. 파노라마로 만들 사진을 선택한 뒤 [만들기] 탭의 도구 그룹에서 '파노라마' 아이콘을 클릭합니다. 파노라마 사진을 만들기 시작합니다.

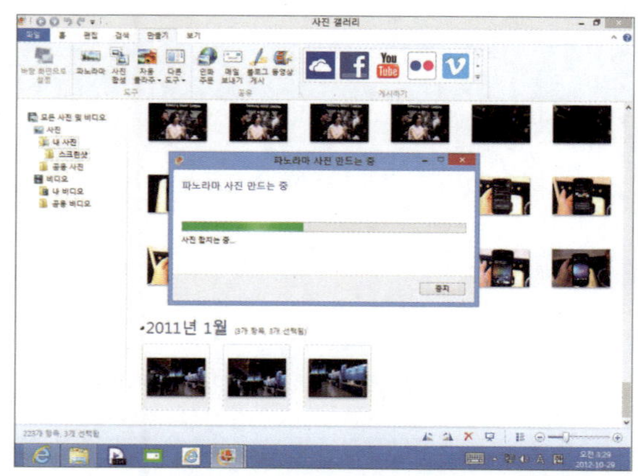

4 서로 방향이 다른 사진임에도 깔끔하게 이어져 마치 사진 한 장처럼 보입니다. 사진이 어둡다면 [편집] 탭-자동 노출 보정 그룹-'노출' 아이콘을 이용해 노출과 밝기를 조정할 수 있습니다.

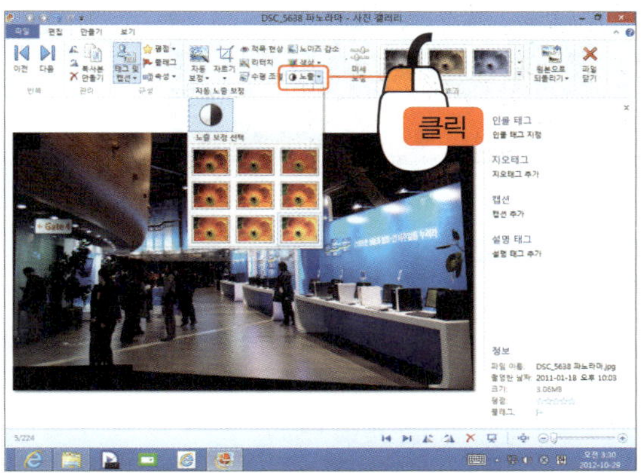

5 [편집] 탭-자동 노출 보정 그룹-'자동 보정' 아이콘을 클릭하면 사진의 노출을 자동으로 보정합니다.

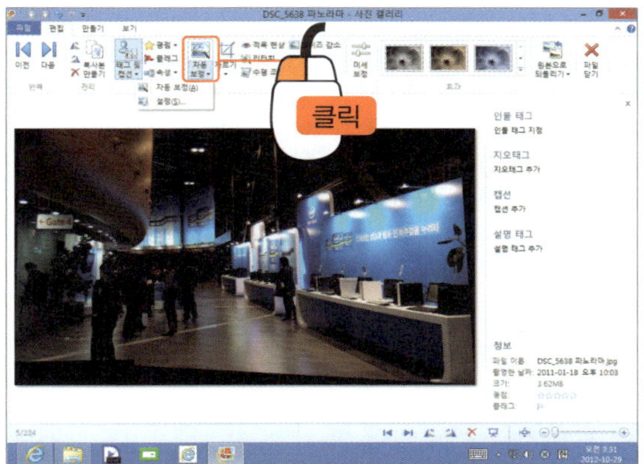

6 '자동 보정' 아이콘-〈설정〉 버튼을 클릭하면 [사진 갤러리 옵션] 대화상자가 나타납니다. 수평 조절, 노이즈 감소, 색상, 노출을 선택적으로 자동 보정할 수 있습니다.

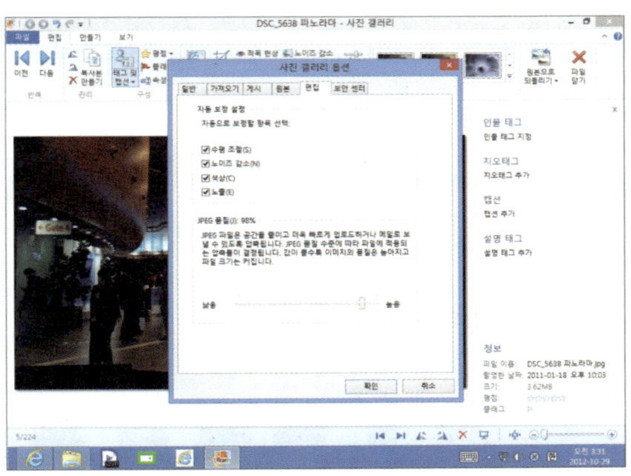

7 파노라마 사진을 생성하면 어긋난 부분에는 굴곡이 생깁니다. [편집] 탭의 보정 그룹에서 '자르기' 아이콘을 클릭하여 원하는 부분만 잘라낼 수 있습니다.

8 선택한 부분만 깔끔하게 잘려서 원래 하나의
이미지처럼 보입니다.

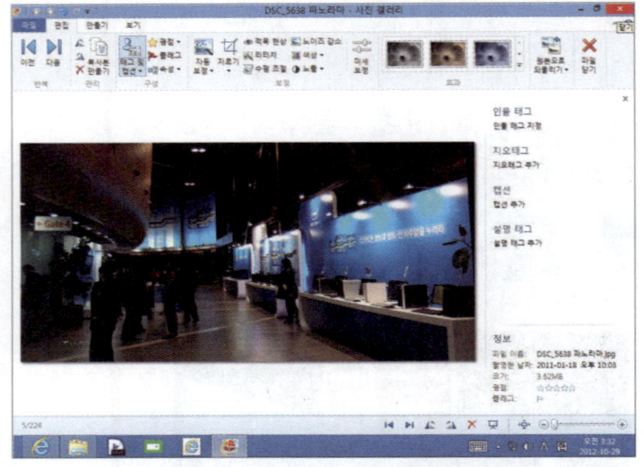

9 [만들기] 탭에서는 사진을 인화하거나 메일
로 보내거나 블로그에 게시할 수 있습니다. Sky-
Drive, 페이스북, 유튜브, Flickr, Vimeo, 클럽
등으로도 내보낼 수 있습니다.

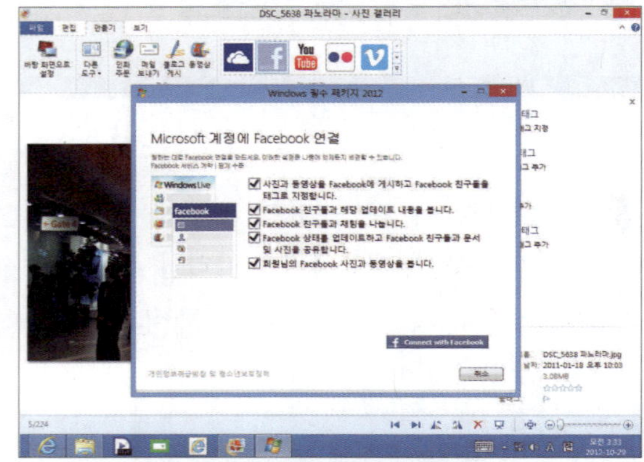

10 콜라주를 만들려면 최소 7장 이상의 사진을
선택해야 합니다. 사진을 7장 이상 선택하고 [만
들기] 탭–도구 그룹–'자동 콜라주' 아이콘을 클
릭합니다.

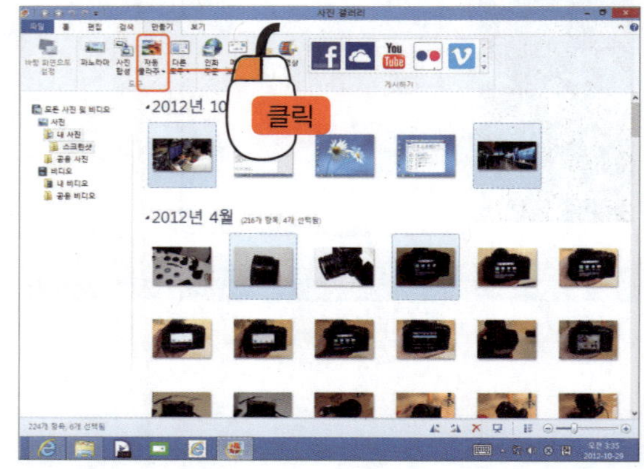

11 자동 콜라주로 생성한 파일을 저장합니다. 자동 콜라주로 생성한 사진을 편집할 수 있습니다.

12 이번에는 이미지를 합성해 보겠습니다. 합성할 이미지를 선택합니다. 합성할 사진을 2장 선택한 뒤 [만들기] 탭-도구 그룹-'사진 합성' 아이콘을 클릭합니다.

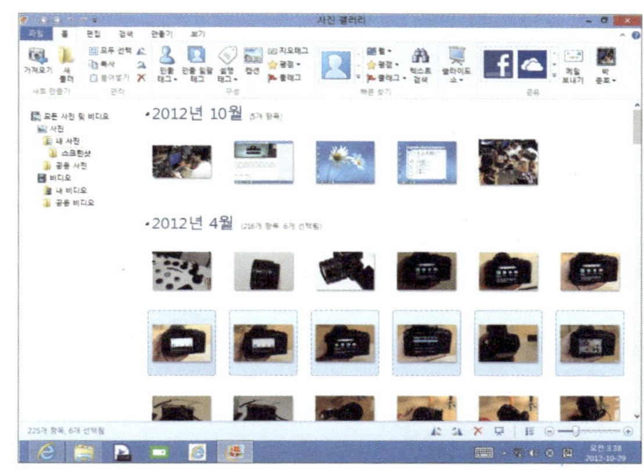

13 다른 사진과 합성할 부분을 드래그하여 선택한 뒤 원하는 부분만 모으기 창에서 합성할 부분을 클릭합니다.

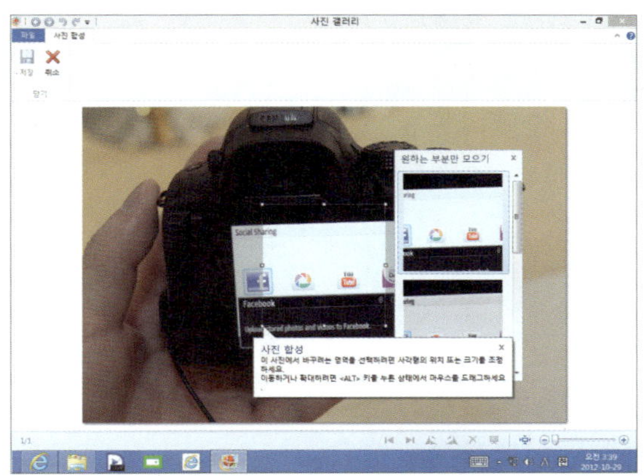

14 서로 다른 사진 2장을 합성하였습니다. '저장' 아이콘을 클릭해 합성한 사진을 저장합니다.

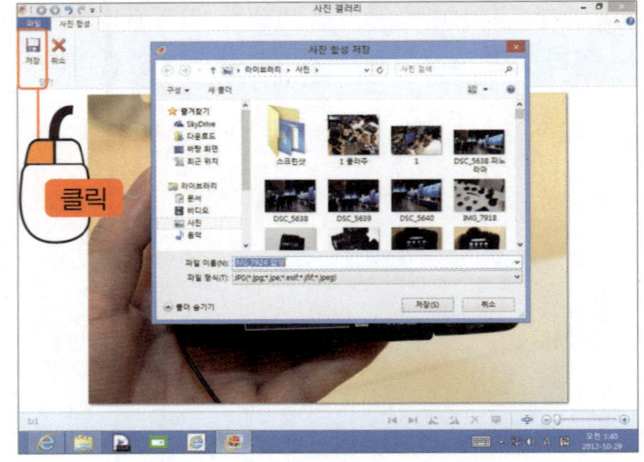

15 [편집] 탭−효과 그룹을 이용하면 사진에 여러 가지 효과를 연출할 수 있습니다.

04 무비 메이커 활용하기

무비 메이커를 이용하면 사진으로 찍어둔 이미지를 이어 붙이고 배경음악을 넣어서 꽤 괜찮은 동영상을 쉽고 간편하게 만들 수 있습니다. 물론 동영상도 편집하여 원하는 형태로 만들 수도 있습니다.

1 윈도우 8 UI 앱 목록(⊞+Q 키)에서 Movie Maker를 클릭합니다. 무비 메이커가 실행되면 화면 오른쪽에서 '비디오 및 사진을 찾아 보려면 여기를 클릭하세요.'를 클릭합니다.

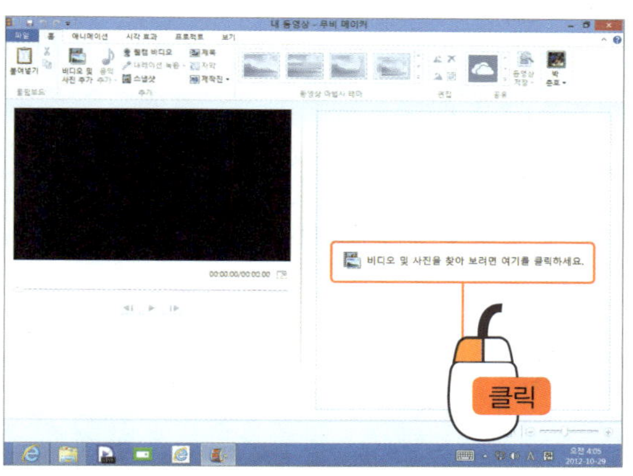

2 [비디오 및 사진 추가] 대화상자가 나타나면 비디오나 사진을 선택하고 〈열기〉 버튼을 누릅니다. 여기서는 사진 여러 개로 동영상을 만들어 봅니다.

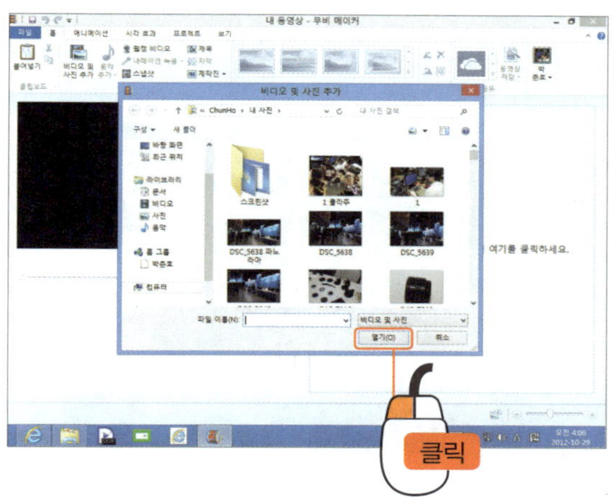

3 무비 메이커에 선택한 사진들이 추가됩니다. [편집] 탭-동영상 마법사 테마 그룹에서 테마를 선택하면 자동으로 적용됩니다. 배경음악을 추가할 것인지 묻는 메시지 창이 나타나면 〈예〉 버튼을 누릅니다.

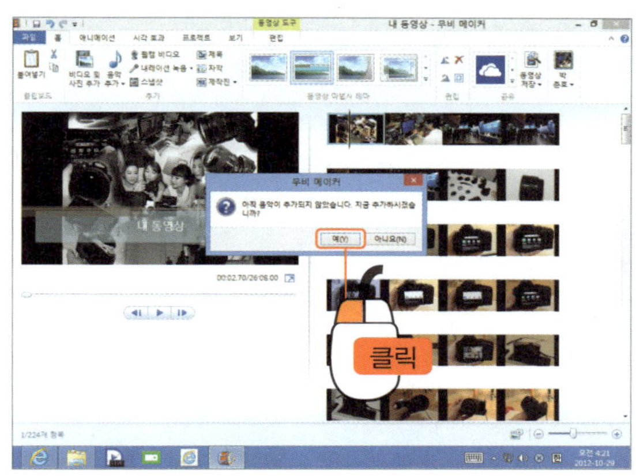

4 [음악 추가] 대화상자에서 배경음악을 선택한 뒤 〈열기〉 버튼을 누릅니다.

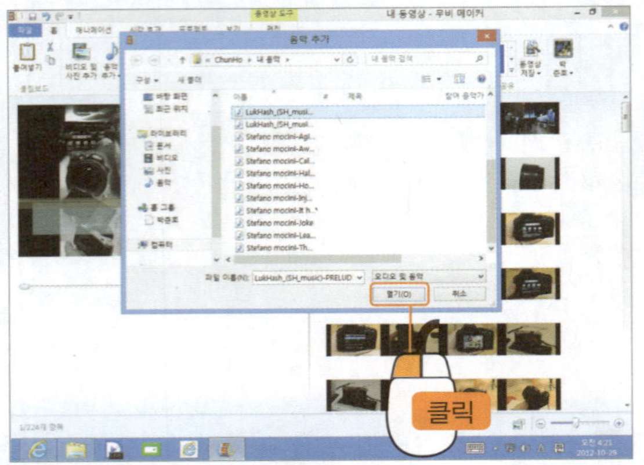

5 배경음악이 삽입되면 동영상을 재생해서 확인해 봅니다.

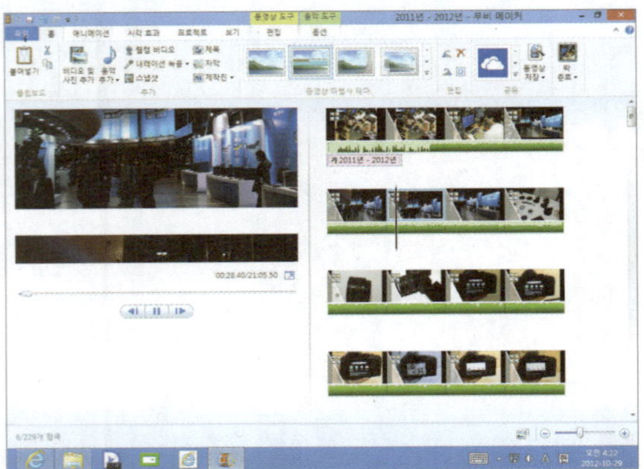

6 전체 화면으로 이미지 동영상이 재생됩니다. 화면 오른쪽 위의 '무비 메이커로 돌아가기'를 클릭하면 무비 메이커 편집 화면으로 다시 돌아옵니다.

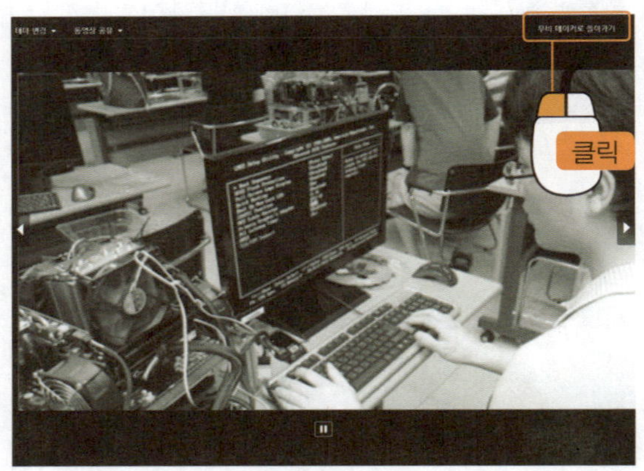

7 [홈] 탭−공유 그룹에서 '동영상 저장' 아이콘을 클릭합니다. 원하는 설정을 선택한 뒤 [동영상 저장] 대화상자에서 파일 이름을 입력하고 〈저장〉 버튼을 누릅니다.

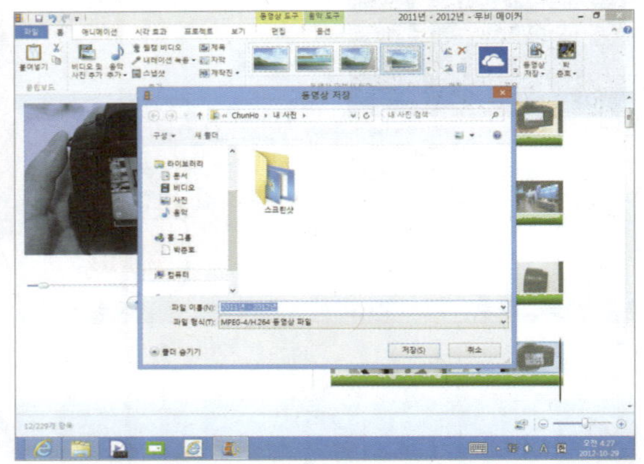

8 동영상이 저장됩니다. 인코딩되는 과정이 필요하므로 원본 크기에 따라서 저장하는데 시간이 다소 걸릴 수 있습니다.

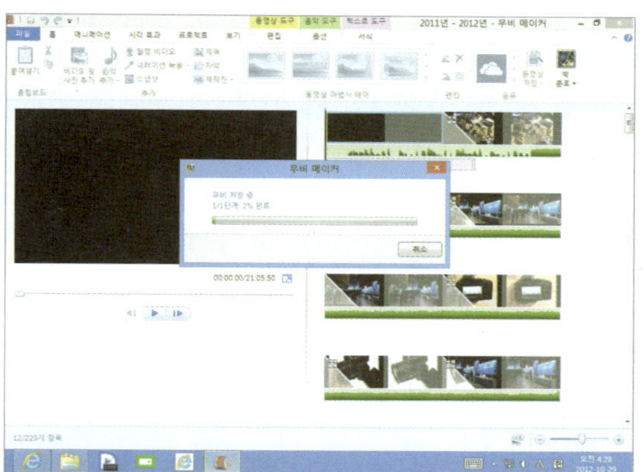

9 인코딩이 끝나면 저장이 완료되었다는 창이 나타납니다. 〈재생〉 버튼을 누르면 바로 재생할 수 있고, 〈폴더 열기〉 버튼을 누르면 저장된 동영상의 상위 폴더를 엽니다.

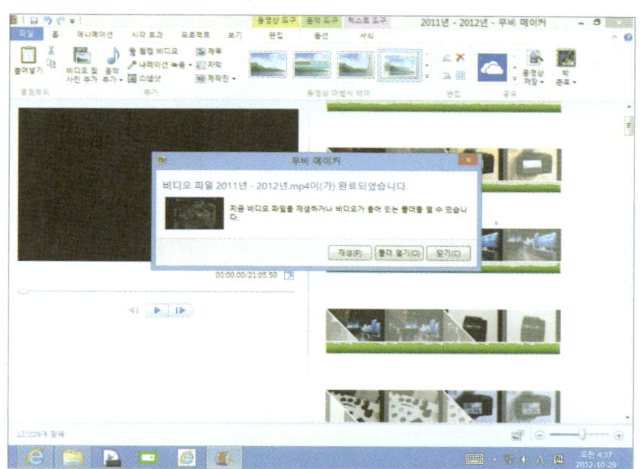

10 동영상이 저장된 폴더를 열고 동영상 파일을 더블클릭합니다.

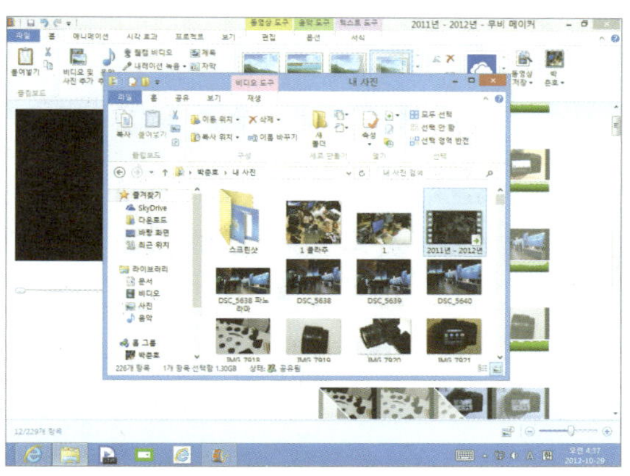

11 기본 동영상 연결프로그램으로 재생합니다.

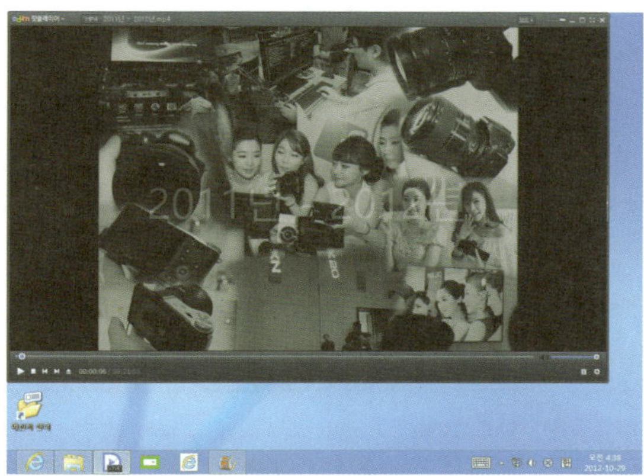

05 멀티미디어 DVD 만들기

무비 메이커를 이용해서 만든 동영상이나 캠코더로 찍은 동영상을 DVD로 구워서 보관할 수 있습니다. 파일을 DVD로 굽는 방법은 아주 간단합니다. 지금부터 DVD 굽는 방법을 알아봅니다.

1 DVD로 제작할 동영상이나 사진, 음악 등이 있는 폴더를 엽니다.

2 DVD로 구울 파일을 마우스로 드래그하거나 Ctrl 키를 이용해 모두 선택합니다. 아무 것도 기록하지 않은 DVD를 DVD 레코더에 집어넣습니다. [공유] 탭-보내기 그룹에서 '디스크에 굽기' 아이콘을 클릭합니다.

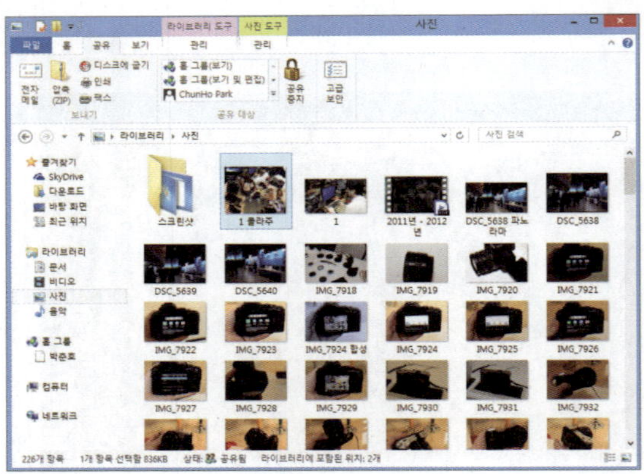

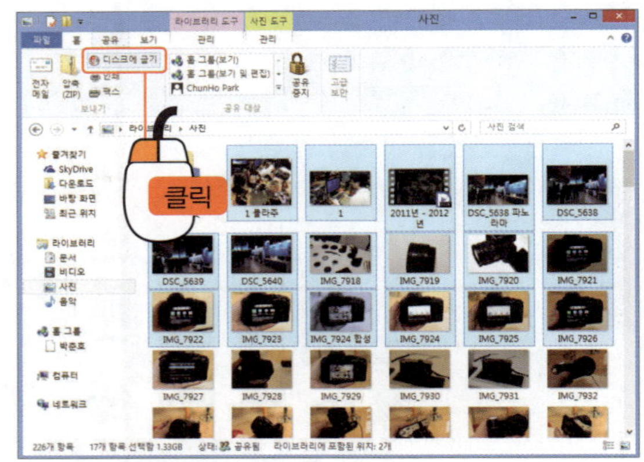

3 디스크 굽기 창에서 디스크 제목을 입력하고 'USB 플래시 드라이브에서처럼 사용'에 체크한 뒤 〈다음〉 버튼을 누릅니다. 'USB 플래시 드라이브에서처럼 사용'에 체크하면 나중에 DVD에 추가로 파일을 레코딩할 수 있습니다. 반대로 'CD/DVD 플레이어에서 사용'에 체크하면 나중에 파일을 추가하여 레코딩할 수 없습니다.

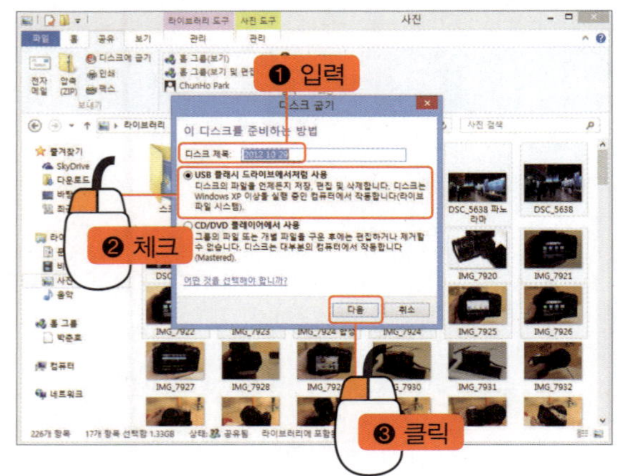

4 DVD 미디어에 선택한 파일을 굽기(레코딩) 시작합니다.

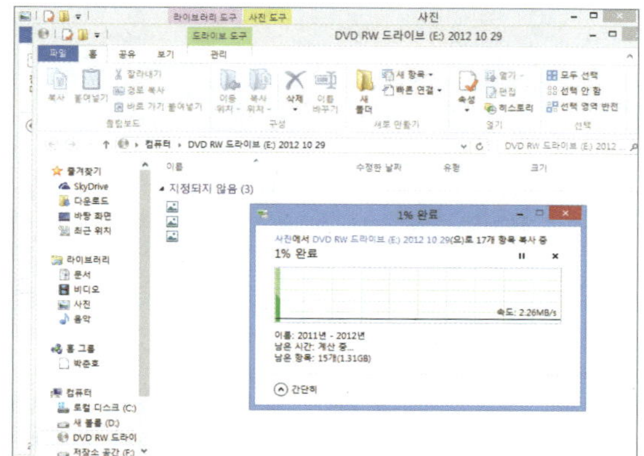

5 디스크에 굽기가 완료된 후 DVD를 열어 파일을 확인해 봅니다.

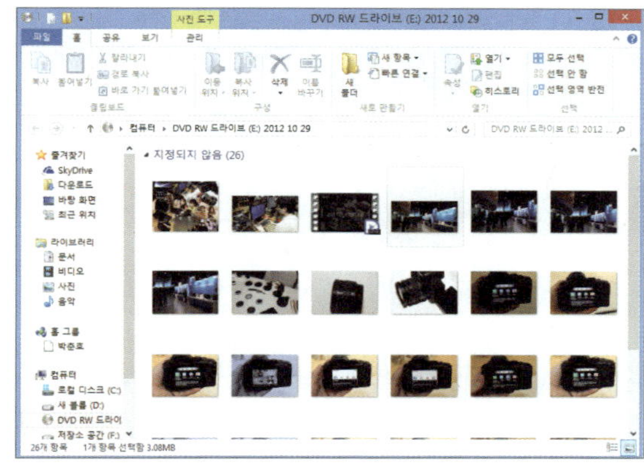

6 같은 방법으로 DVD에 남은 용량만큼 여러 번 반복해서 파일을 넣을 수 있습니다.

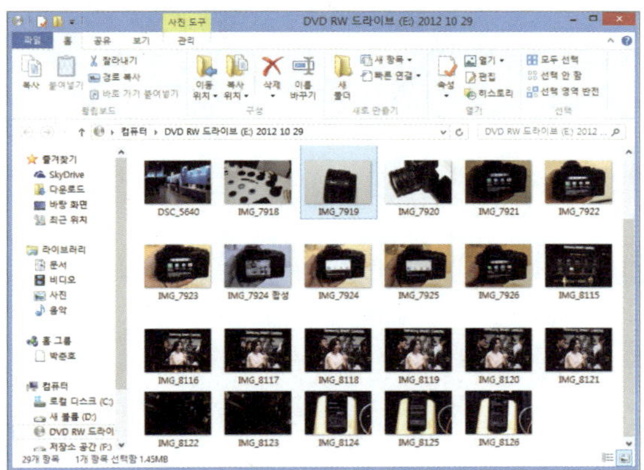

3 부

윈도우 8 고급 관리 기능 배우기

윈도우 8을 관리하는 데 반드시 필요한 기능들을 배워봅니다.

운영체제를 항상 최신으로 유지시켜 주는 윈도우 업데이트 기능과

운영체제에 문제가 생겼을 때 컴퓨터를 복구하는 방법을 배워봅니다.

그리고 이번에 새로 추가된 PC 초기화 방법도 배워봅니다.

Chapter 13. **윈도우 8 관리하기**

실제로 운영체제를 사용해 보면 여러 가지 설정이 필요한데, 언어를 추가하거나 자신의 시스템에 맞게 설정을
바꾸거나 문제를 점검하고 시스템을 확인하는 등 설정을 제어하여 윈도우 8을 최고의 성능으로 유지해 봅니다.

Chapter 14. **윈도우 8 고급 기능 살펴보기**

윈도우 8 고급 기능을 이용하면 윈도우 8을 사용하다 생긴 어려운 문제점을 해결할 수 있습니다. 이 장에서는 윈
도우 8 고급 기능 외에 윈도우 8을 설치하는 다른 방법도 알아봅니다.

Chapter 15. **윈도우 8 활용 팁**

윈도우 운영체제는 사용자가 어떻게 활용하고 관리하느냐에 따라 무한 변신이 가능합니다. 윈도우 8을 좀 더 빠
르고 쾌적하게 사용하는 방법을 알아보고, 윈도우 8을 사용할 때 유용한 팁도 소개합니다. 이 장에서 소개하는
팁만 알아도 윈도우 8 활용에 많은 도움이 될 수 있을 것입니다.

Chapter 13
윈도우 8 관리하기

실제로 운영체제를 사용해 보면 여러 가지 설정이 필요한데,

여러 가지 설정으로 윈도우 8을 관리하는 방법을 알아봅니다.

언어를 추가하거나 자신의 시스템에 맞게

설정을 바꾸거나 문제를 점검하고 시스템을 확인하는 등

윈도우 8을 최고의 성능으로 유지해 봅니다.

01 사용자 계정 컨트롤(UAC) 끄기

사용자 계정 컨트롤(UAC, User Account Control)은 실행이나 설치한 프로그램이 시스템에 중대한 영향을 줄 때 사용자에게 알려주는 역할을 합니다. 즉, 위험한 프로그램이 설치되거나 실행되려고 할 때 미리 경고하는 것입니다. 그런데 익숙한 프로그램을 설치할 때도 경고 창이 나타나므로 조금 불편할 수도 있습니다. UAC를 꺼놓아서 불편하지 않게 사용하는 방법을 알아봅니다. 참고로 초보자는 보안 문제가 발생할 수 있으므로 UAC를 끄지 않는 것이 좋습니다.

1 다음처럼 실행 파일을 더블클릭해서 실행하면 사용자 계정 컨트롤 창이 나타나면서 이 프로그램이 컴퓨터를 변경하는 것을 허용할지 물어오는데, 이 창이 나타나지 않도록 지금부터 설정해 보겠습니다.

2 참 메뉴에서 〈검색〉 버튼을 클릭합니다. 검색 내용에 'uac'를 입력하고, 아래쪽 검색 항목에서 '설정'을 클릭합니다. 화면 왼쪽에 '사용자 계정 컨트롤 설정 변경'이라는 검색 결과가 나타납니다.

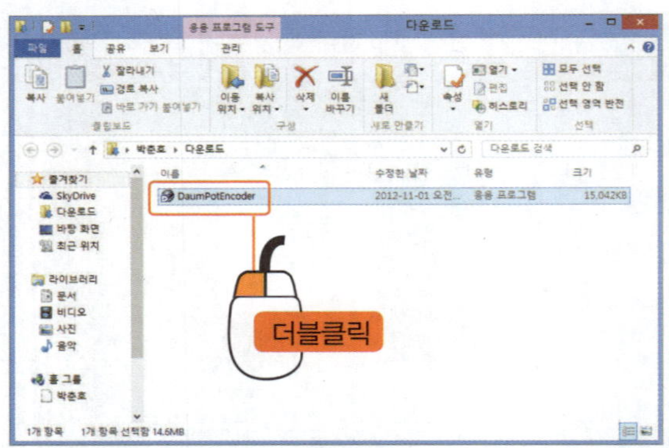

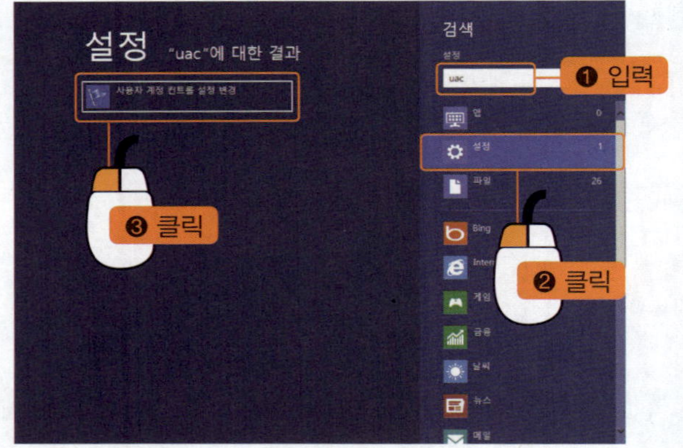

3 사용자 계정 컨트롤 설정 창이 나타납니다. 왼쪽의 슬라이드바를 맨 아래로 드래그합니다.

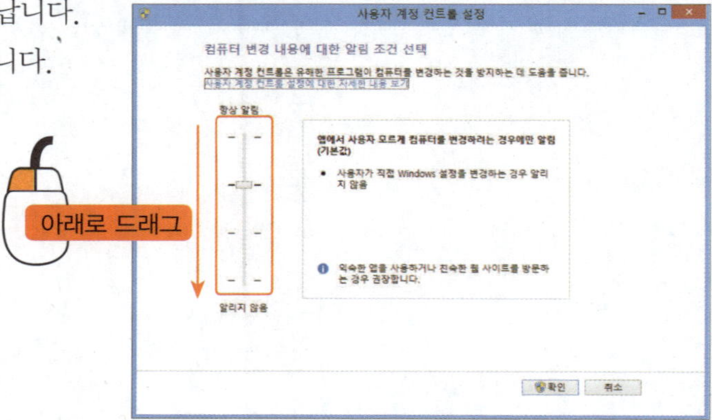

4 사용자 계정 컨트롤이 완전히 꺼지면 〈확인〉
버튼을 누릅니다.

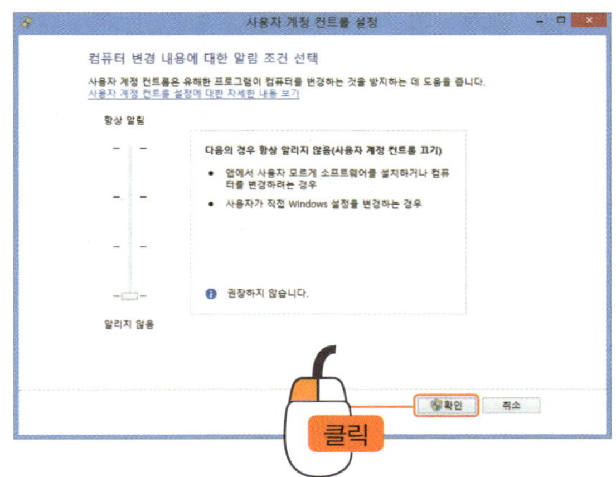

5 UserAccountControlSettings 프로그램과
관련된 사용자 계정 컨트롤 창이 나타납니다. 〈예〉
버튼을 누르면 설정이 완료됩니다.

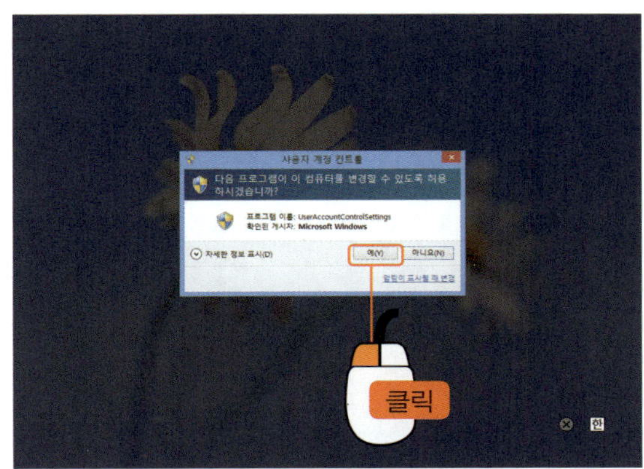

6 프로그램 설치 파일을 실행시켜 보면 이번에
는 사용자 계정 컨트롤 창이 나타나지 않고 바로
설치되는 것을 확인할 수 있습니다.

사용자 계정 컨트롤은 실행이나 설치한 프로그램이
시스템에 중대한 영향을 줄 때 사용자에게 알려주는
역할을 합니다. 컴퓨터에 익숙하지 않은 사용자는 기
본값인 켜놓는 것을 권합니다. 고급 사용자의 경우에
는 끄고 사용하는 것도 주의만 한다면 큰 문제는 없
습니다.

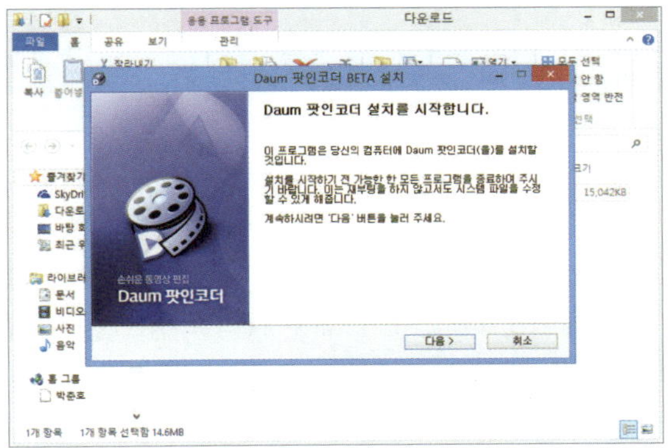

02 가상 메모리 삭제 및 설정하기

램(RAM)은 컴퓨터에 기본으로 장착되어 있는 것으로, 최근 가격이 하락하면서 덩달아 용량도 커졌습니다. 하지만 예전에는 비싼 가격 때문에 가상 메모리라는 것을 따로 만들어 관리했습니다. 하드디스크 등 저장장치에 특수한 영역을 만들어 램 역할을 하도록 설정하는 영역을 가상 메모리라고 합니다. 하지만 램과 하드디스크 등 저장장치 사이의 속도에는 엄청난 차이가 있습니다. 램의 용량이 클 경우 가상 메모리를 켜는 것은 오히려 불필요한 저장공간 낭비와 디스크 쓰기가 발생하므로 끄는 것이 좋습니다.

1 바탕화면의 왼쪽 아래로 마우스 커서를 가져갑니다. 윈도우 8 UI 시작 화면 아이콘 위에서 마우스 오른쪽 버튼을 눌러 [시스템] 메뉴를 클릭합니다.

2 시스템 창에서 '고급 시스템 설정'을 클릭합니다. [시스템 속성] 대화상자에서 [고급] 탭-'성능' 항목의 〈설정〉 버튼을 누릅니다.

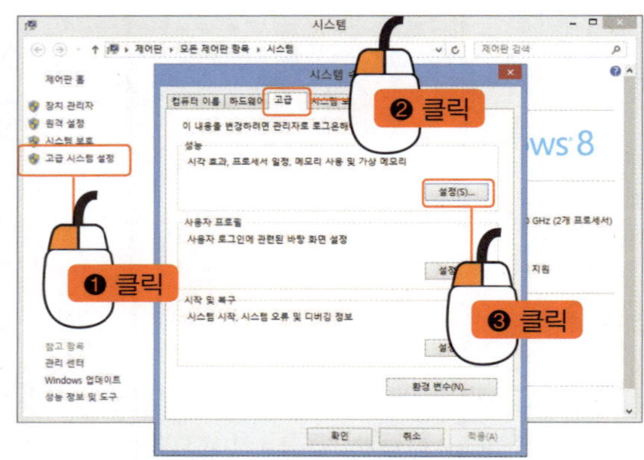

3 [성능 옵션] 대화상자의 [고급] 탭을 클릭합니다. [가상 메모리] 대화상자에서 '모든 드라이브에 대한 페이징 파일 크기 자동 관리'의 체크를 해제합니다. '페이징 파일 없음'에 체크하고 〈설정〉 버튼을 누릅니다.

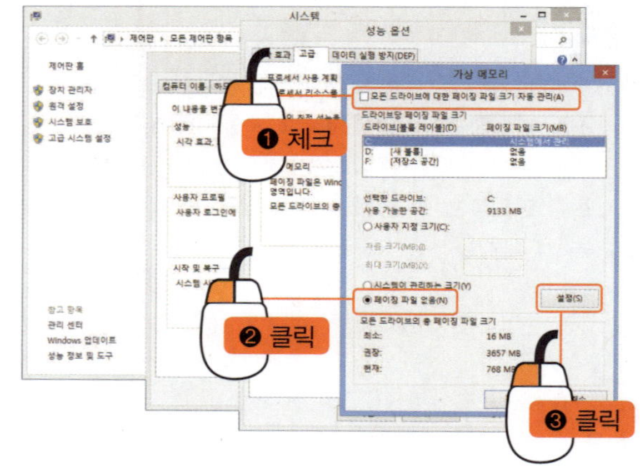

4 가상 메모리를 끌 때 문제가 발생할 수 있다는 경고 창이 나타나면 〈예〉 버튼을 눌러 무시합니다.

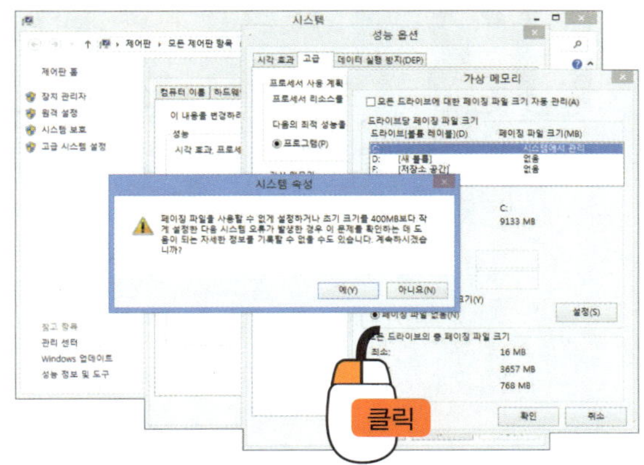

5 [가상 메모리] 대화상자의 〈확인〉 버튼을 누릅니다. Alt + F4 키를 눌러 Windows 종료 창을 연 뒤 '다시 시작'을 선택하고 〈확인〉 버튼을 눌러 컴퓨터를 재부팅합니다.

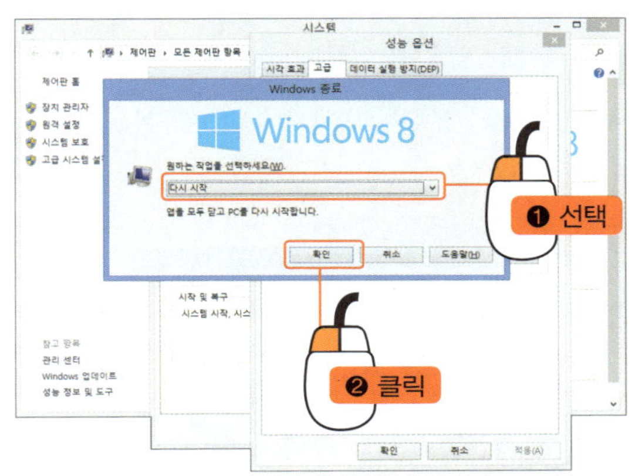

6 재부팅한 뒤 다시 [성능 옵션] 대화상자에서 '가상 메모리' 항목을 확인해 보면 페이징 파일 크기가 0MB로 지정되어 있는 것을 확인할 수 있습니다.

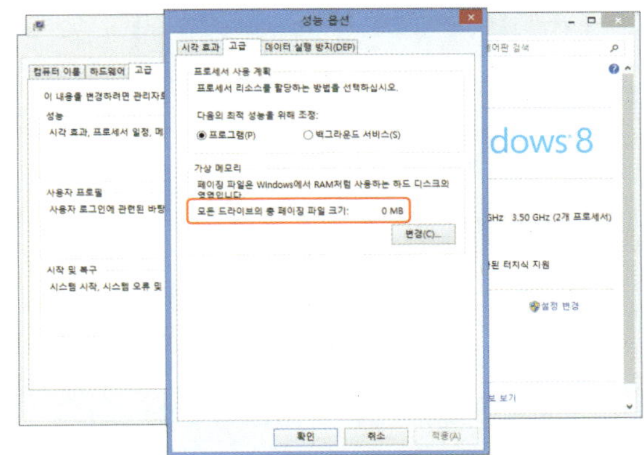

> **TIP**
>
> SSD를 사용하는 경우, 로컬 메모리(RAM)의 크기가 16GB를 초과하는 경우, 자신이 사용하는 최대 프로그램을 모두 실행했을 때 로컬 메모리를 모두 사용하지 못하는 경우라면 가상 메모리는 꼭 끄는 것이 좋습니다. 램의 크기와 같은 크기로 가상 메모리 페이징 파일의 크기도 잡히기 때문입니다. 가상 메모리를 끄면 C드라이브의 여유 공간을 확보할 수 있습니다. 로컬 메모리가 충분하지 않은 상태에서 가상 메모리를 끄면 문제가 발생할 수 있는데, 이때는 다시 가상 메모리를 시스템이 관리하는 크기로 설정하면 해결됩니다.

03 문제가 생긴 윈도우 8에 시스템 복원 활용하기

윈도우 8 운영체제를 사용하다 보면 여러 가지 오류와 마주칩니다. 어떤 프로그램을 설치하고 난 직후부터 오류가 자주 발생해 불편할 정도로 쓸 수 없다든지 말이죠. 이럴 때마다 운영체제를 다시 설치하는 것은 매우 번거롭습니다. 이 문제를 해결할 수 있는 가장 간편한 방법은 윈도우 8의 시스템 복원을 이용하는 것입니다. 복원 지점을 수시로 백업해서 문제가 발생했을 때 문제 발생 시점 이전으로 되돌릴 수 있습니다. 시스템 복원을 이용해 복원하는 방법을 알아봅니다.

▌ 시스템 복원하기

1 시스템 창에서 '시스템 보호'를 클릭합니다. [시스템 속성] 대화상자에서 〈시스템 복원〉 버튼을 누릅니다.

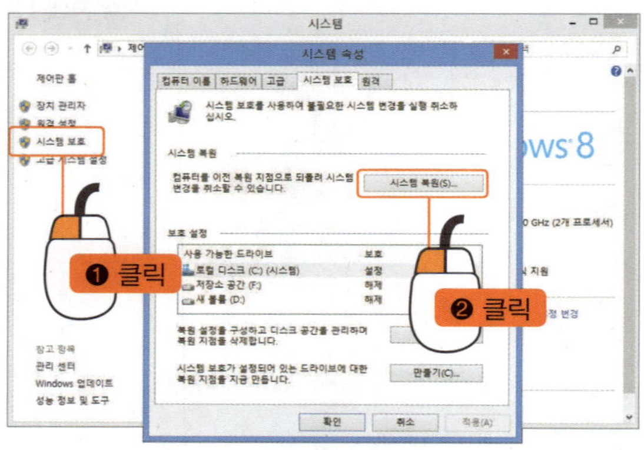

2 시스템 복원 창이 나타나면 '다른 복원 지점 선택'에 체크한 뒤 〈다음〉 버튼을 누릅니다(필자는 개인적으로 이 방법을 권장합니다).

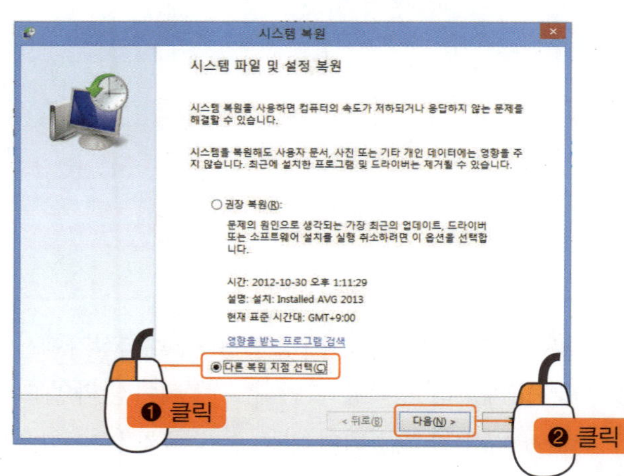

TIP | 권장 복원

'권장 복원'은 컴퓨터가 권장하는 복원 지점으로 복원하는 것이고, '다른 복원 지점 선택'은 사용자가 직접 복원 지점을 선택하는 것입니다. 영향을 받는 프로그램 검색을 선택하면 복원 시 영향을 받는 프로그램을 검색해서 보여줍니다. 영향을 받은 프로그램은 복원하면 삭제됩니다.

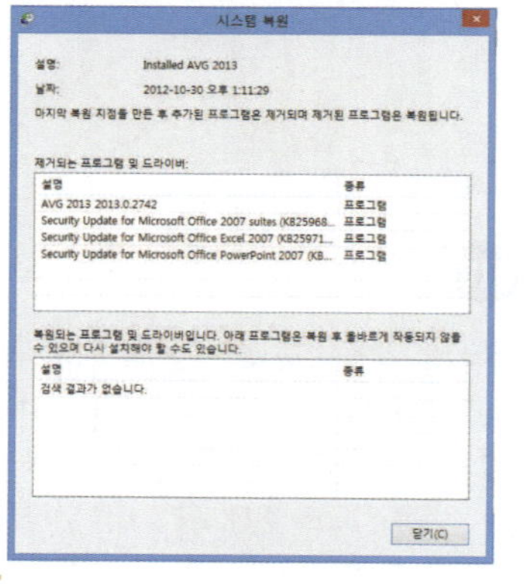

3 시스템 복원 지점이 날짜별로 나타나면 시스템이 정상적으로 동작했던 가장 최근의 시간을 선택하고 〈다음〉 버튼을 누릅니다. 한 번 더 복원 지점을 확인한 뒤 〈마침〉 버튼을 누릅니다.

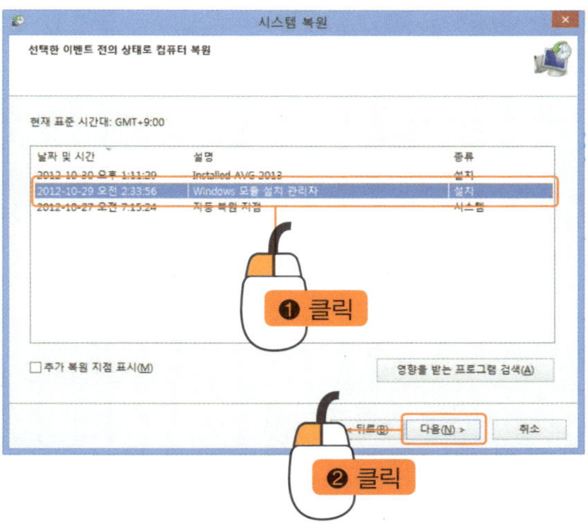

4 시스템 복원을 시작하면 중단할 수 없다는 메시지 창이 나타납니다. 확인 후 〈예〉 버튼을 누릅니다.

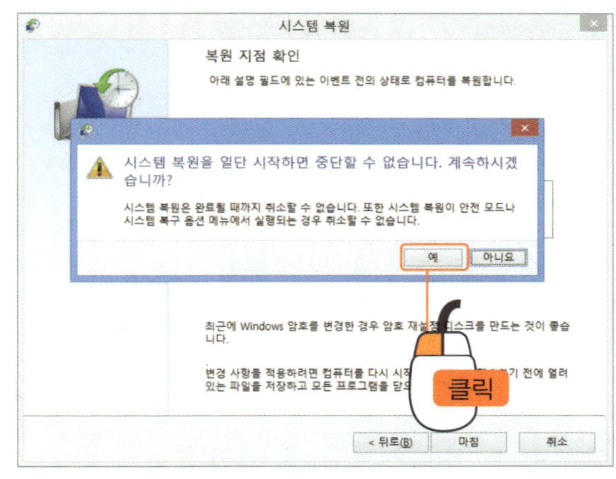

5 화면이 바뀌면서 복원을 진행합니다. 복원이 끝나면 컴퓨터를 재부팅합니다.

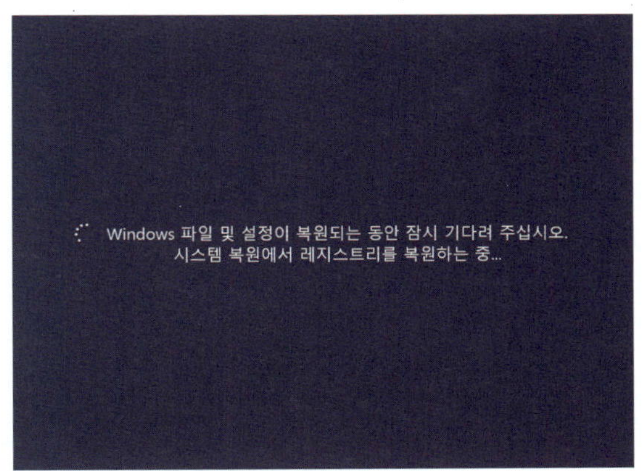

6 시스템 복원이 완료되었다는 메시지 창이 나타납니다. 〈닫기〉 버튼을 눌러 복원을 완료합니다.

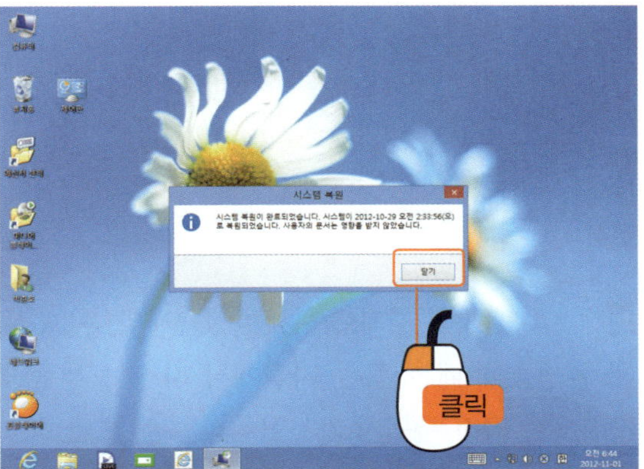

▌복원 지점 생성하기

1 시스템 복원 지점을 직접 생성할 수도 있습니다. 필요한 프로그램을 설치한 뒤 정상적인 상태라고 판단될 때 복원 지점을 생성해 두면 편합니다. [시스템 속성] 대화상자–[시스템 보호] 탭에서 〈만들기〉 버튼을 누릅니다.

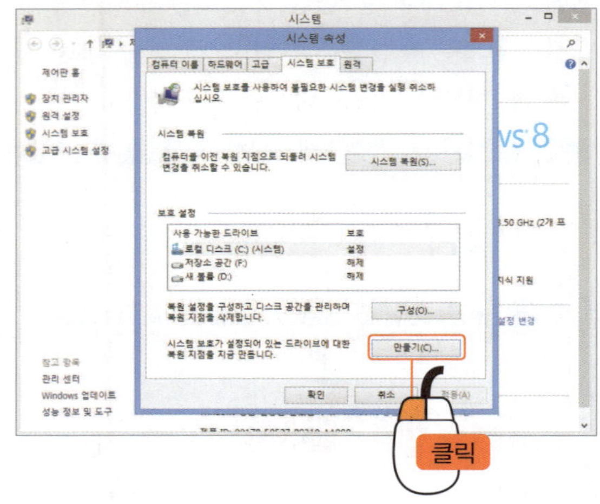

2 시스템 복원 지점의 이름을 입력하는 창이 나타납니다. 자신이 알아볼 수 있도록 자세히 설명한 이름을 입력하고 〈만들기〉 버튼을 누릅니다.

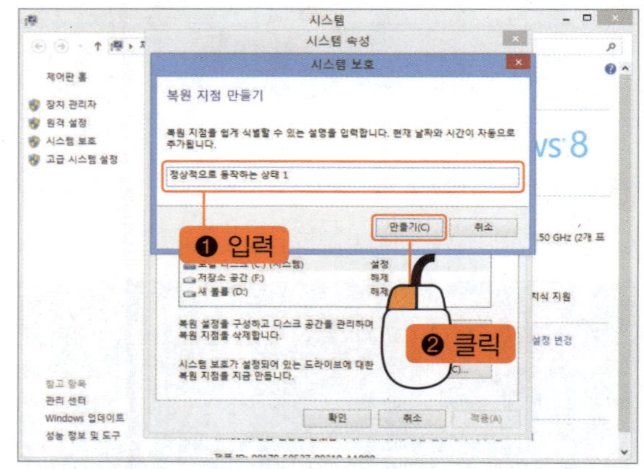

3 시스템 복원 지점이 만들어졌습니다. 이제 문제가 생겼을 때는 복원 지점에서 자신이 생성한 지점으로 직접 복원이 가능합니다.

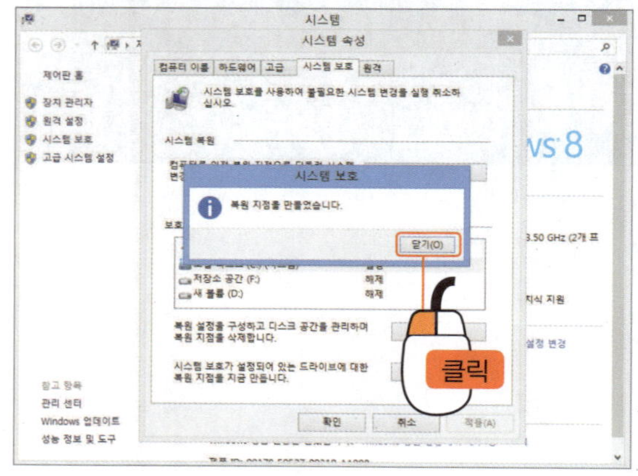

04 시스템 복원 끄기(용량 늘리기)

윈도우 8의 시스템 복원 기능은 상당히 유용합니다. 그런데 복원 지점을 만들려면 별도의 공간에 시스템을 백업하므로 저장공간을 차지하게 됩니다. 복원 기능보다는 저장공간을 늘리는 것이 더 중요할 때에는 복원 기능을 끌 수 있습니다. 시스템 복원을 끄고 저장공간의 용량을 늘리는 방법을 배워봅니다.

1 시스템 창이 나타납니다. 왼쪽에서 '시스템 보호'를 클릭합니다. [시스템 속성] 대화상자에서 〈구성〉 버튼을 누릅니다.

2 [시스템 보호 대상 로컬 디스크 (C:)] 대화상자에서 '시스템 보호 사용 안 함'에 체크하고 〈삭제〉 버튼을 누릅니다.

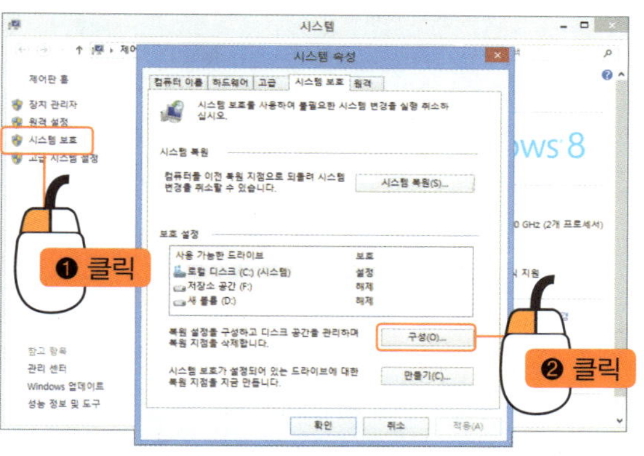

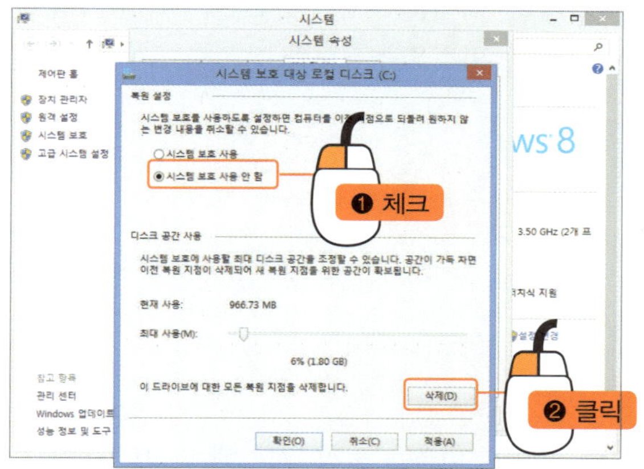

3 복원 지점을 계속 삭제할 것인지 묻는 메시지 창이 나타나면 〈계속〉 버튼을 누릅니다.

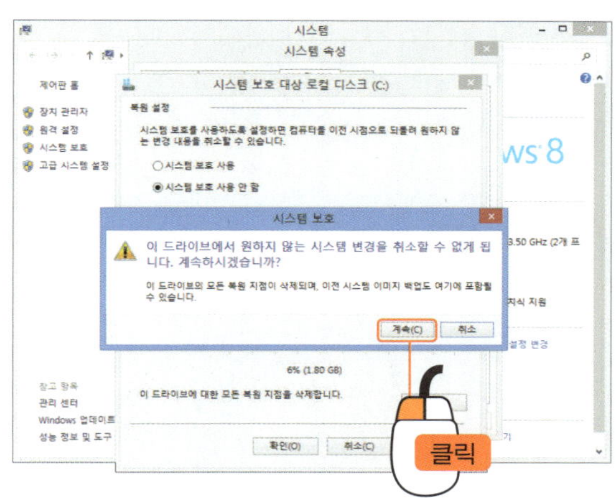

4 복원 지점이 삭제되었다는 메시지 창이 나타나면 〈닫기〉 버튼을 누릅니다.

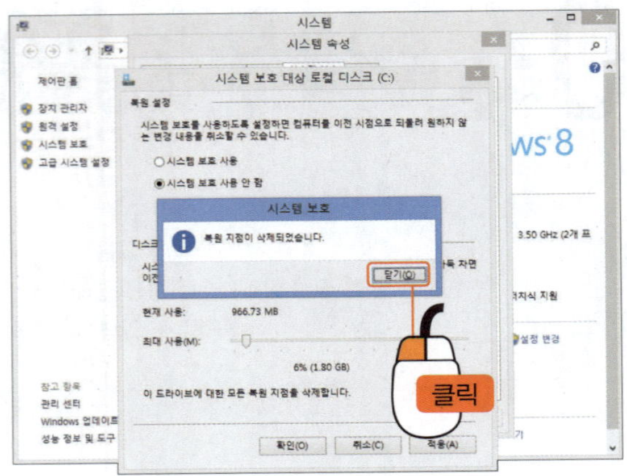

5 〈확인〉 버튼을 눌러 [시스템 보호 대상 로컬 디스크 (C:)] 대화상자를 닫습니다. 정말로 시스템 보호를 해제할 것인지 묻는 메시지 창이 나타나면 〈예〉 버튼을 누릅니다.

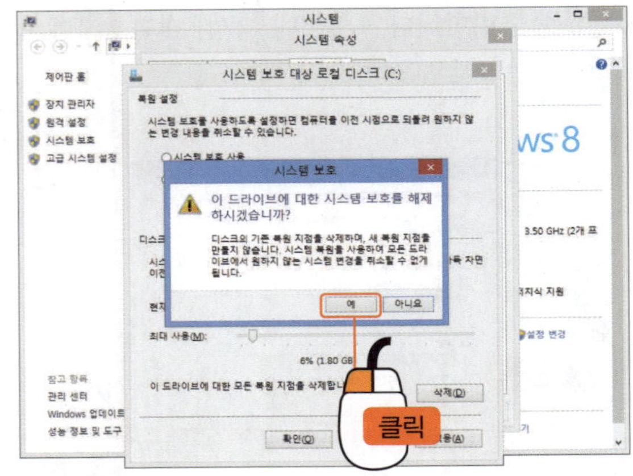

6 〈확인〉 버튼을 눌러 [시스템 속성] 대화상자를 닫으면 모든 설정이 완료됩니다. 더 이상 시스템 보호를 사용하지 않으므로 저장공간을 확보할 수 있습니다.

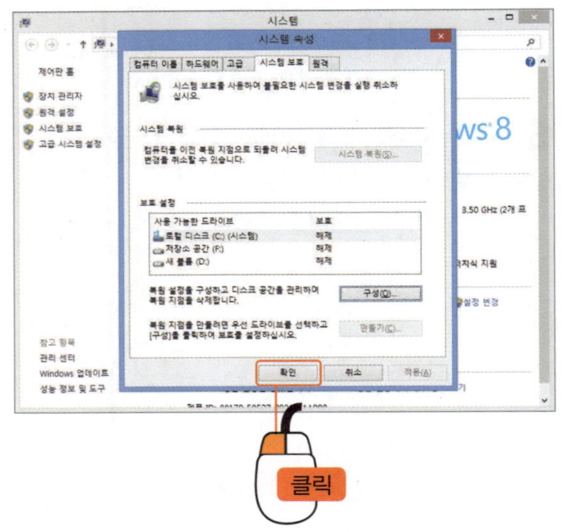

05 윈도우 8 복구하기

윈도우 8을 설치한 시스템에서 사진, 음악, 동영상 및 개인 파일의 손실 없이 PC를 복구하고 싶을 때 간단히 시스템의 설정만 초기화할 수 있습니다. 즉, 개인이 따로 복사하거나 다운로드한 파일은 삭제하지 않은 채 운영체제의 모든 내용을 초기화하고 싶을 때 이 방법을 사용할 수 있습니다. 지금부터 PC를 복구하는 방법을 알아봅니다.

1 참 메뉴의 〈설정〉 버튼-'PC 설정 변경'을 클릭합니다. PC 설정 창에서 [일반] 메뉴-'PC 복구' 항목의 〈시작〉 버튼을 차례로 누릅니다. 윈도우 8 CD를 ODD에 넣거나 윈도우 8 이미지가 있는 USB 장치를 컴퓨터에 연결합니다.

2 PC 복구 창이 나타나면 〈다음〉 버튼을 누릅니다. PC 복구는 파일 및 개인 설정은 변경하지 않은 채 PC 설정만 기본값으로 변경합니다.

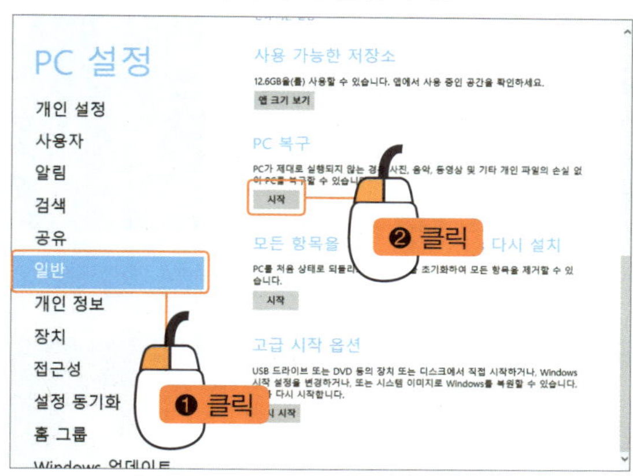

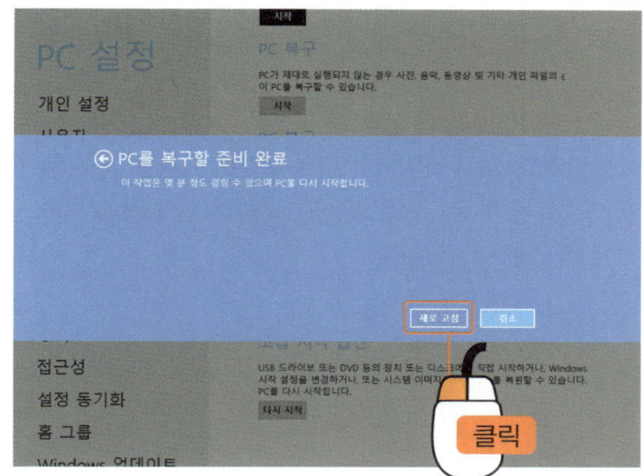

3 PC를 복구할 준비 완료 창이 나타나면 〈새로 고침〉 버튼을 누릅니다. 자동으로 컴퓨터를 재부팅한 뒤 PC 복구를 진행합니다. 약간 시간이 걸리므로 느긋하게 기다립니다.

4 PC 복구가 끝나면 데스크톱 모드로 이동합니다. 바탕화면에 생긴 '제거된 앱' 아이콘을 더블클릭해 보면, PC를 복구하는 동안 삭제된 프로그램 목록이 나타납니다.

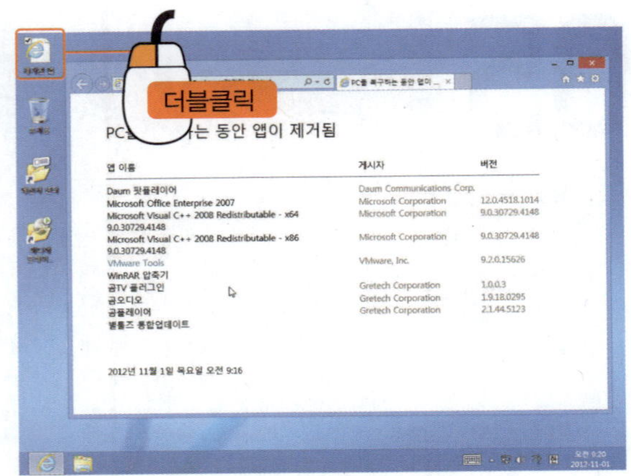

5 검색 창에서 실제로 프로그램을 검색해 보면 모두 삭제된 것을 알 수 있습니다.

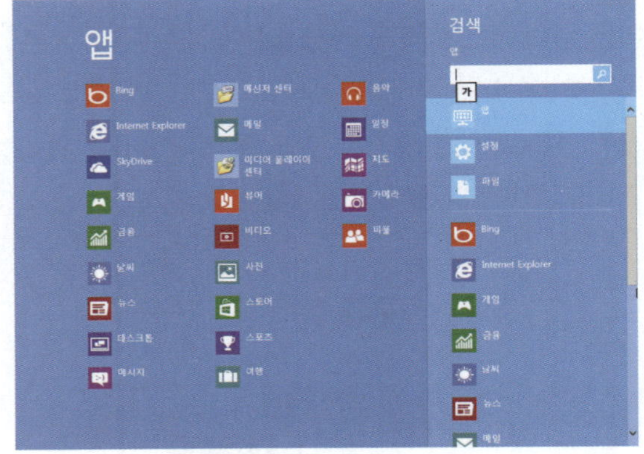

6 라이브러리-사진 폴더를 열어보면, 라이브러리 파일 및 개인 파일은 모두 그대로 있는 것을 확인할 수 있습니다.

> **TIP**
>
> 'PC 복구'는 개인 파일은 삭제하지 않으나, 프로그램은 모두 삭제합니다. PC에 심각한 문제가 있어 제대로 시스템이 돌아가지 않을 때 시스템 설정만 초기값으로 되돌리고, 개인 파일은 그대로 보존하고 싶을 때 사용하면 유용합니다. 프로그램도 삭제하지 않으려면 '시스템 복구'를 이용합니다.

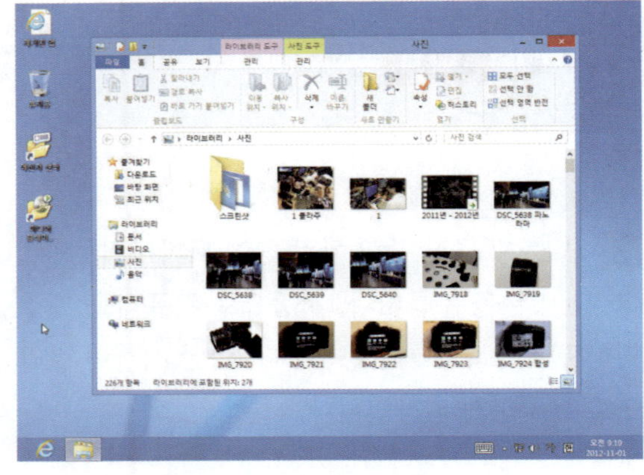

06 윈도우 8 초기화하기

윈도우 8이 설치된 노트북이나 데스크톱 등에서 운영체제를 완전히 초기화하고 싶을 때가 있습니다. 스마트폰에는 '초기화' 기능이 있어 언제든지 맨 처음 상태로 되돌릴 수가 있습니다. 이제 윈도우 8에서도 '초기화' 기능을 사용할 수 있습니다. 윈도우 8을 처음 설치한 상태로 완전히 되돌리는 방법을 알아봅니다.

1 참 메뉴의 〈설정〉 버튼–'PC 설정 변경'을 클릭합니다. PC 설정 창에서 [일반] 메뉴–'모든 항목을 제거하고 Windows 다시 설치' 항목의 〈시작〉 버튼을 차례로 누릅니다. 윈도우 8 CD를 ODD에 넣거나 윈도우 8 이미지가 있는 USB 장치를 컴퓨터에 연결합니다.

2 PC 초기화 화면에서 〈다음〉 버튼을 누릅니다.

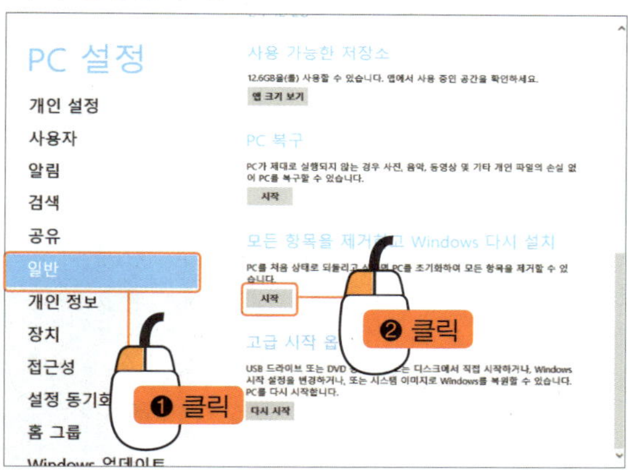

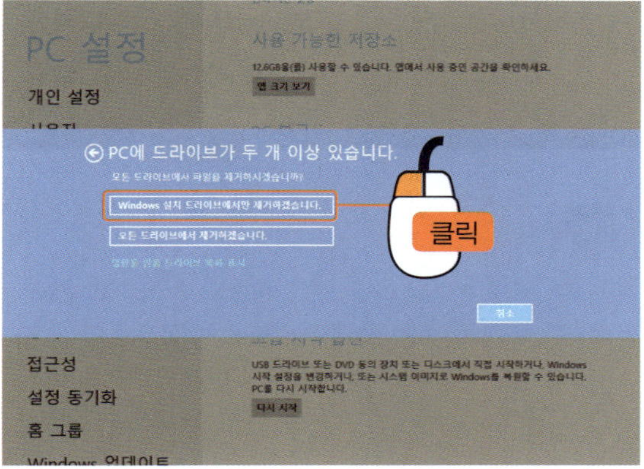

3 드라이브가 2개 이상일 때 Windows가 설치되어 있는 드라이브의 내용만 제거할지, 모든 드라이브의 내용을 제거할지 묻는 화면이 나타납니다. 여기서는 Windows가 설치된 드라이브만 제거해 보겠습니다. 〈Windows 설치 드라이브에서만 제거하겠습니다.〉 버튼을 누릅니다.

4 드라이브를 정리하는 방법을 묻는 화면이 나타납니다. 〈내 파일만 제거〉 버튼은 운영체제를 설치한 뒤 새로 설치했거나 설정한 모든 내용을 초기화합니다. 〈드라이브를 완전히 정리〉 버튼은 삭제한 파일을 복구하지 못하도록 완전히 정리합니다. 〈내 파일만 제거〉 버튼을 누릅니다.

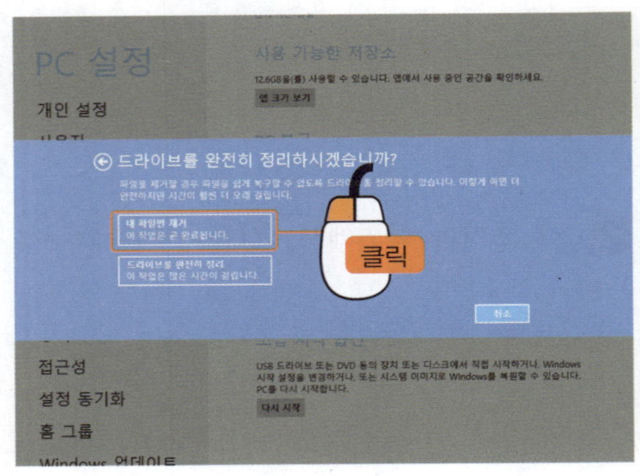

5 PC를 초기화할 준비가 되었습니다. 〈원래대로〉 버튼을 누릅니다. 자동으로 컴퓨터를 재부팅한 뒤 PC 복구를 진행합니다. 약간 시간이 걸리므로 느긋하게 기다립니다.

6 PC 초기화가 끝나면 사용 조건을 확인하는 화면이 나타납니다. PC를 다시 설정하기 위해 'Windows의 사용 조건에 동의함'에 체크한 뒤 〈동의〉 버튼을 누릅니다.

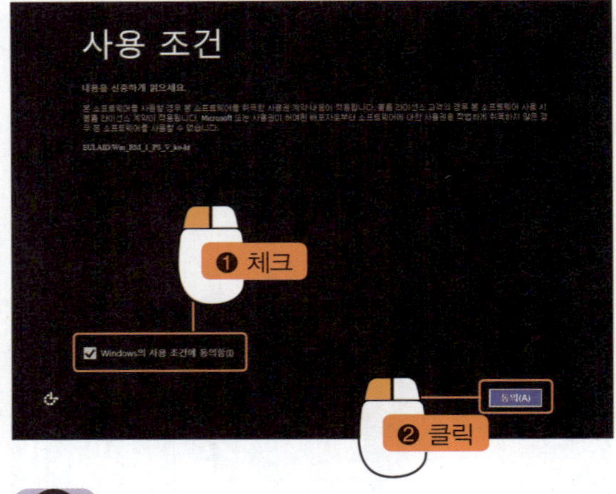

7 개인 설정 화면이 나타납니다. 여기부터는 윈도우 8을 맨 처음 설치하는 과정과 동일합니다.

> **TIP**
>
> 윈도우 8을 초기화하면 모든 정보가 사라지고 윈도우 8을 최초로 설치할 때의 단계로 바로 이동합니다. Microsoft 계정으로 로그인하면 계정으로 자동 동기화가 되어 백업된 설정을 적용할 수 있습니다.

07 윈도우 8 고급 시작 옵션 활용하기

윈도우 8을 시작할 때 고급 옵션을 지정하여 복구, 초기화, 시스템 복원, 시스템 이미지 복구, 자동 복구, 명령 프롬프트, 시작 설정을 사용할 수 있습니다. PC에 문제가 있을 때 활용할 만한 기능입니다. 어떻게 활용하는 것인지 살펴보겠습니다.

1 참 메뉴의 〈설정〉 버튼–'PC 설정 변경'을 클릭합니다. PC 설정 창에서 [일반] 메뉴–'고급 시작 옵션' 항목의 〈다시 시작〉 버튼을 차례로 누릅니다.

2 자동으로 재부팅한 뒤 옵션 선택 화면이 나타납니다. 〈문제 해결〉 버튼을 누릅니다. '계속'은 이 창을 닫고 윈도우 8로 복귀합니다. '문제 해결'은 PC를 복구 및 초기화하거나 고급 옵션을 설정할 수 있습니다. 'PC 끄기'는 컴퓨터를 종료합니다.

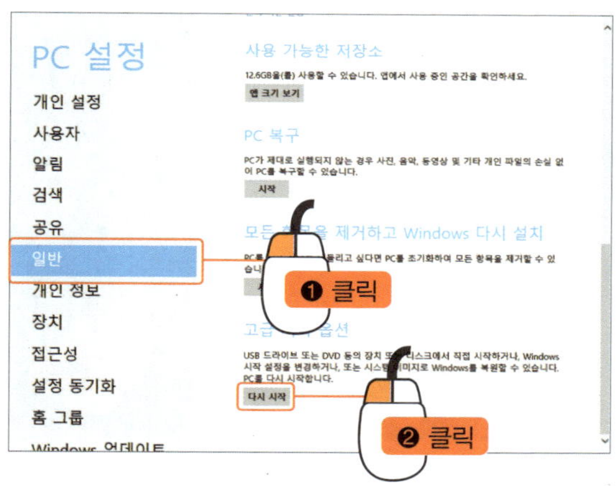

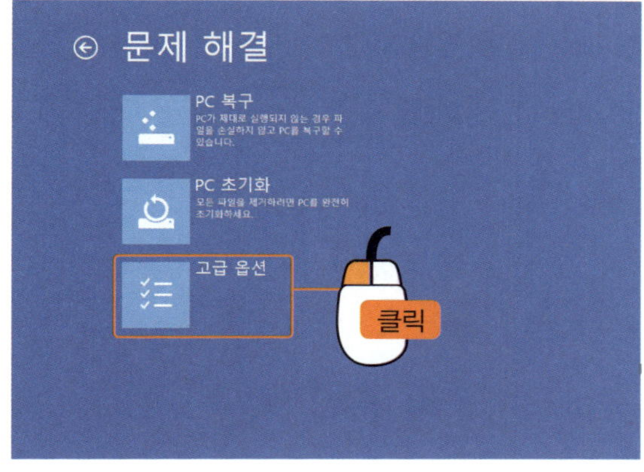

3 문제 해결 화면에서 〈고급 옵션〉 버튼을 누릅니다. 'PC 복구'는 개인 파일 및 자료를 손실하지 않은 채 PC를 복구할 수 있습니다. 'PC 초기화'는 모든 파일을 제거하고 PC를 초기화합니다.

4 '고급 옵션'에서는 시스템 복원, 명령 프롬프트, 시스템 이미지 복구, 시작 설정, 자동 복구 등을 할 수 있습니다. 〈시스템 복원〉 버튼을 누릅니다. 계속하려면 자신의 계정 이름을 클릭합니다.

- 시스템 복원 : PC에 기록된 복원 지점을 사용해 Windows 복원
- 명령 프롬프트 : 명령 프롬프트 사용
- 시스템 이미지 복구 : 특정 시스템 이미지 파일을 사용해 Windows 복구
- 시작 설정 : 디버깅, 부팅 로깅, 저해상도 비디오, 안전 모드 등으로 시작
- 자동 복구 : Windows 로드 문제를 자동으로 해결

5 자신의 계정 암호를 입력한 뒤 〈계속〉 버튼을 누릅니다.

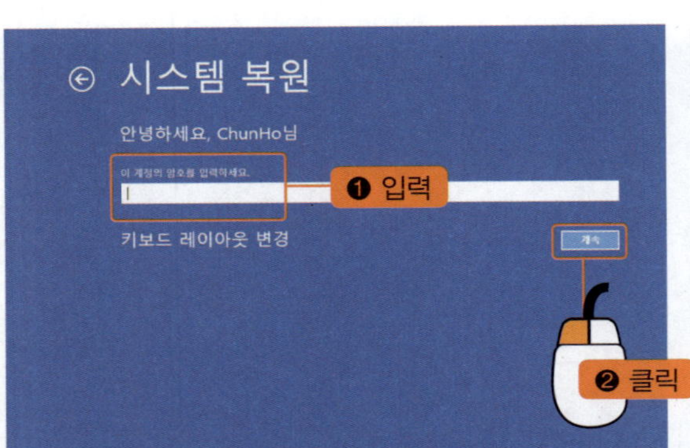

6 시스템 복원 화면이 나타나면 〈다음〉 버튼을 누릅니다. 복원 지점을 선택한 뒤 〈다음〉 버튼을 누릅니다.

7 선택한 항목을 확인한 뒤 〈마침〉 버튼을 누릅니다. 시스템 복원이 진행됩니다.

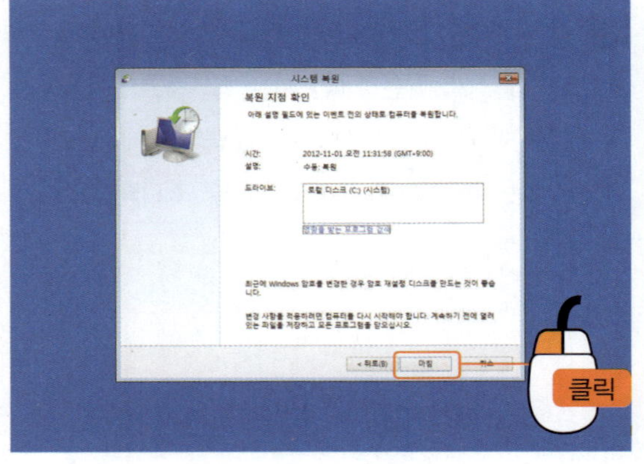

명령 프롬프트

명령 프롬프트 창에서 diskpart 같은 프로그램을 실행시켜서 사용할 수 있습니다.

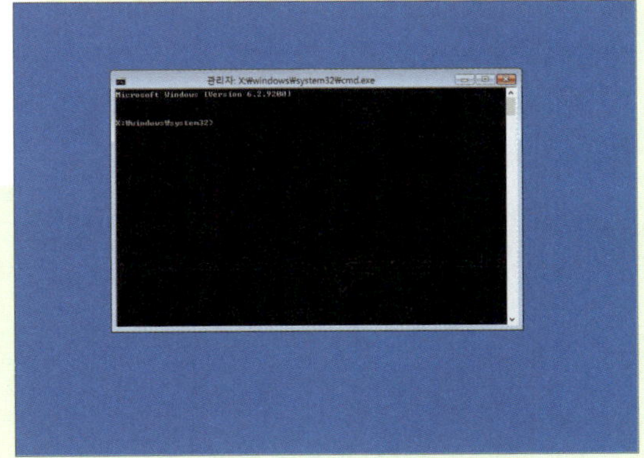

시스템 이미지 복구

특정 시스템 이미지 파일을 사용해 Windows를 복구할 때 사용합니다. 시스템 이미지 백업을 선택하는 창이 나타납니다. 이미지를 미리 백업해 놓았다면 해당 드라이브의 이미지를 선택하여 복구 가능합니다.

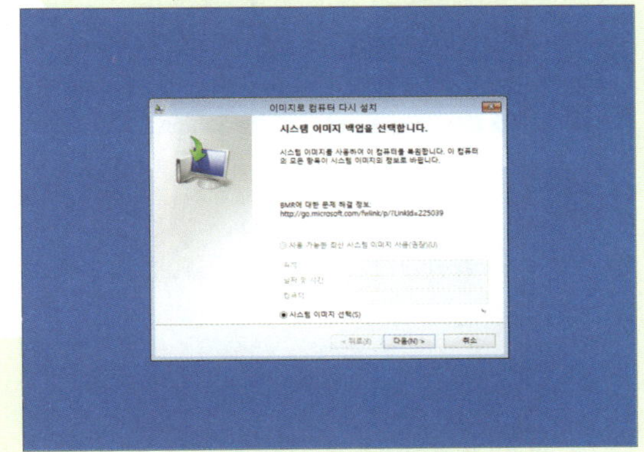

시작 설정

❶ 시작 설정을 설명하는 화면이 나타납니다. 윈도우 8을 부팅할 때 사용할 수 있는 옵션을 제공합니다. 〈다시 시작〉 버튼을 누릅니다. 재부팅됩니다.

❷ 시작 설정 화면이 나타납니다. 숫자를 누르면 옵션 항목을 선택할 수 있습니다. 안전 모드를 사용하기 위해 키보드에서 숫자 ④를 누릅니다. 안전 모드로 부팅됩니다.

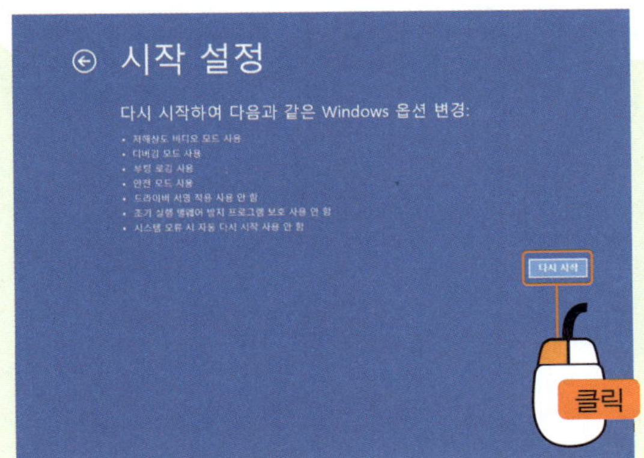

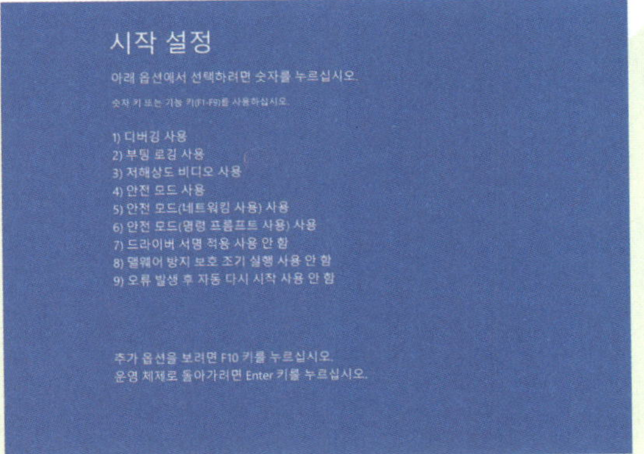

자동 복구

❶ 윈도우 8이 정상적으로 부팅되지 않거나 오류가 발생했을 때 사용합니다. 자동 복구 화면에서 자신의 계정을 클릭한 뒤 암호를 입력합니다. 〈계속〉 버튼을 누릅니다.

❷ 자동으로 재부팅되면서 PC를 진단합니다. 문제가 있으면 복구를 시도합니다. 문제가 없으면 복구하지 못했다고 나타납니다.

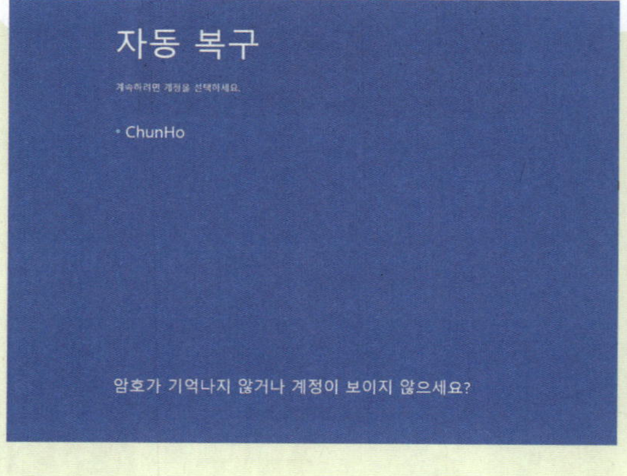

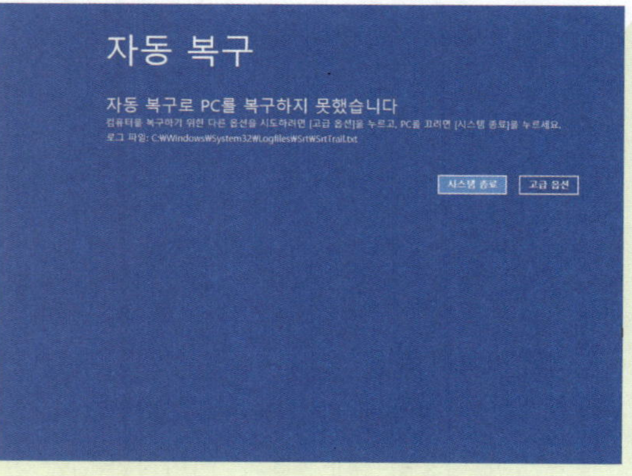

❸ PC 복구 화면에서 〈다음〉 버튼을 누르면 바로 PC 복구를 진행합니다.

❹ PC 초기화를 선택한 화면입니다. PC 초기화는 모든 내용을 제거하고 최초의 상태로 만듭니다.

08 메모리 검사하기

컴퓨터의 메모리를 검사하는 간단한 방법이 있습니다. 시스템이 자주 다운되거나 램의 불량이 의심될 때 사용하는 방법입니다. 지금 사용하고 있는 시스템의 문제를 진단할 때도 유용하게 활용할 수 있습니다.

1 제어판 창에서 '관리 도구'를 클릭합니다. '관리 도구'가 잘 보이지 않을 때는 '보기 기준'을 '작은 아이콘'으로 변경합니다.

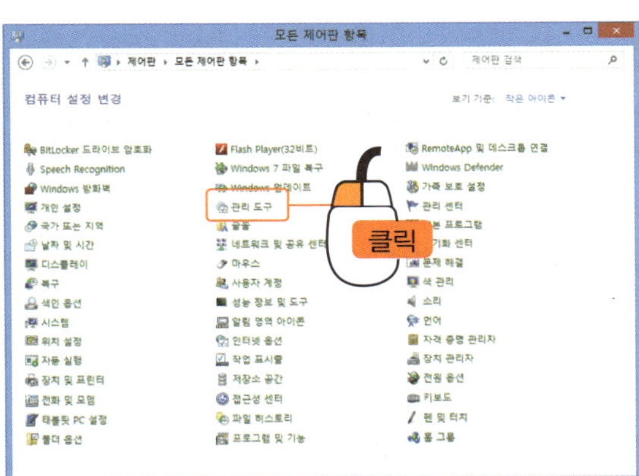

2 관리 도구 창이 나타나면 'Windows 메모리 진단'을 클릭합니다.

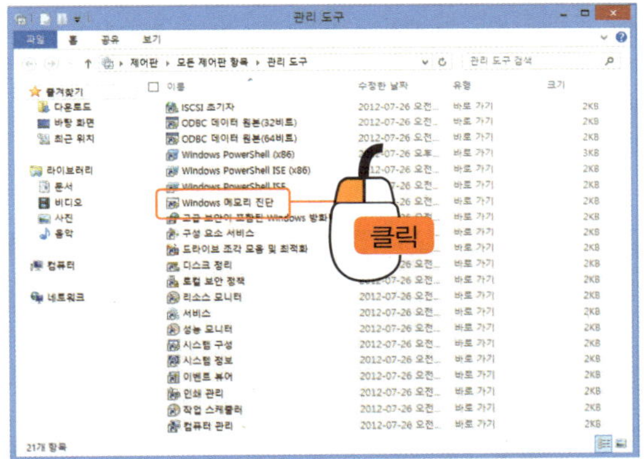

3 Windows 메모리 진단 창에서 〈지금 다시 시작하여 문제 확인(권장)〉 버튼을 클릭합니다. '다음에 컴퓨터를 시작할 때 문제 확인'은 다음 재부팅 시 메모리를 진단합니다.

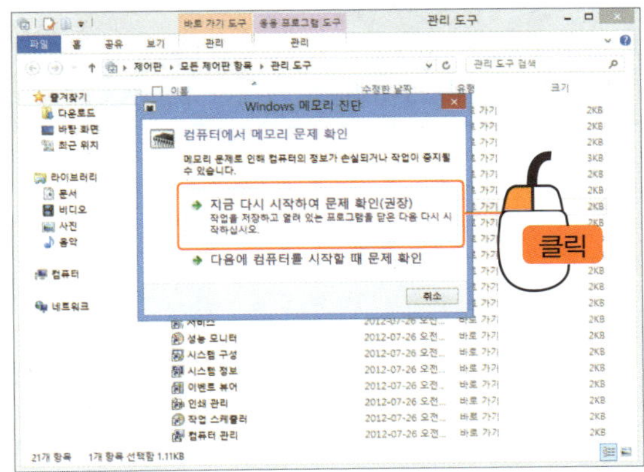

4 바로 재부팅되면서 Windows 메모리 진단 도구 화면이 나타납니다. 메모리 검사를 진행합니다.

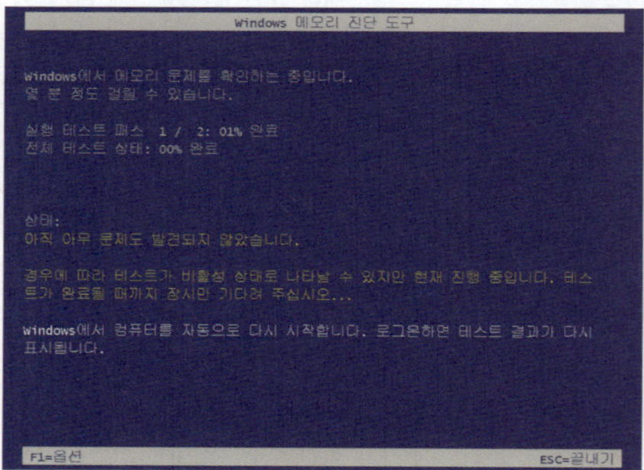

5 F1 키를 누르면 테스트 항목을 선택할 수 있습니다.

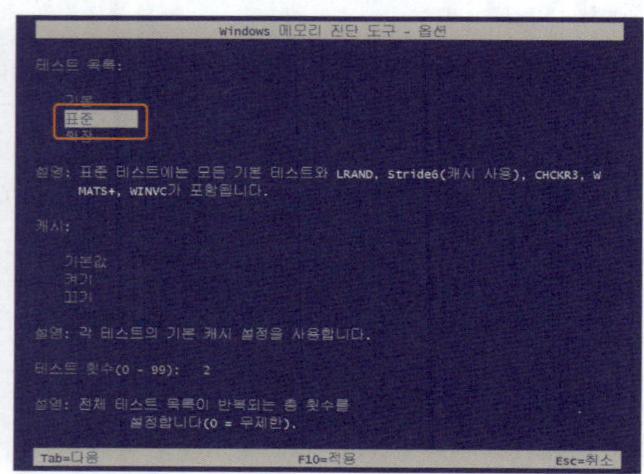

6 테스트 항목을 '확장'으로 지정하면 좀 더 복잡한 메모리 진단을 수행할 수 있습니다.

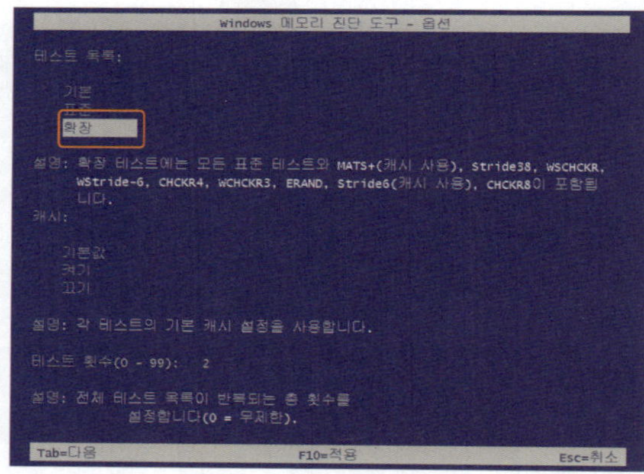

7 메모리 검사가 모두 끝나면 자동으로 재부팅이 되면서 바탕화면이 나타납니다. 화면 오른쪽의 트레이 영역에 'Windows 메모리 진단 – 검색된 메모리 오류가 없습니다.'는 메시지가 나타나면 메모리에 문제가 없는 것입니다.

09 언어 추가 및 제거하기

한글 윈도우 8을 설치하면 기본적으로 한글과 영문을 입력할 수 있습니다. 기본으로 설치된 언어 외에 다른 언어를 추가하는 방법을 알아봅니다.

▌ 언어 추가하기

1 제어판에서 '관리 도구'를 클릭합니다. 언어 창이 나타나면 〈언어 추가〉 버튼을 누릅니다.

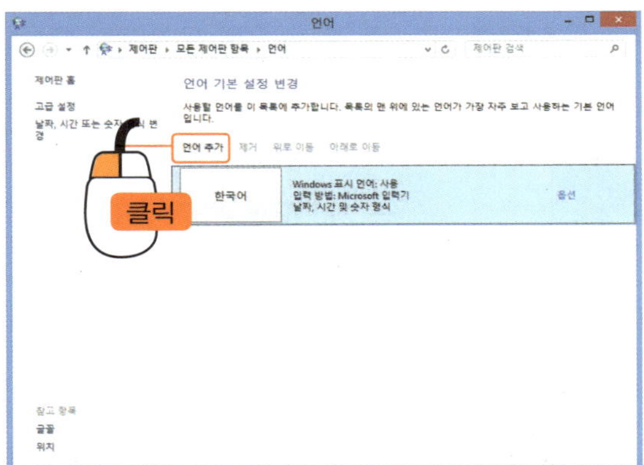

2 언어 추가 창이 나타나면 설치할 언어를 더블클릭합니다. 여기서는 일본어를 선택했습니다.

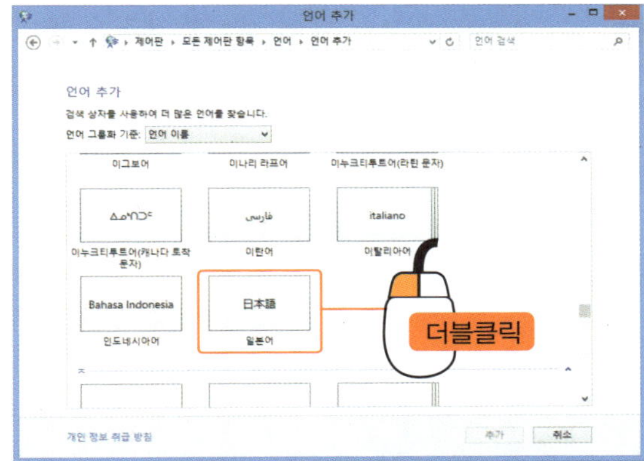

3 언어 창에 일본어 목록이 생성되었습니다. 〈日本語〉 버튼을 더블클릭합니다.

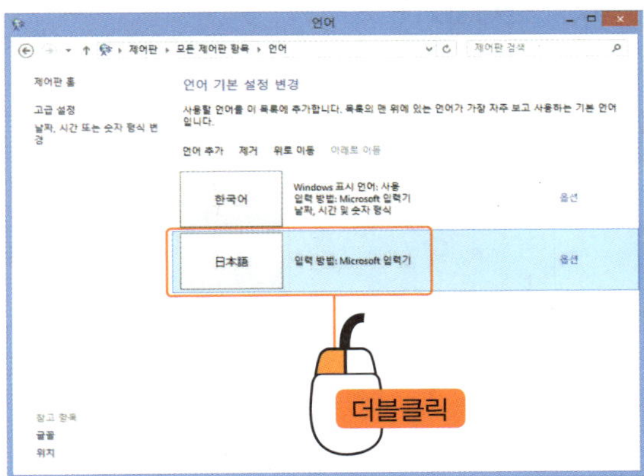

4 언어 옵션 창에서 '언어 팩 다운로드 및 설치'를 클릭합니다. 사용자 계정 컨트롤 경고 창에서 〈예〉 버튼을 누릅니다.

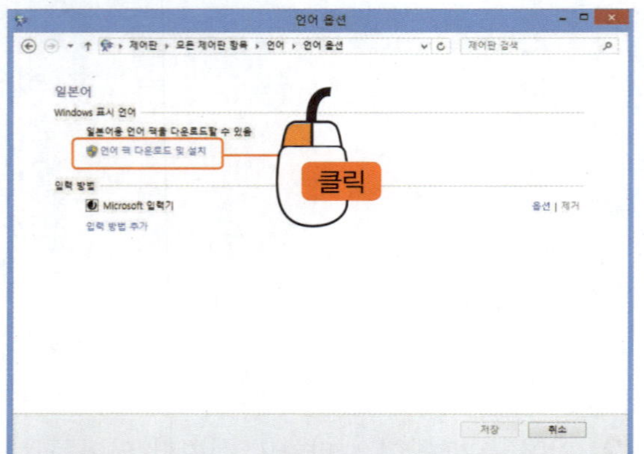

5 일본어 언어 팩을 다운로드한 뒤 설치합니다. 일본어 언어 팩 설치가 완료되면 〈닫기〉 버튼을 누릅니다.

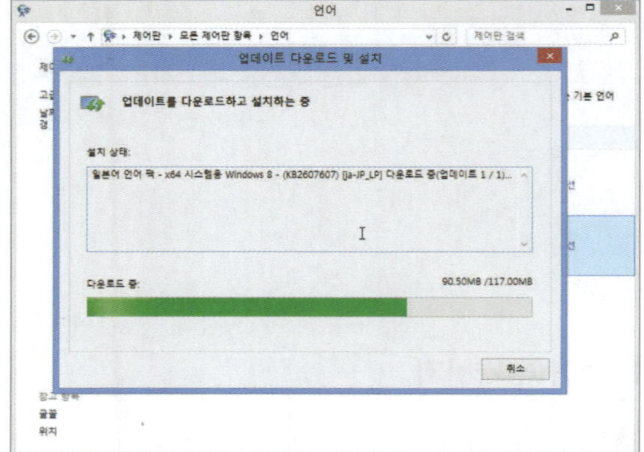

6 한글/영어, 일본어/영어 사이의 변환은 트레이 영역의 한을 클릭하거나 ⊞+[Space Bar] 키를 누르면 가능합니다.

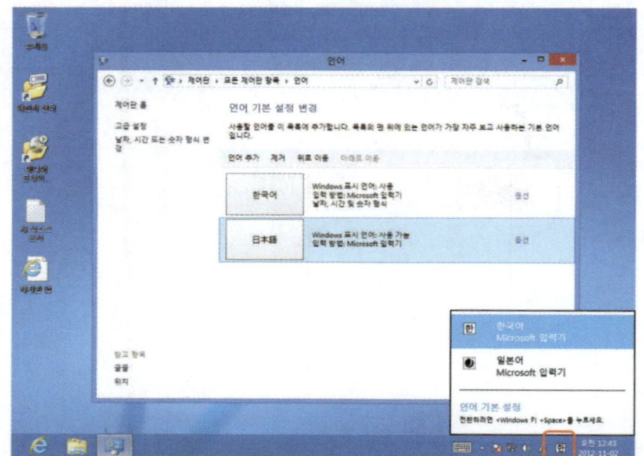

▌ 언어 삭제하기

언어 창에서 삭제할 언어를 선택한 뒤 〈제거〉 버튼을 누르면 선택한 언어가 삭제됩니다.

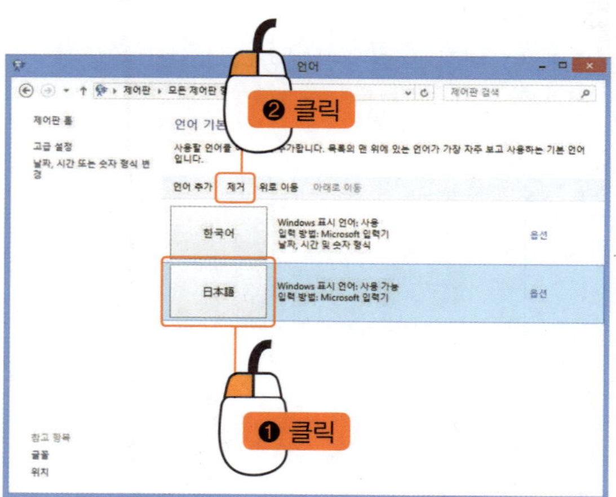

10 글꼴 추가 및 제거하기

글꼴은 그래픽 작업이나 언어, 문서 작업 등에서 다양하게 사용됩니다. 다운로드받은 글꼴의 설치 파일을 실행하면 자동으로 시스템에 등록되기도 합니다. 하지만 어떤 글꼴은 직접 파일을 설치해 주어야 합니다. 글꼴 파일을 설치하는 방법을 알아봅니다. 또 설치한 글꼴이 너무 많으면 시스템이 무거워지는데, 글꼴을 삭제하는 방법도 알아봅니다.

▌ 글꼴 설치하기

1 설치할 글꼴을 모두 선택한 뒤 마우스 오른쪽 버튼을 누릅니다. [설치] 메뉴를 클릭합니다 (네이버 등에서 제공하는 무료 서체를 미리 다운로드받습니다).

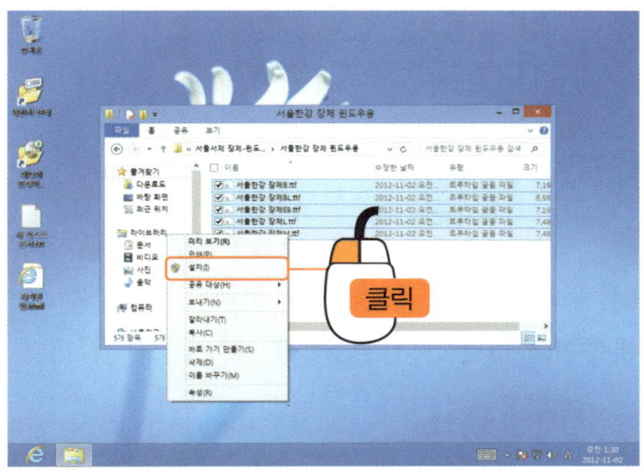

2 글꼴이 설치됩니다.

TIP

바탕화면 등에 글꼴을 다운로드받은 뒤 글꼴을 폰트 폴더로 복사하거나 드래그해도 됩니다. 설치한 글꼴은 'C:\Windows\fonts' 폴더에 복사됩니다.

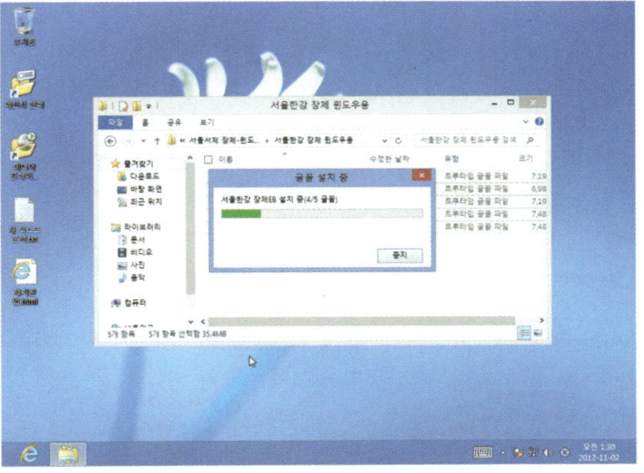

3 설치한 글꼴을 실제로 활용해 보겠습니다. 메모장을 열고 텍스트를 입력한 뒤 [서식]–[글꼴] 메뉴를 클릭합니다.

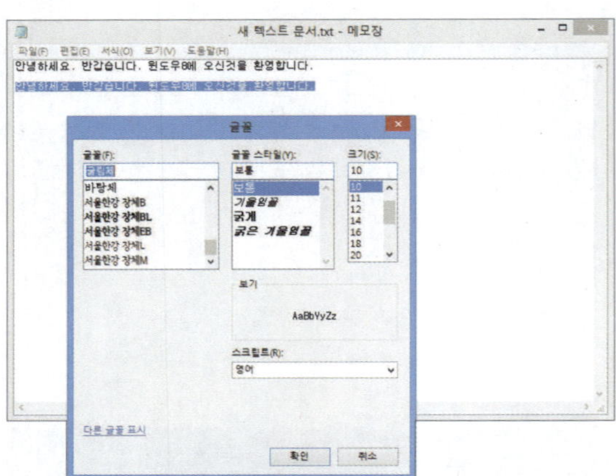

4 [글꼴] 대화상자에서 글꼴을 새로 설치한 글꼴로 변경해 봅니다.

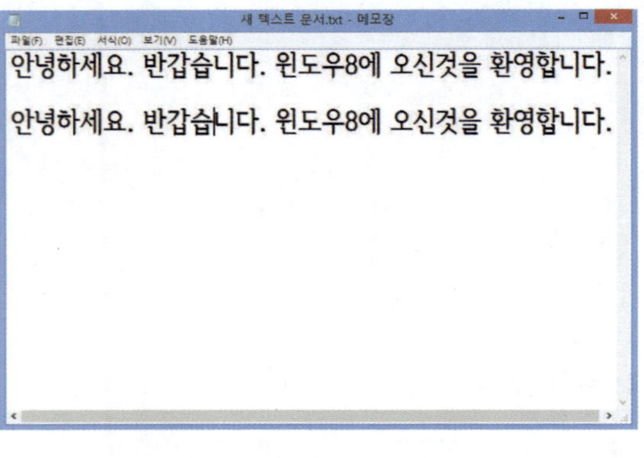

▌ 글꼴 삭제하기

1 제어판에서 '글꼴'을 클릭합니다. 글꼴 창에서 새로 추가한 글꼴을 모두 선택한 뒤 마우스 오른쪽 버튼을 누릅니다. [삭제] 메뉴를 클릭합니다.

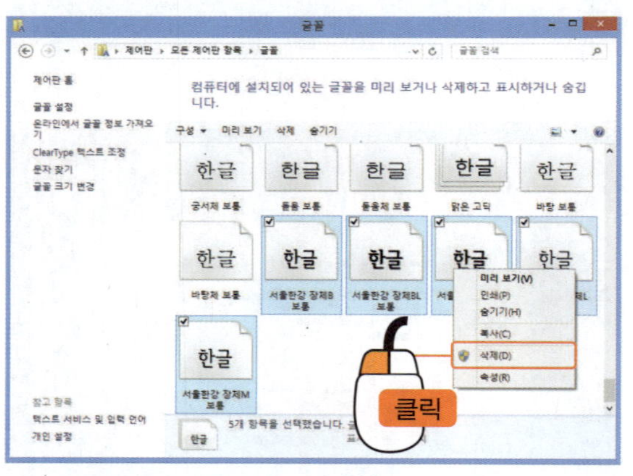

2 글꼴을 삭제하면 일부 텍스트가 의도한 대로 표시되지 않을 수 있다는 경고 창이 나타납니다. 삭제해도 된다면 〈예〉 버튼을 누릅니다. 선택한 글꼴이 삭제된 것을 확인할 수 있습니다.

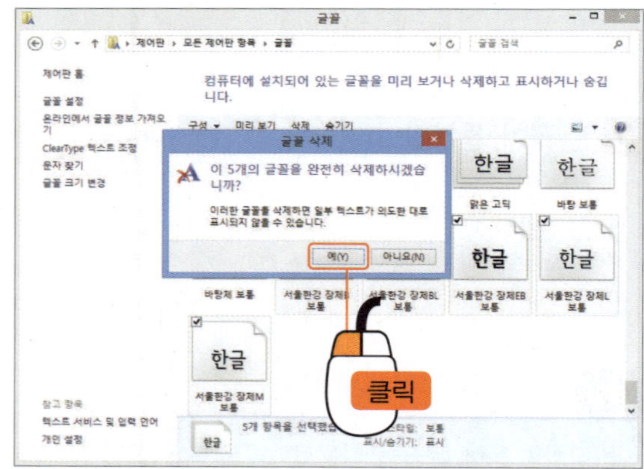

11 작업 관리자 활용하기

작업 관리자는 작업에 관련된 모든 내용을 관리할 수 있는 곳입니다. 현재 앱과 프로그램을 중지하거나 실행할 수 있습니다. 성능에서는 CPU, 메모리, 디스크, 이더넷의 현재 사용률과 점유율을 확인할 수 있습니다. 그리고 시작 프로그램을 관리할 수 있습니다. 프로그램을 실행한 뒤 응답이 없을 경우 닫아야 하는 경우가 생길 수 있으므로 작업 관리자에 익숙해지도록 합니다.

1 바탕화면에서 ⊞+X 키를 누르면 나타나는 바로가기 메뉴에서 [작업 관리자]를 클릭합니다. 작업 표시줄 위에서 마우스 오른쪽 버튼을 눌러 [작업 관리자] 메뉴를 클릭하거나 Ctrl + Shift + Esc 키를 눌러도 됩니다.

2 처음에 작업 관리자 창은 앱과 프로그램의 실행 상태를 목록화하여 보여줍니다. '자세히'를 누릅니다.

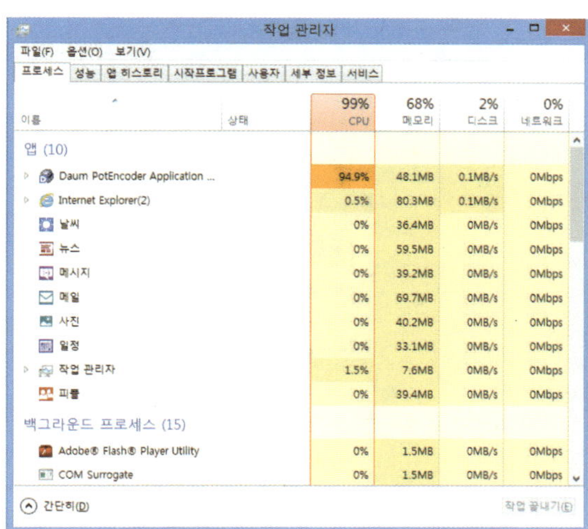

3 작업 관리자 창이 원래 크기로 나타납니다. [프로세스] 탭에서는 현재 동작 중인 프로그램과 앱의 목록이 나타납니다. 해당 프로그램이 CPU, 메모리, 디스크, 네트워크를 어느 정도 점유하여 사용하는지 숫자로 표시합니다. 그리고 숫자 외에도 색으로 점유율이 낮으면 옅게, 점유율이 높으면 진하게 나타내어 눈으로 쉽게 확인할 수 있습니다.

이름	상태	99% CPU	68% 메모리	2% 디스크	0% 네트워크
앱 (10)					
▷ Daum PotEncoder Application ...		94.9%	48.1MB	0.1MB/s	0Mbps
▷ Internet Explorer(2)		0.5%	80.3MB	0.1MB/s	0Mbps
날씨		0%	36.4MB	0MB/s	0Mbps
뉴스		0%	59.5MB	0MB/s	0Mbps
메시지		0%	39.2MB	0MB/s	0Mbps
메일		0%	69.7MB	0MB/s	0Mbps
사진		0%	40.2MB	0MB/s	0Mbps
일정		0%	33.1MB	0MB/s	0Mbps
▷ 작업 관리자		1.5%	7.6MB	0MB/s	0Mbps
피플		0%	39.4MB	0MB/s	0Mbps
백그라운드 프로세스 (15)					
Adobe® Flash® Player Utility		0%	1.5MB	0MB/s	0Mbps
COM Surrogate		0%	1.5MB	0MB/s	0Mbps

4 프로그램이 응답 없는 상태이고 닫기가 되지 않는다면 작업 관리자를 이용하여 문제가 있는 프로세스를 닫을 수 있습니다. [프로세스] 탭의 문제가 있는 프로그램 위에서 마우스 오른쪽 버튼을 누른 뒤 [작업 끝내기] 메뉴를 클릭합니다. 문제가 된 프로그램이 닫힌 것을 확인할 수 있습니다.

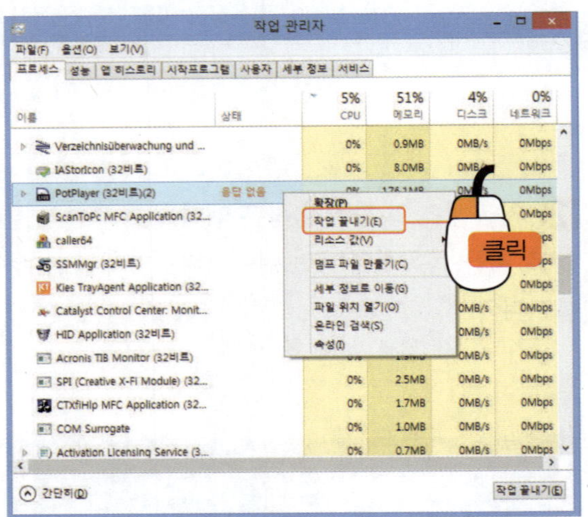

5 [성능] 탭에서는 CPU, 메모리, 디스크, 이더넷의 좀 더 상세한 정보를 확인할 수 있습니다. 참고로 이전 운영체제에서는 CPU 점유율만 표기했지만 윈도우 8에서는 점유율 그래프는 물론 CPU의 현재 클록 상태도 그대로 표시해 줍니다.

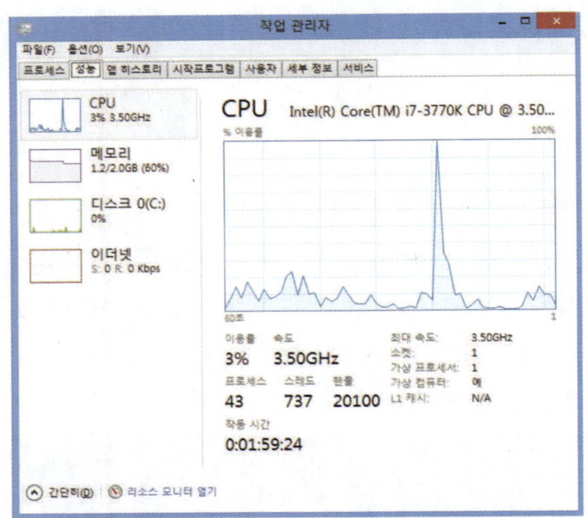

6 CPU 그래프를 각 논리 프로세서 단위로 볼 수 있습니다. CPU 그래프 위에서 마우스 오른쪽 버튼을 누른 뒤 [그래프 변경]–[논리 프로세서] 메뉴를 클릭합니다.

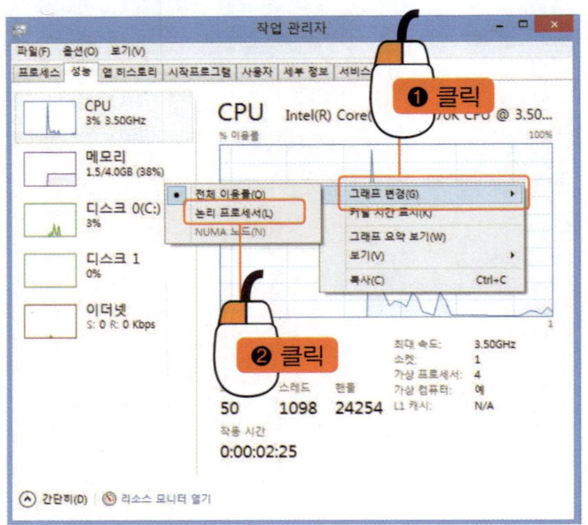

7 논리 프로세서 개수에 맞춰서 CPU 그래프가 독립되어 나타납니다.

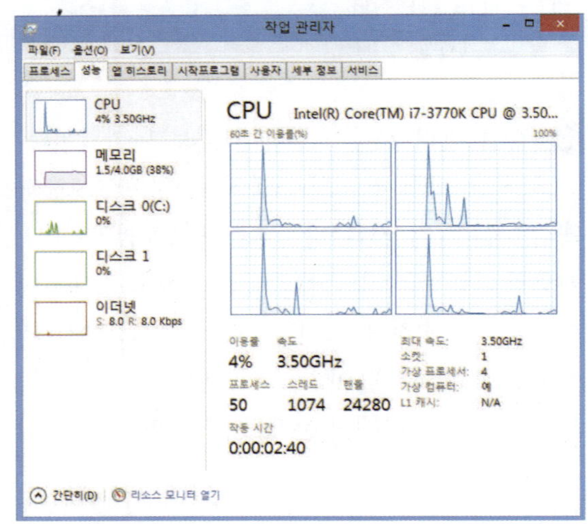

8 그래프의 그려지는 속도를 더 빠르게 하여 실시간으로 보려면 [보기]–[업데이트 속도]–[빠름] 메뉴를 클릭합니다.

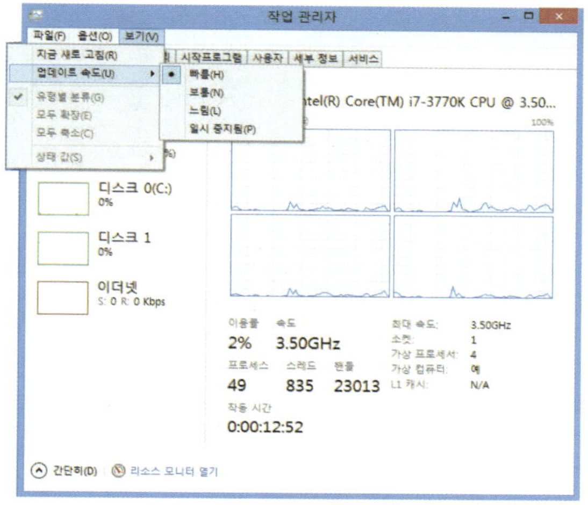

9 [성능] 탭–'메모리'에서는 메모리의 점유율을 확인할 수 있습니다. 총 메모리 공간에 현재 사용되는 메모리양만큼 색이 칠해져 쉽게 인지할 수 있습니다. 화면은 사용 중인 메모리 용량과 사용 가능한 메모리 용량을 표시하여 사용자가 메모리의 상태를 확인할 수 있게 했습니다.

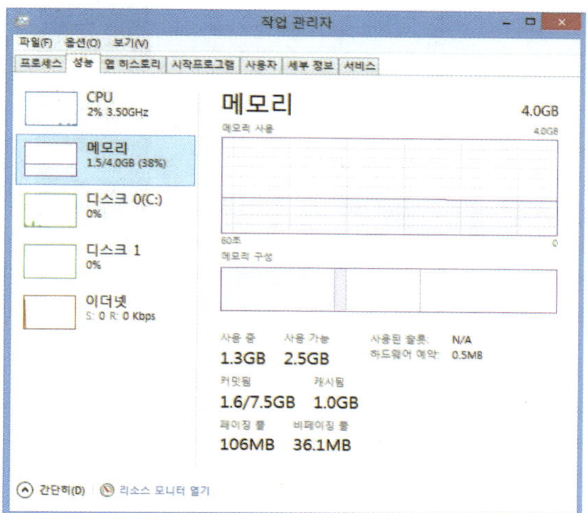

10 [성능] 탭–'디스크'에서는 디스크 단위별로 디스크의 현재 읽기 속도, 쓰기 속도가 나타납니다. 디스크에 부하가 있으면 읽기와 쓰기 속도가 나타나고, 부하가 없으면 0KB/s로 나타납니다.

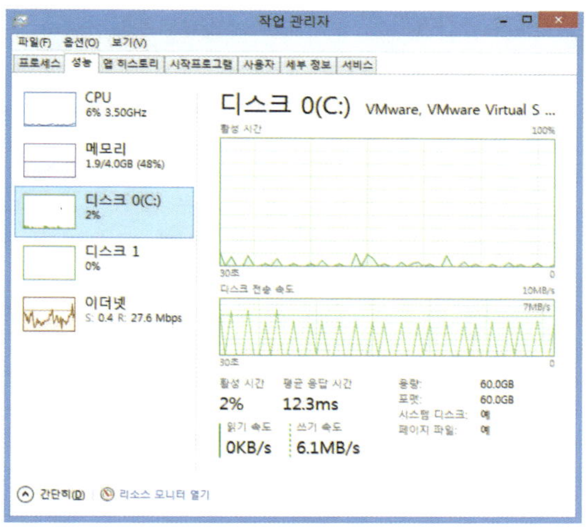

11 [성능] 탭–'이더넷'에서는 랜카드를 이용한 네트워크 통신의 속도와 점유율이 나타납니다. 네트워크 트래픽 등을 이곳에서 확인할 수 있습니다.

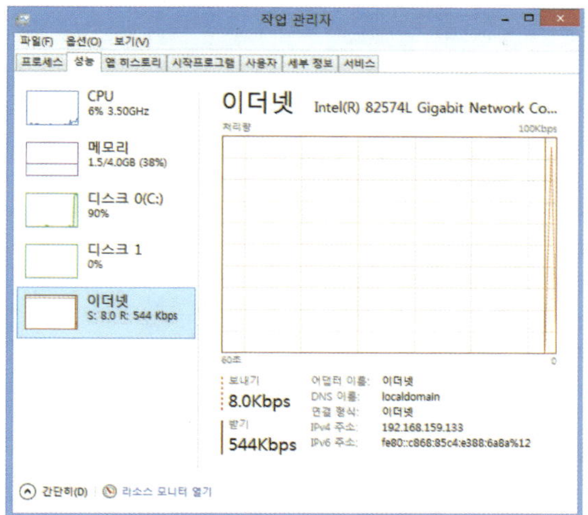

12 좀 더 상세한 정보를 확인하려면 작업 관리자 창에서 아래쪽의 '리소스 모니터 열기'를 클릭합니다. 리소스 모니터 창에서 CPU, 메모리, 디스크, 네트워크의 상세한 값을 확인할 수 있습니다.

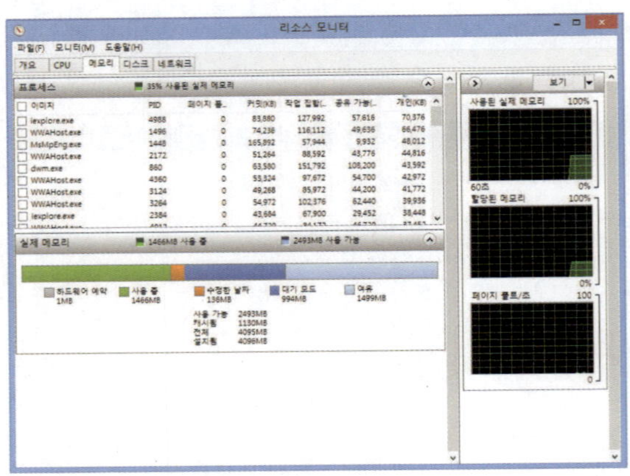

13 [앱 히스토리] 탭에서는 앱의 현재 사용 시간과 데이터 통신 사용량 등을 확인할 수 있습니다.

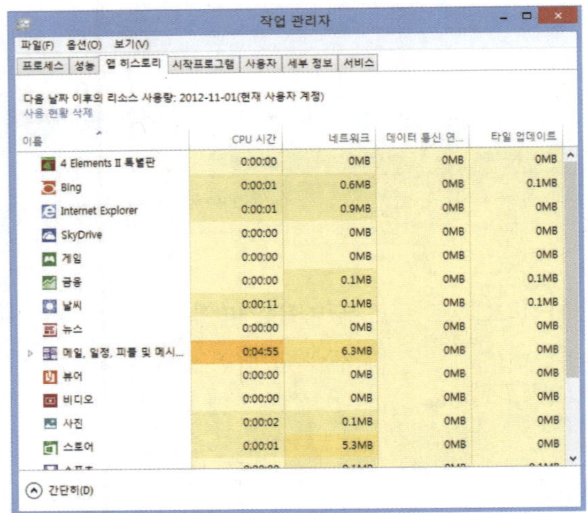

14 [시작프로그램] 탭에서는 윈도우 8을 시작할 때 실행되는 프로그램들의 목록이 나타납니다. 이 목록에서 필요하지 않은 시작프로그램은 '사용 안 함'으로 설정할 수 있습니다.

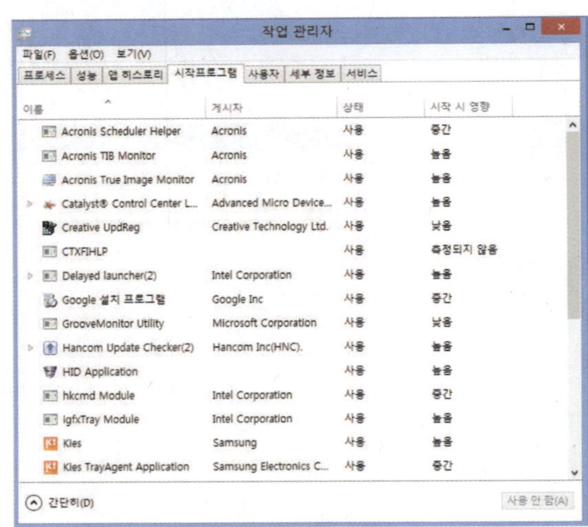

15 [사용자] 탭에서는 현재 컴퓨터에 연결된 사용자의 목록과 시스템 자원을 얼마큼 사용하고 있는지 보여줍니다.

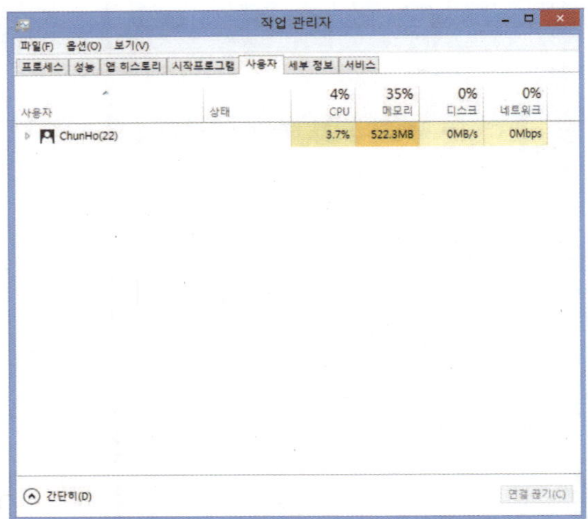

16 [세부 정보] 탭에서는 프로세스를 실행 단위로 모두 보여줍니다.

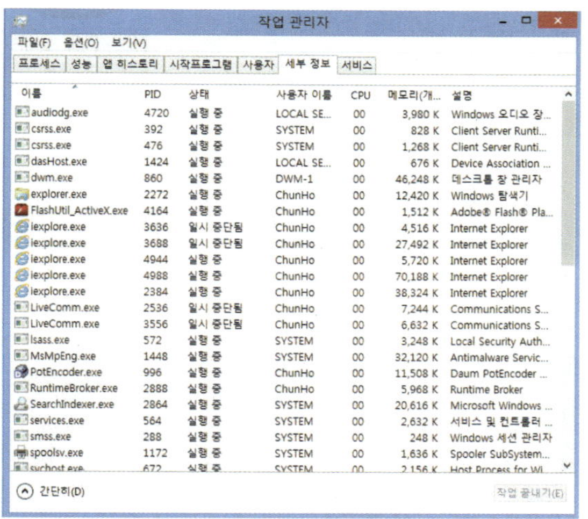

17 [서비스] 탭에서는 서비스 목록이 모두 나타납니다. 서비스를 시작, 중지, 다시 시작할 수 있습니다. 창 아래쪽의 '서비스 열기'를 클릭합니다.

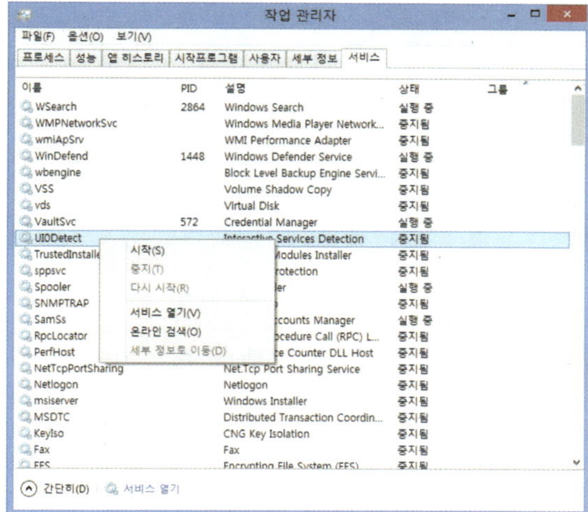

18 서비스 창에서는 서비스에 대한 상세한 설정이 가능합니다. 변경하려는 서비스 위에서 마우스 오른쪽 버튼을 눌러 [속성] 메뉴를 클릭합니다.

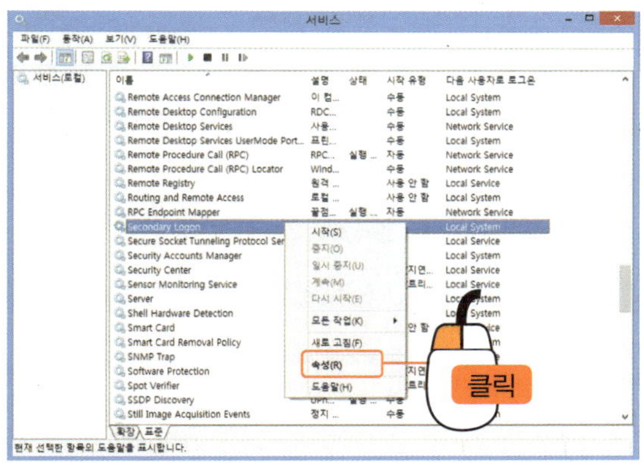

19 해당 서비스의 속성 대화상자가 나타납니다. 서비스의 설명 및 종속성 확인, 시작 유형 등을 변경할 수 있습니다.

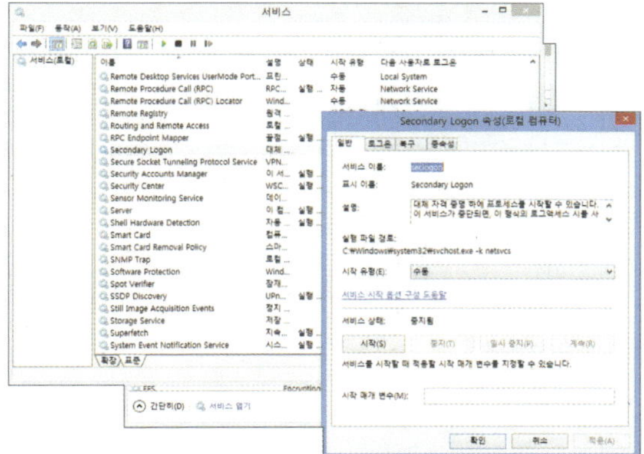

12 시스템 구성 설정하기

시스템 구성에서는 부팅에 관계된 설정과 서비스, 시작프로그램을 설정할 수 있습니다. 도구에서는
시스템 관리와 관련된 프로그램을 직접 실행시킬 수 있습니다.

1 ⊞+R 키를 눌러 실행 창을 엽니다. 열기
란에 'msconfig'를 입력한 뒤 〈확인〉 버튼을 누
릅니다.

2 [시스템 구성] 대화상자의 [일반] 탭에서는 시
스템을 어떤 모드(정상, 진단, 선택)로 시작할 것
인지 지정할 수 있습니다.

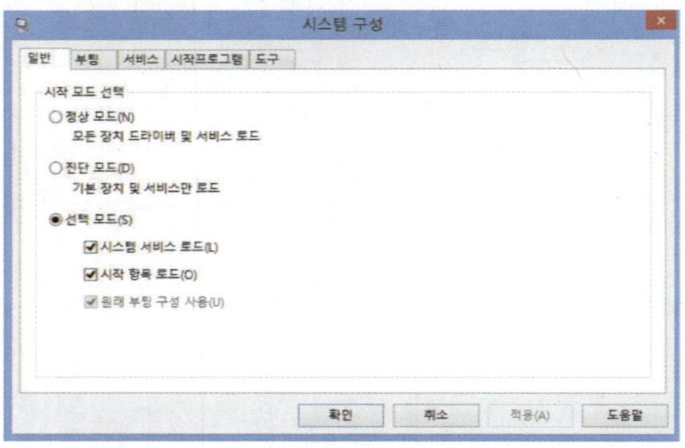

3 [부팅] 탭에서는 부트 로더를 삭제하거나 기
본값을 설정할 수 있습니다. 부팅 옵션에서는 안
전 부팅, GUI 부팅 없음 등을 설정할 수 있습니다.

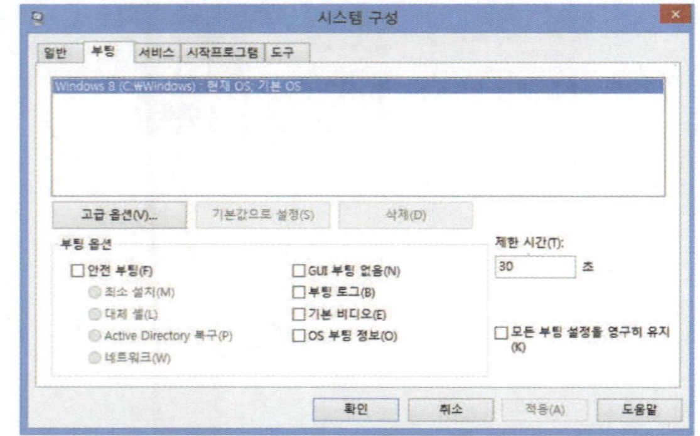

4 [부팅] 탭의 〈고급 옵션〉 버튼을 누르면 나타나는 [부팅 고급 옵션] 대화상자에서는 프로세서의 수나 최대 메모리양을 제한할 수 있습니다.

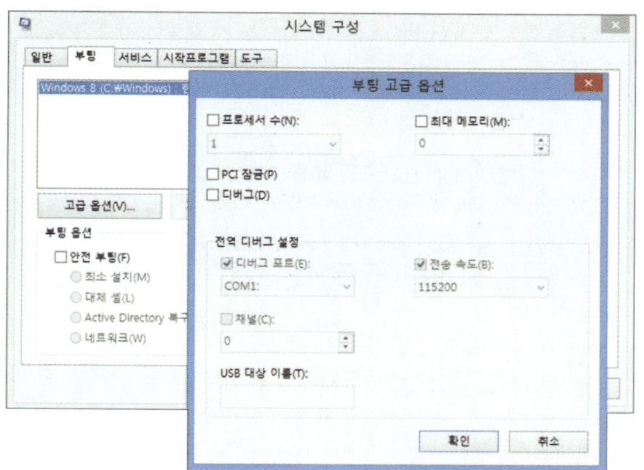

5 [서비스] 탭에서는 서비스를 부분 선택하여 사용하지 않게 설정할 수 있습니다. 사용하지 않을 서비스는 체크를 해제할 수 있습니다.

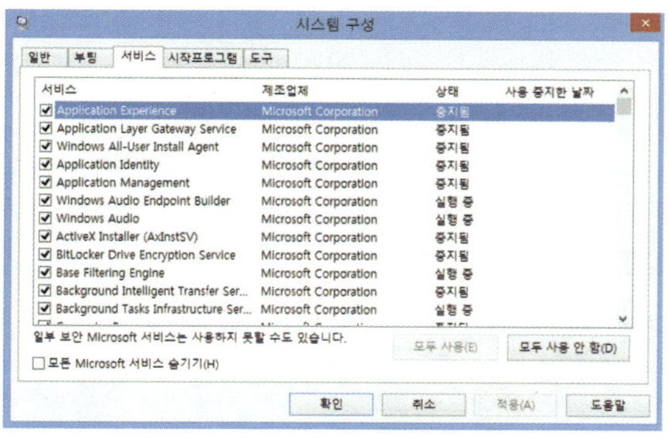

6 [시작프로그램] 탭에서 '작업 관리자 열기'를 클릭합니다. 작업 관리자 창이 나타납니다.

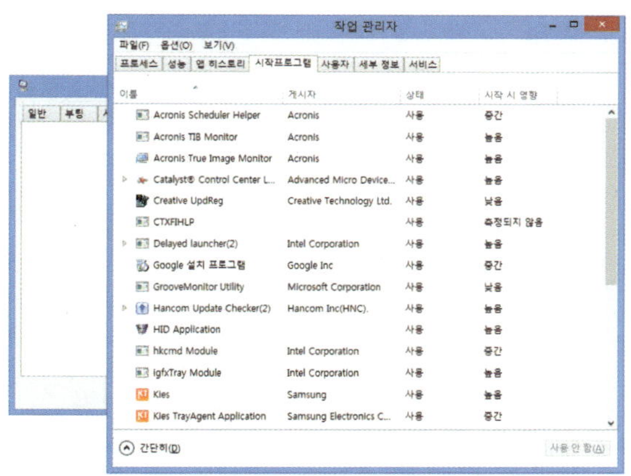

7 [도구] 탭에서는 시스템과 관련된 프로그램을 직접 실행할 수 있습니다. 원하는 프로그램을 선택한 뒤 〈시작〉 버튼을 누르면 해당 프로그램이 실행됩니다.

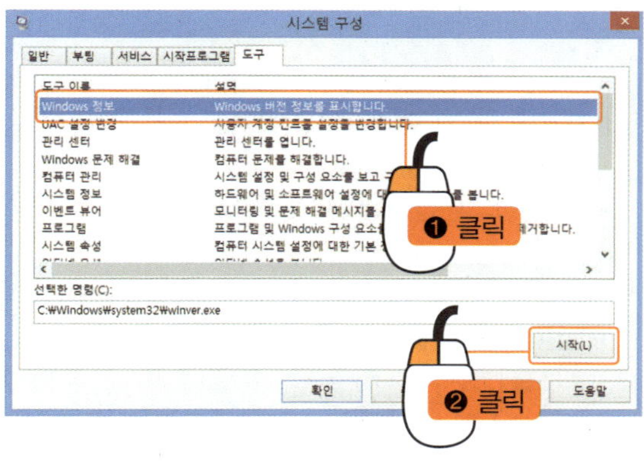

8 [도구] 탭에서 각 도구를 선택하면 선택한 명령란에 해당 도구의 명령어가 나타납니다. 이 명령어를 외워서 직접 실행할 수도 있습니다. 실행 창(■+R 키)을 열고 열기란에 인터넷 옵션의 명령어인 'inetcpl.cpl'을 입력한 뒤 〈확인〉 버튼을 누릅니다.

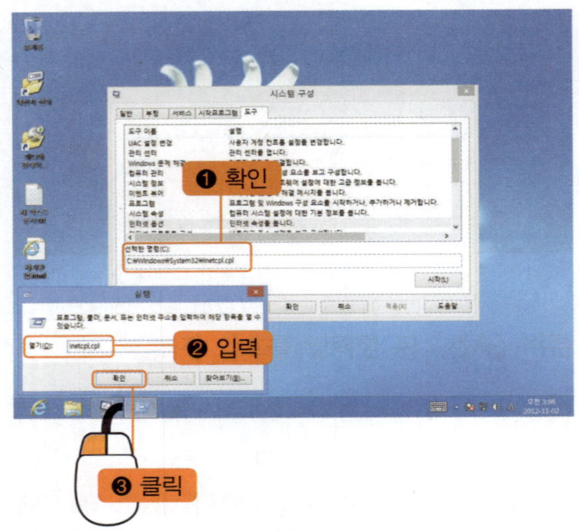

9 [인터넷 속성] 대화상자가 바로 실행되는 것을 확인할 수 있습니다.

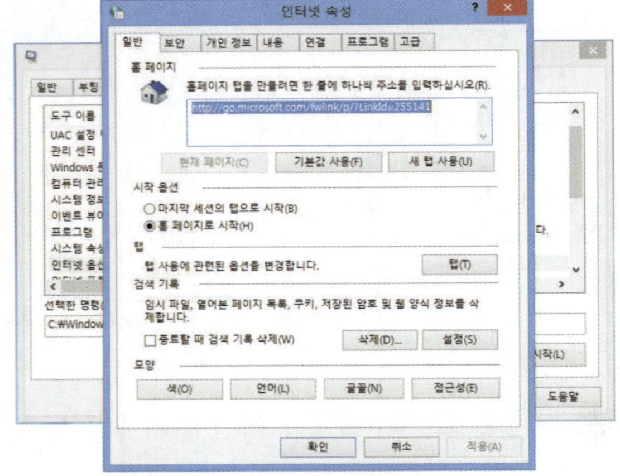

TIP

윈도우와 관련된 관리 프로그램의 직접적인 실행 명령어를 외워두면 마우스를 사용할 수 없는 상황이나 여의치 않은 상황에서 빠르게 관리 프로그램을 열 수 있습니다.

- Windows 정보 : winver
- UAC 설정 변경 : UserAccountControlSettings
- 관리 센터 : wscui.cpl
- Windows 문제 해결 : control.exe /name Microsoft.Troubleshooting
- 컴퓨터 관리 : compmgmt.msc
- 시스템 정보 : msinfo32
- 이벤트 뷰어 : eventvwr
- 프로그램 및 기능 : appwiz.cpl
- 시스템 속성 : control.exe system
- 인터넷 옵션 : inetcpl.cpl
- 성능 모니터 : perfmon
- 리소스 모니터 : resmon
- 작업 관리자 : taskmgr
- 명령 프롬프트 : cmd
- 레지스트리 편집기 : regedit
- 원격 지원 : msra
- 시스템 복원 : rstrui
- 디스크 관리 : diskmgmt.msc

13 윈도우 업데이트하기

윈도우 운영체제는 수시로 업데이트하여 문제점을 보완하고 새로운 기능을 추가합니다. 또 보안 관련 부분도 수시로 업데이트하므로 윈도우 업데이트 기능은 자동으로 실행하도록 설정해 두고 중요 업데이트는 반드시 설치하도록 합니다. 지금부터 윈도우 업데이트를 자동으로 실행하도록 설정해 보겠습니다.

1 참 메뉴의 〈설정〉 버튼-'PC 설정 변경'을 클릭합니다. PC 설정 창에서 [Windows 업데이트] 메뉴를 클릭합니다. 자동 업데이트되도록 설정하지 않으면 '업데이트를 가져오도록 PC가 구성되지 않았습니다.'는 빨간색 메시지가 보이는데, 〈권장 설정 사용〉 버튼을 누릅니다.

2 업데이트를 확인한 뒤 중요 업데이트 #개를 자동으로 설치한다는 내용이 나타납니다. 다른 색으로 표기된 '중요 업데이트 #개를 자동으로 설치합니다.'를 클릭합니다.

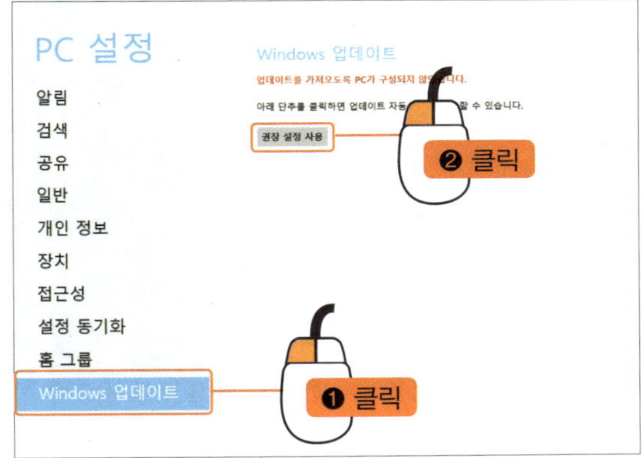

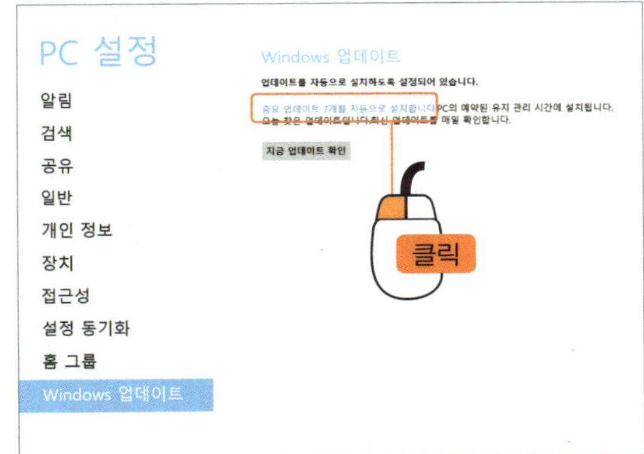

3 중요 업데이트 내용이 팝업 창으로 나타나면 〈설치〉 버튼을 누릅니다.

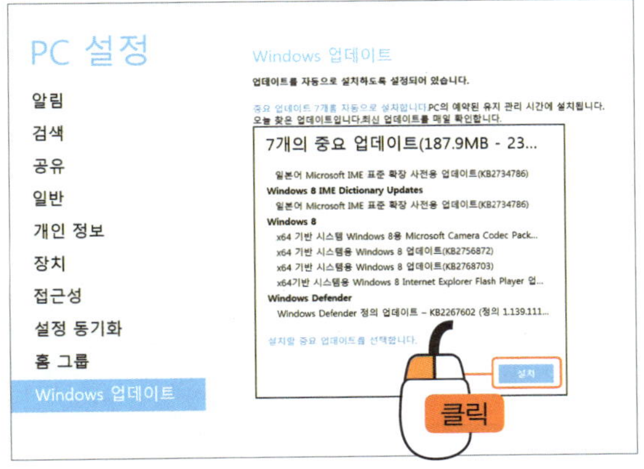

4 다음처럼 Windows 업데이트를 진행합니다.

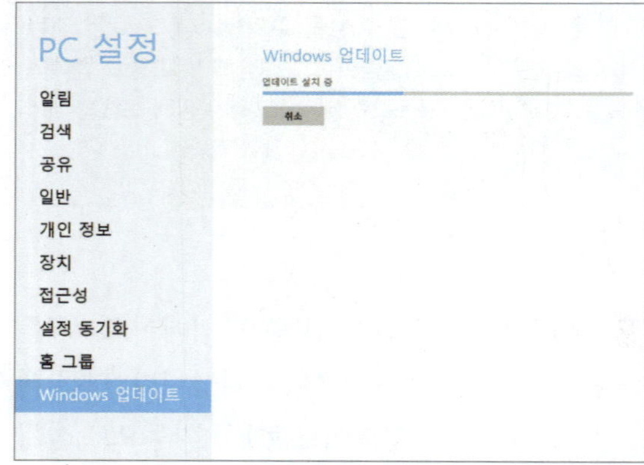

5 Windows 업데이트를 마쳤습니다. 업데이트를 완전히 마치려면 컴퓨터를 재부팅해야 합니다. 〈다시 시작〉 버튼을 누릅니다. 참고로 업데이트에 따라 재부팅이 안 될 수도 있습니다.

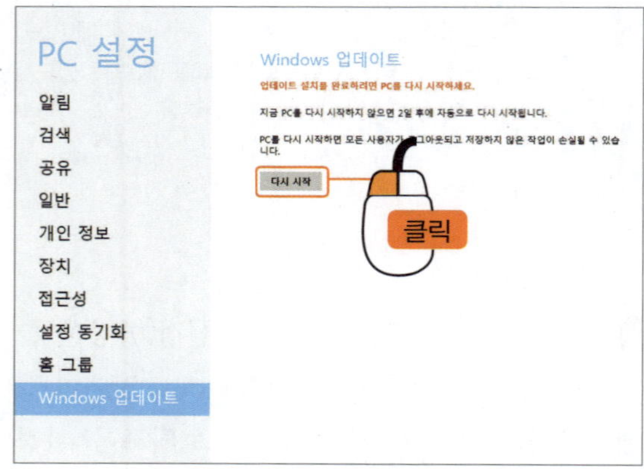

6 컴퓨터가 재부팅되면서 Windows 업데이트 구성을 마무리합니다.

 **TIP**

원도우 업데이트를 '권장 설정(자동)'으로 해두면 중요 업데이트가 있을 때마다 자동으로 다운로드한 뒤 설치 여부를 물어옵니다.

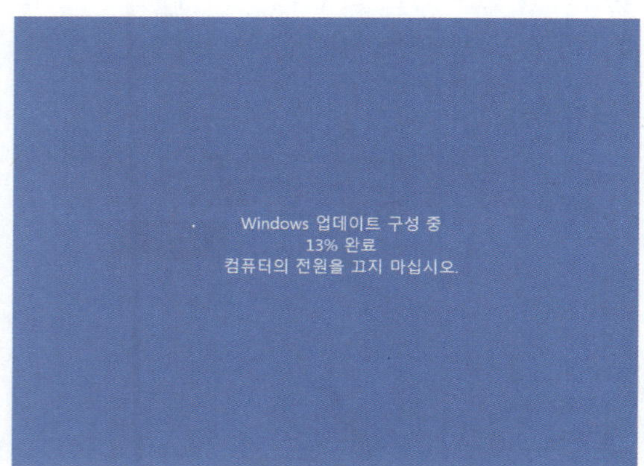

14 이벤트 뷰어로 문제 확인하기

윈도우 운영체제를 사용하다 보면 시스템이 비정상적으로 종료되거나 오류가 나타나는 등 여러 가지 문제가 발생합니다. 그런데 윈도우 운영체제는 비정상적으로 종료되기 전에 이벤트를 기록하는데, 문제가 발생한 시점의 이벤트를 확인하면 원인을 알 수 있는 셈이죠. 이것을 이벤트 뷰어에서 확인할 수 있습니다. 지금부터 이벤트 뷰어를 이용하여 시스템의 문제를 거꾸로 찾아가는 방법을 배워봅니다.

1 바탕화면에서 ■+X 키를 누르면 나타나는 바로가기 메뉴에서 [이벤트 뷰어]를 클릭합니다. 이벤트 뷰어 창이 나타나면 화면 왼쪽의 이벤트 뷰어 리스트에서 'Windows 로그–시스템'을 클릭합니다.

2 시스템과 관련된 이벤트 내용이 나타납니다. 문제가 있었던 시간에 일어난 오류를 찾아나갑니다. '경고'는 인지해야 하는 가벼운 경고이고, '정보'는 단순 이벤트 기록입니다. '위험'은 꼭 살펴봐야 할 오류로 문제가 일어난 시간 목록을 더블클릭합니다.

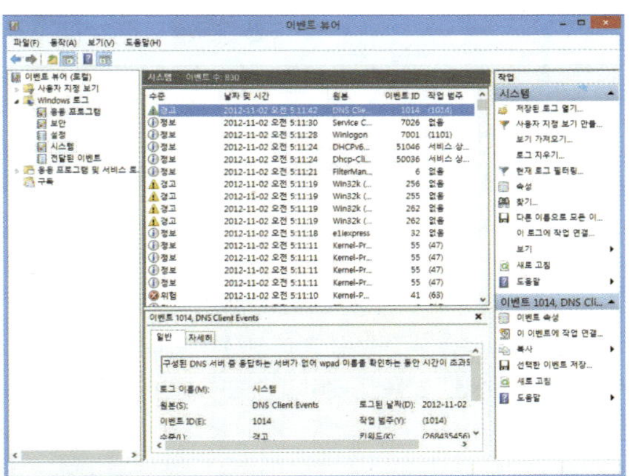

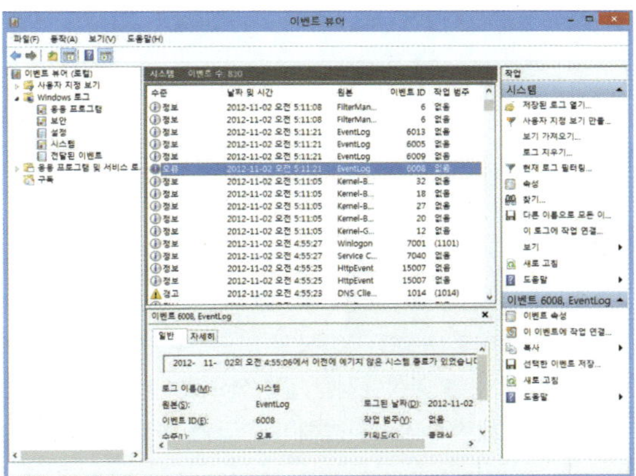

3 [이벤트 속성] 대화상자의 [일반] 탭을 보면 '예기치 않은 시스템 종료가 있었습니다.'는 메시지가 보입니다. 필자는 실제로 예시를 보여주려고 이 시간에 컴퓨터를 강제로 껐습니다. 이런 방법으로 해당 시간의 오류를 거꾸로 찾아서 문제를 해결하는 단서를 잡을 수 있습니다.

TIP

이벤트 뷰어에 기록되는 것 자체도 운영체제가 하는 것이므로 이벤트 뷰어에 이벤트를 남기지도 못할 정도로 시스템에 심각한 문제가 발생되었다면 이벤트 기록이 남지 않을 수도 있습니다.

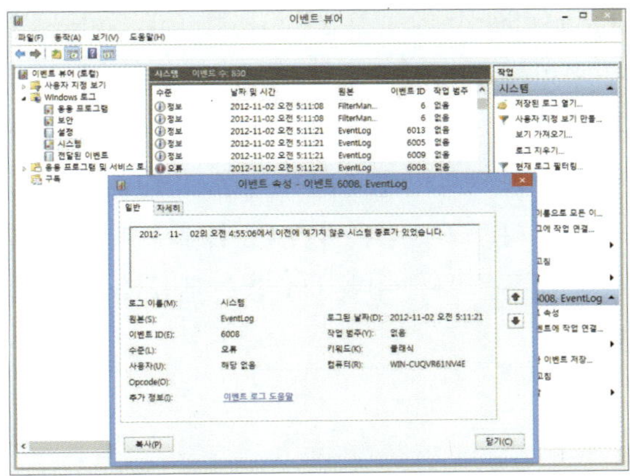

15 새 하드디스크 추가하기

새 하드디스크를 구매한 뒤 컴퓨터에 추가로 장착하였는데, 새 하드디스크가 컴퓨터에 잡히지 않아 고민한 적이 있을 것입니다. 실제로 필자의 블로그에서 제일 많이 받는 질문도 이것입니다. 새 하드디스크는 파티션이 생성되지 않은 상태로 맨 처음에는 디스크를 초기화하는 과정이 필요합니다. 이 과정을 거쳐야만 컴퓨터에서 정상적으로 디스크를 사용할 수 있는 것입니다. 디스크 관리를 이용해 새 하드디스크를 사용할 수 있도록 초기화하고 파티션을 생성하는 방법을 알아봅니다.

1 새 하드디스크를 컴퓨터에 장착한 뒤 컴퓨터를 켭니다. 바탕화면에서 ⊞+X 키를 누르고 바로가기 메뉴에서 [디스크 관리]를 클릭합니다. 새로운 디스크가 감지되어 디스크 초기화 창이 나타납니다. 파티션 형식을 'GPT'로 선택한 뒤 〈확인〉 버튼을 누릅니다.

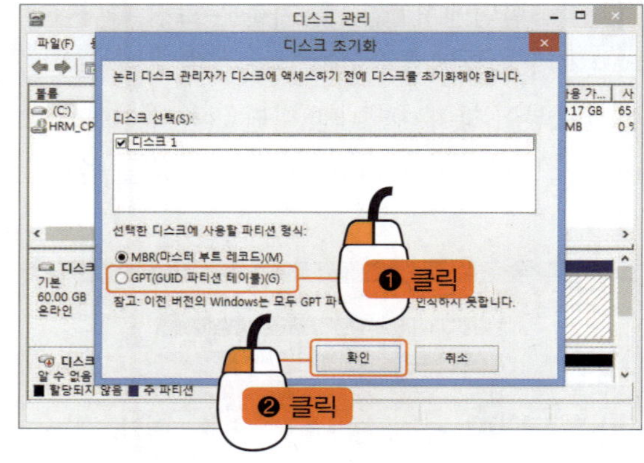

TIP

'MBR(마스터 부트 레코더)'은 최대 용량 2.2TB까지만 인식하며 하위 운영체제 호환성은 좋은 편입니다. 'GPT(GUID 파티션 테이블)'는 2TB 이상의 하드디스크를 단일 파티션으로 생성하며 좀 더 진보된 파티션 형식입니다. 하지만 Windows Vista 이상에서만 정상적으로 인식합니다. 윈도우 8 운영체제에서만 사용할 것이라면 GPT를 권하고, 다른 하위 운영체제에서도 사용해야 한다면 MBR로 생성하길 권합니다.

2 파티션이 초기화되어 디스크 1이 추가된 것을 확인할 수 있습니다(디스크 0은 운영체제가 있는 하드디스크). 검은색으로 나타나는 부분은 아직 디스크 영역이 할당되지 않은 것입니다. 새로 추가한 디스크 1 검은색 영역 위에서 마우스 오른쪽 버튼을 누릅니다. [새 단순 볼륨]을 클릭합니다.

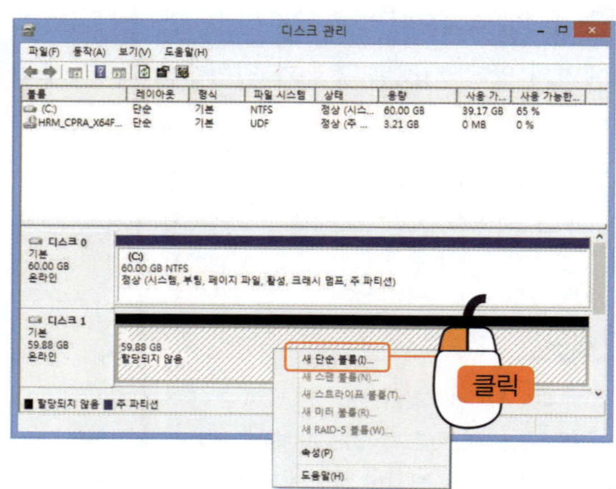

3 [단순 볼륨 만들기 마법사] 대화상자가 나타나면 〈다음〉 버튼을 누릅니다. 단순 볼륨 크기를 지정하는 화면에서 숫자를 변경하지 않고 〈다음〉 버튼을 누르면 디스크 전체 크기를 하나의 파티션으로 생성합니다. 최초에는 최대값이 미리 입력되어 있습니다.

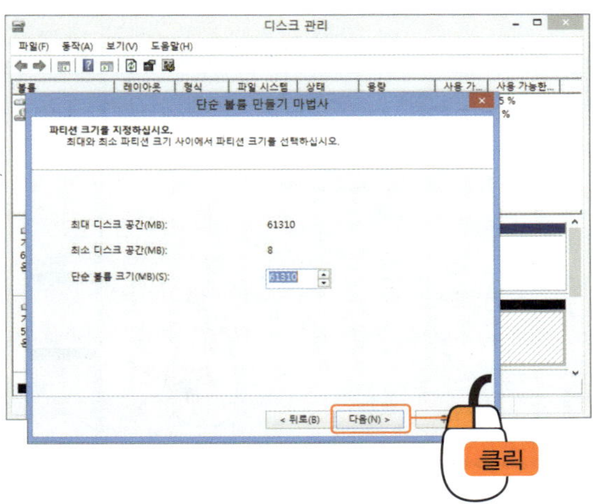

4 파티션을 분할해야 한다면 첫 번째 파티션의 크기를 직접 입력합니다. 30GB를 지정해 보겠습니다. 정확히 30GB를 입력하려면 30×1024의 값인 30720을 입력하면 됩니다.

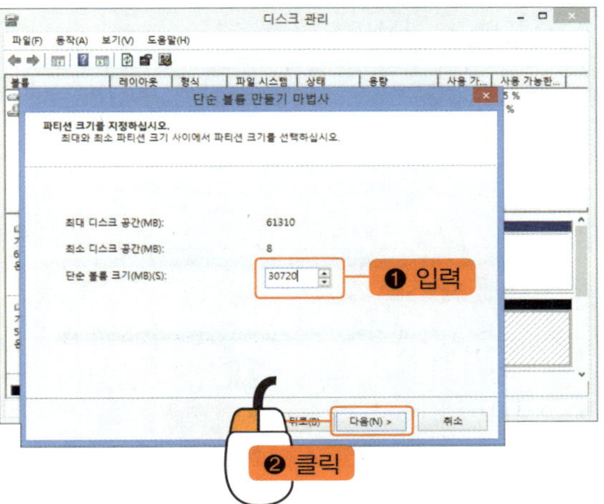

5 드라이브 문자 및 경로를 설정하는 화면에서는 특별한 경우가 아니면 그냥 〈다음〉 버튼을 누릅니다.

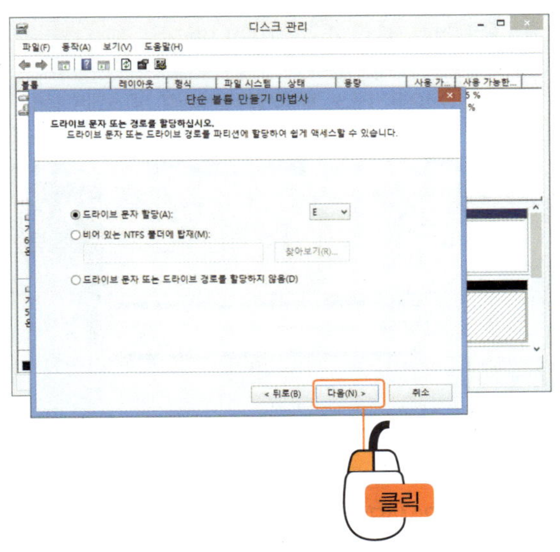

6 파티션 포맷 화면에서 〈다음〉 버튼을 누릅니다. 다음 화면에서 〈마침〉 버튼을 눌러 [단순 볼륨 만들기 마법사] 대화상자를 닫습니다.

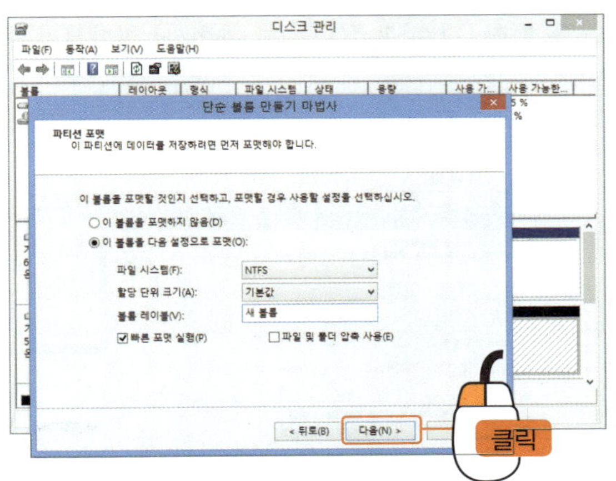

TIP

새로 구매한 하드디스크라고 꼭 일반 포맷할 필요는 없습니다. 보통은 빠른 포맷으로 실행합니다.

7 새로 추가한 하드디스크인 디스크 1의 파티션이 분할되며, 첫 번째 파티션이 빠른 포맷됩니다. 빠른 포맷이 끝나고 드라이브가 생성된 것을 확인할 수 있습니다. 디스크 1의 할당되지 않은 영역을 다시 파티션으로 나눠보겠습니다. 검은색 영역 위에서 마우스 오른쪽 버튼을 누릅니다. [새 단순 볼륨]을 클릭합니다.

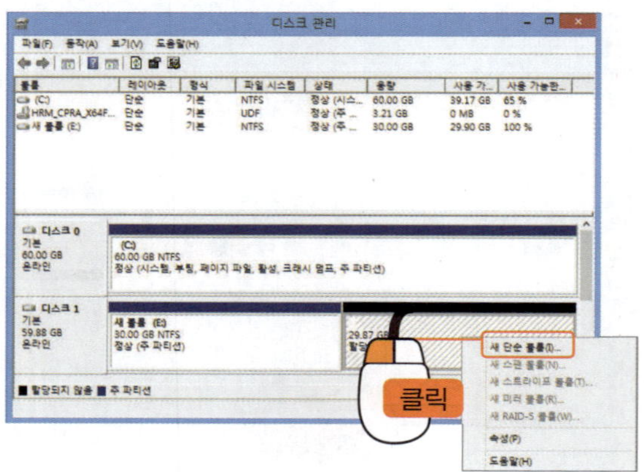

8 [단순 볼륨 만들기 마법사] 대화상자에서 〈다음〉 버튼을 누릅니다. 할당되지 않은 영역의 최대 크기가 입력된 상태로 파티션 크기를 지정하는 화면이 나타납니다. 파티션을 다시 나누지는 않을 것이므로 〈다음〉 버튼을 누릅니다.

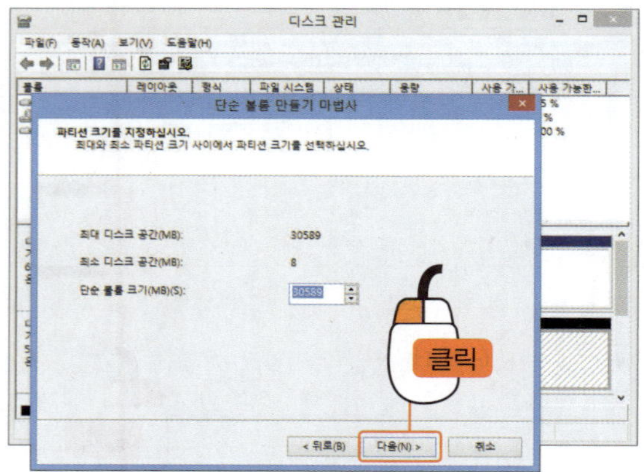

9 드라이브 문자 또는 경로를 할당하는 화면에서 〈다음〉 버튼을 누릅니다. 파티션 포맷 화면에서 〈다음〉 버튼을 누릅니다. 다음 화면에서 〈마침〉 버튼을 눌러 [단순 볼륨 만들기 마법사] 대화상자를 닫습니다.

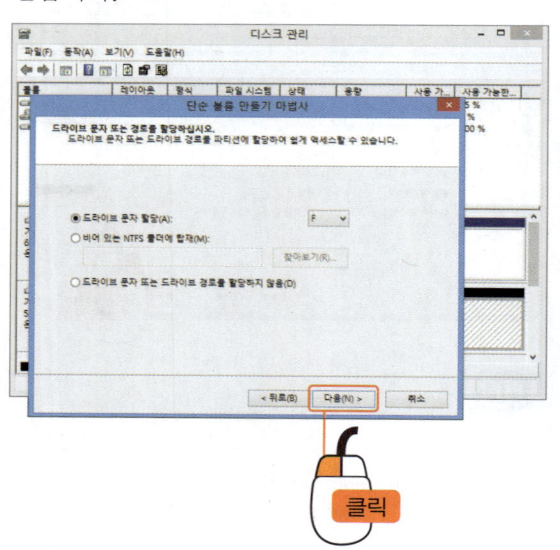

10 새 디스크(디스크 1)를 파티션 2개로 나누었습니다. 실제로 컴퓨터 폴더를 열어보면 디스크가 E드라이브, F드라이브 등의 이름으로 파티션이 나뉜 것을 확인할 수 있습니다.

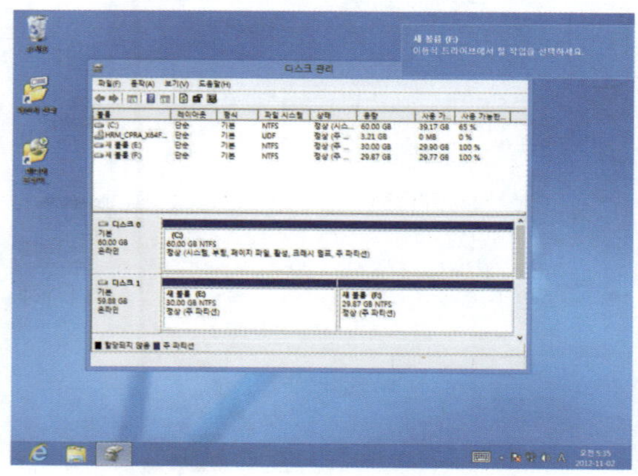

16 하드디스크 파티션 병합하기

하드디스크를 파티션으로 분할했고, 각각의 하드디스크에 데이터가 저장되어 있다고 했을 때 이 하드 디스크를 데이터 손실 없이 하나로 합치는 게 가능할까요? 물론 가능합니다. 지금부터 데이터 손실 없 이 병합하는 방법을 알아봅니다.

1 ⊞+X 키를 누르고 [디스크 관리] 메뉴를 클릭합니다. 디스크 1을 보면 파티션이 2개로 나뉘어져 있습니다. 이 2개의 파티션을 데이터 손실 없이 합칠 것인데, 먼저 2개의 파티션 중 여유공간이 충분한 디스크 쪽으로 데이터를 모읍니다 (여기서는 F드라이브의 파일을 모두 E드라이브로 옮겼습니다).

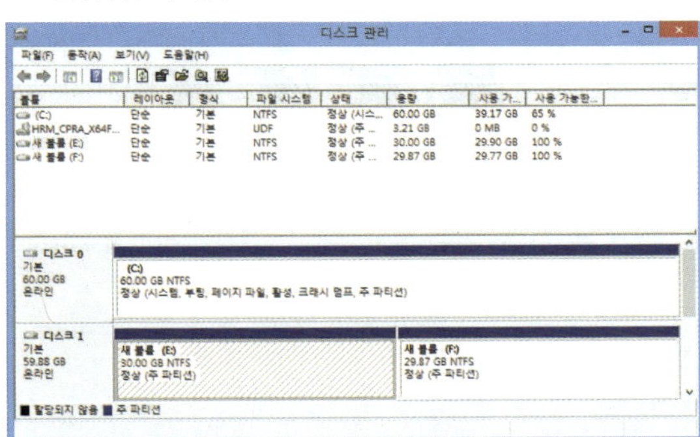

2 디스크 1의 두 번째 파티션(F드라이브)에서 마우스 오른쪽 버튼을 누릅니다. [볼륨 삭제] 메뉴를 클릭합니다. 이 파티션을 지우면 F드라이브의 데이터가 모두 지워진다는 경고 창이 나타납니다. F드라이브에는 중요한 데이터가 없도록 모두 옮겨놓은 상태이니 〈예〉 버튼을 누릅니다.

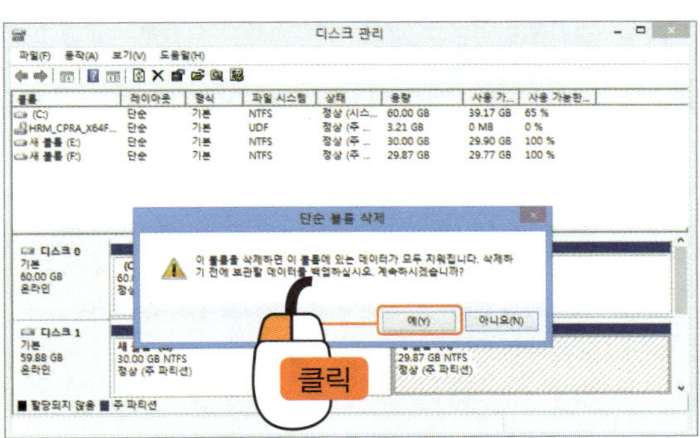

3 지워진 파티션은 '할당되지 않음' 공간이 되었습니다. 디스크 1의 첫 번째 파티션 E드라이브에서 마우스 오른쪽 버튼을 눌러 [볼륨 확장] 메뉴를 클릭합니다.

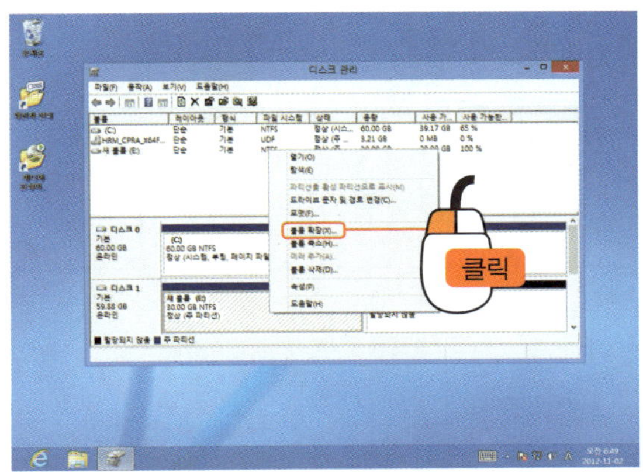

4 [볼륨 확장 마법사] 대화상자가 나타나면 〈다음〉 버튼을 누릅니다.

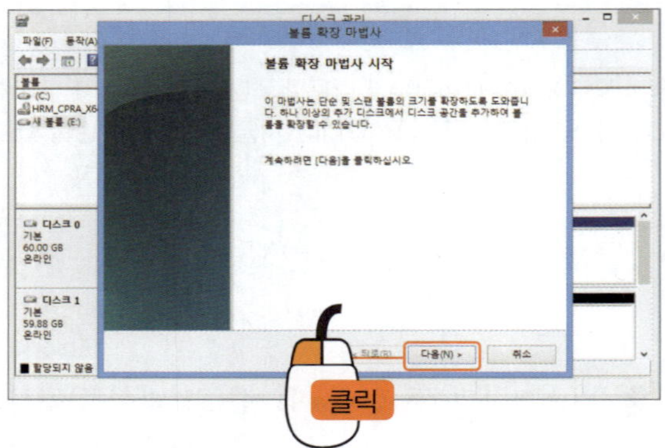

5 디스크 1의 여유공간이 선택된 상태로 되어 있습니다. 〈다음〉 버튼을 누릅니다. 〈마침〉 버튼을 눌러 [볼륨 확장 마법사] 대화상자를 닫습니다.

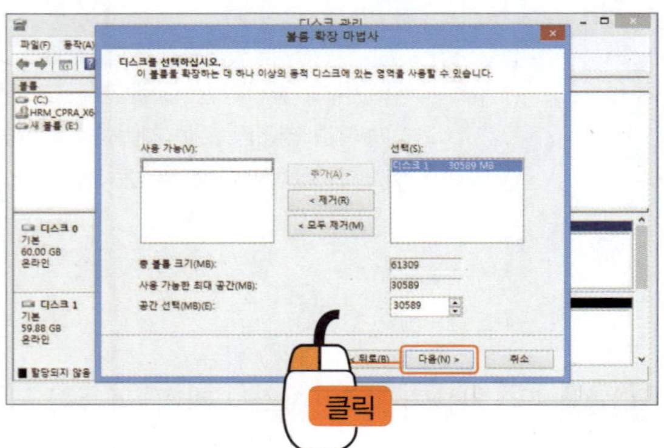

6 2개로 나눠진 디스크 1의 파티션이 1개로 합쳐진 것을 확인할 수 있습니다.

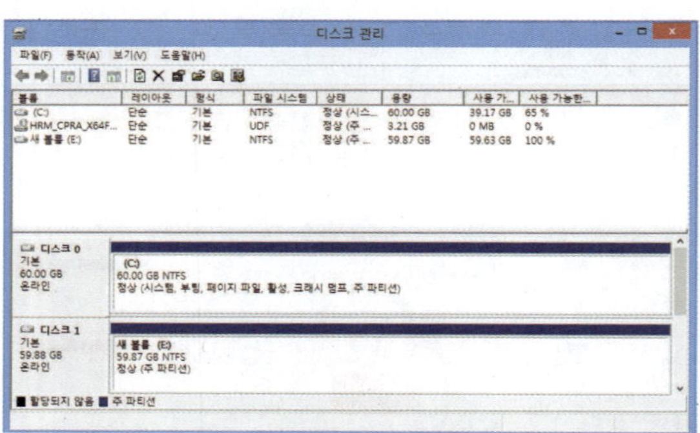

7 E드라이브를 열어보면 파일도 그대로 보존되어 있습니다. 파티션 병합을 정상적으로 마쳤습니다.

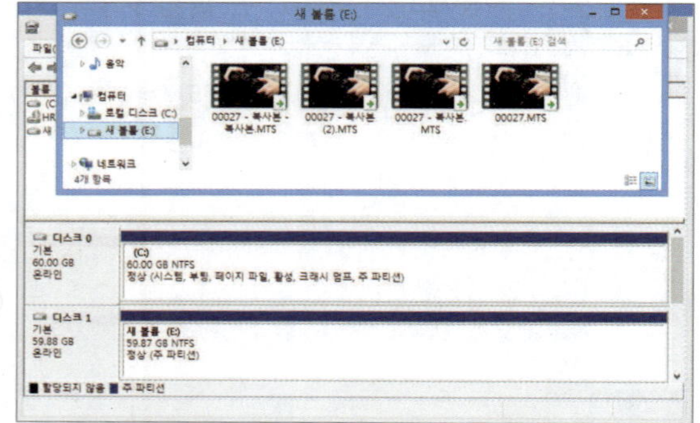

> **■ 하드디스크 파티션 병합 동영상 주소 및 QR코드**
> 주소 : http://youtu.be/Yn5DedtY7rY
> 줄임 주소 : http://goo.gl/S77Zs
>
> 

17 하드디스크 파티션 분할하기

하드디스크를 파티션 분할 없이 사용하기도 하는데, 문제가 발생하면 저장된 데이터를 몽땅 날리는 상황이 생길 수 있습니다. 그러니 가능하면 파티션을 분할해서 데이터를 관리하는 게 좋습니다. 윈도우 8에서는 하드디스크의 데이터 손실 없이 파티션을 분할할 수 있는 기능을 제공하는데, 지금부터 알아봅니다.

1 ■+X 키를 누르고 [디스크 관리] 메뉴를 클릭합니다. 디스크 관리 창을 열면 디스크 1의 파티션이 1개로 되어 있습니다. 이것을 파티션 2개로 분할해 보겠습니다. 디스크 1의 파티션에서 마우스 오른쪽 버튼을 누른 뒤 [볼륨 축소] 메뉴를 클릭합니다.

2 드라이브의 볼륨을 축소하는 창이 나타납니다. 축소할 공간(MB)을 입력하면 자동으로 남은 공간의 크기를 계산합니다. 즉, 새로 만들 파티션의 크기를 지정합니다(여기서는 20480(20GB)를 설정했습니다). 〈축소〉 버튼을 누릅니다.

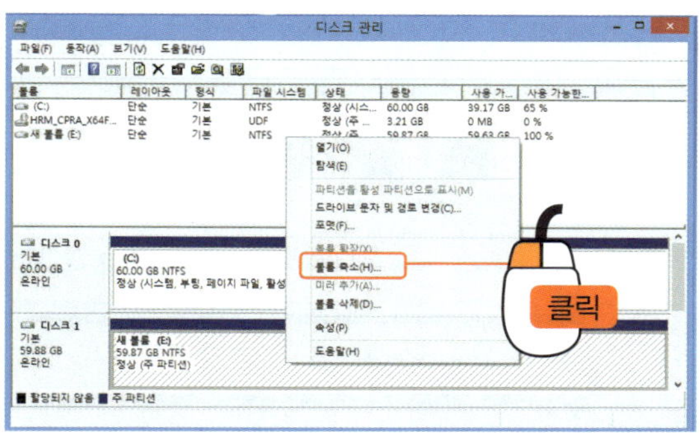

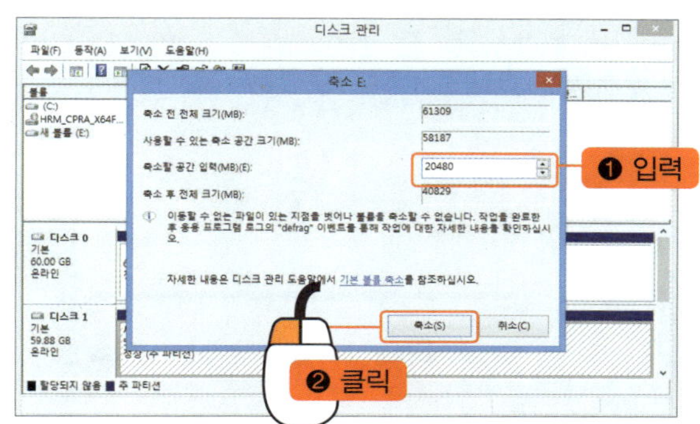

3 디스크 1에 E드라이브의 공간이 줄어들고 대신 20GB의 할당되지 않은 공간이 새로 생겼습니다. 할당되지 않은 공간에서 마우스 오른쪽 버튼을 눌러 [새 단순 볼륨] 메뉴를 클릭합니다.

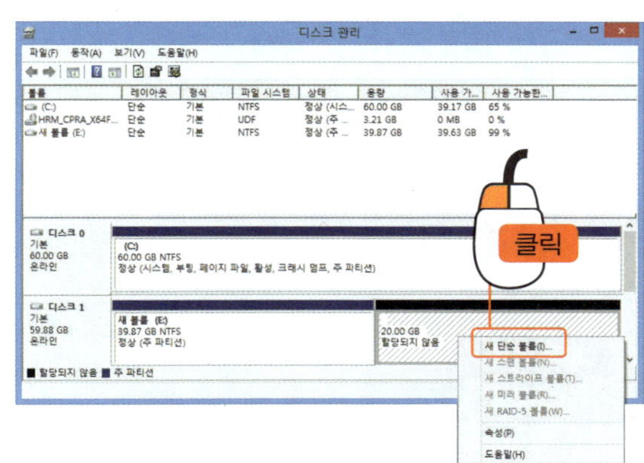

4 [단순 볼륨 만들기 마법사] 대화상자가 나타나면 〈다음〉 버튼을 누릅니다. 파티션 크기를 지정하고 〈다음〉 버튼을 누릅니다.

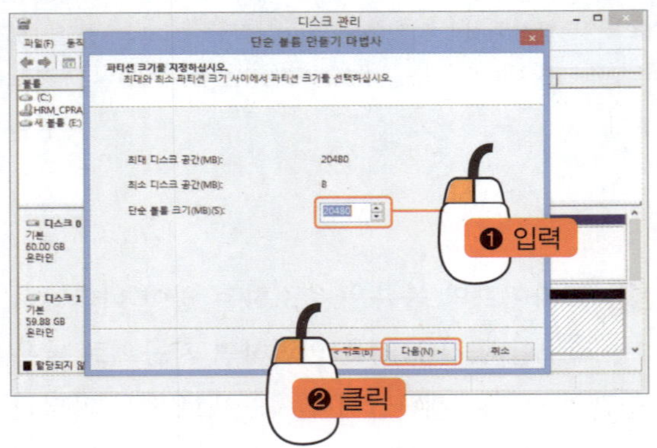

5 드라이브 문자 또는 경로를 할당하는 화면에서 〈다음〉 버튼을 누릅니다. 파티션 포맷 화면에서 〈다음〉 버튼을 누릅니다. 다음 화면에서 〈마침〉 버튼을 눌러 [단순 볼륨 만들기 마법사] 대화상자를 닫습니다.

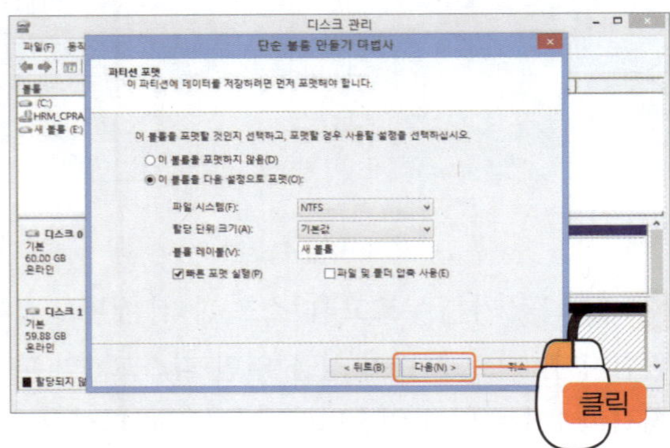

6 디스크 1의 파티션이 1개에서 2개로 분할되었습니다.

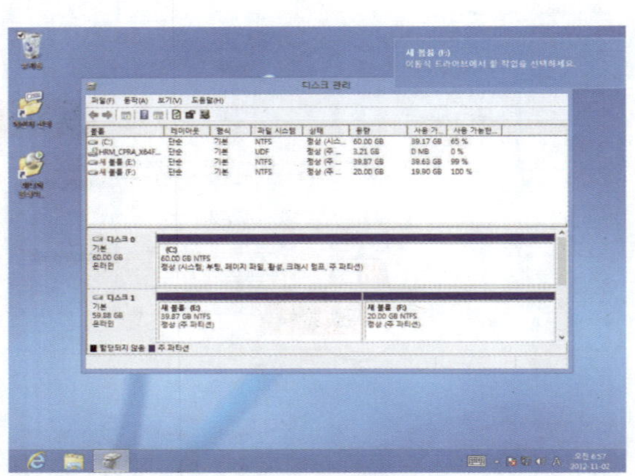

7 해당 드라이브를 열어보면 파일 손상 없이 파티션이 분할된 것을 확인할 수 있습니다.

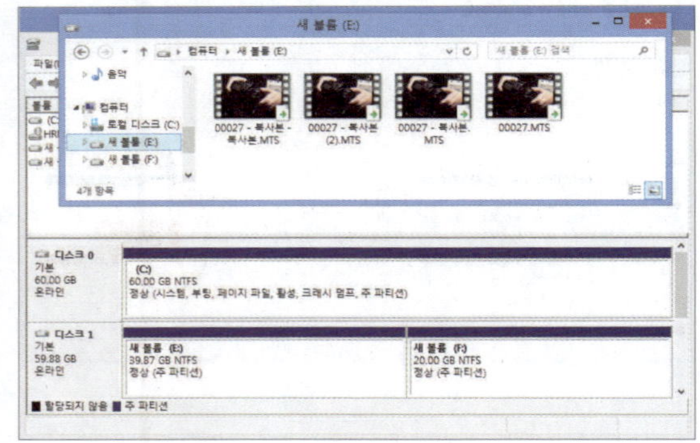

■ 하드디스크 파티션 분할 동영상 주소 및 QR코드

주소 : http://youtu.be/JXNiq9WJcuw
줄임 주소 : http://goo.gl/9Y5Jm

18 드라이브 문자 변경하기

디스크 관리 기능을 이용해 하드디스크의 파티션을 분할하면, 하드디스크 이름이 알파벳 순서대로 지정됩니다. 이 이름을 사용자 임의대로 바꿀 수 있습니다. 드라이브 문자명을 변경하여 원하는 문자로 셋팅하는 방법을 배워봅니다.

1 컴퓨터 폴더를 열면, 보통은 하드디스크 이름이 C드라이브, E드라이브, DVDRW D드라이브로 지정되어 있습니다. 이것을 C드라이브, D드라이브, DVDRW E드라이브로 변경해 보겠습니다. 디스크 관리 창을 엽니다.

2 DVDRW에서 마우스 오른쪽 버튼을 누른 뒤 [드라이브 문자 및 경로 변경] 메뉴를 클릭합니다. 드라이브 문자 및 경로를 변경하는 창에서 〈변경〉 버튼을 누릅니다.

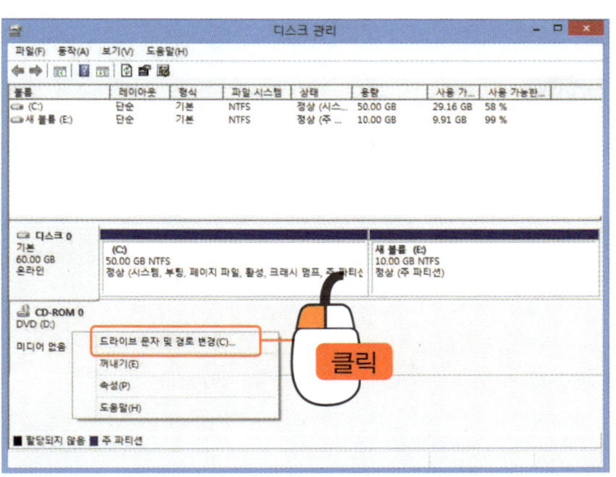

3 드라이브 문자 할당을 F드라이브 이상의 드라이브 문자로 변경합니다(여기서는 'Z'로 변경했습니다). 〈확인〉 버튼을 누릅니다.

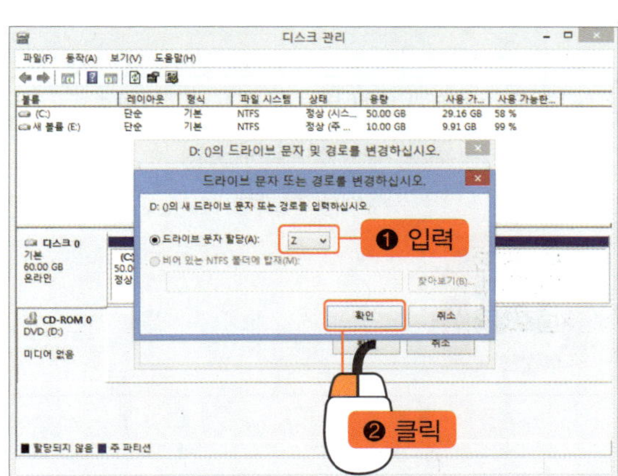

4 드라이브 문자를 변경하면 문제가 될 수 있다는 경고 창이 나타나면 〈예〉 버튼을 눌러 무시합니다. 드라이브 문자가 변경되었습니다.

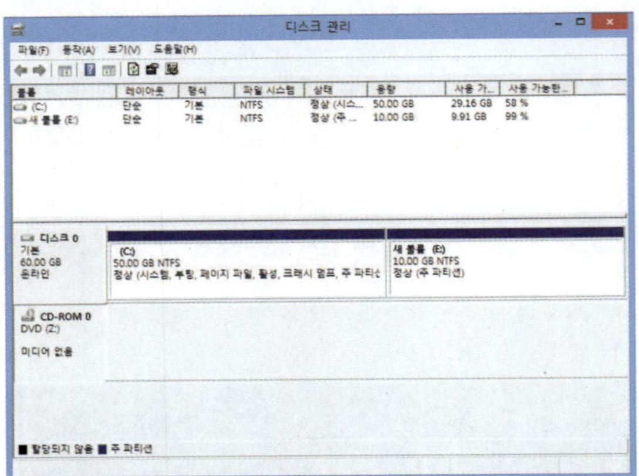

5 다시 **2**~**4**의 과정을 반복해 이번에는 E 드라이브의 이름을 비어 있는 'D'로 지정합니다.

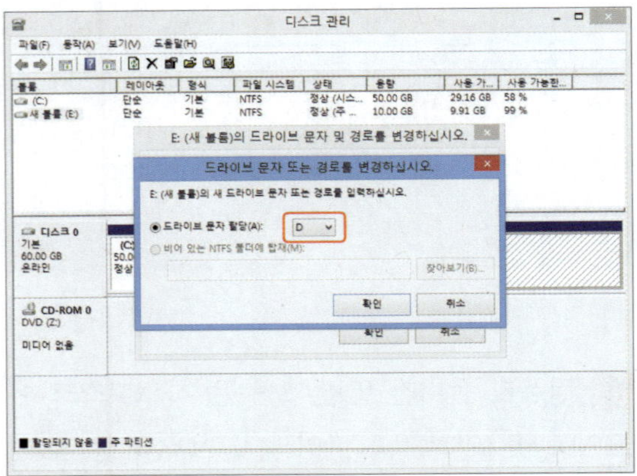

6 마지막으로 DVDRW의 이름을 'E'로 지정합니다.

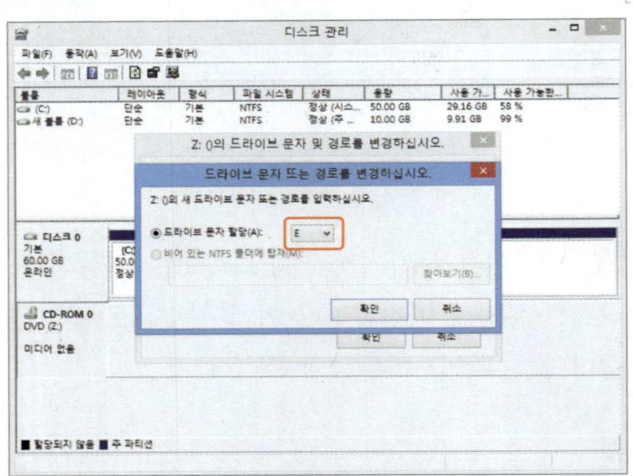

7 하드디스크의 이름이 다음과 같이 변경되었습니다.

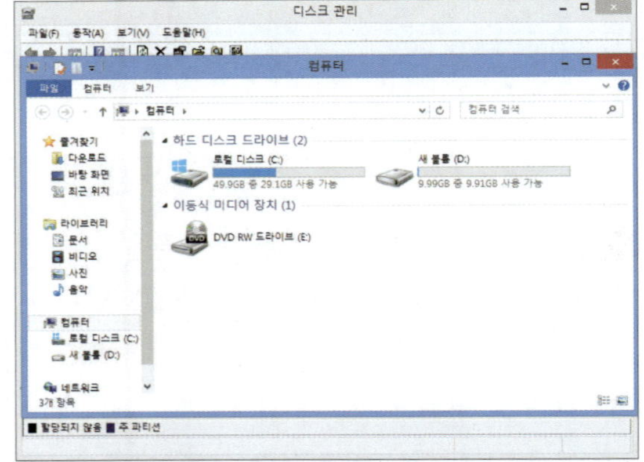

■ **드라이브 문자 변경 동영상 주소 및 QR코드**

주소 : http://youtu.be/eylBZCC_qp0

줄임 주소 : http://goo.gl/NpiAE

TIP

드라이브는 같은 이름을 사용할 수 없습니다. 이 때문에 드라이브 순서를 바꾸려고 여러 번 이름을 바꾸는 과정을 반복한 것입니다.

19 전원 옵션 설정으로 전력 아끼기

컴퓨터에서 전력을 아낄 수 있는 방법은 크게 두 가지로, 사용하지 않을 때 모니터 끄기와 하드디스크 끄기가 그것입니다. 장시간 사용하지 않을 때는 대기 모드로 컴퓨터를 절전할 수 있습니다. 이 모든 설정은 전원 옵션에서 가능합니다.

1 ■+X 키를 누르고 [전원 옵션] 메뉴를 클릭합니다.

2 전원 옵션 창이 나타납니다. '기본 전원 관리 옵션' 항목에서는 전원과 성능 사이의 균형을 자동으로 조절하거나 최저 전원으로 조절할 수 있습니다. '추가 전원 관리 옵션 표시' 항목의 ⊙을 클릭하면 고성능 옵션도 설정할 수 있습니다.

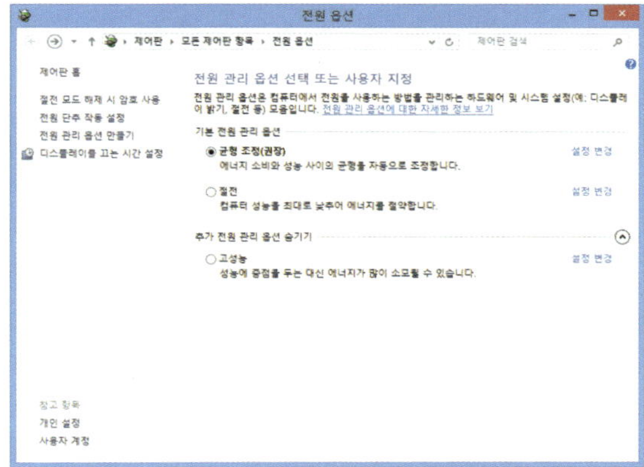

3 '균형 조정(권장)' 오른쪽에 있는 〈설정 변경〉 버튼을 누릅니다. 지정한 시간 동안 아무런 작업도 하지 않으면 화면을 끕니다. 그러나 동영상을 플레이할 때는 작업하지 않아도 화면이 꺼지지 않습니다. '고급 전원 관리 옵션 설정 변경'을 클릭합니다.

4 [전원 옵션]-[고급 설정] 탭에서 '하드 디스크-다음 시간 이후에 하드 디스크 *끄기*-설정'을 클릭해 하드디스크가 꺼지는 시간을 조정합니다. 지정한 시간 동안 아무런 작업도 하지 않으면 자동으로 하드디스크를 끕니다. 시간을 너무 짧게 설정하면 전원 OFF/ON을 너무 자주 반복해서 하드디스크에 무리를 줄 수 있습니다.

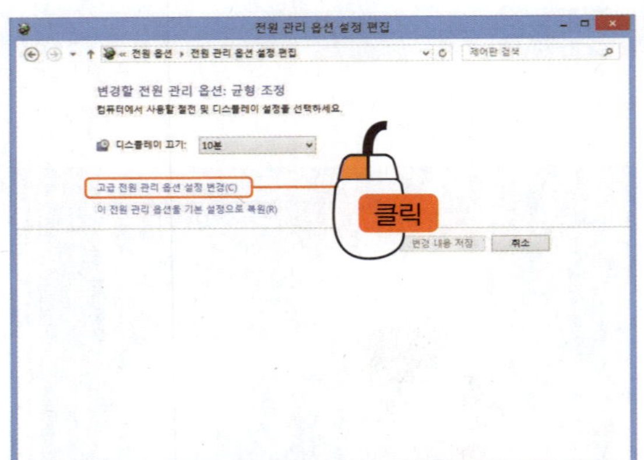

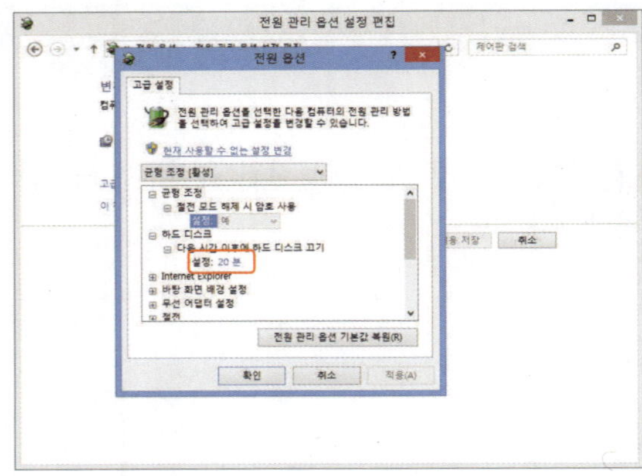

 | **전원 버튼을 눌러 시스템 종료하기**

[전원 옵션] 대화상자에서 본체의 전원 버튼을 누르면 시스템이 바로 종료하도록 설정할 수 있습니다.

❶ 전원 옵션 창에서 '전원 단추 작동 설정'을 클릭합니다.

❷ 시스템 설정 창에서 '전원 단추 설정-전원 단추를 누를 때' 항목이 '시스템 종료'로 설정되어 있는지 확인합니다.

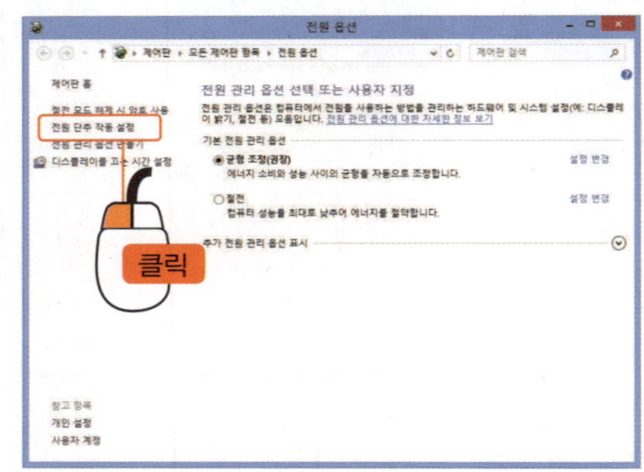

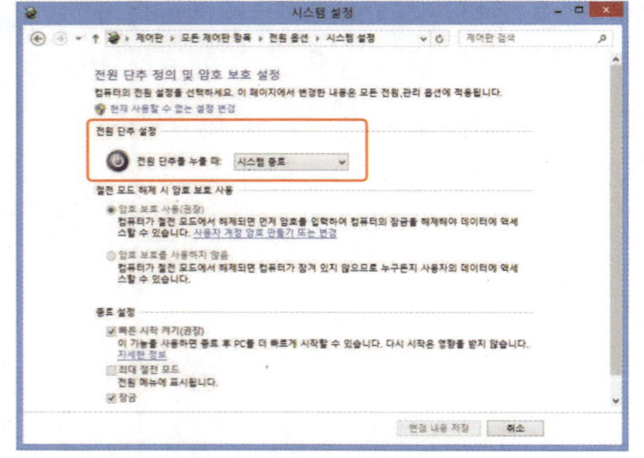

Chapter 14
윈도우 8 고급 기능 살펴보기

윈도우 8 고급 기능을 이용하면 윈도우 8을

사용하다 생긴 어려운 문제점을 해결할 수 있습니다.

이 장에서는 윈도우 8 고급 기능 외에

윈도우 8을 설치하는 다른 방법도 알아봅니다.

이외에도 알아두면 좋은 윈도우 8 팁도 소개합니다.

01 윈도우 8 USB로 설치하기

USB 메모리를 이용해 윈도우 8을 설치할 수 있는데, CD를 이용하지 않으므로 몇 가지 장점이 있습니다. USB 메모리로 설치하는 것이기에 ODD가 없는 넷북이나 노트북에서도 설치가 가능하고, CD로 설치할 때보다 속도도 조금 더 빠릅니다. 윈도우 8 운영체제를 자주 설치한다면 이 방법이 더 편리합니다.

1 바탕화면의 작업 표시줄에서 '인터넷 익스플로러 10' 아이콘 을 클릭합니다. 주소표시줄에 http://goo.gl/t8tSN을 입력하고 Enter 키를 누릅니다.

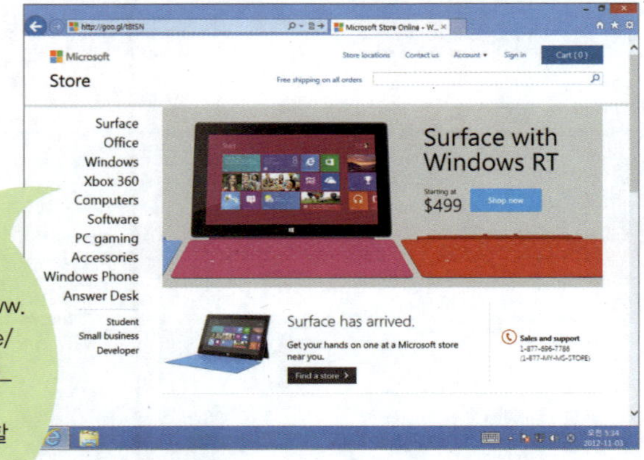

http://goo.gl/t8tSN은 마이크로소프트 스토어의 줄임 주소로, 실제 주소는 http://www.microsoftstore.com/store/msstore/html/pbPage.Help_Win7_usbdvd_dwnTool처럼 깁니다. 긴 주소를 입력하다 보면 실수로 잘못 입력할 수 있기에 주소 줄임 서비스를 이용한 것입니다.

2 마이크로소프트 스토어의 Windows 7 USB/DVD Download tool 웹페이지로 바로 이동합니다. 화면 오른쪽의 스크롤바를 아래로 내려 붉은색 링크 'Windows 7 USB/DVD Download tool'을 클릭합니다.

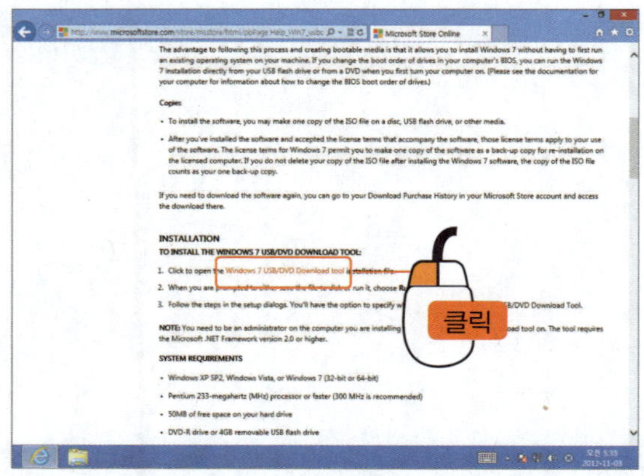

3 화면 아래쪽에 다운로드 창이 나타나면 〈실행〉 버튼을 누릅니다. [Windows 7 USB/DVD Download Tool Setup] 대화상자가 나타나면 〈Next〉 버튼을 누릅니다.

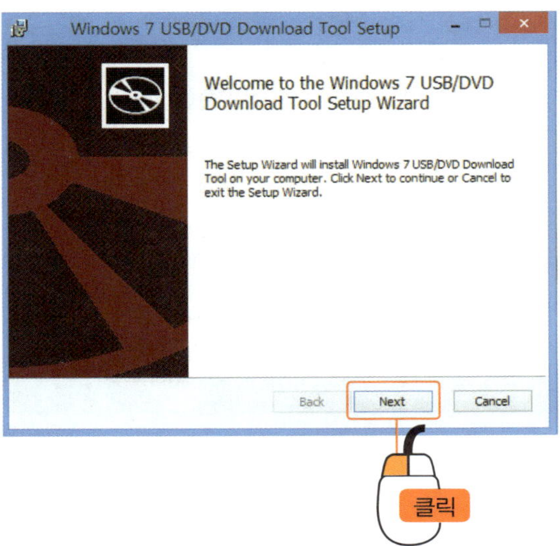

4 〈Install〉 버튼을 눌러 설치를 진행합니다. 설치가 끝나면 〈Finish〉 버튼을 눌러 창을 닫습니다.

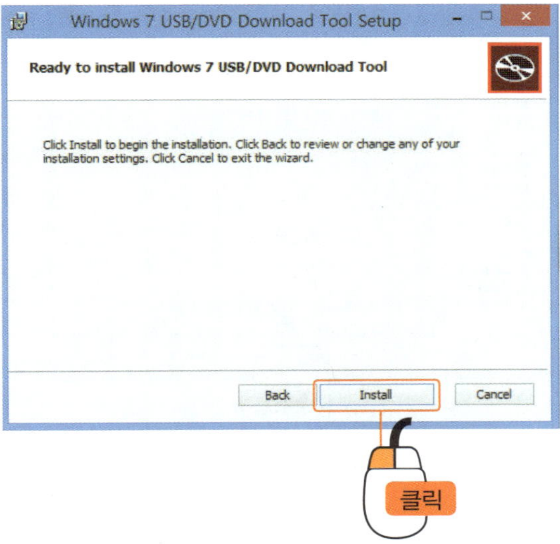

5 윈도우 8 ISO 이미지 파일을 준비하고, 용량이 4GB 이상인 USB 메모리를 컴퓨터에 연결합니다. 바탕화면에 설치된 'Windows 7 USB DVD Download Tool' 파일을 더블클릭하여 실행합니다.

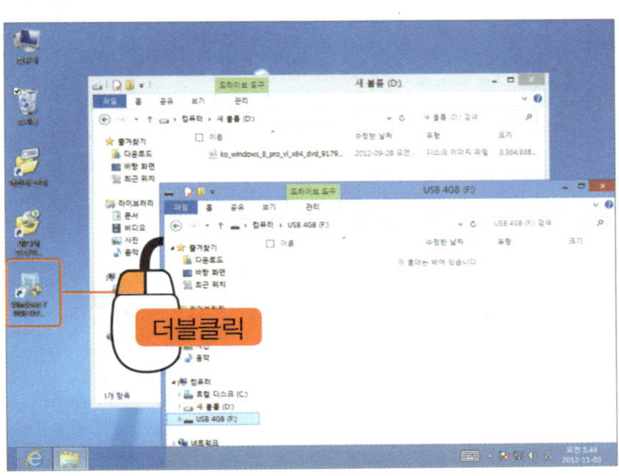

6 사용자 계정 컨트롤 경고 창이 나타나면 〈예〉 버튼을 누릅니다. WINDOWS 7 USB/DVD DOWNLOAD TOOL 창이 나타나면 〈Browse〉 버튼을 누릅니다.

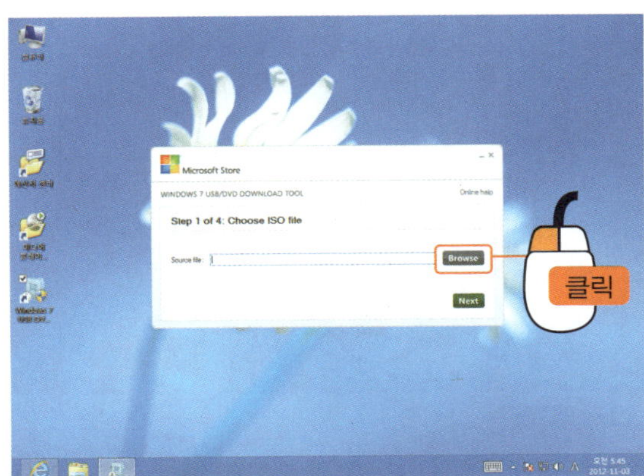

7 [열기] 대화상자에서 윈도우 8 ISO 이미지가 저장된 위치로 이동한 뒤 파일을 선택하고 〈열기〉 버튼을 누릅니다. 1단계 화면의 〈Next〉 버튼을 누릅니다.

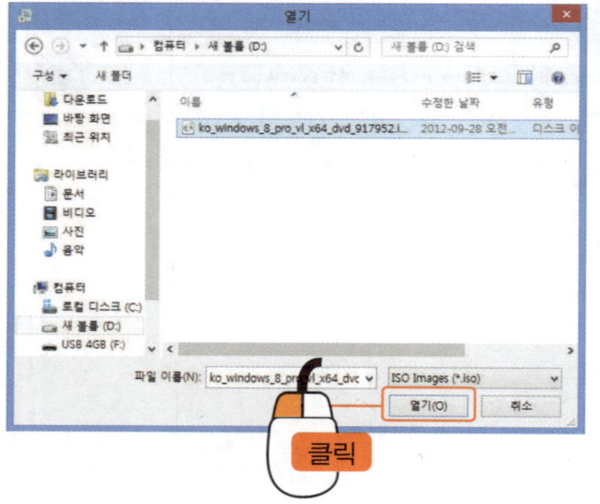

8 미디어 타입을 선택하는 2단계 화면에서 〈USB device〉 버튼을 누릅니다. 'USB device'는 USB 인터페이스의 메모리를 이용할 때, 'DVD'는 윈도우 8 이미지를 DVD로 만들 때 선택합니다.

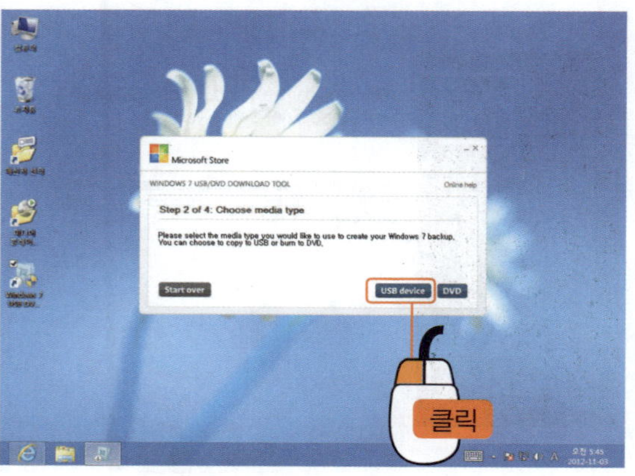

9 USB 장치를 선택하는 3단계 화면에서 USB 메모리 드라이브를 선택한 뒤 〈Begin copying〉 버튼을 눌러 복사를 시작합니다(USB 메모리에 있는 기존 파일은 모두 삭제되니 필요한 파일은 미리 백업합니다).

10 ISO 이미지를 USB 장치로 옮기는 과정이 시작됩니다. 장치에 따라서 다소 시간이 걸릴 수도 있습니다. 잠시 기다립니다.

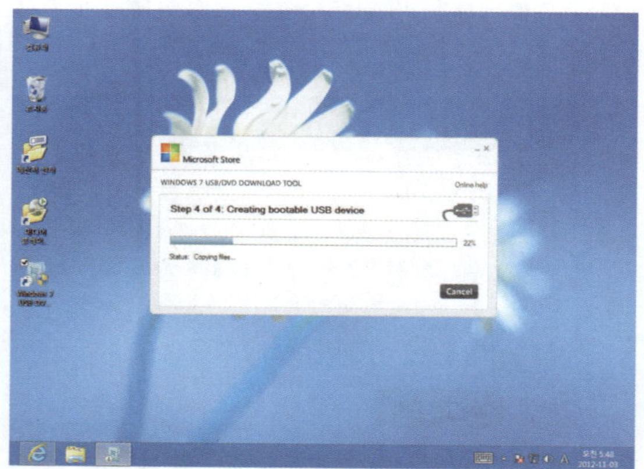

11 Bootable USB device created successfully 메시지가 나타나면 복사가 모두 끝난 것입니다. 화면 오른쪽 위의 ☒을 클릭해 창을 닫습니다.

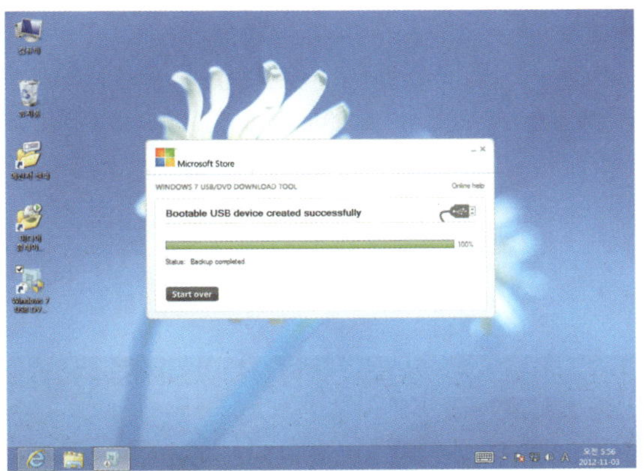

12 USB 메모리를 열면 윈도우 8 설치 파일이 생성되어 있습니다. USB 안전 제거 기능을 이용해 USB 메모리를 컴퓨터와 분리시킵니다(USB 안전 제거 기능은 249쪽을 참고합니다).

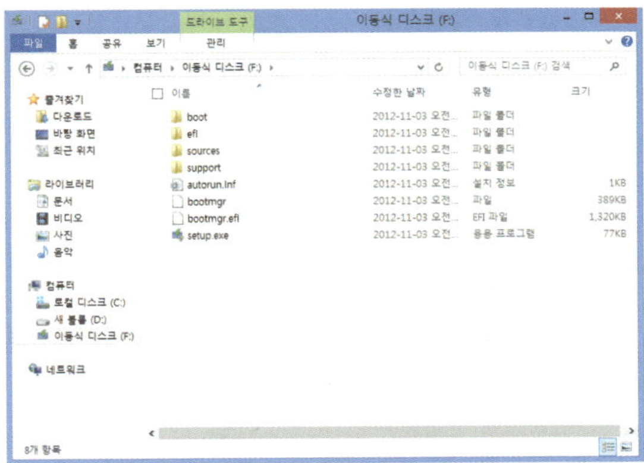

13 USB 메모리를 윈도우 8을 설치할 다른 노트북이나 컴퓨터에 연결합니다. 컴퓨터 전원을 켜고 처음 부팅 화면에서 Delete 키나 F2 키를 누릅니다. 바이오스 셋업 화면이 나타나면 [Boot] 메뉴에서 부팅 순서를 USB 메모리가 가장 먼저 부팅되도록 설정합니다(메인보드마다 셋업 화면이 다를 수 있습니다). 〈Exit〉 버튼을 클릭해 재부팅합니다.

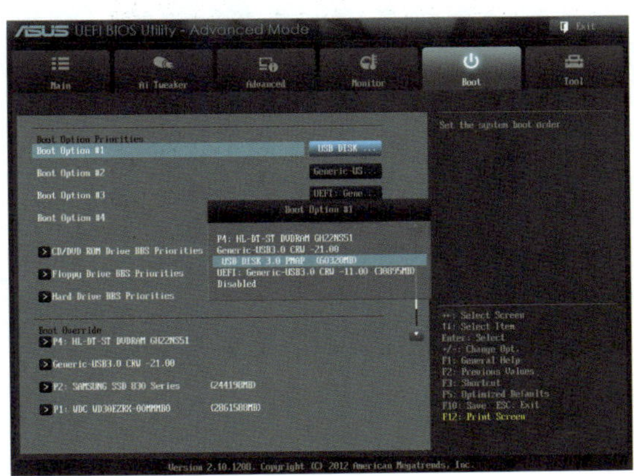

14 윈도우 8 설치 화면이 나타납니다. 〈다음〉 버튼을 눌러 설치를 진행합니다(이후 설치 과정은 25쪽을 참고합니다).

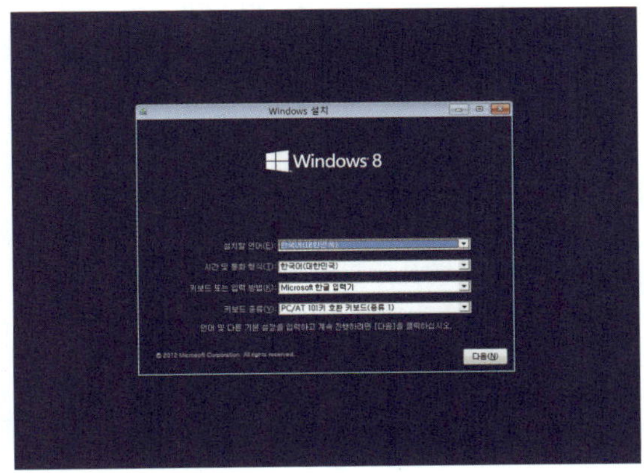

02 윈도우 8에서 윈도우 7/윈도우 XP VHD로 멀티 부팅하기

윈도우 8에서 윈도우 XP/윈도우 7도 함께 설치하여 사용할 수 있습니다. 그런데 이 때문에 하드디스크를 하나 더 추가하거나 파티션을 나눠 설치할 필요는 없습니다. 윈도우 8을 설치한 상태에서 윈도우 XP/윈도우 7을 설치하거나 윈도우 7에서 윈도우 8을 설치할 수도 있습니다. 필요하지 않을 때는 VHD를 삭제하면 원래 있던 운영체제는 변경 없이 원래 상태로 복구할 수 있습니다. VHD(Virtual Hard Disk)를 이용하여 간단히 설치하고 멀티 부팅하는 방법도 알아봅니다.

1 윈도우 8이 설치되어 있는 컴퓨터에 윈도우 7 설치 CD나 USB 메모리를 연결합니다. 바이오스 셋업 화면에서 부팅 순서를 윈도우 7 CD 또는 윈도우 7 부팅 이미지가 담긴 USB로 바꿉니다.

2 윈도우 7 설치 화면이 나타나면 〈지금 설치〉 버튼을 누르지 않고 Shift + F10 키를 누릅니다. 명령 프롬프트 창이 나타나면, 다음과 같이 입력하고 창을 닫습니다.

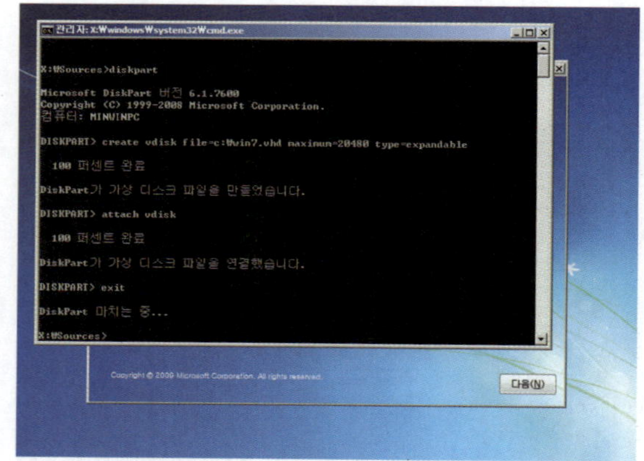

diskpart
　　설명 : diskpart 실행

create vdisk file=c:₩win7.vhd maximum=20480
type=expandable
　　설명 : c:₩win7.vhd 이름으로 가상 하드디스크
　　생성, maximum=가상 하드디스크의 크기(MB)

attach vdisk
　　설명 : 가상 하드디스크 연결

exit
　　설명 : diskpart 종료

3 〈지금 설치〉 버튼을 눌러 윈도우 7 설치를 진행합니다. Microsoft 소프트웨어 사용권 계약서 약관이 나타나면 '동의함'에 체크한 뒤 〈다음〉 버튼을 누릅니다.

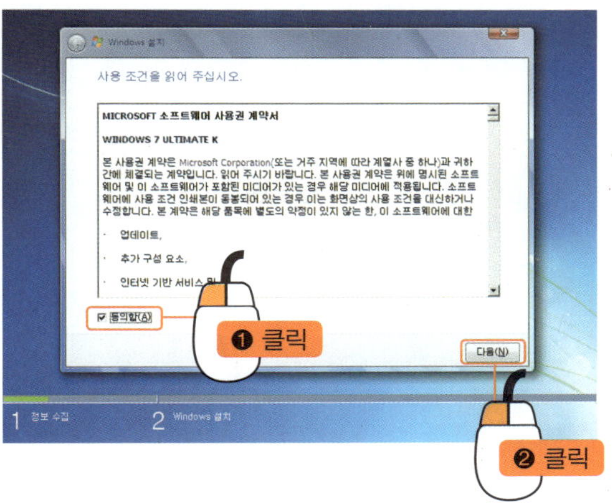

4 Windows 설치 유형을 선택하는 화면에서 '사용자 지정'을 클릭합니다.

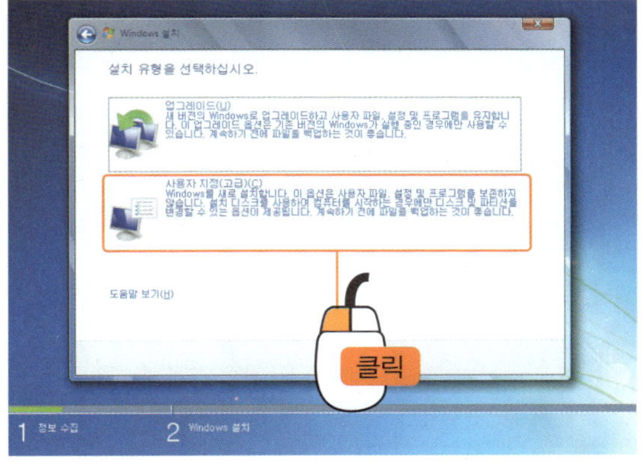

5 Windows 설치 위치를 지정하는 화면에서 할당되지 않은 공간인 가상 하드디스크 영역을 선택한 뒤 〈다음〉 버튼을 누릅니다. 윈도우 7이 가상 하드디스크에 설치됩니다.

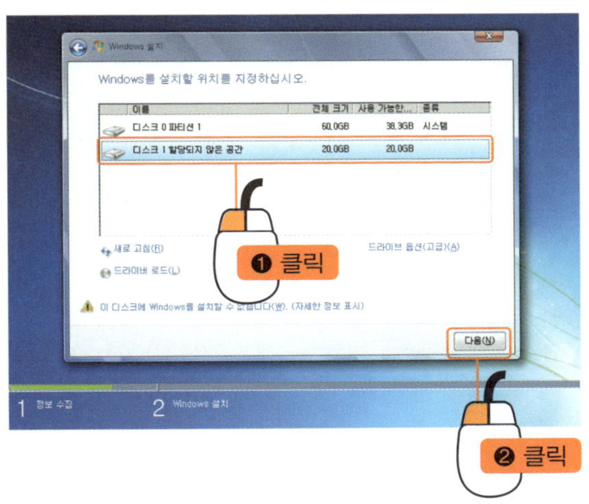

6 설치를 진행하면서 몇 번 재부팅하는 과정을 거칩니다. 이때 Windows 부팅 관리자 창이 나타나는데, 윈도우 7 설치가 완전히 끝나기 전에는 Windows 7을 선택합니다. 또는 시간이 지나면 자동으로 Windows 7로 부팅됩니다.

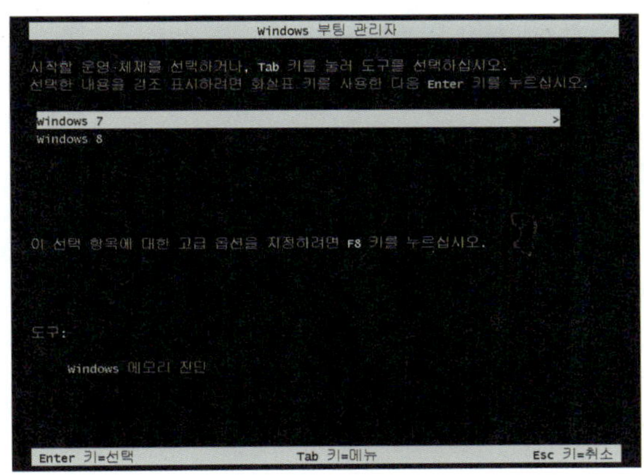

7 윈도우 7 파일을 설치하는 과정이 끝나고 계정을 설정하는 화면이 나타납니다. 사용자 이름을 입력한 뒤 〈다음〉 버튼을 누릅니다.

8 계정에 사용할 암호를 입력한 뒤 〈다음〉 버튼을 누릅니다. Windows 제품키를 입력하는 화면이 나타나면, 제품키를 입력한 뒤 〈다음〉 버튼을 누릅니다.

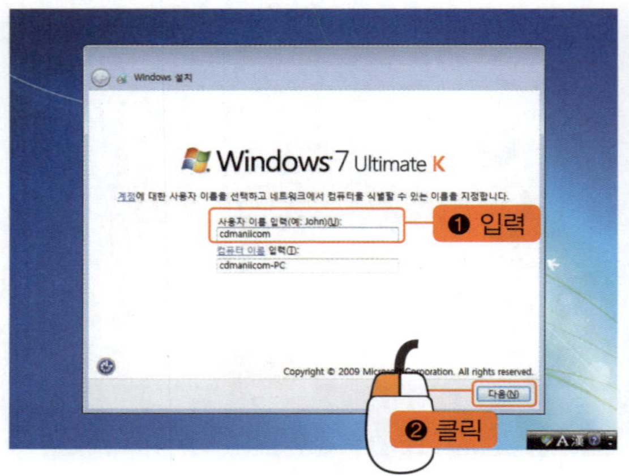

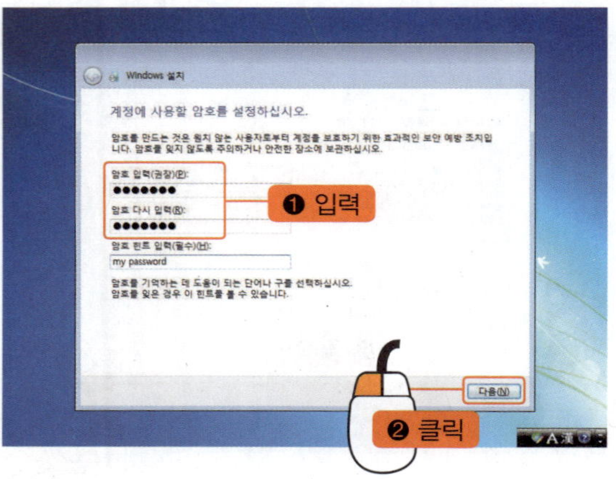

9 컴퓨터 자동 보호 및 Windows 향상 화면에서 '권장 설정 사용'을 클릭합니다. 시간 설정 화면에서 시간을 확인한 뒤 〈다음〉 버튼을 누릅니다. 컴퓨터의 현재 위치 선택 화면에서는 '홈 네트워크'를 클릭합니다.

10 윈도우 7 설치가 완료되었습니다. 컴퓨터 폴더를 보면 C드라이브(가상 하드디스크)와 D드라이브가 있는 것을 볼 수 있습니다. C드라이브는 윈도우 7이 설치된 VHD 공간이며, D드라이브는 윈도우 8이 설치된 실제 하드디스크입니다.

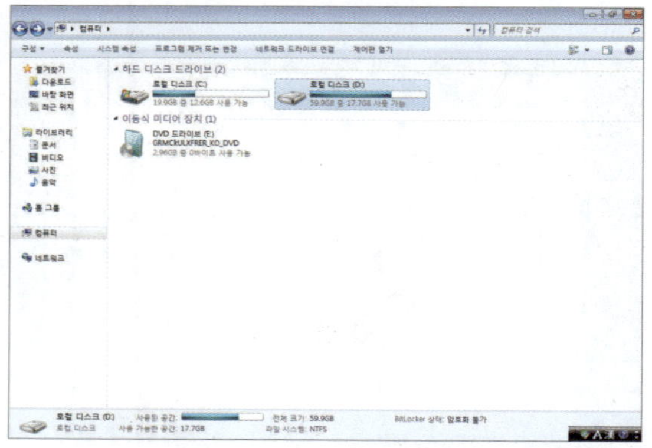

11 D드라이브의 win7.vhd 파일이 윈도우 7을 설치한 가상 하드디스크의 실제 파일 부분입니다. 윈도우 8로 다시 부팅합니다.

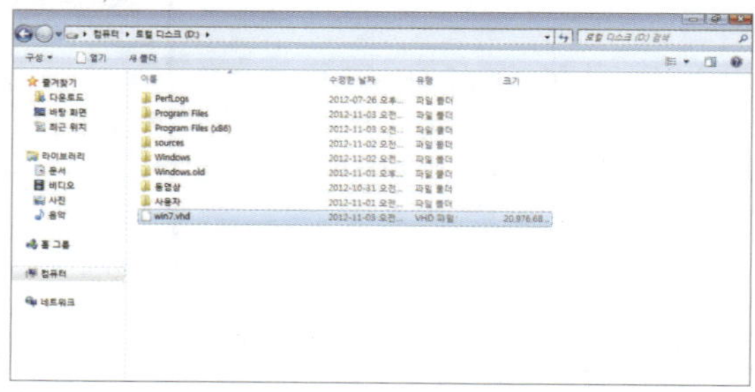

12 Windows 부팅 관리자가 나타납니다. 여기서는 부팅하고 싶은 운영체제를 윈도우 7로 해도 되고, 윈도우 8로 해도 됩니다. Windows 8을 선택하여 윈도우 8로 부팅해 보겠습니다.

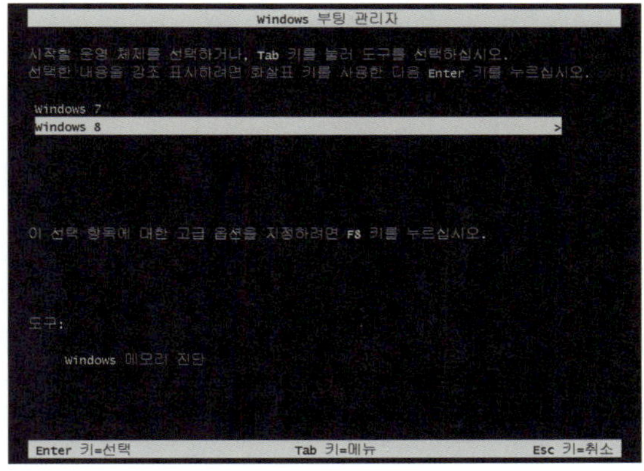

13 실제 하드디스크에 설치된 윈도우 8로 부팅 후 컴퓨터 폴더를 열면 C드라이브 1개만 보입니다. C드라이브에 보면 win7.vhd 파일이 보입니다. 이 파일이 가상 하드디스크로 윈도우 7이 설치되어 있는 파일입니다.

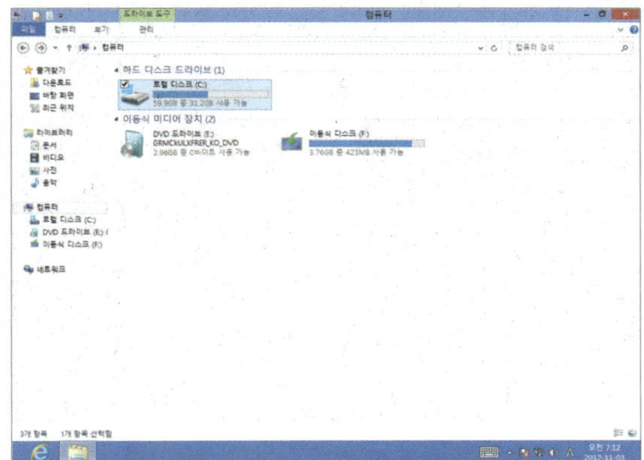

▌ VHD 삭제하기

1 VHD를 삭제할 때는 실제 하드디스크에 설치된 운영체제로 부팅해야 합니다. 실행 창(■+R 키)에서 'msconfig'를 입력한 뒤 〈확인〉 버튼을 누릅니다. [시스템 구성] 대화상자의 [부팅] 탭에서 'Windows 7 (₩Windows) : 기본 OS'를 선택한 뒤 〈삭제〉 버튼을 누릅니다.

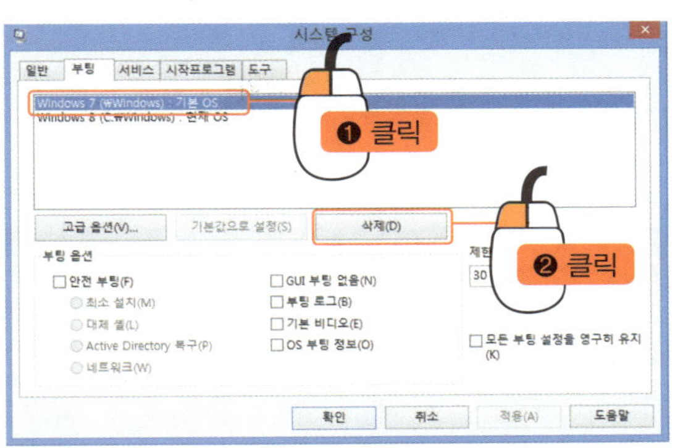

2 부팅 목록에서 Windows 7이 사라졌습니다. 〈확인〉 버튼을 누르면 시스템 구성을 변경했으니 컴퓨터를 다시 시작하라는 메시지 창이 나타납니다. 〈다시 시작〉 버튼을 누릅니다.

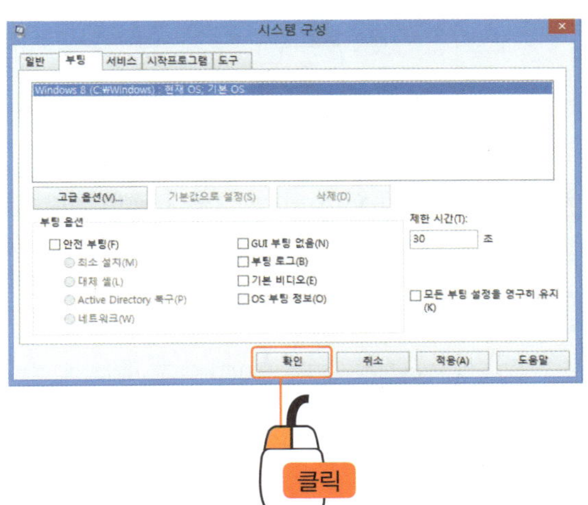

3 부팅 목록에서 Windows 7을 삭제하였으므로 Windows 부팅 관리자가 나타나지 않고 바로 윈도우 8로 부팅됩니다.

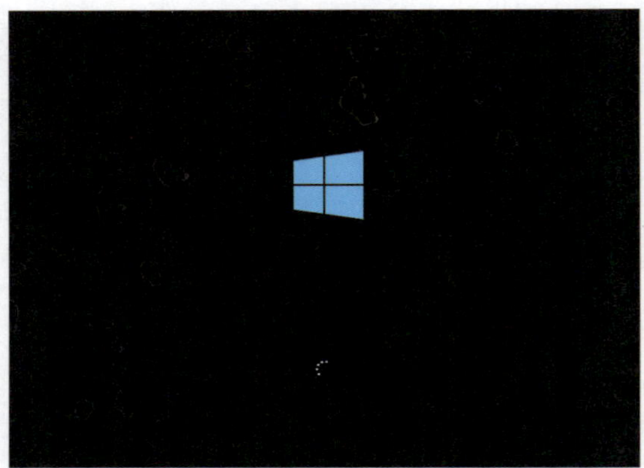

5 파일을 삭제하는데 관리자 권한이 필요하다는 메시지 창이 나타나면 〈계속〉 버튼을 누릅니다.

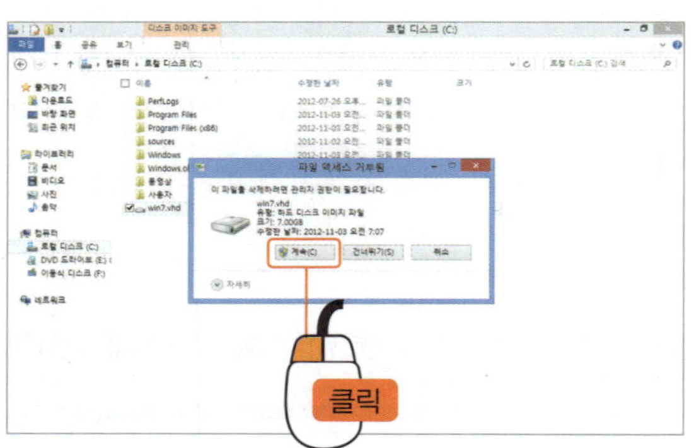

7 윈도우 7 VHD 파일이 완전히 삭제된 것을 확인할 수 있습니다.

TIP

VHD(Virtual Hard Disk)라는 용어가 조금 어렵게 느껴지나요? 쉽게 말해, 가상으로 디스크를 만들어서 쓰는 것이라고 생각하면 됩니다. ISO 파일을 더블클릭하면 마치 DVD 장치를 컴퓨터와 연결한 것처럼 보입니다. 실제로는 DVD 장치가 없는데도 말이죠. 마찬가지로 VHD도 실제로는 하드디스크가 없지만, 마치 하드디스크가 있는 것처럼 가상으로 만들어 주는 것입니다.

4 컴퓨터 폴더에서 C드라이브를 엽니다. 윈도우 7 가상 하드디스크의 실제 파일인 win7.vhd에서 마우스 오른쪽 버튼을 눌러 [삭제] 메뉴를 클릭합니다.

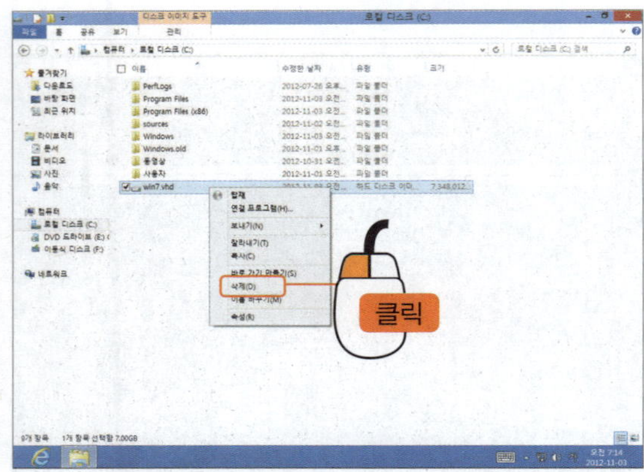

6 파일이 너무 커서 휴지통으로 이동할 수 없어 영구적으로 파일을 삭제할 것인지 묻는 메시지 창이 나타나면 〈예〉 버튼을 누릅니다.

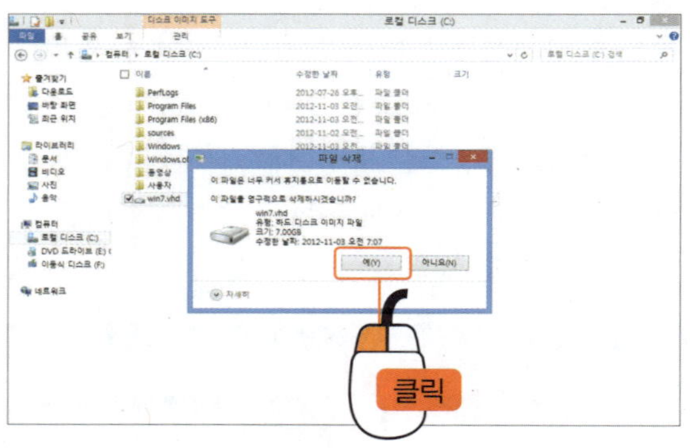

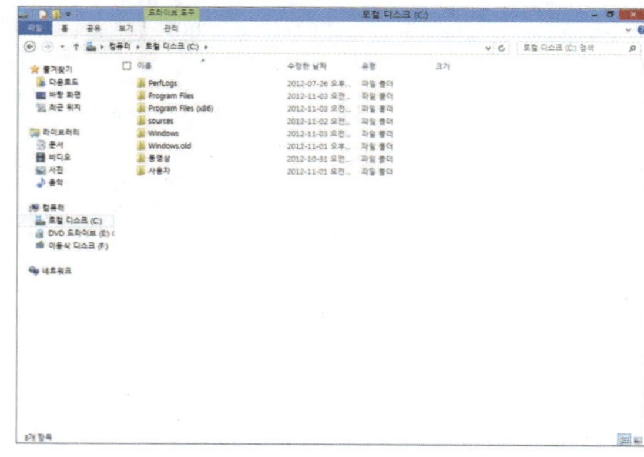

03 호환성 모드 활용하기

간혹 게임이나 프로그램을 실행시킬 때 호환성 오류가 나타나면서 정상적으로 동작하지 않을 때가 있습니다. 윈도우 8에서는 호환성 모드를 이용해 하위 운영체제 모드로 동작시킬 수 있습니다. 프로그램이 정상적으로 실행되지 않을 때 어떻게 호환성 모드를 활용할 수 있는지 알아봅니다.

1 설치나 실행 파일을 더블클릭하면 다음처럼 프로그램 호환성 관리자 창이 나타나면서 더 이상 다음 단계로 진행되지 않거나 비정상적으로 종료될 때가 있습니다.

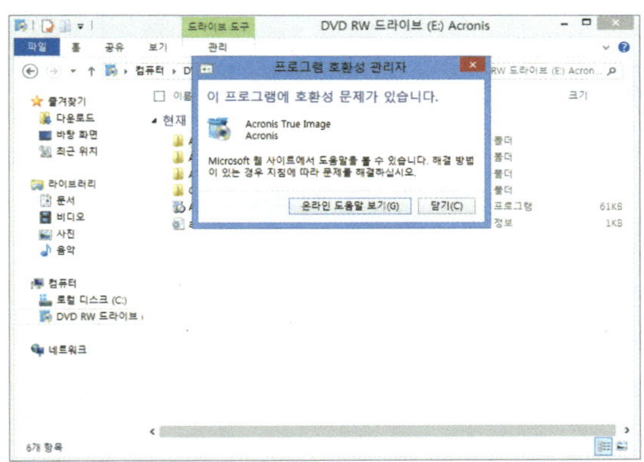

2 필자는 문제가 있는 게임 파일로 따라하기 과정을 진행해 보겠습니다. 문제가 되는 게임의 실행 파일에서 마우스 오른쪽 버튼을 누른 뒤 [속성] 메뉴를 클릭합니다.

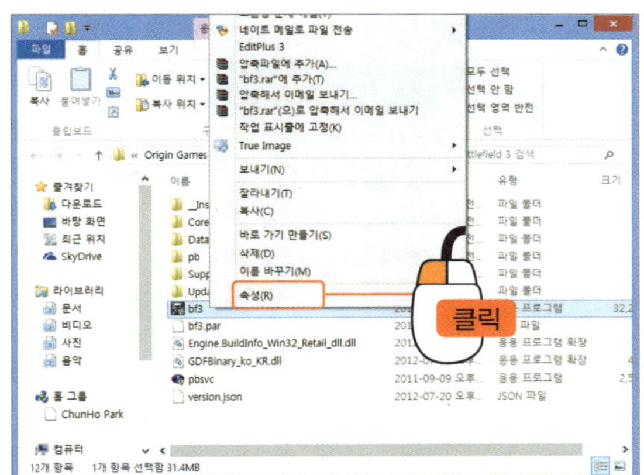

3 속성 대화상자에서 [호환성] 탭을 클릭합니다. 〈호환성 문제 해결사 실행〉 버튼을 누릅니다.

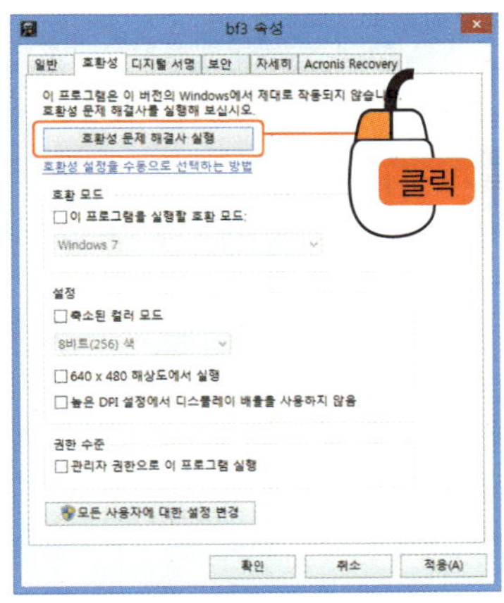

4 프로그램 호환성 문제 해결사 창이 나타나면, '권장 설정 시도'를 클릭합니다. 프로그램에 대한 호환성 설정 테스트를 마치고 적용된 내용이 나타납니다. 〈프로그램 테스트〉 버튼을 누릅니다.

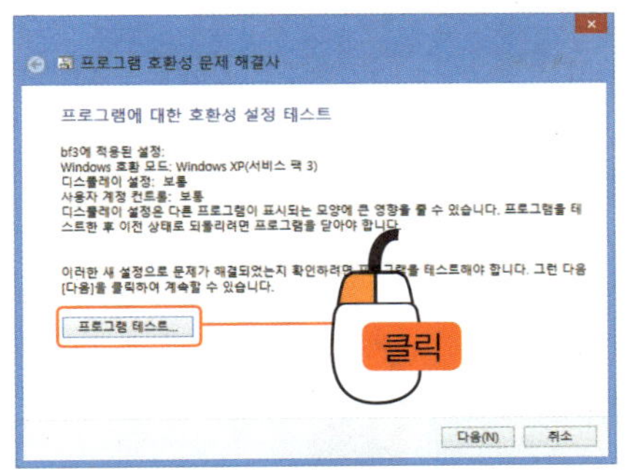

5 프로그램이 실행됩니다. 문제점을 다시 살펴봅니다.

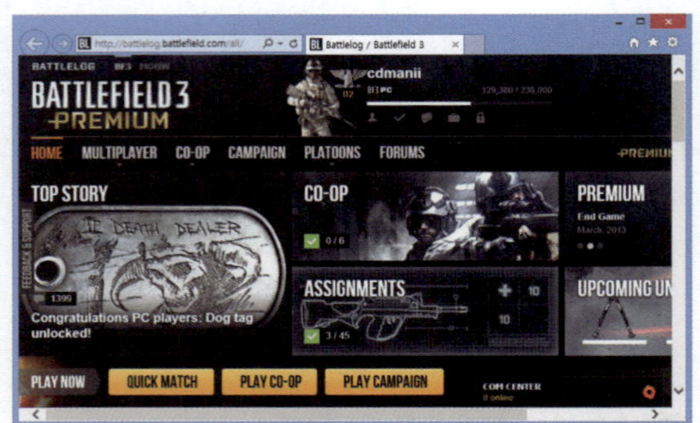

6 프로그램을 실행하는데 문제가 없다면 프로그램 호환성 문제 해결사 창으로 되돌아와 〈다음〉 버튼을 누릅니다.

7 문제 해결을 확인하는 화면에서 문제가 없다면 '예, 이 프로그램에 대한 현재 설정을 저장합니다.'를 클릭합니다.

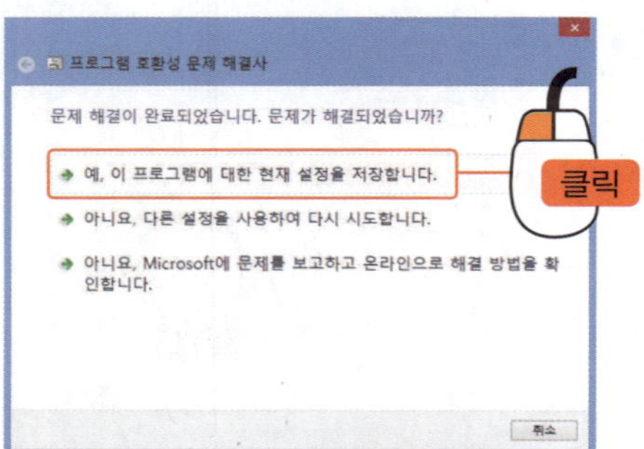

8 문제 해결 완료 화면에서 〈닫기〉 버튼을 누릅니다.

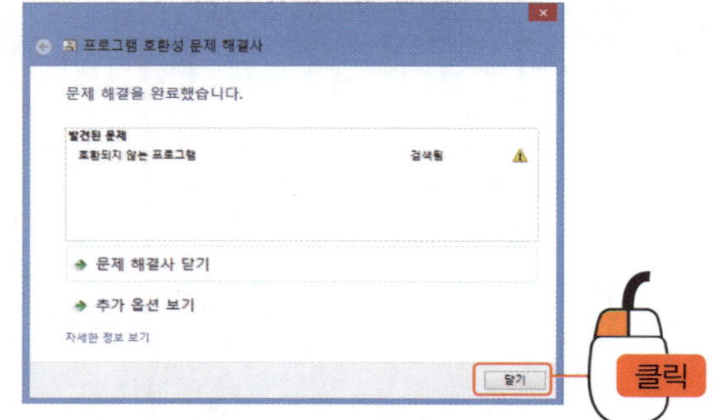

9 실행 파일의 속성 대화상자가 다시 나타납니다. 〈확인〉 버튼을 눌러 대화상자를 닫습니다. 이제부터는 파일을 실행할 때 호환성 모드로 동작하게 됩니다.

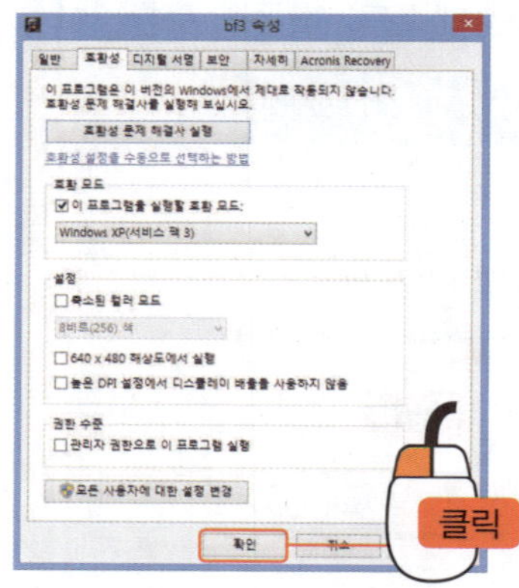

> **TIP**
>
> [호환성] 탭에서는 직접 프로그램의 실행할 호환 모드를 지정할 수 있습니다. '호환 모드' 항목에서 직접 호환할 모드를 선택한 뒤 '권한 수준' 항목에서 '관리자 권한으로 이 프로그램 실행'에 체크하면 프로그램을 관리자 모드로 실행합니다.
>
> 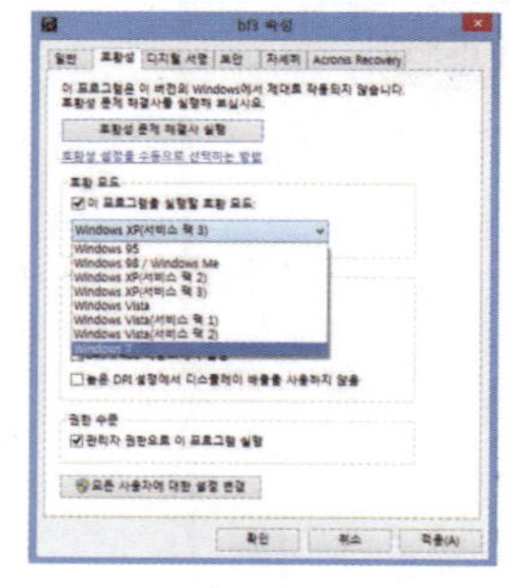

04 홈 그룹 공유하기

집에 컴퓨터를 여러 대 사용하거나 회사에서 다른 컴퓨터의 자료를 쉽게 공유하고 싶을 때 사용하는 기능이 바로 홈 그룹입니다. 홈 그룹을 설정하면 라이브러리에 있는 문서, 비디오, 사진, 음악, 프린터를 쉽게 공유하여 사용할 수 있습니다.

1 먼저 A컴퓨터에서 홈 그룹을 생성해 보겠습니다. 바탕화면의 '컴퓨터' 아이콘을 더블클릭합니다. 화면 왼쪽의 홈 그룹에서 마우스 오른쪽 버튼을 누른 뒤 [홈 그룹 설정 변경] 메뉴를 클릭합니다.

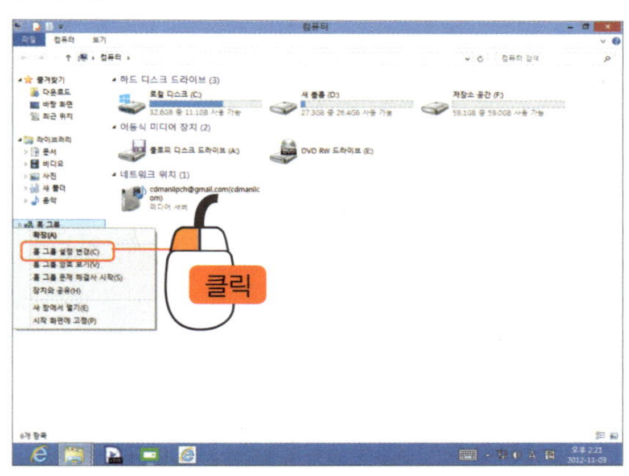

2 홈 그룹 창이 나타납니다. 〈홈 그룹 만들기〉 버튼을 누릅니다. 홈 그룹 만들기 창에서 〈다음〉 버튼을 누릅니다.

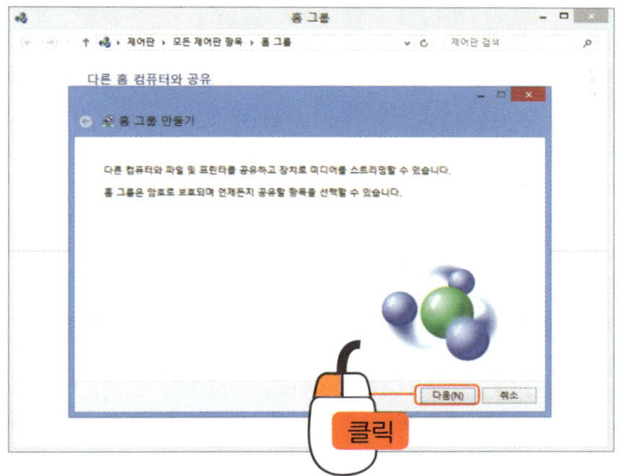

3 홈 그룹의 구성원, 공유할 파일과 장치를 선택하고 사용 권한을 설정하는 부분입니다. 라이브러리의 사진, 비디오, 음악, 문서, 프린터 및 장치를 구성원과 공유할 것인지 설정한 뒤 〈다음〉 버튼을 누릅니다.

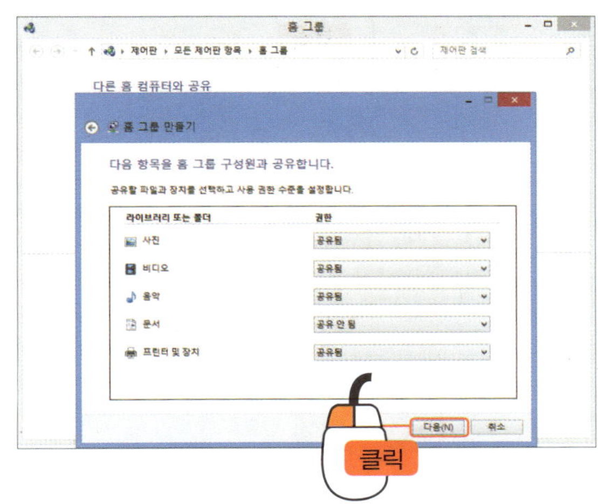

4 다른 컴퓨터에서 홈 그룹에 가입하기 위해 사용할 암호가 생성됩니다. 암호는 랜덤으로 생성됩니다. 〈마침〉 버튼을 누릅니다.

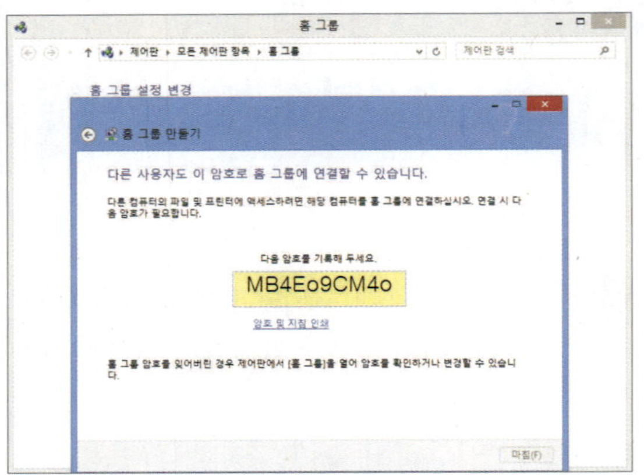

5 컴퓨터에 다른 구성원을 연결하려면 암호를 알려주어야 하는데, 생성된 암호를 보관하기 위해 '홈 그룹 암호 보기 또는 인쇄'를 클릭합니다. 홈 그룹 암호 보기 및 현재 화면에서 〈현재 페이지 인쇄〉 버튼을 누르면 암호를 출력할 수 있습니다.

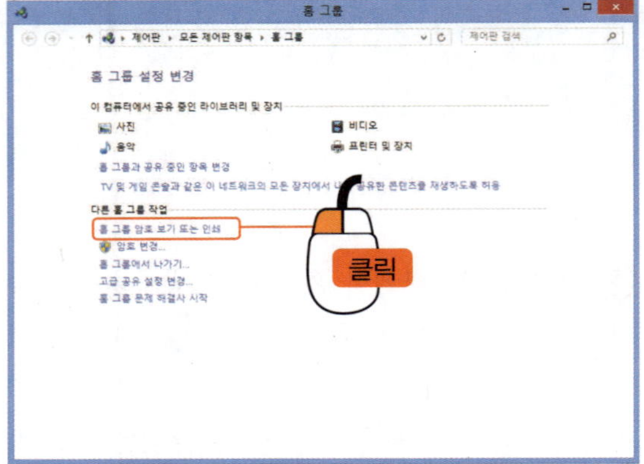

6 랜덤으로 생성한 암호는 복잡하고 길어서 외우기 어렵습니다. 좀 더 외우기 쉬운 암호로 변경하기 위해 '암호 변경'을 클릭합니다.

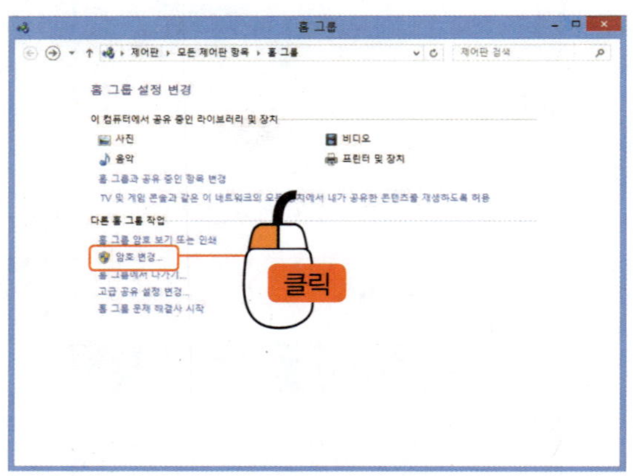

7 홈 그룹 암호 변경 창에서 '암호 변경'을 클릭합니다. 랜덤으로 생성한 암호를 지우고 새 암호를 입력한 뒤 〈다음〉 버튼을 누릅니다(자신만 아는 암호이면서 다른 구성원과 함께 할 수 있는 암호로 설정합니다).

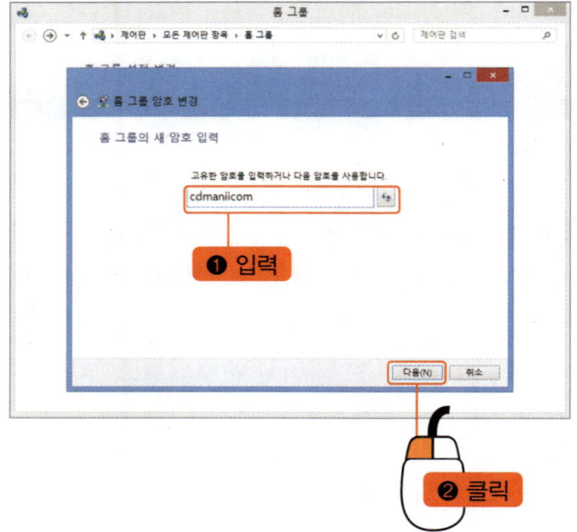

8 홈 그룹 암호가 변경되면 〈마침〉 버튼을 누릅니다. 이제는 B컴퓨터에서 A컴퓨터의 홈 그룹에 가입해야 합니다. B컴퓨터에서 컴퓨터 폴더를 열고, 홈 그룹 목록에서 [홈 그룹 설정 변경] 메뉴를 클릭합니다.

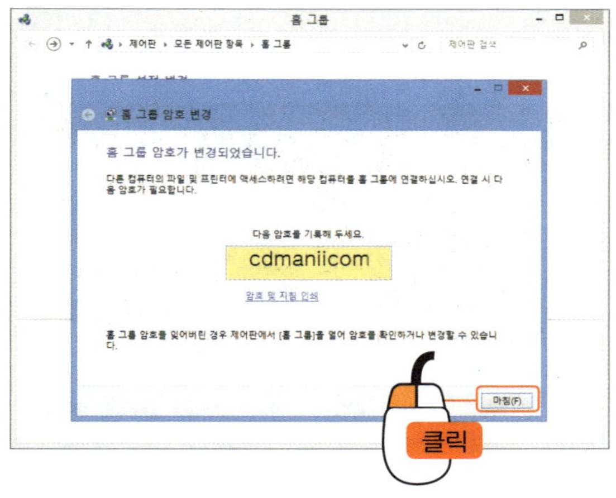

9 A컴퓨터가 홈 그룹을 만들었다는 화면이 나타납니다. 〈지금 연결〉 버튼을 누릅니다.

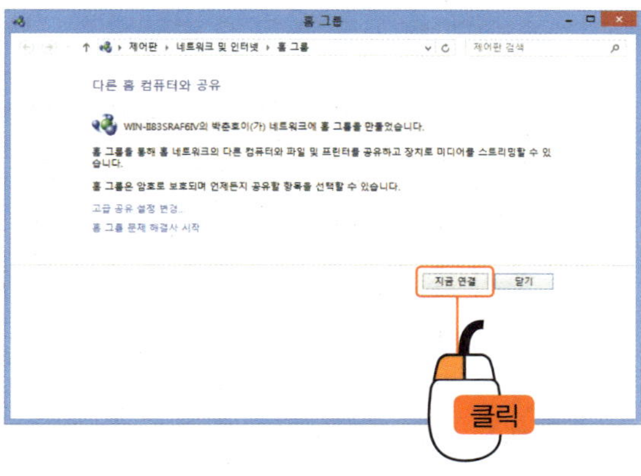

10 홈 그룹 연결을 설명하는 화면에서 〈다음〉 버튼을 누릅니다. B컴퓨터에서 공유할 파일과 장치에 권한을 지정한 뒤 〈다음〉 버튼을 누릅니다.

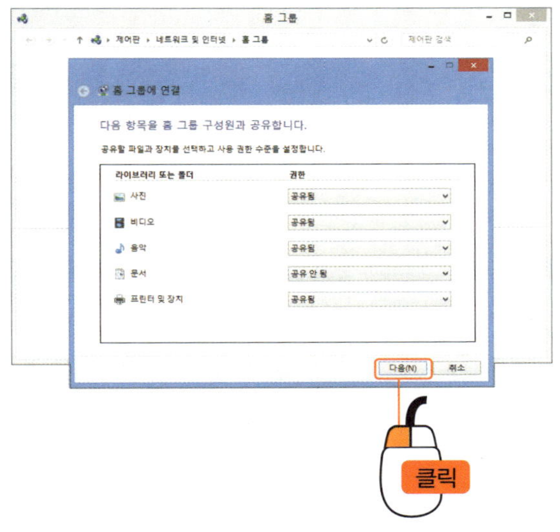

11 A컴퓨터의 홈 그룹 암호를 입력한 뒤 〈다음〉 버튼을 누릅니다. 홈 그룹에 연결되면 〈마침〉 버튼을 누릅니다.

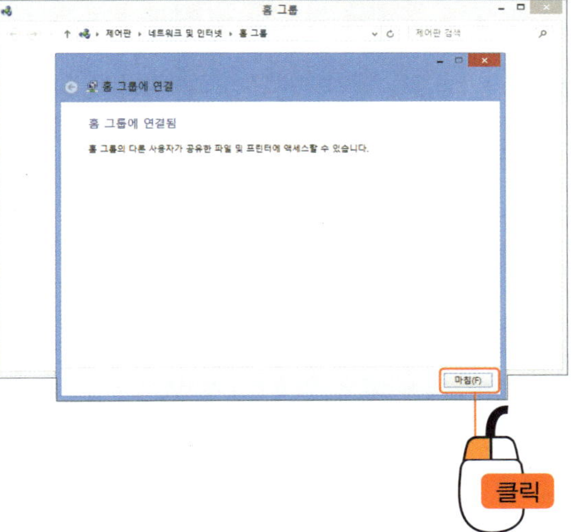

12 B컴퓨터에서 컴퓨터 폴더를 열어 화면 왼쪽에서 '홈 그룹-A컴퓨터 이름'을 클릭합니다. A컴퓨터의 공유 목록이 나타나면 공유된 폴더를 더블클릭합니다. A컴퓨터의 공유된 폴더의 내용이 보입니다.

13 파일을 열어서 볼 수 있습니다. 같은 방법으로 프린터 및 장치도 사용 가능하며, 동영상 등도 공유하여 재생할 수 있습니다.

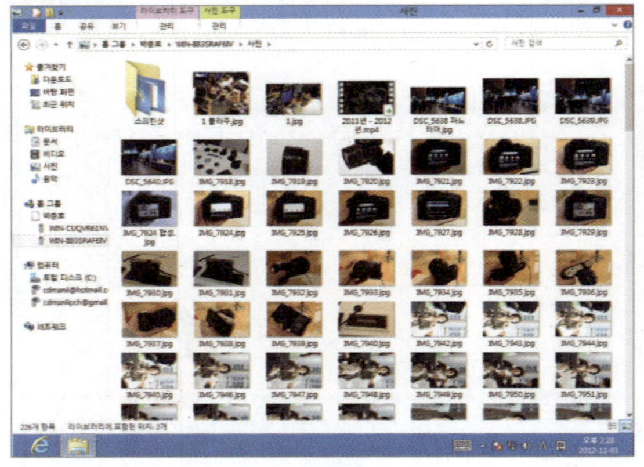

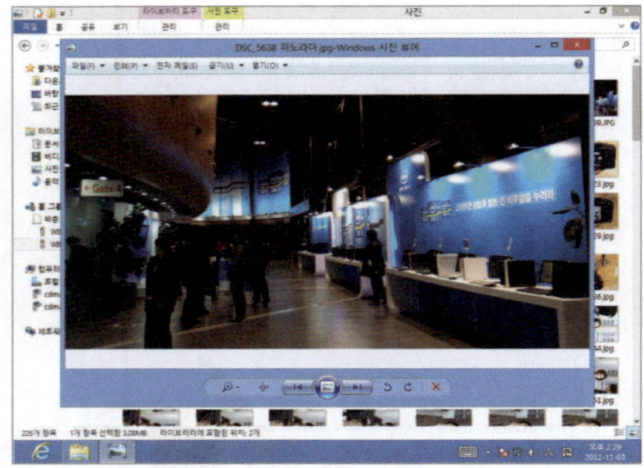

14 이번에는 A컴퓨터에서 B컴퓨터의 공유된 폴더를 열어보았습니다. 물론 같은 홈 그룹으로 묶여있어 폴더 내용을 볼 수 있습니다.

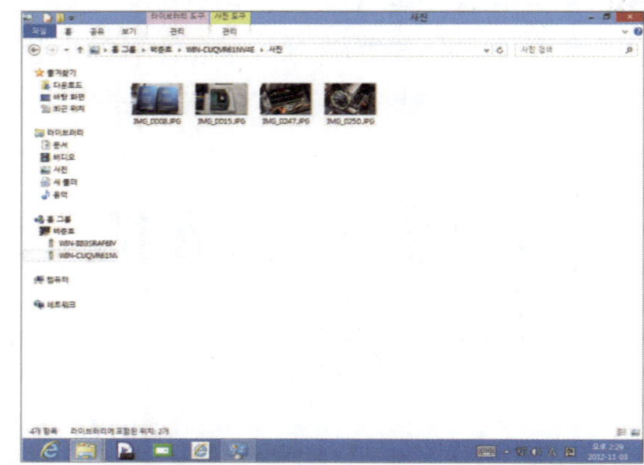

> **TIP**
>
> 홈 그룹은 그룹장이 홈 그룹을 생성하고 다른 다수의 구성원이 그룹장이 생성한 암호를 입력하여 가입하는 방식으로 운영됩니다. 암호를 알아야만 가입할 수 있으므로 보안이 높은 편입니다. 참고로 공유할 컴퓨터가 대기 모드에 있거나 꺼져 있을 때는 공유 파일을 가져올 수 없습니다. 그리고 홈 그룹은 같은 운영체제에서만 동작합니다. 예를 들어, 윈도우 8은 윈도우 8끼리만 홈 그룹으로 연결 가능합니다.

05 BitLocker 드라이브 암호화하기

BitLocker는 컴퓨터의 하드디스크를 암호화하여 분실하거나 도난당했을 때 데이터가 도용되거나 유출되지 않도록 해줍니다. 컴퓨터에 저장된 자료가 매우 중요할 때 사용하면 좋은 기능입니다. 지금부터 컴퓨터의 하드디스크를 BitLocker로 암호화하여 보호해 보겠습니다.

1 바탕화면의 '컴퓨터' 아이콘  을 더블클릭합니다. 암호화하고 싶은 하드디스크에서 마우스 오른쪽 버튼을 누른 뒤 [BitLocker 켜기] 메뉴를 클릭합니다.

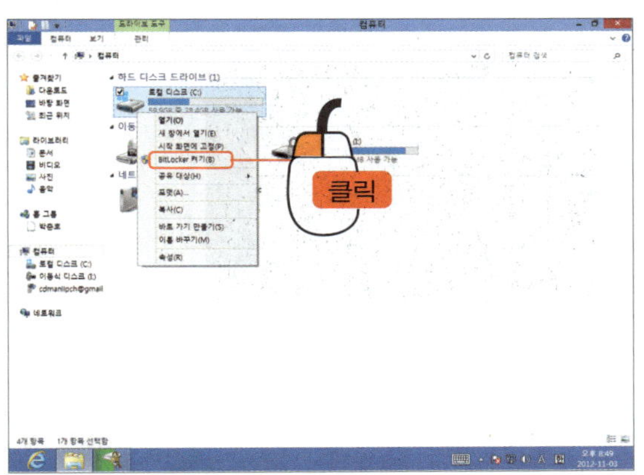

2 BitLocker를 시작하는 창에서 다음과 같은 메시지가 나타나며 더 이상 진행되지 않습니다. 일단 〈취소〉 버튼을 누릅니다.

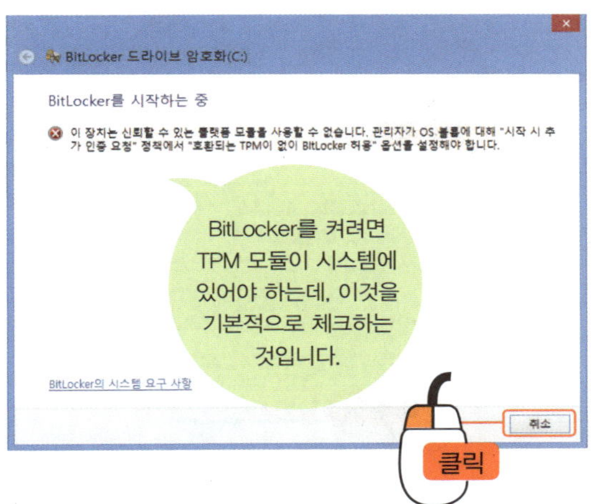

3 지금부터 더 이상 진행되지 않는 문제를 해결해 보겠습니다. ⊞+R 키를 눌러 실행 창을 엽니다. 'gpedit.msc'를 입력한 뒤 〈확인〉 버튼을 누릅니다.

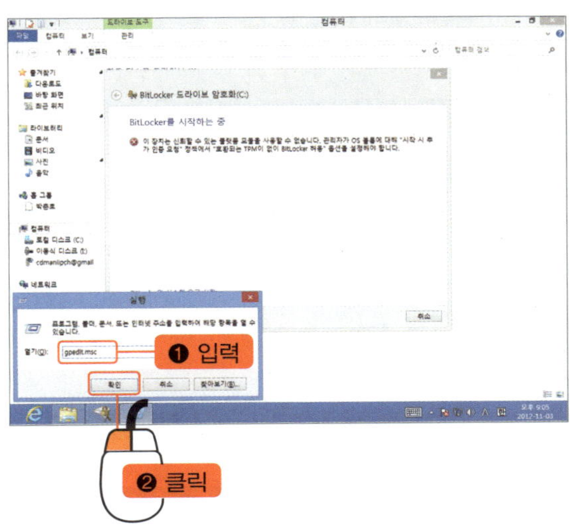

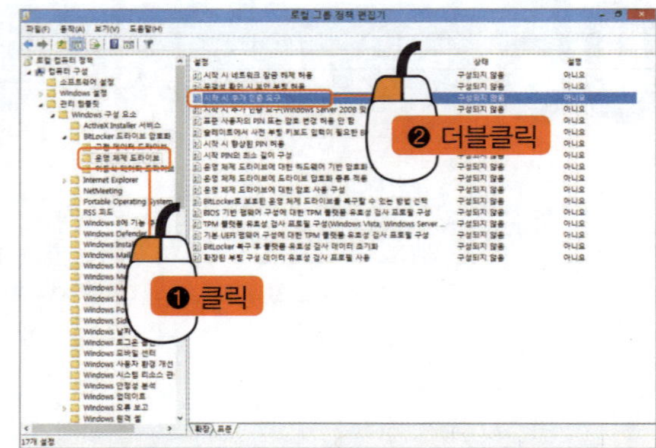

4 로컬 그룹 정책 편집기 창이 나타납니다. 왼쪽 목록에서 '로컬 컴퓨터 정책–컴퓨터 구성–관리 템플릿–Windows 구성 요소–BitLocker 드라이브 암호화–운영 체제 드라이브'를 차례로 클릭합니다. 오른쪽 화면에서 '시작시 추가 인증 요구'를 더블클릭합니다.

5 시작 시 추가 인증 요구 창에서 '사용'에 체크하고 〈확인〉 버튼을 누릅니다.

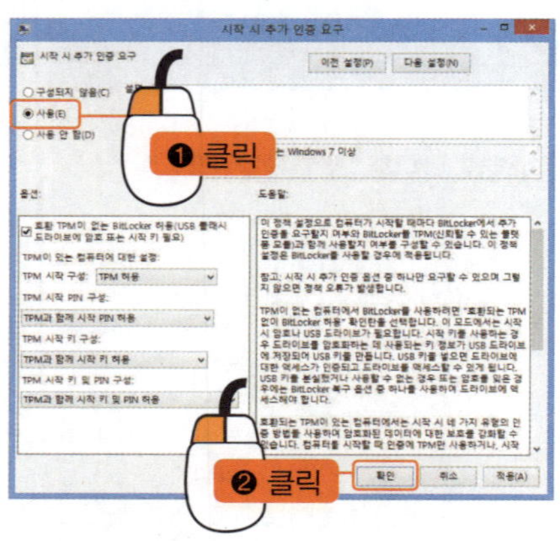

6 다시 실행 창(⊞+Ⓡ 키)을 열고, 'gpupdate /force'를 입력한 뒤 〈확인〉 버튼을 누릅니다. 잠시 기다리면 명령 프롬프트 창이 자동으로 닫힙니다. 그룹 정책이 바로 적용됩니다.

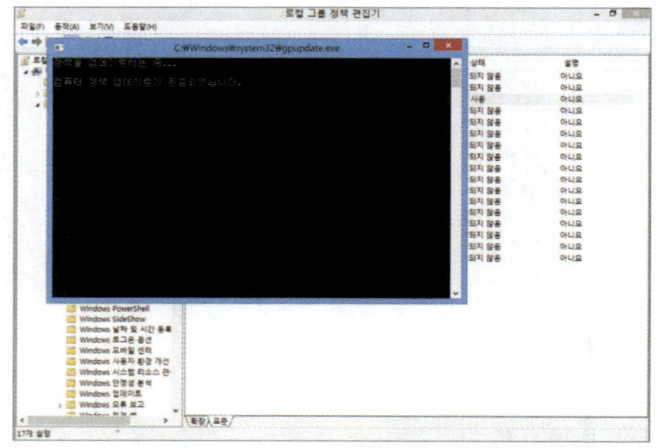

7 암호화하고 싶은 하드디스크에서 마우스 오른쪽 버튼을 눌러 [BitLocker 켜기] 메뉴를 다시 클릭합니다.

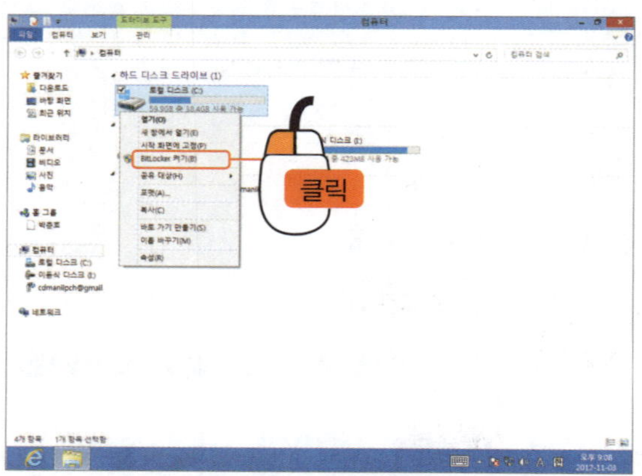

8 BitLocker 드라이브 암호화 설정 화면에서 〈다음〉 버튼을 누릅니다. BitLocker용 드라이브를 준비하는 화면이 나타나면 〈다음〉 버튼을 누릅니다.

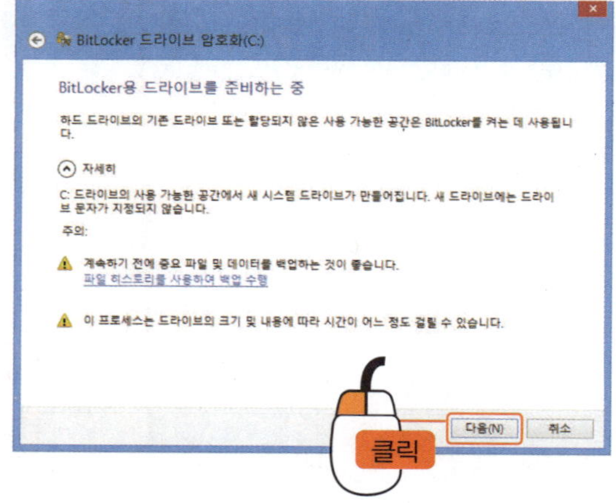

9 BitLocker용 파티션을 생성하는 중입니다. 잠시 기다리면 드라이브 준비가 완료됩니다. 〈다시 시작〉 버튼을 눌러 재부팅합니다.

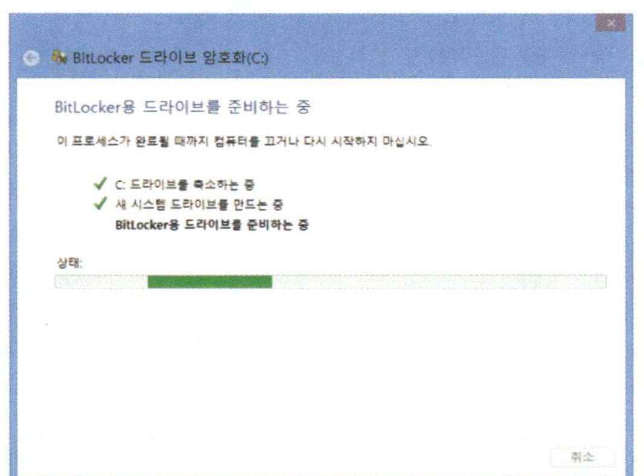

10 마지막으로 한 번 더 암호화하고 싶은 하드디스크에서 마우스 오른쪽 버튼을 눌러 [BitLocker 켜기] 메뉴를 클릭합니다. 시작 시 드라이브 잠금을 해제하는 방법을 선택하는 화면에서 〈암호 입력〉 버튼을 누릅니다. 'USB 플래시 드라이브 삽입'은 USB 메모리가 있어야 부팅할 수 있습니다.

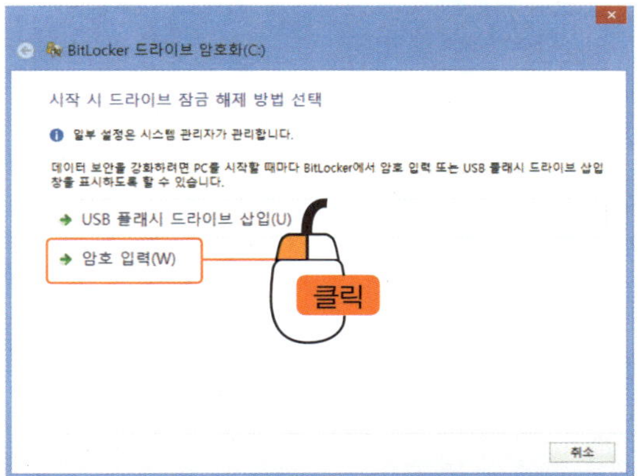

11 드라이브 잠금을 해제할 암호를 입력하고 〈다음〉 버튼을 누릅니다. 암호를 잊어버리면 복구하기 어려우니 암호는 반드시 잘 보관해 둡니다.

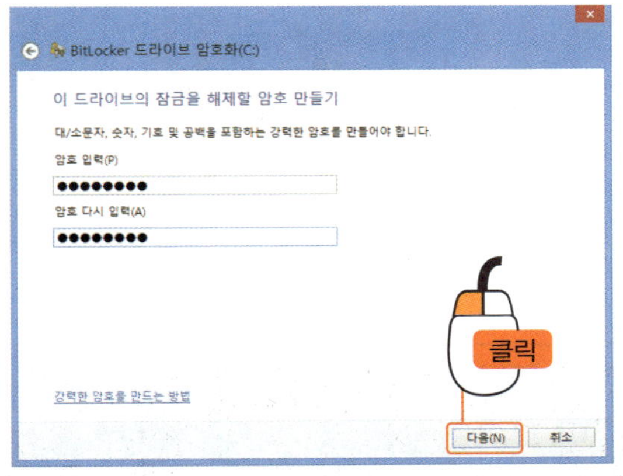

12 드라이브의 잠금을 해제하는데 문제가 있을 경우에는 복구키를 이용하여 파일 및 폴더에 액세스할 수 있습니다. 복구키를 저장할 위치를 지정하는 화면에서 'Microsoft 계정에 저장'을 클릭합니다. 두 곳 이상의 위치에 보관하면 좋습니다.

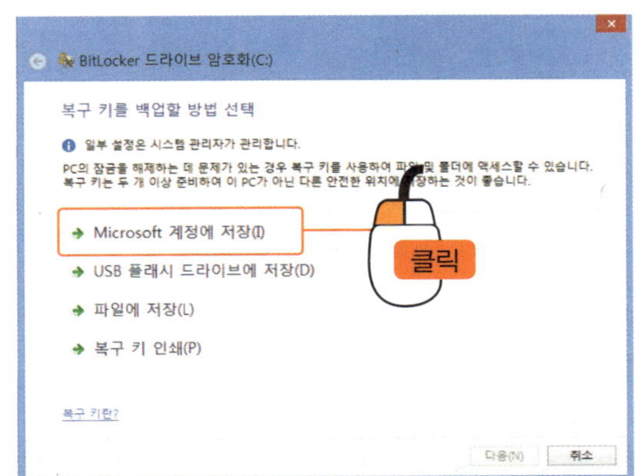

13 복구키가 Microsoft 계정에 백업되었습니다. 〈다음〉 버튼을 누릅니다.

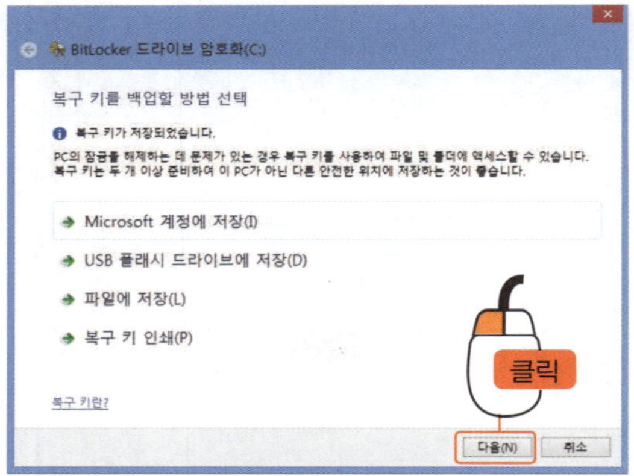

14 드라이브를 암호화하는 방식을 선택합니다. 이미 사용 중인 드라이브는 전체 드라이브 암호화를, 새로운 장치는 사용 중인 드라이브 공간만 암호화하는 것이 좋습니다. 여기서는 전체 드라이브 암호화를 선택한 뒤 〈다음〉 버튼을 누릅니다.

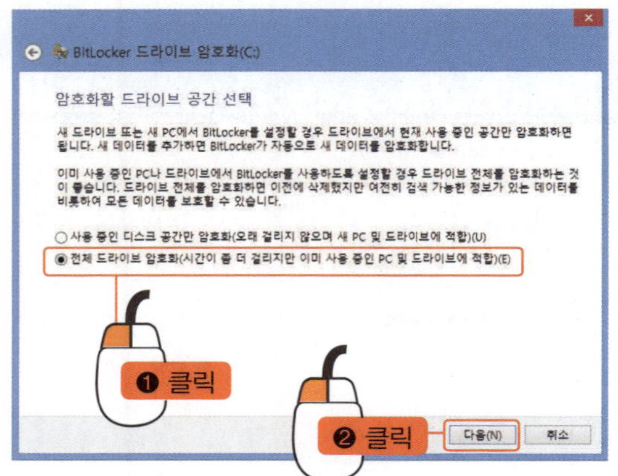

15 BitLocker 시스템 검사가 실행되면 〈계속〉 버튼을 누릅니다.

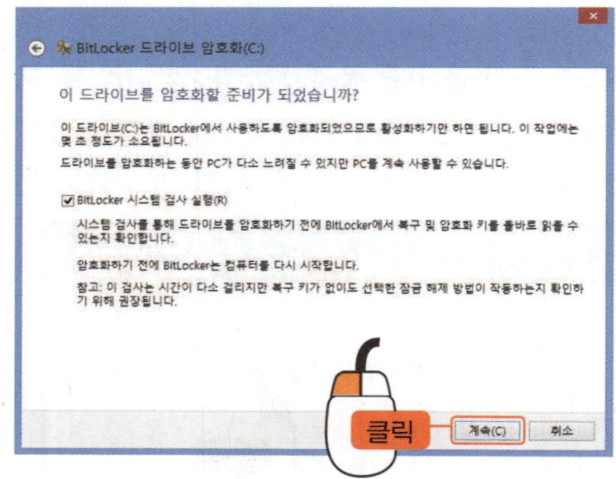

16 컴퓨터를 다시 시작하라는 창이 나타나면 〈다시 시작〉 버튼을 누릅니다.

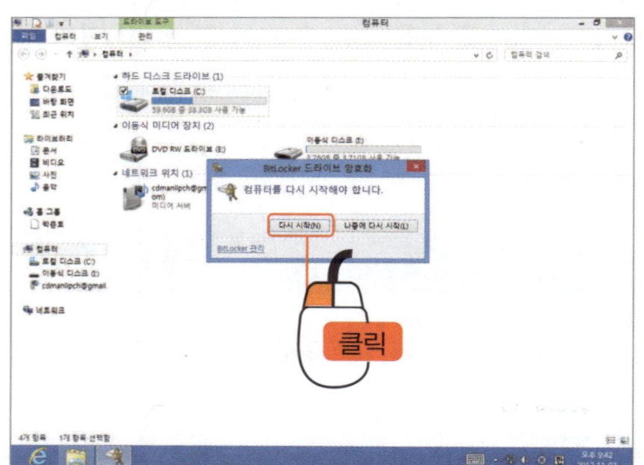

17 재부팅하면 부팅되기 전 BitLocker 드라이브 암호화 화면이 나타납니다. 커서가 깜박이는 위치에 잠금 암호를 입력합니다.

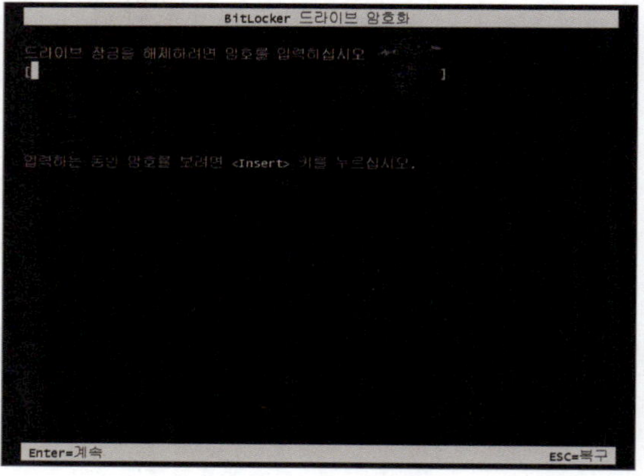

18 암호를 잘못 입력하면 다음 화면이 나타나면서 부팅을 진행할 수 없습니다. 암호를 맞게 입력하면 정상적으로 부팅됩니다.

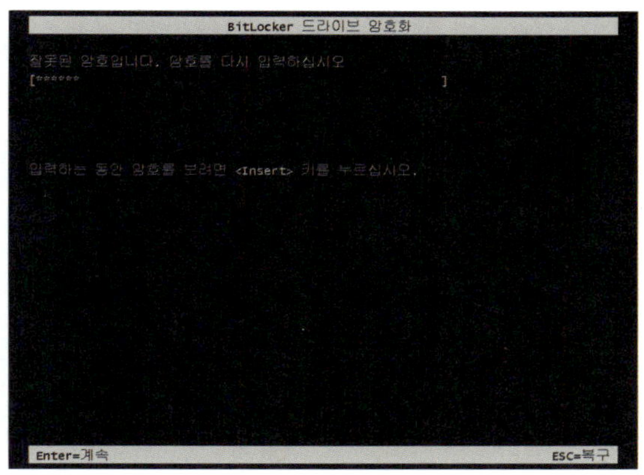

20 BitLocker 드라이브 암호화의 진행률을 확인할 수 있습니다.

19 드라이브 암호화가 진행되는데, 암호화하는데 다소 시간이 걸립니다. 암호화 진행 중을 알리는 트레이 영역의 아이콘을 더블클릭합니다.

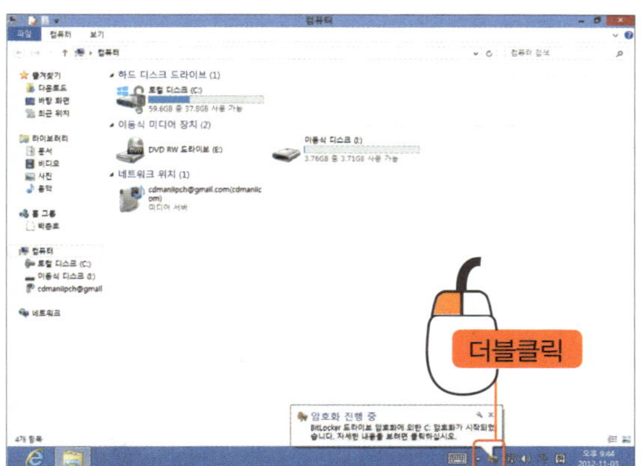

21 C드라이브 암호화가 완료되었습니다. 드라이브가 암호화되면 해당 디스크에 암호화를 위한 새로운 파티션이 생성됩니다.

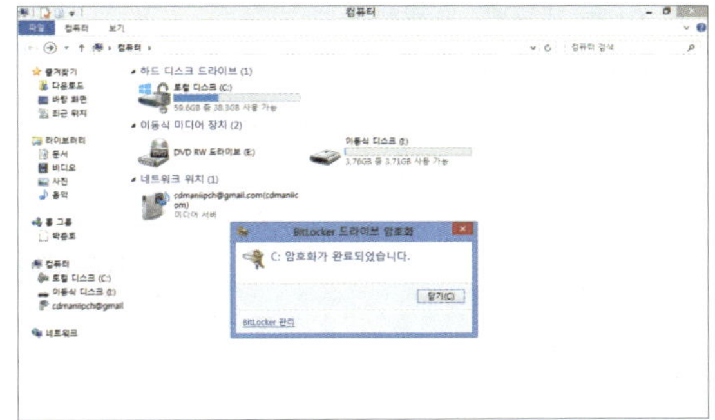

■ 드라이브 잠금 암호 변경하기

1 암호화된 드라이브에서 마우스 오른쪽 버튼을 눌러 [BitLocker 암호 변경] 메뉴를 클릭합니다.

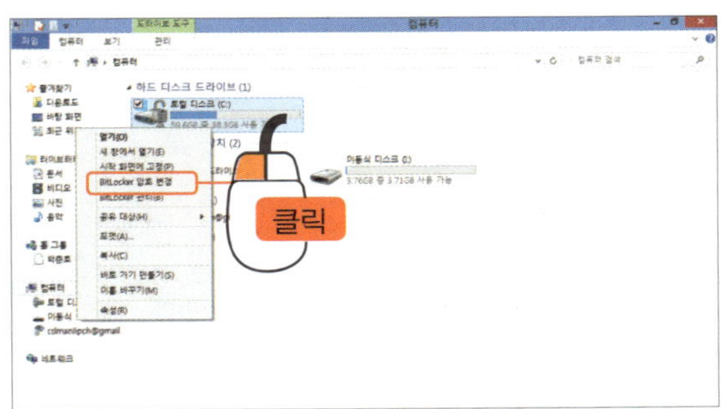

2 이전 암호와 새 암호를 입력하여 암호를 변경한 뒤 〈암호 변경〉 버튼을 누릅니다. 〈닫기〉 버튼을 눌러 창을 닫습니다.

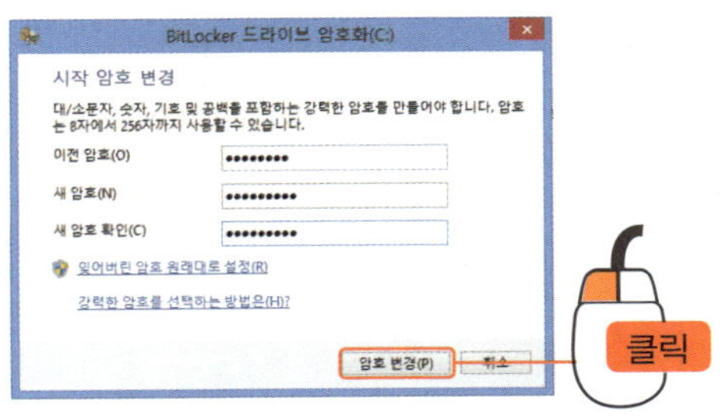

■ 드라이브 잠금 암호 해제하기

1 암호화된 드라이브에서 마우스 오른쪽 버튼을 눌러 [BitLocker 관리] 메뉴를 클릭합니다. BitLocker 드라이브 암호화 창이 나타납니다. 암호화되어 있는 드라이브의 ⊙을 클릭한 뒤 'Bit-Locker 끄기'를 선택합니다.

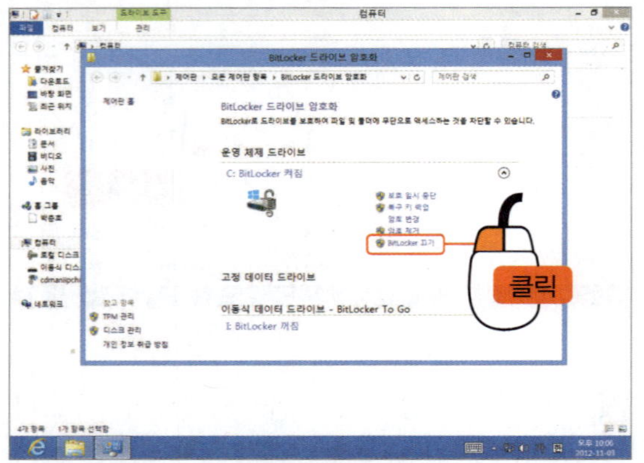

2 BitLocker 끄기 창이 나타납니다. 이 작업을 하면 암호를 다시 해독하는 작업을 진행하는데, 시간이 다소 걸릴 수 있습니다. 〈BitLocker 끄기〉 버튼을 누릅니다.

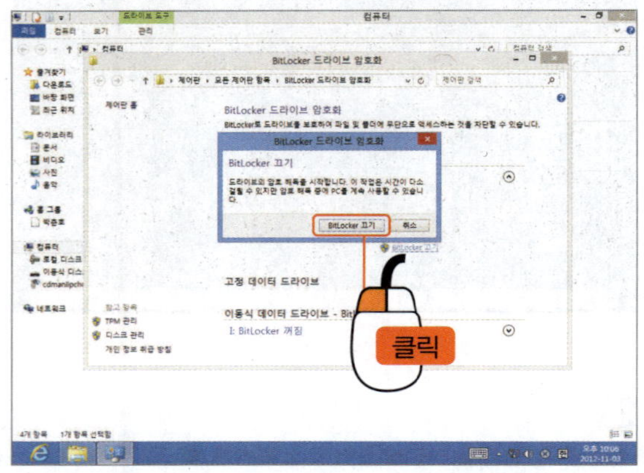

3 암호 해독을 진행합니다.

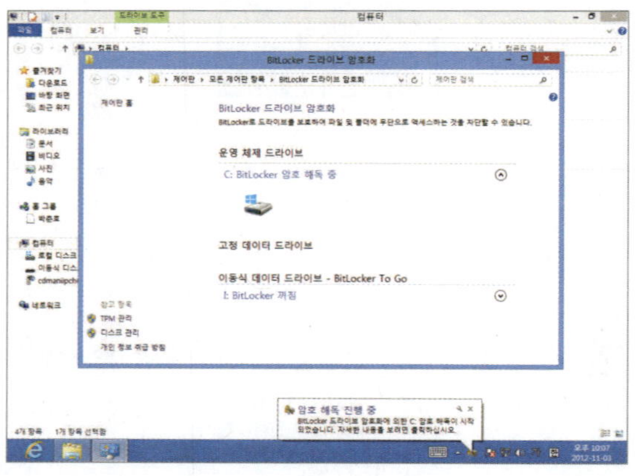

4 기다리면 암호 해독이 완료되었다는 창이 나타납니다. 〈닫기〉 버튼을 누릅니다. 이제부터는 재부팅할 때 BitLocker 드라이브 암호화 화면이 나타나지 않습니다.

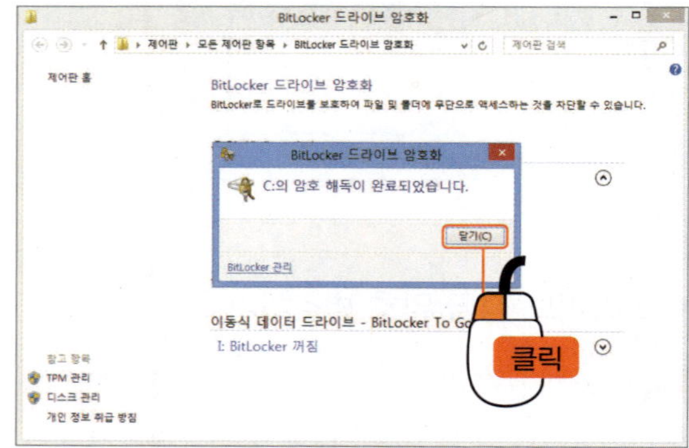

06 ISO 이미지 마운트 기능

윈도우 8에서는 ISO 파일을 이용하기 위해 데몬 같은 가상 이미지 프로그램을 설치할 필요가 없어졌습니다. ISO 파일을 가상 드라이브로 인식시켜 주는 기능이 기본으로 탑재되어 그냥 더블클릭만 해도 사용할 수 있습니다. 어떻게 사용할 수 있는지 살펴보겠습니다.

1 필자의 컴퓨터에는 현재 C드라이브(하드디스크), E드라이브(DVDRW)가 있습니다. ISO 파일을 2개 준비한 뒤 해당 폴더로 이동합니다.

2 ISO 파일을 더블클릭하여 열어보면, 보이지 않았던 DVD 드라이브(D드라이브)가 만들어졌습니다.

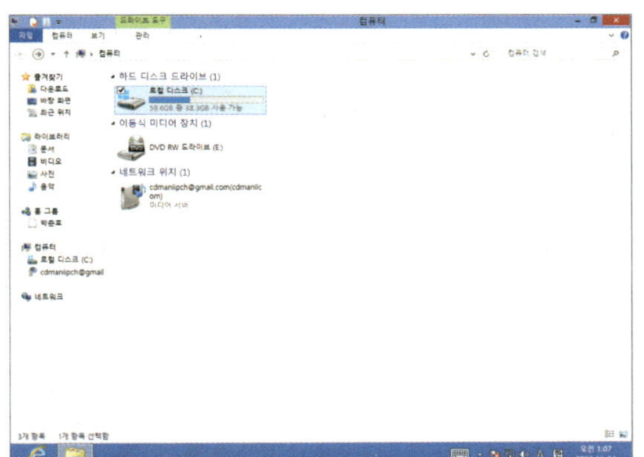

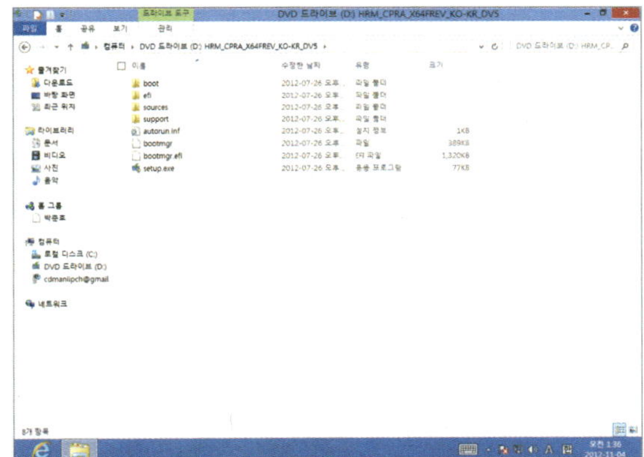

3 ⬅을 클릭해 컴퓨터 폴더로 되돌아오면 **1** 에서는 보이지 않았던 D드라이브가 가상으로 생성되고, 선택했던 ISO 파일이 마운트(장착)된 것을 확인할 수 있습니다.

4 다른 ISO 파일 위에서 마우스 오른쪽 버튼을 눌러 [탑재] 메뉴를 클릭합니다. 이번에도 보이지 않았던 새로운 드라이브가 만들어졌습니다.

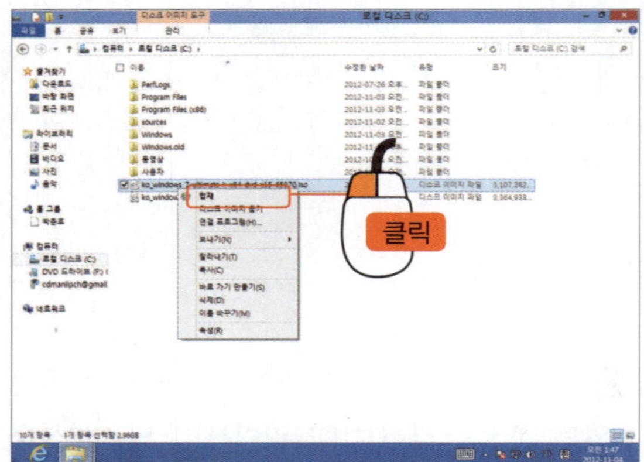

5 ◉을 클릭해 컴퓨터 폴더로 되돌아오면 가상 드라이브가 생성되고, ISO 파일이 장착된 것을 확인할 수 있습니다.

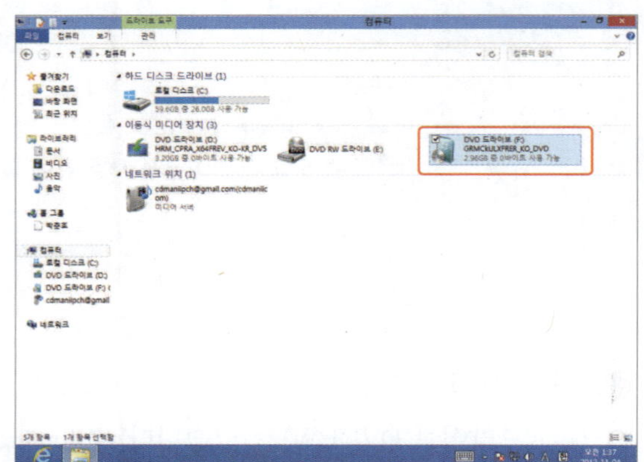

6 가상 드라이브의 장착을 해제하려면 가상 드라이브에서 마우스 오른쪽 버튼을 눌러 [꺼내기] 메뉴를 클릭합니다.

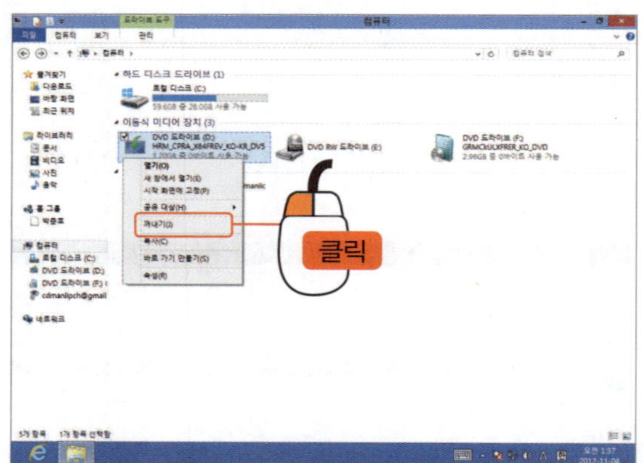

7 마운트(장착)가 해제되어 가상 드라이브가 사라집니다.

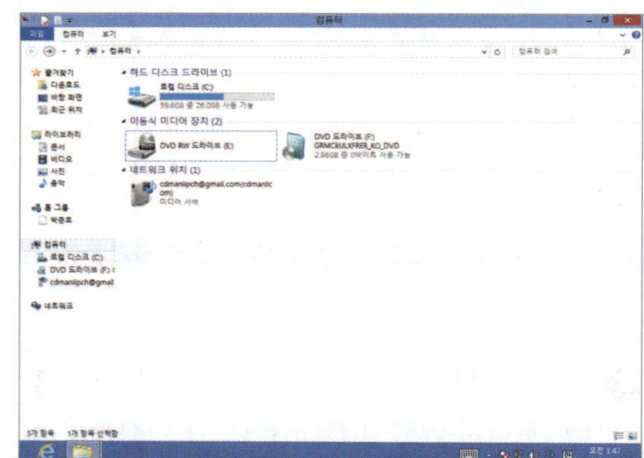

> **TIP**
>
> ISO 파일을 마운트하여 사용하던 중 컴퓨터를 종료하거나 재부팅하면 마운트되었던 가상 드라이브가 모두 자동으로 해제됩니다.

07 Windows To Go를 이용해 윈도우 8 USB로 부팅하기

윈도우 8 운영체제를 통째로 USB 저장장치에 들고 다닐 수 있다면 얼마나 좋을까요? 그러면 어떤 컴퓨터에서든지 자신의 USB 저장장치를 이용해 윈도우 8로 부팅해서 사용할 수 있습니다. 이때 사용하는 기능이 바로 Windows To Go인데, 활용 분야는 매우 다양합니다. 운영체제에 문제가 있어 부팅이 불가능한 컴퓨터에 연결하면 컴퓨터를 바로 켤 수 있습니다. 또 다른 사람의 컴퓨터에서도 자신의 컴퓨터처럼 사용할 수 있습니다.

1 Internet Explorer 10을 열고, 주소표시줄에 'http://cdmanii.com/3312'를 입력합니다. 필자의 관련 포스팅으로 이동하면 스크롤바를 아래로 내려 imagex.exe 파일을 클릭합니다.

> 준비물 :
> - USB 메모리 또는 USB 외장 하드(16GB 이상)
> - 윈도우 8 ISO 이미지 또는 윈도우 8 CD
> - imagex.exe 파일

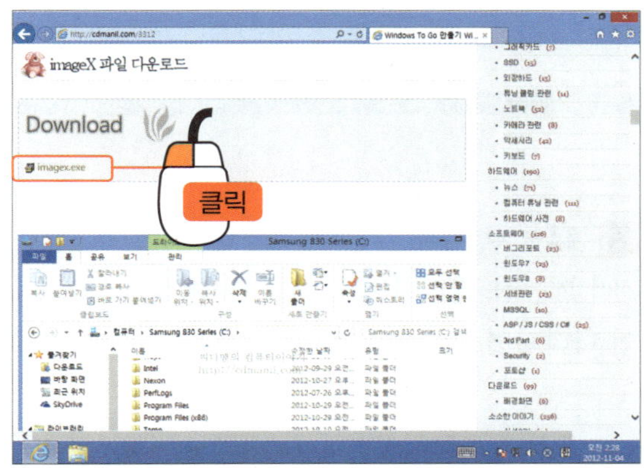

2 화면 아래쪽에 다운로드 창이 나타납니다. 〈저장〉 버튼의 목록펼침 버튼을 눌러 [다른 이름으로 저장] 메뉴를 클릭합니다. [다른 이름으로 저장] 대화상자에서 저장 위치를 지정하고 〈저장〉 버튼을 누릅니다.

3 컴퓨터 폴더를 열고 다운로드받은 imagex.exe 파일을 복사하여 C:\에 붙여넣습니다. 파일을 복사하는데 관리자 권한이 필요한데, 〈계속〉 버튼을 눌러 복사를 진행합니다.

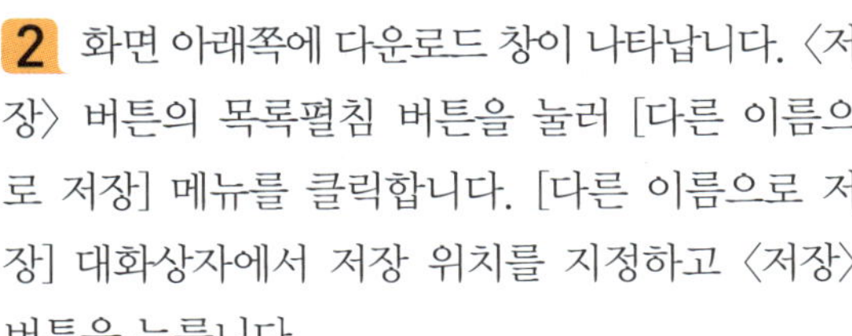

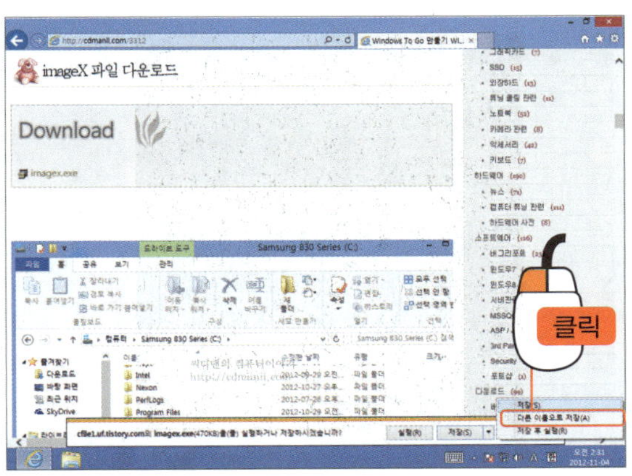

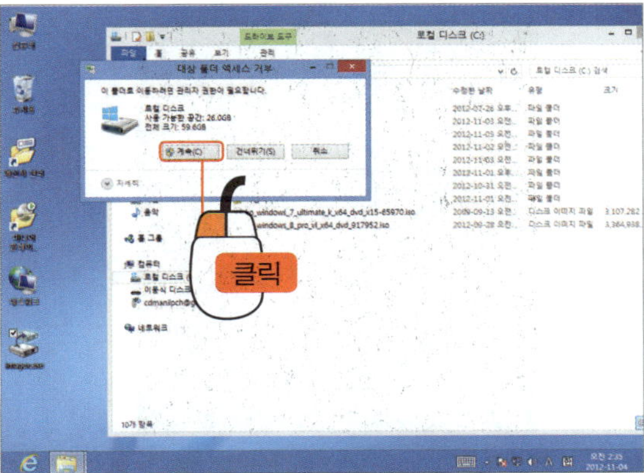

4 윈도우 8 ISO 파일을 더블클릭하여 마운트시킵니다. 또는 윈도우 8 CD를 컴퓨터 ODD에 집어넣습니다. 윈도우 8 ISO를 마운트하여 F드라이브가 새로 생성되었습니다.

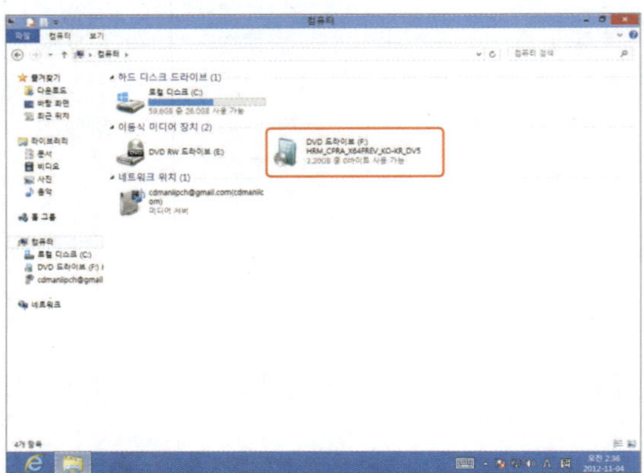

5 USB 메모리(16GB 이상) 또는 USB 외장 하드를 연결합니다. USB 메모리가 D드라이브에 연결되었습니다.

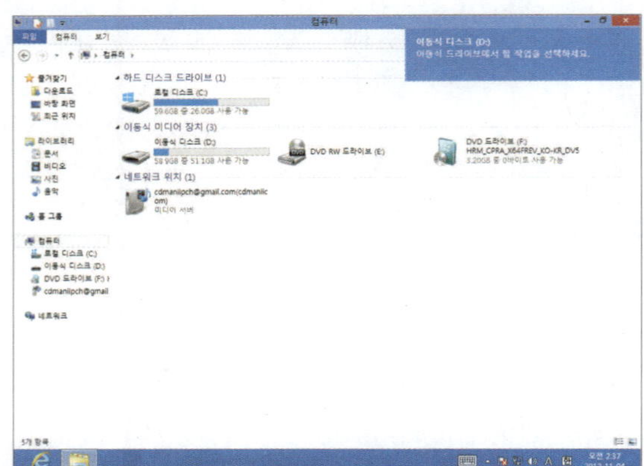

6 ⊞+ⓧ 키를 누른 뒤 [명령 프롬프트(관리자)] 메뉴를 클릭합니다. 사용자 계정 컨트롤 창이 나타나면 〈예〉 버튼을 누릅니다.

7 명령 프롬프트 창에서 다음 명령어를 차례대로 입력하면 Windows To Go 만들기가 끝났습니다.

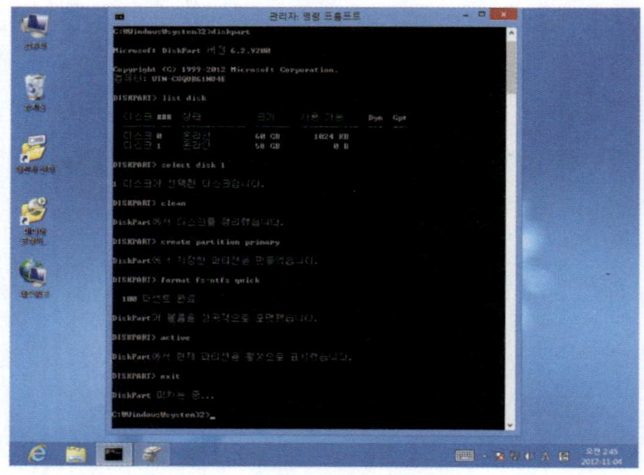

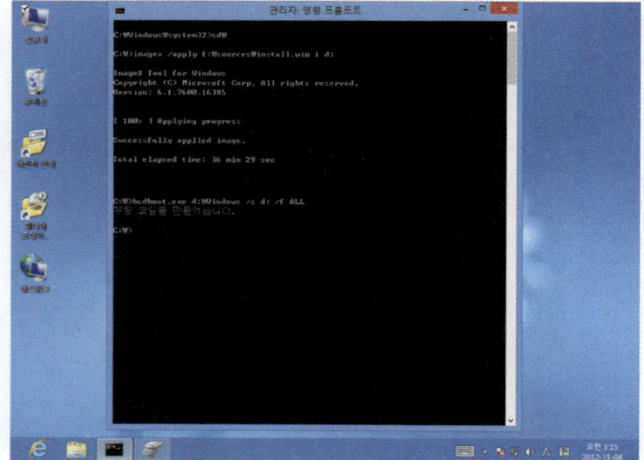

diskpart	설명 : diskpart 실행
list disk	설명 : 디스크 리스트 출력
select disk 1	설명 : USB 메모리를 선택(순번을 입력하여 지정), 잘못 지정하면 절대 안 됨
clean	설명 : 디스크에 있는 모든 파티션이나 볼륨 포맷 제거
create partition primary	설명 : 포커스가 있는 기본 디스크에 주 파티션 생성
format fs=ntfs quick	설명 : 파일 시스템을 NTFS로 빠른 포맷
active	설명 : 포커스가 있는 파티션을 활성으로 표시
exit	설명 : diskpart 종료
cd₩	설명 : C드라이브의 루트로 이동

imagex /apply f:₩sources₩install.wim 1 d:

형식 : imagex /apply [윈도우 8 CD 드라이브]:₩sources₩install.wim 1 [USB 메모리 드라이브]:

(시간이 좀 많이 걸립니다. 기다립니다.)

bcdboot.exe d:₩Windows /s d: /f ALL

형식 : bcdboot.exe [USB 메모리 드라이브]:₩Windows /s [USB 메모리 드라이브]: /f ALL

8 바이오스 셋업에서 부팅 순서를 USB 메모리로 먼저 부팅하도록 설정합니다(메인보드마다 바이오스 셋업 방법이 다르므로 해당 메인보드 제조사에서 만든 매뉴얼을 참고합니다).

9 USB 메모리로 직접 윈도우 8이 부팅됩니다. 처음에는 설정 과정 때문에 다소 시간이 걸립니다 (USB 속도에 따라 다름). 잠시 기다리면 사용 조건을 알리는 화면이 나타납니다. 'Windows의 사용 조건에 동의함'에 체크한 뒤 〈동의〉 버튼을 누릅니다.

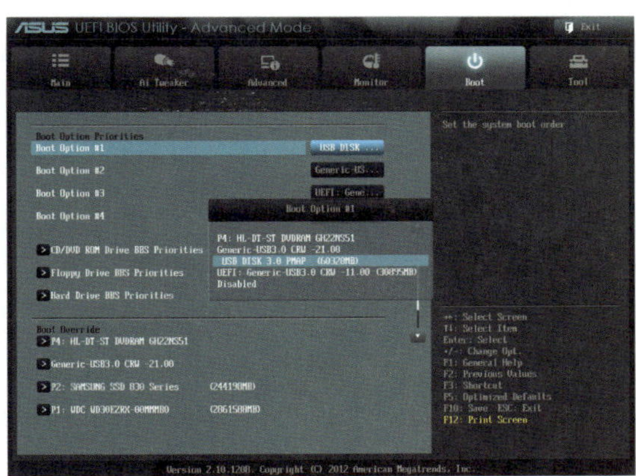

10 사용자 계정 등을 설정한 뒤 윈도우 8 부팅이 완료됩니다. Windows To Go를 이용하여 윈도우 8로 부팅하면 기본적으로는 스토어 사용이 제한됩니다. 스토어를 사용하려면 몇 가지 설정을 다시 해야 하는데, 실행 창을 열고 'gpedit.msc'를 입력한 뒤 〈확인〉 버튼을 누릅니다.

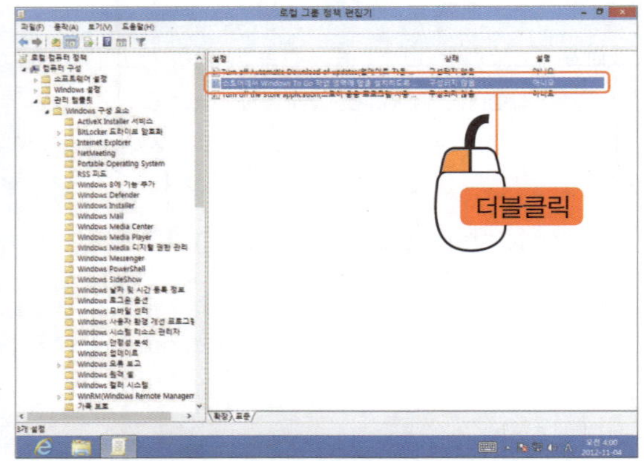

11 로컬 그룹 정책 편집기 창에서 '로컬 컴퓨터 정책-컴퓨터 구성-관리 템플릿-Windows 구성 요소-스토어'를 차례대로 클릭합니다. 화면 오른쪽에서 '스토어에서 Windows To Go 작업 영역에 앱을 설치하도록..'을 더블클릭합니다.

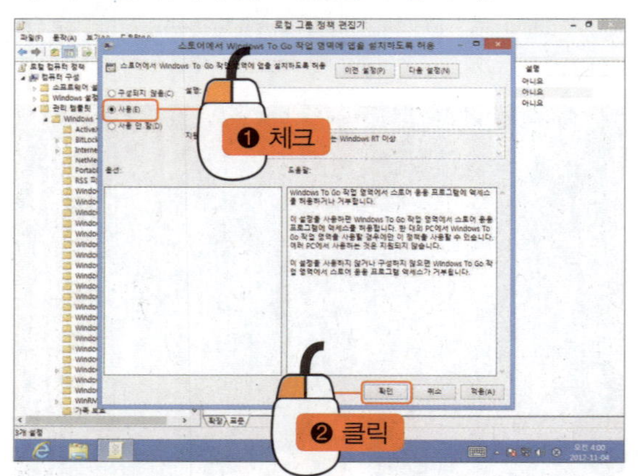

12 스토어에서 Windows To Go 작업 영역에 앱을 설치하도록 허용하는 창이 나타납니다. '사용'에 체크한 뒤 〈확인〉 버튼을 누릅니다.

13 이제부터는 Windows To Go를 이용해 부팅해도 스토어에서 앱을 설치하고 사용할 수 있습니다.

> **TIP**
>
> Windows To Go를 이용하여 USB 메모리에 윈도우 8을 저장하면 다른 사람의 컴퓨터에서도 마치 자신의 컴퓨터처럼 부팅하여 사용할 수 있습니다. Windows To Go에 사용할 USB 저장장치는 읽기, 쓰기 속도가 빠를수록 좀 더 작업을 원활하게 할 수 있습니다. 너무 느린 저장장치를 사용하면 Windows To Go 사용도 느려집니다.

08 듀얼모니터에서 작업 표시줄 관리하기

컴퓨터 모니터를 2개 이상 사용하는 사람도 있을 것입니다. 필자도 모니터를 2개 놓고 사용하는데, 작업할 때 편하기 때문이죠. 그런데 이전 운영체제에서는 2개 이상의 모니터를 사용하면 작업 표시줄을 원하는 대로 사용할 수 없어 불편했습니다. 확장하려면 별도의 프로그램을 설치해야 했습니다. 그런데 윈도우 8에서는 2개 이상의 모니터를 사용해도 작업 표시줄을 편리하게 사용할 수 있도록 개선되었습니다. 어떤 부분이 바뀌었는지 살펴보도록 하겠습니다.

1 다음은 듀얼모니터에서 윈도우 8을 켠 화면입니다. 양쪽에 서로 다른 화면을 띄워놓고 작업할 수 있습니다. 그런데 작업 표시줄을 보면 모습이 같습니다. 윈도우 8에서는 기본적으로 모니터를 묶어서 출력하는 것이 아니라면 같은 작업 표시줄을 보여줍니다.

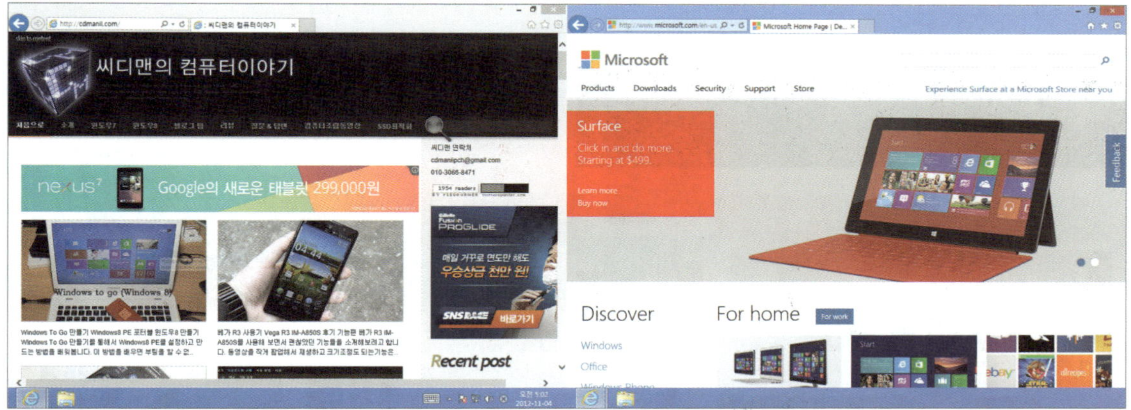

2 한쪽 작업 표시줄에서 마우스 오른쪽 버튼을 누른 뒤 [속성] 메뉴를 클릭합니다.

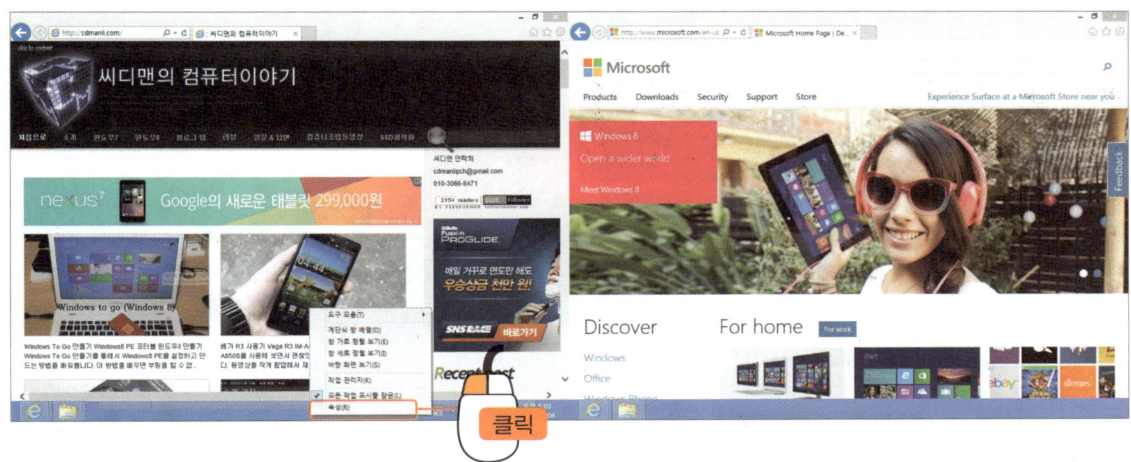

3 [작업 표시줄 속성] 대화상자의 [작업 표시줄] 탭에서 '작업 표시줄 단추' 항목을 '단추 하나로 표시 안 함'으로 지정합니다.

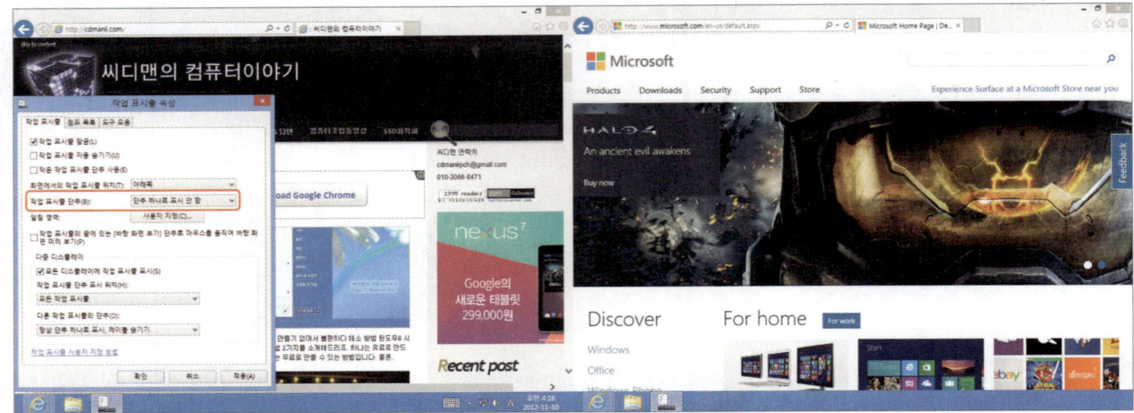

4 왼쪽 화면의 작업 표시줄에 단추가 펼쳐져서 나타나는 것을 볼 수 있습니다.

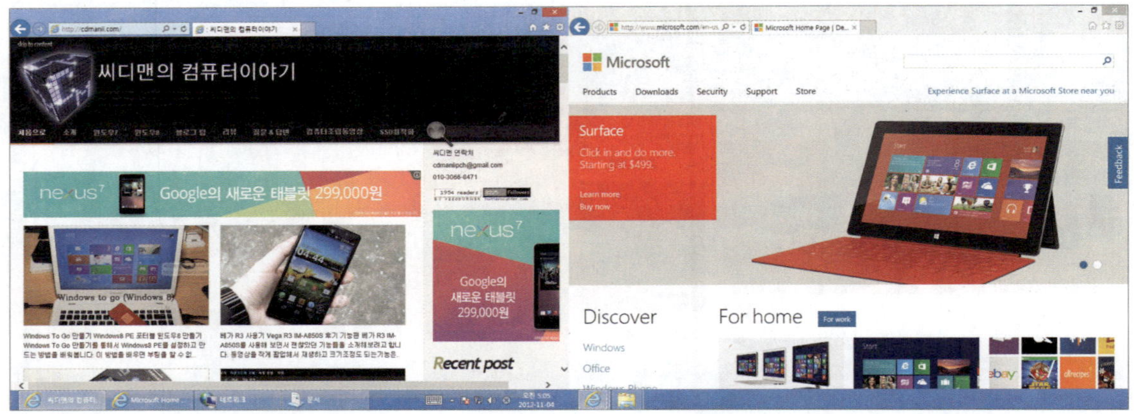

5 이번에는 오른쪽 화면의 작업 표시줄에서 마우스 오른쪽 버튼을 눌러 [속성] 메뉴를 클릭합니다.

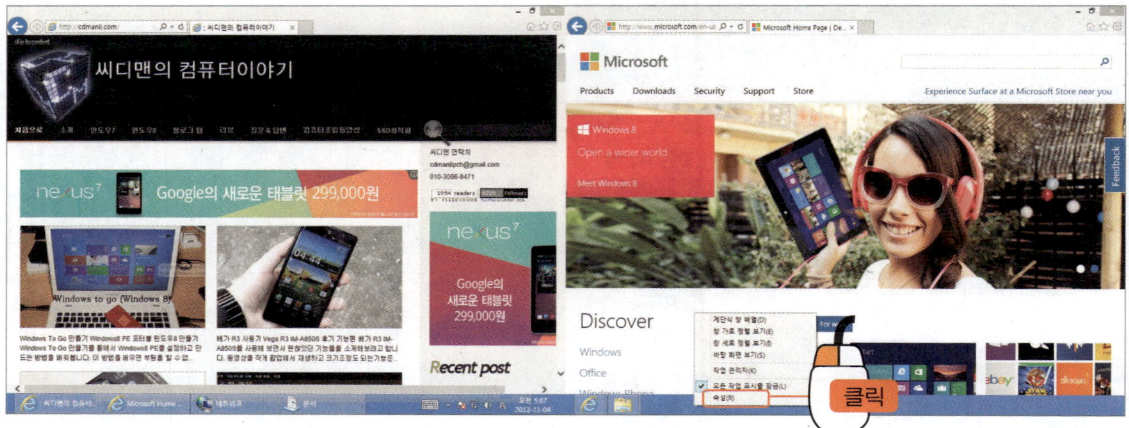

6 [작업 표시줄 속성] 대화상자의 [작업 표시줄] 탭에서 '다중 디스플레이–모든 디스플레이에 작업 표시줄 표시'에 체크를 해제한 뒤 〈적용〉 버튼을 누릅니다. 오른쪽의 작업 표시줄이 사라진 것을 볼 수 있습니다. 이 설정은 한쪽 화면에만 작업 표시줄을 표시하고 싶을 때 사용합니다.

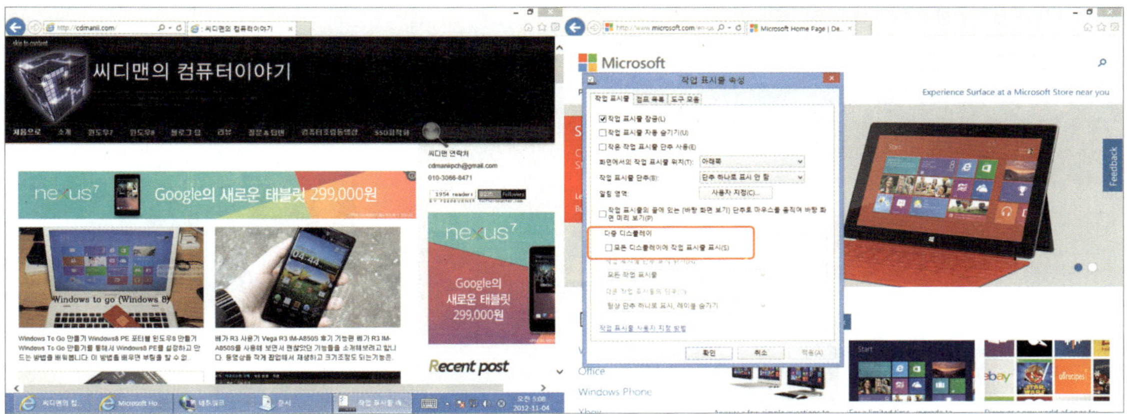

7 [작업 표시줄 속성] 대화상자의 [작업 표시줄] 탭에서 '모든 디스플레이에 작업 표시줄 표시'에 체크합니다. '작업 표시줄 단추 표시 위치' 항목을 '모든 작업 표시줄'로, '다른 작업 표시줄의 단추' 항목을 '단추 하나로 표시 안 함'으로 지정합니다. 이렇게 하면 양쪽 화면의 작업 표시줄에 단추가 펼쳐져 나타납니다. 이 설정은 한 모니터에서 모든 작업을 관리할 때 편리합니다.

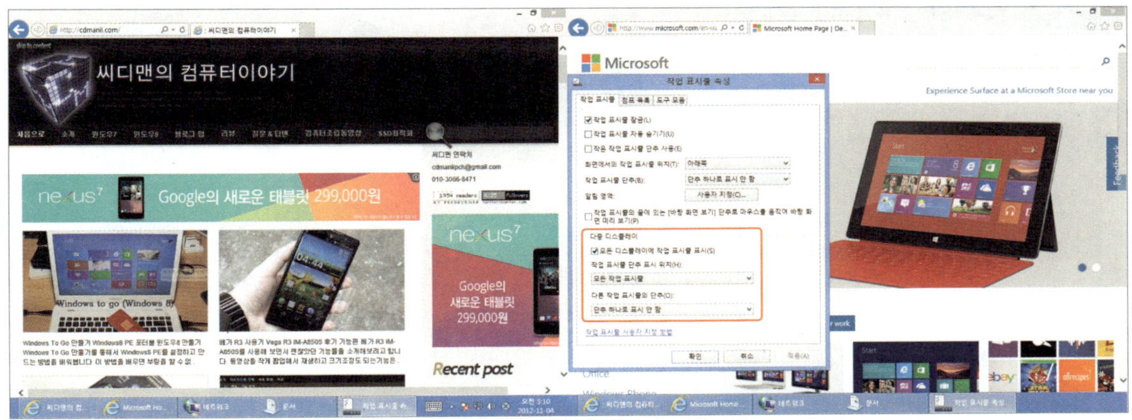

8 '작업 표시줄 단추 표시 위치' 항목을 '창이 열려 있는 작업 표시줄'로, '다른 작업 표시줄의 단추' 항목을 '단추 하나로 표시 안 함'으로 지정합니다. 이렇게 하면 왼쪽 화면에서 열린 프로그램 단추는 왼쪽 작업 표시줄에, 오른쪽 화면에서 열린 프로그램 단추는 오른쪽 작업 표시줄에 나타납니다. 이 설정은 어떤 작업이 어떤 모니터에서 동작하는지 쉽게 구분할 수 있게 해줍니다.

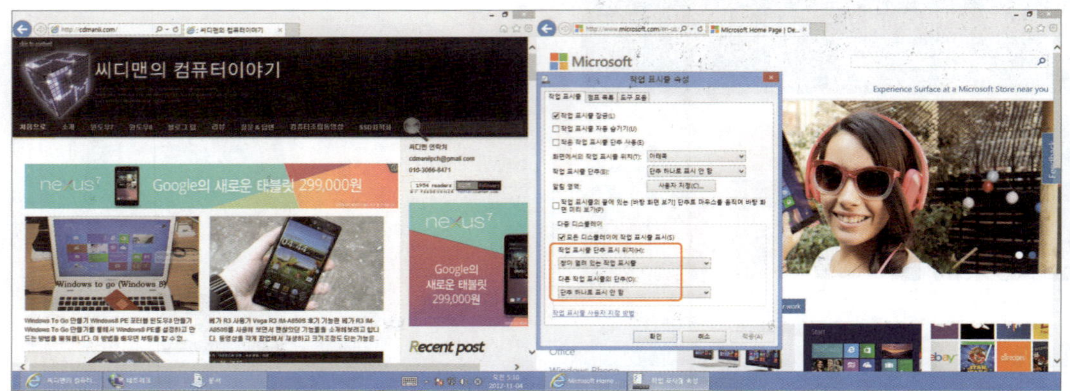

9 듀얼모니터에서도 참 메뉴가 모니터마다 따로 동작합니다. 왼쪽 모니터의 오른쪽 맨 위나 맨 아래로 마우스 커서를 가져가면 참 메뉴가 나타납니다.

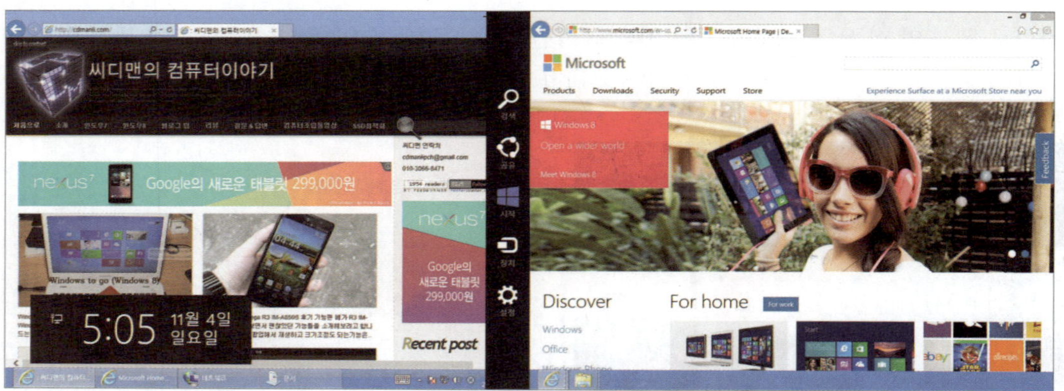

10 오른쪽 모니터도 마찬가지입니다. 물론 모니터를 3개 이상 연결했을 때도 각각 모니터를 분리해서 사용할 수 있습니다.

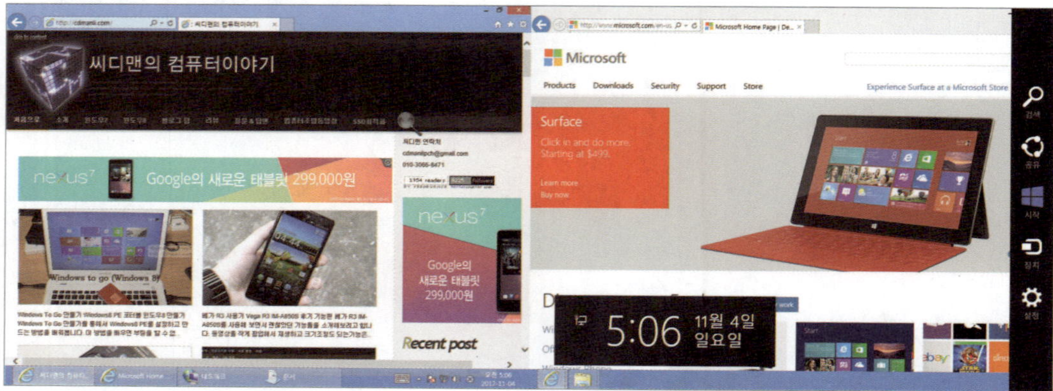

09 듀얼모니터에서 윈도우 8 UI 시작 화면 위치 바꾸기

모니터 두 대를 사용할 때 윈도우 8 UI 시작 화면이 어떻게 나타날지 궁금하지 않나요? 모니터는 확장돼도 그래픽 카드 옵션에서 여러 대의 모니터를 그룹으로 설정하지 않는 한 각각 분리되어 나타납니다. 그래서 실제 사용할 때 윈도우 8 UI 시작 화면이 자신이 원하는 대로 나타나지 않아 불편할 수 있습니다. 이것을 쉽게 해결하는 방법을 배워봅니다.

1 컴퓨터에 다음처럼 모니터가 두 대 연결되어 있습니다. ■ 키를 눌러 윈도우 8 UI 시작 화면으로 이동하면 한쪽 모니터에만 화면이 나타납니다. 이 상태에서는 ■ 키를 누르면 무조건 오른쪽 화면에 윈도우 8 UI 시작 화면과 앱이 나타납니다. 이것을 왼쪽 화면으로 옮겨보겠습니다.

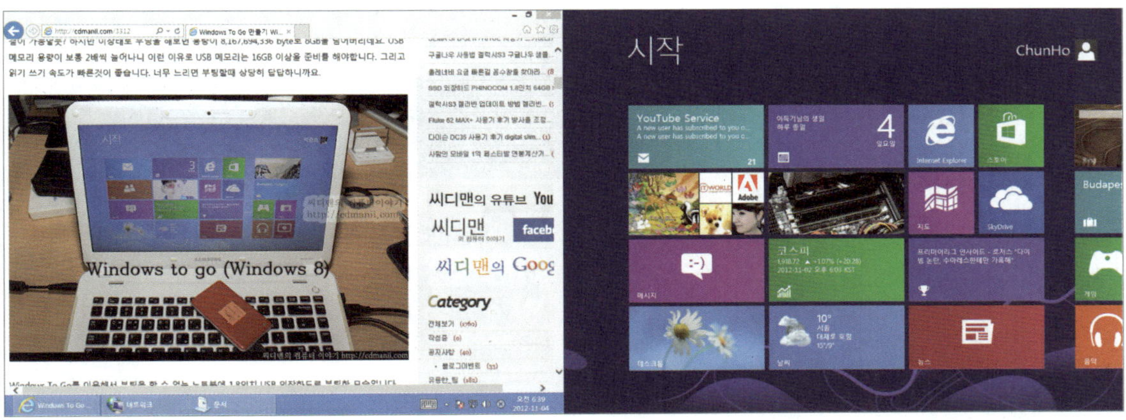

2 데스크톱 모드로 이동합니다. 양쪽 모두 바탕화면이 나타납니다. 오른쪽 화면의 맨 위나 맨 아래쪽으로 마우스 커서를 가져가면 손 모양으로 바뀌는데, 클릭한 채 왼쪽 화면으로 드래그합니다. 오른쪽 화면을 왼쪽으로 가져가던 중 모니터를 벗어나는 순간 갑자기 원래 화면으로 되돌아오는 것을 볼 수 있습니다.

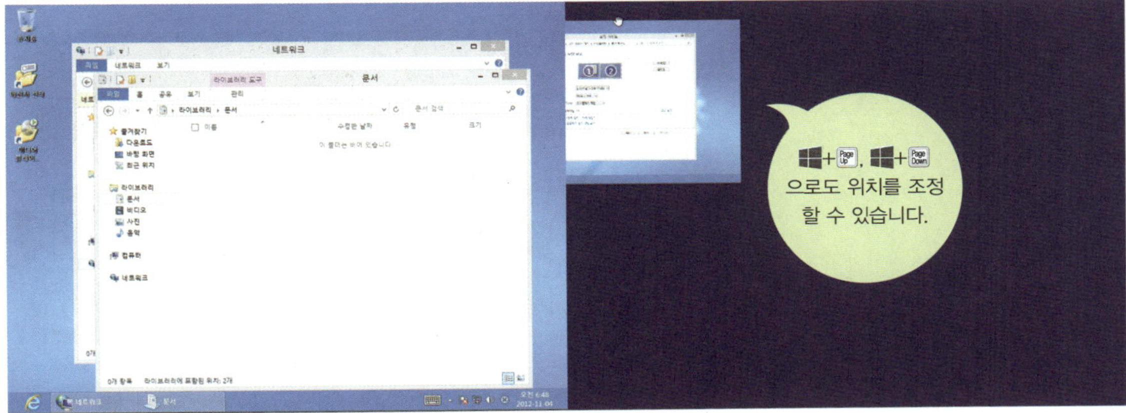

3 다시 ⊞ 키를 눌러 윈도우 8 UI 시작 화면을 엽니다. 그런데 이번에는 오른쪽에 나타나던 윈도우 8 UI 시작 화면이 왼쪽에 나타나는 것을 볼 수 있습니다.

4 또 다른 방법으로 앱을 사용 중 모니터 위치를 바로 바꿀 수도 있습니다.

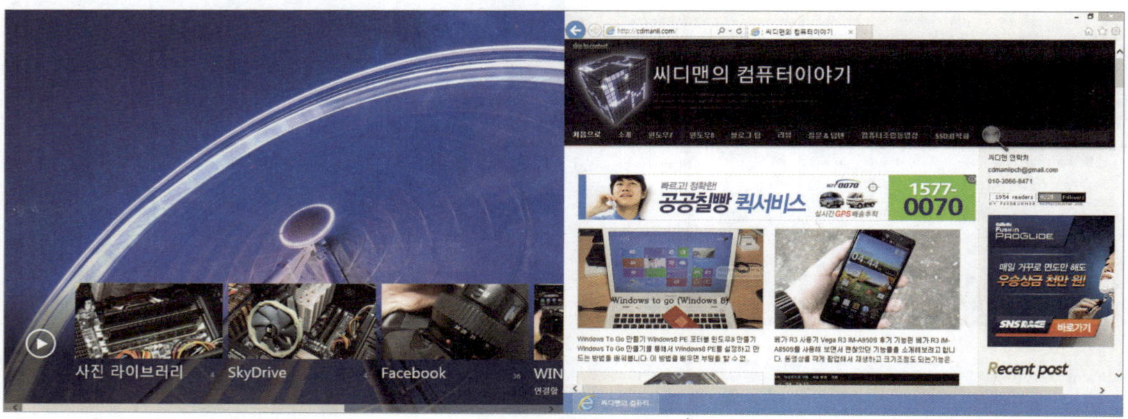

5 왼쪽 화면에는 사진 앱이 있습니다. 왼쪽 모니터 맨 위로 마우스 커서를 가져간 뒤 손 모양으로 바뀌면 클릭한 채 오른쪽 화면으로 가져갑니다.

6 왼쪽 화면에는 바탕화면이 나타나고, 사진 앱은 오른쪽 화면으로 옮겨져 나타납니다. 이런 방법으로 앱을 원하는 화면으로 옮겨서 표시할 수 있습니다.

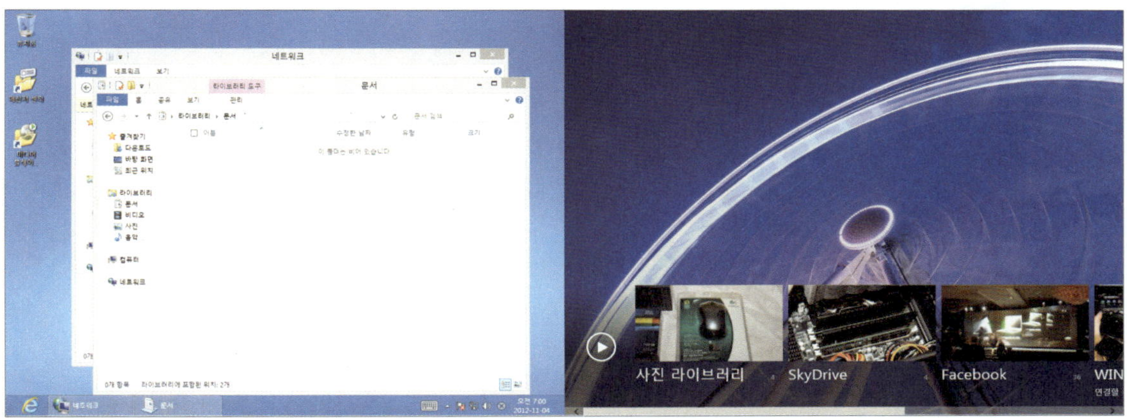

 | 모니터 여러 대를 한 대처럼 사용하기

모니터 여러 대를 마치 하나처럼 보는 방법도 있습니다. Nvidia 그래픽 카드에서는 다중 디스플레이 구성으로 할 수 있으며, Ati 그래픽 카드는 AMD Eyefinity 디스플레이로 구현 가능합니다. 보통은 세 대 이상의 모니터를 연결하여 더 넓은 모니터로 게임을 할 때 주로 사용합니다. 이와는 별개로 각각의 모니터로 화면을 출력하면서 작업하는 방식도 꽤 유용합니다.

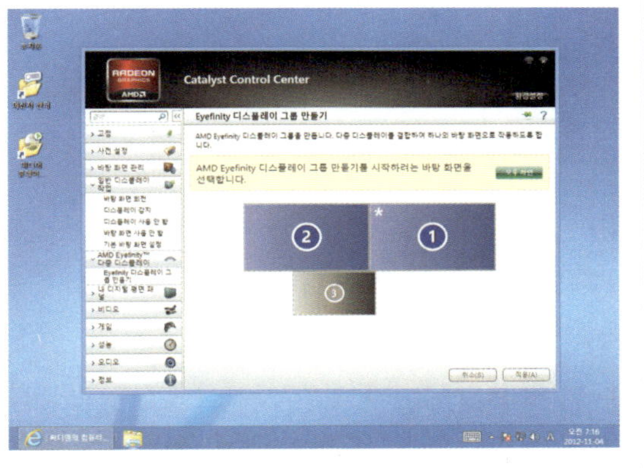

10 관리자 권한으로 실행하기

운영체제는 보안 때문에 사용자를 구별하여 권한을 부여합니다. 관리자라는 권한이 상당히 편리하나, 다른 사용자나 악의적인 프로그램이 권한을 가질 때는 시스템을 망가뜨릴 수 있기 때문에 주의해야 합니다. 그래서 보안 등급을 올려놓고 필요할 때만 관리자 권한으로 사용하는 것이 좋습니다. 시스템에 중요한 영향을 미치는 프로그램을 설치할 때 관리자 권한으로 실행하지 않으면 정상적으로 설치되지 않을 수도 있습니다. 이럴 때는 관리자 권한으로 프로그램을 실행하여 다시 설치하면 됩니다.

1 먼저 필자가 만든 유튜브 속도 패치를 다운로드하기 위해 필자의 관련 포스팅 화면(http://cdmanii.com/1535)으로 이동합니다. 스크롤바를 아래로 드래그한 뒤 파일을 클릭하여 다운로드받습니다.

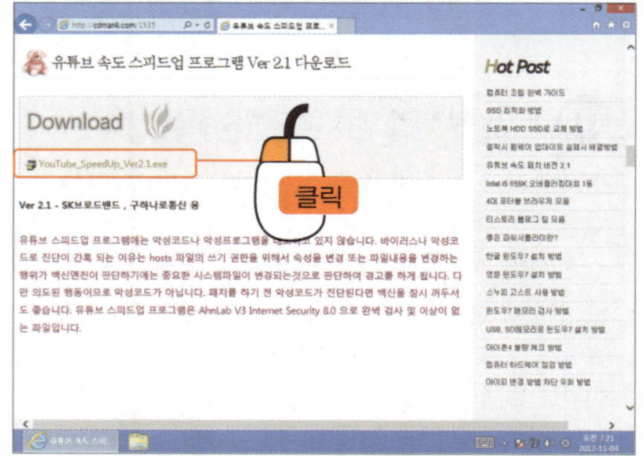

2 이 파일은 관리자 권한으로 실행해야 정상적으로 설치됩니다. 실행 파일 위에서 마우스 오른쪽 버튼을 눌러 [관리자 권한으로 실행] 메뉴를 클릭합니다.

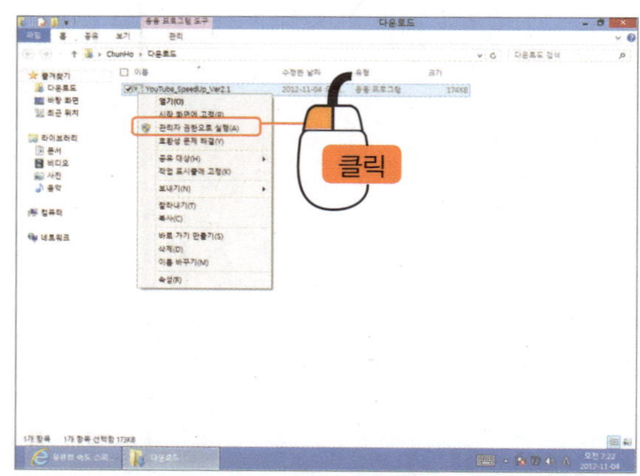

3 사용자 계정 컨트롤 창에서 〈예〉 버튼을 누릅
니다. 프로그램이 관리자 권한으로 실행됩니다.

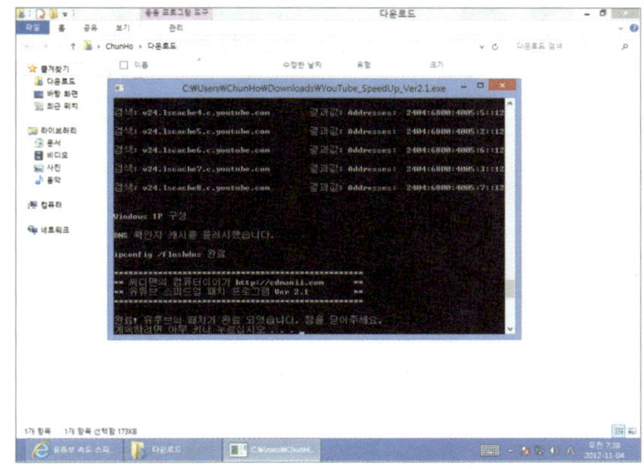

4 어떤 프로그램은 열 때마다 관리자 권한으로
실행해야 합니다. 이때는 해당 파일 위에서 마우
스 오른쪽 버튼을 누른 뒤 [속성] 메뉴를 클릭합
니다.

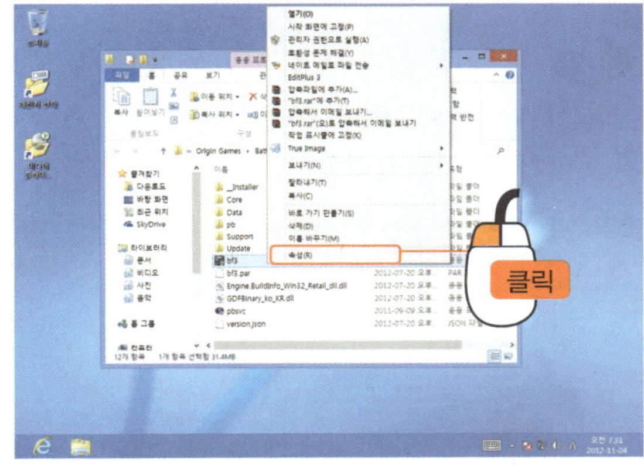

5 파일의 속성 대화상자에서 [호환성] 탭의 '권
한 수준–관리자 권한으로 이 프로그램 실행'에 체
크합니다. 〈확인〉 버튼을 누르면 이제부터는 프
로그램을 열 때 관리자 권한으로 실행합니다.

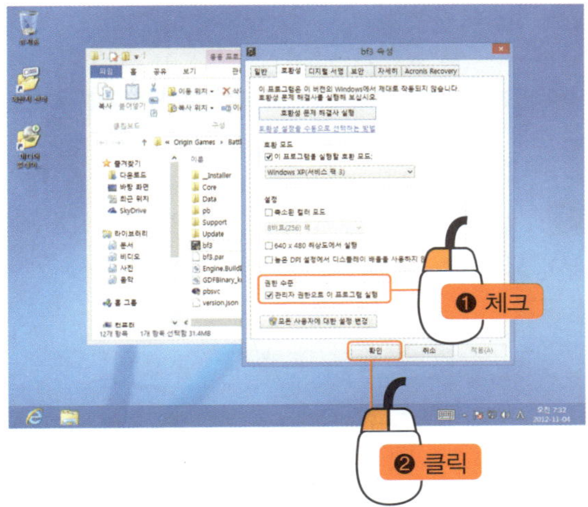

11 Hyper-V로 가상 컴퓨터 운영하기

윈도우 서버 2012에 있는 Hyper-V를 윈도우 8에서도 사용 가능합니다. Hyper-V를 이용하면 가상 컴퓨터와 가상 디스크를 만들어 사용할 수 있습니다. 서버 컴퓨터에서 사용하는 이 기능은 서버 한 대당 한 대의 역할만 할 수 있었던 비효율적인 문제를 성능이 좋은 서버 여러 대에 가상 서버를 만들어서 사용할 수 있도록 개선시켰습니다. 이런 기능을 관리할 수 있는 것이 Hyper-V인데, 이것을 윈도우 8에서도 쓸 수 있습니다. 자신의 컴퓨터가 성능이 좋다면 가상 서버 여러 대로 만들어 마치 컴퓨터 여러 대를 사용하는 것처럼 활용할 수 있습니다. Hyper-V는 컴퓨터가 Intel VT를 지원해야 사용할 수 있습니다.

1 ⊞+X 키를 눌러 [프로그램 및 기능] 메뉴를 클릭합니다. 프로그램 및 기능 창에서 'Windows 기능 켜기/끄기'를 클릭합니다.

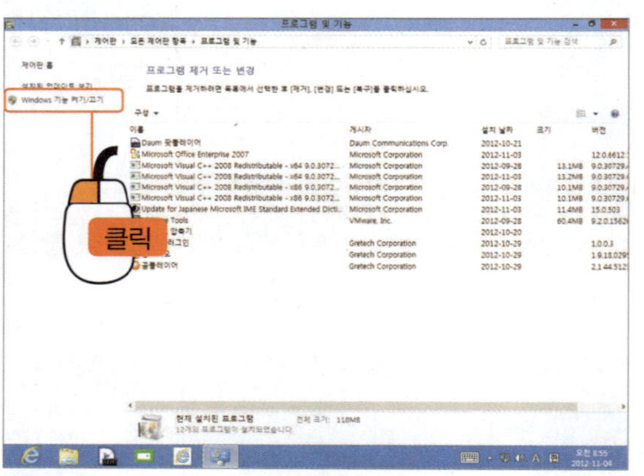

2 Windows 기능 창이 나타납니다. 'Hyper-V(Hyper-V 관리 도구, Hyper-V 플랫폼)'에 체크한 뒤 〈확인〉 버튼을 누릅니다.

3 설치가 완료되었습니다. 필요에 따라서는 재부팅해야 합니다.

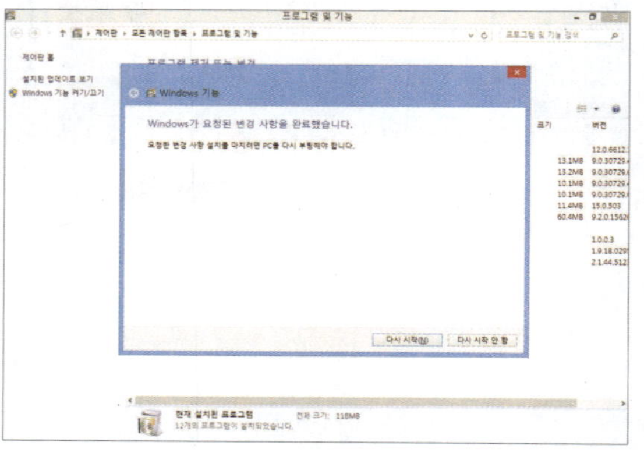

4 검색 창을 열고 'Hyper-V'를 검색합니다. 검색 결과에서 'Hyper-V 관리자'를 실행합니다.

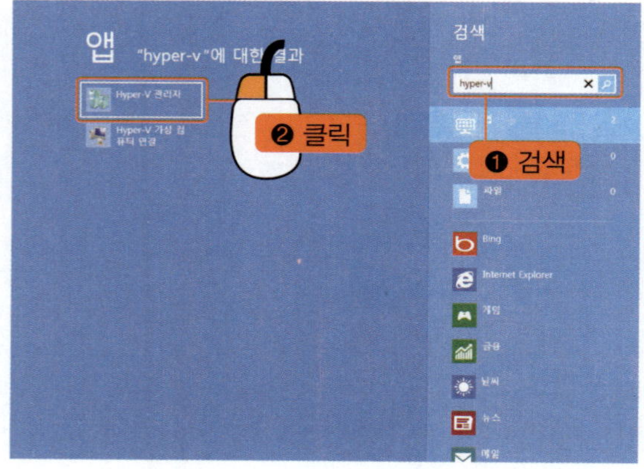

5 Hyper-V 관리자 창이 나타납니다. 여기서는 가상 컴퓨터와 가상 하드디스크 등을 만들 수 있고, 많은 옵션을 지원하여 막강한 기능을 사용할 수 있습니다. [새로 만들기]-[가상 컴퓨터]를 클릭합니다.

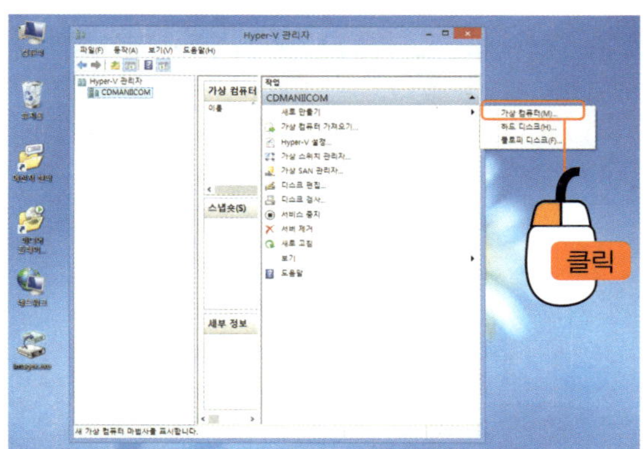

6 [새 가상 컴퓨터 마법사] 대화상자가 나타납니다. 〈다음〉 버튼을 누릅니다.

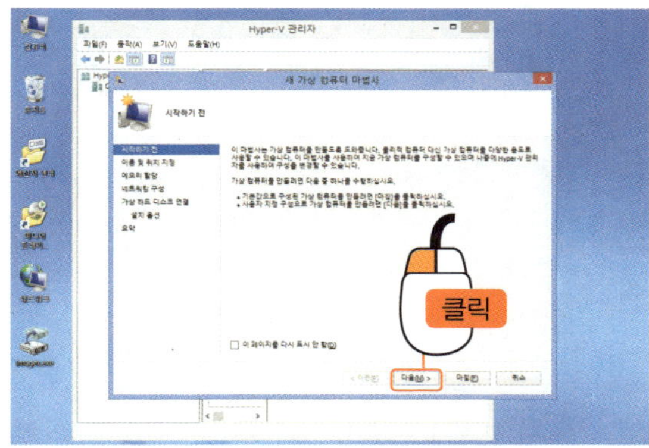

7 가상 컴퓨터 이름을 지정하고 〈다음〉 버튼을 누릅니다. '가상 컴퓨터를 다른 위치에 저장'에 체크하여 다른 곳에 가상 컴퓨터의 파일을 설치할 수도 있습니다.

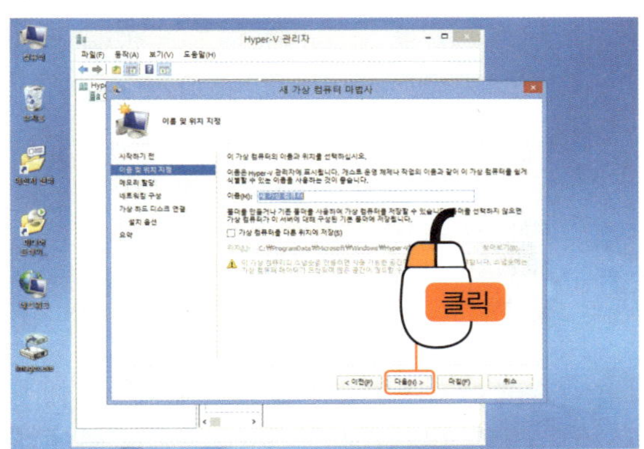

8 가상 컴퓨터의 메모리 용량을 지정합니다. 로컬 컴퓨터의 메모리 용량이 많다면 넉넉하게 배정해서 더 빠른 속도로 동작할 수 있습니다. 역할이 작은 가상 컴퓨터라면 적게 지정하는 게 좋습니다.

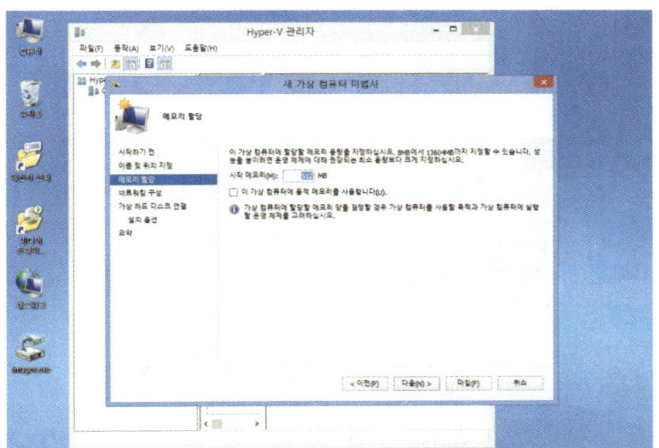

9 네트워킹 구성 화면에서 〈다음〉 버튼을 누릅니다. 가상 하드디스크 연결 화면에서는 가상 디스크를 기존 디스크와 연결하거나 새로 구성할 수 있습니다. 〈다음〉 버튼을 누릅니다.

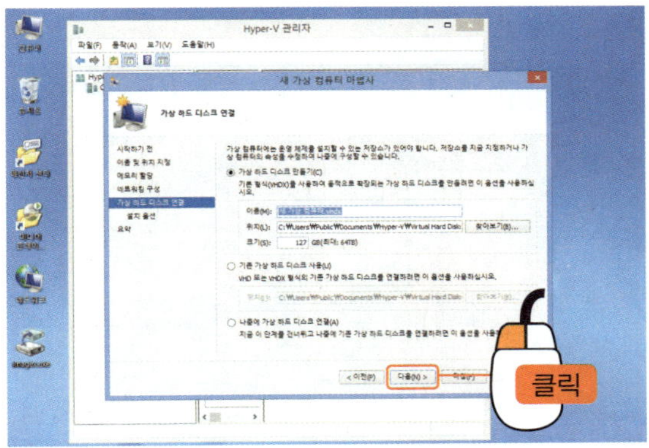

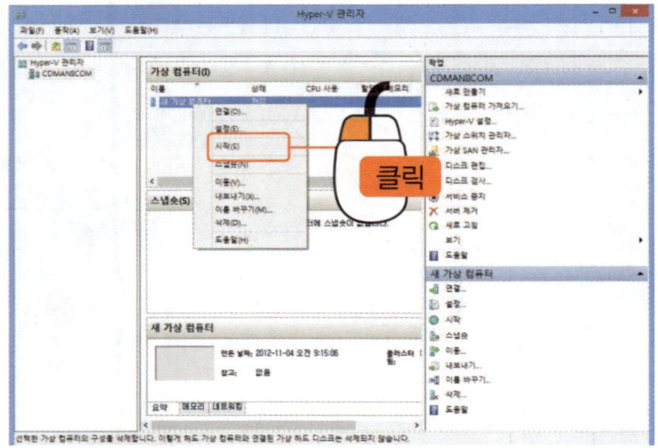

10 설치 옵션 화면에서는 부팅 CD/DVD-ROM을 지정할 수 있습니다. 윈도우 8 ISO 파일을 지정하여 선택한 뒤 〈다음〉 버튼을 누릅니다.

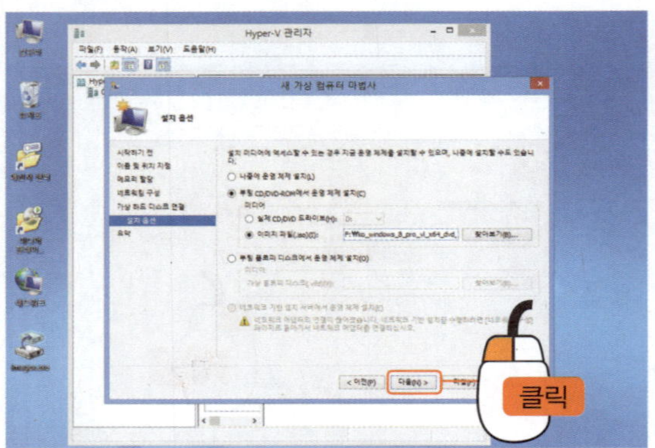

11 새 가상 컴퓨터가 만들어졌습니다. 새 가상 컴퓨터에서 마우스 오른쪽 버튼을 눌러 [시작] 메뉴를 클릭합니다.

12 다음은 가상 컴퓨터에 윈도우 8을 설치하는 화면입니다.

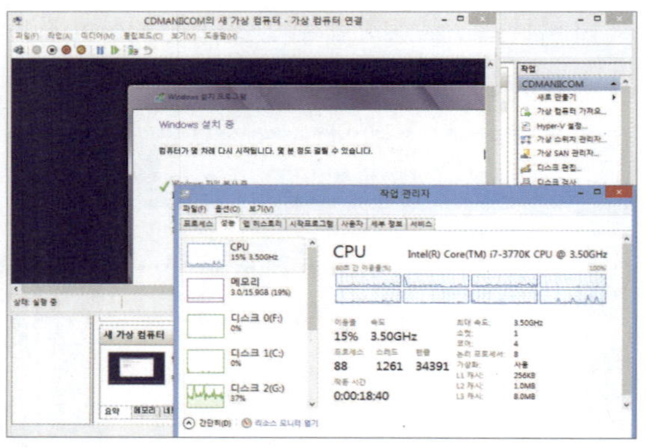

13 가상 컴퓨터 창을 닫아도 내부적으로는 계속 동작하고 있습니다. 새 가상 컴퓨터의 이미지를 더블클릭하면 다시 가상 컴퓨터를 열 수 있습니다.

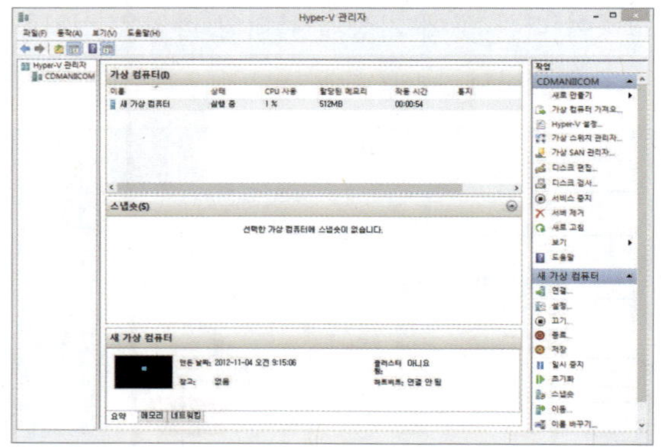

14 윈도우 8 설치를 마쳤습니다. 이것으로 윈도우 8 안에 다시 가상으로 윈도우 8 설치를 끝냈습니다.

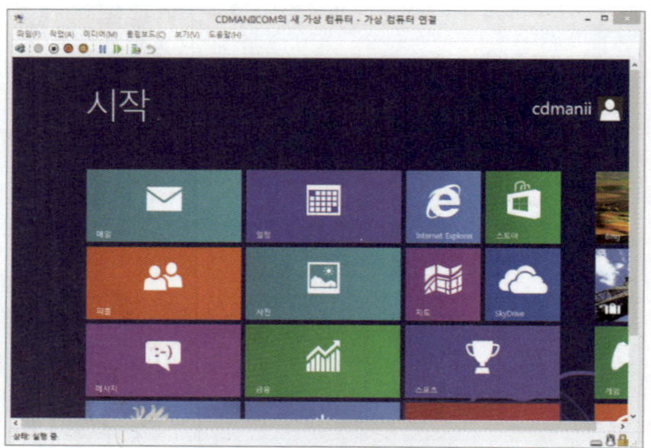

15 Hyper-V 관리자에서는 가상 컴퓨터를 실제로 끄고 켤 수 있습니다. 그리고 가상 컴퓨터의 대여폭과 네트워킹, 성능, 보완 등 다양한 값을 설정해서 많은 역할을 부여할 수 있습니다.

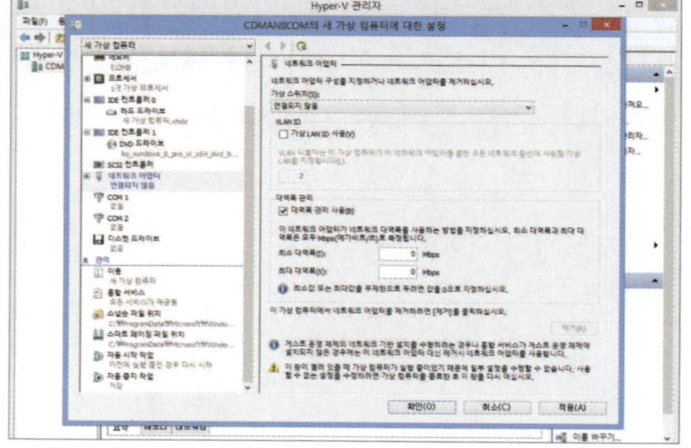

Chapter 15
윈도우 8 활용 팁

이 장에서는 윈도우 8을 좀 더 빠르고 쾌적하게 사용하는 방법을 알아봅니다.

윈도우 운영체제는 사용자가 어떻게 활용하고 관리하느냐에 따라 무한 변신이 가능합니다.

또 이 장에서는 윈도우 8을 사용할 때 유용한 팁도 소개합니다.

윈도우 8을 사용하다 맞닥뜨리는 여러 문제와 오류 때문에

초보 사용자는 많이 당황하게 되지만, 어떤 문제든 해결법은 있게 마련입니다.

원인이 뭔지 차근차근 들여다보면 해결법을 찾을 수 있습니다.

이 장에서 소개하는 팁만 알아도 윈도우 8 활용에 많은 도움이 될 수 있을 것입니다.

01 Internet Explorer 10 환경 쾌적하게 만들기

Internet Explorer 10으로 한 번 접속한 웹사이트를 다음번에 방문해 보면 처음보다 좀 더 빨리 접속하게 됩니다. 그것은 해당 웹사이트의 이미지와 파일들을 인터넷 임시 폴더에 저장하여 다음번 접속할 때는 저장된 이미지와 파일을 불러와 빨리 로딩할 수 있는 것입니다. 그런데 이런 임시 저장 파일이 많아지면 이것 때문에 오히려 인터넷 접속 속도가 더 느려지기도 하므로, 인터넷 임시 폴더는 수시로 비워주는 것이 좋습니다. 인터넷 임시 폴더를 비워 항상 일정한 속도가 나오도록 해보겠습니다.

1 Internet Explorer 10을 엽니다. 오른쪽 위의 '도구' 아이콘 ⚙ (Alt + X)-[인터넷 옵션] 메뉴를 클릭합니다.

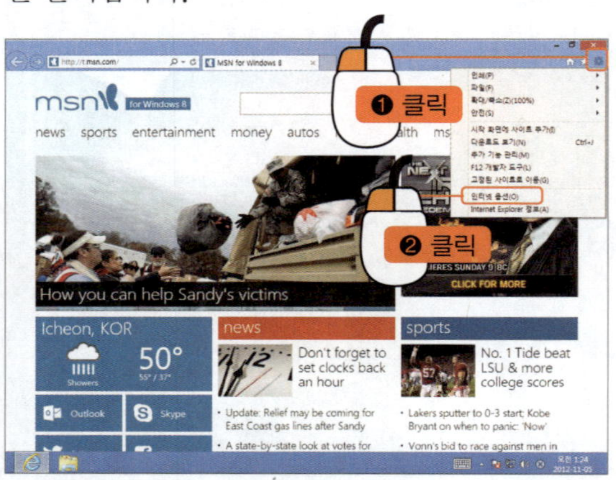

2 [인터넷 옵션] 대화상자-[고급] 탭에서 '브라우저를 닫을 때 임시 인터넷 파일 폴더 비우기'에 체크한 뒤 〈확인〉 버튼을 누릅니다.

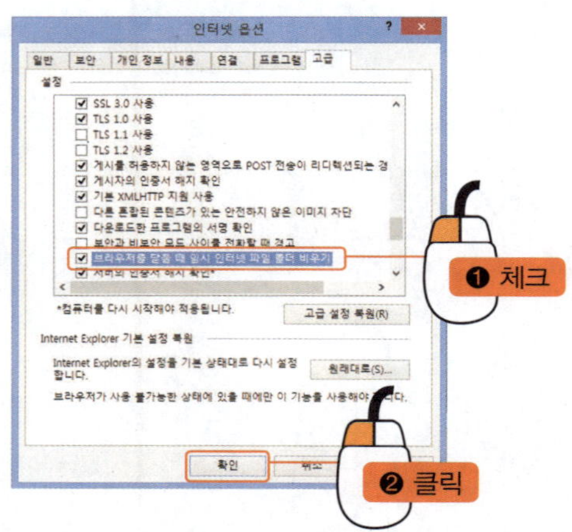

3 Internet Explorer 임시 폴더를 열어보면 파일이 모두 삭제되는 것을 확인할 수 있습니다.

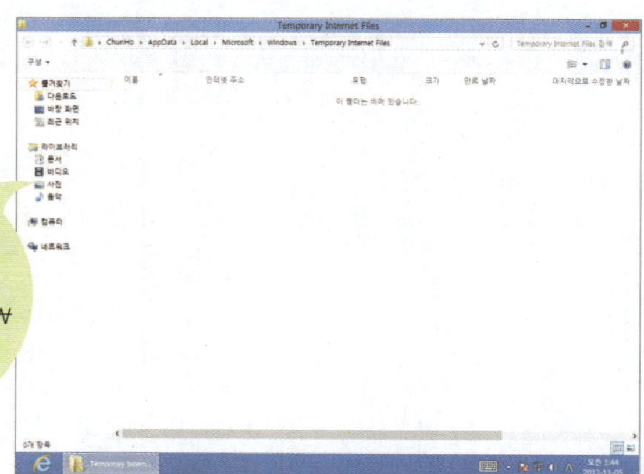

02 ReadyBoost로 컴퓨터 속도 올리기

컴퓨터 장치의 성능은 계속 향상되어가지만 그중 하드디스크는 구조적 문제 때문에 속도를 많이 끌어 올리는데 한계가 있습니다. 이런 이유로 SSD를 많이 사용합니다. 그런데 하드디스크의 성능을 임의로 끌어올리는 방법이 있는데, ReadyBoost를 이용하는 것입니다. USB 메모리는 하드디스크보다 작은 파일(4K)의 읽기 성능이 더 빠릅니다. 이런 장점을 이용하면 프로그램의 실행 속도를 더 빠르게 만들 수 있습니다. ReadyBoost의 핵심은 USB 메모리에 자주 실행되는 프로그램을 담아 하드디스크보다 더 빠르게 실행시키는 것입니다.

1 ReadyBoost를 사용하기 위해 4GB 이하의 USB 메모리를 컴퓨터에 연결합니다. 컴퓨터 폴더를 열고, 연결된 USB 메모리 드라이브에서 마우스 오른쪽 버튼을 눌러 [속성] 메뉴를 클릭합니다. USB 메모리는 MLC(Multi Level Cell) 타입보다는 SLC(Single Level Cell) 타입의 4K 속도가 빠른 것이 좋습니다. 1개의 USB 메모리마다 4GB까지만 ReadyBoost 영역을 만들 수 있으므로 너무 큰 용량은 필요 없습니다.

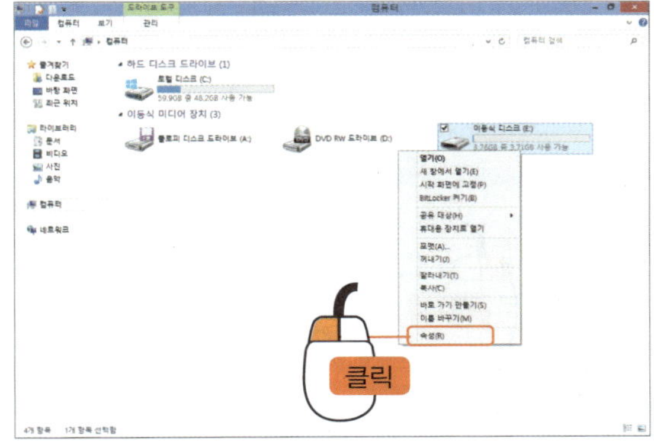

2 [이동식 디스크 속성] 대화상자가 나타납니다. [ReadyBoost] 탭을 클릭한 뒤 '이 장치를 ReadyBoost 전용으로 사용'에 체크하고 〈확인〉 버튼을 누릅니다.

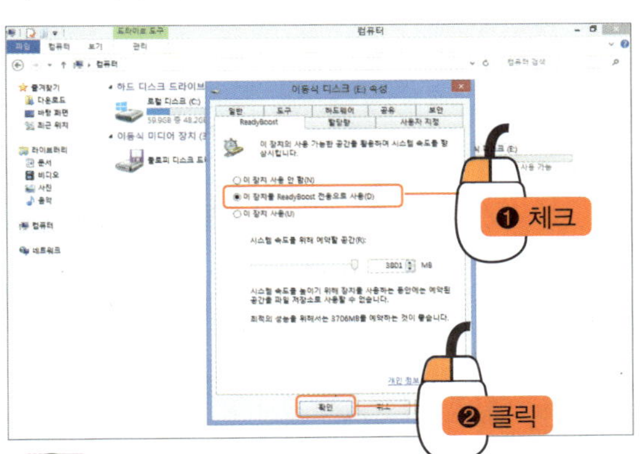

3 USB 메모리의 ReadyBoost가 활성화되었습니다. 이제부터 실행되는 프로그램은 패턴이 분석되어 자주 사용하는 실행 파일은 USB 메모리로 자동으로 옮겨져 다음부터는 좀 더 빨리 실행하게 됩니다.

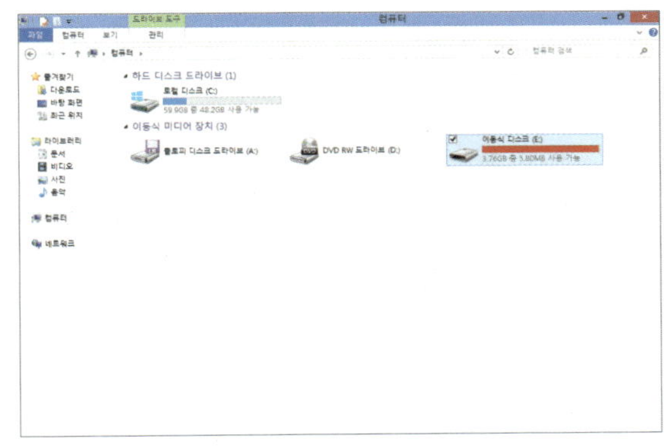

TIP

ReadyBoost는 운영체제를 하드디스크에 설치했을 때만 동작합니다. 운영체제를 SSD에 설치했다면 동작하지 않습니다. ReadyBoost는 컴퓨터가 자주 실행하는 파일을 자동으로 옮겨 속도를 개선합니다. ReadyBoost가 최적화되어 속도에 영향을 미칠 때까지는 보통 일주일 정도 걸리는데, 그 이후부터는 효과가 확실히 나타납니다.

03 효과 끄기로 속도 빠르게 만들기

윈도우 8을 설치한 컴퓨터의 사양이 너무 낮은 경우에는 효과를 조정해서 컴퓨터 체감 속도를 보다 빠르게 설정할 수 있습니다.

1 ■+x 키를 눌러 [시스템] 메뉴를 클릭합니다. 시스템 창의 왼쪽에서 '고급 시스템 설정'을 클릭합니다.

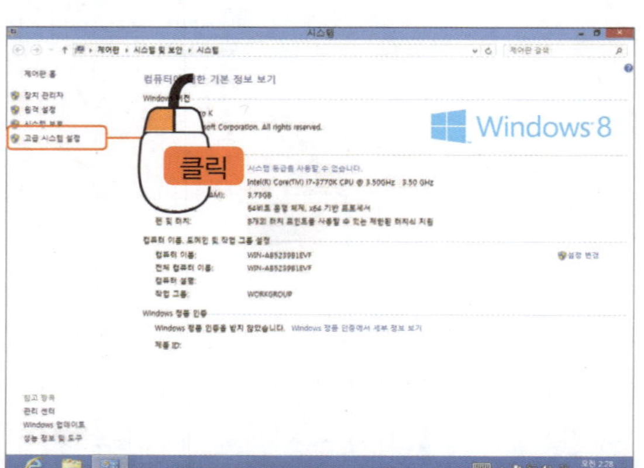

2 [시스템 속성] 대화상자의 [고급] 탭에서 '성능' 항목의 〈설정〉 버튼을 누릅니다.

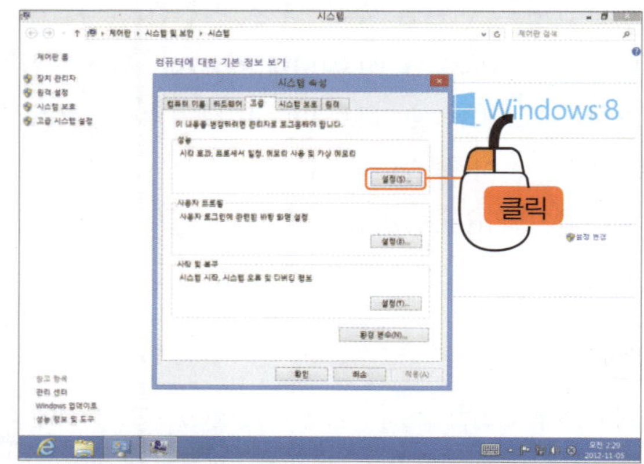

3 [성능 옵션] 대화상자의 [시각 효과] 탭에서 '최적 성능으로 조정'에 체크합니다.

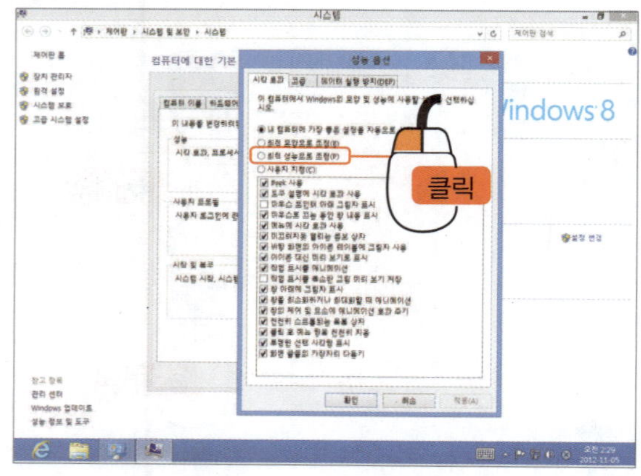

4 모든 효과가 해제되면 〈적용〉 버튼을 누릅니다.

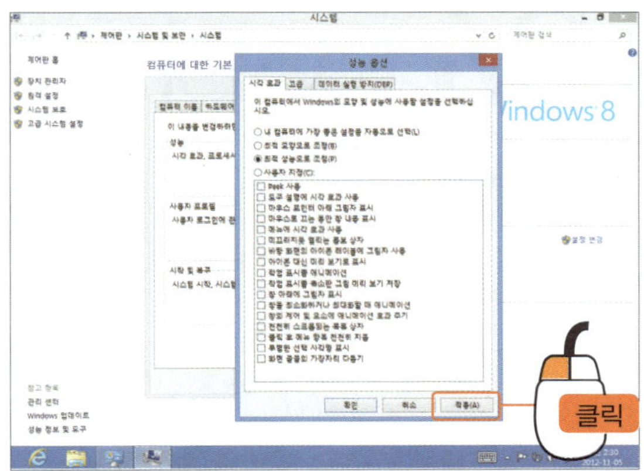

5 창을 움직이고 다른 창을 띄워서 효과가 어떻게 변했는지 확인합니다. 창의 제목표시줄을 클릭한 채 드래그하면 이동하는 위치로 창이 계속 따라오는 애니메이션 설정이 해제되었습니다. 창을 이동해 보면 다음처럼 창의 이동 틀만 보입니다.

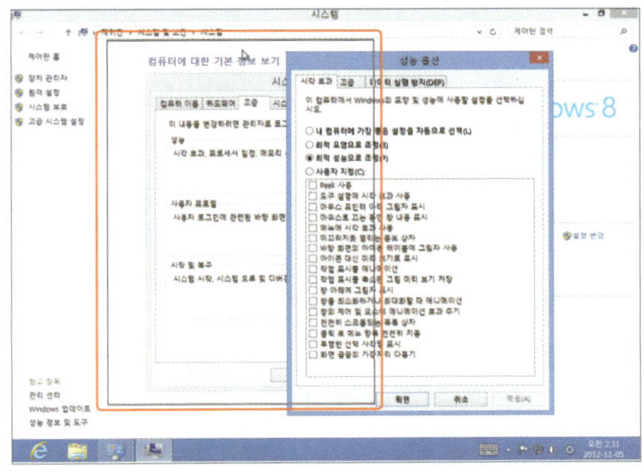

6 다시 [성능 옵션] 대화상자-[시각 효과] 탭에서 '사용자 지정'에 체크합니다. 속도와 애니메이션 효과를 자신이 원하는 대로 조정한 뒤 〈확인〉 버튼을 누릅니다.

애니메이션 효과를 해제하면 컴퓨터 체감 성능이 조금 더 올라갑니다. 하지만 애니메이션 효과가 모두 제거되면 운영체제를 사용하는데 뭔가 많이 어색하게 느껴질 것입니다. 속도가 정말 중요하다면 효과를 제거하고, 그렇지 않다면 시스템 사양을 올려서 효과를 적용하는 게 좋습니다.

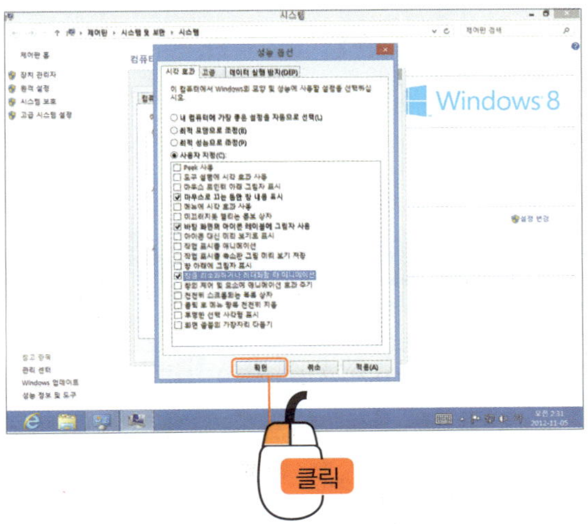

04 〈시작〉 버튼 만들기

윈도우 8에서는 참 메뉴에 〈시작〉 버튼을 넣어 기능을 많이 통합하였습니다. 그런데 이전의 운영체제를 사용하다 윈도우 8을 사용할 때 가장 어색한 부분이 바로 시작 버튼입니다. 〈시작〉 버튼이 없어도 작업 표시줄을 잘 활용하면 큰 불편은 느끼지 않지만, 그래도 익숙한 〈시작〉 버튼이 없어 불편하다면 임의로 〈시작〉 버튼을 만들 수 있습니다. 지금부터 방법을 알아봅니다.

1 Internet Explorer 10 창을 열고, 주소표시줄에 http://sourceforge.net/projects/classic-shell/files/latest/download를 입력합니다. 웹사이트 접속 후 몇 초 기다리면 화면 아래쪽에 다운로드 창이 나타나는데, 〈실행〉 버튼을 누릅니다(시스템에 따라서는 정말로 실행할 것인지 한 번 더 묻는 과정을 거치는데, 〈실행〉 버튼을 다시 누릅니다).

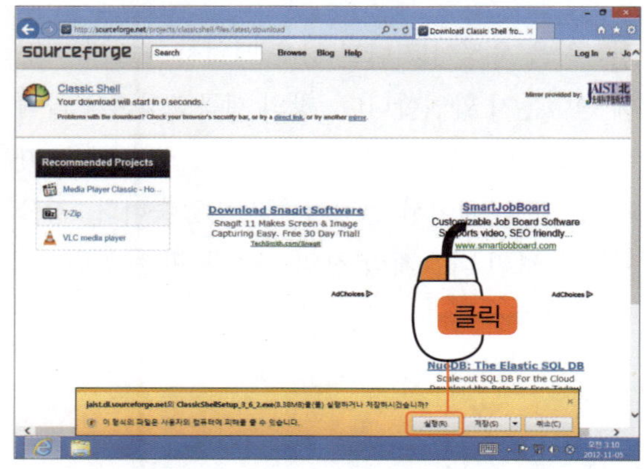

2 [Classic Shell Setup 설치 마법사]가 나타나면 〈Next〉 버튼을 누릅니다. 라이선스 동의를 묻는 화면에서 'I accept the terms in the License Agreement'에 체크한 뒤 〈Next〉 버튼을 누릅니다.

3 Custom Setup 화면에서 'Classic Explorer'의 목록펼침 버튼을 클릭합니다. [Entire feature will be unavailable] 메뉴를 클릭합니다. 해당 기능을 설치하지 않겠다는 뜻입니다.

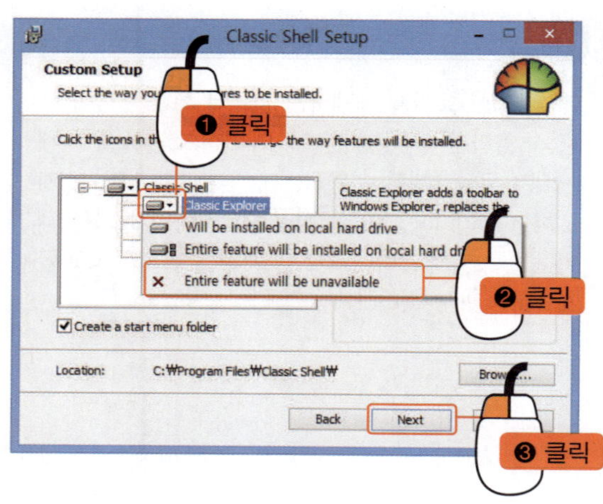

4 설치 항목에서 제거되었습니다. 같은 방법으로 'Classic Start Menu'를 제외한 나머지 항목을 모두 해제하고 〈Next〉 버튼을 누릅니다.

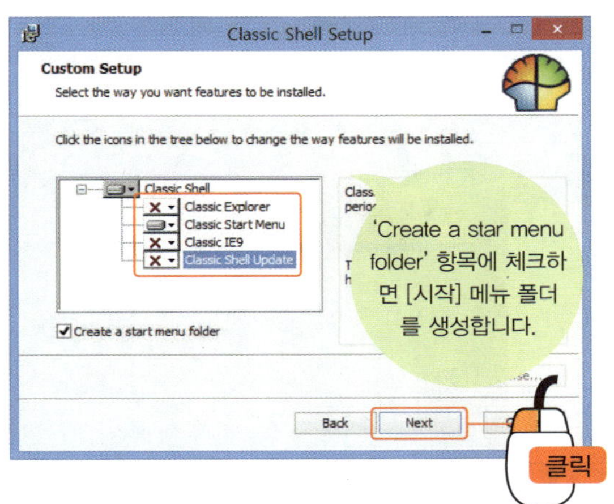

5 〈Install〉 버튼을 누릅니다. 설치 중 사용자 계정 컨트롤 창이 나타나면 〈예〉 버튼을 누릅니다. 설치가 끝나면 〈Finish〉 버튼을 누릅니다.

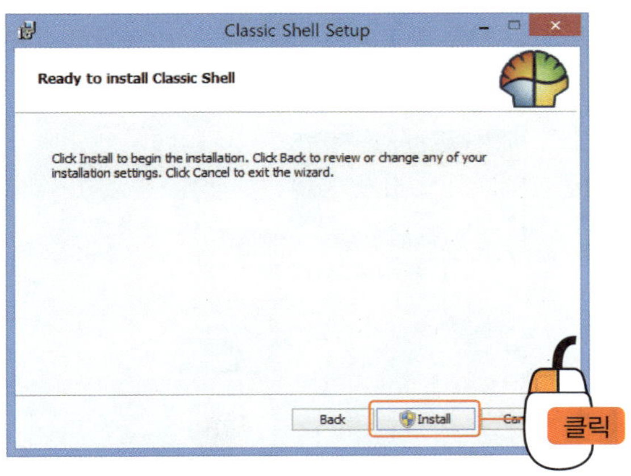

6 사용설명서 창이 자동으로 실행됩니다. 바탕화면의 왼쪽 아래를 보면 〈시작〉 버튼이 생성된 것을 볼 수 있습니다. 사용설명서 창은 닫습니다.

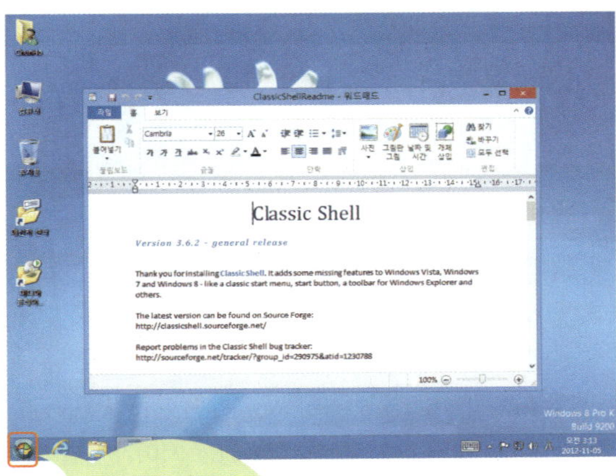

7 〈시작〉 버튼을 누르면 Classic Start Menu 셋팅 창이 나타납니다. 이미지 위의 링크를 클릭하면 시작 버튼의 메뉴 모양을 세 가지 중에서 선택할 수 있습니다.

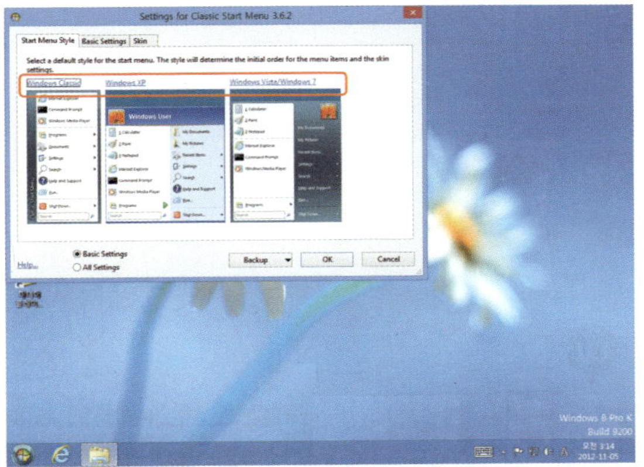

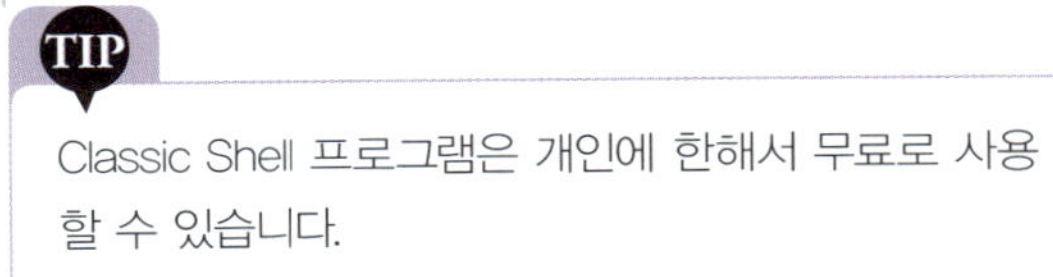

TIP

Classic Shell 프로그램은 개인에 한해서 무료로 사용할 수 있습니다.

8 시작 메뉴의 아이템이 리셋된다는 메시지 창이 나타나면 〈예〉 버튼을 누릅니다. Classic Start Menu 셋팅 창의 〈OK〉 버튼을 눌러 창을 닫습니다.

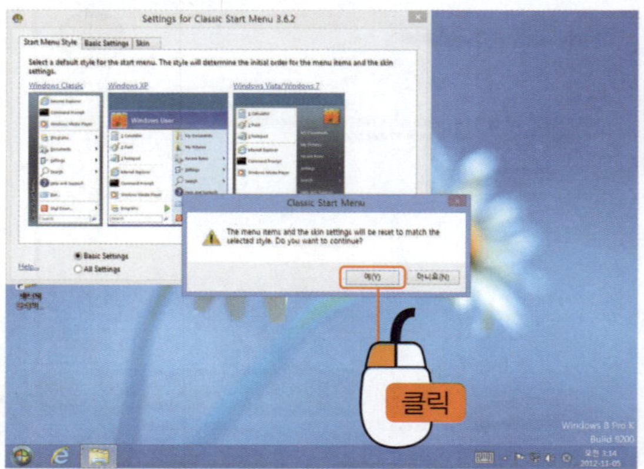

9 〈시작〉 버튼을 누르면 시작 메뉴가 나타납니다. 이것도 일종의 프로그램이기에 〈시작〉 버튼에서 마우스 오른쪽 버튼을 눌러 [끝내기] 메뉴를 클릭하면 끌 수 있습니다.

10 [프로그램] 메뉴를 클릭하면 컴퓨터에 설치되어 있는 모든 프로그램 목록을 볼 수 있습니다.

TIP

윈도우 8부터는 〈시작〉 버튼이 참 메뉴로 통합되었습니다. 윈도우 8에 〈시작〉 버튼을 만들어 주는 Classic Start Menu 도 일종의 프로그램으로 속도나 기능 면에서 운영체제에서 기본으로 제공하던 예전 〈시작〉 메뉴와는 차이가 있습니다. 가능하면 〈시작〉 버튼을 따로 만드는 것보다는 참 메뉴를 활용하는 것이 더 좋습니다. Classic Start Menu는 제어판의 프로그램 및 기능에서 삭제할 수 있습니다.

05 SSD 성능 개선하기

윈도우 8 운영체제를 사용하면서 대부분의 사용자는 SSD 장치로 교체할까 한번쯤 고민해 보았을 것입니다. 예전에는 SSD를 컴퓨터에 어느 정도 지식이 있는 고급 사용자만 사용했지만 지금은 가격이 많이 저렴해져 사용자층이 넓어졌습니다. 윈도우 8에서 SSD를 사용할 때 속도를 높이기 위해 어떤 설정을 하면 되는지 알아보겠습니다.

▌ AHCI 모드 설정으로 속도 올리기

1 컴퓨터 부팅 시 Delete 키나 F2 키를 눌러 바이오스 셋업 모드로 들어갑니다. [Advanced] 메뉴에서 'SATA Configuration' 항목을 클릭합니다.

2 'SATA Mode Selection'이 이미 'AHCI'로 지정되어 있다면 설정을 변경하지 않아도 됩니다. 만일 'IDE'로 되어 있다면 'AHCI'로 변경합니다.

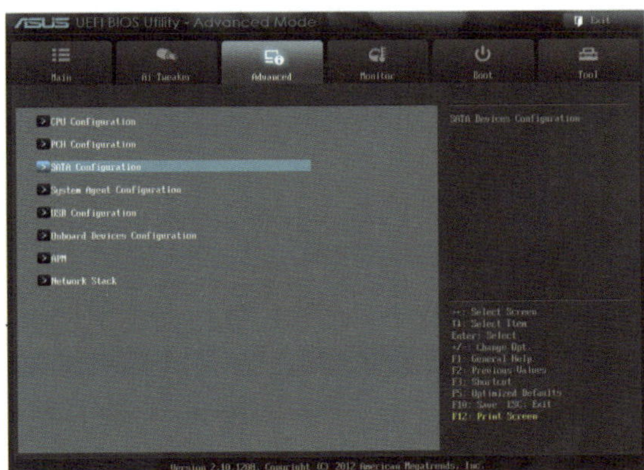

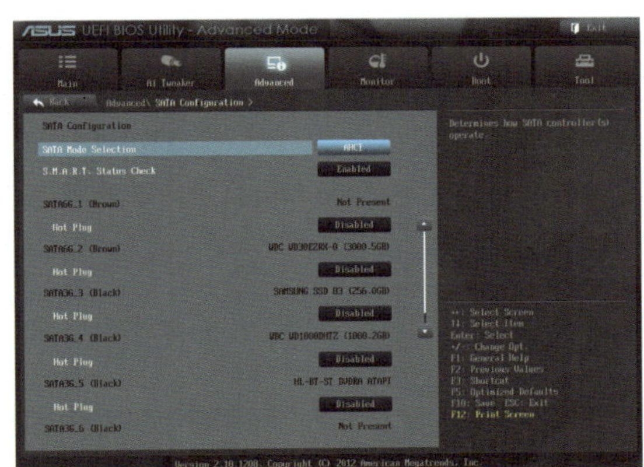

3 〈Exit〉 버튼을 누르면 변경한 설정을 저장할 것인지 묻는데, 저장합니다(여기서는 〈Save Changes & Resert〉 버튼을 누릅니다).

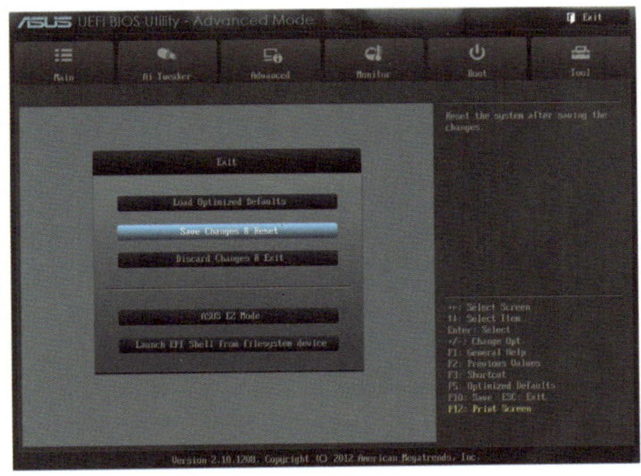

■ SSD 여유 공간 늘리기(가상 메모리 없애기)

가상 메모리의 크기는 램의 크기와 같게 설정됩니다. 로컬 메모리가 16GB라면 가상 메모리도 같은 크기로 설정됩니다. SSD의 용량은 보통은 HDD 보다는 작습니다. 램이 넉넉하다면 가상 메모리를 0으로 셋팅하여 용량을 늘리는 것이 좋습니다. 자세한 내용은 346쪽을 참고합니다.

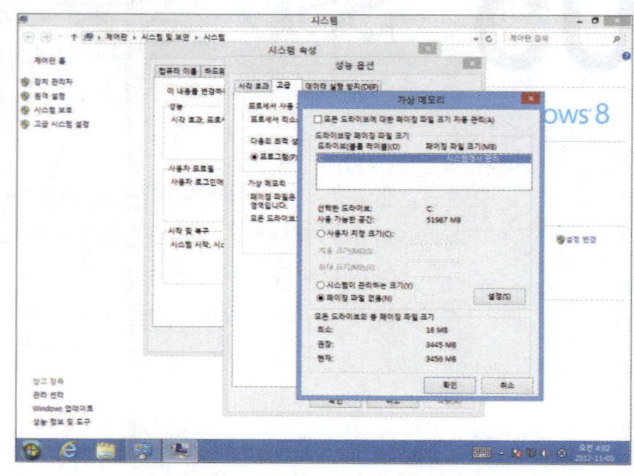

■ 시스템 복원 끄기로 SSD 용량 확보하기

시스템 복원도 기본적으로는 C드라이브의 용량을 사용합니다. 그래서 시스템 복원 설정을 끄면 공간을 더 확보할 수 있습니다. 다만 시스템 복원은 시스템이 심각한 문제가 생겼을 때 쉽게 복구할 수 있게 해주므로, 정말 용량이 부족한 경우가 아니라면 켜두는 것이 좋습니다. 자세한 내용은 351쪽을 참고합니다.

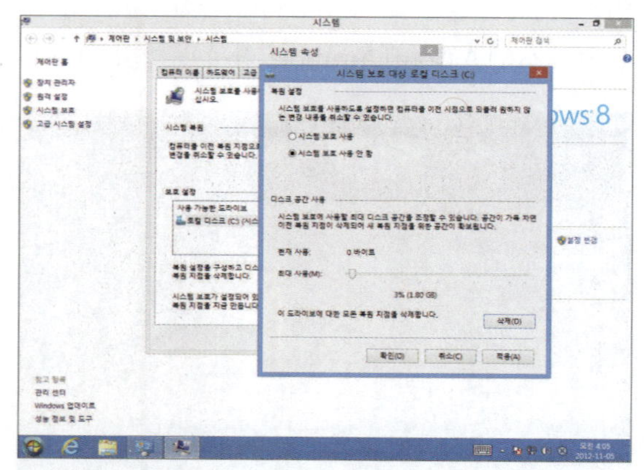

TIP

시스템이 AHCI 셋팅을 지원한다면 이 설정은 반드시 해두는 게 좋습니다. SSD는 지속적으로 성능을 향상시키려면 TRIM이 되어야 하는데 자동TRIM이 되려면 AHCI가 설정되어 있어야 합니다. 운영체제가 설치된 드라이브에는 여유공간이 어느 정도 있어야 하는데, SSD의 용량은 보통 부족하므로 여유공간 확보가 더 중요합니다. 여유공간은 SSD 장치의 수명, 운영체제의 전체적인 성능과 밀접한 관계가 있으므로 가능하면 설정해 줍니다.

용어 TRIM

SSD는 하드디스크와는 다르게 덮어쓰기가 안 됩니다. 하드디스크는 파일을 삭제해도 실제로는 데이터가 남아 있게 되는데 그 위에 파일을 다시 덮어서 쓸 수 있습니다. SSD는 덮어쓰기가 안 되므로 파일을 다시 쓸 때 기존에 남아 있는 파일 조각을 지운 뒤 다시 쓰는 작업을 하게 됩니다. 이 때문에 쓰기 속도가 사용할수록 느려지므로 필요 없는 파일 조각을 미리 지워주는 작업을 'TRIM'이라고 합니다.

06 램 디스크 설정으로 초고속 드라이브 만들기

램(RAM)은 읽기와 쓰기 속도가 상당히 빠릅니다. 이 빠른 램을 드라이브로 만들 수 있다면 정말 빠른 초고속 드라이브가 만들어지겠죠. 램 디스크의 속도는 일반 저장장치와는 비교되지 않을 정도로 빠릅니다. 램 디스크를 설정하고 활용하는 방법을 알아보겠습니다.

1 Internet Explorer 10을 실행하고 주소표시줄에 http://www.cdmanii.com/3241을 입력합니다. 램 디스크 설정과 관련된 필자의 포스팅으로 스크롤바를 아래로 내려 다운로드 파일을 클릭합니다. 다운로드 창에서 〈저장〉 버튼을 누릅니다.

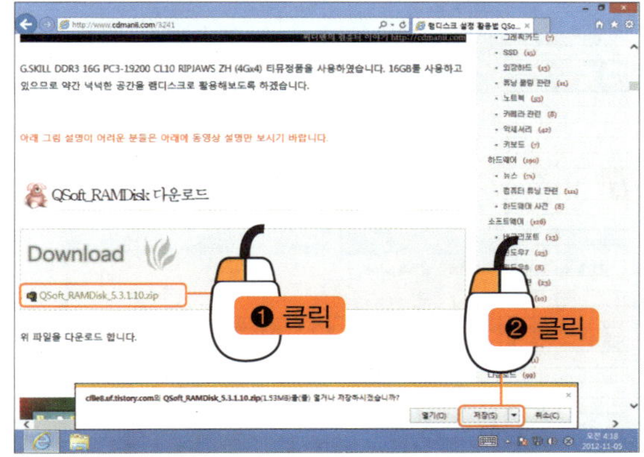

2 다운로드가 완료되면 〈폴더 열기〉 버튼을 누릅니다. 다운로드한 파일에서 마우스 오른쪽 버튼을 눌러 [압축 풀기] 메뉴를 클릭합니다.

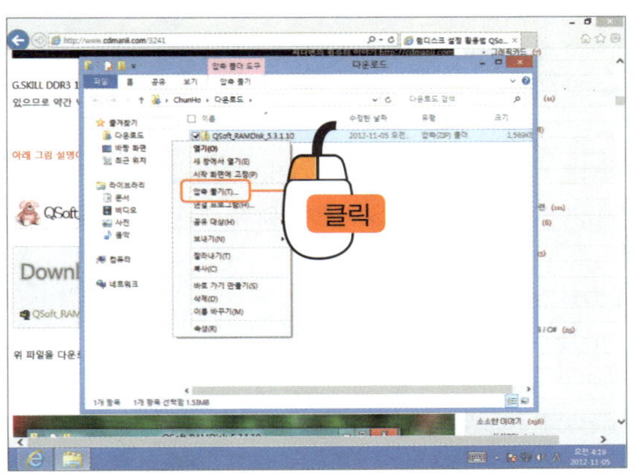

3 압축(Zip) 폴더 풀기 창에서 저장 위치를 확인하고 〈압축 풀기〉 버튼을 누릅니다. 압축이 해제되었습니다.

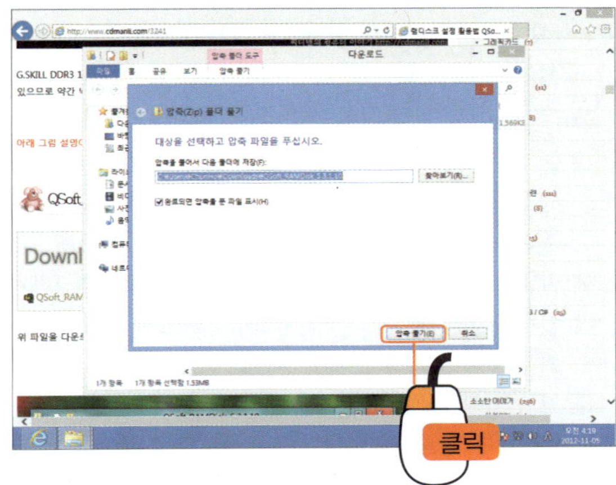

4 장치 관리자 창을 열고, 맨 위쪽 목록에서 마우스 오른쪽 버튼을 누릅니다. [레거시 하드웨어 추가] 메뉴를 클릭합니다.

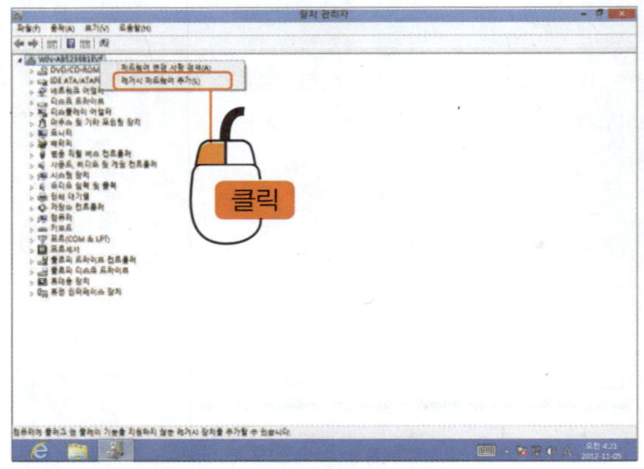

5 [하드웨어 추가] 대화상자가 나타나면 〈다음〉 버튼을 누릅니다.

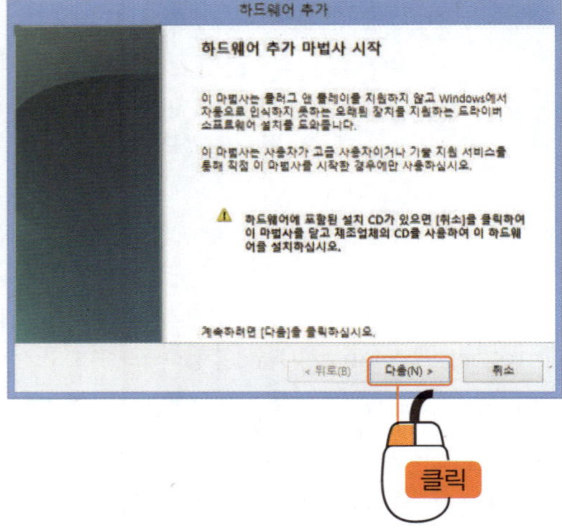

6 이후 단계부터는 다음 과정을 따라 진행합니다.

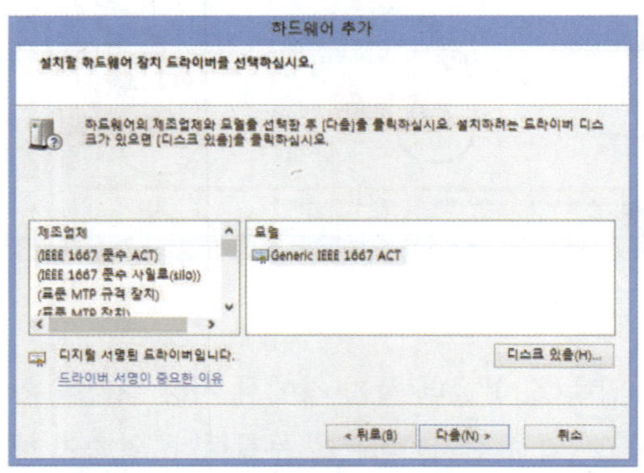

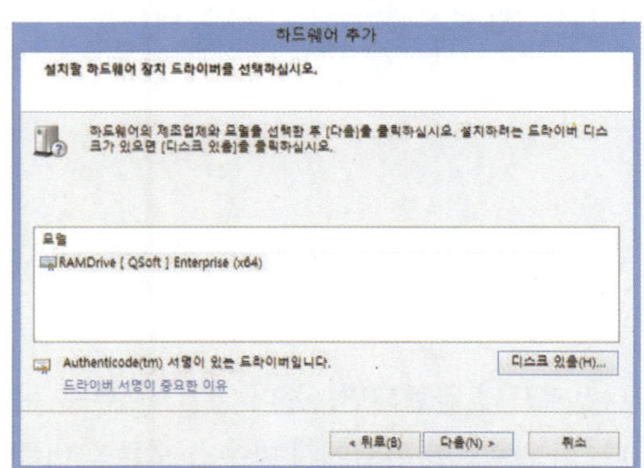

❶ 원하는 작업을 '목록에서 직접 선택한 하드웨어 설치(고급)'으로 지정하고 〈다음〉 버튼을 누릅니다.

❷ 하드웨어 유형 선택 화면에서 〈다음〉 버튼을 누릅니다.

❸ 설치할 하드웨어 장치의 드라이버를 선택하는 화면에서 〈디스크 있음〉 버튼을 누릅니다.

❹ 디스크에서 설치 창이 나타나면 〈찾아보기〉 버튼을 누릅니다.

❺ QSoft_RAMDisk 파일을 다운로드했던 경로로 이동합니다. x64는 64비트용 운영체제를 위한, x86은 32비트 운영체제를 위한 폴더입니다. 자신의 운영체제에 맞는 폴더를 선택합니다. 여기서는 QSoft_RAMDisk-x64-ENG 폴더의 RAMDriv.inf 파일을 선택했습니다. 〈열기〉 버튼을 누릅니다.

❻ 파일 위치가 지정되면 〈확인〉 버튼을 눌러 디스크에서 설치 창을 닫습니다.

❼ 설치할 하드웨어 장치 드라이버가 목록에 나타나면 〈다음〉 버튼을 누릅니다.

❽ 설치 준비 완료 화면에서 〈다음〉 버튼을 누릅니다.

❾ 설치를 하는데 게시자를 확인할 수 없다는 보안 경고 창이 나타납니다. 무시하고 '이 드라이버 소프트웨어를 설치합니다(I)'를 클릭합니다.

❿ 설치가 완료되면 〈마침〉 버튼을 눌러 창을 닫습니다.

7 장치 관리자 창에서 RAM Drive–RAMDrive [Qsoft] Enterprise (x64)에서 마우스 오른쪽 버튼을 누릅니다. [속성] 메뉴를 클릭합니다.

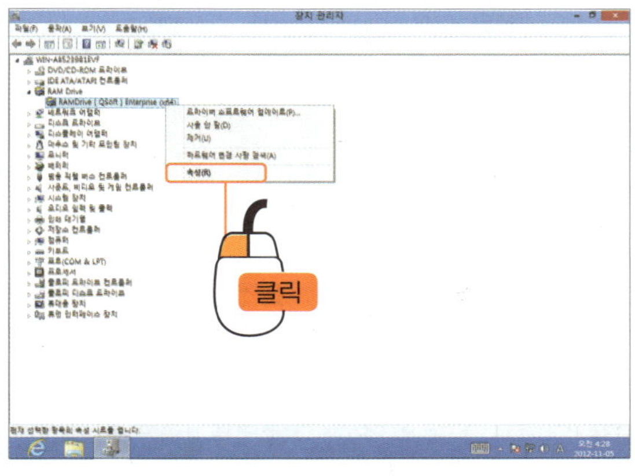

8 RAMDrive 속성 대화상자의 [Ram Disk Properties] 탭을 클릭합니다. Drive Letter(램 드라이브의 문자명), Disk Size(램 디스크의 용량), Filesystem(램 디스크의 파일 시스템) 값을 조정합니다. 램 디스크의 용량은 로컬 메모리의 여유 공간을 감안하여 설정합니다. 너무 많은 용량을 할당하면 컴퓨터가 느려질 수 있습니다.

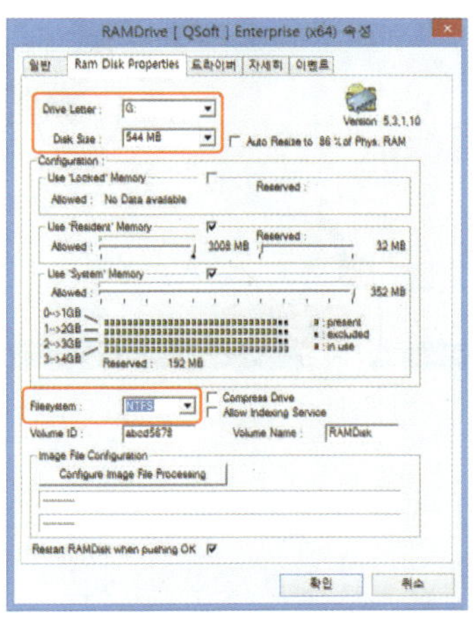

9 컴퓨터 폴더를 엽니다. 다음처럼 드라이브 목록이 제대로 나타나지 않으면 컴퓨터를 재부팅합니다.

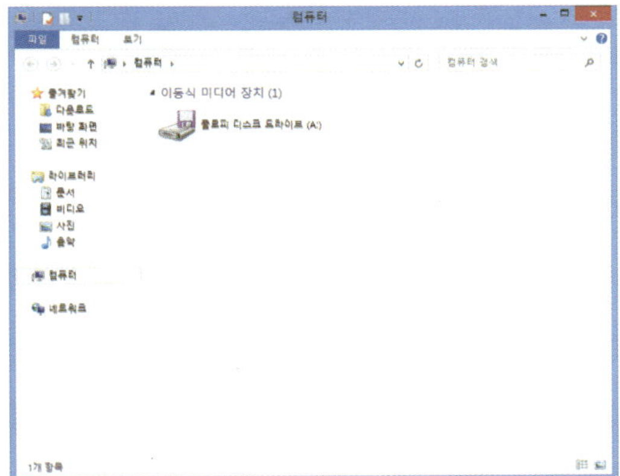

10 재부팅한 뒤 컴퓨터 폴더를 보면 RAMDisk가 생성되어 있습니다.

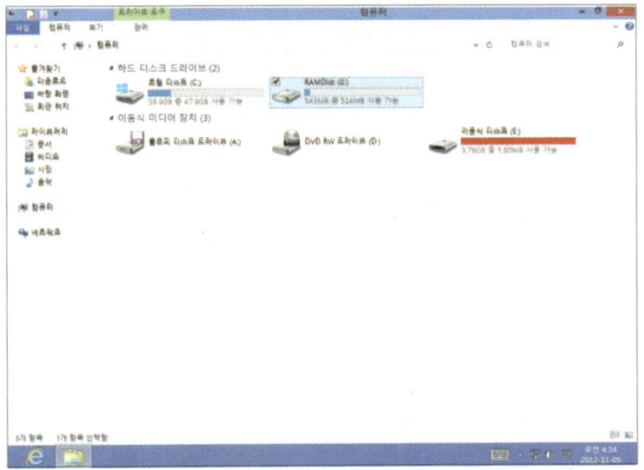

11 램 디스크를 인터넷 익스플로러 임시 폴더로 설정해 보겠습니다. 제어판에서 '인터넷 옵션'을 클릭합니다. [인터넷 속성] 대화상자의 [일반] 탭에서 '검색 기록' 항목의 〈설정〉 버튼을 누릅니다.

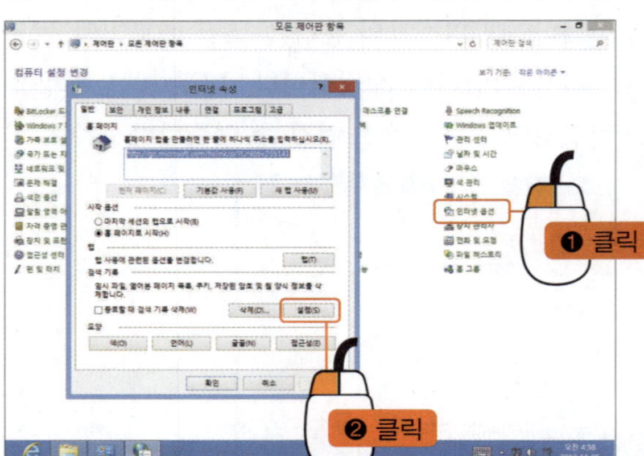

12 설정 대화상자의 [임시 인터넷 파일] 탭에서 〈폴더 이동〉 버튼을 누릅니다.

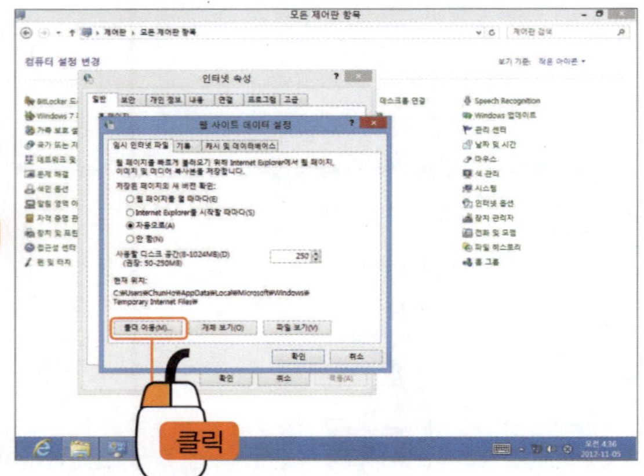

13 폴더 찾아보기 창에서 RAMDisk를 선택한 뒤 〈확인〉 버튼을 누릅니다.

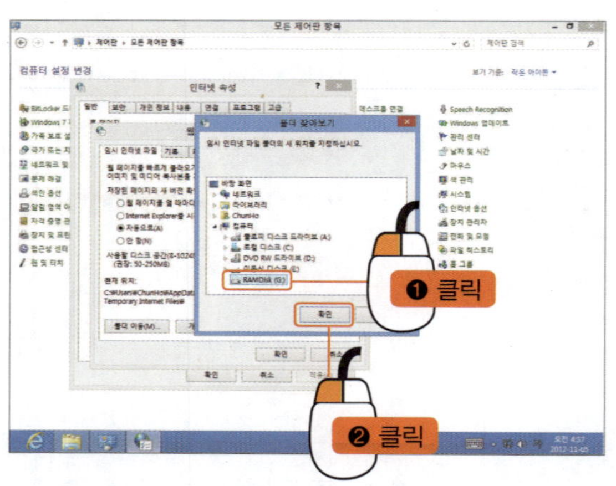

14 작업을 완료하려면 컴퓨터를 다시 시작해야 합니다. 〈예〉 버튼을 누릅니다. 재부팅 후에는 인터넷 익스플로러 임시 폴더가 램 디스크로 설정되어 있습니다. 장시간 웹서핑을 하더라도 램 디스크의 속도 때문에 느려지는 일 없이 사용할 수 있습니다.

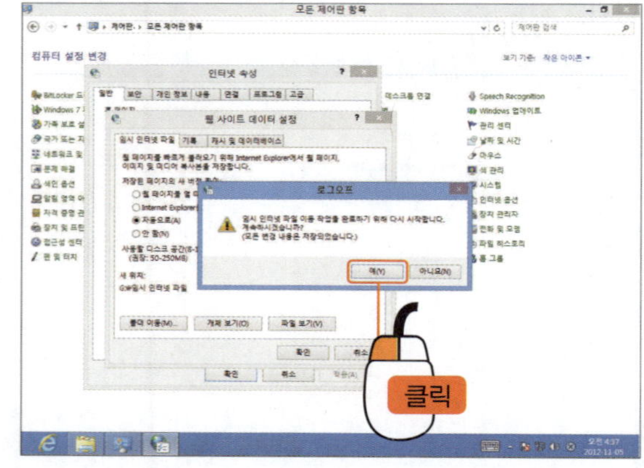

07 작업 표시줄에 프로그램 리스트 만들기

윈도우 8에서는 〈시작〉 버튼이 없습니다. 대신 ■+Q 키를 누르면 프로그램 목록을 바로 볼 수 있고, 검색도 할 수 있습니다. 그런데 예전 윈도우 운영체제에서 사용하던 폴더 메뉴가 그리운 분들도 있을 것입니다. 지금부터 추억(?)의 폴더 메뉴를 만드는 방법을 알아봅니다.

1 작업 표시줄에서 마우스 오른쪽 버튼을 눌러 [도구 모음]−[새 도구 모음] 메뉴를 클릭합니다.

2 [새 도구 모음 − 폴더 선택] 대화상자가 나타납니다. 화면 위쪽 경로 표시줄의 빈곳을 클릭한 뒤 'C:₩ProgramData₩Microsoft₩Windows₩Start Menu₩Programs'를 입력하고 Enter 키를 누릅니다.

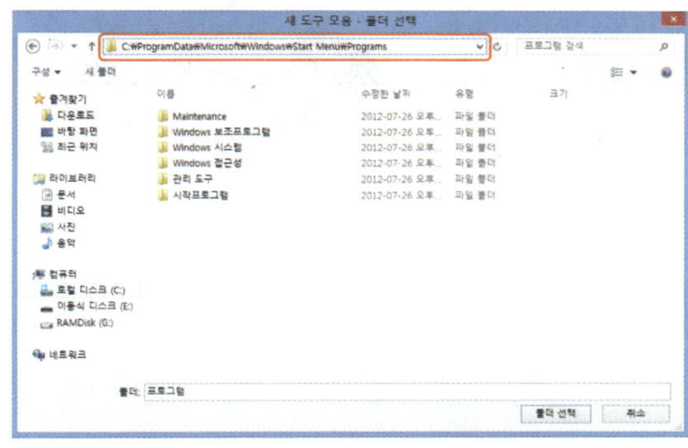

3 〈폴더 선택〉 버튼을 누르면 바탕화면의 오른쪽 아래에 '프로그램 〉'이라는 아이콘이 새로 생겼습니다. 해당 아이콘을 클릭하면 프로그램 목록이 나타납니다.

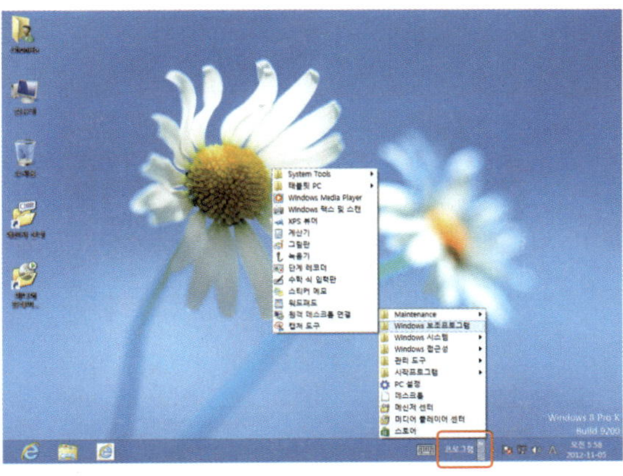

08 돋보기 기능 사용하기

프레젠테이션을 하는 도중 돋보기 같은 아이콘으로 화면을 좀 더 확대해서 보여주고 싶을 때가 있을 것입니다. 윈도우 8에서는 바로가기 키를 이용해 쉽게 화면을 확대할 수 있는데, 지금부터 활용 방법을 알아봅니다.

1 화면의 특정 부분을 확대해서 보여주려고 합니다. ⊞+⊞ 키를 누릅니다.

2 반복하여 누를수록 커서가 있는 부분이 더욱 확대되어 나타납니다.

3 ⊞+⊟ 키를 누르면 축소되어 원래 크기로 나타납니다. 화면에 보이는 돋보기 아이콘을 클릭합니다.

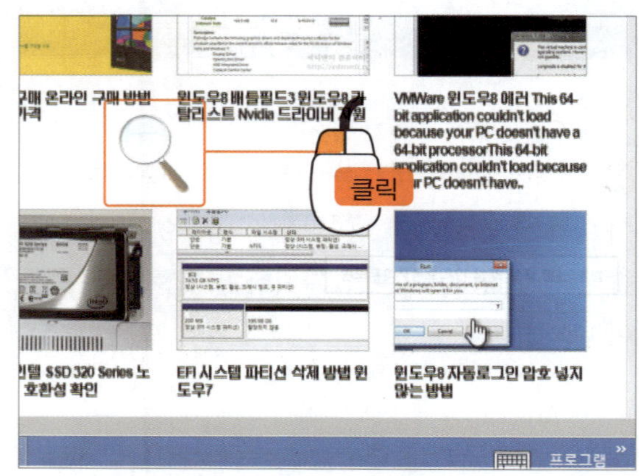

4 돋보기 도구 모음 창으로 바뀝니다. [보기] 메뉴에서는 전체 화면, 렌즈, 도킹됨 등을 지정할 수 있습니다. [렌즈] 메뉴를 클릭합니다.

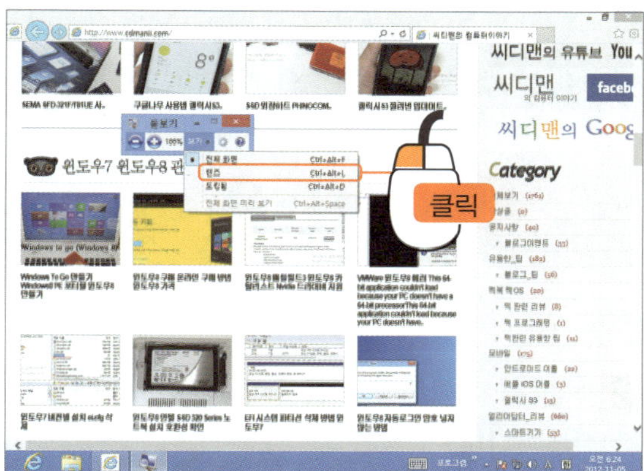

5 사각형의 박스가 커서 주위에 생깁니다. 이 상태에서 ⊞＋＋ 키를 누릅니다. 마우스 커서가 있는 부분만 박스에 확대되어 나타납니다.

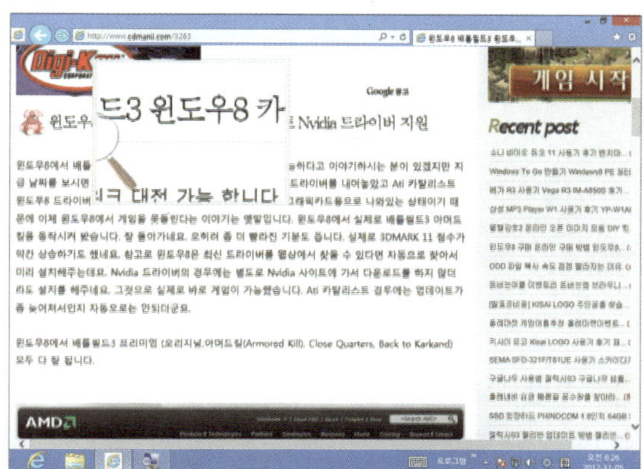

6 [도킹됨] 메뉴(Ctrl＋Alt＋D 키)를 클릭하면 위쪽에 확대영역이 도킹되어 나타납니다. 돋보기 도구 모음이 더 이상 필요하지 않을 때는 '닫기' 아이콘 ✕ 을 클릭합니다.

7 확대되었던 부분이 모두 원래 크기로 돌아오면서 돋보기 도구 모음 창이 닫힙니다.

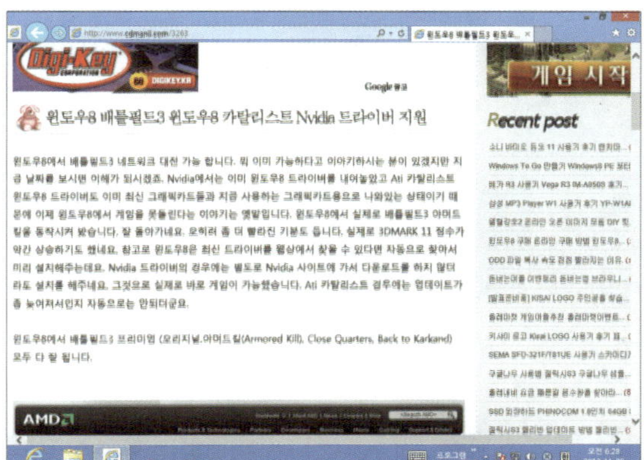

09 종료 버튼 작업 표시줄, 시작 화면에 만들기

윈도우 8을 메뉴를 이용해 종료하려면 세 번 정도의 단계를 거쳐야 합니다. 물론 바로가기 키를 이용하며 좀 더 단계가 줄어들기는 합니다. 하지만 버튼을 한 번만 눌러서 종료할 수도 있습니다.

1 바탕화면에서 마우스 오른쪽 버튼을 눌러 [새로 만들기]-[바로 가기] 메뉴를 클릭합니다. 바로가기 만들기 창에서 항목 위치 입력란에 'shutdown -s -t 0'을 입력하고 〈다음〉 버튼을 누릅니다.

2 바로가기 아이콘 이름을 입력하고 〈마침〉 버튼을 누릅니다.

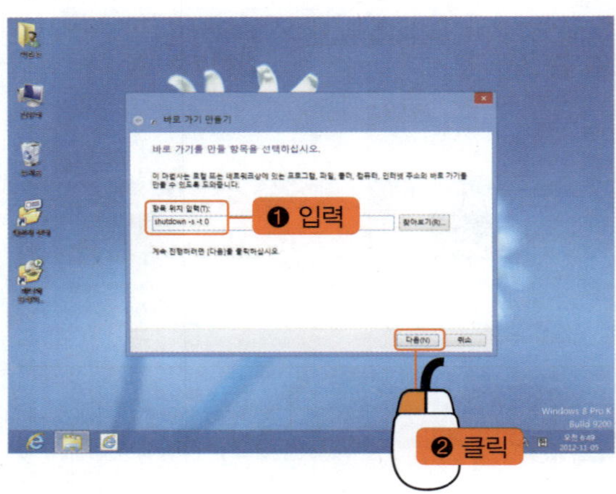

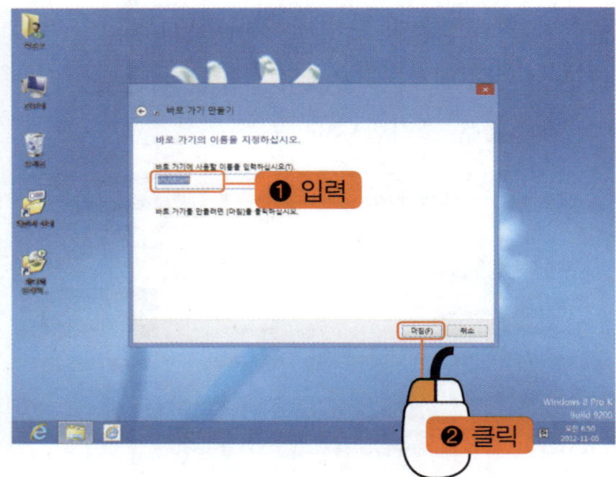

3 바탕화면에 바로가기 아이콘이 생성되었습니다. 아이콘에서 마우스 오른쪽 버튼을 눌러 [속성] 메뉴를 클릭합니다.

4 속성 대화상자의 [바로 가기] 탭에서 〈아이콘 변경〉 버튼을 누릅니다.

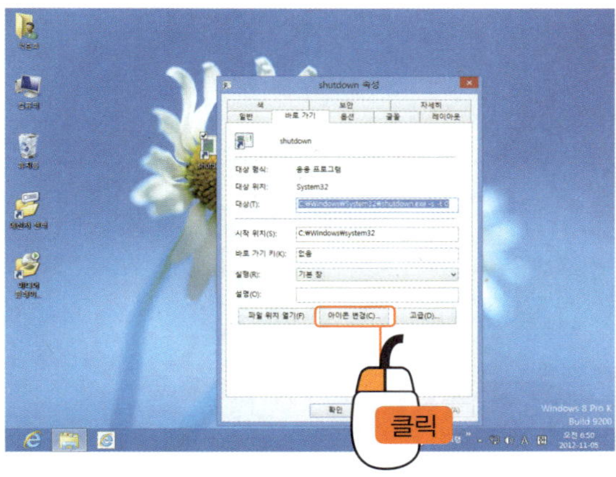

5 종료를 연상시키는 아이콘 모양을 클릭하고 〈확인〉 버튼을 누릅니다.

6 바탕화면의 아이콘에서 다시 마우스 오른쪽 버튼을 눌러 [작업 표시줄에 고정] 메뉴를 클릭하면 작업 표시줄에 고정됩니다. '시작 화면에 고정'을 클릭하면 윈도우 8 UI 시작 화면에 고정됩니다.

7 작업 표시줄에 '종료' 아이콘이 고정되었습니다.

8 바탕화면에 있는 '종료' 아이콘에서 마우스 오른쪽 버튼을 누른 뒤 [삭제] 메뉴를 클릭합니다.

9 윈도우 8 UI 시작 화면에서는 다음처럼 앱 아이콘이 생성됩니다.

10 종료 앱 아이콘을 클릭합니다.

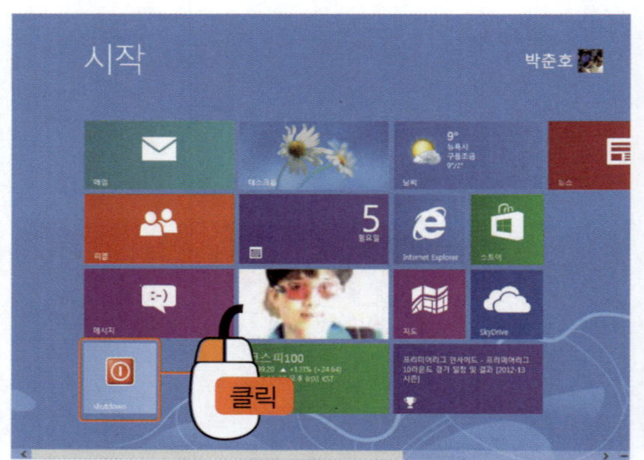

11 다음처럼 시스템이 바로 종료되는 것을 확인할 수 있습니다.

10 윈도우 8 비한글화 앱 사용하기

윈도우 8의 가장 큰 변화는 스토어를 활용할 수 있다는 점입니다. 꼭 태블릿 PC가 아니어도 여러 앱을 컴퓨터에 설치할 수 있습니다. 처음 스토어의 게임 카테고리를 보고, 게임 수가 30여 개밖에 안 돼서 조금 실망하는 사람도 있을 것입니다. 게임 수가 30여 개밖에 안 되는 것은 기본 언어 설정에 맞는 앱만 보여주기 때문입니다. 이 설정을 변경하여 보다 많은 앱을 활용하는 방법을 소개합니다.

1 윈도우 8 UI 시작 화면에서 스토어 앱을 클릭합니다. 스토어 앱에서 화면 위쪽의 '게임>'을 클릭합니다.

2 설치할 수 있는 게임 앱 목록이 나타납니다.

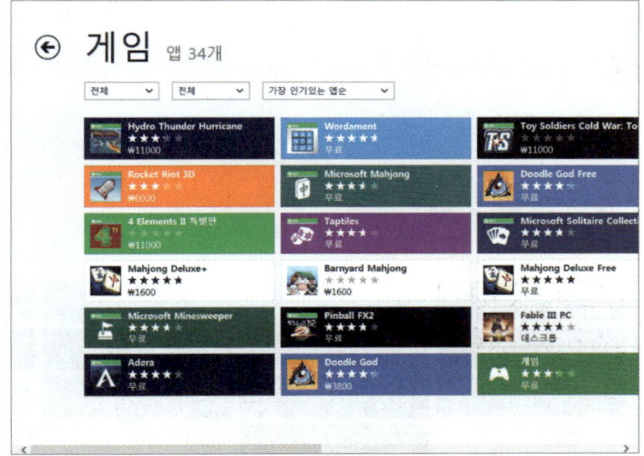

3 ⊞+I 키를 누른 뒤 설정 창에서 '기본 설정'을 클릭합니다.

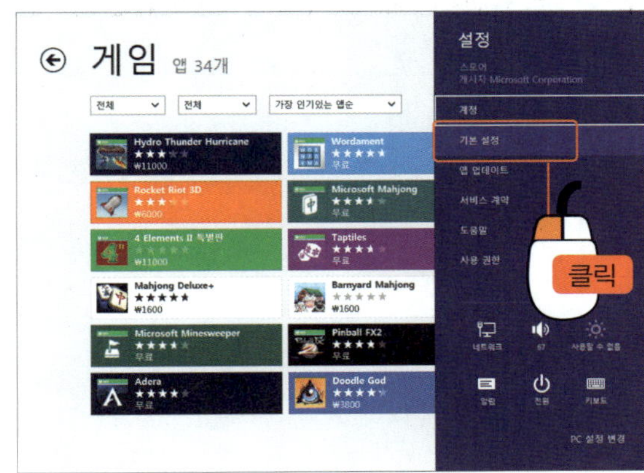

4 기본 설정 화면이 나타납니다. '기본으로 설정된 언어로 앱을 쉽게 찾을 수 있도록 설정합니다.'의 연두색 버튼을 클릭합니다. 설정이 '아니오'로 바뀝니다.

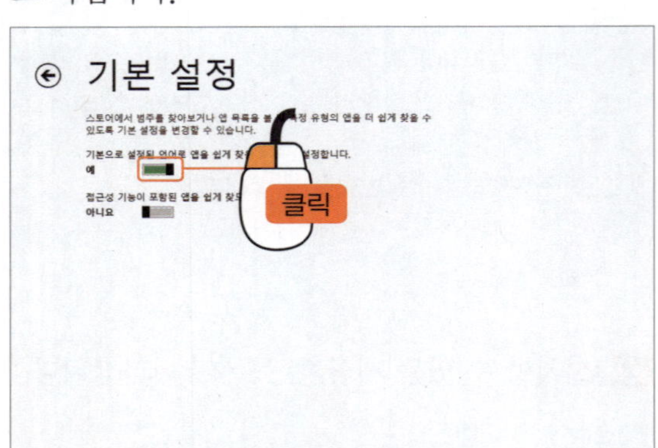

5 왼쪽 위의 〈뒤로 가기〉 버튼을 클릭합니다.

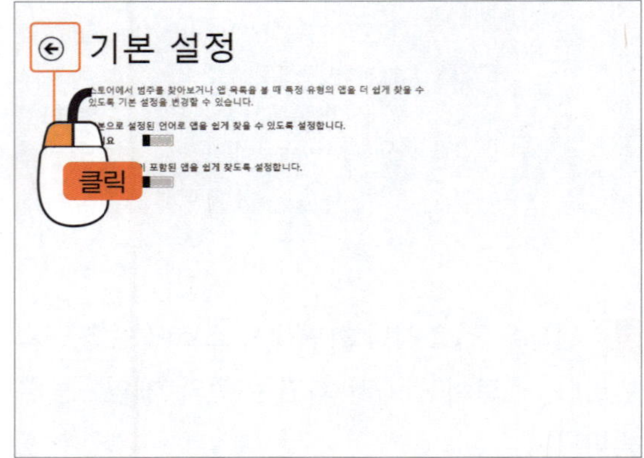

6 30여 개밖에 안 되던 게임 앱의 수가 870여 개로 늘어났습니다.

7 원하는 게임 앱을 설치하여 사용할 수 있습니다.

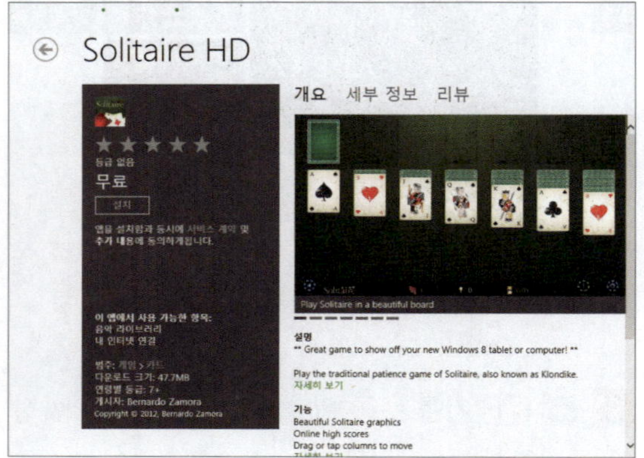

11 윈도우 8 코어파킹으로 전력 소모 줄이기

윈도우 서버 2008에 적용되는 코어파킹 기능을 간단한 조작으로 윈도우 8에서도 활용할 수 있습니다. 최근에 출시된 컴퓨터는 CPU가 1개지만 대부분 다중코어를 사용하는데, 모든 코어가 항상 일을 하는 것은 아니므로 활용률이 낮을 때는 코어파킹을 이용해 전력소모와 발열량을 줄일 수 있습니다.

1 Internet Explorer 10을 열고, 주소표시줄에 'http://cdmanii.com/3316'을 입력한 뒤 Enter 키를 누릅니다. 필자의 코어파킹 관련 포스팅으로 이동한 뒤 스크롤바를 아래로 내려 다운로드받을 파일을 클릭합니다. 다운로드 창에서 〈저장〉 버튼을 누릅니다. 다운로드가 완료된 뒤에는 〈다운로드 보기〉 버튼을 누릅니다.

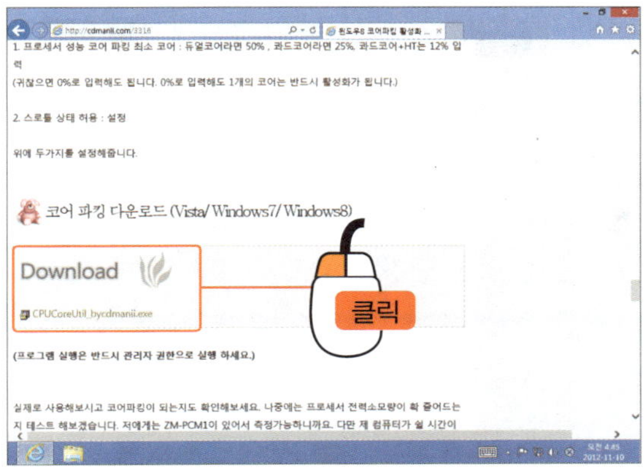

2 다운로드 보기 창이 열리면 다운로드받은 파일에서 마우스 오른쪽 버튼을 누릅니다. [상위 폴더 열기] 메뉴를 클릭합니다.

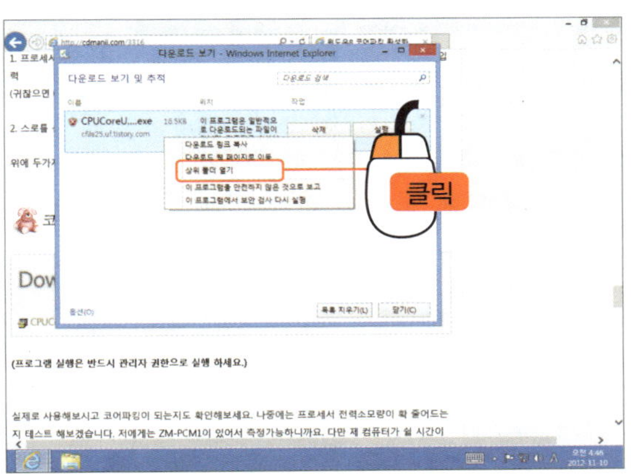

3 파일이 저장된 폴더가 열리면, CPUCoreUtil_bycdmanii 파일에서 마우스 오른쪽 버튼을 눌러 [관리자 권한으로 실행]을 클릭합니다. 사용자 계정 컨트롤 화면이 나타나면 〈예〉 버튼을 누릅니다.

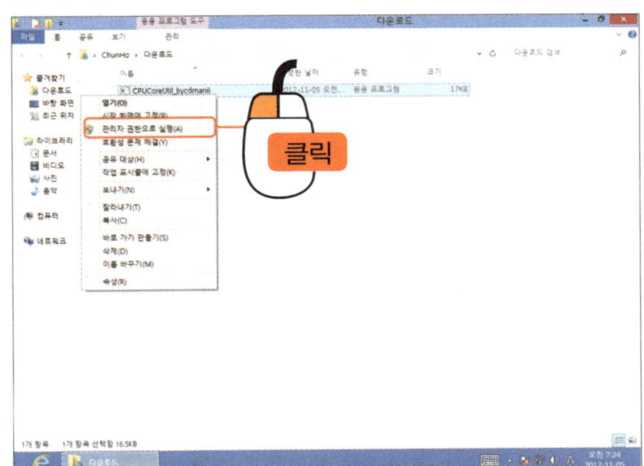

4 Windows 8 코어파킹 활성화 프로그램이 나타납니다. 〈코어파킹 활성화〉 버튼을 누릅니다. '코어파킹 활성화가 되었습니다.'는 메시지 창이 나타나면 〈확인〉 버튼을 누릅니다. 모든 창을 닫습니다.

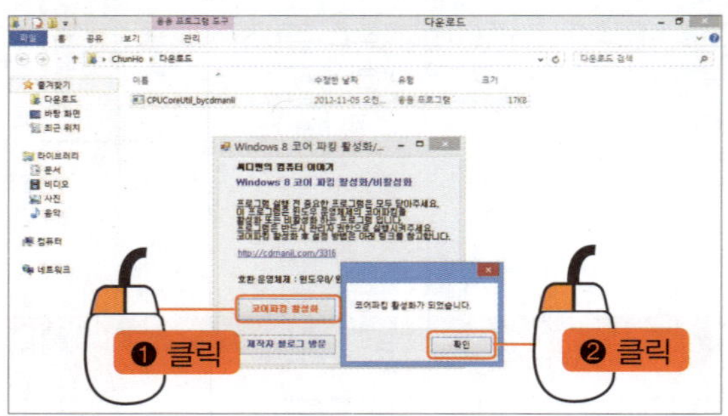

5 제어판에서 전원 옵션 창을 열고, '기본 전원 관리 옵션' 항목이 '고성능'으로 지정되어 있는지 확인합니다. '고성능'으로 지정되지 않았다면 해당 항목에 체크하고 오른쪽의 〈설정 변경〉 버튼을 누릅니다.

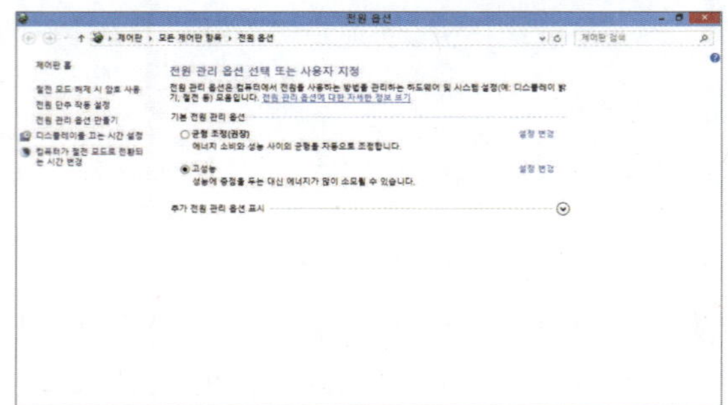

6 고성능 전원 관리 옵션 화면에서 '고급 전원 관리 옵션 설정 변경'을 클릭합니다.

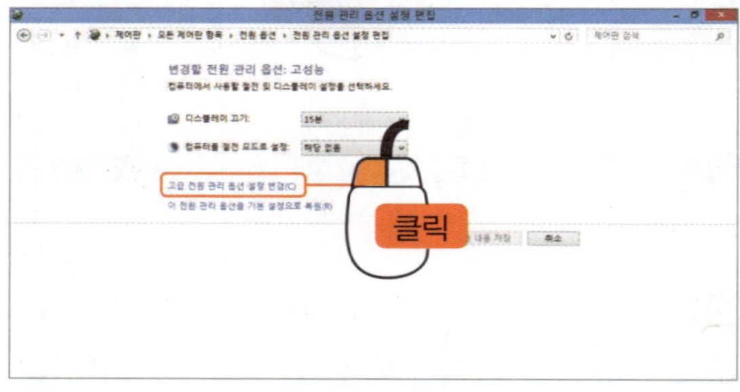

7 [전원 옵션] 대화상자에서 다음과 같이 지정하고 〈확인〉 버튼을 누릅니다.

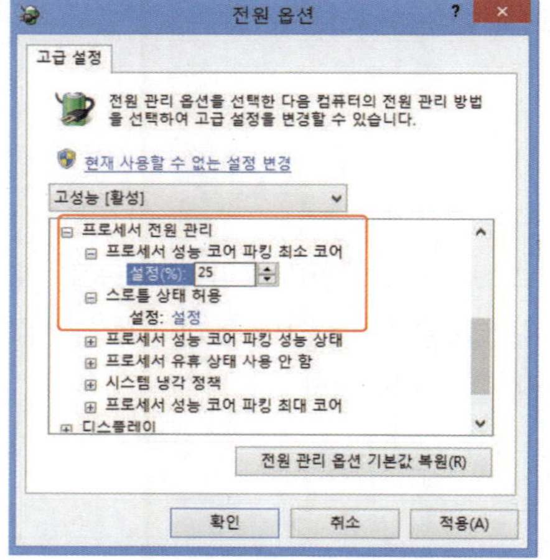

TIP

'프로세서 성능 코어 파킹 최소 코어'에는 CPU가 듀얼코어라면 50%를, 쿼드코어라면 25%를 입력합니다. 참고로 너무 낮게 입력한다고 모든 코어가 파킹되진 않습니다. 1개의 코어는 활성화되며, 프로세스에 부하가 생기면 파킹 상태가 비활성화됩니다.

8 CPU 코어파킹 상태를 확인해 보겠습니다. Ctrl + Shift + Esc 키를 눌러 작업 관리자 창을 엽니다. [성능] 탭을 선택하고 왼쪽 아래의 '리소스 모니터 열기'를 클릭합니다.

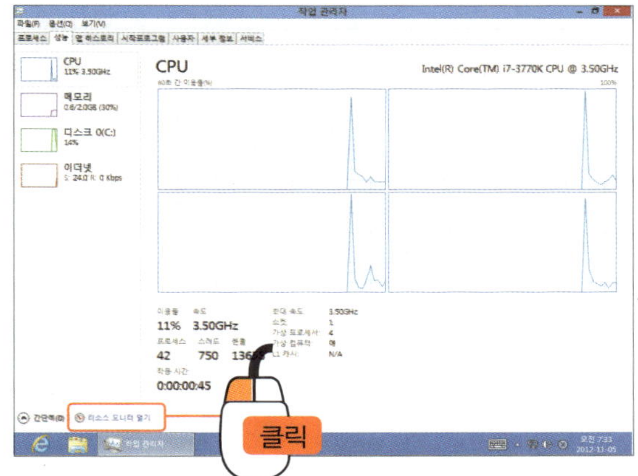

9 리소스 모니터 창이 열립니다. [CPU] 탭의 오른쪽을 보면 CPU가 아무런 작업도 하지 않을 때는 그래프가 낮게 나타나고 파킹됨으로 표시되는 것을 확인할 수 있습니다.

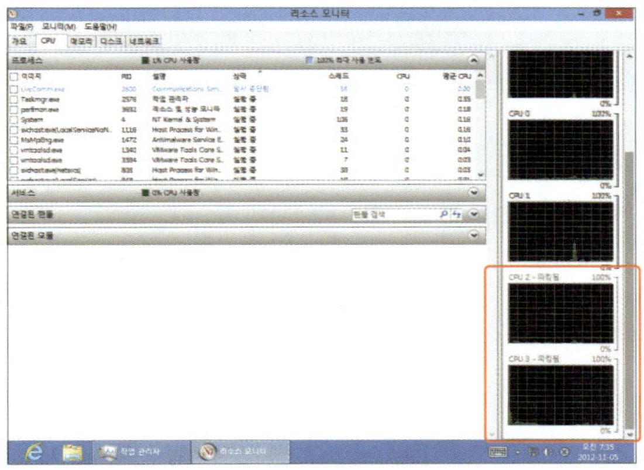

TIP

윈도우 8 전원 옵션에서 코어파킹 기능은 기본적으로 나타나지 않습니다. 코어파킹 활성화 프로그램을 실행시킨 것은 레지스트리키를 변경하기 위해서입니다. 코어파킹을 실행한 뒤 실제로 사용해 보고, 문제가 있을 때는 다시 프로그램을 실행시켜 비활성화할 수 있습니다.

■ 윈도우 8 코어파킹으로 전력 소모 줄이는 동영상 주소 및 QR코드

주소 : http://youtu.be/iMcWaSDgPS0
줄임 주소 : http://goo.gl/aAsbt

12 투명 폴더 만들기

바탕화면에 투명한 비밀 폴더를 만들 수 있습니다. 자신만 아는 위치에 놓아 파일을 몰래 숨겨놓을 수 있습니다. 그럼 바탕화면에 투명한 폴더를 만들어 어떻게 활용하는지 알아봅니다.

1 바탕화면에서 마우스 오른쪽 버튼을 눌러 [새로 만들기]-[폴더] 메뉴를 클릭합니다. 폴더가 생성되면 F2 키를 눌러 이름 변경 상태로 바꿉니다.

2 파일 이름란에서 커서가 깜박이면 Alt 키를 누른 채 '0160'을 입력하고 Alt 키에서 손가락을 뗍니다. 그런 다음 Enter 키를 누르면 폴더 이름 부분이 사라집니다. 정확히 말하면 눈에 안 보이는 문자가 입력된 상태입니다.

3 폴더에서 마우스 오른쪽 버튼을 눌러 [속성] 메뉴를 클릭합니다. [속성] 대화상자-[사용자 지정] 탭에서 〈아이콘 변경〉 버튼을 누릅니다.

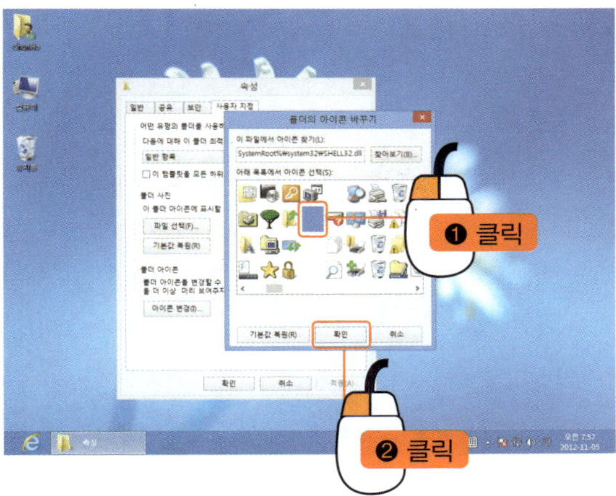

4 폴더의 아이콘 바꾸기 창에서 스크롤바를 오른쪽으로 드래그하면 하얗게 아무것도 없는 공간이 있습니다. 그 부분(투명한 폴더)을 클릭하고 〈확인〉 버튼을 누릅니다. 모든 창을 닫습니다.

5 해당 위치로 마우스를 가져가면 흰색 사각형이 생기는데, 그 위치에 폴더가 있음을 알려줍니다.

6 다른 빈 공간을 클릭하면 폴더가 완전히 사라진 것처럼 보입니다.

7 폴더가 있는 위치에서 드래그하면 다시 흰색 사각형 박스가 나타납니다. 숨겨진 폴더를 오른쪽 모서리로 이동합니다.

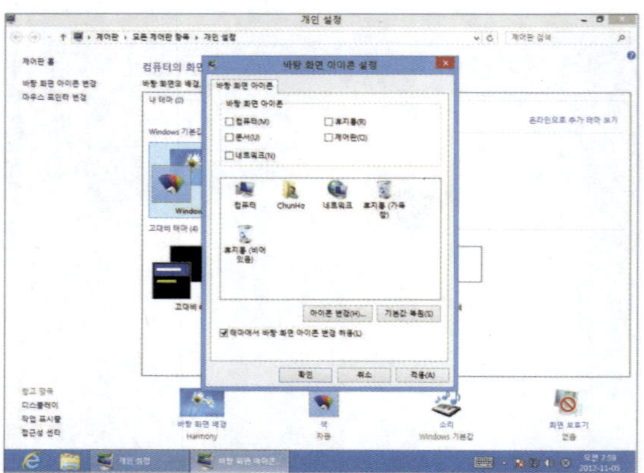

8 [바탕 화면 아이콘 설정] 대화상자에서 모든 항목의 체크를 해제한 뒤 〈확인〉 버튼을 누릅니다([바탕 화면 아이콘 설정] 대화상자를 여는 방법은 167쪽을 참고합니다).

9 이제 바탕화면에 아무런 폴더도 남아 있지 않습니다. 투명한 폴더가 있는 오른쪽 모서리 부분을 더블클릭합니다.

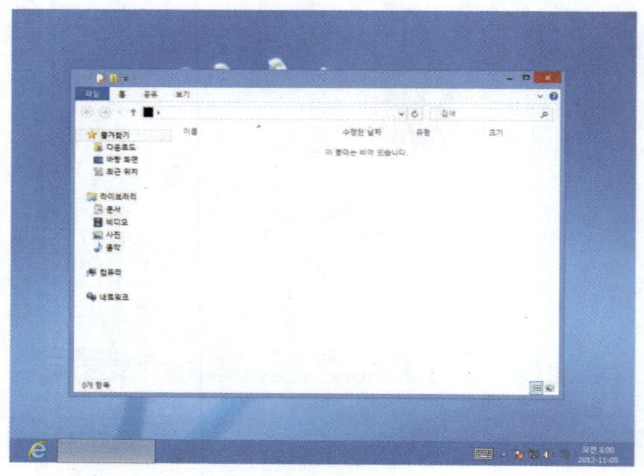

10 숨겨진 폴더가 열립니다. 폴더에 프로그램 바로가기 아이콘을 복사하거나 숨기고 싶은 파일을 복사합니다. 이제부터는 바탕화면을 깨끗하게 유지하면서 원하는 프로그램을 쉽게 실행할 수 있습니다.

11 물론 투명한 폴더도 삭제할 수 있습니다. 폴더에서 마우스 오른쪽 버튼을 눌러 [삭제] 메뉴를 클릭합니다.

■ **투명 폴더 만들기 동영상 주소 및 QR코드**

주소 : http://youtu.be/jbXec4uUzYs

줄임 주소 : http://goo.gl/0GM9X

13 telnet 사용하기

telnet을 사용하면 특정 서버의 포트가 개방되어 있는지 확인할 수 있고, telnet 서버에 접속할 수도 있습니다. 그런데 윈도우 8에서는 기본적으로는 telnet을 사용할 수 없습니다. 하지만 간단한 조작으로 telnet을 사용할 수 있도록 변경할 수 있습니다.

1 명령 프롬프트 창을 실행하고, 'telnet'을 입력한 뒤 Enter 키를 누르면 telnet이 실행됩니다. 'telnet은(는) 내부 또는 외부 명령, 실행할 수 있는 프로그램, 또는 배치 파일이 아닙니다.'는 메시지가 나타납니다.

2 제어판에서 프로그램 및 기능 창을 열고, 'Windows 기능 켜기/끄기'를 클릭합니다. Windows 기능 창에서 맨 아래쪽에 있는 '텔넷 클라이언트'에 체크합니다. 〈확인〉 버튼을 누릅니다. telnet 설치가 완료되었습니다.

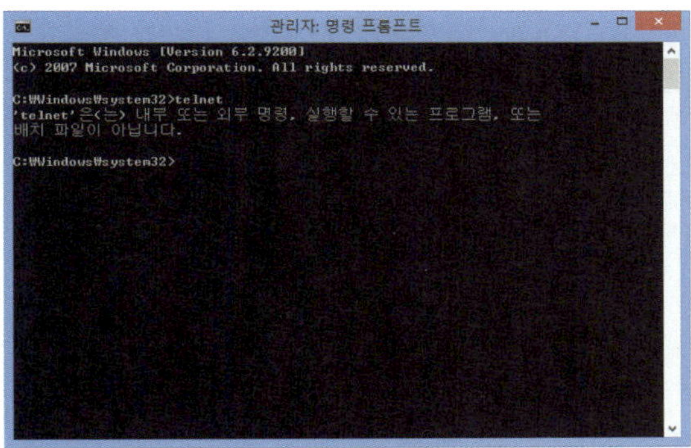

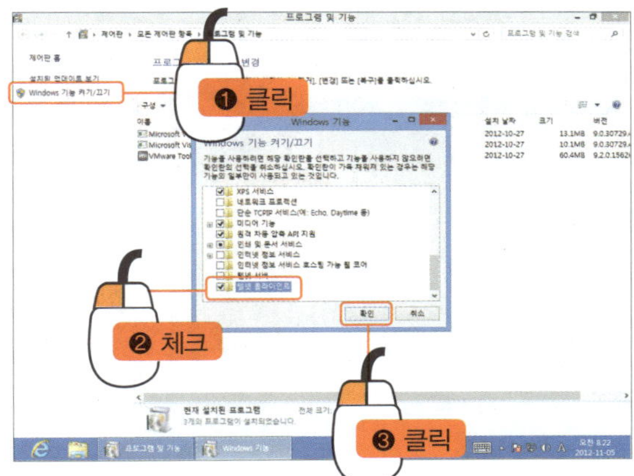

3 다시 명령 프롬프트 창을 열고 telnet을 입력하면 제대로 실행되는 것을 확인할 수 있습니다.

14 친구에게 문제 해결 도움 요청하기

컴퓨터에 문제가 생겼을 때 친구에게 쉽게 도움을 요청하는 방법이 있습니다. 이 방법을 이용하면 친구가 내 컴퓨터에 원격으로 접속하여 제어할 수 있습니다. 운영체제 문제를 해결할 때나 같은 화면을 보면서 서로 다른 장소에 있는 사람과 작업할 때 유용하게 활용할 수 있습니다.

1 필자의 컴퓨터에 문제가 생겨 친구에게 도움을 요청하는 상황을 가정해 보겠습니다. ■+W 키를 누른 뒤 검색 창에서 '문제 해결'을 입력합니다. 검색 결과에서 '문제 해결'을 클릭합니다.

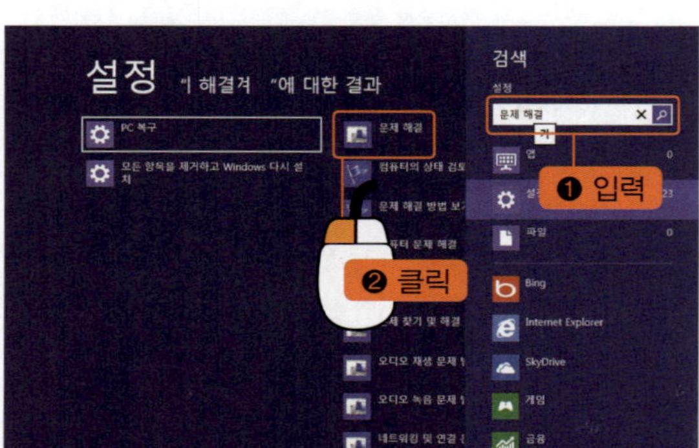

2 문제 해결 창이 나타납니다. 왼쪽에서 '친구에게 도움 요청'을 클릭합니다. 다음 화면에서 '다른 사용자에게 도움 요청'을 클릭합니다.

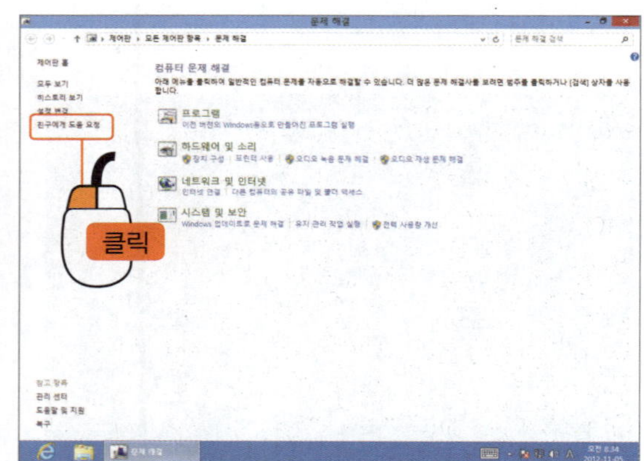

3 Windows 원격 지원 창이 나타나면 '이 도움 요청을 파일로 저장'을 클릭합니다.

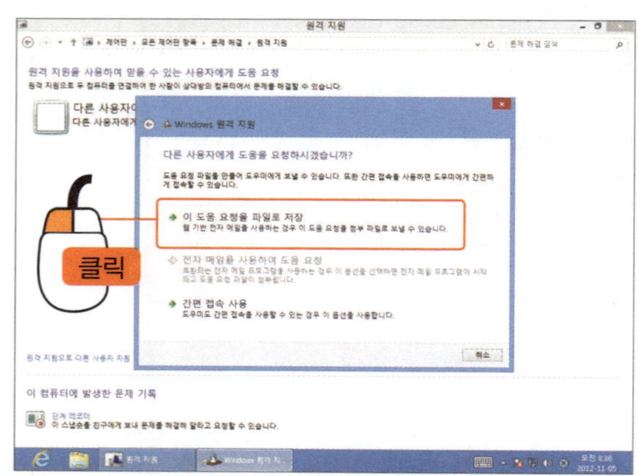

TIP

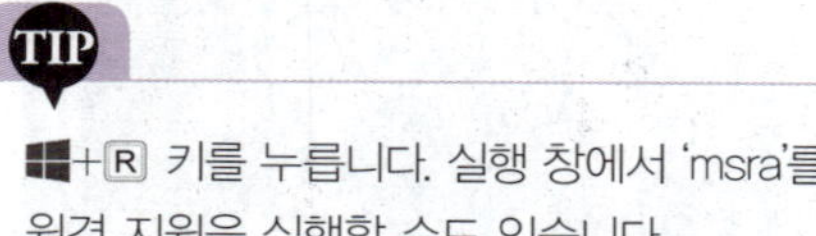

■+R 키를 누릅니다. 실행 창에서 'msra'를 입력하여 원격 지원을 실행할 수도 있습니다.

4 [다른 이름으로 저장] 대화상자에서 저장 위치를 바탕화면으로 지정한 뒤 〈저장〉 버튼을 누릅니다. Windows 원격 지원 창이 나타나고 암호가 보입니다. 바탕화면에는 초대라는 파일이 생성되었습니다.

5 초대 파일을 첨부하고 암호를 적어 친구에게 메일을 보냅니다. 암호는 휴대폰 문자로도 알려줄 수 있고, 메신저로 파일과 암호를 함께 보낼 수도 있습니다.

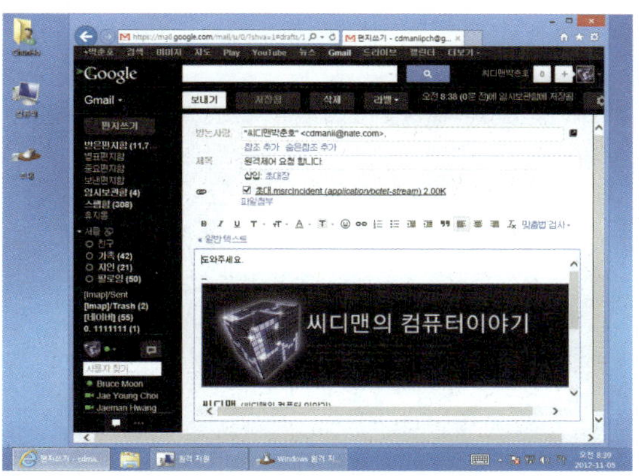

6 친구는 받은 메일에 첨부된 초대 파일을 실행하면 Windows 원격 지원 창이 나타납니다. 암호 입력란에 메일로 받은 암호를 입력하고 〈확인〉 버튼을 누릅니다.

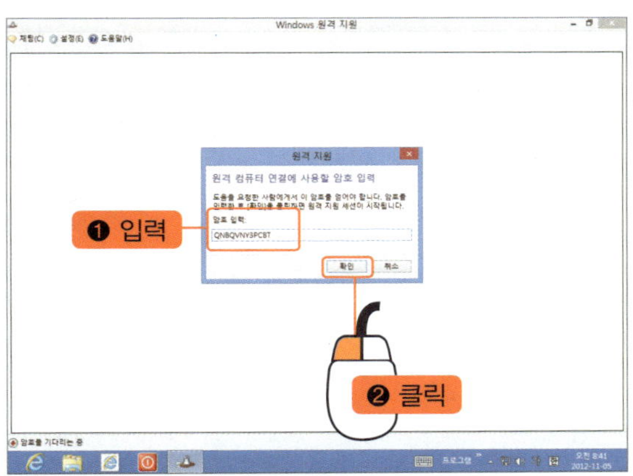

7 내 컴퓨터에 친구가 연결할 수 있도록 허용할 것인지 묻는 메시지 창이 나타납니다. 〈예〉 버튼을 누릅니다.

8 내 컴퓨터의 배경화면이 검게 바뀝니다. 친구가 내 컴퓨터를 보고 있다는 뜻입니다. 친구 컴퓨터에서는 Windows 원격 지원 창에 내 컴퓨터 화면이 보입니다. 현재는 볼 수만 있을 뿐 제어는 할 수 없습니다. 내 컴퓨터의 위쪽에 있는 [제어권 요청] 메뉴를 클릭합니다.

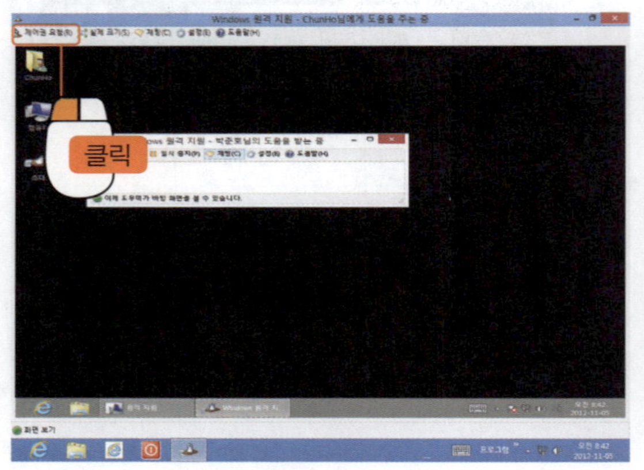

9 내 컴퓨터에 친구가 제어권 공유를 요청하는 메시지 창이 나타납니다. 〈예〉 버튼을 누릅니다.

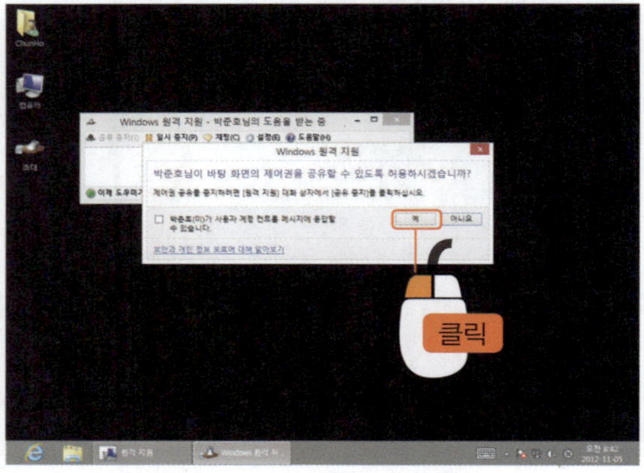

10 이제부터 친구가 내 컴퓨터를 제어할 수 있습니다.

11 문제 해결 후 내 컴퓨터에서 원격 제어가 더 이상 필요치 않을 때는 Windows 원격 지원 창을 닫습니다. 원격 제어가 종료됩니다.

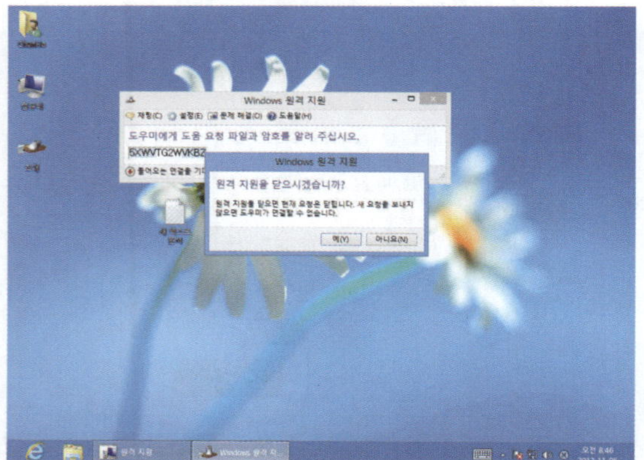

15 윈도우 8 백업 시스템 이미지 만들기

윈도우 8을 설치한 뒤 문제가 생겼을 때 시스템 이미지를 이용하여 백업하는 방법이 있습니다. 이 방법을 이용하면 별도의 백업 프로그램을 이용하지 않아도 문제가 있는 윈도우 8 운영체제를 언제든 정상적인 상태로 되돌릴 수 있습니다. 시스템 복구 디스크가 있으면 윈도우 8로 정상적으로 부팅이 불가능한 상태에서도 복구가 가능합니다.

1 시스템 이미지를 만들려면 C드라이브 외에 다른 파티션의 공간이나 디스크가 필요합니다. 또는 USB 외장 하드디스크나 DVD를 사용해도 됩니다. 여기서는 C드라이브 볼륨을 축소해서 E드라이브를 생성하였습니다(새 드라이브를 생성하는 방법은 383쪽을 참고합니다).

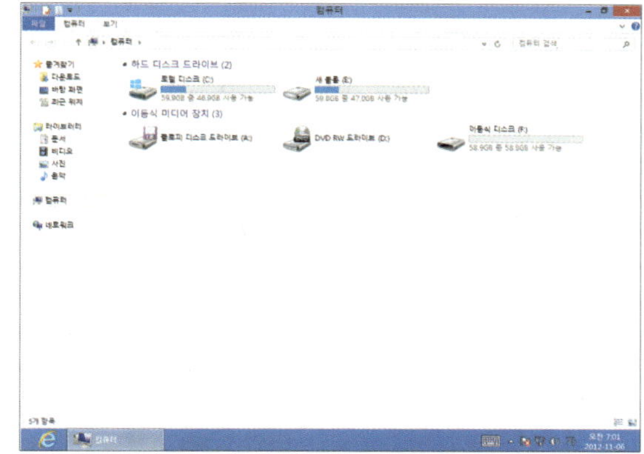

2 바탕화면에서 ■+W 키를 누릅니다. 설정 창에서 '백업'을 검색한 뒤 결과에서 'Windows 7 파일 복구'를 클릭합니다.

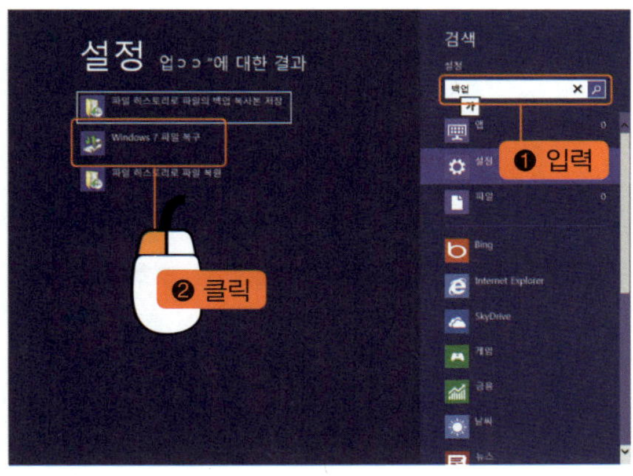

3 Windows 7 파일 복구 창이 나타납니다. 왼쪽에서 '시스템 이미지 만들기'를 클릭합니다. 시스템 이미지 만들기 창에서 저장 위치를 지정하고 〈다음〉 버튼을 누릅니다.

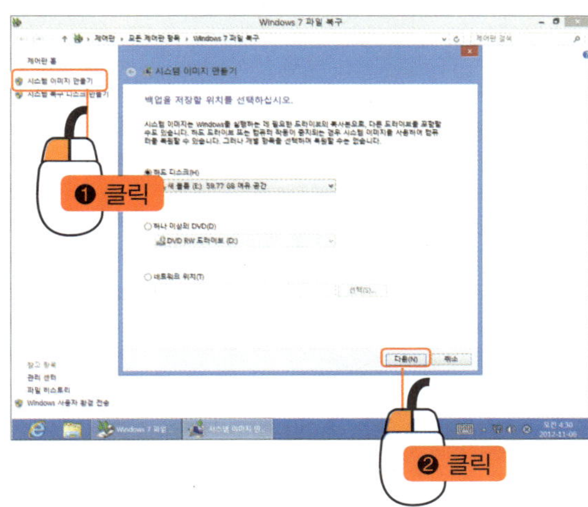

4 백업 설정 확인 화면에서 백업 위치와 대상을 확인한 뒤 〈백업 시작〉 버튼을 누릅니다.

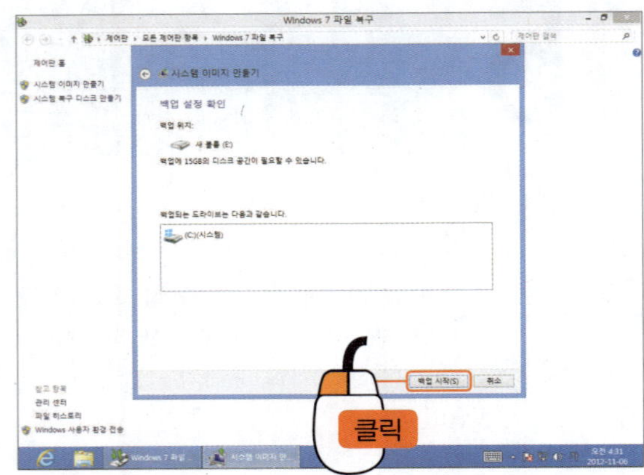

5 시스템 이미지 만들기를 진행합니다. 잠시 기다린 뒤 시스템 이미지 만들기가 끝나면 시스템 복구 디스크를 만들 것인지 묻는 메시지 창이 나타납니다. 〈아니오〉 버튼을 누릅니다.

TIP

시스템 복구 디스크는 기존 윈도우 8로 부팅이 불가능하더라도 복구 디스크를 이용하여 부팅되게 하여 복구를 도와줍니다. 시스템 복구 디스크를 만들어 사용하는 방법은 463쪽을 참고합니다.

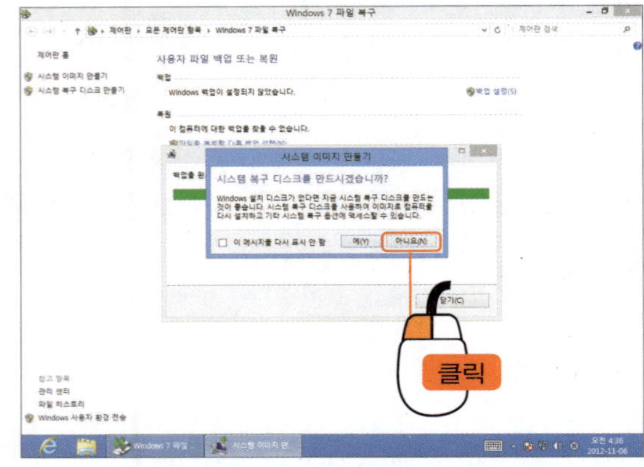

6 모든 창을 닫습니다. 시스템 이미지가 만들어진 E드라이브에 WindowsImageBackup 폴더가 생성되었습니다. 이 파일이 있으면 언제든 시스템을 원래 상태로 만들 수 있습니다.

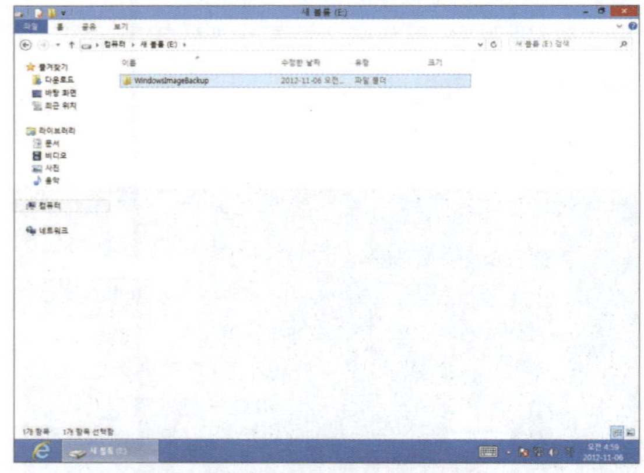

16 윈도우 8 시스템 복구 디스크 만들어 복구하기

윈도우 8이 정상적으로 부팅되지 않을 때 사용할 수 있는 윈도우 8 복구 디스크를 만들 수 있습니다. 여기서는 시스템 복구 디스크를 만들고, 하드디스크에 백업되어 있는 시스템 이미지를 이용해 완전히 복구하는 방법을 알아봅니다.

1 바탕화면에서 ■+W 키를 누릅니다. 설정 창에서 '백업'을 검색한 뒤 결과에서 'Windows 7 파일 복구'를 클릭합니다.

2 Windows 7 파일 복구 창이 나타납니다. 왼쪽에서 '시스템 복구 디스크 만들기'를 클릭합니다. 자신의 컴퓨터에 장착된 ODD에 공CD(DVD)를 넣습니다. 〈디스크 만들기〉 버튼을 누릅니다.

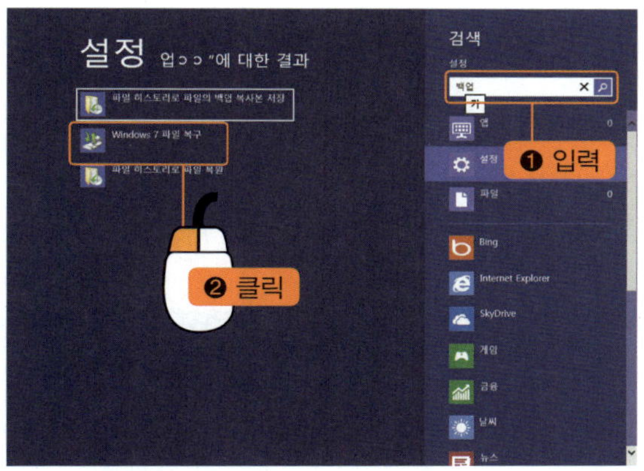

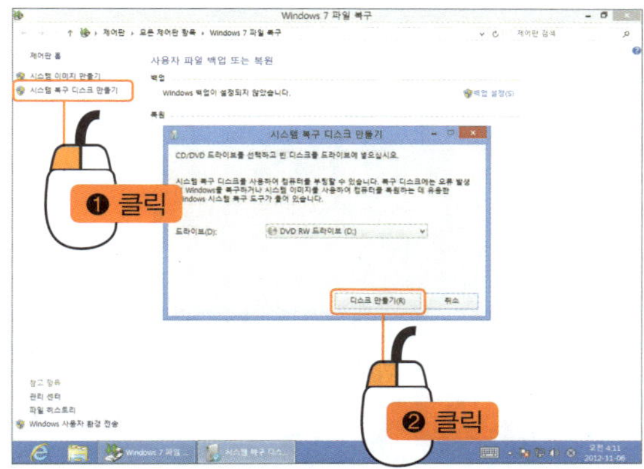

3 시스템 복구 디스크가 만들어집니다. 시스템 복구 디스크 만들기가 끝나면 〈닫기〉 버튼을 누릅니다. 모든 창을 닫습니다.

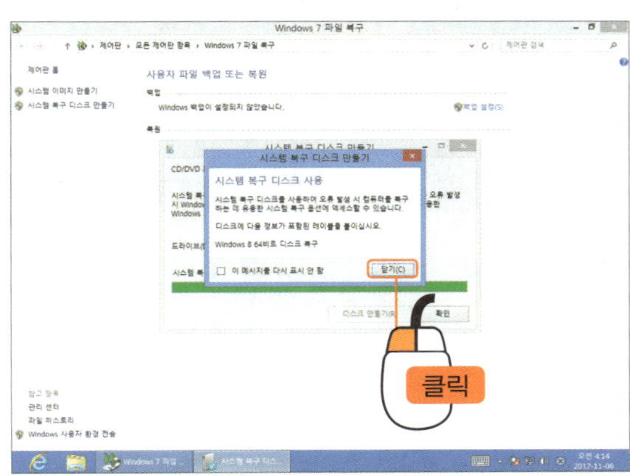

4 컴퓨터에 시스템 복구 디스크가 들어 있는 상태로 재부팅합니다.

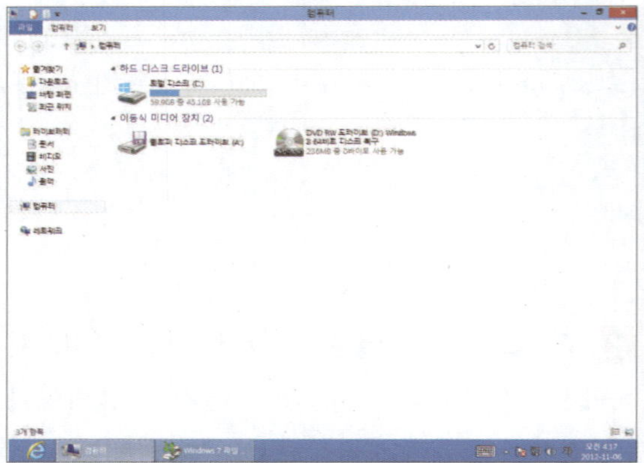

5 화면에 Press any key to boot from CD or DVD…가 나타나면 Space Bar 키 등 아무 키나 입력합니다(이때, 바이오스 셋업의 부팅 순서가 ODD로 설정되어 있어야 합니다).

6 시스템 복구 디스크로 부팅됩니다. 키보드 레이아웃 선택 화면에서 'Microsoft 한글 입력기'를 클릭합니다.

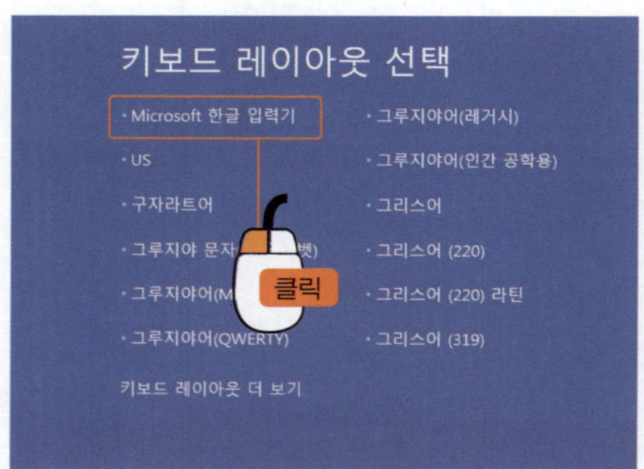

7 옵션 선택 화면에서 '문제 해결'을 클릭합니다. '계속'은 복구 디스크를 마치고 기존 윈도우 8로 부팅, '문제 해결'은 PC 복구/초기화/고급 도구 등 다양한 옵션 지정, 'PC 끄기'는 컴퓨터를 종료합니다.

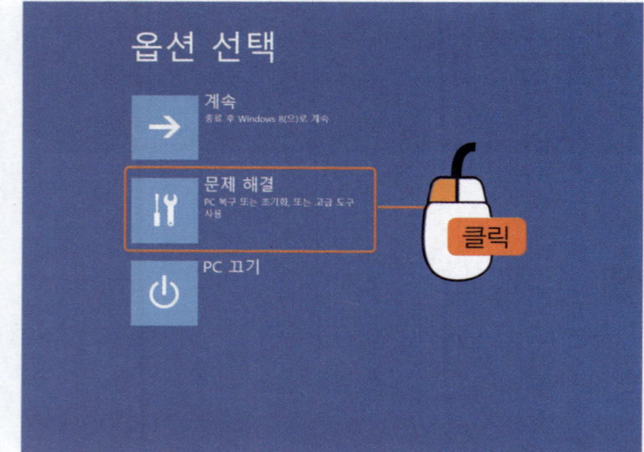

8 문제 해결 화면에서 '고급 옵션'을 클릭합니다(PC 복구와 PC 초기화 관련된 설명은 353쪽, 355쪽을 참고합니다).

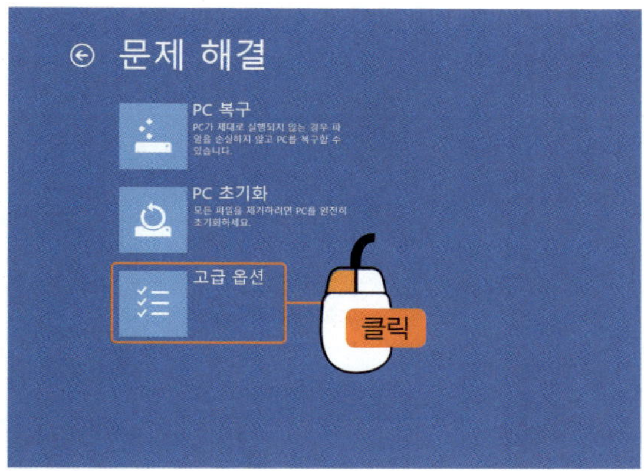

9 고급 옵션 화면에서 '시스템 이미지 복구'를 클릭합니다. 시스템 이미지 복구 화면에서 기존 운영체제인 Windows 8을 클릭합니다.

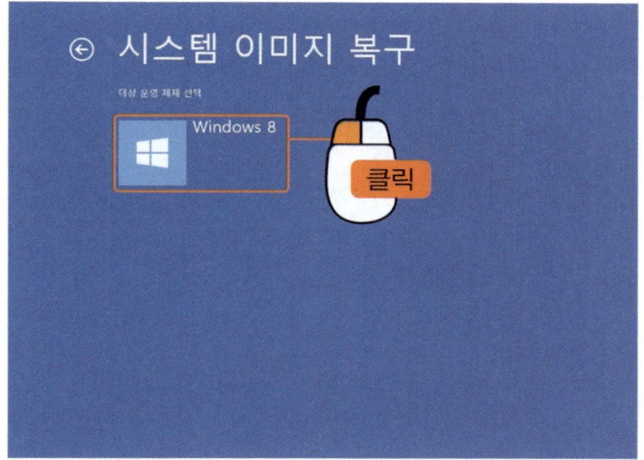

10 [이미지로 컴퓨터 다시 설치] 대화상자가 나타나면 〈다음〉 버튼을 누릅니다. 시스템 이미지 만들기로 백업한 상태라면 자동으로 이미지를 불러옵니다. USB에 시스템 이미지를 백업했다면 USB를 컴퓨터와 연결합니다.

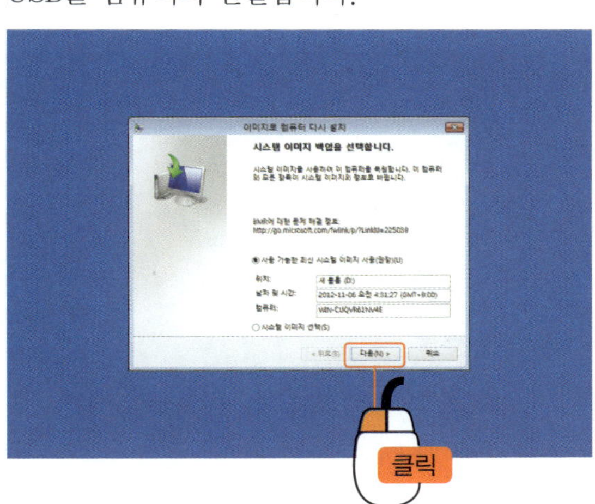

11 추가 복원 옵션 화면이 나타납니다. 특별한 경우가 아니라면 〈다음〉 버튼을 누릅니다.

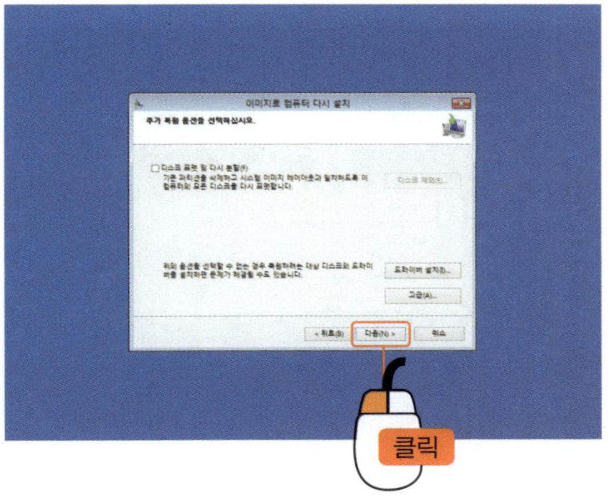

12 시스템 복구 이미지의 정보가 나타납니다. 확인한 뒤 〈마침〉 버튼을 누릅니다.

13 복원할 드라이브의 모든 데이터가 지워지고 시스템 이미지의 데이터로 바뀐다는 메시지 창이 나타나면 〈예〉 버튼을 누릅니다. 중요한 데이터가 있어 삭제되지 않아야 한다면 PC 복구 모드를 이용합니다.

14 시스템 이미지에서 컴퓨터 복구가 진행됩니다. 복구가 모두 끝나면 잠시 뒤 컴퓨터를 다시 시작합니다.

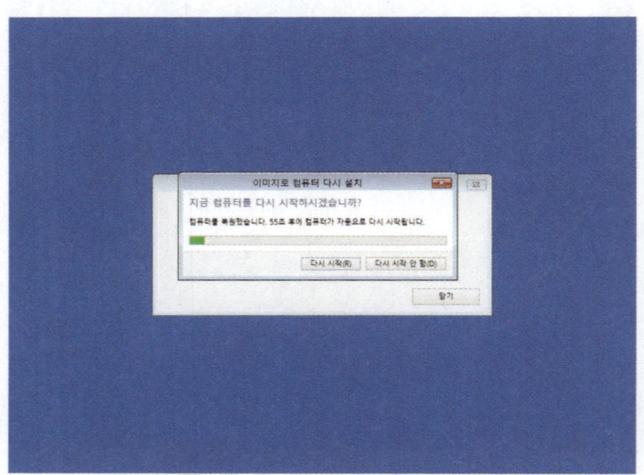

15 부팅되지 않던 윈도우 8이 시스템 이미지 복구 만들기를 실행했던 상태로 다시 돌아갑니다.

17 ClearType 사용하기

윈도우 8에는 문자 가독성을 높이기 위해 ClearType을 사용할 수 있습니다. ClearType 기능은 모니터마다 글자를 표시하는 모양이 약간씩 다른데, 이것을 자신의 눈에 맞춰서 좀 더 선명하게 표시할 수 있습니다. 설정하는 방법은 별로 어렵지 않습니다.

1 바탕화면에서 마우스 오른쪽 버튼을 눌러 [개인 설정] 메뉴를 클릭합니다. 개인 설정 창의 왼쪽 아래에 있는 '디스플레이'를 클릭합니다.

2 디스플레이 창이 나타납니다. 왼쪽에서 'ClearType 텍스트 조정'을 클릭합니다.

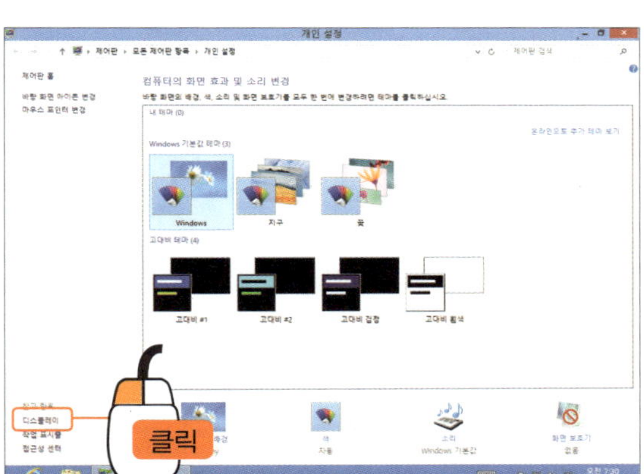

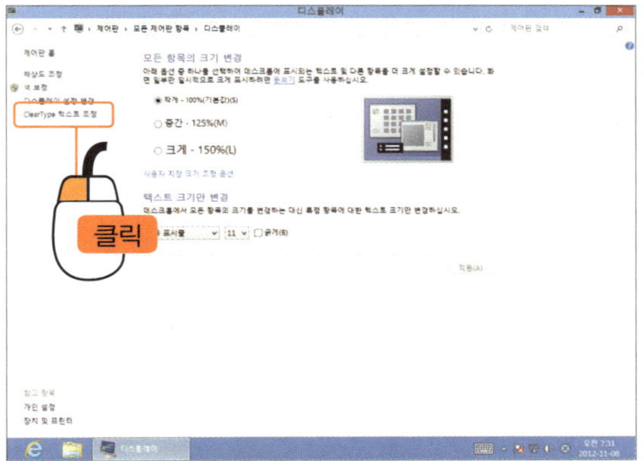

3 ClearType 텍스트 튜너 창이 나타나면 〈다음〉 버튼을 누릅니다.

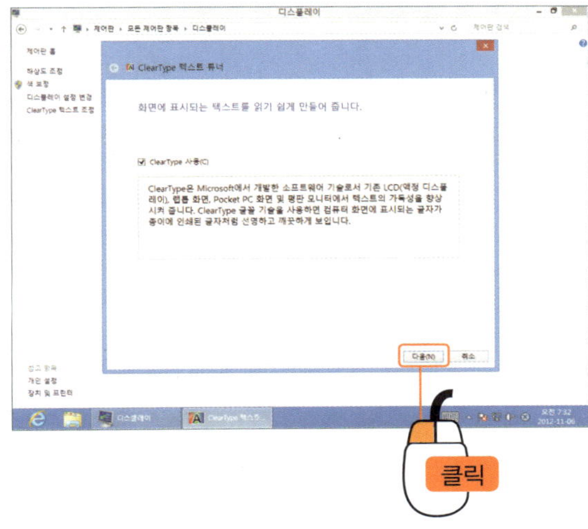

4 첫 번째 샘플 화면에서 가장 선명하게 보이는 글자를 클릭한 뒤 〈다음〉 버튼을 누릅니다.

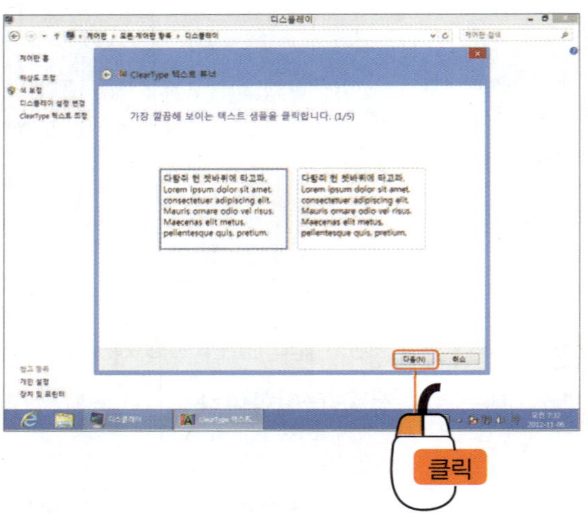

5 두 번째 화면에서도 선명한 글자를 클릭한 뒤 〈다음〉 버튼을 누릅니다. 같은 과정을 네 번 더 반복합니다.

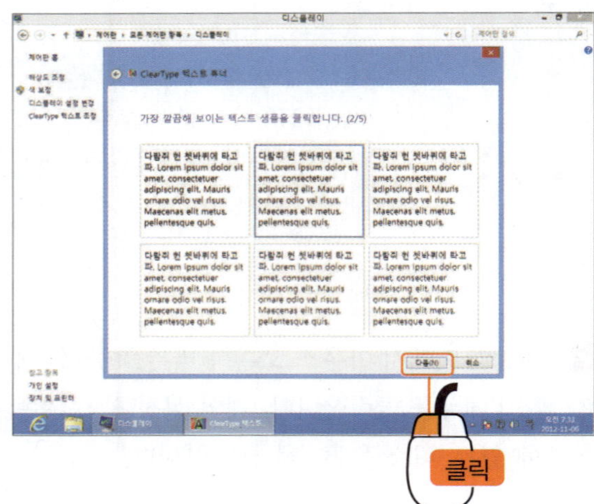

6 모니터에서 텍스트 조정을 마쳤습니다. 〈마침〉 버튼을 누릅니다.

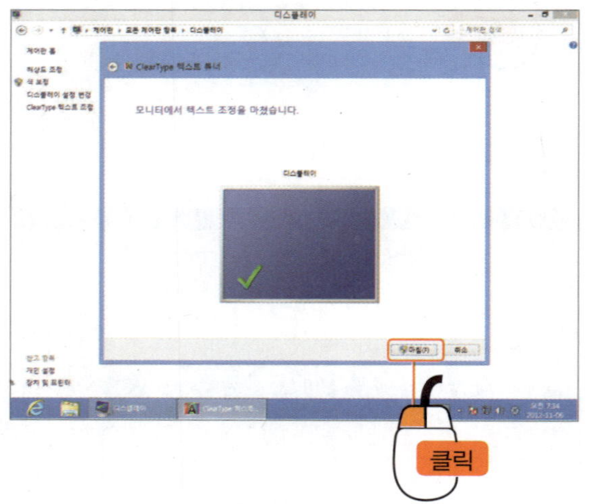

7 웹에서 뉴스 기사 등 텍스트를 볼 때 이전보다 가독성이 좋아졌는지 확인합니다.

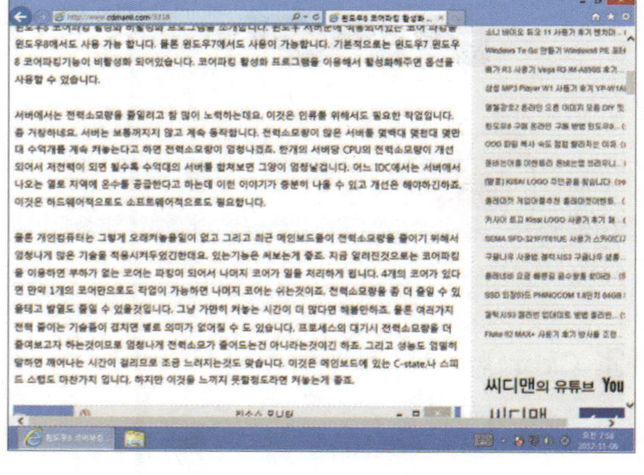

18 화면 캡처 자동 저장하기

앞에서 윈도우 8에서는 기본으로 캡처 도구를 지원한다고 했습니다. 그런데 화면을 캡처하려면 캡처 도구를 실행한 뒤 여러 번 캡처 버튼을 눌러야 해서 조금 불편합니다. 윈도우 8에서는 바로가기 키로 화면을 캡처한 뒤 자동으로 저장할 수 있는 방법이 있습니다. 사용 방법은 간단합니다.

1 캡처하고 싶은 화면을 엽니다. ■■+Print Screen 키를 누릅니다. 순간적으로 화면이 잠깐 어두워졌다가 다시 원래 상태로 되돌아옵니다. 캡처하려는 화면에서 바로가기 키를 반복해서 눌러 여러 번 캡처합니다.

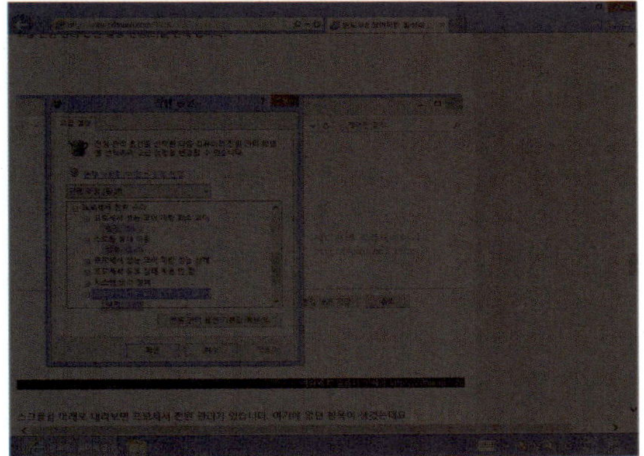

2 화면을 캡처한 파일은 기본적으로 라이브러리–사진–스크린샷 폴더에 저장됩니다. 스크린샷 폴더를 엽니다. 스크린샷 폴더에는 '스크린샷(숫자)' 형태로 숫자가 계속 증가하면서 차례대로 저장됩니다.

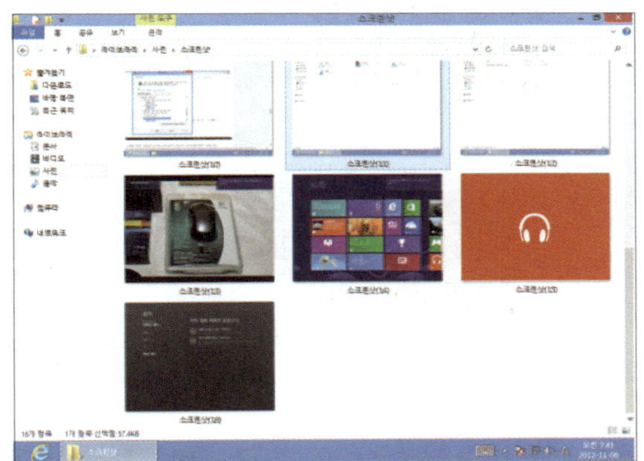

3 저장된 이미지는 다시 편집하거나 바로 사용할 수 있습니다.

19 프로그램마다 볼륨 다르게 조정하기

윈도우 운영체제에서 멀티미디어 사용은 빠질 수 없는 재미입니다. 예를 들어, 동영상을 재생한다고 해봅시다. 동영상 플레이어마다 사운드 볼륨 크기가 달라서 매번 볼륨을 다시 조정해야 한다면 꽤나 불편할 것입니다. 또, 이어폰을 끼고 동영상을 감상하면서 웹서핑한다고 가정해 봅시다. 그런데 어떤 웹사이트에서 흘러나오는 배경음악 소리가 너무 커서 갑자기 이어폰을 뺐던 경험이 있을 것입니다. 이럴 때 각 프로그램마다 볼륨 크기를 다르게 지정해 놓을 수 있다면 참 편리하겠죠. 지금부터 볼륨 크기를 다르게 지정하는 방법을 알아봅니다.

1 동영상 플레이어를 여러 개 실행한 뒤 바탕화면 오른쪽 아래의 트레이 영역에서 '스피커' 아이콘 🔊 −[믹서] 메뉴를 차례로 클릭합니다. 활성화된 프로그램의 볼륨을 조정할 수 있습니다.

2 가장 왼쪽 스피커는 전체 볼륨을 조정하고 볼륨을 낮추면 모든 프로그램의 볼륨 크기가 낮아집니다. 각 프로그램은 전체 볼륨보다는 낮은 볼륨 내에서 조정이 가능합니다. 프로그램의 볼륨을 최대로 올리면 전체 볼륨도 같이 올라갑니다.

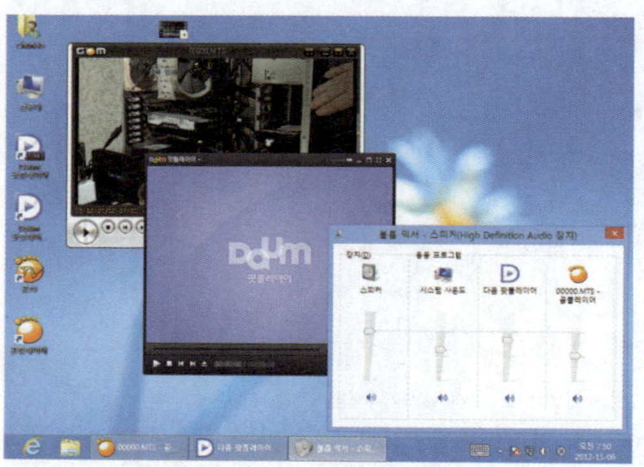

3 곰플레이어의 볼륨을 좀 더 줄여보았습니다. 동영상을 재생하던 중 전체 볼륨과는 상관없이 곰플레이어의 볼륨만 낮아지는 것을 볼 수 있습니다. 이 볼륨 조정은 곰플레이어 자체의 볼륨 조정과는 관계없습니다.

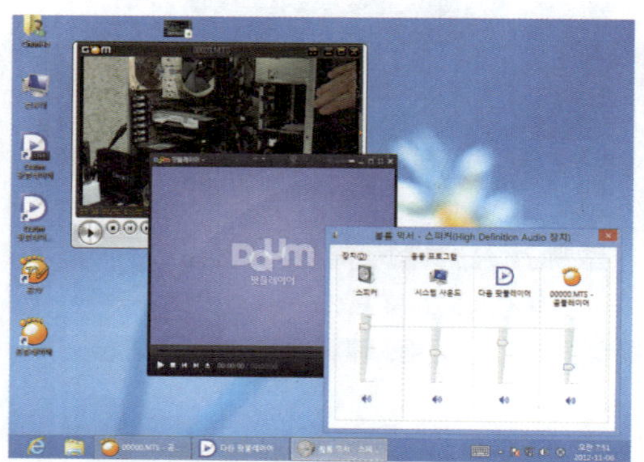

4 유튜브 웹사이트(http://youtube.com) 창을 연 뒤 볼륨 믹서 창을 보면 Internet Explorer 항목이 새로 생성된 것을 볼 수 있습니다. 이 볼륨을 줄이면 유튜브 웹사이트에서 나오는 볼륨만 조정됩니다.

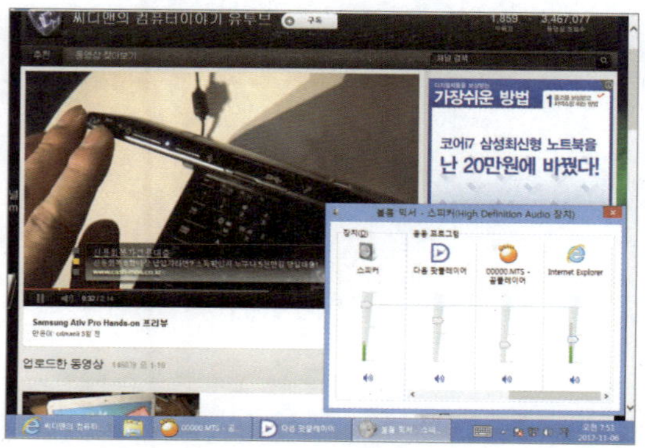

20 모빌리티 센터 메뉴 추가하기

■+X 키를 누르면 나타나는 메뉴를 '모빌리티 센터'라고 합니다. 자주 사용하는 기능만 모여 있어 윈도우 8에서 가장 편리한 메뉴이기도 합니다. 그런데 여기에 자주 사용하는 프로그램을 등록해 놓고 사용할 수도 있습니다. 모빌리티 센터를 좀 더 유용하게 사용하는 방법을 알아봅니다.

1 Internet Explorer 10을 열고, 주소표시줄에 'http://winaero.com/download.php?view.21'을 입력합니다. 화면 아래쪽으로 이동한 뒤 〈DOWNLOAD〉 버튼을 클릭해 다운로드받습니다.

2 다운로드받은 파일을 압축 해제합니다. 자신의 운영체제에 맞는 파일을 실행합니다. 자신의 운영체제가 64비트라면 x64 폴더를, 32비트라면 x86 폴더를 열고, 'WinXEditor.exe'를 실행합니다.

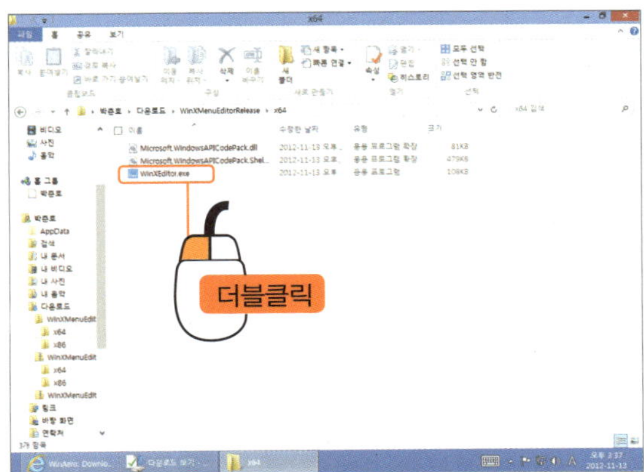

3 Win + X Menu Editor for Windows 8 창에서는 ![Win]+[X] 키를 눌렀을 때 나타나는 모빌리티 센터 메뉴의 기본 메뉴 목록을 보여줍니다.

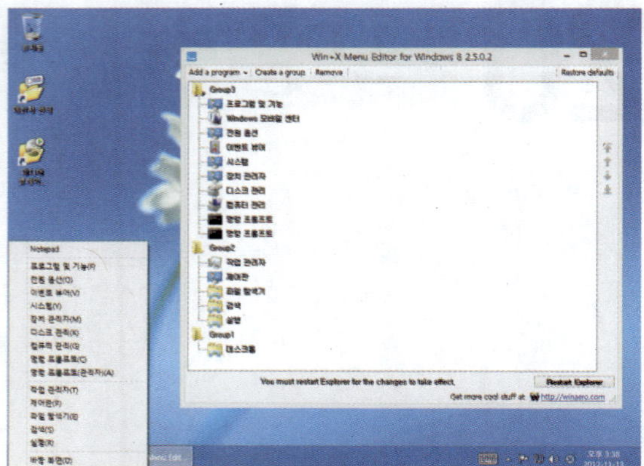

4 화면 위쪽의 〈Create a group〉 버튼을 눌러 새 그룹을 생성합니다.

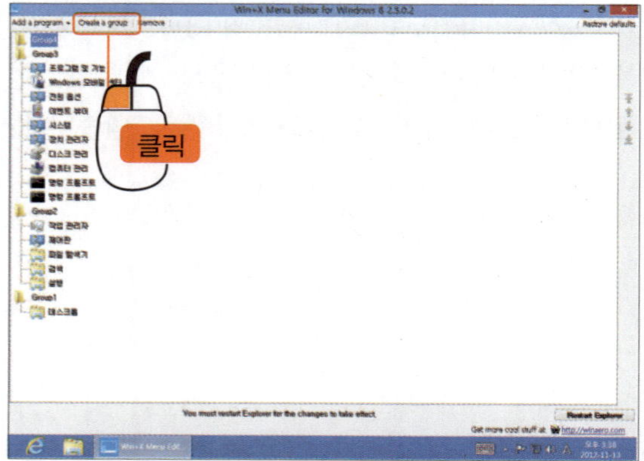

5 [Add a program]의 목록펼침 버튼을 클릭하면 프로그램이나 제어판의 항목을 추가할 수 있습니다.

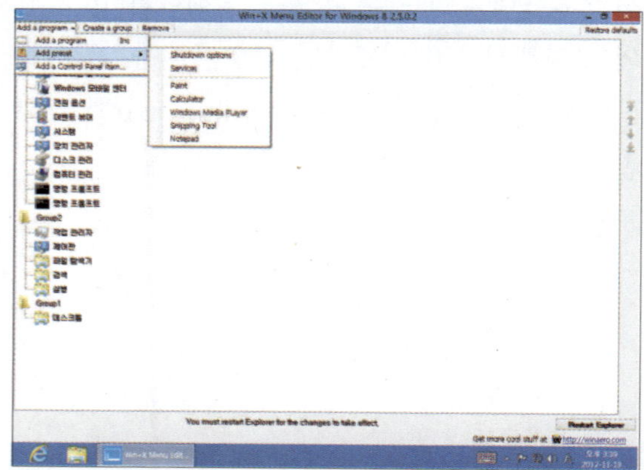

6 [Add a program]–[Add a Control Panel Item]
을 클릭하여 원하는 항목을 선택한 뒤 〈Select〉
버튼을 누릅니다.

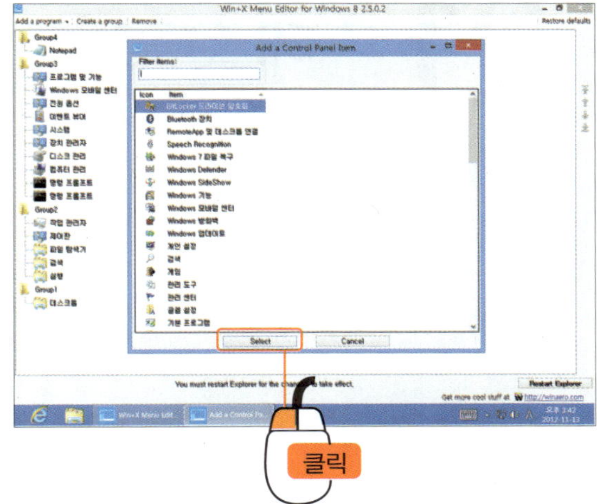

7 Group4에 항목이 추가된 것을 확인할 수
있습니다. 설정을 적용하려면 오른쪽 아래의
〈Restart Explorer〉 버튼을 누릅니다.

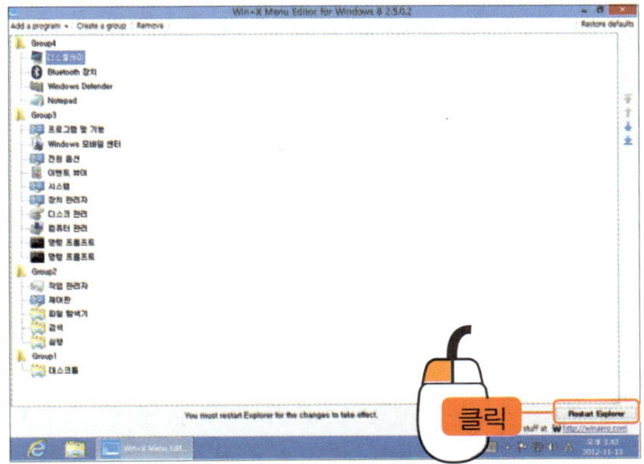

8 +X 키를 누르면 앞에서 추가한 항목이
나타나는 것을 확인할 수 있습니다.

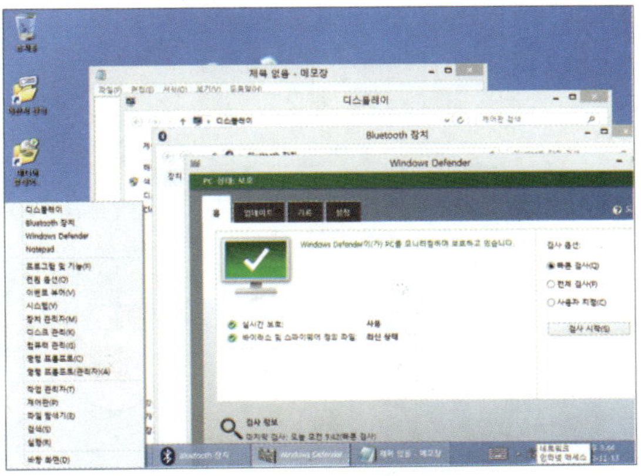

> **TIP**
>
> 모빌리티 센터의 항목을 제거하면 자신에게 필요한 옵션만 구성할 수 있습니다. 명령어를 직접 실행해야 하는 경우에
> 는 바로가기 아이콘을 생성한 뒤 등록하여 실행할 수도 있습니다. 원래 상태로 되돌려야 할 경우에는 Win+X Menu
> Editor Windows 8 창에서 화면 오른쪽 위의 〈Restore defaults〉 버튼을 눌러 기본값으로 복구할 수 있습니다.

21 데스크톱 모드로 바로 진입하기

윈도우 8을 부팅하면 처음에는 윈도우 8 UI 시작 화면이 나타납니다. 그런데 윈도우 8에는 바탕화면으로 바로 이동할 수 있는 명령어가 있습니다. 약간의 설정을 변경하면 로그인 후 바로 명령이 실행되어 바탕화면을 나타냅니다. 이 기능을 이용해 윈도우 8로 부팅하자마자 데스크톱의 바탕화면이 먼저 나타나도록 만들어 보겠습니다.

1 Internet Explorer 10 주소표시줄에 'http://cdmanii.com/3376'을 입력합니다. 필자의 관련 포스팅 화면으로 이동하면 스크롤바를 아래로 드래그하여 'tweaks_desktop.zip' 파일을 다운로드 받습니다.

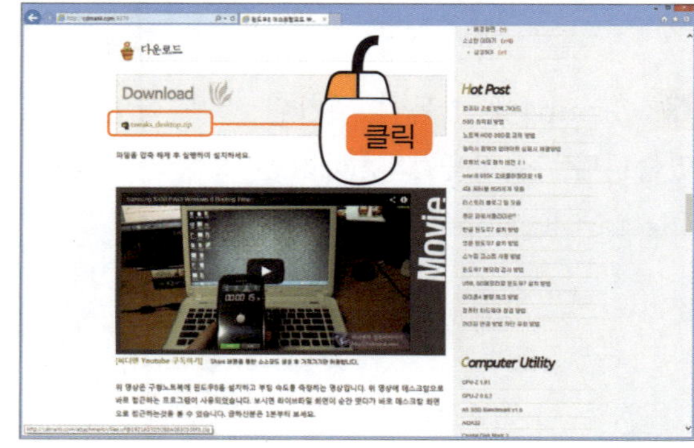

2 다운로드한 파일을 압축 해제하여 설치합니다. 윈도우 8 UI 시작 화면에서 'Boot to Desktop config' 앱을 클릭합니다. 맨 왼쪽 버튼을 두 번 클릭해 'Disable Boot to Desktop'으로 바꿉니다(두 번 누르는 이유는 설정을 적용하기 위해서입니다). 재부팅하면 윈도우 8 UI 시작 화면이 뜨지 않고 바로 바탕화면이 뜨는 것을 볼 수 있습니다.

TIP

윈도우 7과 같이 윈도우 8에서도 시작 버튼을 생성하는 프로그램을 설치하면 윈도우 8 UI 시작 화면 없이 바로 바탕 화면이 나타나게 할 수 있습니다(434쪽 참조).

22 마우스 오른쪽 버튼으로 슬립 모드, 재부팅, 종료하기

윈도우 8 바탕화면에서 마우스 오른쪽 버튼을 눌러서 바로 슬립 모드, 재부팅, 종료를 선택할 수 있다면 편하겠죠? 간단히 레지스트리 키를 이용해 바로 활용하는 방법을 알아보겠습니다.

1 Internet Explorer 10을 열고, 주소표시줄에 'http://cdmanii.com/3332'를 입력합니다. 필자의 관련 포스팅 화면으로 이동하면 'Win-8reg_sleep_restart_shutdown.reg'를 다운로드합니다.

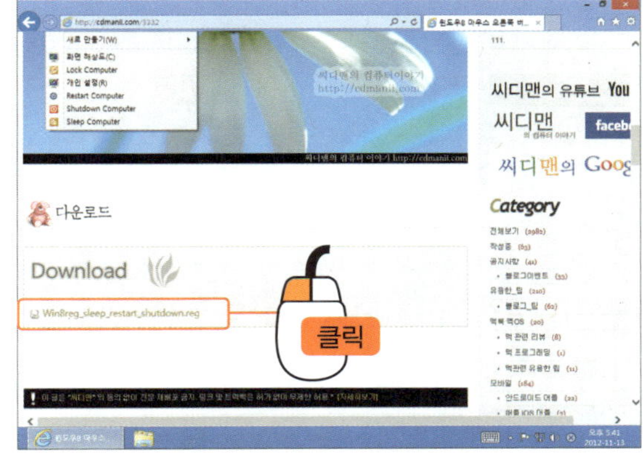

2 다운로드받은 파일을 더블클릭합니다. 파일 열기 창에서 〈실행〉 버튼을 누릅니다.

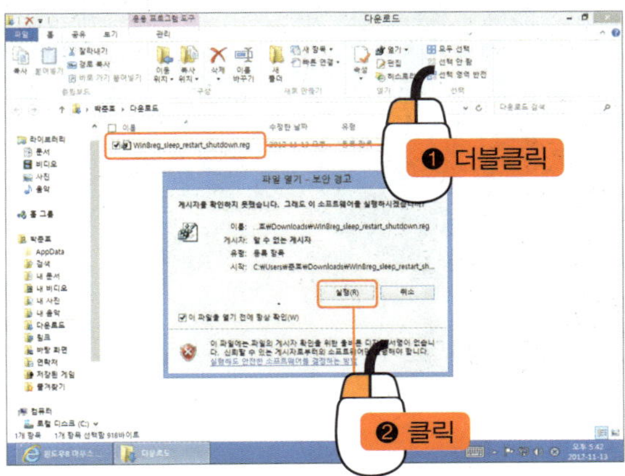

3 레지스트리 편집기 창이 나타나면서 레지스트리 키 추가에 대한 경고 메시지를 보여줍니다. 〈예〉 버튼을 누릅니다. 등록이 완료되었습니다.

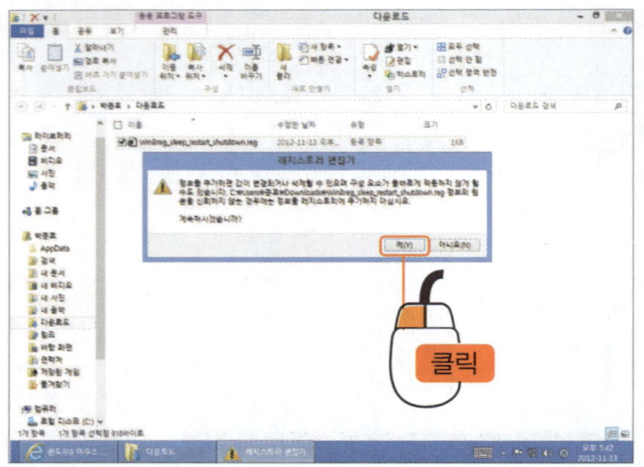

4 바탕화면에서 마우스 오른쪽 버튼을 누릅니다. 바로가기 메뉴 아래쪽에 Lock Computer(잠금), Restart Computer(재부팅), Shutdown Computer(종료), Sleep Computer(절전)가 추가된 것을 볼 수 있습니다.

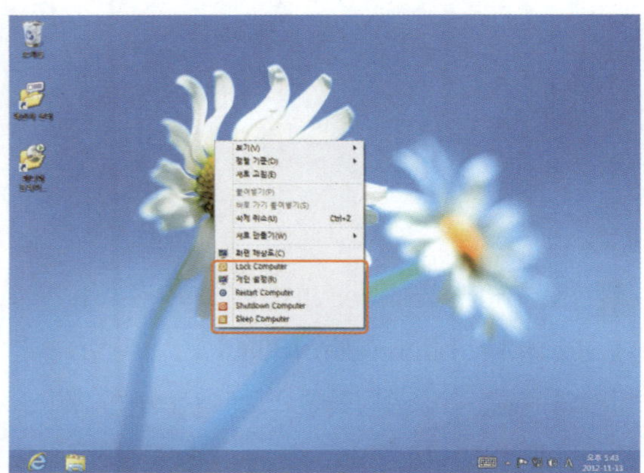

5 [Lock Computer] 메뉴를 클릭하면 윈도우 8이 잠금 상태로 바뀝니다. 참고로 잠금은 ⊞+L 키를 눌러도 됩니다.

6 [Shutdown Computer] 메뉴를 클릭하면 컴퓨터가 바로 종료됩니다.

23 SmartScreen 끄기

Windows SmartScreen은 시스템에 영향을 주는 프로그램을 실행했을 때 추가 정보를 제공하며 실행할지 여부를 확인합니다. 그런데 고급 사용자의 경우에는 이 메시지가 오히려 불편할 수 있습니다. SmartScreen을 해제하는 방법을 배워봅니다.

1 웹에서 받은 프로그램을 실행할 때 다음과 같은 Windows SmartScreen 보호 화면이 나타납니다. '추가 정보'를 클릭하면 해당 프로그램을 실행할 수 있습니다. 지금부터 이 창이 나타나지 않게 설정해 보겠습니다.

2 ⊞+Ⓦ 키를 누릅니다. 검색 대상을 '설정'으로 지정하고, 검색어 입력란에 'smartscreen'을 입력합니다. 오른쪽 결과에서 'SmartScreen 설정 변경'을 클릭합니다.

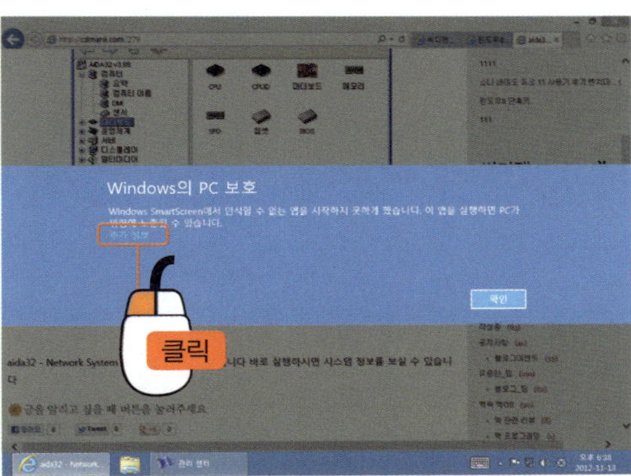

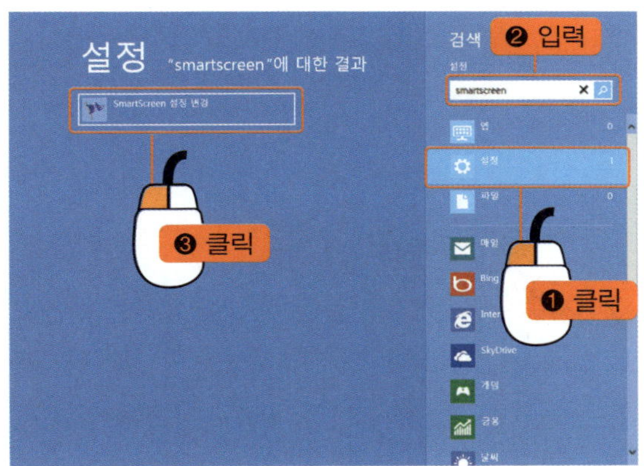

3 Windows SmartScreen 창에서 '아무런 동작 수행 안 함'에 체크한 뒤 〈확인〉 버튼을 누릅니다. 이제 SmartScreen이 해제되었습니다.

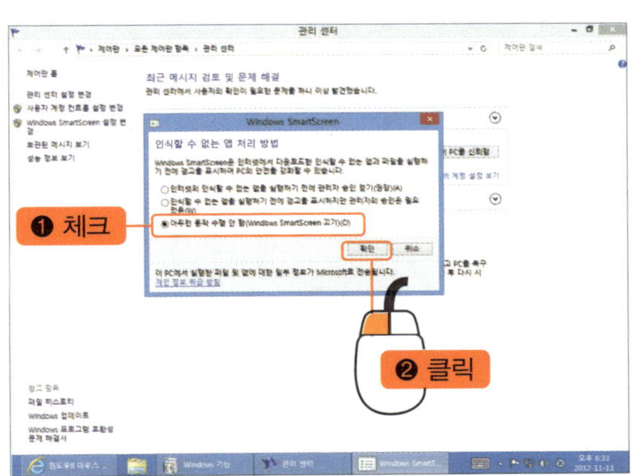

24 자동 유지 관리 시간 바꾸기

'자동 유지 관리'는 시스템의 소프트웨어를 업데이트하고 보안 검사, 시스템 진단 등을 하여 항상 최적의 상태로 유지해 줍니다. 그런데 기본으로 지정된 시간은 오전 3시입니다. 항상 컴퓨터를 켜놓는다면 사용하지 않는 시간을 지정하여 최적의 상태를 유지하는 방법을 배워보겠습니다.

1 ■+W 키를 누릅니다. 검색 대상을 '설정'으로 지정하고, 검색어 입력란에 '자동 유지 관리'를 입력합니다. 오른쪽 결과에서 '자동 유지 관리 설정 변경'을 클릭합니다.

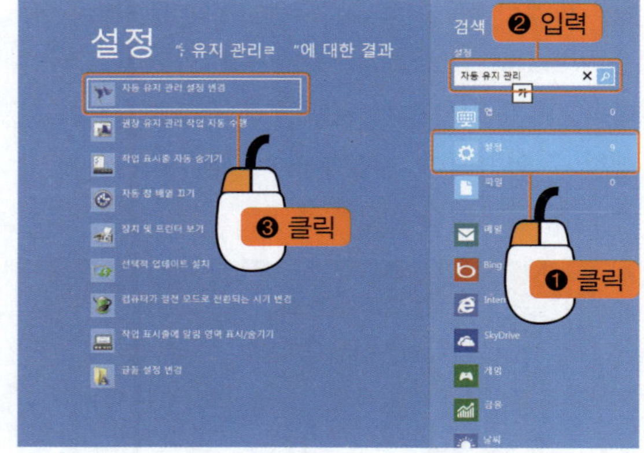

2 자동 유지 관리 시간을 자신이 원하는 시간으로 설정합니다. 오후 12시로 해놓으면 점심식사를 하는 동안 PC가 최적의 상태로 유지될 것입니다.

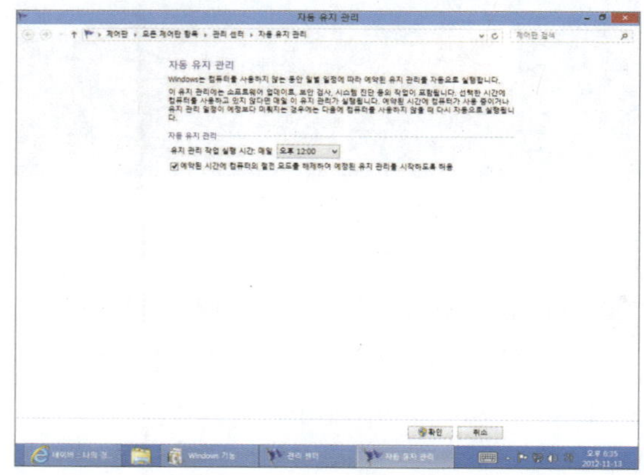

Appendix

윈도우 8 문제 스스로 해결하기

윈도우 운영체제를 사용하다 보면 예기치 않은 여러 문제와 맞추치게 됩니다.

알지도 못하는 오류 메시지도 뜨고, 프로그램이 다운되어서

어떤 반응도 보이지 않을 때가 있습니다.

사용자 입장에서는 아무런 문제도 없어 보이지만

각자 나름대로 다 원인은 있습니다.

증상들을 하나씩 살펴보면 해결 방법은 다 있게 마련이죠.

지금부터 윈도우 8을 사용하면서 겪을 수 있는 문제들을

스스로 해결하는 방법을 알아보겠습니다.

01 블루스크린 해결하기

윈도우 8 운영체제에서도 여전히 블루스크린이 발생합니다. 윈도우 운영체제에서 블루스크린은 아주 심각한 오류가 발생했을 때 나타나는 경고메시지 같은 것입니다. 이 블루스크린도 다 이유가 있어서 나타납니다. 블루스크린이 나타나면 보통 당황부터 하는데, 해결 방법이 있습니다. 지금부터 알아보겠습니다.

윈도우 8에서 다음처럼 블루스크린이 뜨면서 컴퓨터가 갑자기 꺼져버렸습니다. 특별하게 뭔가를 조작하지도 않은 것 같은데, 이유를 몰라 답답한 적이 있었을 것입니다. 다시 컴퓨터를 재부팅하면 정상적으로 사용할 수 있지만, 왜 블루스크린이 나타나는지 원인을 알아보겠습니다.

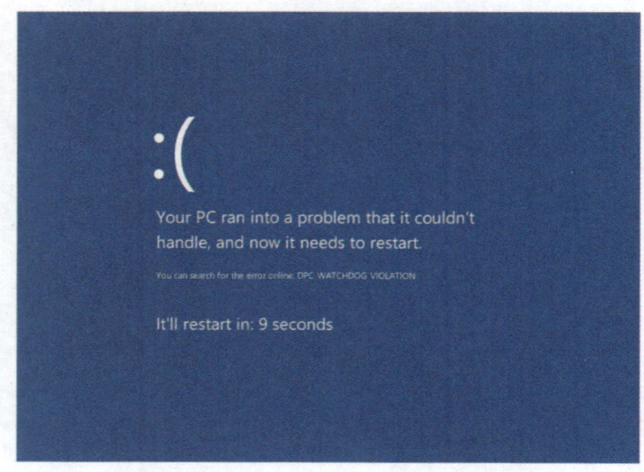

1 ■+X 키를 눌러 [이벤트 뷰어] 메뉴를 클릭합니다. 이벤트 뷰어 창에서 'Windows 로그-시스템'을 클릭합니다. 화면 오른쪽에 시스템과 관련된 이벤트 기록이 나타납니다. 운영체제는 이벤트가 발생할 때마다 기록을 해놓습니다. 이 기록을 살펴보면 문제가 왜 생겼는지 알 수 있습니다.

2 문제가 발생했던 시간을 찾아서 기록을 살펴봅니다. 위험/경고 등으로 수준이 나뉘어 나타나므로 위험한 내용들을 살펴봅니다.

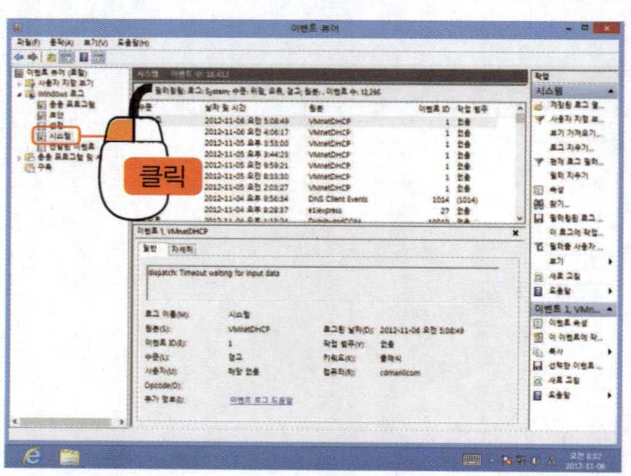

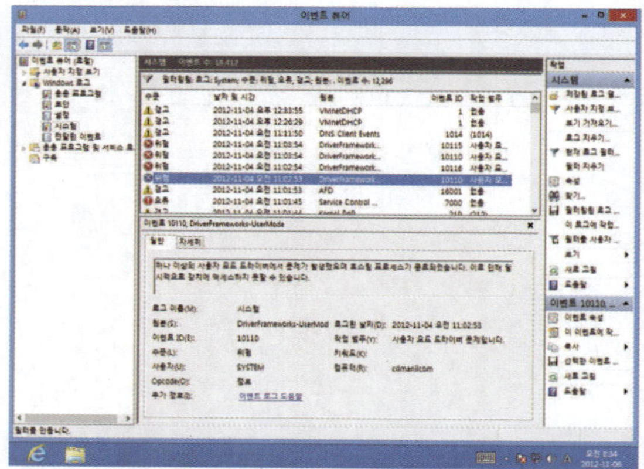

3 블루스크린이 발생했던 시간을 찾아보니 시스템이 비정상적으로 종료된 후 다시 부팅되었음을 알리는 이벤트 내용이 있습니다. 이 이벤트 전에 발생한 이벤트 기록들을 살펴보면 왜 블루스크린이 나타났는지 확인할 수 있습니다.

4 그런데 이벤트 내용이 너무 많아서 찾기가 힘듭니다. 이때 위험, 경고 등 수준을 지정해서 필터링할 수 있습니다. 오른쪽 메뉴에서 [현재 로그 필터...]를 클릭합니다. [현재 로그 필터링] 대화상자가 나타나는데, 이벤트 수준을 지정한 뒤 〈확인〉 버튼을 누릅니다.

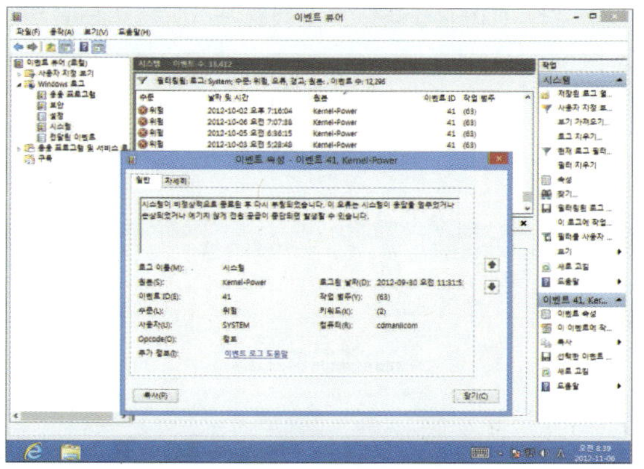

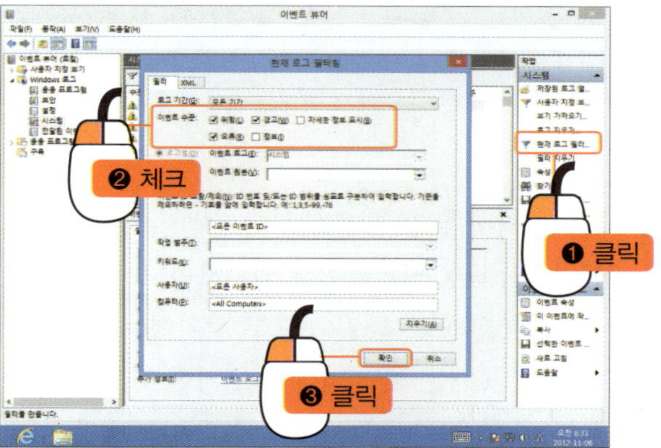

5 필터링되어 나타난 목록을 다시 시간을 살펴보면서 찾아봅니다. 위험한 내용을 하나 열어보니 'WDeviceWHarddisk7' 컨트롤러에 오류가 있다고 나타납니다. 이때는 케이블이나 하드디스크 자체의 불량을 의심해 볼 수 있습니다.

6 다른 이벤트 내용에는 Harddisk6에 잘못된 블록이 있다고 나타납니다. 이때는 하드디스크를 검사하여 문제를 검증해 봐야 합니다. 이런 방법으로 블루스크린이 일어난 원인을 거꾸로 추적해 나갈 수 있습니다.

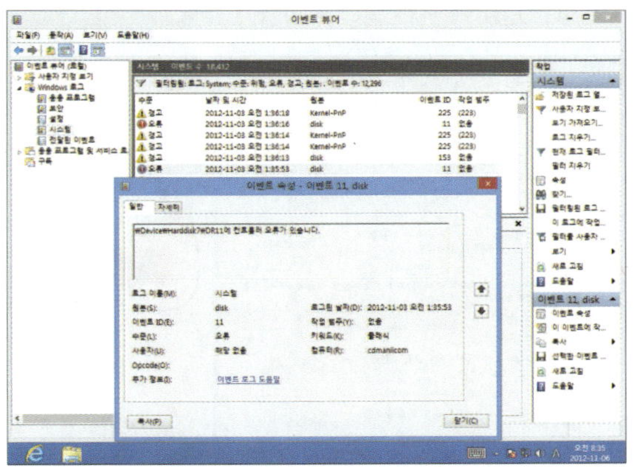

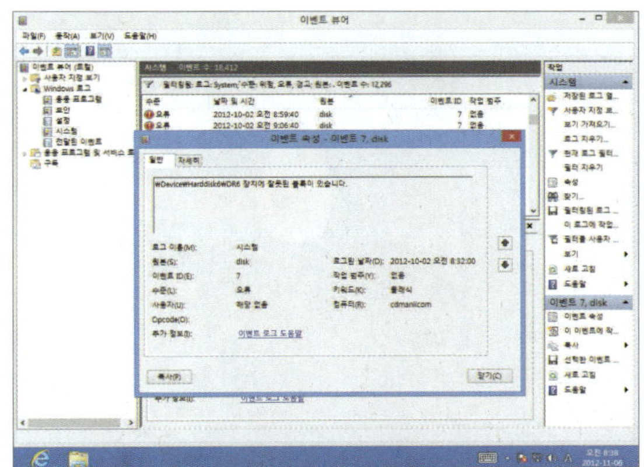

02 Internet Explorer 10 ActiveX 문제 해결하기

Internet Explorer 10을 사용하다 보면 수많은 ActiveX 컨트롤러를 설치하게 됩니다. 웹표준으로 점점 줄어들고 있기는 하지만 그래도 여전히 많이 사용됩니다. 그런데 종종 ActiveX를 설치해도 웹페이지가 제대로 표시되지 않을 때가 있습니다. 이때는 ActiveX 컨트롤러를 제거한 뒤 다시 설정하는 것이 좋습니다.

1 인터넷 뱅킹 관련 웹사이트에 접속하면 다음처럼 ActiveX 컨트롤러를 설치하라고 합니다. 그런데 정상적으로 파일을 모두 설치했는데도 동작하지 않을 때는 해당 파일을 제거한 뒤 다시 설정하는 게 좋습니다. Internet Explorer 10 창을 닫습니다.

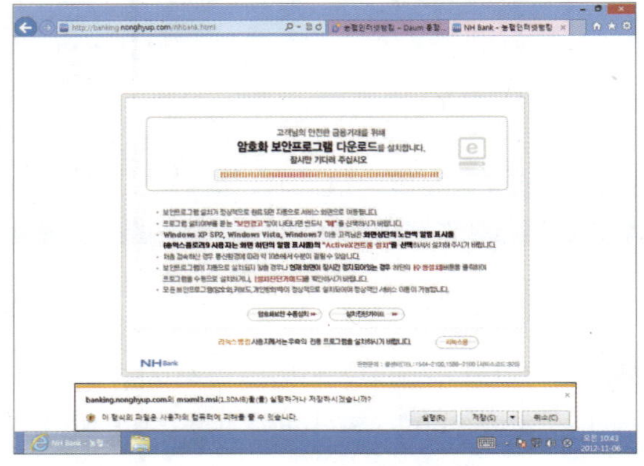

2 ■+W 키를 누릅니다. 설정 창에서 '인터넷 옵션'을 검색한 뒤 '인터넷 옵션'을 실행합니다.

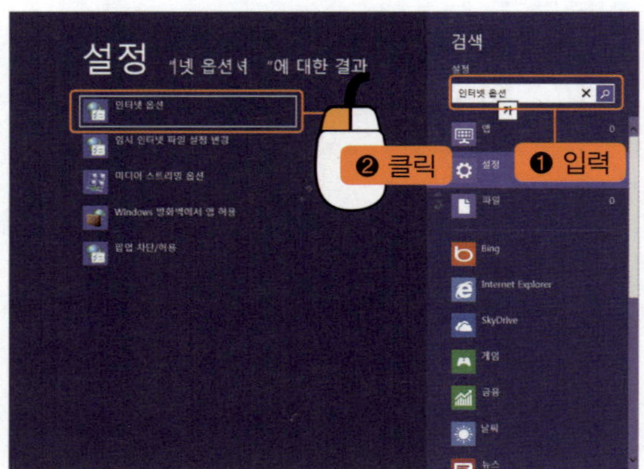

3 [인터넷 옵션] 대화상자의 [프로그램] 탭에서 〈추가 기능 관리〉 버튼을 누릅니다.

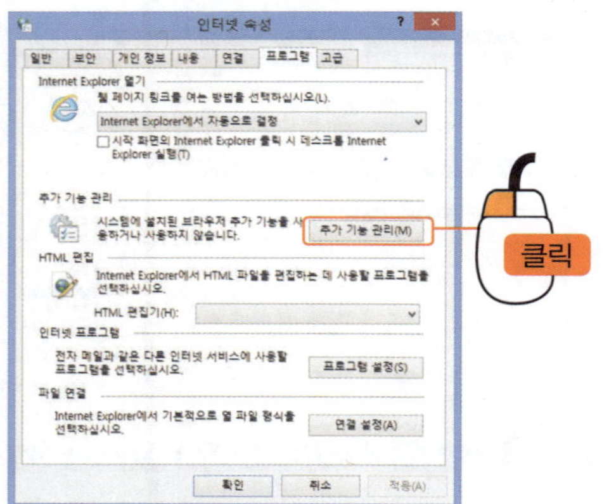

4 추가 기능 관리 창에서 제거해야 할 추가 기능을 더블클릭합니다.

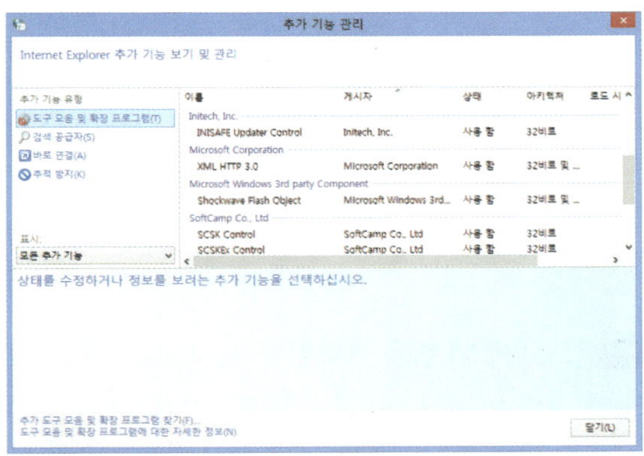

5 추가 정보 창이 나타나면 〈제거〉 버튼을 누릅니다. 〈닫기〉 버튼을 눌러 창을 모두 닫습니다. 다른 추가 기능도 같은 방법으로 제거가 가능합니다.

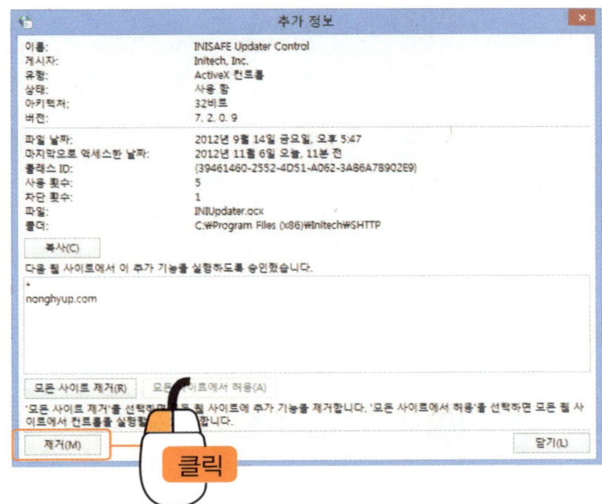

6 다시 인터넷 뱅킹 웹사이트에 접속하면 추가 기능을 설치합니다. 이렇게 하면 보통 문제가 해결됩니다.

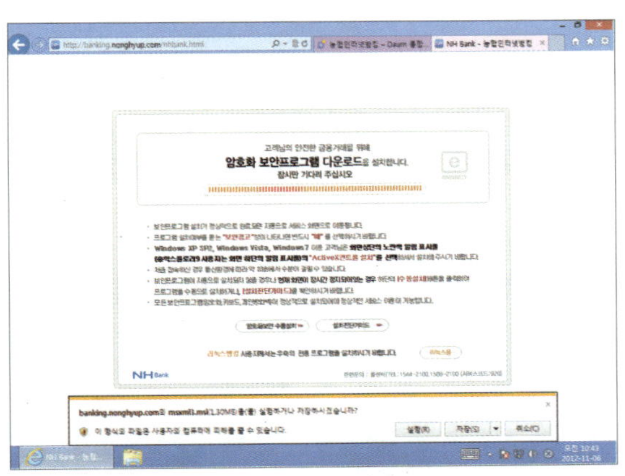

7 이렇게 해도 해결되지 않는다면 프로그램 및 기능 창에서 보안 프로그램을 모두 삭제합니다. 관련 웹사이트에 접속하면 다시 설치를 진행합니다.

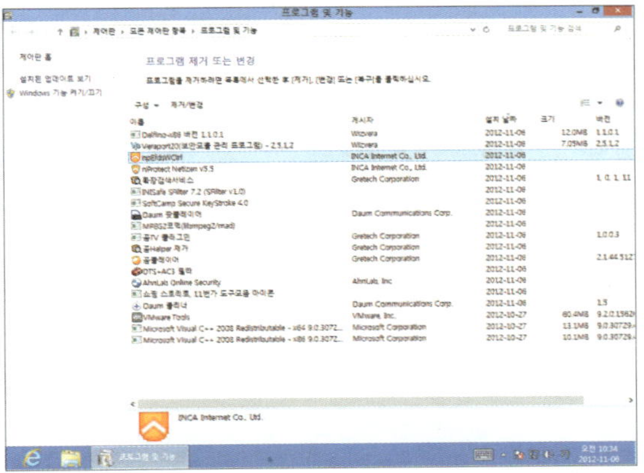

03 CPU 사용량이 높아지는 문제 해결하기

추후에는 해결될 것으로 보이지만 이 책을 집필할 시점에서 윈도우 8에 한 가지 조금 불편한 문제가 있습니다. CPU 사용량이 계속 높게 유지되는 문제가 발생하는데, 원인은 홈 그룹 때문입니다. 컴퓨터 사양이 낮아 CPU 사용량 때문에 속도가 느려진다면 다음 방법으로 해결할 수 있습니다.

1 다음은 작업 관리자 창에서 CPU의 사용률을 확인하는 화면입니다. 현재 필자가 아무런 작업을 하지 않고 있음에도 계속 CPU 사용률이 높은 것을 볼 수 있습니다.

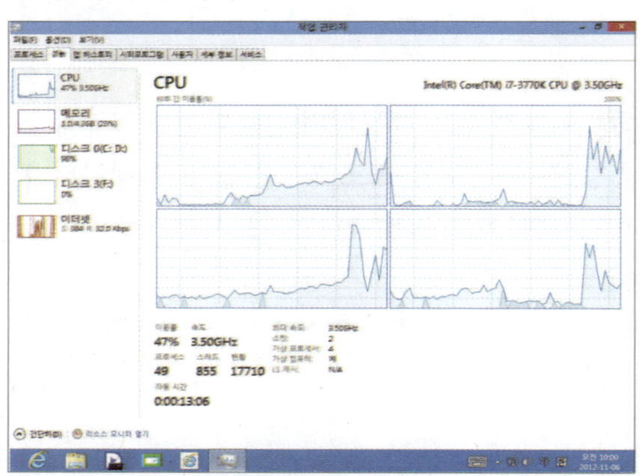

2 [프로세스] 탭을 클릭합니다. '서비스 호스트: 로컬 서비스(피어 네트워킹)' 점유율이 다른 것에 비해 높음을 알 수 있습니다.

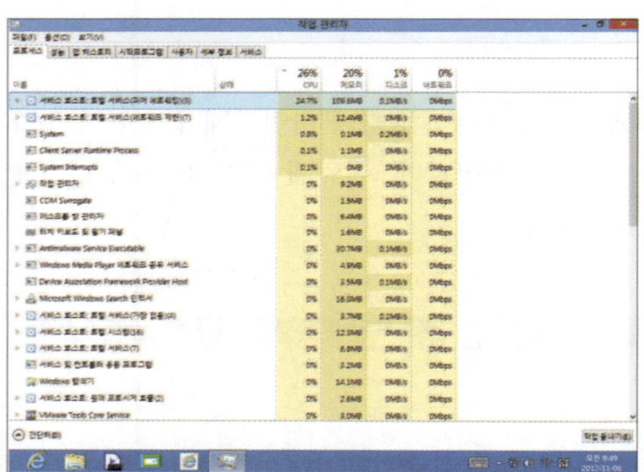

3 ■+[I] 키를 눌러 설정 창을 엽니다. 화면 아래쪽의 'PC 설정 변경'을 클릭합니다.

4 PC 설정에서 [홈 그룹] 메뉴를 클릭합니다. 오른쪽 화면에서 '홈 그룹' 항목의 〈나가기〉 버튼을 누릅니다.

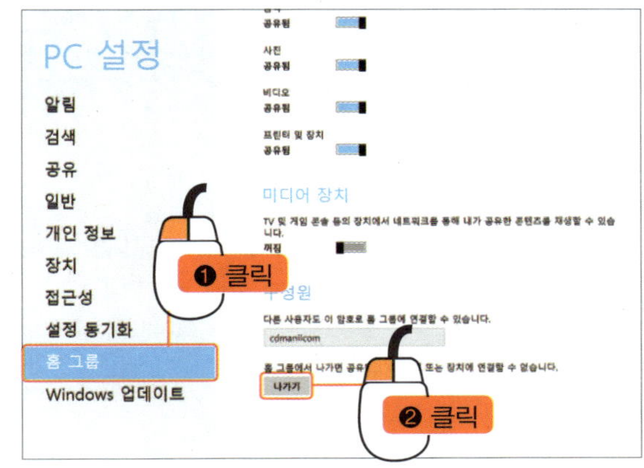

5 홈 그룹 설정이 해제되었습니다.

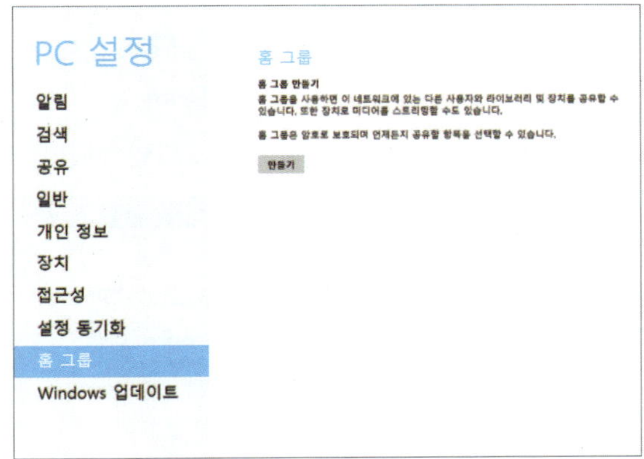

6 다시 작업 관리자 창에서 CPU 사용률을 확인해 보면 아무런 작업을 하지 않을 때는 점유율이 낮아진 것을 확인할 수 있습니다.

> **TIP**
>
> 프로세스 점유율이 높다고 해도 사양이 높은 컴퓨터에서는 크게 체감하기 어렵습니다. 만일 홈 그룹이 좀 더 중요하고 편하다면 켜놓고 사용하는 것이 좋습니다.

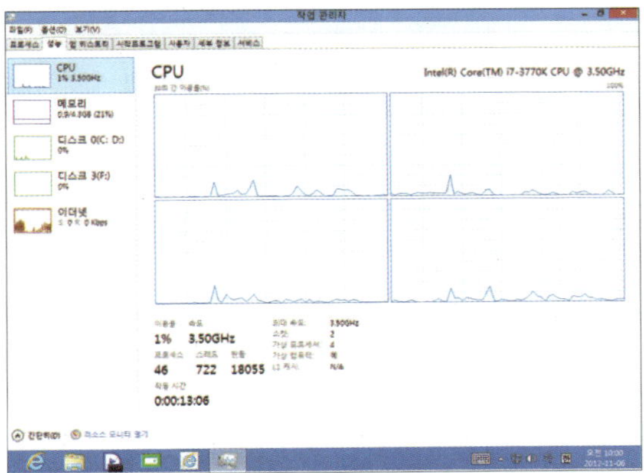

04 하드디스크 배드 섹터 검사하기

하드디스크가 갑자기 너무 느려졌거나 프로그램 실행 중에 컴퓨터가 자주 다운된다면 하드디스크의 문제를 의심해 봐야 합니다. 하드디스크는 구조적으로 디스크 위를 헤더가 움직이면서 읽기 때문에 충격에 약합니다. 충격을 받아 디스크 표면에 문제가 생기면 그 부분의 섹터를 정상적으로 읽어올 수가 없습니다. 하드디스크 배드 섹터를 검사하는 방법을 알아봅니다.

1 Internet Explorer 10의 주소표시줄에 http://www.gmdata.co.kr/gmtools/hddscan.html 을 입력합니다. 화면 중간으로 이동한 뒤 〈프로그램 다운로드〉 버튼을 눌러 다운로드받습니다.

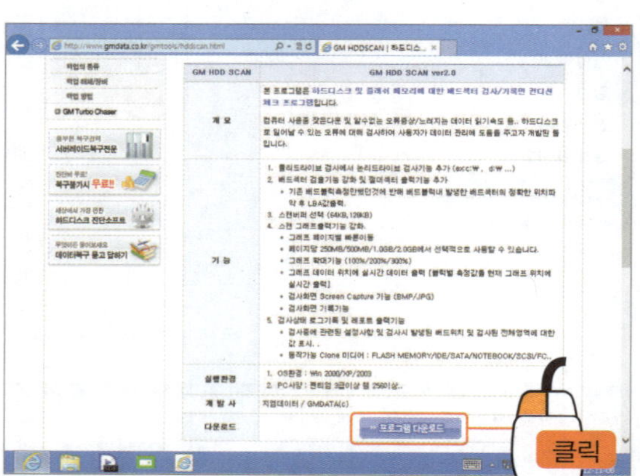

2 다운로드받은 파일을 더블클릭해 GM HDD SCAN 프로그램을 실행하고 〈다음〉 버튼을 누릅니다. 1단계에서 '전체 / 부분 디스크 배드섹터 검사'를 클릭한 뒤 〈다음〉 버튼을 누릅니다.

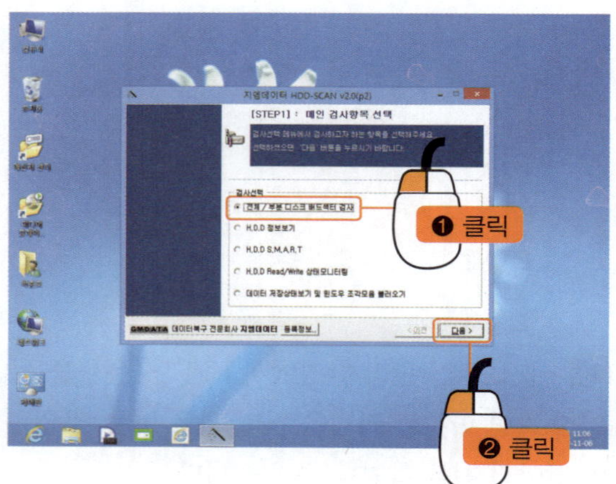

3 2단계에서 검사할 드라이브를 선택한 뒤 〈다음〉 버튼을 누릅니다.

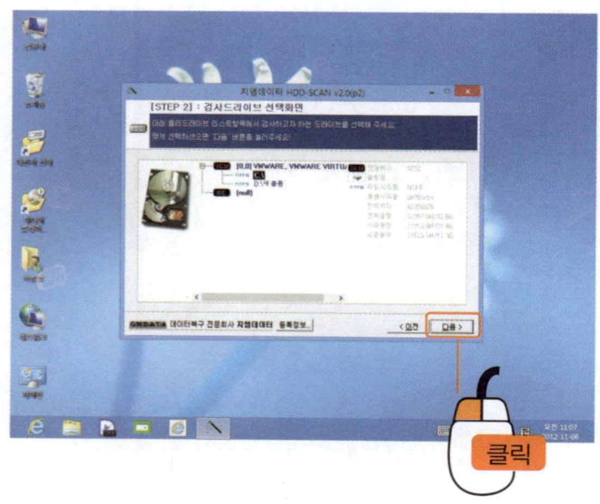

4 3단계는 검사할 영역을 설정하는 부분입니다. 전체 검사를 하려면 그냥 〈다음〉 버튼을 누릅니다.

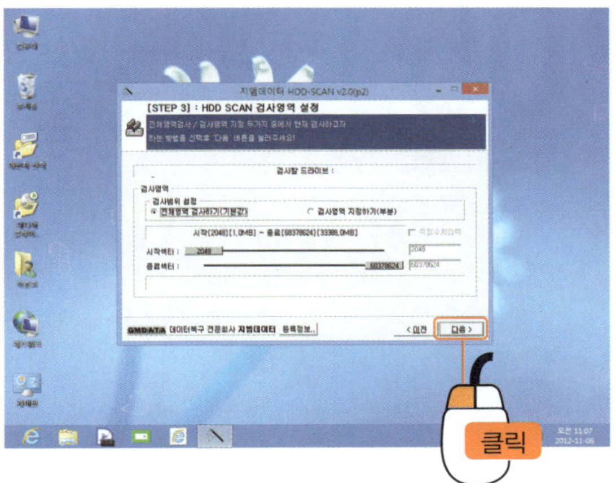

5 검사 창이 나타납니다. 〈검사〉 버튼을 누릅니다.

6 검사가 진행됩니다. 짙은 녹색 점은 정상을 나타냅니다. 붉은색은 배드 섹터이며, 주황색이나 흰색은 그 섹터 부분이 정상보다는 비정상에 가까운 것을 나타냅니다. 만약 배드 섹터가 발생하면 하드디스크 위에 붙은 스티커의 유통사에 문의하여 교환받는 것이 좋습니다.

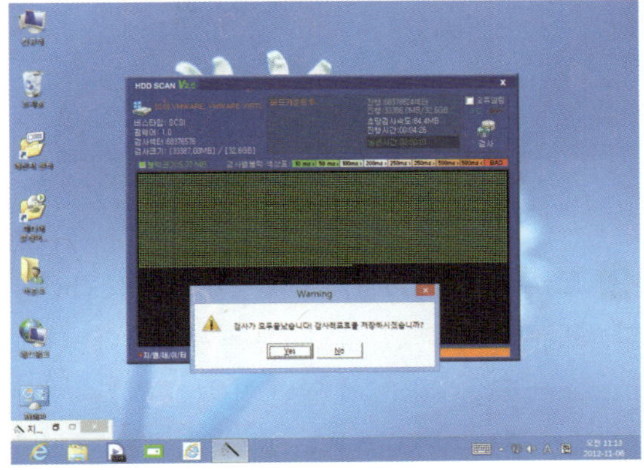

> **TIP**
>
> 하드디스크 배드 섹터 검사 프로그램은 하드디스크에 한해서만 사용해야 합니다. SSD는 각 제조사에서 제공하는 전용 프로그램으로 검사해야 합니다. 하드디스크에 배드 섹터가 발견됐을 때는 로우포맷 등으로 해결하는 것보다는 정상적인 A/S를 거쳐서 교환받는 것이 가장 좋은 방법입니다.

05 Internet Explorer 10 오류 해결하기

Internet Explorer 10을 사용하다 보면 예상하지 못한 악성 프로그램이 설치되어 오류가 발생할 수 있습니다. 예를 들어, Internet Explorer 10 프로그램을 실행하자마자 닫히는 문제가 발생하기도 합니다. 이때는 Internet Explorer 10 설정을 초기 상태로 되돌려 해결할 수 있습니다.

1 Internet Explorer 10을 열어 웹서핑을 하다 비정상적으로 창이 닫히거나 오류가 났다고 가정해 봅시다. 이를 해결하기 위해 ■+W 키를 눌러 설정 창에서 '인터넷 옵션'을 검색해 실행합니다.

2 [인터넷 속성] 창의 [고급] 탭에서 〈원래대로〉 버튼을 누릅니다. Internet Explorer의 모든 설정을 원래대로 복원할 것인지 묻는 창에서 〈다시 설정〉 버튼을 누릅니다. '개인 설정 삭제'는 홈페이지, 기본 공급자 및 바로 연결을 기본값으로 설정합니다.

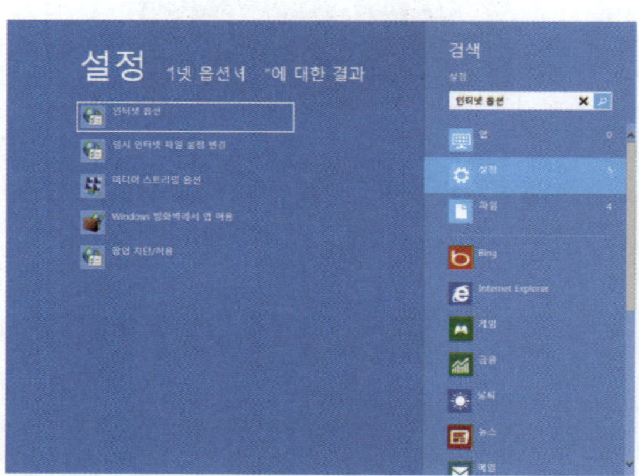

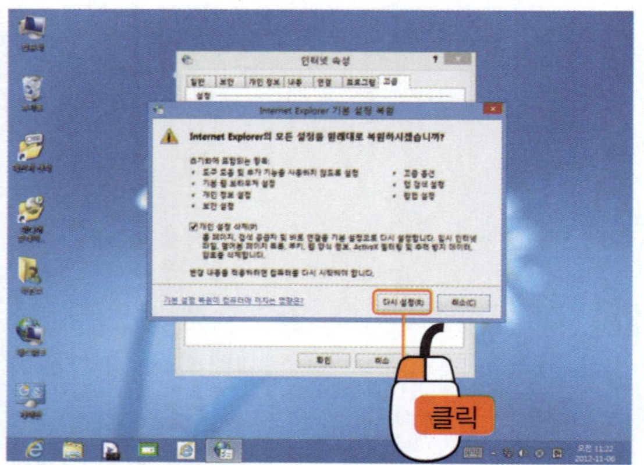

3 Internet Explorer 기본 설정이 복원됩니다. 모두 완료 후 〈닫기〉 버튼을 누릅니다. 다시 Internet Explorer 10을 열면 처음 실행하는 것처럼 최초 권장 설정이 나타납니다. 문제가 해결되었는지 확인합니다.

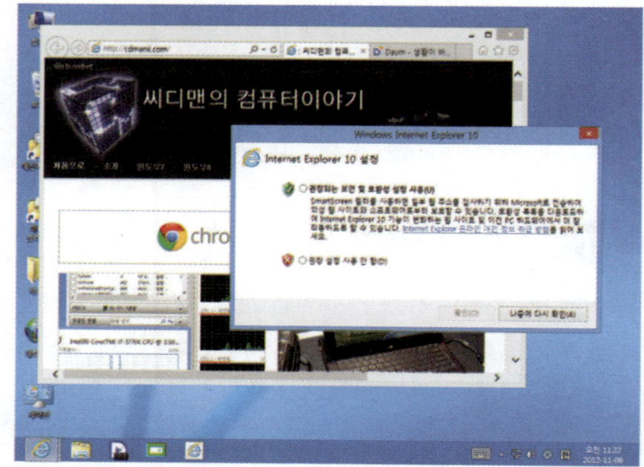

06 인터넷 연결이 안 되는 문제 해결하기

컴퓨터 사용에서 인터넷 활용 비중은 매우 높습니다. 인터넷이 막상 되지 않으면 컴퓨터로 작업할 게 거의 없다고 생각할 정도니까요. 그럼 갑자기 인터넷에 연결이 안 될 때는 어떻게 해야 할까요? 여기서는 일반 가정집에서 보통 사용하는 환경을 고려해서 생각해 보겠습니다. 인터넷 케이블이 연결되어 있고 가정에서는 모뎀을 사용하며, 유무선공유기를 이용해 컴퓨터와 노트북 등과 연결했다고 가정해 보겠습니다.

- **일반 가정에서 인터넷 연결 상태**

1 다음처럼 웹브라우저를 실행했는데 페이지를 표시할 수 없다는 메시지가 보이면서 인터넷에 연결되지 않습니다. 〈연결 문제 진단〉 버튼을 누릅니다.

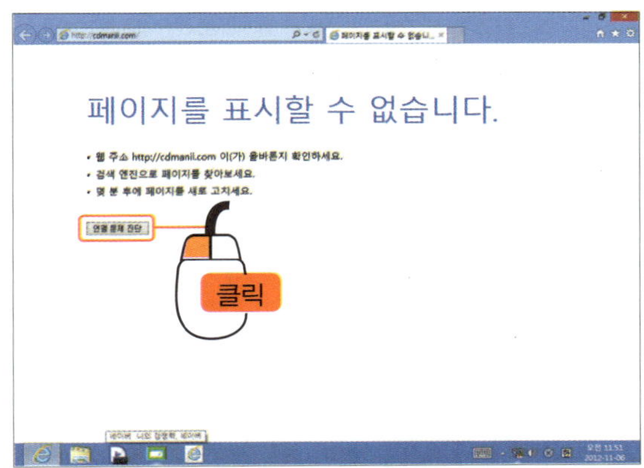

2 Windows 네트워크 진단 창이 나타나면서 몇 가지 방법을 제시합니다. 그런데 이 문제로도 해결되지 않을 수 있습니다. 문제를 해결하려면 근본적으로 어떤 원인 때문인지 확인해야 합니다.

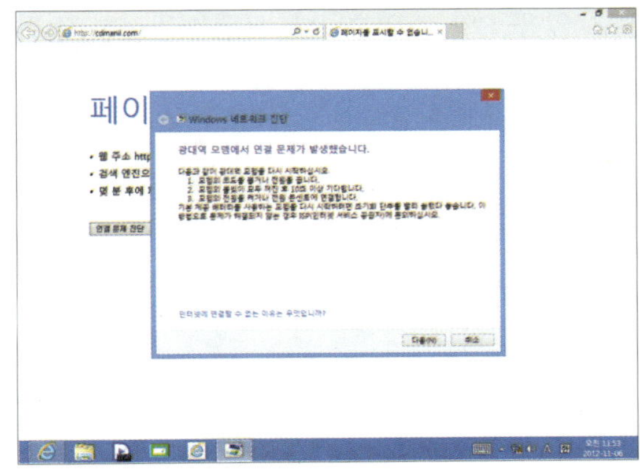

3 명령 프롬프트 창을 엽니다. 'ipconfig'를 입력하여 기본 게이트웨이 주소를 찾습니다. 기본 게이트웨이 주소는 유무선공유기를 뜻합니다. 먼저 컴퓨터와 유무선공유기 사이의 통신에 문제가 없는지 확인합니다. 'ping 192.168.159.2(기본 게이트웨이 주소)'를 입력하여 응답이 있으면 유무선공유기와 컴퓨터 간의 통신에는 문제가 없습니다.

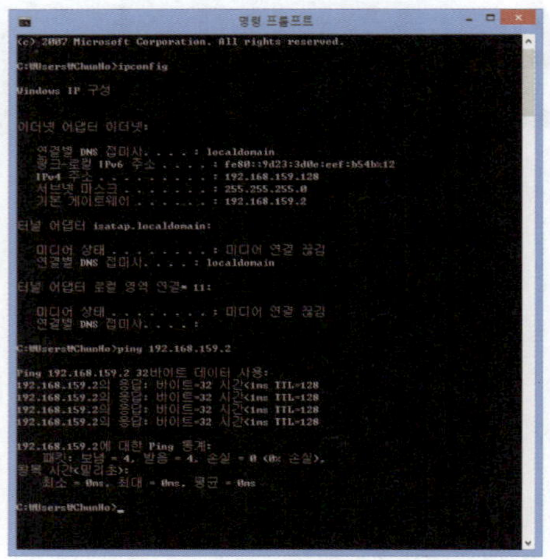

4 지금부터는 유무선공유기와 외부의 통신에 문제가 있는지 확인할 것입니다. Internet Explorer 10 창을 열고, 주소표시줄에 게이트웨이 주소를 입력합니다(형식 : http://게이트웨이 주소). 유무선공유기의 설정 웹페이지가 열립니다.

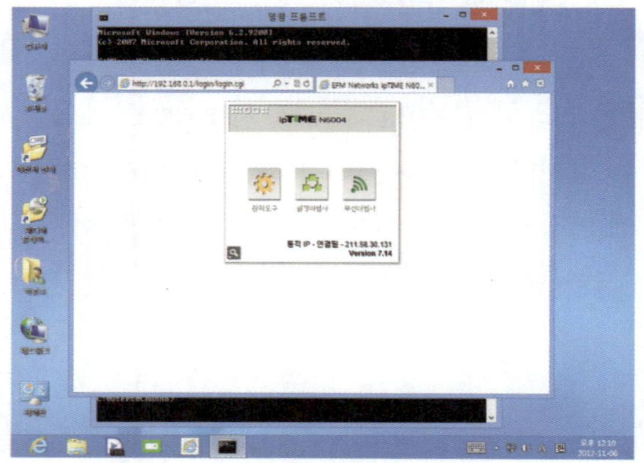

5 유무선공유기의 설정 웹페이지에서 인터넷 정보를 확인합니다. 정상적으로 IP가 활성화되어 있지 않음을 알 수 있습니다. 모뎀을 완전히 끈 뒤 조금 시간을 뒀다 다시 연결합니다. IP가 활성화되는지 다시 확인합니다. 정상적으로 활성화되지 않는다면 이때는 컴퓨터와 유무선공유기의 문제가 아니라 외부신호나 모뎀의 문제이므로 자신이 가입한 인터넷 서비스 업체에 문의해서 문제를 해결해야 합니다.

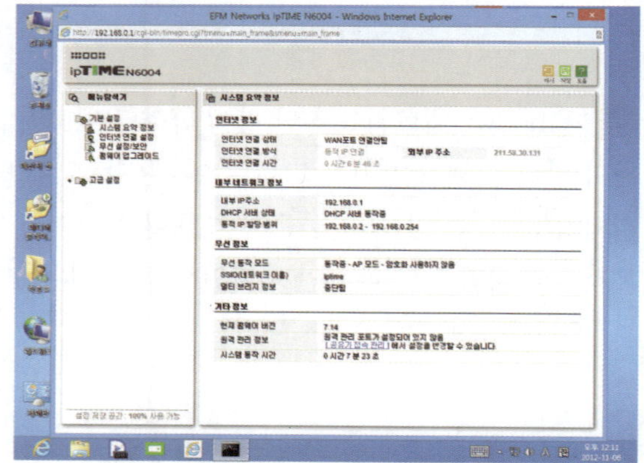

07 라이브러리 목록을 클릭하여 오류가 나타날 때의 해결 방법

탐색 창의 라이브러리 목록에는 문서, 비디오, 사진, 음악 폴더가 있어 쉽게 문서를 공유할 수 있습니다. 자신이 자주 사용하는 내용을 등록해 놓고 사용할 수도 있습니다. 그런데 목록을 클릭하면 '"Documents. library-ms"이(가) 더 이상 작동하지 않습니다.'와 같은 오류 메시지가 나타날 때가 있습니다. 이것을 해결하는 방법을 배워봅니다.

1 왼쪽 탐색 창에서 '라이브러리'를 클릭하면 다음처럼 '"Documents.library-ms"이(가) 더 이상 작동하지 않습니다.'는 오류 메시지가 나타날 때가 있습니다.

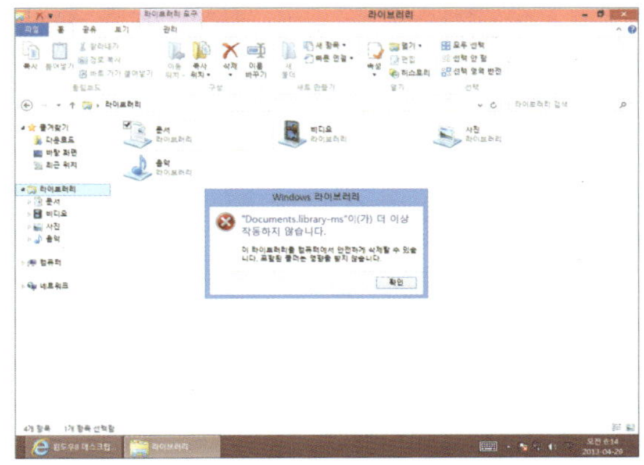

2 [컴퓨터]-[C 드라이브]-[사용자]-[자신의 사용자명]을 클릭해 이동합니다. 이렇게 하면 오류 메시지가 뜨지 않는데, 라이브러리 목록을 초기화하면 문제를 해결할 수 있습니다. 그런데 라이브러리 목록을 초기화하면 내용이 모두 삭제되므로 자신의 이름 폴더에 들어 있는 파일들을 다른 곳으로 복사하여 백업해 둡니다.

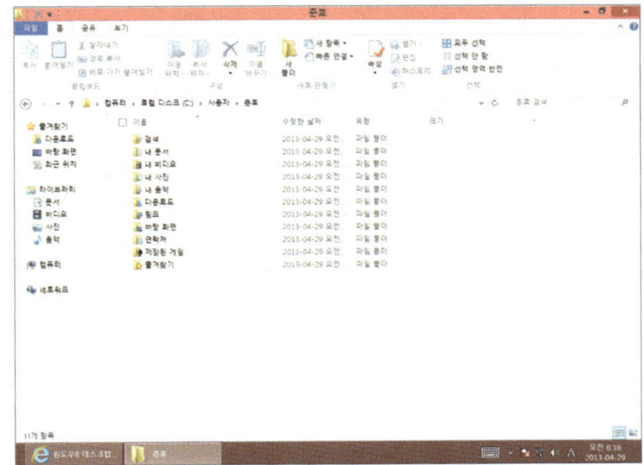

3 왼쪽 탐색 창에서 '라이브러리'를 클릭합니다. 문서, 비디오, 사진, 음악 등 보이는 모든 목록을 선택한 뒤 마우스 오른쪽 버튼을 눌러 [삭제] 메뉴를 클릭합니다.

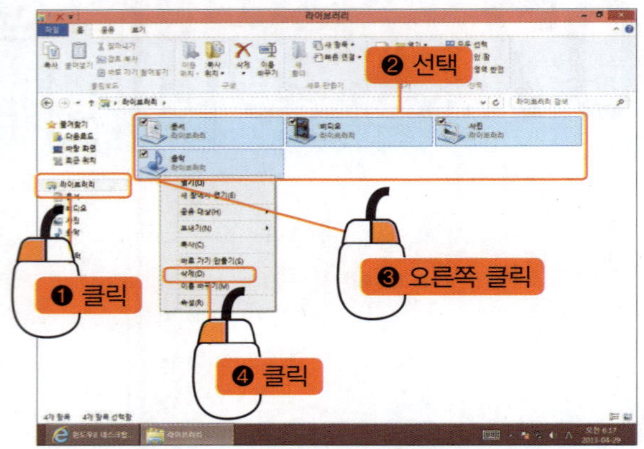

4 탐색 창의 '라이브러리' 위에서 마우스 오른쪽 버튼을 누른 뒤 [기본 라이브러리 복원(R)] 메뉴를 클릭합니다.

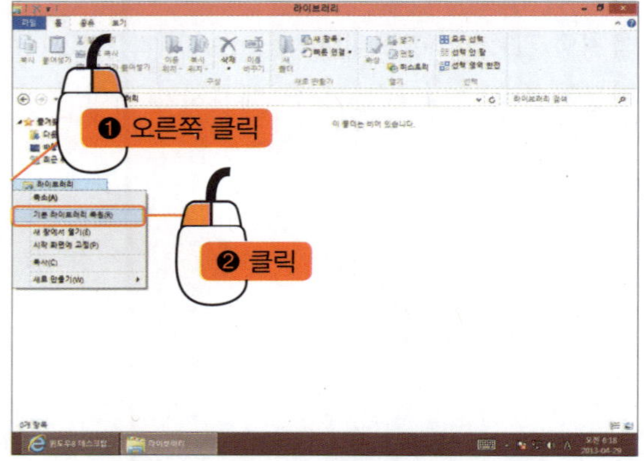

5 라이브러리 목록이 모두 다시 처음 상태로 변합니다. 백업해 둔 파일을 다시 복사하여 사용합니다.

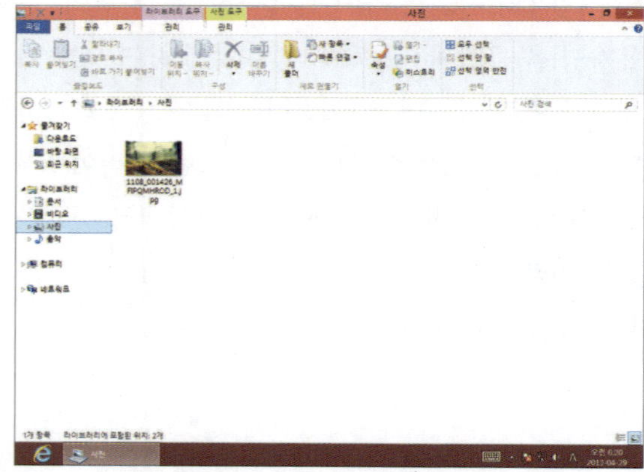

윈도우 8 바로가기 키 알아보기

윈도우 8을 마우스나 손가락 터치로 조작할 수 있지만, 키보드만큼 빠른 작업을 할 수 없습니다. 자주 사용하고 반복되는 작업의 바로가기 키를 외워두면 더 빠르게 작업할 수 있어 일의 능률을 올릴 수 있습니다. 자주 활용하는 기능의 바로가기 키는 꼭 외워 둡니다.

입력 키	작업
■, Ctrl + Esc	윈도우 8 UI 시작 화면 열기/닫기
■ + F1	Windows 도움말 및 지원 열기
■ + C	참 메뉴 열기
■ + D	바탕화면 표시 및 숨기기
■ + E	컴퓨터 폴더 열기
■ + F	검색 참 메뉴에서 파일 검색
■ + G	바탕화면의 가젯 차례로 선택
■ + H	공유 참 메뉴 열기
■ + I	설정 참 메뉴 열기
■ + K	장치 참 메뉴 열기
■ + L	컴퓨터 잠금 또는 사용자 전환
■ + M	모든 창 최소화
■ + O	장치 방향 잠금
■ + P	프레젠테이션 디스플레이 모드 선택
■ + Q	검색 참 메뉴를 열어 앱 검색
■ + R	실행 창 열기
■ + T	작업 표시줄 앱을 차례로 선택
■ + U	접근성 센터 열기
■ + V	알림을 차례로 선택
■ + W	검색 참 메뉴를 열어 설정 검색
■ + X	빠른 연결 메뉴 열기
■ + Z	앱에서 사용할 수 있는 명령 표시
■ + Space Bar	입력 언어 및 자판 배열 전환

입력 키	작업
⊞ + Ctrl + Space Bar	이전에 선택한 입력으로 변경
⊞ + Tab , Alt + Tab	열려 있는 앱(데스크톱 앱 제외) 전환
⊞ + Ctrl + Tab	열려 있는 앱(데스크톱 앱 제외) 전환 순서 바꾸기
⊞ + Shift + Tab	열려 있는 앱(데스크톱 앱 제외)의 전환 순서 반대로 바꾸기
⊞ + Page Up	듀얼모니터에서 윈도우 8 UI 시작 화면과 앱을 왼쪽 모니터로 이동(데스크톱의 앱은 모니터를 변경하지 않음)
⊞ + Page Down	듀얼모니터에서 윈도우 8 UI 시작 화면과 앱을 오른쪽 모니터로 이동(데스크톱의 앱은 모니터를 변경하지 않음)
⊞ + Shift + .	앱을 왼쪽으로 끌기
⊞ + .	앱을 오른쪽으로 끌기
Alt + ←	뒤로
Alt + →	앞으로
Alt + Page Up	한 화면 위로 이동
Alt + Page Down	한 화면 아래로 이동
Ctrl + F4	동시에 여러 문서를 열 수 있는 앱에서 활성 문서 닫기
Ctrl + A	문서나 창에 있는 모든 항목 선택
Ctrl + C 또는 Ctrl + Insert	선택한 항목 복사
Ctrl + D 또는 Delete	선택한 항목을 삭제하고 휴지통으로 이동
Shift + Delete	선택한 항목을 휴지통으로 이동하지 않고 삭제
Ctrl + R 또는 F5	활성 창 새로 고침
Ctrl + V 또는 Shift + Insert	선택한 항목 붙여넣기
Ctrl + X	선택한 항목 잘라내기
Ctrl + Y	작업 다시 실행
Ctrl + Z	작업 실행 취소
Ctrl + →	다음 단어의 시작 부분으로 커서 이동
Ctrl + ←	이전 단어의 시작 부분으로 커서 이동
Ctrl + ↓	다음 단락의 시작 부분으로 커서 이동
Ctrl + ↑	이전 단락의 시작 부분으로 커서 이동

입력 키	작업
Ctrl + Alt + Tab	화살표 키를 사용하여 열린 모든 앱 간 전환
Ctrl + ↑ / ↓ / ← / → + Space Bar	창 또는 바탕화면에서 여러 개별 항목 선택
Ctrl + Shift + ↑ / ↓ / ← / →	텍스트 영역 선택
Ctrl + Shift + Esc	작업 관리자 창 열기
Ctrl + Shift	여러 자판 배열을 사용할 수 있는 경우 자판 배열 전환
Shift + F10	선택한 항목에 대한 바로가기 메뉴 표시
Shift + ↑ / ↓ / ← / →	창 또는 바탕화면에서 2개 이상의 항목 선택 또는 문서 내에서 텍스트 선택
→	오른쪽에 있는 다음 메뉴 열기 또는 하위 메뉴 열기
←	왼쪽에 있는 다음 메뉴 열기 또는 하위 메뉴 닫기
Esc	현재 작업 중지 또는 끝내기

대화상자에서 사용하는 바로가기 키

입력 키	작업
F1	도움말 표시
F4	활성 목록의 항목 표시
Ctrl + Tab	다음 탭으로 이동
Ctrl + Shift + Tab	이전 탭으로 이동
Ctrl + 숫자(1 ~ 9)	n번째 탭으로 이동
Tab	다음 옵션으로 이동
Shift + Tab	이전 옵션으로 이동
Alt + 밑줄이 그어진 문자	해당 문자와 연결된 명령 수행 또는 옵션 선택
Space Bar	활성 옵션이 확인란이면 확인란을 선택하거나 선택 취소
← BackSpace	[다른 이름으로 저장] 또는 [열기] 대화 상자에서 폴더를 선택한 경우 한 수준 위의 폴더 열기
↑ / ↓ / ← / →	활성 옵션이 옵션 단추 그룹이면 단추 선택

파일 탐색기 창에서 사용하는 바로가기 키

입력 키	작업
Alt + D	주소 표시줄 선택
Alt + P	미리보기 창 표시
Alt + Enter	선택한 항목의 속성 대화상자 열기
Alt + →	다음 폴더 보기
Alt + ↑	폴더가 있던 상위 폴더 보기
Alt + ←	이전 폴더 보기
Ctrl + E , F	검색 상자 선택
Ctrl + N	새 창 열기
Ctrl + W	현재 창 닫기
Ctrl + 마우스 휠	파일 및 폴더 아이콘의 크기와 모양 변경
Ctrl + Shift + E	선택한 폴더 위의 모든 폴더 표시
Ctrl + Shift + N	새 폴더 만들기
Num Lock + *	선택한 폴더의 모든 하위 폴더 표시
Num Lock + +	선택한 폴더의 내용 표시
Num Lock + −	선택한 폴더 축소
←BackSpace	이전 폴더 보기
→	현재 선택 영역 표시(축소된 경우) 또는 첫 번째 하위 폴더 선택
←	현재 선택 영역 축소(확장된 경우) 또는 폴더가 있던 상위 폴더 선택
End	현재 창의 맨 아래 표시
Home	현재 창의 맨 위 표시
F11	활성 창 최대화 또는 최소화

작업 표시줄에서 사용하는 바로가기 키

입력 키	작업
Shift +작업 표시줄 단추 클릭	앱 열기
Ctrl + Shift +작업 표시줄 단추 클릭	관리자로 앱 열기
Shift +마우스 오른쪽 단추로 작업 표시줄 단추 클릭	앱의 창 메뉴 표시
Shift +마우스 오른쪽 단추로 그룹화된 작업 표시줄 단추 클릭	그룹의 창 메뉴 표시
Ctrl +그룹화된 작업 표시줄 단추 클릭	그룹의 창 사이 전환

Internet Explorer 앱 바로가기 키

입력 키	작업
Alt + D	주소 표시줄, 고정되고 자주 즐겨찾는 웹사이트 표시 (데스크톱용 Internet Explorer 10에는 적용되지 않음)
Ctrl + T	새 탭 열기
Ctrl + W	탭 닫기
Ctrl + Shift + P	새 InPrivate 브라우징 창 열기
Ctrl + D	즐겨찾기에 현재 페이지 추가
Ctrl + P	현재 페이지 인쇄
F5	웹페이지 새로 고치기

메일 앱 바로가기 키

입력 키	작업
Ctrl + R	회신
Ctrl + Shift + R	전체 회신
Ctrl + F	전달
Ctrl + Shift + F	폴더 창 숨기기 또는 표시
Ctrl + Shift + A	계정 창 숨기기 또는 표시
Ctrl + U	읽지 않음으로 표시
Ctrl + Q	읽음으로 표시

입력 키	작업
Ctrl + A	메시지 모두 선택
Ctrl + N	새 메시지
F5	동기화
Alt + B	숨은 참조 단추에 초점 맞추기
Alt + C	참조 단추에 초점 맞추기
Alt + D	거부
Alt + S	메일 보내기
Alt + T	받는 사람 단추에 초점 맞추기
Alt + V	일정에서 초대 열기
Ctrl + Enter	메일 보내기
Ctrl + Shift + F	글꼴 선택
Ctrl + Space Bar	서식 지우기
Ctrl + Y	다시 실행
F4	다시 실행
Ctrl + [	글꼴 크기 1포인트 늘리기
Ctrl +]	글꼴 크기 1포인트 줄이기
Ctrl + Shift + ,	글꼴 크기 줄이기
Ctrl + Shift + .	글꼴 크기 늘리기
Ctrl + K	링크 추가
Ctrl + E	가운데
Ctrl + L	왼쪽
Ctrl + R	오른쪽
Ctrl + Shift + L	글머리 기호
Ctrl + M	들여쓰기
Ctrl + Shift + M	내어쓰기
Tab 또는 Shift + Tab	초점이 목록에 있을 때 텍스트가 선택되어 있는 경우 들여쓰기/내어쓰기

일정 앱 바로가기 키

입력 키	작업
`Ctrl` + `1`	일 보기 표시
`Ctrl` + `2`	주 보기 표시
`Ctrl` + `3`	월 보기 표시
`Ctrl` + `T`	오늘로 이동
`Ctrl` + `N`	새 이벤트 만들기
`Ctrl` + `H`, `Page Up`	월 보기에서 이전 달/주 보기에서 이전 주/일 보기에서 이전 일로 이동
`Ctrl` + `J`, `Page Down`	월 보기에서 다음 달/주 보기에서 다음 주/일 보기에서 다음 일로 이동
`→`	보기에서 다음 날로 이동
`←`	보기에서 이전 날로 이동
`↓`	보기에서 다음 시간으로 이동
`↑`	보기에서 이전 시간으로 이동
`Esc`	뒤로 이동
`Ctrl` + `S`	이벤트 저장 또는 보내기
`Ctrl` + `P`	이벤트에 응답
`Ctrl` + `D`	이벤트 삭제

출처 : http://windows.microsoft.com/ko-KR/windows-8/keyboard-shortcuts

당신이 원하는 가이드북의 품격은 어떻습니까?

우리가 꿈꿔온 단 하나의 시리즈!

Using Bible 시리즈는
출간 즉시 베스트셀러가 되며 수많은 유저들의 찬사를 받아왔습니다.
어르신들은 물론 초등학생들에게까지 많은 사랑을 받아온 이 시리즈는
흔한 기능 설명 형식의 가이드가 아닙니다.
전문가가 고심해서 선별한 기능들을 특별한 노하우로 쉽게 풀어낸 가이드북의 명품입니다.
수많은 독자님들이 애정 어린 환호를 보내주신 데 힘입어
앞으로도 꾸준히 양질의 콘텐츠를 선보일 것을 약속드립니다.

황금부엉이 Using Bible 시리즈

난이도별 쉬운 설명! 활용 만점 추천 앱이 가득한 가이드북

독자를 위한 쉬운 구성
사용법이 한두 페이지로 깔끔하게 설명되어 어렵지 않아요!

원하는 내용을 바로 찾아보는 책
친절하고 자세하게 만든 목차 때문에 그때그때 모르는 내용만 쏙쏙 찾아서 보기 좋아요!

■ 스마트폰

아이폰 5 Using Bible
강현주 지음
400쪽 | 18,800원

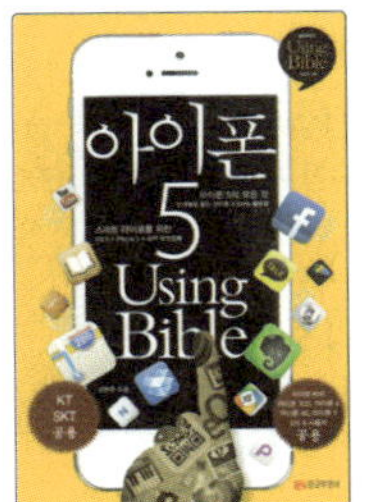

갤럭시S3 Using Bible
(젤리빈 업그레이드 개정판)
강현주 지음
456쪽 | 18,800원

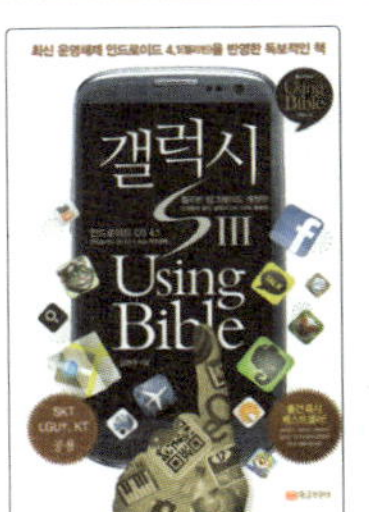

갤럭시 노트 Using Bible
강현주 지음
452쪽 | 17,800원

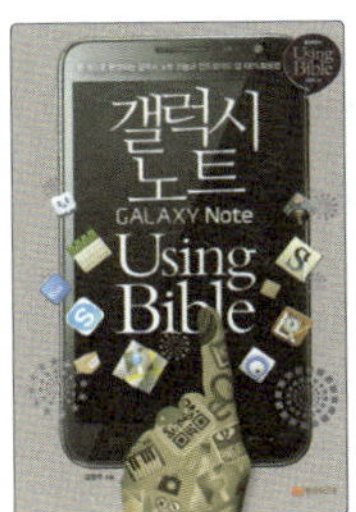

갤럭시S3 Using Bible
강현주 지음 | 456쪽 | 18,800원

아이폰 4S Using Bible
강현주, 이윤환 지음
432쪽 | 16,800원

아이폰4 Using Bible
이윤환 지음 | 404쪽 | 14,800원

갤럭시S Ⅱ Using Bible
강현주 지음 | 408쪽 | 15,800원

베가레이서 Using Bible
강현주, 조경국 지음
328쪽 | 15,800원

■ 태블릿PC

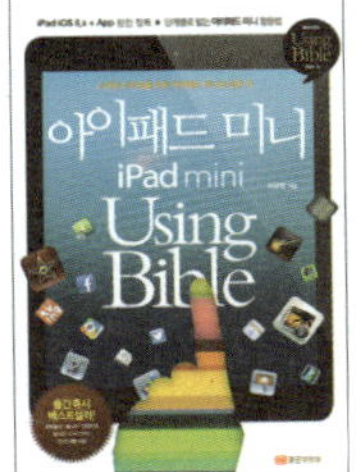

아이패드 미니 Using Bible
이규민 지음
402쪽 | 18,800원

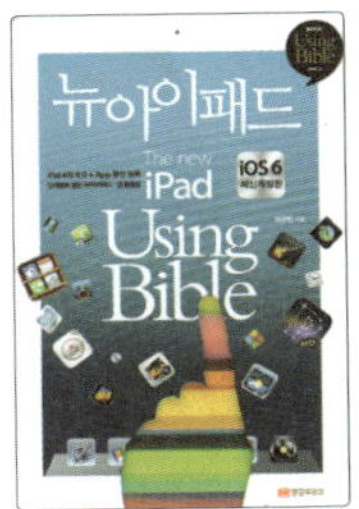

뉴아이패드 Using Bible
(ios 6 최신개정판)
이규민 지음 | 506쪽 | 18,800원

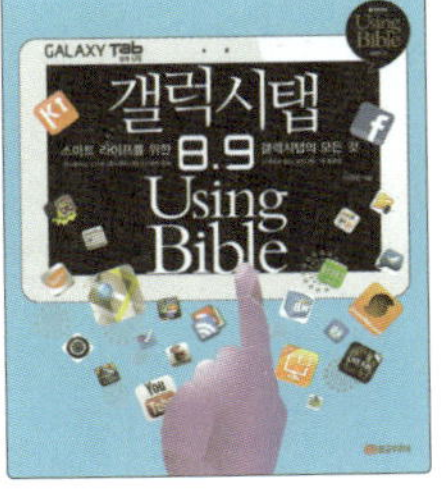

갤럭시탭 8.9 Using Bible
이규민 지음
432쪽 | 18,800원

아이패드 Using Bible
이규민 지음 | 408쪽 | 14,800원

아이패드 2 Using Bible
(ios 5 최신개정판)
이규민 지음 | 508쪽 | 17,800원

갤럭시탭 10.1 Using Bible
이규민 지음 | 403쪽 | 17,800원

갤럭시탭 Using Bible(개정판)
강현주, 조경국, 이윤환 지음
400쪽 | 18,800원